KB048734

로마의 운명

로마의 운명

기후, 질병, 그리고 제국의 종말

카일 하퍼 지음

부희령 옮김

더봄

로마의 운명

제1판 1쇄 인쇄 2021년 07월 07일
제1판 1쇄 발행 2021년 07월 12일

지은이 카일 하퍼
옮긴이 부희령
펴낸이 김덕문

책임편집 손미정
디자인 블랙페퍼디자인
마케팅 이종률
제작 백상종

펴낸곳 더봄
등록일 2015년 4월 20일
주소 서울시 노원구 화랑로51길 78, 507동 1208호
대표전화 02-975-8007 || 팩스 02-975-8006
전자우편 thebom21@naver.com
블로그 blog.naver.com/thebom21

ISBN 979-11-88522-91-0 03900

나의 시작은 나의 끝이다. 집은 계속
세워졌다가 무너져 가루가 되고,
흩어져 사라지고, 파괴되었다 복원되고,
혹은 장소가 바뀌어 들판이나 공장이나
우회로에 서 있게 된다.
오래된 돌이 새로운 건물이 되고,
오래된 통나무가 새로운 불꽃이 되고,
오래된 불꽃이 재가 되고,
그리고 재는 흙이 된다.
이미 그것은 인간과 짐승, 옥수수 줄기와 잎사귀의
뼈대이며 살이며 털이며 배설물인 것을.

-T.S. 엘리엇, <이스트 코커>East Coker

목차

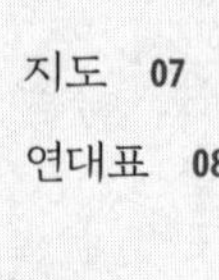

지도 07

연대표 08

프롤로그 : 자연의 승리 11

1장 | 환경과 제국 19

2장 | 가장 행복했던 시대 51

3장 | 아폴로의 복수 127

4장 | 세계의 노년기 225

5장 | 운명의 수레바퀴 299

6장 | 분노의 포도 착즙기 369

7장 | 심판의 날 453

에필로그 : 인류의 승리? 528

감사의 말 537

옮긴이의 말 541

지도

지도 1. 4세기의 로마 제국과 주요 대도시들
지도 2. 로마 제국의 생태학적 구역
지도 3. 갈레노스의 세계: 갈레노스가 확실히 방문했던 지역들
지도 4. 지구의 기후 체제와 로마 제국
지도 5. 동굴 기온 기록과 로마 기후최적기
지도 6. 로마 제국 군대가 남긴 유물
지도 7. 맨발바닥 게르빌루스 쥐의 분포
지도 8. 로마와 홍해 주변 세계
지도 9. 로마인과 인도양
지도 10. 안토니누스 페스트의 전파 범위를 확인할 수 있는 지표
지도 11. 나일강의 수리학과 기후 체제
지도 12. 키프리아누스 페스트의 지표
지도 13. 최후의 로마 황제들을 낳은 두 지역
지도 14. 로마 제국 상인의 눈으로 본 조망: 박람회The Expositio
지도 15. 제국 군사 조직의 병참 관리
지도 16. 유라시아 스텝 지대
지도 17. 로마 제국의 쥐 분포도
지도 18. 예르시니아 페스티스의 여정: 중국에서 펠루시움까지
지도 19. 예르시니아 페스티스의 여정: 펠루시움에서 팬데믹까지
지도 20. 대규모 사망 사건의 지형도
지도 21. 근동의 페스트 생태계
지도 22. 동방에서 페스트의 확산, 550~620
지도 23. 동방에서 페스트의 확산, 620~750
지도 24. 후기 로마 시대의 근동 지역
지도 25. 초기 이슬람의 세계
지도 26. 중세 초기의 지중해 세계

연대표

BC 200 | BC 100 | AD 1 | AD 100 | AD 200

기후의 역사

로마 기후최적기
기원전 200~서기 150

질병의 역사

안토니누스 페스트
165

제국의 역사

에드워드 기번이 말한 "가장 행복했던 시대" 96~180

파르티아와의 전쟁 161~166

마르쿠스 아우렐리우스의 통치
161~180

세베리우스 왕조
193~235

역사적 인물들

아엘리우스
아리스티데스
117~181

마르쿠스
아우렐리우스
121~180

파우스티나
130~175

페르가몬의 갈레노스
130~210

셉티미우스 세르베스
145~211

AD 300 AD 400 AD 500 AD 600 AD 700

후기 로마 과도기
서기 150~450

고대 후기 소빙하기
450~700

키프리아누스 페스트 249~262

유스티니아누스 페스트 첫 발생 541~543

이후부터 749년까지 수차례 발생

콘스탄티누스의 개종 312

아드리아노플 전투 378

로마 봉쇄 410

로마 건국 천년제 248

3세기 로마의 위기 250~270

훈족의 아틸라 사망 453

서로마 제국의 마지막 황제 476

유스티니아누스의 통치 527~565

아프리카 재정복 533~534

페르시아와의 전쟁 602~628

헤라클리우스의 통치 610~641

무함마드의 헤지라 622

야르무크 전투 636

필리푸스 더 아라브 204~249

카르타고의 키프리아누스 200~258

클라우디우스 2세 210~270

디오클레티아누스 244~312

콘스탄티누스 272~337

테오도시우스 1세 347~395

스틸리코 359~458

클라우디아누스 370~404

알라리크 370~410

아틸라 406~453

테오도리쿠스 454~526

유스티니아누스 482~565

테오도라 500~548

프로코피우스 500~554

에페수스의 요한 507~588

마우리우스 539~602

대 그레고리오 540~604

무함마드 570~632

헤라클리우스 575~641

자연의 승리

서기 400년 초의 어느 날, 황제와 집정관이 로마에 도착했다. 그곳의 어느 누구도 황제가 실제로 이 고대의 수도에 머무르던 시기를 기억할 수 없었다. 이미 몇 백 년 동안 제국의 통치자들은 북쪽 국경 근처의 도시로 옮겨가 거주하고 있었다. 로마인들이 문명과 야만 사이의 경계선이라고 여기던 지역이었다.

황제의 공식적인 수도 방문은 이제 웅장한 팡파르를 위한 구실에 지나지 않았다. 황제는 그곳에 없지만 로마와 그 시민들은 제국의 잠재적 상징으로 남았다. 7만에 가까운 영혼이 로마를 고향으로 여겼다. 그들은 여전히 고대 도시의 모든 생활편의 시설을 제국의 규모로 즐겼다. 4세기의 자부심에 찬 물품 명세서에 의하면, 로마에는 도서관 28곳, 수도교 19개, 곡예단 2개, 문 37개, 423개 지역, 아파트 블록 4만 6602곳, 빌라 1790채, 곡물 저장 창고 290곳, 목욕탕 856곳, 수조 1352곳, 빵집 254곳, 사창가 46곳, 그리고 공중화장실 144곳이 있었다. 어느 모로 보나 매우 특별한 곳이었다.[1)]

황제가 도착하면서 도시 차원의 행사가 펼쳐지는 현장은 수도면밀하게 서서히 활기를 띠어갔다. 그러한 의례는 제국 안에서 로마라는 도시의 우월함을, 또한 세상의 모든 국가 가운데 제국이 최강임을 떨쳐 보일 수 있도록 기획된 것이었다. 제국 전통의 수호자라는 자부심이 강한 시민들은 이러한 의례 질차를 날카롭게 평가했다. 그들이 즐겨 회상하는 로마는 '지구를 둘러싸고 있는 대기보다 광활하고, 그 웅대함을 모두 지켜볼 수 있는 눈이 세상에 없으며, 그 매력을 측량할 수조차 없는 도시'였다.[2)]

화려한 황제의 행렬이 광장을 향해 천천히 나아갔다. 카토Cato와 그라쿠스Gracchus, 키케로Cicero와 카이사르Caesar가 정치적 행운을 일궈낸 장소이다. 역사의 유령이 동료들을 반기던 바로 그날, 군중은 집정관 스틸리코Stilicho의 명예를 칭송하는 연설을 듣기 위해 모여들었다. 스틸리코는 권력의 정점에 우뚝 솟은 최고사령관이었다. 그의 당당한 태도는 시민들에게 제국이 평화와 질서를 되찾을 수 있을 것이라는 확신과 안정감을 주었다. 바로 한 세대 직전인 378년에 로마의 아드리아노플Adrianople 지역은 자랑스러운 역사에서 지우고 싶은 최악의 패배를 겪었다. 이후로 세상의 지축은 흔들리는 것처럼 보였다. 고트족들이 떼를 지어 제국으로 밀려들어왔고, 그들이 동맹인지 적인지 분간할 수조차 없었다. 395년에 황제 테오도시우스 1세가 죽자, 제국의 동쪽과 서쪽은 바다를 사이에 두고 땅덩어리가 멀어져가듯 서서히 반으로 갈라지고 있었음이 드러났다. 그러나 그 순간 집정관 스틸리코가 거친 물

1) 이러한 방문을 둘러싼 의식과 그와 비슷한 다른 행사들에 대해서는, McCormick 1986, 123~124 참조. 고대 후기 로마의 인구에 대해서는, Van Dam 2010, Harris 1999b의 에세이, Sirks 1991; Durliat 1990을 보라. 공공 물품 목록은 Curiosum and Notitia, edited in Nordh 1949로 알려진 연관된 두 종류의 문서에 보존되어 있다. 독자는 그런 문서들이 정밀한 조사라기보다는 상업 회의소의 소책자에 가깝다는 사실을 알아야만 한다. Arce 1999; Reynolds 1996, 209~250; Hermansen 1978을 보라.

2) "위대한 도시": Claudian, Stil. 3.130~134, Platnauer 1922의 번역에서 인용.

결을 가라앉혔다. 그는 '세상의 균형'을 되찾아 주었다.[3)]

집정관의 영광을 연설한 시인은 클라우디아Claudian였다. 이집트에서 태어난 그의 모국어는 그리스어였다. 클라우디아는 고대 라틴어 시의 마지막 대가로 이름을 날렸다. 그의 언어에는 황제의 방문으로 분위기가 고양된 수도에 대한 신실한 경외감이 배어 있었다. 로마는 "소박하게 출발하여 웅장함을 향해 뻗어나갔으며, 이름 없는 작은 마을에서 태양이 비치는 모든 경계까지 그 권력을 확장해갔다." 그 도시는 "군대와 법의 어머니"였다. "천 번의 전투를 치렀고" 도시의 영향력이 전 세계로 퍼져나갔다. 로마는 오직 혼자서 "왕비가 아니라 마치 어머니처럼 정복자를 가슴으로 받아들였고, 그녀에게 굴복한 평범한 이름을 지닌 인류를 보호하면서 그들에게 시민권을 나눠주었다."[4)]

이것은 시적 상상력이 아니다. 클라우디아의 시대에는 시리아에서 스페인에 이르기까지, 이집트 북쪽 사막지대에서 얼어붙은 영국의 최북단에 이르기까지, 명예로운 로마인들이 지배했다. 유사 이래 지리적인 규모에서나 통합적 공공의 복지 능력에서나 로마만큼 성취를 이룬 제국은 거의 없다. 제국이 존속하던 기간을 빼고 생각해도, 로마인들처럼 규모와 단일성을 통합한 이들은 없었다. 그 어떤 제국도 광장을 둘러보던 연설가가 온 세상을 향해 과시한 견고한 위대함을 보여준 적이 없었다.

거의 천 년 동안, 로마인들은 집정관의 이름으로 시대를 호명했다. 따라서 스틸리코의 이름은 '하늘의 연호에 기록되어' 있다. 집정관은 자신의 명

---

3) "균형": Claudian, Stil. 3.10, tr. Platnauer.

4) 클라우디아에 대해서는 일반적으로 Ware 2012; Cameron 1970을 참조. 시인의 기원에 대해서는, Mulligan 2007. "초라한 시작에서 등장하다": Claudian, Stil. 3.136~154, tr. Platnauer을 참조.

지도 1. | 4세기의 로마 제국과 주요 대도시들

예가 사라지지 않도록 기리면서, 전통적인 로마의 스타일로, 다시 말해서 값비싸고 피로 얼룩진 게임을 즐기는 방식으로 사람들이 위안을 얻기를 기대했다.

클라우디아 덕분에 우리는 세계적 명성에 어울릴 만한 이국의 야생동물이 시민들에게 공개되었음을 알게 되었다. 유럽에서는 멧돼지와 곰을 들여왔다. 아프리카에서는 표범과 사자가 왔다. 인도에서는 상아 코끼리가 왔다. 클라우디아는 야생동물을 싣고 바다와 강을 건너는 배들을 묘사한다. (그는 뜻밖에도 흥미로운 세부 사항을 덧붙인다. 선원들이 아프리카의 사자를 배에 태우기 전 겁에 질린 모습이다.) 때가 되면, '숲의 제왕'이나 '남쪽 나라의 경이로움'은 스포츠 경기 현장에서 학살당할 것이다. 폐쇄된 경기장 안에서 자연의 가장 흉포한 짐승이 피를 흘리며 죽어가는 것, 그것이 로마가 지구와 모든 피

그림 1. | 우리에 갇힌 사자를 배에 싣고 안도하다, 3세기

조물을 지배하고 있음을 드러내는 중요한 장면이다. 그러한 영광스러운 광경을 보면서 현재 로마에 거주하는 시민은 제국을 건설하고 유지한 수많은 선조와 이어져 있다는 친밀감을 느끼며 위로를 받았다.[5)]

클라우디아의 연설은 청중들을 기쁘게 했다. 원로원은 투표를 해서 그를 기리기 위한 동상을 제작하기로 했다. 그러나 그의 확신에 찬 연설은 곧 물거품이 되어버렸다. 로마는 처음에는 잔혹한 포위 공격을 당했고, 그다음에는 상상조차 할 수 없는 일이 일어났다. 410년 8월 24일, 8백 년 만에 처음으로, 영원한 도시는 고트족의 군대에 침범당했다. 로마 제국의 몰락이

---

5) "하늘의 연호에 기록되어": Claudian, Stil. 2.475~476, tr. Platnauer. "숲의 제왕":Claudian, Stil. 3.317, tr. Platnauer. "남쪽 나라의 경이로움": Claudian, Stil. 3.345~346, tr. Platnauer. 로마의 게임에 수입되었던 동물들에 대하여, Toner 2014; Van Dam 2010, 23~24; Guasti 2007; MacKinnon 2006; Jennison 1937.

시작되는 긴 여정 중에서 가장 극적인 순간이었다. "하나의 도시 안에서 세계가 멸망했다."[6]

어떻게 이런 일이 가능했을까? 그 대답은 초점을 어디에 맞추느냐에 따라 좌우될 것이다. 작은 눈금으로 보면, 결정적인 것은 인간의 선택이다. 참화에 내몰리는 순간 로마인이 내린 전략적 판단은 탁상공론에 몰두한 장군들이 끝없이 사후 비판을 거듭하는 것에 불과했다. 좀 더 큰 틀에서 보면, 제국의 체제가 지닌 구조적 결함들, 예를 들어 소모적인 내전이나 국가 재정 기구에 가해지는 지나친 압박 같은 것이었다. 그런데 더 크게 확대해서 본다면, 결국 피할 수 없는 제국의 운명으로 파악할 수 있을지도 모른다. 로마의 멸망에 대해 영국의 위대한 역사가 에드워드 기번Edward Gibbon이 내린 판결이 바로 그런 식이었다.

그의 유명한 말, "로마의 쇠퇴는 무절제했던 위대함이 맞닥뜨리는 피할 수 없는 자연스러운 결과이다. 번영은 무르익으면 쇠락하는 게 원칙이며, 정복한 범위가 넓을수록 몰락할 원인이 배가된다. 시간 혹은 우연이 부자연스러운 지지를 거두는 순간, 거대한 조직체는 자신의 무게에 굴복하고 만다." 로마가 폐허가 된 것은 인간의 모든 창조물이 영원하지 않다는 사례 중 하나였다. 세상의 영화榮華는 이처럼 사라져간다.[7]

이러한 해답들이 모두 진실일 수도 있다. 그러나 이 책에서는 로마 제국의 몰락으로 알려진 기나긴 에피소드를 알아보려고 한다. 제국이 승리의 의

---

6) 클라우디아의 동상에 관해서는, CIL 6.1710; Ware 2012, 1. "하나의 도시 안에서": Jerome, Comm. In Ezech. pr. 로마의 봉쇄에 대하여, 5장을 보라.

7) Gibbon 1781, vol. 3, chapter 38, "서구 사회에서 본 로마 제국의 몰락에 대한 일반적 견해." 이러한 변천에 대하여, Bowersock 2009, 28.

례를 거행하는 바로 그 순간 본질적으로는 거대한 자기기만의 행위가 있었다. 로마인들은 자연이라는 야생의 힘을 길들였다는 과도한 자신감으로 피비린내 나는 동물 사냥을 무대 위에 올렸다. 우리는 로마인 스스로는 이해하거나 상상하기 어려운 눈금의 척도로, 미시적 차원에서부터 지구적 차원에 이르기까지, 그 본질을 자세히 들여다보아야 한다. 로마 제국의 몰락은 곧 인간의 야심에 대한 자연의 승리였다. 로마의 운명은 황제들과 야만인들, 원로들과 장군들, 병사들과 노예들에 의해 좌우되었다. 그러나 또한 박테리아와 바이러스, 화산과 태양 주기의 영향도 컸다. 최근에 이르러서야 우리는 생태 환경의 변화라는 거대한 드라마에 로마인들이 자신도 모르게 배역을 맡고 등장했었다는 사실을 알아차릴 수 있는 과학적 도구를 갖게 되었다.

아이네아스의 유랑 이야기로 로마의 기원을 읊은 베르길리우스의 국가적 서사시 〈아이네이드〉Aeneid는 '무기와 인간'에 대한 노래로 잘 알려져 있다. 로마의 종말에 관한 이야기는 또한 인간의 이야기이기도 하다. 인간의 행동이 승패의 갈림길을 결정하게 되는 순간들이 있었다. 그리고 더 깊고 물질적인 역동성을 지닌 농업 생산과 세금 징수, 인구통계학적 투쟁과 사회 진화적 요소들이 있었다. 그 모두가 로마의 권력이 미치는 범위와 성공을 결정했다. 그러나 〈아이네이드〉의 첫 장면에서 영웅은 자연의 원초적 힘에 조롱당하듯 격렬한 폭풍 속으로 내던져진다. 그렇듯 로마 제국은 거듭 내던져졌으나 이전에는 한 번도 밝혀지지 않았던 원초적 힘의 존재가 최근에 드러났다. 로마인들은 홀로세라 불리는 역사적 기후 시대의 특정한 순간, 지중해 지역에 거대한 제국을 건설했다. 급격한 기후 변화가 지연되고 있던 시기였다. 더 중요한 것은, 로마인들이 이미 알려져 있던 세계를 가로질러 열대의 변두리까지 덩굴손처럼 뻗어나가 도시화한 제국을 건설했다는 것이다. 예측하지 못한 자연의 음모 속에서, 로마인들은 병원체가 진화의 잠재력을 분출하기 쉬운 질병 생태계를 창조했다. 그리하여 오늘날 신종 전염병이라고 부르는 압도적 힘에 포위되었다. 로마 제국의 종말을 이야기할 때 인류와 환경은 서로 분리될 수 없다. 환경과 인간의 관계에 대해 아직 완전히 펼쳐지지 않은 장이 남아 있다. 로마의 운명은 자연이 얼마나 교활하고 변덕스러운지 일깨워준다. 진화의 깊은 힘은 찰나에 세상을 변화시킬 수 있다. 진보의 핵심에는 놀라움과 모순이 숨어 있기 마련이다.

《로마의 운명》은 역사 속에서 가장 주목할 만한 문명이 자연을 지배하려 했던 허망한 꿈을 꾸었음을 보여주는 이야기다.

1장

환경과 제국

Environment and Empire

로마 제국의 형성

로마의 발흥은 놀랄 만한 이야기다. 무엇보다도 지중해 지역의 정치권력 가운데 로마가 상대적으로 후발주자였기 때문이다. 로마의 고대사를 군주제, 공화제, 제국의 세 가지 시대로 나누는 것은 관행처럼 이루어지고 있다. 수백 년 동안의 군주제 시대는 시간의 안개 속으로 사라졌고, 훗날 로마인들이 어떻게 등장했는지 그 기원을 전하는 신화로만 남아 있다. 고고학자들은 기원전 2세기 무렵 청동기 시대에 로마 근처에서 일시적으로 살았던 인간의 흔적을 발견했다. 로마인들 스스로는 도시가 세워진 시기를 기원전 8세기 중반 첫 번째 왕 로물루스 때로 추정했다. 클라우디아가 서 있던 광장의 벽돌과 대리석 아래로부터 그리 멀지 않은 곳에 나무로 지은 소박한 오두막들이 모여 있던 촌락이 있었다. 당시에는 그곳이 썩 좋은 자리로 보이지 않았을 것이다.[1)]

1) 초기 로마의 고고학에 대해서는, Holloway 1994를 참조. 더 나아간 고고학적 증거를 읽으려면, Carandini 2011을 보라. 로마가 번성하도록 이끈 것에 대해 긴 진망으로 서술한 것은 Broodbank 2013의 뛰어난 연구를 참조.

수백 년 동안 로마는 이웃 나라 에트루리아인의 지배를 받았다. 한편, 에트루리아인은 동쪽에서 남쪽으로 진행 중인 정치적 실험의 대상이기도 했다. 초기 고대 세계의 지중해 지역은 그리스인과 페니키아인이 패권을 잡고 있었다. 로마인들이 여전히 문맹인 가축도둑들에 불과할 때, 그리스인들은 서사시와 서정시를 쓰면서 민주주의를 실험하고, 그리고 잘 알려진 그들의 연극, 철학, 역사를 창안했다. 가까운 해안에서는 카르타고의 포에니족이 야심찬 제국을 건설했다. 로마인들이 돛을 조작하는 법을 알기도 전의 일이었다. 25킬로미터쯤 내륙으로 들어가 티베르강의 축축한 강둑에 자리 잡은 로마는 뒷전에 있는 존재였고, 고대 초기 세계의 창조성을 구경만 했다.[2)]

기원전 509년 즈음, 로마인들은 왕을 쫓아내고 공화국을 출범시켰다. 이제 그들은 서서히 역사 속으로 걸어 들어갔다. 그즈음부터 로마의 정치와 종교 제도들은 토착적인 것과 유입된 것이 서로 섞이게 되었다. 로마인들은 남의 것을 잘 빌리는 사람들이었다. 최초의 로마법인 12동판법조차 아테네의 법을 표절했다고 공공연하게 고백하곤 했다. 로마의 공화제는 시민권을 기본으로 하는 고전적 지중해인의 정치적 실험에서 비롯되었다.

그러나 로마인들은 표면적-평등주의 정치조직체라는 개념에 강조점을 두었다. 두드러지게 종교적인 충성심, 시민의 희생이라는 급진적 이념, 열광적인 군국주의, 과거의 적을 동맹과 시민으로 통합하기 위한 법적 그리고 문화적 메커니즘, 또한 로마인들만의 믿음이기는 하지만 신으로부터 절대적 영원을 약속받았다는 것, 아무것도 로마의 운명을 바꿀 수는 없다는 것, 너무도 확연한 지리적 또는 기술적 우월함이라는 비밀로 역사 속에서 오직

---

2) 그리스에 대해서는 Ober 2015. 카르타고에 대해서는 Ameling 1993을 참조.

한 번 로마는 위대한 제국의 자리에 올랐다.

로마가 융성하기 시작한 것은 기원전 마지막 몇 세기 동안 지중해 지역에 지정학적인 무질서가 넓게 펼쳐진 시기와 일치한다. 적절한 역사적 순간에 로마인들은 공화정과 군국주의적 가치관으로 무장한 채 전례 없는 국가 폭력에 집중할 수 있었다. 제국의 건설은 피로 얼룩진 사업이었다. 전쟁기계가 입맛을 다셨다. 병사들은 지중해 전역에 직선형으로 늘어선 로마의 식민지에 주둔했다. 잔혹한 폭력으로 침략한 곳들이었다. 난폭한 정복이 이루어진 시대의 마지막 세기에 위대한 셰익스피어의 인물형들이 역사의 무대를 좌지우지했다. 서구의 역사적 자각이 불균형하게도 로마의 공화정 마지막 몇 세대에 집중되는 것이 우연만은 아니다. 로마 제국의 성립은 전례 없는 일로, 인류가 이전에 경험하지 못했던 부와 발전의 수준이 현대성을 향해 돌진했다. 아울러 불안정한 공화제 헌법은 자유, 미덕, 공동체의 의미에 대한 심오한 반성을 촉발시켰으며, 제국주의 권력을 어떻게 적절히 행사할 것인가에 대한 지속적인 소통이 이루어졌다. 로마의 법은 통치의 표준을 탄생시켰으며, 그로 인해 제국의 통치자들조차 해명을 해야 할 필요를 느꼈을 정도였다. 그러나 권력의 급격한 확대는 격변을 불러올 국가 폭력에 기름을 부어 독재의 시대가 시작되도록 만들었다. 메리 비어드Mary Beard는 적절하게도, "제국이 황제를 만들었다. ―그 반대가 아니라"라고 언급했다[3)]

아우구스투스 시대(기원전 27~서기 14)에는 로마가 지배하는 해안선이 상당히 확장되었다. 지중해를 '우리 바다'mare nostrum라 부르는 것이 허세가 아니

---

3) 로마의 공화제 헌법에 대해서는 Mouritsen 2013과 옛 문학들, 그리고 Lintott 1999를 참조. Harris 1985는 로마의 군국주의에 대해 가장 잘 다루고 있다. 또한 폭 넓은 지정학적 내용을 보려면 Eckstein 2006을 참조. 일반적인 것을 다루고 있는 Beard 2015의 257쪽을 보라.

었다. 로마의 성취를 평가하고 고대 제국주의의 역학을 이해하기 위해서는 고대 사회의 삶에 대해 몇 가지 기본적인 사실들을 알아야 한다. 삶은 느리고 유기적이었으며, 무너지기 쉽고 제한적이었다. 시간은 인간의 발과 동물의 발굽이 만드는 둔중한 리듬에 따라 흘러갔다. 수로는 제국의 진정한 순환 시스템이었으나, 폭풍이 몰아치고 바다가 닫히는 추운 계절에는 모든 마을이 섬으로 변했다. 에너지는 당연히 부족했다. 힘은 인간과 동물의 근육에서 나왔으며, 연료는 통나무와 덤불이었다. 육지에 밀착되어 살아가는 삶이었다.

열 사람 중 여덟 명은 도시 밖에서 살았고 마을은 우리가 상상하는 것보다 더 시골 같았다. 네발 달린 짐승의 울음소리와 코를 찌르는 배설물 냄새가 마을에 진동했다. 생존은 불안정한 환경 속에서 제때 내리는 비에 좌우되었다. 대다수에게 먹을 것은 곡물뿐이었다. "우리에게 일용할 빵을 주시옵고"는 진지한 청원이었다. 죽음은 늘 곁에 있었다. 이런저런 전염병들이 기승을 부리는 세상에서 평균 수명은 20대, 20대 중반 정도였다. 이러한 보이지 않는 제약들은 중력과 같이 현실적이었고, 로마인들이 알고 있는 세상을 규정하는 운동 법칙이었다.[4)]

이러한 제약들로 인해 로마 제국의 수직적 공간적 성취가 뚜렷해졌다. 전기 통신이나 엔진이 달린 운송 수단도 없이, 로마인들은 지구상의 서로 다른 지역들을 연결하는 제국을 건설했다. 제국의 북단은 북위 56도를 넘어섰고, 남쪽 경계선은 북위 24도 아래였다. "전근대의 역사 속에 존속한 제국들 중에서 오직 몽골, 잉카, 그리고 러시아의 차르만이 로마와 비슷하거나

---

4) Braudel 1972~1973, 전근대 지중해 연안의 놀라운 파노라마에 대하여.

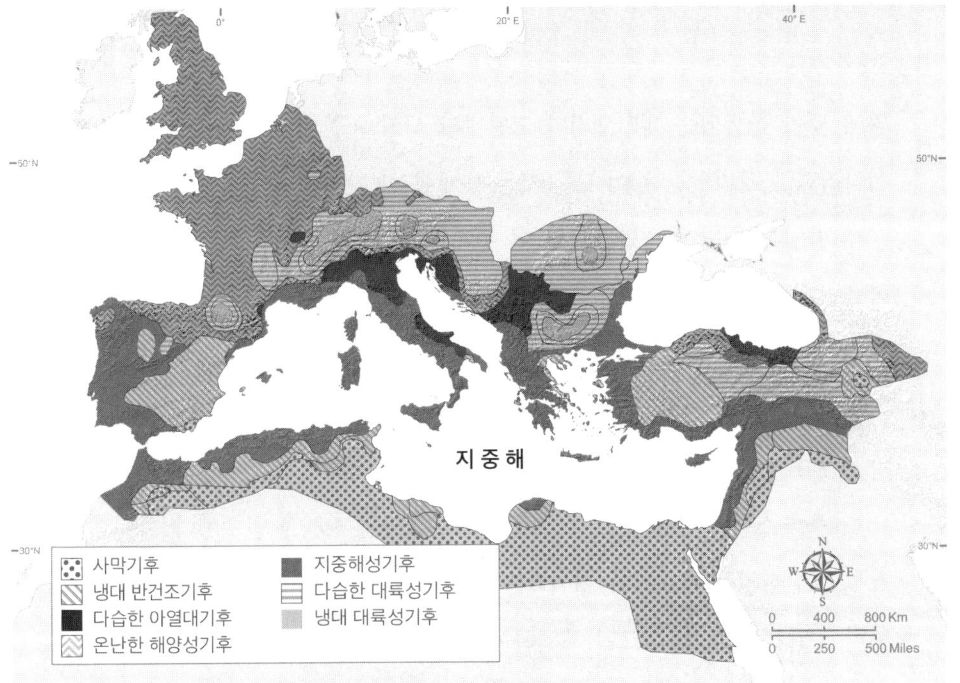

지도 2. | **로마 제국의 생태학적 구역**

더 넓은 영토를 차지했다." 로마만큼 오래 지속되고 중위도 이상과 열대에까지 이르는 방대한 영토를 다스린 제국은 없었다.[5]

제국의 북부와 서부는 대서양 기후였다. 그러나 제국의 생태학적 중심에는 지중해가 있어 비교적 온화한 기온을 배경으로 건조한 여름과 축축한 겨울이 나타나는 지중해성 기후의 특징이 뚜렷했다. 거대하고 역동적인 내륙의 바다가 손가락 마디 형태의 지형과 결합하여 극단적인 다양성을 나타냈다. 제국의 남부와 동부 가장자리를 둘러싼 아열대 기후의 압박으로 인해 육지는 사막 전단계로 바뀌었다가 마침내 사막으로 변해갔다. 제국의 식량 창고였던 이집트는 완전히 다른 기후 체제와 로마를 연결시켰다. 몬순에

5) "전근대의 역사 속에 존속했던 제국들 중에서": Scheidel 2014, 7.

의해 물이 공급되는 에티오피아 고원에서 생명을 불어넣는 나일강 홍수가 시작되었다. 로마인들은 이 모든 것을 통제했다.[6)]

로마인들이 단지 폭력만으로 이 광대한 영토를 지배한 것은 아니다. 제국을 유지하기 위해서는 경제적 힘이 필요했고, 로마 국경 안의 사람들과 그 너머 사람들이 끊임없이 협상해야 했다. 제국이 오래 유지되는 과정을 거치면서 제국의 권력, 그리고 경제와 협상의 내적 논리가 여러 차례 형태를 바꾸었다.

아우구스투스는 고대 로마 제국이라고 알려진 정권을 인수했다. 아우구스투스는 정치적 천재이며, 기이할 정도로 긴 수명을 타고났다. 그는 공화체제의 종말을 주도했다. 그가 통치하는 동안 정권을 탈취하려는 엘리트들의 경쟁으로 인해 공화국 말기에 불붙었던 정복의 열기가 지지부진해지기 시작했다. 그의 치세는 평화로운 시기로 알려져 있다. 로마인들이 전쟁을 할 때만 열어 두던 야누스 신전의 문은 7백 년 동안 겨우 두 번 닫혔을 뿐이었다. 아우구스투스는 그 문이 세 번이나 닫히는 모습을 보여주었다. 그는 시민들로만 이루어진 군대를 해산시키고 직업 군인으로 대체했다. 공화국 말기는 여전히 무상 약탈의 시대였지만 서서히, 그리고 확실히, 정복한 영토에서 통치와 정의의 규범이 세워지기 시작했고, 약탈은 일상적인 세금으로 변했다. 저항이 폭발할 때는 유대나 영국에서처럼 엄청난 힘이 뿜어져 나오기도 했다. 새로운 시민들은 처음에는 지방으로 서서히 흘러 들어갔으나 그 속도는 점점 빨라졌다.

---

6) 지중해에 대한 일반적인 내용은 Broodbank 2013; Abulafia 2011; Grove and Rackham 2001; Horden and Purcell 2000; Sallares 1991을 참조.

첫 이백 년 동안 제국의 체제를 규정한 거창하고 결정적인 타협은 제국과 '도시들' 사이의 암묵적인 합의였다. 로마인은 도시와 그곳의 귀족 가문을 지배했다. 로마인은 지중해 세계의 시민 귀족 계급을 그들의 제국주의적 책략으로 구슬렸다. 지방 귀족들에게 세금 징수를 맡기고, 그들에게 시민권을 부여했다. 그러면서 로마인들은 3개 대륙에서 선택한 엘리트들을 지배계급으로 편입시켰고, 그 결과 수백 명에 불과한 로마인 고위 관료들로 광대한 제국 전체를 통치할 수 있었다. 제국이 노골적으로 약탈하는 체제에서 연방 형식으로 탈바꿈한 것이 얼마나 빠른지 놀랍기만 하다.[7]

제국의 지속은 위대한 타협의 성과에 달려 있었다. 그것은 초반의 첫수였고, 효과가 있었다. '로마의 지배에 의한 평화'를 의미하는 '팍스 로마나'pax Romana는 약탈이 통치로 바뀌면서 제국과 함께 많은 민족도 번성하게 되었다. 도시는 원래의 경계를 넘어 확대되었다. 거주지의 밀도가 높아지면서, 숲을 베어내고 새로운 농토를 경작해 농장들은 언덕 위로 확산되었다. 로마제국의 햇살 아래 모든 유기체가 번성했다. 이 시기의 첫 세기 즈음, 로마시 자체의 인구가 백만 명을 넘어서는 정점을 찍었다. 인류 역사상 처음 일어난 일이었고, 서구에서는 1800년경 런던을 제외하고 유일하다. 2세기 중반에 이르렀을 때, 7천5백만 명의 사람들이 로마의 지배를 받았다. 이는 전 지구상 인구의 1/4이었다.[8]

이와 같은 규모로 느리게 움직이는 사회에서 인위적으로 성장이 강요되

---

7) "위대한 타협"의 개념에 대해서 Scheidel 2015a와 2015b를 참조. 로마와 지방의 관계에 대해서 Noreña 2011; Mattingly 2006; Ando 2000; Woolf 1998을 참조. 유대의 경우, Judea, Isaac 1992를 참조. 시민권의 확장에 대해서, Lavan 2016을 참조.

8) 2장을 보라.

면 쉽게 파멸을 초래할 수 있다. 땅은 생산의 근본적 요소이며 유한한 것이다. 인구가 급증함에 따라, 사람들은 환경으로부터 에너지를 점점 더 강압적으로 얻어내기 위해 유한한 땅으로 몰려갔다. 토마스 맬더스Thomas Malthus는 인간 사회와 식량 공급의 본질적이며 모순적 관계를 잘 이해했다. "집단의 힘은 인간의 호구지책을 공급하는 땅의 힘보다 훨씬 강하다. 그래서 어떤 형태로든 죽음이 조급하게 인류를 찾아오기 마련이다. 인류의 악덕은 적극적이며, 쉽사리 인구 감소를 야기한다. 그들은 파괴의 선봉에 서며, 그 무시무시한 작업을 직접 끝내는 경우도 종종 있다. 그러나 전쟁으로 인한 소멸이 실패하면 질병의 계절, 유행병, 역병, 전염병이 대열을 짓고 진군해 와서 수천, 수만의 사람들을 쓸어버릴 것이다. 그것으로도 불완전하다면, 피할 수 없는 엄청난 기근이 몰려와 식량 부족이라는 강력한 한 방으로 인구를 후려칠 것이다."[9)]

그러나…… 로마인들은 대규모의 기아에 굴복하지 않은 게 확실하다. 여기서 제국이 성공할 수 있었던 숨겨진 논리를 찾을 수 있다. 로마인들은 끊임없이 불행으로 가라앉기는커녕, 1인당 경제의 측면에서 지속적인 성장을 달성했고, 곧바로 심각한 인구 팽창이 일어났다. 제국은 맬더스학파의 암울한 논리를 거스르거나, 최소한 유예할 수 있었다.

오늘날 사람들은 매년 경제성장률 2~3퍼센트라는 숫자에 익숙해져 있으며, 우리의 희망과 연금은 그것에 달려 있다. 하지만 고대에는 그렇지 않았다. 본질적으로, 산업사회 이전의 경제는 지속 가능한 기반 위에서 에너지를 효율적으로 얻어내고 교환할 수 있는 능력에 제약이 있었다. 에너지를

9) Malthus 1798 Chapter 7. 임금에 관하여, Harper 2016a를 참조. 2장을 보라.

무한정 자유롭게 쓸 수 없었다는 의미다. 전근대 역사는 현대성을 향해 느리고 꾸준하게 상승한 것도 아니고, 하키 스틱 같은 형태로 상승한 것도 아니다. 산업혁명이라는 에너지 돌파에 이르기까지는 암울하고도 근근이 생존을 이어가는 평평한 직선이었다. 잭 골드스톤Jack Goldstone은, 어느 정도 행복한 시간에 이르기 위한 실제 성장이 일어나 확장의 국면이 펼쳐질 때, '개화'efflorescence라는 용어를 사용하자는 제안을 했다. 이러한 성장은 인구가 늘어나고 자원을 생산적인 용도로 더 많이 전환할 때 일어난다. 그러나 맬더스는 이러한 종류의 성장이 결국은 점점 더 공간을 부족하게 만든다고 주장했다. 환경으로부터 에너지를 더 효율적으로 얻어내기 위해 무역과 기술이 발전하면서 성장이 집중되었다.[10)]

로마 제국은 개화를 위한 역사적 균형을 갖추었다. 공화정 말기에 이미 이탈리아의 사회발전은 엄청난 도약을 경험했다. 이탈리아의 번영은 어느 정도는 약탈의 결과이자 정복의 열매였다. 노골적인 정치적 보상으로 획득한 것이라 언제 사라질지 몰랐다. 그러나 이렇게 겉치레로 얻어진 번영이나마 그 아래에서 진정한 성장이 시작되고 있었다. 이러한 성장은 군대가 한계에 다다른 뒤에도 지속되었을 뿐 아니라, 정복한 나라들로 확산되기까지 했다. 로마는 단순히 영토만을 지배한 것이 아니었다. 주변부에서 중심으로 이윤이 전달되었는데 제국의 통합이 촉매 작용을 했다. 느리지만 꾸준히, 로마의 통치는 그 지배하에 있는 사회를 변화시켰다. 상업, 시장, 기술, 도시화가 그것이었다. 제국과 동시에 많은 민족이 발전의 지렛대를 붙잡았다. 제국은 150년이 넘는 시간 동안 광범위한 지역에서 강력하고 폭넓게 성장했다.

---

10) Goldstone 2002.

로마 제국은 맬더스의 예상을 피해 갔고, 의도치 않은 정치적 자본을 얻었다.[11)]

이러한 번영은 대제국이 성립한 조건이자 결과였다. 그러한 순환은 매혹적이었다. 제국의 안정성이 인구증가와 경제적 성장의 배경을 제공했다. 인구와 부는 이제 제국의 권력이 지닌 근육이 되었다. 병사들은 차고 넘쳤다. 과세율은 높지 않았으나, 세수는 넉넉했다. 황제들은 인색하지 않았다. 도시 엘리트들과의 타협은 양측 모두에게 이익이 되었다. 어디에나 부가 넘치는 것처럼 보였다. 로마군은 모든 전선에서 적과 비교해 전술, 전략, 물류의 이점을 누렸다. 예상보다 더 무너지기 쉬울 가능성은 있어도, 로마인들은 일종의 긍정적인 평형 상태에 도달했다. 기번의 역작《로마 제국 쇠망사》History of the Decline and Fall of the Roman Empire는 2세기의 찬란한 날들로부터 시작된다. 그의 유명한 말, "세계사에서 인류가 가장 행복하고 번영했던 시대를 선택하게 한다면, 누구라도 망설임 없이, 도미티아누스 황제의 죽음(AD 96)에서부터 코모두스 황제 즉위(AD 180)까지의 시기를 꼽을 것이다."[12)]를 인정할 수밖에 없을 것이다.

로마인들은 전근대 사회의 유기적 조건에서 가능한 것의 한계를 조금씩 벗어나고 있었다. 기번이 '이 끔찍한 혁명'이라고 불렀던 거대한 제국의 몰락이 사람들을 영원히 매혹시킨 것은 당연한 일이다.

---

11) 성장의 개념적 틀에 대해서는 Temin 2013을 참조. "유기적 경제"의 개념은 Malanima 2013을 참조했으며, 원래 Wrigley 1988에서 틀을 가져온 것이다. 교역과 기술은 2장에서 충분히 다룰 것이다.

12) Gibbon 1776, Ch. 3. 기번의 지성적 세계에 대해서는 Matthews 2010; Bowersock 2009를 참조.

변덕스러운 우리 행성

서기 650년 즈음의 로마 제국은 번성했던 과거는 그림자로만 남아 콘스탄티노플, 아나톨리아 그리고 바다 건너 몇몇 낙후된 소유지 속에서 쓸모없어진 비잔틴으로 줄어들었다. 서유럽은 다루기 힘든 게르만 왕국들로 분열되었다. 예전 제국의 절반은 아라비아에서 온 다른 신앙의 군대에 의해 신속하게 쪼개졌다. 한때 7천5백만에 이르던 지중해 지역의 인구는 대략 절반 정도에서 정체된 상태였다. 로마에는 약 2만 명이 거주했다. 그들은 이전보다 부유하지 못했다. 7세기 무렵에는 좁은 간선도로 하나가 바다를 가로질러 동서를 간신히 연결하고 있었다. 통화 체계는 중세 초기의 모자이크 형태로 분열되어 있었다. 유명무실한 재정기관 외에는 모든 것이 사라졌다. 전 세계 기독교인들과 이제 형성되어 가는 중인 이슬람교인들이 있는 모든 곳에서 종말론의 공포가 지배했다. 세상의 종말이 가까이 느껴졌다.

이 시기를 암흑의 시대라고 부르곤 한다. 그러나 그 이름은 한쪽 옆으로 치워두는 게 좋다. 르네상스와 계몽주의의 영향을 받은 형편없는 편견의 냄새가 풀풀 나는 이름이다. '고대 후기'로 알려진 이전 시기의 훌륭한 문화의 활력과 영적 유산을 전적으로 과소평가하는 것이며, 동시에 제국이 해체되고, 경제적으로 붕괴되며, 사회적으로 단순화된 현실을 설명할 필요가 없어진다. 이러한 현상들은 전기요금 고지서처럼 유사한 단위마다 객관적으로 측정해서 설명해야 할 외면할 수 없는 사실이다. 물질적인 관점으로 보면 로마 제국의 몰락은 개화의 과정을 역행하는 것이다. 즉 에너지 획득과 교환이 후퇴한 것이다. 우리는 국가의 실패와 침체라는 현상에서 기념비적인 사건을 연구하는 중이다. 사회 발전의 보편적 척도를 창안한 이안 모리스Ian

Morris의 뛰어난 연구에 의하면, 로마 제국의 몰락은 인류 역사상 가장 거대한 퇴보이다.[13)]

로마의 몰락에 대한 설명이 부족한 적은 없었다. 논쟁하는 이론들도 산적해 있다. 독일의 한 고전주의자는 210개나 되는 가설을 제시했다. 넓은 시야로 선두주자의 위치를 차지한 두 가설은 제국이라는 체제가 태생적으로 지속이 불가능한 메커니즘이라는 것, 그리고 제국의 최전방을 따라 가해지는 외압이 있었다는 것을 강조한다. 초대 황제 아우구스투스는 군주제의 틀을 확립했지만 왕위 승계의 규칙은 확정하지 않았기에 운명 같은 우연이 위험할 정도로 큰 역할을 했다. 권력과 정통성을 얻기 위한 경쟁은 시간이 흐를수록 군대를 통솔하기 위한 자기 파괴적 전쟁으로 치달았다. 그와 동시에 제국의 행정 전문 관료 집단이 점점 커져가면서 제국을 운영하던 지역 엘리트의 조직망을 대체했다. 관료가 많아질수록 국가는 무너지기 쉽다. 재정 압박이 커져서 시스템이 과열되기 때문이다.[14)]

한편, 제국의 국경은 영국 북부까지 뻗어나갔으며 라인강과 다뉴브강, 유프라테스강과 사하라의 경계선에 걸쳐 있었다. 그 너머에는 질투심에 찬 굶주린 사람들이 자신의 운명을 꿈꾸며 기회를 엿보고 있었다. 시간은 그들의 편이었다. 이제 우리가 2차 국가의 형성이라고 부르는 과정에서 로마의 적들은 수 세기에 걸쳐 점점 더 복합적이고 감당할 수 없게 되었다. 이러한

---

13) Brown 1971에서 그 자체로서 가치가 있는 '고대 후기'라는 개념을 형성했다. 이 책에서는 그가 경계 지은 연대인 마르쿠스 아우렐리우스에서 무함마드에 이르는 시기를 채택하였다. 사회 발전에 대한 참고서적은 Morris 2010 and 2013을 보라.

14) 가설의 목록은 Demandt 1984에 있으며, 두 번째 판은 2014에 출간되었다. 전근대 제국의 역학 관례에 대한 진지한 검토는 에세이 Goldstone and Haldon 2009를 보라. 로마 제국의 순차적인 위기들에 대한 업데이트된 설득력 있는 가설들은 Kulikowski 2016을 참조.

위협은 전선과 국가 심장부의 자원 양쪽 모두를 가차 없이 고갈시켰다. 왕위 다툼과 함께 제국의 운명에 치명적인 것이었다.

추천할 만한 익숙한 이론들이 많고, 이 책에도 영향을 미치고 있다. 최근 몇 년 동안, 학생들은 과거에 자연 기록보관소라 불리던 것을 점점 더 많이 대하게 되었다. 자연 기록의 형태는 다양하다. 빙하 코어, 동굴 석, 호수 퇴적물, 해양 퇴적물 등이 지구 화학의 언어로 쓰인 기후 변화의 기록을 보존하고 있다. 나무의 나이테와 빙하들도 환경 역사의 기록들이다. 이러한 물리적 대리증거물은 지구의 과거를 기호로 기록하여 보존한다. 마찬가지로 진화와 생물학적 역사도 우리가 추적해야 할 흔적을 남겼다. 인간의 뼈는 크기와 형태와 흉터로 건강과 질병의 미묘한 기록을 보존하고 있다. 뼈와 치아의 동위원소 화학은 무엇을 먹었고 어디로 이주했는지, 침묵하는 다수의 생물학적 전기를 풀어놓을 수 있다. 그리고 가장 위대한 자연 기록보관소는 아마도 우리가 유전자라고 부르는 긴 핵산의 가닥들일 것이다. 게놈 증거는 우리 종의 역사뿐만 아니라 우리와 지구를 공유했던 동맹과 적들에 대해서도 알려준다. 살아 있는 DNA는 진화의 역사를 유기적으로 기록하고 있다. 그리고 고고학적 맥락에서 고대의 DNA를 추출하고 염기서열을 분석하는 능력은 먼 과거의 생명의 계통수를 재구성할 수 있게 해준다. 그것은 법정 증거만큼이나 극적이었고, 최종적으로 역사에 존재했던 미생물 몇 가지를 법의학적 감식에 의해 대량 학살자로 규정하게 해주었다. 테크놀로지는 우리가 알고 있던 미생물과 인간의 진화 이야기에 혁명을 일으키고 있다.[15]

로마의 몰락을 이야기하는 역사들 대부분은 배경이 되는 환경을 안정적이고 비활성화된 상태로 가정하고 전개된다. 이제 우리는 그러한 가정이 틀렸음을 안다. 지구 시스템의 역사를 이해해야 한다는 필요성과 고대기후와

표 1.1 | 시기별 로마의 기후

로마 기후최적기	약 BC 200~AD 150
로마 과도기	약 AD 150~AD 450
고대 후기 소빙하기	약 AD 450~AD 700

게놈의 역사에 대한 정보를 찾아내는 능력이 현기증 날 만큼 진보한 덕분이다. 노골적으로 말하자면 암묵적 가정은 터무니없는 것이었다. 이제까지, 그리고 지금도 지구는 인간사의 요동치는 발판이다. 격렬한 돌풍 속에 휘말린 배의 갑판처럼 불안정한 발판이다. 물리적, 생물학적 지구 시스템은 끊임없이 설정을 바꿔왔고, 우리 인간은 내내 존 브룩John Brooke이 '험난한 여정'이라고 불렀던 일을 겪어야 했다.[16)]

기후 변화에 대한 우리의 인식은 과도한 온실가스 배출이 지구의 대기를 놀랍고 전례 없는 속도로 변화시킨다는 사실에 사로잡혀 있다. 그러나 인위적인 기후 변화는 최근의 문제이며, 큰 그림의 일부분일 뿐이다. 인간이

---

15) 이러한 새로운 접근법에 대해서는 Izdebski et al. 2015 (focused on climate); McCormick 2011. 또한 Scheidel forthcoming; Harper 2016b; Harris 2013a를 참조. 지중해 연안의 고기후 연구에 대한 소중한 리뷰는 Lionello 2012. Bioarchaeology: Larsen 2015; Killgrove 2014; MacKinnon 2007. Archaeogenetics: Krause and Pääbo 2016을 참조.

16) 환경 역사학자들의 놀라운 연구에 내가 얼마나 많은 빚을 지고 있는지 분명히 해야 한다. 특히 지중해 연안에서 연구하고 있는 이들, 수십 년 동안 환경 문제에 더 주의를 기울일 것을 촉구해온 이들에게 그러하다. 덧붙여서 13번 주에서 인용한 연구들과 Meiggs 1982; Hughes 1994; Shaw 1995를 훑어봐야 할 것이다. 논쟁의 얼개는 인류 역사에서 환경 변화의 역할을 강조하는 역사학자들의 최근 업적에 크게 힘입은 바 크다. 특히, Campbell 2016; Knapp and Manning 2016; Brooke 2014;Cline 2014; Broodbank 2013; Parker 2013; White 2011; Lieberman 2003들이다. 마지막으로, 주로 역사학계의 외부인들이 고립된 목소리로 로마 몰락의 요인이 극적인 환경 변화임을 이따금 주장한 적이 있다는 사실에 주목할 필요가 있다. 예를 들어, Huntington 1917, Hyams 1952. 충분한 논의는 Demandt 2014, 347~368을 참조.

대기에 열을 가하는 화학물질을 안겨 주기 훨씬 전부터 기후 체계는 자연적 원인에 의해 흔들리고 변화해 왔다. 이십만 년 남짓한 인류 역사 대부분 동안 우리 선조들은 기후가 들쭉날쭉 진동하는 플라이스토세에 살았다. 지구 궤도의 작은 변화들, 그리고 지축을 중심으로 지구가 기울고 회전하는 작은 변화들이 우리로부터 가장 가까운 별에서 도달하는 에너지의 양과 분포를 끊임없이 바뀌게 했다. 플라이스토세를 지나오면서 궤도 강제력이라 불리는 이러한 메커니즘이 수천 년 동안 지속되는 빙하기를 만들었다. 그런데 1만 2000년 전에, 빙하가 녹으면서 기후는 홀로세라고 알려진 따뜻하고 안정된 간빙기로 들어섰다. 홀로세는 농업의 번성과 복잡한 정치 질서의 성장에 필수적인 배경이었지만 인간의 입장에서 보면 극적이고 급격한 기후 변화의 시기였다.[17)]

궤도 메커니즘이 여전히 홀로세에서 기후 변화에 심각한 변화를 몰고 오는 동안, 태양 에너지는 다른 방식으로 짧은 시간 동안 결정적으로 변화했다. 태양은 그 자체로 변화무쌍한 별이다. 태양의 11년 흑점 주기는 태양 발전기에서 가장 잘 알려진 주기적 변화인데, 지구의 일사량에 극적인 영향을 미치는 것도 있다. 그리고 우리의 행성 지구도 자연 기후 변화에서 하나의 역할을 담당해 왔다. 화산이 폭발하는 경우를 보면 황산염 에어로졸을 대기 높은 곳으로 분출하여, 태양열을 반사하여 흡수를 막는다. 온건한 기후인 홀로세에서도 궤도, 태양, 화산의 힘은 가변적인 지구 시스템과 상호작용을 하여, 우리가 생각할 수 있는 것보다 훨씬 더 변덕스럽고 불안정한 기후를 만들어냈다.[18)]

---

17) 플라이스토세: Brooke 2014; Ruddiman 2001. 태양열 변동성: Beer et al. 2006.

홀로세에서 급속하게 기후 변화가 일어났다는 사실은 다소 의외의 일이다. 지구라는 행성의 관점에서 보면, 로마인들은 운이 좋았다. 제국은 로마 기후최적기RCO라고 불리는 후기 홀로세 기후 시대의 경계선에서 최대의 영토와 번영을 누렸다. RCO는 제국의 중심인 지중해 연안에 걸쳐서 따뜻하고, 습하며, 안정적인 기후였음이 밝혀졌다. 정치적 경제적 타협의 피라미드로부터 농경 제국을 만들 수 있는 절호의 순간이었다. 교역과 기술이나 마찬가지로, 기후 체제는 겉으로 보기에는 제국의 번영에 선순환적이면서 조용하고 협조적인 힘이었다. 로마인들이 그 한계까지 제국을 밀어붙였을 때, 그들은 환경적 토대가 자신들이 건설한 제국에 위태롭고 가변적임을 알지 못했었다.

2세기 중반부터 로마인들의 행운은 바닥에 떨어졌다. 조사한 결과 수 세기에 걸쳐 홀로세에서 가장 극적인 기후 변화의 장면들이 나타났다. 우선 서기 150~450년의 3세기에 걸친 기간 내내 혼란스러운 기후가 도래했는데, 이를 로마 과도기라고 부를 것이다. 기후가 불안정해지자 결정적인 고비마다 제국은 비축된 힘을 쥐어짜야 했고, 기후는 여러 사건의 진행에 극적으로 개입했다. 그러다가 5세기 후반부터 기후가 결정적으로 재편성되는 소용돌이가 시작되었고, 고대 후기 소빙하기에 접어들면서 절정에 이른다. 530년대와 540년대의 화산활동으로 후기 홀로세는 전반적으로 냉랭한 날씨가 지속되었다. 그와 동시에 태양에서 지구로 도달하는 에너지의 수준은 수천 년 만에 가장 낮은 지점으로 떨어졌다. 앞으로 살펴보겠지만, 물리적 기후

---

18) 홀로세의 변동성: Mayewski et al. 2004; Bond et al. 2001. 인간이 산업혁명보다 농업의 확산으로 기후에 영향을 미치기 시작했다는 견해에 대해서는, Ruddiman 2005를 참조.

조건이 악화되면서 미약하나마 남아 있던 로마 제국을 휩쓸어버리는 전례 없는 생물학적 재앙이 함께 일어났다.

이 책에서는 로마 역사에 미친 기후의 영향을 미묘한 것과 압도적인 것, 바꿔 말해서 건설적인 것과 파괴적인 것으로 나누어 차례로 논의할 것이다. 그러나 기후 변화는 항상 외부에 원인이 있는 요소였고, 게임의 다른 모든 규칙을 뛰어넘을 수 있는 진정한 와일드카드였다. 외부적 요소에 의해 삶의 인구통계학적, 농업적 토대가 재편성되었다. 사회와 국가의 훨씬 정교해진 구조를 기후 변화가 좌우했다. 고대인들이 운명의 여신 포르투나를 두려워하며 숭배한 데에는 그럴 만한 이유가 있었다. 세속적 군주의 권력도 무상하다는 것을 깨달은 결과였다.[19)]

자연은 어둠을 틈타 기습하는 군대처럼 인간 사회를 붕괴시키는 또 다른 무시무시한 장치를 가동했다. 그것은 바로 감염병이었다. 로마의 운명을 결정하는 데 있어서는 생물학적 변화가 물리적 기후 변화보다 훨씬 더 강력했다. 물론 기후 변화와 감염병은 떼려야 뗄 수 없을 만큼 연관되어 서로 겹쳐서 일어나지만 동일한 현상은 아니다. 다만 시너지 효과를 불러일으킬 때가 있다.

물리적 기후가 요동을 치면 생태학적 또는 진화적 변화가 촉발되어 질병

---

19) 이 시기에 대해서는 책 전체에서 상세하게 묘사하고 있다. 명료한 설명을 위해, RCO는 일반적 용어로 사용되지만, 그 시기에 대한 의견은 일치되지 않고 있다. 나는 BC 200~AD 150으로 제안한다. 로마 과도기는 거의 연구되지 않았다. 그것은 내가 만들어낸 용어이다. 후반의 장들에서 명백히 보여지듯이, 나는 초기의 건조한 시기(AD 150~300) 와 후기의 북대서양 진동의 양의 값 NAO(AD 300~450)가 지배하는 후기로 나누어진다고 믿는다. 고대 후기 빙하기는 최근에 일반적인 용어로 사용되기 시작했다. 나는 그 시기를 다른 이들보다 이르게 (약 AD 450) 잡는 편이다. 그러나 가장 추웠던 국면이 약 AD 530~680이라는 의견에 동의한다. 개략적 내용은 곧 출간될 Harper and McCormick, McCormick et al. 2012; Manning 2013; Luterbacher et al. 2013을 보라.

이라는 사건이 벌어지기 마련이다. 우리가 관심을 두고 탐구할 수 세기 동안, 기후 변화와 질병은 서로 어우러져 로마 제국의 운명을 결정했다.[20)]

기후 변화와 감염병 사이에는 단언할 수 있는 한 가지 차이가 있다. 최근까지 기후 시스템은 인간의 영향력에 상관없이 자체적인 속도와 주기로 진동했다. 이와 대조적으로 감염병의 역사는 좀 더 밀접하게 인간의 영향을 받으며 형성되었다. 인간 사회는 치명적인 미생물들이 살고, 움직이고, 존재하는 생태계를 만들어낸다. 로마 제국이 야심차게 사회를 발전시킨 결과는, 역설적으로 치명적인 미생물이 번성할 환경을 여러 방식으로 배양한 것이었다. 로마인은 전혀 의식하지 못한 채 그들의 인구 체계에 영향을 끼칠 질병 생태계를 구축하는 데 연루되었다.

제국의 운명과 더불어, 로마인들이 어떻게 살았고 죽었는지 이해하기 위해 우리는 인류 문명과 로마인들이 겪은 질병의 역사가 교차한 특정 시기를 재구성해야 한다. 인간의 사망률을 조절해온 병원균은 식별할 수 없는 적들의 집합이 아니다. 세균의 생물학적 세부 요소는 통제하기 힘들지만 명확한 사실들의 역사이다. 세균의 역사는 1970년대에 고안된 뛰어난 모델이 주도하고 있고, 고전이 된 윌리엄 맥닐William McNeill의 유명한 저서 《전염병과 인간》에서 이것을 잘 설명하고 있다. 맥닐에 의하면, 세균의 역사를 연결하는 맥락은 신석기 시대에 서로 다른 세균 집단이 등장하고 결합했다는 가정이다. 농업이 시작되면서 인간은 가축과 밀접하게 지내게 되었는데, 도시는 세균이 순환할 수 있는 인구 밀집 상황을 만들었다. 교역망이 확장되자, 한 사회

20) 곧 출간될 논문에서 나는 기후와 질병의 역사가 겹치는 몇 가지 방식에 대해 좀 더 개략적으로 설명할 것이다.

에 만연해 있던 질병이 처녀지로 몰려들면서 '문명화된 질병들이 서로 수렴' 하도록 이끌었다.[21)]

최근 몇 년 동안 고전적 모델의 광채가 희미해지기 시작했다. 근거가 되는 기반은 조용히, 그러나 결정적으로 주변부로 밀려났다. 1970년대는 서구 의학이 승리의 절정을 누리던 시기였다. 과거의 재앙이 과학의 발전 앞에서 하나둘씩 무너졌다. 전염병은 과거사가 되어버릴 것이라는 자신감에 찬 예측이 있었다. ……… 그러나 자연의 파괴력이 소진되지 않았음을 신종 전염병의 목록이 보여주고 있다. HIV, 에볼라, 라싸, 웨스트 나일, 니파, 사스, 메르스 그리고 지카에 이르기까지, 이름만 해도 수백 종이다. 이 모든 신종 전염병의 공통 특징은 잠행성으로, 길들인 가축이 아니라 야생 동물에서 옮겨온 것이다. 이제 신종 감염병의 역학에서는 병원체의 진화와 야생으로부터 비롯된 동물, 사람 간 공통 질병을 큰 비중으로 다루고 있다.[22)]

과거를 연구할 때 아직 이러한 통찰을 완전하고 일관된 방식으로 적용하지는 않고 있다. 하지만 우리가 질병의 역사에서 로마 문명이 점하는 위치를 생각하는 방식의 함의는 혁명적이다. 우리는 미생물의 생태라는 맥락에서 로마 세계를 구석구석 상상하도록 노력해야 한다. 우선 로마 제국은 일찌감치 도시화되었다. 제국은 웅성거리는 도시들을 서로 연결해주는 거대한 전화 교환대 같은 것이었다. 로마는 놀라운 도시공학으로 이루어져 화장

21) McNeill 1976. Wolfe, Dunavan, and Diamond 2007; Diamond 1997; Crosby 1986; Le Roy Ladurie 1973. 광범위한 개론을 보려면, Carmichael 2006을 참조. 이것은 고古분자적 증거도 없던 시대에 세워진 맥닐의 체계가 건재한 것에 대해 그 천재성을 증언하는 책이다. 나는 감염병의 역사적 생태학에 대해서는 Landers 1993에서, 사망률의 강력한 역할에 대해서는 Hatcher 2003에서 영감을 받았다.

22) Shah 2016; Harkins and Stone 2015; Barrett and Armelagos 2013; Harper and Armelagos 2013; Quammen 2012; Jones et al. 2008; Garrett 1994.

실, 하수관, 수로 시스템은 물론 쓰레기를 버릴 때 일어나는 가장 끔찍한 결과를 완화시켰다. 그러나 이러한 환경적 통제는 압도적인 힘에 저항하는 미미한 시도일 따름이었다. 세균의 바다를 간신히 막고 있는 물이 새는 허약한 방조제에 불과했넌 것이다. 로마에는 쥐와 파리들이 득실거렸다. 골목과 뜰에서는 작은 동물들이 꽥꽥 울어댔다. 세균에 대한 상식이 없었으므로 손을 거의 씻지 않았고, 음식이 오염되지 않도록 주의하지도 않았다. 고대의 도시는 불결한 곳이었다. 배설물에서 바로 입으로 전달되는 경로로 퍼져나가면서 치명적 설사를 일으키는 사소한 질병이 아마도 로마 제국에 발생한 첫 번째 치명적 질병일 것이다.

도시 밖에서는 지형의 변화가 로마인들을 유해한 위협에 노출시켰다. 로마인들은 그저 지형을 바꾸기만 한 게 아니라 풍경에 그들의 의지를 강요했다. 그들은 숲을 마구 베어내고 불태웠다. 강줄기를 바꾸고, 강 유역에서 물을 빼고, 가장 험난한 늪을 통과하는 도로를 건설했다. 인간이 새로운 환경을 침해하는 것은 위험한 게임이다. 낯선 기생충에 노출되는 위험이 닥칠 뿐 아니라, 예측할 수 없는 결과를 가져오는 생태 변화가 폭포수처럼 쏟아질 수도 있다. 로마 제국의 경우 자연의 복수는 암울했다. 보복의 주동자는 말라리아였다. 모기에게 물려서 전파되는 말라리아는 로마 문명의 골칫거리였다. 로마의 자랑스러운 언덕들은 아름다워 보이는 늪 위로 혹처럼 솟아올라 있었다. 도시 전역에 흩어져 있는 웅덩이와 샘물 그리고 강물이 흐르는 계곡은 매개체인 모기들의 안식처 역할을 했고, 영원한 도시를 말라리아 수렁으로 만들었다. 말라리아는 도시나 시골에서 학질모기가 번성할 수 있는 환경이라면 어디서나 치명적인 질병이었다.[23]

로마의 질병 또한 제국의 원활한 연결성에서 비롯되었다. 제국이 만든 무역과 이주의 규모는 전례가 없는 것이었다. 그러나 제국의 도로와 바닷길은 단지 사람과 생각, 물건만 아니라 세균도 함께 실어 날랐다. 이러한 양상은 서로 다른 속도로 흩어져 나갔다. 결핵이나 나병처럼 느리게 움직이는 치명적 병균의 확산은 용암처럼 서서히 타오르면서 로마 제국 전역으로 퍼져 나갔다. 빨리 움직이는 감염병들은 로마의 연결성이라는 컨베이어벨트에 올라타 전광석화처럼 퍼져나갔다.

우리는 로마 사회의 발전과 제국의 질병 생태계 사이의 모순된 관계를 강조할 것이다. 평화와 번영이라는 이득을 누렸음에도 제국의 거주자들은 건강하지 못했다. 전근대의 기준으로 볼 때도 그러했다. 그들의 생물학적 복지 수준이 낮았음을 보여주는 징표로 그들의 키가 작았다는 사실을 들 수 있다. 비교적 키가 컸다고 전해지는 율리우스 카이사르 같은 사람도, 남성들의 평균 키가 140센티 미만이었던 사회라서 눈에 띄었던 건지 모른다. 감염병이 로마인들의 건강에 현저하게 영향을 미쳤다. 그러나 여기서는 로마의 질병 사례들의 특수성에 더욱 주의를 기울여야 할 필요가 있다. 시공간마다 사망률 패턴을 주의 깊게 살펴보면, 로마 세계에서 전혀 찾아볼 수 없는 것이 무엇인지 발견할 수 있다. 지역을 넘어서서 전체 규모로 발생한 전염병이 없다. 전염병 대부분이 공간적 제약을 받았다. 동네와 지역에 국한되어 발생했다.

대규모 전염병을 찾아볼 수 없는 까닭은 세균 자체에 본래 내재하는 생물학적 한계 때문이다. '배설물-입'의 경로에 의존하는, 혹은 절지동물의 내부에 무임승차하는 방식으로 전파되는 미생물들은 그만큼의 범위와 속

---

23) Sallares 2002. 3장에서 더 깊이 다룰 것이다.

도로 퍼져나갔다. 그러나 2세기가 시작될 무렵, 로마 제국의 생태학과 병원체의 진화가 결합하여 새로운 종류의 폭풍과 같은 팬데믹이 탄생했다.[24)]

후기 로마의 역사는 여러 세기에 걸친 팬데믹의 시대로 볼 수 있다. 제국은 놀라울 정도로 지리적 범위가 넓은 대규모 사망 사건들로 인해 세 번이나 요동을 쳤다. 165년에는 천연두로 추정되는 이른바 안토니누스 페스트가 유행했다. 그리고 541년에는 부보닉(서혜 임파선종) 페스트의 원인균인 예르시니아 페스티스의 첫 번째 팬데믹이 시작되었고, 무려 이백 년 동안이나 지속되었다. 이러한 생물학적 재난의 정확한 규모는 알 도리가 없다. 세 가지 유행성 감염병 중 가장 사망률이 낮은 것은 안토니누스 페스트일 것이다. 우리의 연구에 의하면, 안토니누스 페스트에 약 7백만 명이 희생된 것으로 보이는데, 그것보다 훨씬 더 많이 추정하는 연구도 있다. 제국 역사상 가장 피비린내 나는 전투는 고트족의 거침없는 군대가 동쪽 전선에 있는 로마의 주력 부대를 덮쳐 아드리아노플에서 패한 날이었다. 그 재앙의 날에 목숨을 잃은 로마인은 약 2만 명이었다. 사망자가 모두 병사들이라는 사실이 문제를 더 부각시키기는 했으나, 두 경우의 숫자를 비교할 때 얻을 수 있는 교훈은 같다. 병원균이 독일인보다 더 무섭다!

로마 제국 역사에서 가장 강력한 살해자들은 자연에서 왔다. 그들은 제국 밖의 먼 곳에서 온 이국적이고 치명적인 침략자들이었다. 이런 이유로, 로마 제국의 역사를 지역에 한정하여 보는 것은 터널처럼 좁은 시각이다. 로마의 번성과 몰락 이야기는 지구 환경의 역사와 얽혀 있다. 로마 시대에 세계의 연결성은 획기적 도약을 이루었다. 로마인들은 향신료와 노예, 상아

---

24) 로마 제국의 질병 생태학과 그 인구학적 함의를 보려면, Scheidel 2001a and 2001b를 참조.

가 필요했으며, 그로 인해 국경을 제집 문턱처럼 넘나들었다. 상인들은 사하라 사막을 가로질렀고, 실크로드를 따라갔으며, 인도양을 건넜다. 그리고 제국의 힘으로 홍해에 항구를 건설했다. 잠깐의 구경거리가 되기 위해 로마까지 끌려와 학살당한 이국의 동물들은 마치 거시적인 추적기처럼, 상상할 수 없는 새로운 질병의 최전선에 로마인이 어떻게 접촉하게 되었는지의 경로를 우리에게 밝혀준다.

지구의 생물 다양성은 기본적으로 위도에 따라 종種이 변한다. 적도에 가까울수록 생물 다양성은 풍요로워진다. 빙하기가 반복되면서 온대와 극지방에서 일어나던 진화의 실험들이 주기적으로 말끔하게 청소되었다. 추운 기후에 속하는 나라일수록, 에너지와 생물 활동의 상호 관련성이 낮아진다. 열대지방은 생물 다양성의 '박물관'이며, 그곳에서는 다른 곳보다 높은 수준의 태양 에너지가 시간과 함께 작용하여 가늠하기 힘들 정도로 촘촘한 생물 복잡성의 태피스트리를 직조했다. 하지만 이러한 양상은 병원균을 포함한 미생물에도 해당된다. 로마 제국에서 인간이 구축한 연결망은 자연이 만든 영역 속에 부주의하고 무질서하게 널려 있었다. 로마인은 불꽃 하나가 대륙 간 규모의 대화재를 일으킬 수 있는 세상을 만드는 데 일조했다. 로마의 역사는 인류의 대서사 속에서 중요한 장을 차지한다.[25]

우리는 이제야 겨우 세균 진화의 역사를 알아내기 시작했다. 여기서 미리 진지하게 일러둘 것은, 우리는 로마의 역사를 장구하고 지구적 규모인 병원

25) Green 2014b에 실려 있는 논문은 이러한 관점이 열어주는 가능성에 대해 중세 세계의 맥락에서 흥미로운 개관을 하고 있다. 또한 Green 2017.를 참조. 세계화의 시대에 로마인들의 중요성에 대해 좀더 넓은 관점을 보려면 Belich, Darwin, and Wickham 2016, 9를 참조. 또한 '세계화'와 로마인들에 대해서는 Pitts and Versluys 2015를 참조.

균 진화의 역사 속 한 장으로, 그것도 특별히 중요한 장으로 살펴볼 것이라는 사실이다. 로마인들은 미생물이 무작위적으로 유전자 돌연변이의 실험을 할 수 있는 환경을 만들어 주었다. 만약 로마 제국의 운명이 팬데믹의 태풍으로 무너지게 되었다면, 그것은 구조와 우연의 기묘한 혼합 때문일 것이다.

최신의 지구과학 연구와 게놈 혁명 덕분에 우리는 기후 변화와 신종 전염병의 등장이 인류의 역사에서 늘 필수적이었음을 알게 되었다. 이제는 자연환경의 영향을 원인과 결과의 장면들 속에 넣을 것인지 아닌지가 핵심이 아니다. 그것을 어떤 방식으로 넣을 것인지가 까다로운 문제이다.

인간의 이야기

자연과학, 사회과학, 인문학 등 서로 다른 분야의 지식을 통합하는 것을 통섭이라고 부른다. '통섭'이라는 말은 과학에서 발견한 새로운 데이터를 역사학자들이 수동적으로 받기만 한다는 의미가 아니다. 사실 이 책에서 제공하는 해석은, 여전히 진보하고 있는 서술 방식인, 인간에 대한 순전한 지식의 영역에 의존하고 있다. 인문학 연구는 수 세기 동안 진보해왔으며, 세부적인 수준에서 로마 제국의 스트레스와 긴장감, 즉 진정한 본질과 내면의 작용을 이해하는 데 도움을 주었다. 아마도 기번Gibbon이 질투할 정도일 것이다. 이 책은 가장 최신의 게놈 연구나 고기후 기록보관소와 같이 신선하고 독창적이며, 놀라운 통찰에 근거를 두려고 노력했다.[26)]

마르쿠스 아우렐리우스(161~180)의 시대처럼 사회가 통합되어 인구가 증가하고 번창했으며 화려했던 한때를 누렸던 제국이 5세기가 지난 뒤에는 알아볼 수조차 없이 쇠퇴하게 된 중대한 변화, 그 일련의 사건을 어떻게 설명하느냐가 문제의 핵심이다. 이것은 한 국가가 몰락하고 침체하는 과정의 얽히고설킨 이야기다. 로마 제국은 맬더스 학파에서 말하는 에너지 제약의 시대에 건설되었으나, 교역과 기술의 진보가 그러한 제약을 극복할 수 있게 했다. 제국의 힘은 인구 팽창과 경제 성장의 전제이자 결과였다. 국가와 사회의 발전은 나란히 이루어진다. 분기점이 되는 기후 변화와 전염병의 등장은 서로 영향을 미치면서 이 복잡한 시스템에 끊임없이 작용했다. 인간의 힘이 미치지 못하는 물리적 환경에서도 농업 경제와 제국이 작동하는 체제의 배열 방식에 따라 기후 변화의 영향이 결정되었다. 또한 질병의 역사는 언제나 인간 문명이 구축한 생태계에 결정적으로 의존하게 된다.

우리는 환원주의의 유행 속에서 사건의 질감이 밋밋해지는 것을 피하려 애쓰면서도, 자연의 힘이 거대한 인과적 영향을 미쳤음을 기꺼이 인정한다. 환경과 사회 질서 사이의 관계는 결코 말끔하거나 직선적이지 않았다. 가장 험난한 도전과 마주했을 때조차, 이 장에서 우리가 만날 사람들이 역경에 대처한 수준은 놀라웠다. 스트레스를 흡수하고 적응하는 능력은 '회복 탄력성'resilience의 관점에서 평가한다. 제국은 환경이 주는 충격을 견디고 회복할 수 있도록 해주는 에너지 배터리들과 여분의 층들로 이루어진 유기체로 해석된다. 회복 탄력성은 무한하지 않다. 또한 고대 사회에서 회복 탄력성을 기대하게 되는 것은 지속적인 스트레스 징후라는 것, 그 한계를 넘어서는 순간 폭증하는 변화와 체제의 재개편이 일어난다는 사실에 유의해야

---

26) 통섭의 개념을 보려면 Wilson 1998을 참조. 전근대 사회에 적용하는 것에 대해서는 McCormick 2011을 참조.

만 한다.[27)]

로마 제국의 종말은 피할 수 없는 파멸을 향해 쇠퇴해 가는 과정이 아니었다. 그보다는 길고, 우회적이며, 상황에 따라 변화하는 이야기다. 회복력이 강한 정치 구성체가 그 과정을 견뎌내고 스스로 재편성되었다가, 마침내 둘로 나뉜다. 처음에는 서로마 제국이, 그리고 다음에는 동로마 제국이 몰락한다. 변화의 패턴은 언제나 자연, 인구통계, 경제, 그리고 정치 사이에서 강력한 상호작용이 일어나는 상황으로 제시될 것이다. 심지어 신앙의 체계 같은 초월적이고 열광적인 것에 대해서도 논의할 것이다. 신앙은 쇠퇴의 시기 동안에 반복적으로 불안정하게 재구성되었다. 역사의 역할은 이러한 이야기의 실타래를 자유와 우발성에 대해 건강한 존경심을 가지고, 또한 주어진 환경 아래 자신의 삶을 살아낸 인간들에 대한 강한 연민을 가지고 올바른 방향으로 엮어가는 것이다.

위대한 역사적 사건의 탐구를 시작하면서, 이러한 서사의 주요 윤곽 몇 가지를 밝힐 필요가 있다. 이 이야기에는 네 번의 결정적 전환점이 있다. 추진력을 얻어서 사건들의 속도가 빨라졌을 때와 파괴적 변화가 뒤를 바짝 쫓을 때이다. 고대 제국에서 중세 초기로 변천하는 동안 각각의 전환점에서, 우리는 자연계와 인간계 사이의 구체적이고 복잡한 연결의 맥락을 찾으려고 노력할 것이다.

(1) 첫 번째 전환점은 마르쿠스 아우렐리우스 시대에 발생한 전 세계적 팬데믹으로 경제와 인구증가가 위축되는 다면적 위기를 맞이한 것이다. 그

27) Butzer 2012; Scheffer 2009; Folke 2006. McAnany and Yoffee 2010에 실린 에세이는 역사학과 고고학의 맥락에서 이러한 패러다임이 어떻게 적용될 수 있는지 보여준다. Carmichael 2006, esp. 10. 최근에 Campbell 2016, esp. 23은 중세 유럽 환경의 역사에 커다란 풍요로움을 제공했다.

여파로 제국은 몰락하거나 해체되지는 않았으나 예전과 같은 위용을 잃었고, 전성기 이전의 상태로 돌아갔다.

(2) 그러고 나서 3세기 중엽에 가뭄과 역병, 정치적 도전이 이어지면서 갑작스럽게 제국이 해체되었다. 로마 제국의 '첫 번째 몰락'이라고 불리는 과정에서, 통합된 제국 시스템이 간신히 살아남은 것은 재편성을 위한 의도적 조치였다. 제국은 재건되었으나 새로운 외양으로, 즉 새로운 황제, 새로운 행정부, 새로운 화폐가 나타났고, 새로운 신앙이 뒤를 이었다.

(3) 새로운 제국은 다시 포효했다. 그러나 4세기 말과 5세기 초에 걸쳐 극적인 변화가 일어난 두 세대 동안 제국의 통일성이 깨지는 결정적 사건이 일어난다. 지탱하기 어려운 새로운 방식으로 유라시아 스텝 지역 전체가 로마 권력 체제에 도전하는 쪽에 무게를 두는 것처럼 보였다. 그 무렵 우연히도 제국의 서쪽 절반이 붕괴하는 사건이 일어났다. 스틸리코가 미연에 방지하고자 했던 이 대격변은 아마도 로마의 몰락 중 가장 친숙한 버전일 것이다. 5세기경에 로마 제국의 서쪽이 잘려 나갔다. 그러나 그것이 로마 제국의 대미를 장식한 피날레는 아니었다.

(4) 동쪽에서 부활한 로마 제국은 새로운 권력과 번영을 누렸으며, 인구도 증가했다. 이러한 중흥의 시기는 역사상 최악의 재앙인 부보닉 페스트와 소빙하기에 의해 두 차례 큰 충격을 받으면서 마침내 비참한 최후를 맞이한다. 인구통계학적 충격은 제국이 서서히 몰락하는 데 한몫했고, 이슬람 군대에 영토를 빼앗긴 것이 결정적으로 정점을 찍었다. 로마 제국의 잔재는 허울뿐인 비잔틴 제국으로 줄어들었을 뿐 아니라, 살아남은 이들은 적은 인구, 부족한 부富, 그리고 종말론적 신앙을 경쟁하는 기독교와 이슬람교의 끊임없는 분쟁 속에 시달리게 되었다.

로마의 흥망성쇠는 인간의 문명이라는 이야기가 하나부터 열까지 환경과 관련된 드라마임을 일깨워준다. 제국이 번영을 누렸던 2세기의 황금시대, 로마 세계 너머 저 멀리에서 새로운 종류의 바이러스 유입되어 팬데믹이 돌고 난 뒤 제국의 위대한 타협의 파탄, 3세기 무렵 기후와 전염병이라는 재앙의 협공 속에서 제국의 붕괴, 새로운 유형의 황제에 의한 제국의 부활, 4세기에 유라시아를 가로지르는 대규모의 민중운동 발발, 고대 후기에 일어난 동양 사회의 부흥, 부보닉 페스트라는 핵폭탄, 은밀히 시작된 새로운 빙하기, 로마 제국으로 인식되던 실체가 최종적으로 무너지면서 성전jihad에 임하는 이슬람 군대에 의해 재빨리 정복되는 과정들 모두가 그러하다. 만약 이 책이 목적한 바를 이룬다면, 때로는 평행하기도 하고 때로는 모순되기도 하는 인간과 자연환경의 대위법적 움직임 같은, 그러나 바로크 시대의 푸가처럼 낭랑하게 울려 퍼져서 서로 떼어놓을 수 없는, 이러한 과거의 전환 이외의 다른 이야기는 점점 들리지 않게 될 것이다.[28]

지식이 성장하는 속도는 우리를 흥분하게 만들기도 하지만 위축되게 하는 부분도 있다. 이 책에 잉크가 입혀질 때쯤이면, 학문은 이미 더 앞으로 나아가 있을 것이다. 그러나 그것은 행복한 수수께끼이다. 불가피하게 더 채워져야 하고, 발견이 진전될 때 수정할 수밖에 없는 잠정적 지도를 만들기 시작하는 것만으로도 위험을 무릅쓸 가치가 있다. 우리를 놀라게 하고 매료시키는 문명의 운명에 영향을 미친 경이롭고 기괴한 자연의 힘에 대해 생각

---

28) 다른 맥락에서 비교하려면, Cronon 1983, 13:“처음에는 사람들이 환경을 이용할 수 있는 선택의 범위를 주어진 순간에 형성할 수도 있다. 그러나 문화가 그러한 선택에 반응하는 환경을 다시 형성한다. 재형성된 환경은 문화의 재생산에 새로운 가능성의 배경이 된다. 그래서 상호 결정적인 새로운 순환이 생겨난다.”

해볼 때가 되었다. 그리고 과거로 돌아가 그 종말을 알지 못하는 척할 수 있는 인내심과 상상력도 필요하다. 평화와 번영을 누렸던 로마의 무릎 위에서 자란 위대한 의사를 이제, 이 책을 시작하는 자리로 불러낸다. 그는 우리와 가장 가까운 별의 역동적 순환이나 혹은 멀리 떨어진 숲에 있는 바이러스의 변종을 전혀 상상할 수 없었다. 그러나 그가 운명을 찾아 떠난 세계를 지배하던 제국의 번잡한 토대를 뒤흔들 수는 있었다.

2장

가장 행복했던 시대

The Happiest Age

위대한 의사와 위대한 도시

페르가몬Pergamum 출신인 의사 갈레노스는 129년 9월에 하드리아누스 황제가 통치하던 기간의 중기에 태어났다. 갈레노스는 최상류층은 아니었지만, 상류 중산층에 속했다. 따라서 제국은 그에게 번영과 기회를 의미했다. 갈레노스가 태어난 페르가몬은 에게해에 면한 소아시아 쪽 야트막한 산맥이 솟아오른 곳에 자리 잡고 있었으며, 로마 통치하에서 번성한 지역이었다. 또한 갈레노스와 같은 의학의 영재를 기르기에 상서로운 터전이기도 했다. 그리스 전통의 보루인 페르가몬에서 태어난 덕분에 갈레노스는 방대한 히포크라테스 전집을 비롯하여 타의 추종을 불허하는 그리스 의학 문헌 속의 지식을 획득할 수 있었다. 페르가몬에 있는 치유의 신 아스클레피오스(아폴로의 아들로서 그가 들고 있는 한 마리의 뱀이 휘감은 지팡이는 의학을 상징하게 되었다)의 사원은 회복기 환자들을 불러 모으는 등대로 유명한 곳이었다. 갈레노스의 시대에 이미 그 사원은 500년 전부터 존재했고, 명성의 정점에 있었다. '모든 아시아인들'이 성지로 몰려들었고, 갈레노스가 태어나기 5년 전에는 영광스럽게도 하드리아누스 황제가 친히 방문하기도 했다.[1)]

갈레노스는 어린 나이에 이미 재능을 발휘하여 페르가몬의 검투사들 사이에서 호평 받는 의사의 지위에 올랐다. 그러나 평화로운 제국에서 갈레노스는 머나먼 지평선을 꿈꿨다. 그는 키프로스와 시리아, 팔레스타인을 거쳐 지중해 동부를 여행하면서 약물과 처방에 대한 각 지역의 지식을 수집하러 다녔다. 알렉산드리아에서 공부하면서 진짜 인간의 뼈를 볼 기회가 있었는데, 그것이 그에게 깊은 인상을 남겼다. "그곳 의사들은 학생들에게 뼈 해부학을 가르칠 때 눈으로 볼 수 있는 표본을 사용한다. 그러므로 반드시 알렉산드리아로 찾아가 보라." 갈레노스가 흔치 않은 폭넓은 의술을 경험할 수 있던 것은 어느 모로 보나 로마 제국의 힘 덕분이었다. 엄청난 재능을 가진 이라면 당연히 자신의 운명을 시험해 보기 위해 위대한 수도로 향하게 되어 있었다.[2)]

갈레노스는 162년에 로마로 왔다. 마르쿠스 아우렐리우스 황제가 루키우스 베루스 황제와 더불어 통치를 시작한 첫해였다. 갈레노스는 "로마는 전 세계의 축소판이다."라는 말을 즐겨 인용했다. 히포크라테스(BC 400)의 시대에는 보기 드물었던 희귀한 병증을 갈레노스는 흔히 보게 되었다. "로마인들의 도시에는 사람들이 많이 살기 때문이다." "매일 만 명의 사람들이 황달로 고생하는 것을 볼 수 있고, 만 명의 사람들이 부종으로 고생하는 것을 볼 수 있다." 대도시는 인간 고통의 실험실 같았고, 갈레노스처럼 야심

---

1) 갈레노스의 연구자들은 최근 다음의 두 가지 개요의 도움을 받고 있다. Mattern 2013; Schlange Schöningen 2003. 기본적인 것은 Nutton 1973을 참조. Bowersock 1969, 59~75는 갈레노스를 문화적 맥락에 놓고 다루고 있다. "모든 아시아인들All Asia": Philostratus, Vita Apoll. 4.34. 하드리아누스 황제와 페르가몬은 Birley 1997, 166~168; Halfmann 1986, 191을, 숭배의 의학적 측면에 대한 일반적인 내용은 Steger 2016을 참조.

2) Jones 2012a on Galen's travels. 알렉산드리아: Galen, Anat. Admin. 1.2, tr. Singer

찬 지식인에게는 웅장한 무대였다. 그는 아찔한 속도로 출세 가도를 달렸다.[3)]

로마에 도착하자마자, 그는 한 철학자의 열병을 치료했다. 겨울에 노인을 치료하는 척한다는 비웃음에 시달리기도 했지만 그의 명성은 점점 높아졌다. 제국에서 가장 높은 지위에 오른 시리아 출신 집정관 플라비우스 보에투스는 갈레노스가 '말과 숨이 어떻게 일어나는지 시범을 보이는 것'을 간절히 보고 싶어 했다. 구경거리에 대해 세련된 취향을 지닌 관중이 집중하는 가운데 갈레노스는 돼지 한 마리를 생체 해부했다. 그리고 신경을 묶어서 돼지의 비명소리가 났다가 그쳤다가 하게 하는 고도의 기술을 선보였다. 갈레노스는 보에투스의 아들과 우울증을 앓고 있는 그의 아내를 치료했다. 그 권력자는 갈레노스에게 약속한 금을 하사했고 후원자가 되었다. 갈레노스는 최상류층으로 진입했다. 엄청난 성공 하나가 다른 성공을 불러왔다. 유명 작가의 노예가 다쳐서 흉곽 아래 치명적인 농양이 잡혔다. 갈레노스는 감염된 조직을 제거하는 수술을 하면서 고동치는 심장을 사람들 시야에 드러나게 했다. 갈레노스의 비관적인 전망에도 불구하고, 노예는 목숨을 건졌다.[4)]

불과 서른 살 중반에, 갈레노스는 살아 있는 전설이 되었다. "갈레노스라는 위대한 이름을 기린다."[5)]

---

3) "사람들이 많이 살기 때문에" 로마는 세계의 축소판: Galen, Hipp. Artic 1.22, 웅변가 폴레모Polemo의 말을 인용한 것임. 축소판으로서의 로마에 대해서는 also Athen. 1.20b를 보라 . "매일 만 명의 사람들"은 Galen, Purg. Med. Fac. 2. On these passages, Mattern 2013, 126을 보라.

4) "비웃음에 시달리면서도" Galen, Praecog. 3.19, tr. Nutton. 보에투스: Praecog. 2.25, tr. Nutton. Pig: Galen, Anat. Admin. 8.3, tr. Singer. Mime: Galen, Anat. Admin. 7.13. See Mattern 2013, 183~186.

5) "갈레노스라는 위대한 이름을 기린다."Galen, Praecog. 5.4, tr. Nutton.

이러한 사례들에도 불구하고, 의사 갈레노스는 우리에게 안토니누스 페스트라고 알려진 대규모의 사망 사건에 대비하지 못했다. 166년 갈레노스가 로마에 온 지 4년째 되던 해에 동쪽으로부터 안토니누스 페스트가 도시로 침입해 왔다. 진염병은 로마에서는 드문 일이 아니었다. 처음에는 열과 구토의 파도가 밀려왔고, 암울하지만 친숙한 죽음의 계절이 돌아온 것처럼 보였다. 곧이어 뭔가 심상치 않은 일이 목전에 닥쳤음이 분명해졌다.[6)]

역작 《의학의 방법》The Method of Medicine에서 갈레노스는 이 병에 걸린 청년에게 '처음 증상이 나타났을 때' 치료한 방식을 생생하게 묘사했다. 약했던 기침이 점점 격렬해지고, 환자는 후두부에 생긴 궤양에서 짙은 색의 딱지를 뱉어냈다. 곧 그 병의 명백한 징후가 나타났다. 환자의 몸은 머리끝에서 발끝까지 검은색 발진으로 뒤덮였다. 갈레노스는 그 병을 완화하는 처방이 있을 것이라고 믿었지만 산에서 키운 소의 젖, 아르메니아의 흙, 소년의 소변 같은 목록들은 절망적일 뿐이었다. 그가 겪은 대규모 사망 사건은 인류 역사 최초의 팬데믹이었을 뿐만 아니라, 로마 제국이 파탄에 이르는 순간이기도 했다. 대부분의 사람들은 아폴로 신이 새롭고 암울한 벌을 내리는 것이라 여겼으나, 과학자 갈레노스에게 그 병은 단지 '대역병'이었다.[7)]

이 장의 목적은 갈레노스를 키워낸 제국이 직면한 팬데믹의 전야를 조망하는 것이다. 이 시기는 기번이 인류 역사에서 '가장 행복하고 가장 번영한 시기'라고 규정했던 때이다. 그러한 평가에는 머나먼 로마 세계의 거장들

---

6) 안토니누스 페스트에 대한 참고 도서는 3장을 보라.

7) 갈레노스의 가장 긴 임상 기록은 Meth. Med. 5.12, tr. Johnston and Horsley를 보라. 고원의 소들, 아르메니아의 흙에 대해서는 Simp. Med. 9.1.4 (12.191K). 소변에 대해서는 Simp. Med. 10.1.15 (12.285K). 아폴로의 역할에 대해서는 3장을 보라.

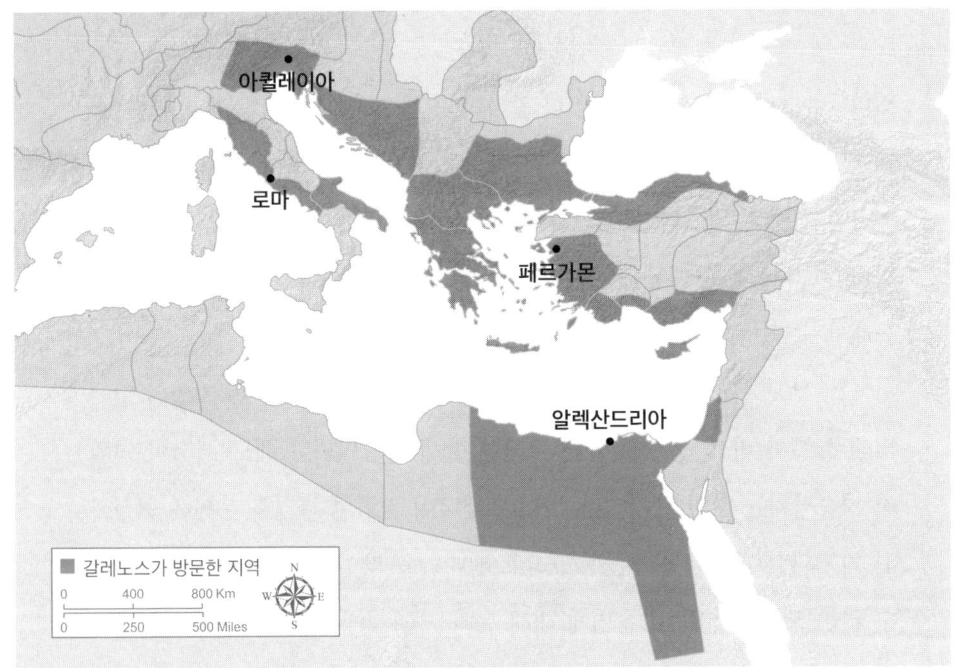

지도 3. | 갈레노스의 세계: 갈레노스가 확실히 방문한 지역들

에 대해 품은 매혹이 깃들어 있는 게 사실이다. 그러나 2세기 중엽을 로마 문명의 고점이라고 선언하는 것은 자의적이거나 미학적인 판단이 아니다. 역사에서는 물질적인 측면에서 사회의 발전을 앞당기려면 광범위하고 집중적인 성장이 필요하다. 로마 제국은 가장 중요한 시기에 속하는 경이로운 개화의 발판을 마련했다. 제국은 그 자체가 이러한 발전의 전제조건이자 결과이다. 제국의 정치적 틀과 사회적 메커니즘은 상호 의존적이었다.

동시에 우리는 로마의 지배에 의한 평화를 의미하는 팍스 로마나pax Romana가 결코 저항이나 마찰이 없는 지배로부터 얻어진 것이 아님을 강조할 것이다. 제국의 힘은 압박이나 도전이 없는 정도로 측정하는 게 아니라, 그것을 견딜 수 있는 힘으로 측정해야만 한다. 이런 관점에서 보면, 안토니누스의 시대가 왜 그토록 역사의 굴곡처럼 보이는지 그 이유를 찾을 필요가 있다. 국경 너머의 강력한 적이나 증가하는 재정적-정치적 긴장 같은 전통적 답변은 필수적이지만, 정확하지는 않다. 여기서 우리는 로마의 개화가 우호적인 기후의 협조라는 불안정하고 일시적인 조건 위에 세워졌음을 강조한다. 그리고 더 중대한 것은, 제국의 구조가 전례 없이 폭력적인 감염병이 도래할 수 있는 생태학적 조건을 형성했다는 것이다.

그러므로 본질적인 의미에서 제국의 궤적은 외부로부터 온 자연의 힘에 의해 방향이 바뀐 것이다. 물론 그러한 방해가 없었다고 해도 제국이 영원히 지속되지는 않았을 것이다. 그러나 제국이 경험한 특정한 운명은 최적화된 기후의 시기를 통과한 것, 그리고 팬데믹을 맞이한 충격과 결코 분리할 수 없는 것이다. 로마의 운명에 대해 논하는 자리에서 그 요소들은 충분히 우선순위에 꼽힐 만하다.

제국의 개요

갈레노스가 제국의 수도를 가로지르는 거리를 걷고 있을 때, 수많은 돌과 입상들이 앞다투어 그의 눈길을 사로잡았다. 지금도 남아 있는 로마의 30개 군단의 이름이 새겨져 있는 기둥도 보았을 것이다. 로마의 권력집단을 안심시키는 이름들이 제국의 북서쪽 구석에서부터 시작해서 시계 방향으로 지리적 순서에 따라 나선형으로 나열되어 있었다. 서쪽으로는 3개 군단이 영국을, 4개 군단이 라인강을, 10개 군단이 알프스와 흑해 사이를 지키고 있었다. 동쪽으로는 카파도키아에서 아라비아까지 8개 군단이 주둔하면서 속주와 적을 똑같이 감시했다. 아프리카에는 이집트와 누미디아에 각각

하나씩 2개의 군단만이 배치되었다. 그리고 스페인에 하나, 알프스 산맥에 2개의 군단까지 모두 30개 군단이었다. 그러나 전쟁과 전염병의 폭풍이 몰아치기 전 평온한 시기에도 제국은 과업을 미처 완수하지 못했다. 로마 제국은 언제나 국경 너머의 새로운 부족을 정복하고자 하는 원초적 의지와 핵심 구역 안에서 안전을 유지하려는 의지 사이에서 균형을 잡으려 했다. 이 모순된 두 힘 사이에서 제국은 결코 완전한 균형에 이르지 못했다. 그렇다 하더라도 2세기 무렵 세 개의 대륙을 가로지르며 로마의 군대가 보호하는 광대한 영토 전역에는 평화의 공기가 머무르고 있었다.[8)]

본질적으로, 로마 제국은 지리적 요소와 정치적 기술이 어우러져 그 형태가 결정되는 군사 패권주의의 틀을 지녔다. 로마 제국에는 자연적으로나 인위적으로나 정해진 국경선이라는 게 없었다. 현대 국가에서 선진화된 토지 조사에 의해 영토의 경계를 표시하는 것처럼 명확한 국경선을 상정하는 것조차 지나치게 엄밀한 것이다. 처음에 로마인들은 '사람들'과 '부족들'을 지배했다. 하드리아누스 황제 시절에 총독을 지낸 그리스의 역사학자 아피아누스는 '로마인들이 통치하는 부족들의 경계'를 설명하며 로마 역사의 서술을 시작했다. 그는 현명하게도 라인강, 다뉴브강, 유프라테스강과 같이 제국의 경계선을 이루는 주요 지리적 특성을 집어냈다. 그러나 그는 로마인들이 그 너머의 사람들 역시 지배한다는 사실을 알고 있었다. 거대한 군단 기지는 국경선 안쪽에 주둔하고 있었다. 힘을 비축하기 위해서이지만, 제국 경찰이면서 군단 기술자이기도 한 두 가지 역할을 효과적으로 수행하려는 것이기도 했다. 국경지대는 아주 작은 요새들, 감시 초소, 봉수대들이 밀집되

8) ILS 2288.

어 얽혀 있었고, 때로는 비우호적 영역까지 깊숙이 침투해 있기도 했다. 다뉴브강 너머에 살고 있던 쿼디족이 반란을 일으킨 것은 '자신들을 감시하기 위해 요새를 짓는 것을 참을 수 없었기' 때문이라고 전해진다.[9)]

2세기의 로마인들에게 확상을 중단하고 완성된 작품을 감상할 장대한 계획 같은 건 없었을 것이다. 아우구스투스 황제 시절에는 영토 확장의 속도가 다소 느려지기는 했지만, 굳이 멈추지는 않았다. 제국은 산발적인 침략과 외교로 영토를 넓혀 갔다. 하드리아누스의 장벽 같은 명백한 방어 구조물도 주권적 영토 경계의 표현이 아니라 통제 시스템이었다. 장벽이 건설된 뒤에도 스코틀랜드 전진 작전은 백 년 동안 간헐적으로 지속되었다. 마르쿠스 아우렐리우스는 광대한 중앙유럽의 구역을 통합하기 위해 진지하게 계획을 세웠다. 또한 유프라테스강 건너편 지역을 통제하려는 시도는 그치지 않는 갈등의 원천이 되었다.

확장으로 인한 갈등이 우리가 제국의 한계라고 일컫는 영토 패권주의에 점차 선을 긋도록 했다. 이러한 한계는 로마인들이 창안한 시스템의 특징에서 비롯된 것이다. 철기 시대에는 제국의 중심과 원활하게 수송과 통신이 이루어지려면 군사력의 협조가 필요했다. 군사 기계의 정치적 협조는 노골적인 물리적 힘만큼이나 중요했다. 황제는 원로원 위계에서 최고의 대표였다. 원로원은 상속되는 계급으로 강력한 지휘권을 독점하여 군대를 통제하는 소수 집단이었다. 마르쿠스 황제의 시대에는 언제나 160명의 원로원 의원이 제국의 여기저기에서 재직하고 있었고, 그들 모두 수도의 중추에 배치

9) "부족들의 경계": Appian, Hist. Rom. pr.1. 일반적인 것은 Luttwak 2016; Millar 2004, 특히 188; Mattern 1999; Whittaker 1994; Isaac 1992. Quadi: Cassius Dio, Hist. Rom. 71.20.2를 참조하라.

되었다.[10)]

로마의 황제들은 모두 막연하나마 '제국주의의 한계 비용'에 대한 최소한의 개념이 있었다. "온 땅과 바다에 대한 권력을 쥐고 있었으나, 그들은 미지의 초라하고 무익한 야만인들 땅으로 제국을 확장시키기보다는 신중하게 통치를 지속하는 것을 선택했다. 로마에서 나는 복속을 자청했으나, 무가치하다는 이유로 황제에게 거절당하는 대사들을 본 적이 있다." 로마인들은 너무 춥고 토양이 척박하지 않았다면, 켈트족의 땅을 모두 차지할 수도 있었을 것이다. 그러나 "켈트족을 복속시킨들 로마에 무슨 이득이 있으랴."[11)]

30개 군단의 병사는 약 16만 명에 달했다. 군단은 원래 시민의 지위를 가진 이들 중에서만 모집한 시민군이었으며, 때로는 제국 전역에 흩어져 있는 재향 군인 출신들도 있었다. 그러나 군단은 전체 군대의 절반에도 못 미쳤다. 그들의 군사력을 보완하는 것은 보조 부대들이었다. 지방에서 모집한 보조 부대 병사들은 제국의 지휘 구조와 전반적인 전략 설계에 통합되었다. 장기근속은 시민권이라는 특권을 얻기 좋은 길이었다. 여기에 해군과 부정기적 군대를 더하면, 로마 제국군의 전쟁기계는 50만 병사에 이르렀다. "세계 최초로 가장 규모가 큰 상비군이었을 뿐만 아니라, 최고의 훈련을 받고 최고의 장비를 갖춘 군대였다."[12)]

역사상 가장 강력한 군대를 유지하는 일에는 비용이 적지 않게 들었다.

---

10) 공간적 저항과 조율에 대한 도전에 대해서는 Scheidel 2014가 특히 시사하는 바가 많다. 후기 제국에 대해서는 Kelly 1998, 157을, 160명의 원로원 의원에 대해서는 Eck 2000a, 227을 참조하라.

11) "한계 비용":Whittaker 1994, 86. "권력을 쥐고"; Appian, Hist. Rom. pr. 26."켈트 족": Pausanias 1.9.6, tr. Levi.

12) "뿐만 아니라": Hassall 2000, 321, 로마 군대의 일반적 내용과 구성에 대하여 Le Bohec 1994를 참조. 병사들의 출신에 관해서는 Roselaar 2016; Ivleva 2016을 참조.

방위비는 국가 예산 중 가장 큰 비중을 차지하는 항목이었다. 2세기에 군단에 속한 평범한 병사는 300데나리의 봉급을 받았다(데나리는 로마의 은화 단위이다). 호화롭지는 않으나 건강하게 지낼 수 있는 금액이었다. 보조 부대의 병사는 아마도 이 금액의 6분의 5 정도를 받았을 것이다. 기갑부대 병사들은 장교들이었으므로 당연히 이보다 더 높은 봉급을 받았다. 퇴직 보너스와 불규칙한 기부금 등을 추가하면 훨씬 더 많은 금액이었다. 전체적으로 2세기의 군대 급여 예산만 1억 5000만 데나리로 제국 전체 GDP의 2~3퍼센트 수준이었을 것이다(미국의 현 방위비 분담액 정도). 순전히 규모로만 보면, 군대와 그 예산은 역사적으로 어마어마한 것이었다.[13]

동시에, 이미 당대 사람들이 인식하고 있었듯이, 아우구스투스가 수립한 제국의 틀이 상징하는 것은 사회 전체가 무장한 군대 동원 체제였던 로마 공화정으로부터 의식적으로 급격히 벗어나는 것이었다. 3세기의 역사가는 다음과 같이 썼다. "원로원의 명령에 따라 군대 지휘관이 움직이던 공화정 시절에는 모든 이탈리아인이 무기를 소지하고 있었다." 이와 대조적으로, 제국의 군대는 직업군인들로 이루어졌다. 아우구스투스는 "고정 급여를 주는 용병들을 배치하여 로마 제국의 바리케이드 역할을 하게 했다." 봉급을 받는 거대한 군대의 훈육, 용맹, 충성 위에서 로마의 평화는 지켜졌다. 군사적 패권주의 아래에서 재정을 담당한 기구는 제국의 기본적인 대사 시스템을 형성했다.[14]

---

13) 급여율에 대해 가장 최근 자료는 Speidel 2014를 참조. Alston 1994과 Campbell 2005a, 20~21은 몇몇 세부 사항에서 다르다. GDP 퍼센트는 Scheidel 2015b; Hopkins 1980, 124~125를 보라.

14) "공화정 시절"Herodian, 2.11.4~5, tr. Whittaker. 낮은 수준의 동원령: Bang 2013, 421~23; Hopkins 2009a, 196; Mattern 1999, 82~84.

로마 제국의 규모는 세 대륙에 걸쳐 있는 엄청난 군대를 조직하는 지구물리학적 현실, 군대를 통제하는 계급을 유지해야 하는 책무, 그러한 규모로 군대를 유지하는 비용, 이 세 가지로 규정되었다. 절정기일 때 로마의 군사적 지배는 오랜 기간 평화를 유지할 수 있었고, 속주민과 시민 모두에게 보상이 돌아갔다. 제국의 심장부는 전쟁의 고통을 시민들의 뇌리에서 몰아낼 수 있었다. "많은 지방에서 주둔군이 어디에 있는지 알지 못한다. 모든 이들이 다른 누군가가 세금을 거둘 때보다 더 기쁜 마음으로 로마에 세금을 낸다." "도시들은 광채와 우아함으로 빛나고, 온 땅이 기쁨의 정원처럼 꾸며져 있구나. 들판에서 피어오르는 연기, 친구와 적이 쏘아 올린 신호탄은 땅과 바다 너머로 사라졌다."

이렇게 과도한 칭찬은 그리스의 웅변가 아일리우스 아리스티데스Aelius Aristides가 젊은 시절, 서기 144년에 안토니누스 피우스 황제 앞에서 행한 유명한 연설에서 등장한 것이다. 촌스러운 아첨임을 어느 정도 감안한다 하더라도, 그가 유창한 언변으로 '가장 위대한 제국과 뛰어난 권력'이라고 평가한 제국 통치하의 삶은 지워지지 않는 인상을 남긴다. "제국은 로마인이라는 단어를 하나의 도시에만 속하게 하지 않고, 보통 사람을 가리키는 호칭으로 만들었다." 기번이 그 시대에 대해 긍정적 평가를 내린 것은 이렇게 아첨으로 가득찬 헌사에 근거를 두고 있음이 분명하다. 모든 제국이 신민으로 하여금 그러한 기쁨의 찬사를 부르게 한 것은 아니다. 그러나 곧 알게 되겠지만, 제국으로 편입되고자 하는 유혹이 널리 퍼져나갔다는 물질적 증거는 충분하다. 아리스티데스 같은 엘리트 시민의 충성심이 제국의 접착제 역할을 한 것은 분명했다.[15)]

아리스티데스는 로마에서 중병에 걸려 죽음의 문턱까지 갔다가 아스클레피오스의 사원에서 요양하기 위해 페르가몬으로 향했다. 당시 어린 소년이었던 갈레노스는 위대한 웅변가를 볼 수 있었다. 그는 몇 년 동안 신이 제안한 기이한 치료를 받으며 그곳에서 지냈다. 우리는 안토니누스 페스트에 희생된 첫 번째 유명인사로 아리스티데스를 다시 만나게 될 것이다.

인구와 번영

약 50만 명의 병사가 현역으로 복무하고 있는 상황이었기에, 인력 그 자체가 로마 군사력의 주된 요소였다. 고대 제국에서는 이런 규모의 군대를 소집하는 일이 그다지 엄청난 부담은 아니었던 것 같다. 앞으로 펼쳐질 상황과 비교해 보면 확실히 그렇다. 아리스티데스의 말을 빌면, 제국은 "각 지역의 인구에 맞추어서 결코 부담이 되지 않으면서 그들만으로 한 부대를 형성할 수 없을 정도의 병사들만 모집한다." 봉급과 특권의 유혹만으로 충분히 매력적이지만, 그보다 병사를 모집하기 쉬운 근본적 이유는 인구가 넘치도록 증가한 덕분이었다. 로마인은 이러한 연관성을 의식했다. 예를 들어 베네벤토에 있는 트라야누스 황제가 만든 승리의 아치에는, 영광스러운 군대의 승리는 신이 로마에게 하사한 자연의 풍요로움인 농경과 인간으로부터 온 것이라고 적혀 있었다.[16)]

---

15) Aelius Aristides, Or. 26.58, 63, 67, 99, tr. Behr. 우리는 회의적 평가들에 반대하면서 Birley 1987, 86의 의견을 공유한다: "모든 보상이 다 이루어지면, 찬사가 두드러지게 된다."

16) Aelius Aristides, Or. 26.76, tr. Behr.

당시에는 어디에나 사람이 살고 있다는 사실이 경이로운 일이었다. 로마를 칭송하면서, 아리스티데스는 경탄했다. "그토록 많은 언덕과 도시가 된 목초지에 단 하나의 도시 이름이 붙어 있으니, 누가 그것을 모두 눈에 담을 수 있을까?" 인구가 증가했다는 흔적은 시리아에서 스페인, 영국에서 리비아에 이르는 각 지역의 고고학 연구에서 뚜렷하게 나타난다. 계곡이 사람들로 붐비자, 산비탈로 마을이 확장되었다. 마을들은 저지대를 개척했고, 그때까지 제한되어 있던 지역을 넘어서 경작을 했다. 로마가 지배한 세 대륙의 인구는 깊은 바닷속에서 솟구친 파도가 겹쳐서 동시에 융기하듯이 안토니누스 황제 시절에 절정을 이루었다.[17)]

고대 세계의 인구 수준을 재구성하려는 시도는 막연한 일이다. 언제나 그래왔다. 1750년대에 이미, 데이비드 흄David Hume과 스코틀랜드의 신학자 로버트 월리스Robert Wallace는 서로 격차가 큰 견해로 '고대 국가의 인구'에 대해 논쟁했다. 토론이 항상 온화하지는 않았으나(흄은 상대방의 마지막 원고를 수정하는 데 도움을 주었다), 월리스처럼 '높게 측정하는 것'과 흄처럼 '낮게 측정하는 것' 사이에서 오늘날까지 지속되는 논란의 윤곽이 드러났다. 최근에도 로마 제국의 최고 인구수에 대해 약 4천4백만에서 1억에 이를 것이라는 신뢰할 만한 주장이 제기되고 있다.[18)]

아우구스투스의 죽음(서기 14년) 이후 150년 동안 제국 내에서는 꾸준히 인구가 증가하다가, 안토니누스 페스트의 유행으로 증가세가 꺾이는 지점에서 정점을 이루었다는 사실에 많은 이들이 '동의'한다. 그러나 절대적 수치

---

17) Aelius Aristides, Or. 26.6, tr. Behr.

18) 흄에 대하여, Mossner 1980, 266~68.

는 추측으로만 남았고, 흄과 월리스 사이에 벌어졌던 논쟁은 현대의 학자들이 이어받았다. 가장 신뢰할 만한 주장은 아우구스투스가 죽었을 때 로마 제국에는 6천만 명이 거주하고 있었고, 그 뒤로 1세기 반이 흐른 뒤 갈레노스가 로마에 도착했을 무렵에는 7천5백만에 가까웠다는 것이다.[19)]

인구의 증가는 삶과 죽음 사이의 좁은 여백 속에서 면도날처럼 미세한 변화가 수없이 일어나면서 생기는 의도하지 않은 결과이다. 고대 세계에서 인구는 길항작용을 하는 강력한 힘들 사이에 끼여 있었다. 사망률은 극도로 높았다. 로마 제국에서의 삶은 짧고 불확실했다. 다음 장에서 보게 되겠지만, 낙후된 사회의 낮은 기준으로 보더라도, 로마 세계의 보험 통계표는 암울했다. 출생시의 기대 수명은 스무 살에서 서른 살 사이였다. 전염병은 로마의 인구통계에서 무거운 비중을 차지하는 사망률의 가장 큰 결정 요인

---

19) 로마 인구의 크기를 재구성하려는 전문가의 시도는 Beloch 1886 (34~36 on Hume)Brunt 1987; Lo Cascio 1994 and 2009; Frier 2000으로 시작한다. 2001년도까지의 논쟁을 보려면 특히 Scheidel 2001b의 연구를 참조. 더 최근의 연구는 Launaro 2011; De Ligt 2012; Hin 2013. 제국 전체 인구의 수치는 지역간 평가를 합친 것이다. 지난 세기의 학자들은 Beloch가 정립한 로마 세계의 여러 지역에 대해 정교하고 설득력 있는 숫자들을 기초해서 추정했다. 정밀도는 그럴듯하지만, 최대 7천5백만 명은 표 1.1의 분포에서 도출되며, 각 분포는 가장 합리적이고 가능성 있는 최고단계를 취한다(대부분은 Scheidel 2001b, 48을 따르고 있다). 지역 총합에 대한 가장 훌륭한 증거들은 이탈리아와 이집트에서 나온다. 이탈리아에서는 대략 아우구스투스 황제의 통치 시대까지 보고된 일련의 인구 조사에 의존한다. Hin 2013은 1천1백만에서 1천2백만이라는 믿을 만한 독해로 돌파구를 마련했다. 전근대의 인구는 장기간에 걸쳐 연간 0.1퍼센트~0.15퍼센트 증가할 수 있었다(Scheidel 2007, 42). 충격적인 사망률만 아니라면, 이탈리아에서 서기 166년의 가장 설득력 있는 수치는 약 1천4백만일 것이다. 이 숫자는 중세 인구의 최대치를 약간 상회하는 만족감을 주면서 18세기 초 이탈리아 인구보다 약간 낮은 정도이다. 이집트의 경우, 우리는 유대인 사학자 요세푸스가 남긴, 거대한 대도시 알렉산드리아를 제외한 인구가 750만 명이라는 도발적인 기록이 남아 있다. 다양한 증거로 볼 때, 이 기록은 전혀 설득력이 없음이 밝혀졌고, 아마도 약 5백만 명이 2세기 최고의 인구였을 확률이 높다. Bowman 2011에 앞서 기술한 내용이 담겨 있으며, 특히 Rathbone 1990을 참조. 일반적으로 다른 지역에 대한 추정치는 훨씬 더 넓은 오차 한계를 가지고 있지만, 최근 몇 년 동안 많은 학자들의 인내심과 신중한 추론 덕분에 7천7백만에서 7천5백만 명의 거주자들이 있었을 가능성이 높은 것으로 보고 있다. Bonsall 2013, 17~18; Mattingly 2006 on Britain을 참조하라.

표 2.1 | 서기 165년 경의 로마 제국 인구

지역	인구(백만)	밀도(km^2 당)
이탈리아 (도서 지방 포함)	14	45
이베리아	9	15
갈리아와 독일	12	18
영국	2	13
다누비아 지역	6	9
그리스 반도	3	19
아나톨리아	10	15
레반트	6	43
이집트	5	167
북아프리카	8	19
총합	75	20

이었다.

사망률이 높은 환경에 대응하려면 출산율을 높여야 한다. 출산은 여성의 신체에 심각한 부담을 주지만 여성들은 빈자리를 메꿔야 한다는 필요성 때문에 생물학적 타격을 견뎌냈다. 로마에서는 여성들이 열두 살이 넘으면 결혼을 할 수 있도록 법으로 허용했다. 따라서 여성들 대부분은 십대 중반에 결혼했다. 결혼이 보편적인지라 로마 세계에 노처녀는 없었다. 로마인은 재혼하지 않는 미망인들을 칭송했다. 사실상 죽음이 항상 잠재해 있으며 재혼을 당연시하는 사회에서 그런 여성은 기이한 존재였기 때문이다. 결혼은 다른 무엇보다도 생식을 위한 계약이었다. "여성은 일반적으로 자식을 낳고 대를 잇기 위해 결혼하며, 단순히 즐거움을 위해 결혼하지 않는다."[20]

아우구스투스 황제 이후로, 국가는 출산율을 높이기 위해 강력한 정책을 펴서, 자식이 없으면 벌을 주었고 다산한 이에게는 상을 줬다. 아이를 많이 낳은 여성에게는 법적으로 든든한 특권을 부여했다. 피임이라고 해봤자 원시적 형태로 이루어질 뿐이었다. 다산은 로마 세계의 현실이었다. 폐경기까지 살아남은 여성은 평균 여섯 명의 자식을 두었다. 고대 사회의 연령 분포는 아주 어린 사람들이 대부분을 차지하는, 기저 부분이 두터운 형태였다. 고대 도시의 거리는 다루기 힘든 아이들의 소리로 넘쳐나는 보육원 같았을 것이다. 로마 제국의 인구가 성장한 주요 원천은 사망률이 감소해서가 아니라 출산율이 증가했기 때문이라는 가설이 합리적이다. 이러한 결론은 맬더스 학파의 이론과 많은 부분에서 일치한다. 그들은 높은 수준의 복지 덕택에 출산율이 높아졌을 것이라고 예측한다. 많은 이들이 최저 생활수준을 상회하는 삶을 살았으므로, 이렇듯 소소한 경제적 이점이 인구통계학적 성공으로 이어졌을 것이다.[21]

그러나 여기에는 적어도 한 가지 즉각적인 경고가 필요하다. 로마의 인구통계학적 체제는 미세하게 조정된 기계가 아니었다. 아우구스투스 황제와 마르쿠스 아우렐리우스 황제의 통치 기간 사이에 로마의 인구가 매년 0.15퍼센트 성장을 달성한 것처럼 보인다고 해도(6천만의 인구가 한 세기 반 동안 7천5백만으로 늘어날 수 있는 성장률이다), 인구의 빈자리를 메꾸는 수준보다 조금 더 상향 조정된 순조로운 출산율은 아니다. 로마의 인구 생물학은 끊

---

20) 로마 세계의 일반적인 출산율에 대해서는, Hin 2013과 Holleran and Pudsey 2011; Scheidel 2001b, esp. 35~39; and Bagnall and Frier 1994의 논문을 참조. 결혼 연령에 대해서는 Scheidel 2007; Saller 1994; Shaw 1987. Widows: Krause 1994를, 로마의 결혼에 대해서는, Treggiari 1991을 참조. "여성은 일반적으로": Soranus, Gyn. 1.9.34, tr. Owsei.

21) 생식 문화를 형성하는데 있어서 사회적 지위의 중요성에 대해 Harper 2013a를 참조. 피임에 관해 Frier 1994, Caldwell 2004를 참조.

임없이 변동한다. 감염병이 사망률을 지배하는 곳에서, 죽음은 불안한 소강 상태와 급격한 중단으로 들끓고 있으며 예측 불가능하다. 그 결과 지중해 지역의 로마 인구는 짧게 보든 길게 보든, 안정적이지 않았다. 오히려 인구는 소용돌이치며 성장하다가 폭력적으로 중단되고, 띄엄띄엄 역전되기도 했다. 평균 생존율은 넓은 공간과 긴 시간이 전제되어야 가장 의미 있다. 전염병으로 인한 사망률의 급격한 진동은 길게 봐야 밋밋해지기 때문이다.

로마인들은 전염병의 위태롭고 사나운 파도에 함께 휩쓸리며 살다가 죽었다. 고요하고 평범한 삶과 죽음을 누린 게 아니었다. 따라서 인구 증가의 경향이라는 것은 죽음의 돌발적 방해가 잠재해 있는 위태롭고 변덕스러운 성장에 대한 거친 견해일 따름이다. 로마인들은 삶이 덧없다는 것, 힘들게 싸워 얻은 것을 죽음의 폭풍이 한순간에 쓸어갈 수 있다는 사실을 알고 있었다.

마르쿠스 아우렐리우스 황제와 루키우스 베루스 황제가 황실에서 집무를 시작할 무렵, 로마인은 인류의 1/4을 지배했다. 어떤 제국도, 철기 시대의 어느 국가도, 그렇게 오래 지속되지 않았고 그러한 위업을 성취하지 못했다. 유라시아에서는 중국의 한漢나라가 로마와 평형을 이루었다. 우리 시대에서 보면 두 제국 사이의 실질적 거리는 그리 멀지 않다. 2세기 중엽에 프톨레마이오스Ptolemy가 쓴 지리 해설서에는 '세리카'(고대 유럽에서 중국을 부르던 명칭)의 수도까지 육로로 가는 거리에 대한 명확한 의견이 제시되었고, 위대한 천문학자인 그는 바닷길로 동쪽 끝까지 항해한 이들을 알고 있었다. 중국의 한제국은 여러 측면에서 적절한 비교 대상이지만, 인구의 측면에서는 로마 제국의 절정기인 7천5백만에 결코 미치지 못했다(동양에서는 쌀 경제가 완전히 무르익고, 대운하 시스템이 건설될 때까지 기다려야 했다).

더욱 뚜렷하게 드러나는 차이가 있다. 2세기 중엽의 중국 작가는 동쪽 한제국의 중심부에서 가하는 압박을 한탄했다. "중앙지역과 내부의 영지에는 경작할 수 있는 땅이 국경까지 꽉 차 있고, 혼자 있는 사람이 없을 정도다. 인구는 수백만이고, 땅은 남김없이 경작된다. 사람들은 수없이 많고 노는 땅은 거의 없다." 로마에서는 이러한 한탄을 들을 수 없었다.[22)]

수익이 감소하는 주기로 들어섰을 때도 로마 제국에서는 사회가 곤두박질치지 않고 인구가 증가했던 것 같다. 그 시대 사람들은 가난의 괴로움을 한탄하는 게 아니라 번영을 찬양하는 노래를 불렀다. 로마 제국에서는 (비록 한계가 있을지는 모르지만) 발언권이 있는 계층은 비참함에 시달리기보다는 퇴폐적인 활동에 몰두했다는 사실에 주목해야 한다. 도시 엘리트는 빈민들의 삶에 완전히 무관심했던 것 같다. 그러나 기아를 외면하기란 매우 어려운 일이다. 그런데도 로마에서 생계의 위협 같은 것이 거의 없었다는 사실은 충격적이다. 자연변동이 심한 생태계로 인해 지중해 연안에는 식량 부족이 만연했다. 중세 후기와는 달리, 극심한 굶주림이 사람들을 고문할 때, 로마인들은 대규모의 아사 위협에 시달리지 않은 것 같다. 증거가 없어서 입증할 수는 없지만, 그렇게 추정된다.[23)]

더욱 중요한 것은 로마 제국의 생산, 소비, 복지의 수준이 높았음을 보여주는 다양한 지수를 살펴보는 일이다. 현대 국가에서 수집한 것과 같은 정

---

22) Maddison 2001, 28은 최초의 천년 초기에 인구가 최대 230,000,000명 가량이었을 것으로 추정한다. 또한 Livi-Bacci 2012, 25; McEvedy and Jones 1978. Ptolemy, Geogr.1.11, 1.17, 6.16. Chinese population: Marks 2012, 106; Deng 2004; Sadao 1986을 참조. "중앙 지역과……"는 Lewis 2007, 256~257에서 인용했다.

23) "너무 많은" 로마인들이 있었던 경우이다. Scheidel 2012; Lo Cascio 2009; Frier 2001. Food crisis: Garnsey 1988.

그림 2.1 | 안토니누스 페스트 이전까지 가격 지수 동향

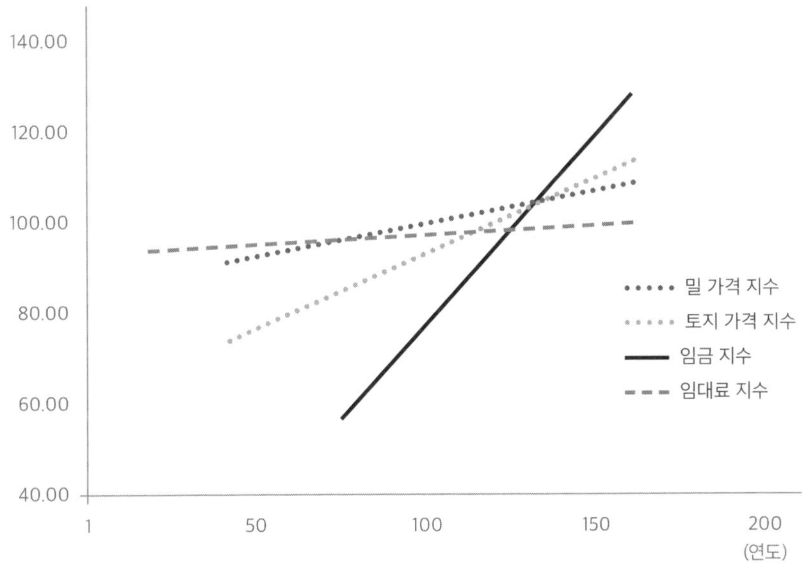

확한 경제적 통계를 바랄 수는 없다. 그래서 로마의 성장을 연구하는 역사학자들은 종종 경제적 성과에 상응하는 고고학적 대리증거물로 눈을 돌린다. 난파선, 철 제련 기술, 주택 보급량, 공공건물 그리고 생선 염장 작업 등등이 로마의 생산성을 추적할 수 있는 지표로 언급되었다. 그것들 모두 후기 공화국과 고대 제국의 탄탄한 경제적 성과를 시사하는 것들이다. 게다가 육류 소비의 광범위한 증거인 수만 마리의 양, 돼지, 소뼈를 보면 사회가 위축되었다고 예측하기 어렵다. 자원을 기반으로 인구가 현저히 증가했기 때문이다. 고고학자들이 일반적으로 로마의 경제 발전에 대한 신봉자들일 수밖에 없는 이유이다.[24)]

그럼에도 만약 '개인당' 측정치에 특별히 관심이 있다면, 이러한 지수가 막연하고 결정적이지 못하다고 거부할 수도 있다. 많은 양의 물건이 고고학

적 증거로 나온다고 해도 그것이 단순히 많은 사람들이 그것을 골고루 소유했음을 의미한다고 어떻게 확신할 수 있을까? 아마도 가장 확실한 대답은 로마가 통치하던 이집트에 보존되어 있던 수많은 파피루스로부터 얻을 수 있을 것이다. 나일강 계곡의 건조한 기후 덕분에 이 지방에서만 공공문서와 개인 문서가 예외적으로 많이 남아 있다. 이러한 기록들은 로마 세계에서 결정된 일련의 가격, 임금 그리고 임대료를 연대기 순으로 알려준다. 이집트는 제국의 중심으로부터 직접 지배를 받던 지역임이 분명하므로, 우리가 관찰한 어떤 유형도 약탈이나 정치적 임대료가 아님을 확신할 수 있다. 파피루스에 기록된 내용을 보면, 로마 경제는 대규모의 수익 감소에 굴복하지 않았고 인구 증가를 이루는 데 성공했다. 안토니누스 페스트가 출현하기 전까지, 1인당 실질 성장은 서서히 상승하는 물가와 임대료를 앞질렀다.[25)]

로마 제국의 수많은 도시에 기념비적인 유적들이 남아 있는 것도 로마가 지배했던 사회가 정말로 부유했음을 말해주는 지표라고 할 수 있다. 고대 도시의 외연과 본질은 현대 역사학자들 사이에 맹렬한 의견 대립의 대상이

---

24) 대리증거물(그 적용에 대해서는De Callataÿ 2005를 보라. Wilson 2009은 적극적으로 방어하고 있다.) 만큼이나 유혹적인 Scheidel 2009년의 방법론적 측면에서의 반대가 나에게는 매우 예리하고 설득력 있다. 그러나 동물의 뼈 증거(예를 들어 Jongman 2007)는 로마의 "과잉 인구" 이론에 특히 논리적으로 취약하다. 돼지, 소, 양의 뼈를 모아 놓은 것은 수만 개에 이른다. 주된 한계는 동물 소비는 취향의 영향을 받는다는 것이다. 즉 로마인이 되는 것은 돼지고기 맛의 취향을 얻게 되는 것이다. 그럼에도 이 데이터가 드러내는 것을 무시할 수 없는 이유는 육류 소비는 로마가 점점 궁핍해졌다는 맬더스 학파의 주장을 반박하는 것이기 때문이다. 그리고 취향의 로마화와 날짜의 부정확성 (특히 안토니누스 페스트 이전/이후가 아니라 "2세기"를 연대기적 경계로 사용하는 경향)을 약간 허용한다고 하더라도, 육류 소비의 확대는 장기간 지속되는 생존의 위기가 상관관계가 없음을 가리킨다.

25) Bowman and Wilson 2009의 논문은 고무적이다. 임금에 대한 증거는 Harper 2016a에서 논의되고 있으며, 데이터 파일이 at darmc.harvard.edu under "Data Availability."에 공개되어 있다. 나는 이 데이터가 이 시점에서 집중적인 성장을 보여줄 수 있는, 우리가 이용할 수 있는, 가장 좋은 방법이 될 수 있다고 생각한다.

되었다. 그러나 로마 제국이 높은 수준의 진정한 도시화를 이루었다는 사실은 부인할 수 없을 것이다. 제국은 천 곳이 넘는 도시들이 모여 있는 은하계였다. 로마 인구가 최고에 이르렀을 때는 백만 명이 넘는 사람들이 거주했을 것이다. 제국을 지배하는 정치적 권력자들이 인위적으로 규모를 부풀리긴 했겠지만, 그것이 전부는 아니었을 것이다. 로마라는 도시는 전체 경제의 연결고리였고, 쓸모가 많은 활동의 중심지였다. 게다가 도시의 위계질서는 지나치게 상류층 중심도 아니었다. 알렉산드리아, 안티오크, 카르타고 그리고 다른 대도시들에도 수십만 명이 살았던 게 확실하다(제국의 경계 밖에서는 쌍둥이 도시 셀레우키아와 크테시폰을 비롯하여 티그리스강 유역에 자리 잡은 파르티아의 보석 같은 도시들이 페르시아만 교류의 중심지 역할을 했다). 페르가몬에 살던 시절에 갈레노스는 그 도시의 거주자가 12만 명 정도라고 생각했다. 아마도 제국 전역에 걸쳐서 그 정도 규모가 되는 도시가 수십 개는 있었을 것이다.

지중해 서쪽에서 제국의 도래는 건설 붐을 일으켰다. 아무것도 없는 빈터에 마을이 세워지거나, 수수하고 토착적인 과거의 도시 위에 덮어 씌워졌다. 유서 깊은 고대의 자랑스러운 도시들은 상황에 따라 제국의 이야기에 동화되거나 아예 무시할 수 있었다. 일반적으로 황제들은 기꺼이 이러한 도시의 자부심을 받아주었고 심지어 후원하기도 했다. 그리스 동쪽의 도시들은 로마의 지배 아래 전성기를 누렸고, 오랜 경계선 너머로 뻗어나갔으며, 타의 추종을 불허하는 기념비적인 건축의 시대를 향유했다. 이러한 사례들로 미루어 보면, 로마 제국의 도시들은 정치적 임대료와 자격을 소비하는 기생적 위치가 아니라 공예품 생산, 금융 서비스, 시장 활동 및 지식 교환이 이루어지는 진정한 가치 창출의 연결점이었으리라는 상상에 더 비중이 간다. 결론적으로 제국의 시민 다섯 명 중 한 명은 도시에 살았을 것이다. 상당한 수준의 경제적 발전 없이는 상상할 수 없는 비율이다. 여기서 중요한 것은 단순하다. 로마 제국은 전례 없는 규모의 도시 생활을 발전시켰으며, 현대 초기에 이르기까지 그러한 규모는 또다시 등장하지 않았다는 것이다.[26)]

제국이 가져다 준 평화라는 보상은 이렇게 널리 퍼져나갔다. 그렇다고 해서 모든 성과물을 균등하게 나눴다는 의미는 아니다. 부의 분배는 오히려 매우 불평등했다. 부와 형식적인 법적 지위는 복잡한 아치형 구조의 사회적 위계를 형성했다. 법적으로 완전한 자유를 보장받지 못하는 사람들이 기저층에 넓게 자리 잡고 있었다. 로마 제국은 역사상 가장 광범위하고 복잡한 노예제도가 시작된 곳이었다. 노예제도가 굳건히 지속된 것이 의미하는 바는 과잉인구로 인한 무료 노동의 가격이 노예 노동이 불필요할 정도까지 낮아지지는 않았다는 또 다른 간접 신호이다.

신분이 낮고 토지를 소유하지 못한 대중이 훨씬 많았다. 그러나 동시에 도시와 시골에서는 탄탄한 '중간' 계층의 성장을 위해 매매와 이동의 자유가 열려 있었다. 피라미드의 상층부에서는 재산을 기준으로 시의원, 기사, 원로원 의원 같은 귀족 등급의 형식으로 나뉘었다. 분할 상속이 일반적이었으나, 엄청난 규모의 부동산을 분할하도록 제도적으로 압박했다. 제국 초기의 사유 재산은 아마도 인류 역사에서 최대 규모였을 것이다. 로마가 성장하면서 주로 수혜를 입은 이들이 부유층과 중류층 엘리트들임은 의심할 나위가 없다. 엘리트들이 경제 성장 수익의 상당 부분을 차지했음에도 불구하고, 비숙련 노동자들이 임금을 더 많이 받게 되었다면 로마 경제가 대단히

---

26) Hanson 2016의 주목할 만한 통합으로부터 로마의 도시 생활에 대한 포괄적인 연구가 행해졌다.

특별한 성취를 이루었다고 볼 수 있다.[27)]

따라서 "로마 제국의 부는 그 지배하에 있던 거대한 인구의 효과일 뿐이다"라는 것은 사실이 아니다. 로마 경제의 가장 위대한 성취는 생산성이 증가하면서 과잉 노동력의 과열 없이 수천만의 새로운 일손을 충분히 흡수할 수 있었다는 것이다. 비숙련 노동자가 증가했음에도 경제가 일정한 수준으로 크게 성장했다는 것에도 한층 더 주목해야 한다. 경제가 이렇게 강력하게 성장할 수 있었던 것은 두 가지 고전적 메커니즘인 기술과 교역 덕분이다. 기술개발은 새로운 도구가 노동의 생산성을 향상시키면서 슘페터적(*역주: 조지프 슘페터, 1883~1950. 오스트리아-헝가리 출신의 미국 경제학자. '창조적 파괴'라는 용어를 경제학에 널리 퍼뜨렸다.) 성장에 이르게 한다. 교역은 고전 경제학에서 매우 중요하게 취급한 분화와 비교우위의 힘을 촉발하여 스미스적(*역주: 애덤 스미스, 1723~1790. 고전 경제학의 대표적 학자이며 《국부론》의 저자.) 성장을 촉진한다. 두 가지 성장은 상호보완적이며, 인간의 노동에서 에너지를 더 효율적으로 추출하여 생산적으로 사용하게 만든다. 비록 로마가 산업화 이전 경제의 기본 궤도를 넘은 적은 없었지만, 교역과 기술 발달로 인해 로마인들은 사회 발전의 국면이 확장되는 것을 누렸고, 전근대 역사에서 보기 드문 개화에 다다랐다.[28)]

고고학 연구는 기술과 교역의 진보를 가장 잘 증언하고 있다. 덕분에 우리는 로마 세계에서 비록 기술 혁신이 혁명적으로 일어나지는 않았으나 지

---

27) 로마 엘리트들의 재산 규모에 대하여 Scheidel 2017; Harper 2015b; Duncan-Jones 1990, 121~142; Duncan-Jones 1982를 참조. 부의 분배에 대하여 Scheidel and Friesen 2009를 참조.

28) "로마 제국의 부는...": Frier 2001, 158. Kinds of growth: Temin 2013, 195~219. 개화의 개념에 대하여: Goldstone 2002.

속되기는 했다고 말할 수 있다. 토목공학의 획기적 개선은 차치하더라도, "로마의 기술 혁신은 전례 없는 것이었다"라고 말할 수 있다. 물론 특징적인 돌파나 동시다발적 혁신은 아니었다. 그보다는 기술 진보가 광범위한 제국 전체로 퍼져나갔고, 자본이 대규모로 축적되어 투자가 이루어졌으며, 소리 없이 독창적 기술로 얻는 이득이 늘어났다.[29)]

농업은 근원적 영역으로 남아 있었다. 철기의 보급, 개선된 쟁기, 새로운 써레, 그리고 갈리아로부터 들여온 새로운 방식의 수확기가 보급되어 실제적인 발전을 이루었다. 개선된 연속 나사 압착기, 수력 양수기와 더불어 선구적인 염장용 통 덕분에 농산물 가공이 양적으로 큰 도약을 이루었다. 지금도 인정받는 물레방아가 처음으로 널리 퍼져나갔다. "시골이든 도시든 평범한 민간 차원에서 물레방아가 제국 전체에 걸쳐 보급되었다는 것은 건조한 지중해 지역에서도 물레방아가 시골 생활의 필수품이 되었음을 보여준다." 가장 고집스럽고 느리게 변화하는 농업 영역에서도 총체적인 기술 향상이 적지 않았다.[30)]

다른 영역들은 서서히 변해갔다. 제조업, 특히 도자기 제조는 기술이 급격히 발전한 흔적을 찾아볼 수 없다. 그러나 제조기관의 혁명으로 지역의 소박한 제품들을 대량 생산할 수 있었다. 로마의 통치 아래 금속 채굴과 야금술은 급속히 변화했다. 금속을 다루기 쉬워지자, 이번에는 금속에도 관심을 갖게 되는 효과를 가져왔다. 로마인들이 유능한 건설 과학자라는 주장에는 더 이상 설명이 필요 없을 만큼 운송기술이 대단히 향상되었다. 고대

29) "로마의 기술과 같은 것은 없었다": Greene 2000, 754.

30) "도시든 시골이든 많은 숫자의 방앗간이…": Wilson 2002, 11. In general, Schneider 2007.

제국에서 배들은 예전보다 더 크고 빨라졌으며, 이후로도 오랫동안 그러했다. "15세기까지 로마 상선의 크기를 넘어설 수 없었고, 곡물을 싣는 배는 19세기가 되어서야 비로소 더 커졌다." 제국 초기에 큰 삼각돛을 단 배가 지중해에 등장했다. 아마도 그 시기에 활기를 띠던 인도양 무역을 통해 전해졌을 것이다. 로마 해안에 거대한 항만 시설들이 건설되어 지중해 연안의 험한 뱃길을 그 어느 때보다도 안전하게 만들어 주었을 것이다. 이러한 개선의 종합과 확산은 기술이 진보하는 데 조용한 풀뿌리 혁명이 되었다.[31)]

활발한 교역은 성장에 훨씬 큰 자극이 되었다. 팍스 로마나의 기치 아래 상업은 폭발적으로 성장했다. 제국의 수도로 들어오고 나가는 교역은 지켜보는 이가 감탄할 정도였다. 아리스티데스는 로마를 상찬할 기회를 놓치지 않았다. "그토록 많은 상선이 여기 도착해서, 매일 매 순간, 모든 사람들이 가지고 온 모든 종류의 물건을 실어 나르니, 도시는 온 세상을 위한 공장 같구나." 성서 요한계시록의 저자이자 그다지 우호적이지 않던 비평가는 로마의 파멸을 상상하면서, 그 의견에 동의했다. "땅의 상인들이 그를 위하여 울고 애통해하는 것은 이제는 그들의 상품을 사는 자가 없음이라. 그 상품은 금과 은과 보석과 진주와 직물과 보라색 옷감과 비단과 붉은 옷감이요, 각종 향목과 각종 상아 그릇이요, 값진 나무와 구리와 철과 대리석으로 만든 각종 그릇이요, 계피와 향료와 향과 향유와 유향과 포도주와 감람유와 고운 밀가루와 밀이요, 소와 양과 말과 수레와 종들과 사람의 영혼들이라."[32)]

로마라는 도시는 소비의 소용돌이 속에 있었으며, 교역망은 제국의 구

---

31) "15세기까지": Greene 2000, 756. 삼각돛: Whitewright 2009.

32) "그토록 많은 상선이": Aelius Aristides, Or. 26.11, tr. Behr. "땅의 상인들이": Apoc. 18:11~13 (KJV). 일반적인 개요는 Harris 2000을 참조.

석구석까지 거미줄처럼 퍼져 있었다. 평화와 법 그리고 운송 기반시설이 마치 모세혈관처럼 모든 시장으로 뻗어갔다. 로마인들이 목격한 상업의 폭발적인 확장에서 가장 중요한 전제조건은 공화정 말기에 지중해에서 해적들을 몰아낸 것이었을지도 모른다. 해상 교역에서는 손해를 무릅써야 하는 것이 가장 큰 장애물인 경우가 많았기 때문이다. 로마법이라는 우산은 업무처리 비용을 경감시켰다. 신뢰할 수 있는 재산권 집행과 통화체제의 공유가 기업가와 상인들을 고무시켰다. 최근에 와서야 우리는 로마의 신용 시스템이 얼마나 놀라운 진보를 이루었는지 그 진가를 알게 되었다. 로마 은행과 상업 신용 네트워크는 세계 경제가 17~18세기에 획기적인 계기를 맞이하기 전까지 다시는 성취할 수 없었던 금융 중개의 수준에 올라 있었다. 상업의 윤활유는 신용이었고, 로마 제국에서는 교역의 기어들이 씽씽 돌아갔다. 로마 제국은 교역 장벽을 체계적으로 평준화시켰다.[33)]

그 결과 교역의 황금시대가 열렸다. 소도시들은 지역 연결망의 중심지였고, 교역의 지형 안에서 중심이라는 위치의 자부심을 유지했다. 대부분 교역은 지역 내에서 이루어졌다. 로마의 도로들은 잘 닦여 있었음에도 운송비용이 터무니없이 비쌌다. 강이나 바다를 이용하여 운반하는 것이 육로를 이용하는 것보다 훨씬 저렴했다. 그래도 지역 간 교역의 규모는 주목할 만하다. 액체 상품을 운반하는 데 사용되었던 도자기 용기가 잘 깨지지 않는다는 특성 덕분에, 우리는 제국 초기 포도주 교역의 복잡성과 규모를 추적할 수 있다. 맥주나 담배 혹은 설탕에 대한 취향이나 다른 익숙한 자극적 기호

33) 교환을 촉진하는 제도의 역할에 대해서는 Frier and Kehoe 2007을 참조. 또한 Kehoe2007도 참조. 로마 경제에 있어서 신용에 대해서는 Rathbone and Temin 2008; Harris 2008; Harris 2006; Temin 2004; Andreau 1999; Bogaert 1994를 참조.

품이 없던 세상에서, 포도주는 상품의 여왕이었다. 로마시에서는 매해 150만 헥토리터의 포도주를 소비했던 것으로 추정하고 있다. 현대 캘리포니아에서 매해 생산하는 포도주의 1/15에 해당하는 양이다.[34)]

교역과 기술의 발달은 로마인들에게 인구 위기를 앞지르게 했다. 그래도 로마인들이 현대에서 당연히 여기는 성장 속도를 파격적으로 높이려는 시도를 했던 흔적은 없다. 급격한 도약은 단지 과학이 경제적 생산성을 끌어올렸을 때, 그리고 석탄과 같은 화석 에너지원이 대규모로 활용되었을 때만 일어났다. 따라서 로마인들이 전근대 경제의 기본 역학을 초월하지 못했음을 인정하는 게 불명예는 아니다. 로마는 때 이르게 진보했으나 동시에 철저히 산업화 전단계에 머물러 있었다. 로마 경제를 상상할 때 최저 생계의 황량하고 평탄한 선을 이어가다가 산업혁명이 일어나고 나서야 성장에 속도가 붙기 시작했던 전근대 경제를 떠올리면 안 된다. 문명을 경험하는 것은 흥망성쇠, 통합과 해체의 결과로 일어나는 물결과 마주하는 일이다. 그것은 태곳적부터 늘 비참한 상황에 있으면서 모호한 범주에 속하던 하층 농민들을 착취하는 한 줌 엘리트들의 영향을 훨씬 능가하는 것이었다. 로마 제국이라는 문명은 이러한 파도 중에서 아마도 가장 폭넓고 강력한 것이었으며, 끊임없이 상승하는 근대성의 물마루보다 앞선 것이었다.[35)]

요약하자면, 로마인들은 전통적인 자연발생적 경제의 제약 안에서 진정

---

34) Harris 2000, 717 (grain) and 720 (wine). 포도주 교역에 대해서는: Morley 2007; Tchernia 1986; Purcell 1985를, 제국 후반기에 대해서는, Pieri 2005를 참조. 미국의 포도주 생산에 대한 통계는 www.wineinstitute.org에서 볼 수 있다.

35) 사회 발전에 있어서 "하키 스틱" 형태가 부적절하다는 내용에 대해서, 특히 Morris 2010 and 2013을 참조. Goldstone 2002도 통찰을 준다. 이 책에서 제시된 것과 유사하게 환경에 의해 굴절된 형태에 대해서 Campbell 2016을 참조.

한 성장을 성취했으며, 이러한 성장이 제국과 그 거주자들의 흥망성쇠에 미친 영향이 미미하지는 않았다. 그러나 여전히 미진한 부분이 남아 있으며, 아마도 그것은 지금 더 뚜렷하게 보일 것이다. 로마 경제의 잠재력이 완강한 한계에 부딪히게 되었다는 명백한 징후는 없다. 로마의 경제가 종말을 향해 갔던 것도 아니고, 끝없는 성장에 들어섰던 것도 아니라면, 왜 곧이어 전환점이 닥친 것일까? 변화의 원인이 체제 내부에서 비롯되었다는 이론, 즉 인구 과잉이 휘두른 피할 수 없는 보복으로 제국 경제가 붕괴했다는 이론에 설득력이 있음은 인정한다. 물론 보복은 잠복해 있었다. 그러나 사회가 운영 능력의 부족을 드러내며 혼란을 일으키기 전 자연이 먼저 개입했다.

역사에는 이렇듯 갑작스럽고 설명할 수 없는 엇박자의 당김음들이 가득하다. 그것은 어디선가 갑자기 끼어들어 정형화된 양식을 방해한다. 오랫동안 우리는 흥망성쇠의 주기를 너무 인간적인 측면에서만 설명하려고 했다. 마치 인간이 밴드의 유일한 연주자인 것처럼 말이다. 그러나 그리 멀지 않은 배경에서 또 다른 훌륭한 악기들이 연주되고 있었다는 사실이 이제 점점 드러나고 있다. 인간이 스스로 운명을 결정할 때 쉽게 받아들이는 조건과 불리한 조건 양쪽 모두에 악기는 배치되어 있다. 기후는 혼란을 일으키는 힘일 뿐 아니라 고무하는 힘이기도 했다. 그리고 로마가 개화하는 데 없어서는 안 될 연주자처럼 보였으나, 곧이어 예상치 못한 방해 요인으로 전환되었다.

로마 기후최적기

나일강 삼각주 서쪽의 지중해 지역에 위치한 알렉산드리아는 로마의 통치하에 화려하게 번성한 도시이다. 과학 연구의 중심지(갈레노스가 실제 인간의 뼈로 공부했던 바로 그곳)이던 그 도시는 위대한 프톨레마이오스의 고향이자 활동지였다. 그는 로마 제국에서 가장 저명한 과학자로, 갈레노스와 어깨를 나란히 했다. 갈레노스와 마찬가지로, 프톨레마이오스도 철저한 경험주의자로 어렵게 얻어낸 성과를 고대 세계의 축적된 지식에 덧붙였다. 갈레노스의 이론처럼 그의 이론도 천 년 동안 그 분야를 장악하게 된다. 그러나 하늘의 가장 정확한 관찰자였던 그가 기록한 알렉산드리아 지역의 날씨 패턴은, 이후에 그것을 해독한 많은 이들이 당황할 정도로 현재의 날씨와 일치하지 않는다. 프톨레마이오스는 로마 통치 시기의 알렉산드리아에 8월을 제외하고 매달 비가 내렸다고 기록했다. 오늘날에는 5월부터 9월을 통틀어 단 하루 정도 비가 온다. 우연으로 치부하기 힘든 차이다. 프톨레마이오스의 관측 결과는 지중해 남동부 지역의 대기와 수리학적 상황이 크게 달라졌음을 의미한다. 로마 세계의 기후와 지금 우리가 살고 있는 시대의 기후가 유의미하게 다르다는 희귀한 증거이기도 하다.[36)]

로마 제국이라는 대과업에는 로마인들의 상상을 넘어서는 강력한 정치적 협력자가 있었다. 영토 확장의 배경이 되었던 홀로세 기후다. 기원전의 마지막 세기와 기원후 첫 세기에 로마는 이른바 '로마 기후최적기'로 알려진 온난다습한 안정적 기후 체제의 혜택을 받았다. 로마 제국과 한漢 왕조 치하의 중국이 동시에 개화한 것은 역사 속에서 자주 나타나는 '기이한 평행'들

36) Lehoux 2007, 119~120을 참조. 프톨레마이오스의 관측에 대한 분별력 있는 통찰은 Sallares 2007a, 24~25를 참조.

그림 2.2 | 알렉산드리아의 월간 강우 날짜 수

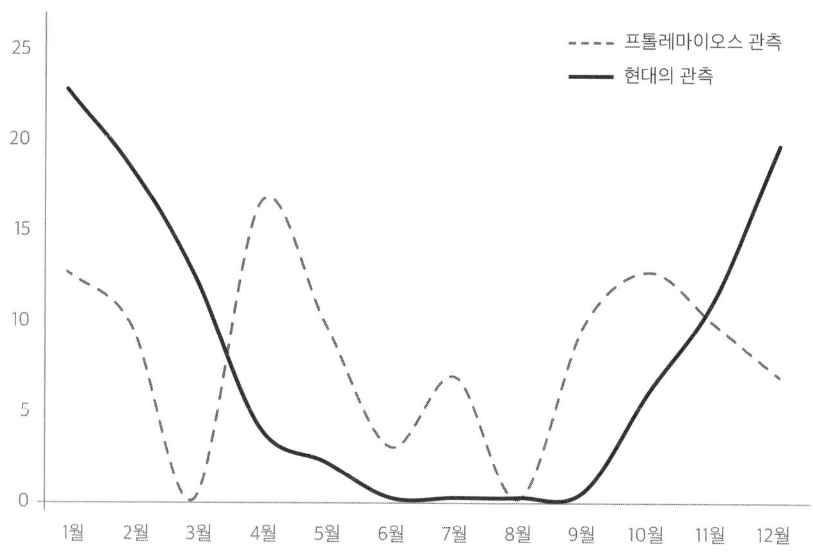

중 하나이며, 전 지구적 규모로 성장과 수축이 동시에 발생하는 진동에 의한 것이다. 이러한 현상에는 동일한 순서와 규모를 지닌 진동을 바탕으로 하는 우연한 메커니즘이 필요한 것 같다. 비록 아직까지 정확한 정의가 부족하고 불완전하게 이해되고 있지만, 로마 기후최적기라는 가설은 대체적으로 쾌적한 환경 조건 아래에서 로마가 번성했음을 주장한다. 농업 경제에서는 기후가 강력하고도 적극적인 동인이기도 하고, 비약적 성장이라는 로마의 실험이 일시적인 환경의 토대 위에 놓여 있음을 강력히 시사하기 때문에 탐구해 볼 가치가 있다.[37)]

1837년에 지질학자 루이 아가시Louis Agassiz는 알프스 산맥의 지질학적 특성에서 발견되는 과거의 급격한 기후 변동의 흔적을 설명하기 위해 '빙하기'라는 용어를 제시했다. 20세기 후반 내내, 기후의 오랜 역사적 기록을 보존하고 있는 해양 퇴적물과 얼음 핵을 통해 그의 통찰이 폭넓게 입증되었다. 지구는 격렬하게 불안정한 곳이며 놀라움이 가득찬 과거를 지닌 곳이었다. 완강한 추위와는 거리가 먼 마지막 빙하기의 특징은 지구 기후 시스템의 급격한 변화였다. 지난 10만 년 동안의 기후는 '깜빡이는 스위치'라고 불렸다. 우리의 수렵-채취인 조상들은 지금보다 훨씬 추울 뿐 아니라 훨씬 변덕스러운 시대를 거쳐 살아 남았다. 2만 5천 년 전에 시작된 '최후최대빙하기'로 불리는 국면에서, 서리가 인간을 남쪽으로 밀어냈다. 오직 남유럽으로 내려온 사람들만이 살아 남을 수 있었다. 시카고는 거대한 로렌타이드 빙상 아래 놓여 있었다.[38]

이러한 격렬한 진동의 주기는 천체 역학의 리듬에 가장 잘 맞춰져 있고, 지구의 자전과 공전 궤도가 태양으로부터 받는 에너지 양의 영향을 받아 약간의 변이가 이루어진다. 지구의 기울기, 즉 북극과 남극이 6개월 주기로 태양과 더 가까워져서 계절의 변화를 일으키게 하는 원인이 되는 지축의 각도는 실제로 4만 1천 년의 주기로 약 22도에서 24.5도로 움직인다. 더욱이 태양 주위를 타원형으로 도는 지구 공전 궤도의 이심률은 태양계에 있는 다른 물체의 중력이 잡아당긴 결과이다. 그로 인해 지축을 중심으로 지구가 한 바퀴 돌 때마다 팽이처럼 흔들리게 된다. 2만 6천 년마다 지축은 우주에 원뿔 모양을 그리게 되는데, 이 운동을 지축의 세차歲差(춘분점이 황도 위를 동

37) 중세 아시아의 "기이한 평행": Lieberman 2003. 또한 중국의 인구 성장과 기후에 대해서 Lee, Fok, and Zhang 2008, '유럽인의 중세'에서 Campbell 2016 and 2010은 성장과 후퇴의 리듬에 기후의 힘이 강력하다는 것을 보여주고 있다. 로마 기후최적기에 대해서 Hin 2013; Manning 2013; McCormick et al. 2012를 참조.

38) 특히 Burroughs 2005를 참조. 깜빡이는 스위치의 이미지에 대해서는 Taylor et al 1993을 보라.

쪽에서 서쪽으로 해마다 50초 가량씩 이동하는 현상, 또는 그 차이-역주) 운동이라고 부른다. 이 모든 매개 변수들이 겹쳐져, 다양하게 서로 증폭시키거나 상쇄되면서, 지구 대기로 들어오는 열의 양과 공간 분포를 큰 폭으로 변하게 한다. 플라이스토세에서 지구가 흔들리고 진동한 결과를 인간의 언어로 표현하면 '혼돈'이었다.[39]

농경, 거대 국가의 형성, 기록 행위 등과 같은 인간의 문명은 홀로세라고 알려진 기후 역사의 변칙적인 한 조각에서 비롯된 특징이다. 이렇게 우호적인 기후의 출현은 '혼돈의 끝'이라고 일컬어졌다. 거의 1만 2천 년 전에, 얼음이 깨졌다. 궤도 주기에서 긍정적인 합이 이루어져 갑자기 기후가 온난해졌다. 대륙 빙하가 녹았고, 해수면이 높아졌다. 8천 년 전까지만 해도 영국에서 유럽 대륙까지 걸어갈 수가 있었다. 플라이스토세와 비교해 볼 때, 홀로세의 기후는 따뜻하고 안정적이었다. 그러나 자연의 기후 변동이 멈춘 것은 아니었다.

천년 단위로, 홀로세 기후에서도 궤도 강제력은 여전히 길고 심각한 변화를 일으켰다. 홀로세 초기의 절정이 지난 뒤 새로운 천년이 시작되면서 북반구에서는 여름의 일사량이 급격히 감소했으며, 서늘한 기후로 서서히 변하기 시작했다. 홀로세 중기(기원전 약 6250년~기원전 2250년)는 특히 쾌적한 기후의 시대였다. 사하라 사막이 푸르게 뒤덮여 있었다. 지중해 지역은 온화했으며, 믿을 수 없을 만큼 비옥했다. 일 년 내내 비가 내렸다. 사람들은 빠르게 지중해 지역으로 퍼져나갔는데, 강력한 왕국이나 제국이 머리 위에서 내리누르는 통치가 없는 풀뿌리 분산이었다. 고고학자 시프리언 브러드뱅

39) Burroughs 2005; Ruddiman 2001. 인간의 영향: Brooke 2014.

크Cyprian Broodbank는 이 행복한 시대를 "어떻게 그럴 수 있었는지."라고 말한다.[40)]

기원전 약 2250년부터, 홀로세 후기가 시작되었다. 지구의 기후가 재편성되었다. 이른바 열대수렴대, 즉 동쪽에서 불어오는 무역풍이 적도로 수렴되는 지대가 남쪽으로 서서히 이동했다. 사하라와 근동 일대의 사막화가 급격해졌고 돌이킬 수 없게 되었다. 계절풍은 더 약해졌다. 엘니뇨가 잦아졌고, 북대서양의 기압 변동은 감소했다. 북반구의 여름은 더 서늘해졌다. 지중해 지역에서는 계절에 따라 건조하고 습해지는 익숙한 변화가 더 뚜렷해졌다. 그런데 결정적으로, 기후 변화는 동시에 여러 규모로 진행되었다. 이러한 천년 단위의 패턴을 배경으로, 십 년에서 백 년 단위로도 기후가 변했다. 이렇게 짧은 주기의 변화는 홀로세 후기 기후의 완만한 호弧와 같은 경향을 역전시키거나, 뒤죽박죽으로 만들거나, 혹은 속도가 빨라졌다. 홀로세 후기의 기후는 마치 회전목마처럼 서로 다른 방향과 속도로 동시에 움직였다.[41)]

홀로세 기간 동안 기후 변화는 속도가 빨라졌다. 비록 서서히 진행되기는 했지만, 궤도 강제력은 급격한 변화를 촉발할 수 있었다. 지구 시스템의 복잡한 피드백과 한계점의 메커니즘 때문이었다. 진행이 완만하다고 해도 기후 체제에서는 갑자기 요동치는 효과를 낼 수 있었다. 더불어 두 가지 물리력이 더해져 홀로세의 매우 짧은 시간 동안 서로 영향을 미치며 작동했다. 화산활동과 태양의 변동성이었다. 화산 폭발은 대기 속으로 황산 구름을 뿜어냈고, 방사선을 우주로 반사시켰다. 플라이스토세에서도 엄청난 화

---

40) "어떻게 그럴 수 있었는지": Broodbank 2013, 202~248.

41) 홀로세의 분화: see Walker et al. 2012. 중기에서 후기 홀로세: Finné et al. 2011; Wanner 2008. 계절에 따른 변동성: 특히 Magny et al. 2012a를 참조.

산 폭발이 한 획을 그었다. 특히 천년의 겨울을 불러온 7만 5천 년 전의 토바 화산 대폭발은 우리의 조상 1만 명을 제외한 모든 생명을 말살시켰다고 추정하고 있다. 태양의 변화 역시 기후 불안정성을 불러오는 강력한 원인이다. "은하계 체제에서 태양은 두드러지게 안정적인 별이다." 그러나 지구의 관점에서 보면, 우리의 노란별은 변하지 않을 때가 거의 없었다. 눈으로 보이는 태양 표면 아래 저 깊은 곳에서는, 자기장 활동이 맥박치고 있다. 11년 주기로 변하는 흑점이 가장 잘 알려진 현상이다. 태양의 광도는 이러한 주기마다 0.1퍼센트밖에 차이가 나지 않지만, 기후에 미치는 영향은 널리 감지된다. 그 외에도 태양 깊은 곳에서 주기적으로 변하는 다른 요소도 홀로세 기후 변화에서 주요한 역할을 했다. 특히 할슈타트 주기로 알려진 2300년의 태양 주기도 홀로세 기후에 심각한 변이를 가져왔다.[42]

이러한 지구 차원의 물리적 메커니즘은 지역 날씨에 거의 영향을 미치지 않는다. 지구에 도달하는 에너지의 양과 분포는 변화하지만, 기후는 실제 기온과 강수량 패턴이 달라지는 것으로 나타난다. 일반적으로 기온의 변화는 공간적으로 일관성이 있고, 지구상의 넓은 범위에서 동시에 일어나는 게 사실이다. 강수량의 변화는 특히 지역에 국한되어 일어나는데, 범위가 넓고 매우 민감한 메커니즘이 어떻게 배열되는가에 따라 강우의 시기, 위치, 강도가 결정되기 때문이다.

로마의 통치령에서는 열과 습도의 변화 모두가 중요했겠으나, 기후 변화의 결과는 지역마다 세밀하게 달랐을 수 있다. 로마 제국은 공간적으로 거

42) 홀로세 기후 변화: Mayewski et al. 2004. "은하계 체제에서": http://science.nasa.gov/science-news/science-at-nasa/2013/08jan_sunclimate/. Hallstatt: Usoskin 2016.

대했고, 대단히 복잡했다. 촘촘히 짜깁기된 지중해 지역을 중심에 두고 세 개 대륙에 걸쳐 있었다. 로마 제국의 영토에 속했고 유프라테스강 유역의 중심지였던 두라 에우로포스Dura-Europus는 자오선 동쪽으로 40도 선 너머에 있었다. 이베리아 반도에 있는 제국의 영토는 서경 9도 선까지 뻗어나갔다. 하드리아누스 방벽은 북위 55도 선을 넘어갔으며, 제국의 남쪽 경계선에 있는 로마인의 거주지는 시에네(북위 24도선)까지 걸쳐 있었다. 그리고 로마의 항구 카스르 이브림Qasr Ibrim은 북위 22.6도에 자리 잡고 있었다. 최근에는 파라산Farasan 제도에서 로마 함대가 주둔했던 증거를 발견했다. 북위 17도 위치의 홍해에서 로마의 이익을 감독했던 것이다! 적도가 극지방보다 열을 더 많이 흡수하기 때문에, 경도 차(동-서)가 아닌 위도 차(북-남)가 기후의 차이를 결정한다. 환경적 관점에서 보면, 남북으로 뻗은 로마 제국은 놀랄 만큼 독특했다.[43]

로마 영토의 넓이가 단순히 몇 제곱킬로미터인지뿐만 아니라 핵심지역의 세부사항도 인상적이다. 제국을 연결해주는 것은 넓이가 2천5백만 제곱킬로미터인 내륙의 바다 지중해였다. 그 지역을 세계에서 가장 복잡한 기후 체제로 만든 것은 바다 자체의 역동성과 앞뒤로 나란히 총안처럼 뚫려 있는 바다를 둘러싼 육지의 형태였다. 극단을 오르내리는 기온과 물의 부족이 불안정하게 조합을 이루고 있었다. 폭풍을 일으키는 지중해의 몇몇 내부 지역은 엄청난 강수량을 유발했기 때문에 특히 주의가 필요하다. 바람이 불어오는 쪽과 바람이 불지 않는 쪽의 기후 현상이 매우 다른 경우도 많았다. 지

43) The southern reaches of Roman power: Alston 1995, 34~35; Strabo Geogr. 17.1.12. Scheidel 2014를 참조.

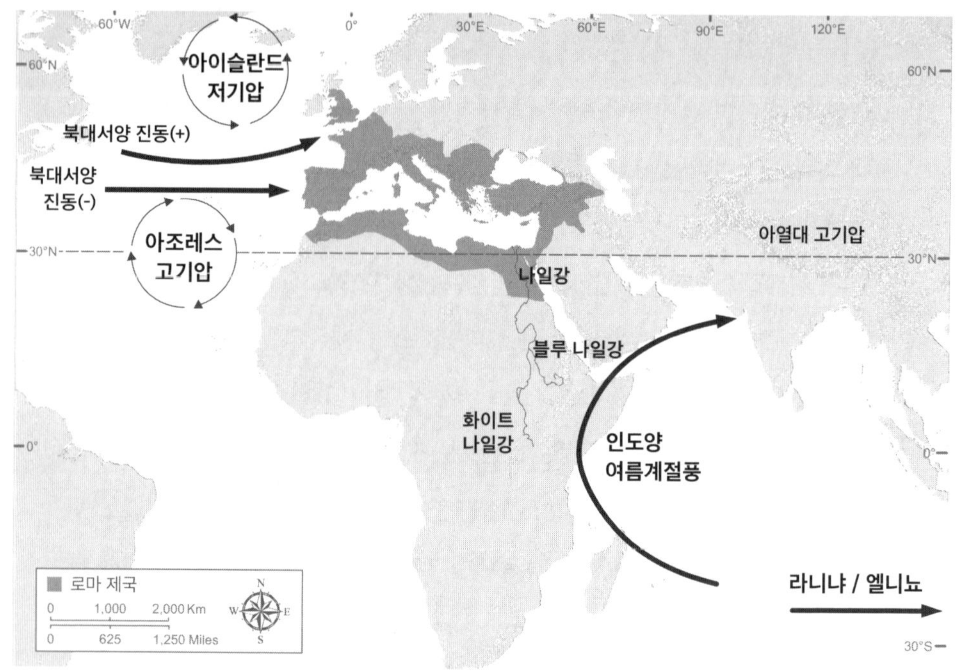

지도 4. | **지구의 기후 체제와 로마 제국**

중해 연안 지역은 주변 다른 지역과는 다른 특정 국소 지역의 기후인 미기후微氣候가 모자이크처럼 퍼져 있다. 지중해 지역 기후의 예측불허성 때문에 그곳의 거주환경은 복잡해졌다. 위험을 완화시키는 책략, 그리고 다양한 지형을 모세혈관처럼 통합하는 방식이 생존에 필수적이다. 지구상에서의 위치와 독특한 지역적 특성 때문에 이곳에서의 회복 탄력성은 삶의 방식이다. 동시에 지중해 환경의 지역적 향취에 대한 감상으로 인해 소규모의 기후 결정 요인이 강력한 지역적 그리고 지구적 통제로부터 자율적이라고 믿어서는 안 된다. 지중해 서쪽은 대서양의 대기 순환 패턴의 영향을 매우 직접적으로 받고 있었다. 반면에 지중해 동쪽은 몇 가지 지구 역학의 영향을 받기 때문에 여름철 강수량을 억누르는 북위 30도 근처의 아열대 고기압 능선에 노출되어 있다. 요약하자면, 현지와 지역, 그리고 지구적 역학의 중심지에서

언제나 기후 변화가 일어난다.[44)]

인류가 일으키는 기후 변화의 문제들로 인해 고기후를 이해하려는 관심이 증가했다. 기후 역사의 단서들이 물리적 기록으로 남아 있는 자연의 기록보관소를 찾으려 앞다투어 지구를 뒤지다가, 의도치 않게 역사학자들에게 귀중한 정보를 얻게 되었다. 얼음 핵, 나이테, 해양 퇴적물, 호상점토, 동굴 속 광물 퇴적물인 스펠레오뎀은 지구의 과거에 대해 통찰할 수 있게 해준다. 빙하의 등고선 변화, 꽃가루의 고고학적 분포와 같은 다른 간접적 증거와 함께, 이러한 물리적 대리증거물들은 먼 과거의 기후 변화를 재구성하는 방법을 제공한다. 이제는 불과 10년 전이나 20년 전까지만 해도 전혀 상상할 수 없었던 방법으로 로마의 기후를 이해하는 것이 가능하다. 마찬가지로 흥분되는 일은 아찔할 만큼 빠른 속도로 우리의 지식이 확장되어가고 있다는 것이다.[45)]

기후의 대리증거물들은 불협화음처럼 서로 어울리지 않는 사실들을 가리키고 있다. 로마 기후최적기('로마 온난기'라고 부르기도 한다)는 시기와 본질이 제대로 규정되지 않았으나 널리 받아들여지는 개념이다. 이 책은 연대기적 경계를 기원전 약 200년에서 기원후 150년으로 제안한다. 여러 증거를 바탕으로 거칠게 추상화해서 끌어낸 것이긴 하나, 임의적인 것은 아니다. 증거들은 지구의 물리력 패턴과 특정한 일관성을 드러내는 다양한 대리증거물로 규정되는 후기 홀로세 기후의 국면을 설명해준다. 높은 일사량과 미약

44) 지중해의 역동성과 인간 사회에 미치는 영향에 대해서, 특히 Horden and Purcell 2000 and Sallares 1991을 참조. 일반적인 지중해의 기후에 대해서, Lionello 2012; Xoplaki 2002를 참조.

45) 대략적 개관은 곧 출간될 Harper and McCormick을 참조. Manning 2013; Lionello 2012; McCormick et al. 2012. Lamb 1982에서는 매우 부족한 증거로 전체적 윤곽을 많이 재구성해 놓았다.

한 화산 활동이 있었던 로마 기후최적기에는 광대한 로마 제국의 많은 지역에서 따뜻하고, 다습하며, 안정적인 기후가 지속되었다.[46)]

태양의 상태로부터 논의를 시작해 보자. 태양은 로마인들에게 너그러웠다. 우리는 우주선宇宙線에 의해 생기는 방사성 동위원소인 물리적 흔적 덕분에 태양의 역사적 움직임을 탐구할 수 있다. 에너지가 높은 방사선 흐름인 우주선은 은하계 전체에 날아다니고 있다. 그들은 끊임없이 지구 대기로 들어와 베릴륨-10, 탄소-14 같은 동위원소들을 생성한다. 베릴륨-10 원자들은 에어로졸과 결합하여 2, 3년 안에 지구 표면으로 떨어진다. 그러나 태양은 우주선의 흐름이 지구로 향하는 것을 방해한다. 태양의 작용이 활발할수록 우주선에 의해 생기는 방사성 동위원소들의 생성이 저하된다. 그 결과 대기 속에 베릴륨-10이 생성되는 수준, 그리고 지구에 떨어져 빙상에 흔적을 남기며 침전되는 수준은 태양의 작용에 따라 변한다. 우주선으로 인해 얼음 핵 속에 생성된 방사성 동위원소들은 태양의 활동에 반비례하며, 지구에 도달하는 복사 에너지의 양과 변화에 민감한 대리증거물을 형성한다.[47)]

이러한 기록보관소들을 탐구하면 로마 기후최적기에는 태양의 활동 수준이 높고 안정적이었음을 알 수 있다. 태양의 활동이 최소에 이르렀던 기원

---

46) 로마 기후최적기가 시작되는 시기는 550 BC, 450 BC, 400 BC, 200 BC, and 1 BC로 제안된다. 끝나는 시기는 50 BC, 50 AD, 250 AD, 300 AD, and 350 AD로 제안된다. 비관적 결론을 피하자면, 이러한 차이는 문제의 복잡성, 그리고 지역 조건에 좌우되는 개별적 대리증거물을 뛰어넘어 통합을 위한 더 깊은 노력이 필요함을 시사하는 것이다.

47) Usoskin 2016; Steinhilber et al. 2012; Gray et al. 2010; Beer et al. 2006; Usoskin and Kromer 2005; Shindell et al. 2003; Shindell 2001; Bond et al. 2001; Beer, Mende, and Stell-macher 2000을 참조.

그림 2.3 | 베릴륨-10으로 측정한 태양 에너지 총량
(슈타인힐베르 외 2009Steinhilber et al. 2009의 데이터 인용)

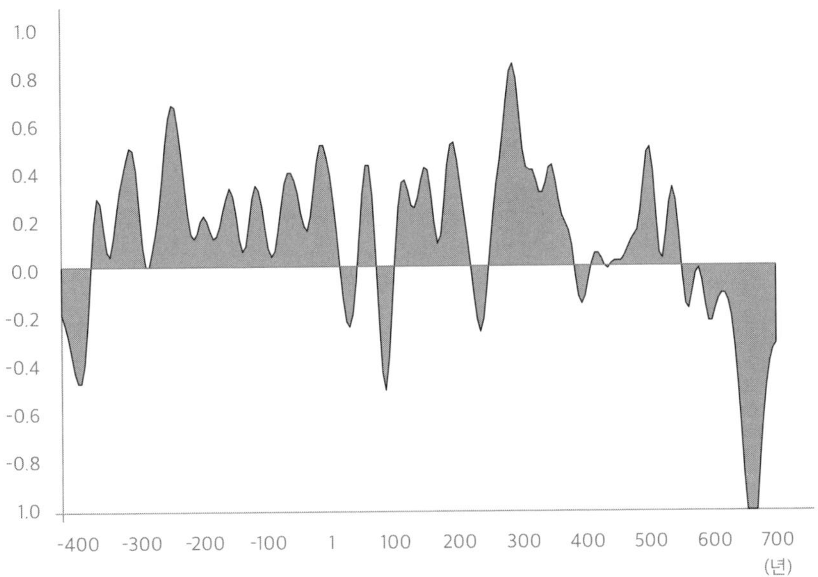

전 360년 중반과 기원후 690년 사이에 태양 방사선이 적절한 대역 내에서 변동했으며, 기원후 305년에 최대 정점에 이르렀다.[48)]

반면에 화산 활동은 잠잠했다. 지난 2천5백 년 동안 스무 번의 엄청난 폭발이 있었는데, 율리우스 카이사르의 죽음에서부터 기원후 169년까지는 화산이 활동을 멈췄다. 후기 공화정과 유스티니아누스 1세의 치세 기간(530년대) 사이에는 화산 폭발 뒤 극단적 추위가 찾아온 시기가 없었다. 로마 기후최적기 내내 기후 체제의 안정기가 지속되었다.[49)]

48) 그림 2.3의 데이터는 ftp://ftp.ncdc.noaa.gov/pub/data/paleo/climate_forcing/solar _variability/steinhilber2009tsi.txt에 근거하고 있다.

49) 화산 활동의 시기와 규모에 대해서 Sigl et al. 2015를 참조. 이제는 기본적인 것이 되었다.

기후는 내내 온난했다. 로마인들 스스로 이미 그렇게 생각했다. 우리는 그 사실을 아주 먼 옛날의 인간이 기후 변화를 관찰한 기록으로 알게 된다. 박물학자였던 대大 플리니우스가 1세기에 남긴 기록에 의하면, 그는 저지대에서만 자라던 너도밤나무가 산속에서 사라지고 있음을 수복했다. 포도나무와 올리브 나무는 그 어느 때보다도 북쪽으로 번져갔다. 식물이 이렇게 이동하는 것은 단지 인간의 재배기술 때문만은 아니다. 알파인 빙하도 같은 내용을 담고 있다. 빙하는 기온과 강수량의 끊임없는 변화와 물리적 흔적을 남기는 커다란 움직임에 따라 복잡한 주기로 후퇴하거나 전진한다. 무엇보다도, 겨울 강수량과 여름 기온이 빙하가 자라고 녹는 것의 균형을 통제하며, 빙하들마다 고유의 특징적 성질이 있다. 어떻게 통제되는지 파악해서 빙하가 성장하고 수축하는 연대를 측정할 수 있다면, 빙하는 기후 변화의 냉동된 지표들로 활용할 수 있다.

로마 시대가 온난했다는 신호는 분명하다. 빙하가 전진을 주로 하던 시기가 기원전 500년에 끝난 뒤에, 기원후 1세기까지 수백 년 동안 빙하는 후퇴했다. 알레치 대빙하는 제국 초기에 20세기의 경계선에 도달했거나 혹은 그보다 더 뒤로 물러났을 것이다. 프랑스 알프스의 몽블랑 분지에 있는 메흐 드 글라스 빙하도 비슷한 패턴을 따랐다. 서기 3세기에 이르러서야 갑자기 빙판이 경사면을 따라 내려오면서 역전이 일어났다. 로마 기후최적기는 알프스 산맥이 녹아내리는 시대였다.[50)]

나무의 나이테도 로마 기후최적기가 온난했다는 증거를 보여준다. 나무

---

50) 기록된 증거와 식물학적 증거는 Lamb 1982. Glaciers: Le Roy et al. 2015; Six and Vincent 2014; Holzhauser et al. 2005; Hoelzle et al. 2003; Haeberli et al. 1999에 의해 이미 훌륭하게 적용되었다.

는 기온과 강수량 혹은 그 둘 모두에 영향을 받으며 성장한다. 나이테를 연구하여 과거를 추정하는 연륜 연대학의 장점은 시간 분석이 미세하고, 통계적 신뢰도가 높다는 것이다. 수백 년 전으로 거슬러 올라가 지역에 있는 나무들의 성장이 계속해서 겹치는 것을 확인할 수 있고, 그것으로 고기후를 정밀하고 신뢰도 높게 재구성할 수 있다. 불행하게도, 지중해 지역은 오래된 나무의 기록이 특별히 남아 있지 않았다. 그러나 알프스 산맥의 높은 경사지대에 서식하는 나무들은 2천5백 년 전 그 지역의 기온과 멀리 지중해 지역의 기온이 상관관계가 높은 것을 보여준다. 현대의 온난화가 시작되기 전 1세기 중엽에 이미 최고 기온에 도달했으며, 그 뒤 매우 서서히 그리고 고르지 않게 쇠퇴하기 시작했다. 1세기의 기온이 최근 150년의 기온보다 훨씬 높았다.[51]

기온의 마지막 대리증거물은 로마 세계의 동굴에서 찾아볼 수 있다. 방울방울 떨어지는 물속에 있는 광물질들이 세월이 흐르면서 축적되어 동굴 속에서 석순으로 자랐다. 동굴에 형성된 물질 속의 방해석은 수천만 년 전 광물질의 기록보관소 역할을 한다. 나무의 나이테에 상응하는 바위의 나이테 같은 것이다. 이러한 광물질의 테는 자연적으로 발생하는 안정 동위원소들의 혼합물을 미량 포함하고 있다. 예를 들어 무거운 형태의 산소인 δ18O, 혹은 무거운 탄소 동위 원소인 δ13C 같은 것이다. 표본 속에 무거운 동위원소가 들어 있는 비율은 주변의 물리적 환경의 특성에 의해 결정된다. 스펠레오뎀 속에 있는 무거운 동위원소의 비율은 지역의 기온, 강수의 발생원과 양 그리고 계절에 따른 추이, 그 동굴의 퇴적이 진행되면서 일어난 변화를

---

51) 개략적인 것은 Manning 2013을 참조. 알프스의 기록: Büntgen et al. 2011.

반영한다. 이런 것들은 지역의 토양과 그곳에 서식하는 초목에 민감하다. 시간에 따른 분석은 6개월부터 백 년에 이르기까지 범위가 다양하다. 지중해의 카르스트 지형은 풍부한 스펠레오뎀 기록을 제공하고 있는데, 제국 초기의 기후가 특별히 온화했음을 거의 모든 기록이 동일하게 가리키고 있다.[52)]

강수량 기록은 더 큰 수수께끼이다. 지역이 다르면 시기, 규모 혹은 방향의 변화를 동일하게 경험하리라는 사실을 보장하기 힘들다. 역학관계가 더욱 다층적이고 미묘하다. 심지어 지중해 지역 전역에서는 어느 곳에 비가 내리고 내리지 않는지가 극명하게 상호보완적이다. 그러나 로마 기후최적기의 증거를 살펴보면, 습도가 높았던 기간이 놀랍게도 오래 지속되었고 범위가 넓었다. 또한 로마 제국의 아열대 벨트와 중위도 벨트(말하자면, 각각 남반구와 북반구 지역) 양쪽 모두에서 비가 많이 내린 시기였다. 이러한 패턴은 매우 두드러지게 나타나므로 면밀히 검토해볼 필요가 있다. 다양한 형태의 인간의 증언뿐 아니라 폭넓은 대리증거물들인 물리적 증거를 소환할 수 있다. 우리는 그것들의 도움을 받아 유난히 다습했던 로마 제국 초기 세계의 조각들을 한데 모아 맞춰볼 수 있다.

지중해 북서부에서는 다습한 국면에 대한 증거들이 아주 분명해서, 전문적 문헌에서는 로마 기후최적기의 수백 년 동안을 '이베리아 반도와 로마의 다습한 시기'라고 이른다. 지중해 북부 중앙지역에서의 물리적 대리증거물들도 당시가 다습한 시기였음을 분명히 드러낸다. 로마시에서 매우 다습한 기후를 경험한 사람의 흥미로운 증언도 있다. 로마는 질퍽질퍽한 범람원

52) 일반적인 스펠레오뎀에 대해서는 McDermott et al. 2011; Göktürk 2011; McDermott 2004. Spannagel: Vollweiler et al. 2006; Mangini, Spötl, and Verdes 2005. Iberian: Martín-Chivelet et al. 2011. Kocain: Göktürk 2011. Uzunturla: Göktürk 2011. Grotto Savi: Frisia et al. 2005를 참조.

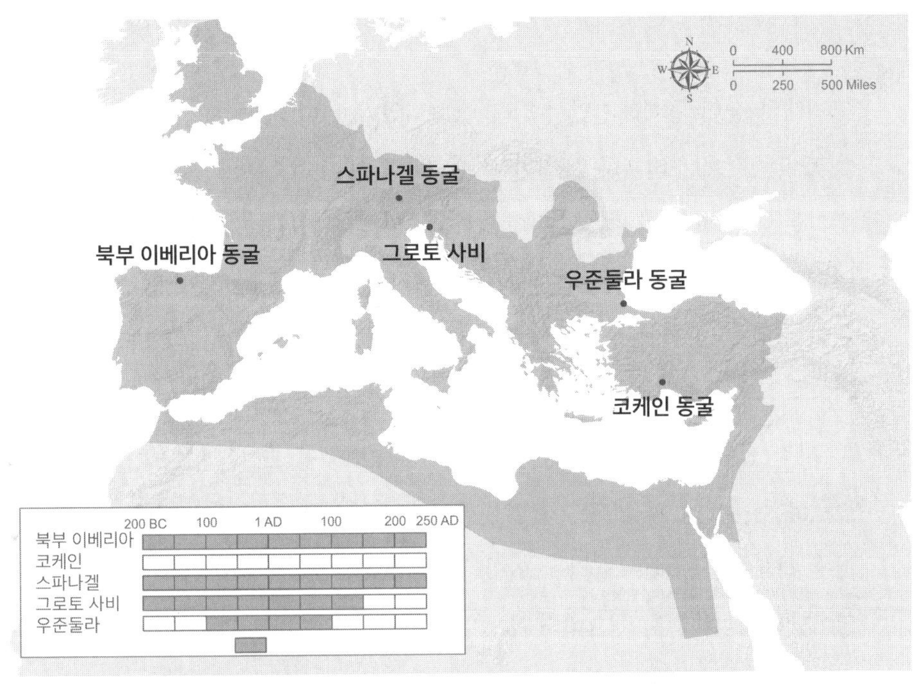

지도 5. | 동굴 기온 기록과 로마 기후최적기

을 개척해서 만든 '멋진 인공의 풍경'을 지닌 도시였다. 티베르강이 그 도시의 영혼이었으나 그럼에도 로마인들은 강을 통제하기 위해 독창적으로 노력했다. 때때로 강물이 둑 위로 넘쳐 도시는 물에 잠겼다. 소小 플리니우스는 트라야누스 황제의 통치 기간에 일어났던 홍수를 묘사했다. 황제가 건설한 배수로가 있었음에도, 귀족들의 가구와 평민들의 연장이 로마의 거리를 둥둥 떠다녔다. 티베르강이 범람한 사실은 잘 기록되어 있으나, 시간 간격은 고르지 않다. 우리는 기록된 문서를 근거로 삼고 있으므로, 홍수가 일어난 간격은 우리가 출처로 삼은 증거의 빈도에 어느 정도 의존하게 된다. 그러나 그 양상만은 분명하다.[53)]

다습한 기후 조건은 갖추어져 있었다. 홍수는 극단적 현상이라 전반적 습도를 측량하는 척도가 되지는 못한다. 로마 제국에서 홍수라는 재앙은 고지대의 숲이 황폐해지면서 더욱 악화되었다. 로마 제국은 연료와 군수품을 탐욕스럽게 소비했다. 그러면서 빗물이 밀려 내려오는 속도를 늦추고 흡수하는 역할을 하던, 한때 빽빽했던 산비탈의 우거진 숲을 모조리 베어냈다. 홍수가 일어나는 빈도가 현저히 늘어난 현상을 중세 이상 기후의 따뜻했던 수백 년 동안과 비교하는 것도 도움이 된다. 홍수는 로마 시대에 일반적이었으며, 실제로 중세 중엽에는 사라졌다.[54)]

가장 선명하게 보이는 양상은 티베르강의 범람이 계절을 탄다는 것이다. 중세와 현대에는 겨울 홍수가 일출만큼이나 당연한 일이다. 그러나 로마의 기후 체제에서는 매우 놀라운 일이다. 대부분의 홍수는 봄부터 한여름까지 일어났다. 로마의 시인 오비디우스가 3월 중순에 열리는 경마 경기인 에퀼리아 즈음에 정기적으로 홍수가 일어났음을 시사한 대목이 있다. 그리고 중세와 현대를 통틀어 티베르강이 여름에는 범람한 적이 없었으나, 로마 시대에는 여름마다 홍수가 일어났다는 명백한 사실을 놓쳐서는 안 된다. 그리고 이러한 결론은 나아가, 1세기의 현자인 로마의 농학자 콜루멜라Columella의 달력에서 확인할 수 있다. 그 또한 현대의 정상적인 강수량보다 훨씬 더 많은 강수량을 예측했다. 프톨레마이오스의 알렉산드리아와 마찬가지로, 제국 초기의 로마는 알려진 기후와 비슷했을 것이다. 1세기 내내 지중해 기후의

---

53) 이베리아 반도와 로마의 다습한 시기: Pérez-Sanz et al. 2013; Currás et al. 2012; Martín-Puertas et al. 2009. Klapferloch 기원전 300년부터 기원후 400년까지 오스트리아 남부의 동굴은 다습한 기후 국면을 보이고 있다: Boch and Spötl, 2011. 이탈리아의 호수들은 후기 공화정 시기에 하이스탠드(highstand대륙붕 가장자리 위와 해수면 사이의 간격) 위치에 있었다. Magny et al. 2007; Dragoni 1998."멋진 인공의 풍경": Aldrete 2006, 4. 일반적으로 Aldrete 2006의 소중한 연구를 참조. 티베르강의 범람에 대해서: Wilson 2013, 269~71; Camuffo and Enzi 1996. Pliny, Ep. 8.17.

54) 삼림벌채: Harris 2013b and 2011; Hughes 2011; Sallares 2007a, 22~23. 더 나아간 내용은 아래를 보라. 표4와 표5의 홍수 데이터는 Aldrete 2006에서 가져왔다.

그림 2.4 | 백 년 단위의 티베르강 홍수 횟수(Aldrete 2006에서 데이터 인용)

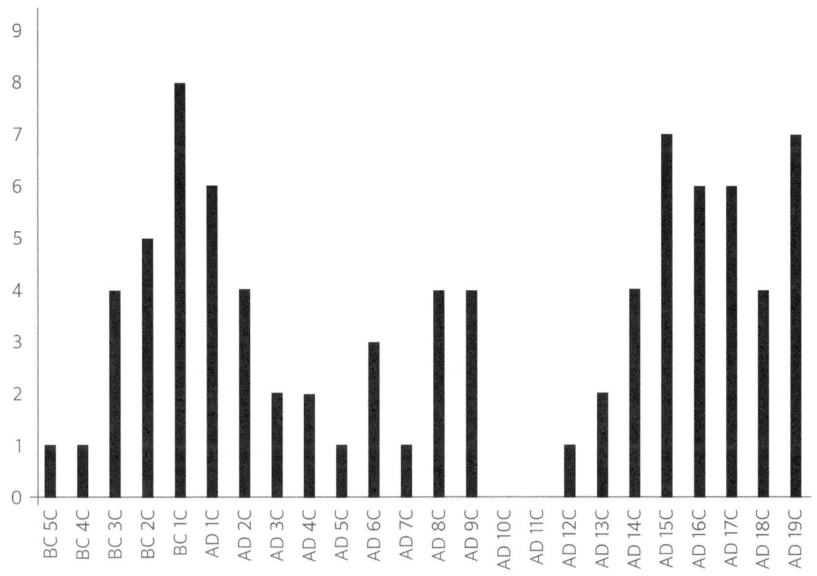

특정한 질적 메커니즘은 미묘하지만 결정적으로 달랐다.[55)]

로마 제국의 남쪽 경계선은 치명적인 건조기후의 날카로운 가장자리를 따라 노출되어 있었다. 그러나 잠시 멈춰서 강조하고 싶은 것은 로마의 북아프리카 영토와 팔레스타인, 시리아, 레바논 지역인 레반트에서 보듯이, 기후 변화와 인간의 정착이 정확하게 일치하지는 않는다는 사실이다. 로마 시대

55) 표본이 작아서(n = 11) 우연의 오류를 제거할 수 없다. 그러나 '로마 제국'으로부터 우리가 얻은 대부분의 증언들은 구체적이고 신뢰할 만하다. 경주는 캄푸스 마르티우스에서부터 첼리오 언덕까지 가는 것이었다. Ovid, Fasti 3.519~20. 로마의 수리학적 증거는 프톨레마이오스가 알렉산드리아 해안에서 관찰한 기후의 기록을 다른 관점에서 표현한 것이다. 티베르 강이 여름에 범람한다는 증거와 마찬가지로, 오늘날 기후 체제에서는 여름마다 주기적으로 비가 내린다고 무심코 가정하는 것은 불가능하다. 두 가지 모두 지중해 연안에서 후기 홀로세의 수리학적 체제가 심각하게 변했음을 시사하고 있다. 콜루멜라에 대해서는 Hin 2013, 80. In general, also Heide 1997, esp. 117을 참조.

에 지역의 개발이 확대된 이유는 온화한 기후 때문만은 아니다. 인구가 증가하면서 사람들이 주변으로 떠밀려났기 때문이다. 그러나 그것 외에도, 거래의 연결망이 두터워지면서 농부들이 과감하게 위험성이 높은 지역으로 움직여 갔을 것이다. 거래 가능성이 있으면 건조한 해의 최악의 수확이라도 보상받을 여지가 있다. 더욱이 시장이 성장하면서 사업 확장에 기름을 부었고, 로마의 제도는 의도적으로 한계 토지의 점유를 장려했다. 자본이 순환하면서 반건조 지대에 폭발적으로 관개 공사가 실행되었다. 로마령 아프리카에서 일어난 경제 호황으로 인해 송수관, 우물, 수조, 테라스, 댐, 저수지, 지하 포가라(높은 지대에서 낮은 경작지로 지하수를 끌어오는 통로)가 개발되었다. 지역과 제국 양쪽에서 개발된 수력학 기술이 고지대와 계곡을 누볐다. 이러한 장치들 덕분에 반건조 지대에서 물을 끊임없이 저장하고 활용했다. 사람들은 유례없이 빠르게 그 지역을 점유해갔다.[56)]

동시에 우리는 기후의 역할을 우호적 동맹군이나 징벌 개념의 천벌 같은 것으로 깎아내려서는 안 된다. 지중해 남부 지역이 현재보다 더 다습했다는 사실은 문학을 통해 오래전부터 추론되었다. 대 플리니우스는 제국의 남쪽 경계에 자리 잡은 아틀라스 산맥의 숲속에 코끼리들이 서식하고 있다고 기록했다. 이 지역에서 코끼리가 멸종한 것은 아마도 상아 거래와 장기간의 건조한 기후가 결합한 결과일 것이다. 북아프리카를 예로 들면, 지금은 곡물 수입국이 되었지만 로마 시대에는 곡창지대였고, 특별히 비옥한 땅으로 알려져 있었다. 그렇듯 로마 기후최적기에는 분명히 경작지였던 지역들이 오늘날은 점점 사막이 되어가고 있다. 이러한 변화에 있어서 물리적 기후

56) 관개: Leone 2012. 제도: e.g., Kehoe 1988, 81~88.

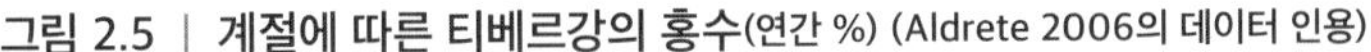
그림 2.5 | 계절에 따른 티베르강의 홍수(연간 %) (Aldrete 2006의 데이터 인용)

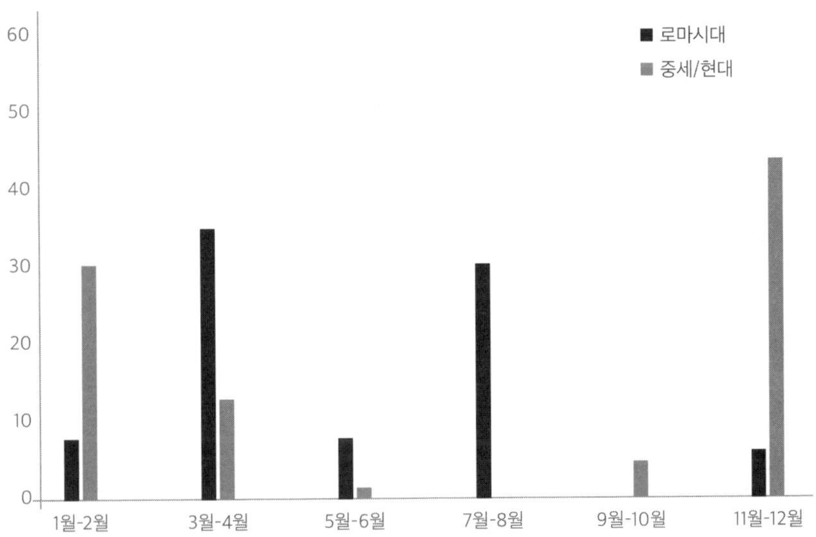

의 중요성에 대한 의견은 분분하다. 인간의 힘이 상황을 주도한다는 다소 결정론적인 옛 이론들이 더 정밀하고 개방적인 접근 방식에 밀려나고 있다. 홀로세 후기의 건조화가 계속되는 동안 물리적 기후의 역할을 드러내는 지구물리학적 증거가 계속 쌓여가고 있다. 주요 변곡점의 중심은 다습했던 짧은 시기가 끝나고 사막화의 진전이 재개된 로마 기후최적기가 끝날 무렵으로 보인다.[57)]

북아프리카에서 장기간의 강수량 변화에 가장 민감한 측정기 역할을 하는 곳은 로마의 국경선 너머, 제국의 남쪽과 접한 곳이었다. 최근에 리비아 남서부 페잔Fezzan에서 행해진 연구에서는 사하라 사막에 세워진 부족 국가인 가라만테스 왕국Garamantian kingdom의 범위와 세련된 문화가 밝혀져 우리를 놀라게 했다. 가라만테스의 경제는 사하라 사막을 오고 가는 교역과 정착 농업에 의존했다. 지하 관개 시설인 포가라foggara가 농업 활동에 혁명을 일으켰다. 강력한 포가라 연결망 덕분에 첫 번째 천년의 초기 수 세기 동안 가라만테스 문명은 크게 번성했다. 1세기부터 4세기 초까지 로마와의 무역이 급증했다. 고고학은 잃어버렸던 문명의 흥망성쇠를 추적하고 있다.[58)]

이 시기의 후반부에 물 부족은 골치 아픈 문제였고, 끝내 극복하기 어려운 역경이었음이 증명되었다. "지하수면이 낮아지면서 종말 급수소가 북쪽으로 이동한 흔적을 발견할 수 있었고, 포가라는 더 깊은 곳으로 내려갔으며, 그 결과 전형적인 포가라 배출구인 포가라 오아시스가 이동했다. 그 주변의 농경지와 정착촌들도 아래쪽으로 옮겨가야만 했다." 가라만테스에서는 아마도 수량이 유한한 화석 대수층을 과도하게 개발했을 것이다. 기후가 화석 대수층을 중심으로 이동한 것은 거의 확실하다. 사하라에 서식하는 사이프러스 나무의 나이테를 보면, 건조화로 인해 장기적 위기에 몰린 나머지 절박하게 물을 찾으려 했던 흔적이 드러난다. 가라만테스는 회복 탄력성의 층이 비교적 얇으면서 생태학적으로 취약한 사회여서, 환경적 스트레스에 특별히 민감한 바로미터 역할을 했다. 가라만테스 사람들은 언제나 물 부족의 아슬아슬한 경계선에서 살았다. 그러다 로마 기후최적기를 이어 건조화가 진행되면서 생태학적으로 생존의 기반이 무너졌고, 문명은 완전히 종식되었다.[59)]

동쪽 끝에 있는 레반트 지역은 물 균형의 역사에 지대한 관심을 쏟아왔

---

57) 코끼리들: Pliny the Elder, Hist. Nat. 8.1. "오래 끌고 있는 논쟁"은 아직도 해결되지 않았으며, 축적되고 있는 증거들은 매우 신빙성이 높다. Leveau 2014. Wilson 2013, 263을 참조. 옛 문학에 대한 좋은 토론들: Jaouadi et al. 2016; Essefi et al. 2013; Detriche et al. 2008; Marquer et al. 2008; Bkhairi and Karray 2008; Faust et al. 2004; Slim et al. 2004; Ballais 2004; Stevenson et al. 1993; Brun 1992.Gilbertson 1996.

58) Mattingly 2003-13.

다. 장기간 건조화가 진행되고 있던 레반트에서는 백 년 단위로 강수량이 급격하게 요동쳤다. 방사성탄소로 연대를 측정한 침전물로 사해의 해수면을 복원해 보면, 지역 강수량의 흔적을 발견할 수 있다. 호수는 기원전 200년 즈음부터 기원후 200년 무렵까지 대륙붕 가장자리와 해수면 사이에 위치해 있었다. 이 시기가 끝날 무렵 다습함이 사라지기 시작했다. 이러한 운명적 변화는 탈무드에 생생하게 증언되어 있다. 탈무드에는 2세기에서 3세기 즈음에 비가 올지 늘 불확실하며 가뭄이 엄청난 골칫거리인 세상에 살던 랍비들의 말로 가득차 있다. "엘리아자 페라타R. Eleazar b. Perata는 다음과 같이 말했다. 사원이 무너진 날(서기 70년) 이후로, 세상에 비가 불규칙하게 내리게 되었다." 이것을 서툰 비관주의로 치부하고 싶을 것이다. 그러나 랍비의 말이 완전히 틀린 것은 아닐지도 모른다. 소렉Soreq 동굴 근처에서 채취한 스펠레오뎀을 연구한 결과, 서기 약 100년부터 강수량이 갑자기 줄어들었다. 3세기는 물 위기의 시대였음이 틀림없다. 사해는 서기 300년 즈음에 수면이 낮아졌다. 마치 어디선가 빌려온 시간처럼, 로마 기후최적기만 다습했던 것이다.[60]

지중해 지역의 로마 기후최적기는 특별히 넓고 다양한 지리적 범위에서 나타나는 온난함, 강수량 그리고 안정성으로 특징지을 수 있다. 로마 기후최적기는 후기 홀로세 내내 서늘함과 건조함을 몰고 온 궤도강제력의 장기

59) "지하 수면이 낮아지면서": Wilson 2012. Cremaschi and Zerboni 2010; Cremaschi et al. 2006; Burroughs 2005, 231: "현재의 초건조화 상태는 1500년 무렵에서야 시작되었다."

60) 탈무드: Bavli Ta'anit 19b, tr. Sperber 273. Dead Sea: Bookman 2004; cf. Migowski et al. 2006. 고고학적 증거로는 Hadas 1993을 참조. 다른 논의는 McCormick et al. 2012를 보라. 이 기간의 후기에 초점을 맞춘 내용이지만, Hirschfeld 2006은 귀중한 통찰을 보여주고 있다. 소렉 동굴: Orland 2009.

적 효과가 한동안 보류된 기간이었다. 태양의 활동 수준이 높았기 때문일 것이라고 추정한다. 로마 기후최적기는 이미 수천 년 전에 만연했던 조건이 뒤늦게 기후 현상으로 나타난 것이다. 우리는 이것을 중기 홀로세가 보여준 마지막 춤이라고 생각할 수 있다. 계절에 따라 강수량의 차이가 극명한 지중해식 기후 양상은 아직 완전히 발현되지 않았다. 기후학자들은 계절에 따른 변화의 중요성에 점점 더 주목하면서, 홀로세 기후가 크게 변화한 것을 설명해줄 또 하나의 요인으로 후보에 올린다. 로마 기후최적기는 홀로세 기후의 마지막 국면이었을지도 모른다. 그때 이 지역에 속한 아열대 지방에는 유의미한 여름 강우가 있었을 것이다. 수 세기 동안 가면을 쓰고 있던 후기 홀로세가 마침내 예측 불가능하지만 지속적인 보복의 형태로 다시 나타나기 시작했다.[61]

이러한 드라마는 자연의 작품이었다. 그러나 만약 로마 기후최적기가 후기로 갈수록 극도로 건조한 여름으로 바뀌기 시작했다면, 기후 변화를 가속시키는 데 로마인들은 그리 큰 역할을 하지 않았을 것이다. 궤도, 태양, 화산의 힘은 인간사에 영향을 받지 않으며, 로마인들은 기후 변화를 촉발시킬 정도로 대기를 오염시키지도 않았다. 그러나 숲을 마구잡이로 베어낸 것은 사실이다. 삼림지대는 농경지로 개간되었고, 로마의 경제기계는 거대한 숲을 난방과 연료로 소비했다. 로마인들은 대규모의 삼림벌채를 직접 목격했으며, 그것을 문명화 과정의 필수로 여겼다. "날마다 숲은 산 위로 밀려 올라가고, 그 자리는 농경지로 변한다." 1세기의 시인 루칸Lucan은 제국이 북서아

61) 초기의 계절적 패턴에 대해, 해들리 세포Hadley cell가 초기에 미약하게 형성되었으리라고 상정한다. Magny et al. 2012a

프리카의 모리타니아Mauretania로 영토를 확장하면서 동시에 도끼를 들여갔다는 사례를 인용했다. 하드리아누스 황제는 시리아의 몇 군데 숲을 제국의 재산이라고 주장하면서 그곳의 벌목을 통제했을 정도로, 긴 통나무의 공급 감소를 우려하기도 했다.[62)]

최근 몇 년 동안 로마인의 삼림벌채가 필연적이었다는 관점으로 견해가 기울어가고 있다. 삼림벌채에는 중요한 뜻이 내포되어 있다. 왜냐하면 로마인들이 어떤 생태적 한계에 부딪혔음을 의미하기 때문이다. 물론 그것이 기후에 영향을 미치기도 했다. 숲의 면적이 줄어들면, 지중해 지역의 강우가 억제된다. 숲을 베어버리면 알베도(지구 표면에서 반사하는 에너지)가 증가하여, 더 많은 복사열이 지표면에서 반사된다. 그 결과 고도가 낮은 대기 속으로 토양의 수분이 증발하는 양이 적어진다. 그 효과는 강력하다. 몇몇 기후 모델들은 이러한 연속적 사건이 지중해 지역의 기후 체제에서 낮은 강수량, 특히 여름에 비가 줄어들게 했음을 보여준다. 로마의 삼림벌채는 후기 홀로세의 기후 변화와 상호작용하여 지중해 지역의 기후를 여름에 강수량이 감소하는 체제로 기울어지게 했을 것이다. 이러한 시나리오는 자연과 인간이 촉발한 요소들이 로마 기후최적기와 그 이후 수 세기 동안 예고된 압박의 문턱 사이에서 서로 영향을 미쳤음을 보여준다.[63)]

제국의 태평성대 시절에 로마의 기후는 성장을 위한 훌륭한 인큐베이터 역할을 했다. 또한 농업경제의 엔진을 돌리는 연료가 되어주었다. 밀의 수확량은 기온과 강우의 시기 및 양에 따라 민감하게 변한다. 로마 기후최적기

---

62) "날마다": Lucretius, De Re. Nat. 5 lines 1370~71. Lucan, Pharsalia, 9. 하드리아누스 황제: Harris 2013b, 182~83. 곧 출간될 Ando의 저술에는 삼림벌채의 문화적 모델에 대한 내용이 있다.

동안 지속된 온난한 기온으로 인해 농부들이 더 높은 고도에서 곡식을 경작하는 새로운 풍경이 가능했다. 대 플리니우스는 이탈리아산 밀의 우수함을 찬양하면서, '산에서' 자란 밀이 그다지 놀랄 일도 아니라는 듯 무심히 말했으나, 우리는 밀이 산에서 '재배되있다'는 사실에 주목해야 한다. 언덕이 많은 이탈리아에서는, 보수적으로 가정한다고 해도, 기온이 1°C 오르면 곡식을 경작하기에 적합한 토지가 5백만 헥타르 늘어난다고 추정할 수 있다. 3, 4백만의 허기진 인구를 먹여 살릴 수 있는 넓이의 땅인 것이다.[64)]

로마 기후최적기에는 단지 경작지의 한계만 확장된 것이 아니라, 땅의 생산성도 증가했다. 지중해 농업의 수확량은 기온이 올라가면 수확량이 늘어난다. 온난한 겨울(발아와 모종의 생장을 위한 계절)은 타는 듯한 여름보다 더 이로우며, 따뜻한 기온은 농부에게는 선물과도 같다. 그리고 물은 식물 생장의 신진대사에 꼭 필요하다. 지중해 지역에서는 비가 드물게 내리고 언제 내릴지 예측하기 힘들다. 로마 제국의 예전 영토에서는 밀의 수확량이 강수량에 좌우되었다. 요약하자면, 우리가 로마 기후최적기에 대해 연구하는 것은 로마 시기의 농업에 대해 쓴 작가들의 명예를 회복하는 일이다. 그들은 엄청난 수확량에 대한 놀라운 이야기들을 했다. 그러나 그들이 평년의 수확

---

63) 지중해 토양에서 기후 모델의 변화: Gates and Ließ 2001; Gaertner et al. 2001; Reale and Shukla 2000; Reale and Dirmeyer 2000. Contra, Dermody 2011. 삼림벌채: Ando forthcoming; Harris 2013b; Hughes 2011; Harris 2011; Sallares 2007; Chabal 2001. Harris 2013은 특히 시간적 지역적 차이를 논의하면서 미묘한 차이를 드러낸다. 예를 들어, 로마 제국에서는 특히 해상 운송망으로 쉽게 연결되는 지역에서 긴 목재가 심하게 고갈되었음을 보여주기 위해 고고학 및 화분학적 증거를 사용한다. Britain: Dark 2000, 115~19.

64) Hin 2013, 85ff이 이제까지는, 영토의 확장과 기후를 연결하는 가장 훌륭한 시도를 했다."산에서": Pliny, Nat. Hist. 18.12.63. 5M hectares: Lo Cascio and Malanima 2005, 219. 또한 Spurr 1986, 17을 보면: "'경사진 장소;에 대한 조언은 그러한 조건에서 곡식 농사를 짓는 일부 지역이 있었음을 인정하는 것이다."

량이라고 가정한 것들이 우리가 알고 있는 중세 이탈리아의 생산성과 비교할 때 지나치게 부풀려진 것처럼 보였다. 로마 기후최적기는 지중해 밀 농사의 생산성을 그만큼 풍부하게 만들었던 것이다.[65)]

로마 기후최적기에는 이전 시기보다 훨씬 강우량이 많았고 더 넓은 지역에 비가 내렸다. 농업에서 최악의 위험성이 줄어든 것이다. 전체 로마 제국의 세계 어디에나 있는 관개 기술 유적이 증명하듯이, 물 관리는 내내 농부들의 머릿속을 떠나지 않는 중요한 문제였다. 가장 위험한 조짐은 한 해의 강우량이 식물의 생육 가능 임계치 이하로 떨어지는 것이었다. 보리의 경우는 약 200~250밀리미터, 밀의 경우는 약 300밀리미터였다. 어떤 해에는 농사를 완전히 망칠 위협이 피할 수 없는 현실로 다가왔다. 현대의 데이터를 기초로 하여, 피터 간시[Peter Garnsey]는 그리스의 일부 지역에서 밀농사를 망칠 확률은 4년에 한 번, 보리농사의 경우는 20년에 한 번이었다고 추정했다. 따라서 최소한의 생존을 보장하기 위한 다양화, 통합, 그리고 위험을 줄이기 위한 여러 형태의 전략들이 지중해 전 지역에 토착화되었다. 그러나 로마 기후 최적기 동안에는 정기적으로 비가 내렸으므로, 날씨로 인한 식량 위기의 위험을 줄여주는 강력한 동맹군 역할을 해주었다. 임계치 효과의 엄청난 영향력과 지중해 농업의 주요 위험을 고려해 보면, 로마 기후최적기의 조건은 최저생계의 경계선 위에서 살아가는 농부들의 안전을 보장한 상당한 선물이었다.[66)]

지중해 지역의 다른 주요 산물 역시 강수량과 생육 기간이 재배를 제한

65) 기온에 대한 반응: Dermody et al. 2014; Spurr 1986, 21. 강수량에 대한 반응: Touchan et al. 2016. 수확량: Spurr 1986, 82~88.

하는 요소였다. 로마인들은 '엄혹하고 폭력적인 겨울의 추위' 때문에 농사를 망치곤 하던 지역에서도 서리에 민감한 올리브나 포도를 경작하는 것이 가능해졌음을 깨달았다. 올리브 재배를 할 수 있는 한계선으로 '지중해 기후' 시역을 정의하는 현대의 시도는 우리를 호도할 수 있다. 만약 그 굴곡진 한계선들이 역사의 시간에 따라 기복이 있다는 사실을 기억하지 못한다면 말이다. 예를 들어, 로마령 그리스에서는 현대의 올리브 경작 한계선보다 더 고도가 높은 해발 500~700미터 이상의 외진 곳에도 올리브를 으깨는 시설이 남아 있다. 농민들이 수확물을 가지고 가공을 하기 위해 산에 오른 것이 아니라면 고지대의 경작지가 기후 변화로 고립되어 유적지가 된 것이다. 요컨대, 로마 기후최적기라는 조건 덕분에 수백 년 전이나 수백 년 후보다 이용할 수 있는 땅이 훨씬 더 넓었으며 인간의 경작도 발전했다는 것이다[67]

기후라는 배경이 있었기에 로마라는 기적이 가능했다. 로마 기후최적기에 로마의 영토는 거대한 온실로 변했다. 가장 보수적으로 추정해서 이탈리아에서 기온이 올라가면서 경작을 할 수 있게 된 한계 토지만을 계산한다면, 아우구스투스 황제와 마르쿠스 아우렐리우스 황제가 통치 기간 동안 성취한 모든 성장보다 더 중요할 수도 있을 것이다. 농부의 엄격한 운명론은 이런 조건들로 이루어져 있다. 최고 지배자인 기후 앞에서는 겸손하지 않을 수 없다.

역사적 관점에서, 우리는 기후의 기복과 일치하는 성장과 수축이라는

---

66) 임계치: Garnsey 1988, 10~12을 참조. 비교: Leveau 2014; Mattingly 1994, 9~11: "불규칙적 변화가 규칙이었다."

67) "엄혹하게 폭력적인": Columella, De Re Rust. 1.1.4~5. 외진 곳의 올리브 착유기: e.g., Foxhall 1990, 109. 또한 Waelkens et al. 1999를 참조.

국면을 받아들이기 시작하고 있을 뿐이다. 맬더스의 악몽에 나타나는 '자연'이 현실로 드러난 것이다. 그러나 그것은 고정된 조건은 아니었다. 인간 문명의 배경인 물리적 환경은 인간의 변덕스럽고 불안정한 노력의 토대가 된 경우가 많았다. 우리는 문명의 변화무쌍한 운명이 자연의 작용 때문임을 인정하는데 머뭇거려서는 안 되며, 또한 인간의 작용이나 순전한 우연도 주인공 역할을 담당하고 있음을 완전히 배제해서도 안 된다. 교역, 기술 그리고 기후는 서로 힘을 합쳐 로마의 개화에 박차를 가했다. 그것들은 서로 강화시켜주는 역할을 했다. 경작지가 확장되고, 수확량을 예측할 수 있고, 생산량이 풍부해진 농업은 교역의 핵심인 분화가 일어나도록 이끌었다. 풍부한 생산량은 기술자본이 되는 부를 양산한다.

로마 기후최적기는 미증유의 규모와 야심을 바탕으로 성장이라는 실험을 촉발했다. 그러나 로마의 기적은 인간이 통제할 수 없는 힘에 긴밀하게 의존하는 근원적인 결합 위에서만 안정적이었다.[68]

회복 탄력성: 로마 제국의 스트레스와 지구력

하드리아누스 황제는 여행을 멈추지 않았다. 고대에 그의 전기를 쓴 작가의 말을 빌자면, "어느 황제도 그토록 많은 땅을 그토록 빠르게 지나쳐 가지 않았다." 서기 128년에, 그는 아프리카 지역을 여행했다. 우연히 확인된

68) "가능하게 했던 배경"의 개념에 대하여Campbell 2016을 참조. 또한 Campbell 2010; Galloway 1986을 참조.

아프리카 군단 사령부에 있는 비문碑文의 내용을 보면, 하드리아누스는 그곳을 직접 방문한 황제로 기억되었다. 그 비문은 황제가 로마의 군단인 레지오 테르티우스 아우구스타the legio III Augusta의 훈련을 직접 시찰하고 나서 행한 연설을 상세히 기록한 것이다. 그러나 황제의 방문은 또 다른 이유로 인해 오랫동안 기억되었다.[69]

모두가 간절히 바라던 극심한 가뭄의 종말이 황제의 도착과 함께 끝이 난 것이다. "그가 아프리카에 도착하자, 5년 만에 처음으로 비가 내렸다. 이런 연유로 하드리아누스 황제는 아프리카인들의 사랑을 받았다." 공교롭게도 같은 가뭄에 대한 내용이 동시대의 두 비문에 새겨져 있는데, 그것들은 하드리아누스 황제가 연설 중에 칭송했던 군단의 사령관이 세운 것이다. 가뭄의 심각성은 멀리 이집트의 밀 가격에도 영향을 미쳤다. 로마령 이집트에서 확인된 밀 열 종류의 시기별 가격을 보면, 병충해가 오기 전 가장 가격이 높았던 시기는 서기 128년이었다(4년 전만 해도 같은 경작지에서 수확한 밀이 25퍼센트 낮은 가격으로 팔렸다). 황제의 신비한 권력이 하늘을 지배한다고 믿고 싶다고 해도, 몇몇 현명한 역사적 탐구들은 카르타고에 물을 대기 위한 수로 건설과 같이 황제의 노력이 꽤 실제적인 수단을 포함한다는 사실을 밝혀냈다. 총 120킬로미터가 넘게 뻗어나간 이 수로는 로마인들이 건설한 물 공급 시설 가운데 가장 길었다.[70]

서기 120년대에 아프리카를 압박한 광범위한 가뭄은 이후 수 세기 동안 그 지역을 괴롭힌 기후의 건조화라는 위기의 맥락에서 일어난 최초의 고통

69) 하드리아누스 황제의 여정: Halfmann 1986, 192. Inscription: ILS 2487. "어느 황제도": Hist. Aug., Vita Hadr. 13.5

이었을 것이다. 이러한 일화 역시 제국의 황금시대가 결코 흔들림 없는 평온한 시대가 아니었음을 상기시켜주는 요긴한 증거다. 지중해 지역이 급격하게 기후가 변동하는 곳이었음은 명백한 사실이다. 로마 기후최적기는 기껏해야 지나치게 예측 불가능한 연간 기후의 변동성이 완화된 시기였을 뿐이다. 적어도 현지 지역 사이에서 전파되는 대규모의 급성 전염병은 드문 일이 아니었다. 본국에서의 불안정한 왕권 다툼, 그리고 국경선을 따라 벌어지는 지정학적 마찰은 로마 제국의 고질적 특징이었다. 팍스 로마나의 절정기였던 안토니누스 피우스 황제의 통치기에 수사학의 교본이며 왕위 세습자이던 마르쿠스 아우렐리우스는 로마 제국이 폭풍, 해적, 적의 함대에 둘러싸인 바람 부는 섬에 불과하다고 생각했다. 로마 세계에서 역경은 늘 있는 일이었지만, 전성기의 제국은 그칠 줄 모르는 격변 속에서 여유있게 질서를 유지하는 위대한 능력을 보였다.[71]

회복 탄력성은 한 사회가 충격을 흡수하고 손상으로부터 회복할 수 있는 자금을 축적하는 능력을 재는 척도이다. 가뭄이라고 해서 모두 기아를 유발하는 게 아니며, 전염병이 항상 사회를 붕괴시키는 결과를 낳는 것도 아니다. 그러나 어떤 경우에는 그러하다. 또한 역사의 양상은 순수하게 우발적이지 않기 때문에 우리는 그러한 혼란과 결과를 연결하는 도구가 필요하다. 회복 탄력성 패러다임은 정신의 도구이며, 로마 제국을 상호 의존적인 두 가지 시스템으로 구성된 유기체로 상상하게 한다. 하나는 생태적(농업, 인

70) "그가 아프리카에 도착하자": Hist.Aug.,Vita Hadr. 22.14.Inscriptions: CIL 8.2609-10. 밀 가격은 Harper 2016a를 참조. 카르타고 물 공급 시설: Leveau 2014; Di Stefano 2009; Wilson 1998.

71) Fronto, Ep. 3.8.1. 이러한 이미지에 대해 Jones 1972, 143~144를 참조.

구통계학적) 시스템이고, 다른 하나는 제국주의적(정치적, 재정적, 군사적) 시스템이다. 이러한 시스템들은 다양한 위험으로 인해 성공적인 작동이 위태로워졌고, 인간들은 위험을 완화하거나 혹은 학습된 전략인 완충, 저장, 중복을 사용하여 시스템을 관리하려고 했다. 위험에 대한 반응은 반드시 비용이 들어가기 때문에 위험을 관리하는 능력이 무한할 수는 없다. 스트레스는 시스템 안에 고유하게 존재하는 것이고, 변화의 조짐이나 새로운 충격은 체제를 압박하는 시스템 내부의 스트레스를 가중시켰다.

회복 탄력성 패러다임은 갑작스러운 충격에 대한 시스템의 반응이 왜 비선형적인지 알 수 있게 해준다. 피드백 메커니즘, 위태로운 임계치 그리고 다른 시기마다 작동하는 변화들로 인해 어떤 가뭄은 눈에 띄지 않는 영향을 미쳤던 반면, 같은 규모의 다른 가뭄은 사회를 돌이킬 수 없을 만큼 기울어지게 하는 재앙이 되기도 했었다.[72)]

로마 제국은 헤아릴 수 없을 만큼 많고 소박한 생태적 회복 탄력성을 품고 있었다. 그것이 지중해 문명을 가능하게 했다. 지중해 기후는 융통성을 요구하기에 천년에 걸쳐 격변하는 자연의 힘을 완화하기 위한 농민의 평범한 지혜가 축적되었다. 수확이 적은 해의 위험을 줄이기 위해 품종의 다양화, 저장 능력 그리고 통합의 전략이 진화했다. 갈레노스는 고대의 소박한 시골 생활을 예리하게 관찰했다. 그는 의사였으므로 시골 사람들의 영양 체제에 전문가적인 흥미를 갖고 있었다. 그는 이국적인 지역 곡물들의 목록을 작성했다. 여전히 로마 제국에 두루 존재했던 변두리 농업 구조를 특징짓는 것이었다. 그런 곳에서는 척박한 환경에 강한 변종들을 선호하는 경우가 많

---

72) Butzer 2012; McAnany and Yoffee 2010; Scheffer 2009; Folke 2006.

았다. 그의 예리한 눈은 그리스적이지 않은 관습들을 쉽게 알아차렸다. "세상에는 빵을 구울 때 보리를 사용하는 곳도 많다." 심지어 갈레노스의 고향 페르가몬 주위에서도 농민들은 '그들 몫의 밀을 도시로 보내고' 그보다 질이 떨어지는 곡식으로 빵을 만들었다. 식량이 정말로 부족한 시기가 되면, 농민들은 기장의 씨앗 아니면 공포를 맛봐야 했다. 거칠지만 믿을 수 있고 수확이 빠른 구황작물은 기아에 대비한 보험이었다. 모든 형태의 식량 저장이 마찬가지였다. 갈레노스의 기록에는 도토리를 비축하고, 콩과 과일 그리고 채소를 말리거나 피클로 만드는 것에 대한 귀중한 정보들이 남아 있다.[73)]

지중해 기후를 배경으로 극단적 위험을 완화시키는 문화적 규범이 진화하기도 했다. 자급자족, 호혜주의, 후원이라는 전통적 이상들이 밀접하게 연관되어 있었다. 자급자족이라는 농민의 환상은 비현실적이긴 했으나, 당당한 독립 정신의 원동력이 되었다. 갈레노스보다 몇 세대 전에 글을 쓴 그리스의 철학자이자 정치가인 프루사의 디오Dio of Prusa는 유명한 《유보이아 섬의 연설》에서 소박한 시골 가족과 만났던 일을 묘사했다. 그 가족은 딸을 인근 마을에 있는 부자와 결혼시키게 되었다. 사위가 될 부자에게 도움을 받을 수 있을지 묻자 농부의 아내는 시큰둥하게 부인하면서 오히려 그들이 딸과 부유한 사위에게 사냥한 고기, 과일 그리고 채소를 보내주었다고 대답했다. 그들은 종자용으로 쓸 밀을 약간 빌렸으나, 수확하고 난 즉시 갚았다. 아무리 낭만적으로 보려 해도, 이 이야기에는 '자급자족과 호혜주의라는 이중 관념'이 담겨 있다.[74)]

73) Horden and Purcell 2000; Sallares 1991; Garnsey 1988에서는 개괄적인 내용 참조. "보리": Galen, De Subt. Diaeta 6. "밀을 도시로 가져간 뒤에": Galen, Alim. Fac., [page 93], tr. Grant. 응급 상황의 식량 : Galen,Alim. Fac., [page 95], tr. Grant. 저장: Garnsey 1988, 52~54를 참조.

평등하지 않은 이들 사이에서 호혜주의는 로마 제국의 계급화된 사회에서 깊이 뿌리내린 전통인 후원에 영향을 미쳤다. 로마의 원로원 의원이었던 부유한 소 플리니우스가 동시대에 주고받은 편지 속에는, 자신에게 도움을 청한 의뢰인들에게 높은 수준의 원조와 호의를 베푸는 너그러운 후원자의 모습이 드러나 있다. 가부장적 관대함에 대한 기대가 부유층에 무겁게 작용하여, 상류층이 아닌 사람들은 비상시에 부유층으로부터 도움을 받을 수 있도록 보장받았다. 물론 부유층에게는 존경과 충성이라는 비용에 대한 보험이 청구되었다. 따라서 로마 제국에서는 도움을 의뢰하는 것과 의존하는 것의 미세한 경계선을 항상 의식할 필요가 있었다.[75)]

이러한 회복 탄력성의 전략은 고대 도시에 관행적으로 역력하게 배어 있었다. 품종 다양화와 저장은 규모에 맞게 조정되었다. 도시의 식량 저장소는 잉여 농작물을 처리하는 첫 번째 순위였다. 로마 제국 통치기에 식량 저장소가 엄청난 규모였다는 사실은 식량 안보가 차지하는 정치적 우선순위를 드러내는 것이다. 더욱이 도시들은 해안선을 따라 유기적으로 성장했고, 그런 곳에서는 단 한 곳의 내륙 지역에 의존해야 한다는 제약이 없었다. 내륙에 고립되어 있는 도시가 짧은 기간의 기후 충격에 가장 취약했다. "해안선에 면한 도시들은 이런 종류의 부족함을 쉽게 견뎌내고, 바다를 통해 부족한 것들을 수입한다. 그러나 우리는 바다와 멀리 떨어져 있어서 우리의 잉여 농작물로부터 얻는 이익도 없고, 부족한 것을 보충할 수도 없다. 우리에게 있는 것을 수출할 수도 없고, 우리에게 없는 것을 수입할 수도 없기 때문

74) 유보이아 섬 연설: Dio Chrysostom, Or. 7."쌍둥이 개념": Garnsey 1988, 57.

75) 후원자로서의 소 플리니우스에 대해서는 특히, Saller 1982를 참조.

에."[76)]

식량 위기가 발발하면 로마 정부는 개입할 준비가 되어 있었다. 때로는 직접 식량을 제공하기도 했지만, 단지 부적절한 가격 상승을 억제하는 정도인 경우가 더 많았다. 서기 92~93년 사이에 엄혹한 겨울로 인해 소아시아 남부의 피시디아Pisidia에서 곡물 가격이 치솟았다. 비문에 적힌 내용에 의하면, 로마 총독은 부당한 이득을 취한 사람들을 비난하면서, 곡물 가격을 이전과 마찬가지로 "많은 서민이 구입할 수 있는 정도이어야만 한다"라고 주장했다. 종종 사적으로 개입하는 경우도 많았다. 고대 도시들에서는 사람들이 눈에 보이는 공공재에 부유층이 그들의 자원을 쏟아부을 것이라는 이상적 기대를 강하게 품고 있었다. 고대 도시의 특징이기도 한 이러한 시민적 도덕 경제 문화는 단지 변화무쌍한 환경에 대항하는 개인적 완충 노력인 호혜와 후원의 규범이 확장된 형태에 지나지 않았다. 로마령 마케도니아 출신의 귀족으로 대제사장의 직책을 맡은 이가 있었다. 그는 자신의 재산으로 도로를 보수했고, 사람들을 위해 운동경기와 경주를 열었으며, 야수를 사냥하는 일과 검투사가 전투를 벌이는 행사를 후원했다. 무엇보다도 그는 '위급한 시기에' 곡물을 시장 가격보다 싸게 팔았다.[77)]

황제들은 이러한 전략을 엄청난 규모로 즉흥적으로 구사했다. "트라야누스 황제는 지금은 이곳, 다음에는 저곳이라는 식으로 넘쳐나는 경작지를 필요한 순간과 요구에 따라 분배하고 지정했다. 그는 바다 건너에서 구원을

---

76) "해안가의 도시들": Gregory of Nazianzus, Fun. Or. in Laud. Bas. 34.3, tr. Jones 1940.

77) 로마의 개입: e.g., at Antioch in Pisidia in AD 92~93: AE 1925, tr. Levick 2000b, 120. 사적인 개입: Garnsey 1988, 14. E.g., SEG 2.366 (Austin 113); Syll-3 495 (Austin 97); I. Priene 108; I. Erythrai-Klazomenai 28; IGR 3.796; IGR 4.785; IG 4.944; 5.2.515. Macedonia: SEG 17.315 = Freis 1994 no. 91을 참조.

청하는 나라가 마치 로마 시민과 평민의 일부인 것처럼 보호하고 먹여주곤 했다." "하드리아누스 황제는 다른 어느 황제들보다 많은 도시를 직접 보았다. 그리고 그는 '그 모든 도시를 돌봐주었다." 말하자면, 어떤 도시에는 물을 주고, 다른 도시에는 항구를 만들었으며, 어떤 도시에는 곡식을 주고, 또 다른 도시들에는 공공사업을, 돈과 명예를 준 도시도 있었다."[78)]

가장 친숙한 회복 탄력성 시스템은 로마의 식량 공급이다. 식량을 저장하는 대도시의 공공 곡물 저장소 유적지를 보면 여전히 숨이 막힐 정도로 기념비적 규모이다. 셉티미우스 세베루스 황제는 로마의 식량 공급을 매우 성실하게 관리해서 그가 죽은 후에도 도시를 7년이나 먹여 살릴 수 있을 정도의 식량을 저장해 놓았다고 한다. 곡물 구호품은 황제의 후원을 받는 제국의 신민이 갖는 정치적 권리였다. 로마시의 거주자는 황제의 관대함을 우선 받을 수 있는 권리를 지녔다. 에페수스에서 발견된 2세기의 황실 서한에는, 수확량이 로마에 충분하다면, 동부의 도시에서도 이집트의 곡식을 조달해 가도 된다는 약속이 기록되어 있다. "우리의 기도대로, 만약 나일강이 평년 수준으로 강물이 범람하여 이집트인들이 밀을 풍성하게 수확하게 되면, 당신들은 본국 사람들 다음으로 첫 번째 수혜자가 될 것이다." 2세기에는 로마의 시민 약 이십만 명이 한 달에 5모디(약 45L)씩의 밀을 받았다. 오직 공공 구호품으로서만, 그 양은 연간 팔만 톤에 이르는 것이었다. 수도의 수백만 인구를 먹여 살리기 위해 선체가 깊은 곡물선이 소형 선단을 이루며 바다 위를 오갔다. 알렉산드리아 함대의 선두에 선 신호용 배를 발견하면 군중은 기뻐하며 이탈리아의 해변에 몰려와 넋을 잃고 함대의 도착을 바라보

---

78) 트라야누스 황제: Pliny, Pan. 32. 하드리아누스 황제: Cassius Dio, Hist. Rom. 69.5.3

았다. 여기서 가장 주목할 만한 부분은 로마로 향하는 곡물 수송이 개인의 손으로 이루어졌다는 사실이다. 상인들은 곡물을 수도로 옮기는 대가로 약간의 보조금을 받았다. 그러나 충분한 회복 탄력성이 곡물 시장에 축적되어 있던 고대 제국의 시기에는 정교한 체계가 없어도 로마에서 식량을 공급받을 수 있었다.[79)]

식량 시스템은 갑작스러운 단기간의 충격을 견딜 수 있도록 탄탄하게 만들어져 있었다. 인구통계학적 충격의 영향을 완화해주는 사회기반시설이 부족했던 것과 비교해 보면, 식량 시스템의 회복 탄력성이 두드러져 보인다.

다음 장에서는 로마의 질병 체제에 초점을 맞출 예정이다. 그러나 이 장에서는 로마인들이 전염병 사망률 앞에서는 거의 무기력했음을 강조한다. 전염병의 위협을 완화하거나 손실을 줄여서 신속하게 회복할 수 있는 장치는 거의 없었다. 사실대로 말하자면, 고대의 의약품들은 도움이 되기는커녕 해롭기만 했다. 기본적인 간호라는 게 아프고 병든 사람들에게 조금도 유익하지 않은 것이었다. 온탕이나 냉탕에 입수하라는 처방이나 환자에게서 무지막지하게 피를 뽑아내는 처치는 사망자 수를 늘리기만 할 뿐이었다. 평민들은 어디에서나 쉽게 접할 수 있는 마법에 의존했다. 전염병 확산을 막기 위해 중세 후반에 발달하기 시작한 일종의 격리 같은 처방이 로마에도 있었던 게 확실하지만, 대중은 질병에 대해 종교적 방식으로 대응하는 게 지배적이었다. 그리스인과 로마인은 대규모 사망을 피할 수 없는 불가사의한 희생으로 전염병을 간주하여, 아폴로 신의 액막이 조각상을 세우는 정도로 대응

79) 셉티미우스 세베루스: Hist. Aug., Vita Sev. 23.6."우리의 기도대로": I. Ephesos 2.211, tr. Garnsey 1988, 255. 또한 Boatwright 2000, 93~94를 보라. 신호용 배: Seneca, Ep. 77. 곡물 공급의 개략적 내용은 Erdkamp 2005; Garnsey 1988, esp. 218~70; Rickman 1980을 참조.

했다. 로마 제국에는 공공보건의 기초조차 없었다.

효과적으로 대처할 수단이 없는 가운데 사망률이 급격히 증가하자, 고대 사회의 반응은 출산율을 높은 수준으로 유지하는 것이었다. 입양이 평범한 일상이었으며, 가족의 생존이 항상 위협을 받는 사망률 체제에서는 현실적인 대응이었다. 자녀들을 광범위하게 세상에 노출시키는 고대 세계의 관습으로 인해 죽음을 초래하거나 유아를 노예 매매의 시장 속으로 끌어들이는 결과를 낳기도 했으나, 고정적으로 높은 출산율을 설정한 시스템에서는 어두운 방출 밸브 역할을 했던 것으로 보인다. 또한 제국 안에서 내부적으로 이주가 용이했던 것도 인구통계학적 회복 탄력성으로 작동했다. 이주는 대부분 도시로 향했으며, 한 지역의 과잉 인구가 다른 지역의 부족한 인구를 채웠다. 그러나 궁극적인 생물학적 사실은 변하지 않았다. 후기 철기시대의 인간 사회는 급격한 사망률 위기를 완화시키는 대응을 할 만큼 진화하지 못했다. 그들은 전염병으로 인한 퇴보에서 서서히 회복할 수밖에 없었다. 이러한 폭발적 사망률이 처음으로 지역에 국한된 재앙을 넘어서게 되자, 제국은 전례 없는 충격을 맞이하여 휘청거렸다.[80)]

로마 세계와 같은 사회들은 생태적으로 격렬한 변동의 압력을 견디도록 만들어졌고, 마찬가지로 제국의 시스템은 정치적 불행의 돌팔매나 화살들을 감내할 수 있도록 설계되었다. 첫 번째 황제 아우구스투스가 구축한 체제는 오래 존속되었다. 로마는 이름만 제외하고는 실질적으로 군주의 지배를 받았다. 군주는 원로원 귀족들의 요긴한 도움을 받으며 광활한 제국을

80) 노출: Harper 2011, 81~83; Corbier 2001; Bagnall 1997; Harris 1994; Boswell 1988. 이주: Hin 2013, 210~59. 3장을 보라.

통치했다. 부유한 귀족층인 원로원의 자격을 얻기 위해서는 재산이 있어야 했으며, 귀족들간의 경쟁을 통해 역임했다. 세습률이 낮은 이유는 대부분의 귀족이 출신 가문에서 '오직 한 세대만 정계에 대표를 보냈음'을 의미한다.[81)]

황제는 최고 통수권자였으나, 원로원은 군단 사령관이나 총독 같은 높은 자리에 오를 권리를 지켰다. 제국의 귀족은 층이 현저하게 얇은 행정 관리들로 제국을 통치할 수 있었다. 적은 숫자의 관리들만으로 통제에 성공한 것은 제국 전역에 기본적인 시민 귀족층이 존재했기 때문이다. 도시들은 제국의 '하중을 견디는' 기둥들이었고, 그런 도시의 엘리트 계층에게는 로마 시민권을 부여하거나 제국의 귀족으로 승급되는 경로를 포함한 특별한 유인책들이 있었다. 중앙세율이 낮았기 때문에 시민 귀족층은 공금 유용을 할 여지가 충분했다. 절대 왕정과 지방 엘리트 사이의 '위대한 타협'이 엄청난 성공을 거둠으로써 귀족과 관료층이 지역화되는 점진적이지만 심도 높은 변화를, 사회 질서의 혼란 없이 제국 사회가 흡수할 수 있도록 했다.[82)]

제국은 정복으로 세워졌고, 1세기에 이르러 영토 안에서 상징적으로 통합된 권력 조직으로 정비된 합리적인 제국으로 안정되었다. 이질적인 것이 있다면 세율뿐이었다. 로마군은 수시로 대규모 정복에 나섰으나, 기본적으로 방어를 위한 활동이었고, 토목 공사와 지역 감시를 위한 것이기도 했다. 군대의 정치적 힘은 주의 깊게 관리되었으며, 고대 제국 대부분에 여전히 남아 있었다. 철기 시대의 소통과 여행 기술을 감안하면, 세 대륙에 걸친 국가의 재정과 군대조직이 조화를 이룬 것은 어느 전근대 정치조직이 이룬 것

---

81) 원로원: Eck 2000a and 2000b."가문에서": Hopkins 2009a, 188~89.

82) "하중을 견디는": Shaw 2000, 362.위대한 타협: Scheidel 2015a and 2015b. 얇은 층: Hopkins 2009a, 184.

보다 가장 복잡한 성취였다.[83)]

아우구스투스식 정권 승계의 기본적인 안정성은 체제가 안팎에서 끊임없이 위협을 받고 있다는 사실을 은폐함으로써 이루어졌다. 공화국의 유령이 기억 속에서 희미해지면서, 혁명적 정권 교체의 가능성은 허황한 꿈으로 멀어져갔다. 그러나 아우구스투스가 제시한 왕조라는 해결책은 빈약했고, 분별력 있는 황제들은 순조로운 승계를 확립하기 위해 커다란 고통을 겪었다. 생물학적 승계는 이런저런 이유로 실패하는 경우가 많았고, 권력 후계의 위기는 정권이 제어할 수 없는 특징이었다. 일부일처제와 가혹한 사망률로 인해 황제에게 생물학적 상속인이 없는 경우가 많았다. 상대적 기준으로 보았을 때, 로마 황제들의 통치 기간은 놀랄 만큼 짧았기 때문에, 제국의 왕조체제가 지닌 불확실성은 중대한 문제였다. 기번이 가장 행복했던 시대로 일컬었던 시기에는 황제들의 통치 기간이 길었고, 입양으로 권력을 승계했다. 이러한 몇몇 사례들은 말도 안 되는 행운과 안정된 사회가 맞아떨어져 생긴 변칙적인 상황이었다. 서기 69년 혹은 193년, 혹은 235~238년처럼 불확실성이 끓어올라 내전으로 폭발한 때도 있었다. 그러나 왕조가 변화해도, 새로운 황제는 옛 황제와 매우 비슷했다. 그저 지역 출신이 많아질 뿐이었다.

《로마사》를 편찬한 역사가 카시우스 디오Cassius Dio가 3세기 초에 쓴 글에는 아우구스투스의 자문역을 하던 마에케나스Maecenas가 긴 연설을 하는 장면이 나온다. 그 연설에서는 아우구스투스 시대부터 디오의 시대에 이르기까지 정권을 버티게 한 근본적인 것들이 설명된다. 그것은 제국의 뿌리 깊은 연속성에 대한 증거이다. 아우구스투스 체제의 안정성은 정권을 떠받치

83) 통합된 권력을 주장하는 제국으로의 이행에 대해서 Luttwak 2016.

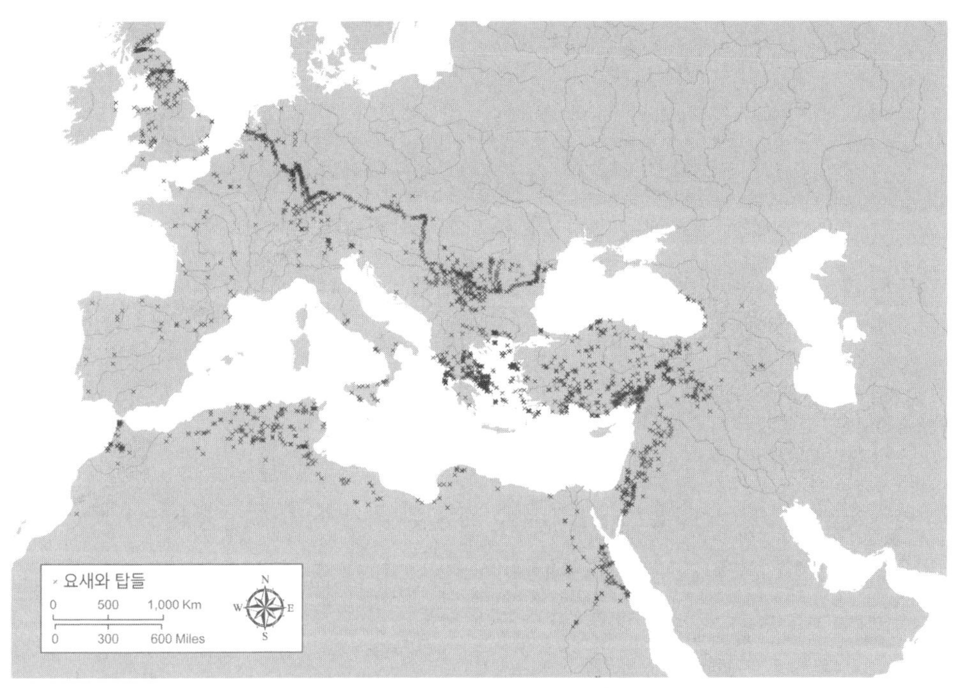

지도 6. | 로마 제국 군대가 남긴 유물(darmc.harvard.edu에서 데이터 인용)

고 있던 귀족, 행정, 도시 그리고 제국의 이념이 지닌 회복 탄력성을 입증하는 것이다.[84)]

다른 무엇보다도 제국의 정권은 승리자로 남을 것이라는 기대가 있었다. 승리의 여신 빅토리아는 제국의 여신으로 숭배되었으며, 로마군에 의해 보장되는 안전과 전투의 용맹성을 상징했다. 제국의 정통성과 군사적 패권을 유지하는 데에는 비용이 많이 들었다. 고대 제국에서 전체 국가 예산은 약 2억 5천만 데나리였고, 그중 2/3가 군대에 들어갔다(민간인의 급여, 곡물 공급, 공공 기반시설, 그리고 후원이 다른 고비용 목록에 올라가는 항목이었다). 만약 GDP가 50억 데나리였다면, 지출은 GDP의 약 1/20이었다. 제국의 연간 수입은

---

84) 카시우스 디오에 대한 주요 연구는 Saller 2000, 818에 의해 이루어졌다.

매우 다양한 토지세와 인두세, 통행료, 상속세 및 (노예) 해방세, 그리고 국가에서 운영하는 광범위한 광산 운영으로 충당되었다.

로마의 세금 부과에는 한 가지 장점이 있어서 견딜 만했다. 정복과 외교의 오랜 과정에서 재정 체계가 조금씩 발전했기 때문에 세율이 다양하게 적용되었고, 이는 3세기 후반의 개혁으로 이어졌다. 평균값은 오해의 소지가 있으나, 목표 세율을 전체 연간 농업 생산량의 10퍼센트 범위로 잡는 것은 불합리한 추측은 아니다. 밀로 따져보면, 17세기의 영국이나 프랑스 정부가 세율을 올렸을 때보다 로마가 기본적으로 1인당 걷은 양이 더 많았다. 비록 18세기 현대 국가들이 이루어낸 혁명적 비율보다는 한참 부족한 것이었지만.[85)]

재정 기구에 내장된 완충 능력은 별로 없었다. 이론적으로는, 목표 세율을 해마다 약간의 재정적 흑자를 거두도록 정했을 것이다. 현실적으로는 중앙 세수稅收가 명목상의 목표보다 훨씬 낮았다. 재정 체제에 있어서 일련의 스트레스들은 결코 숨겨지는 법이 없었다. 세금을 걷는 일은 지역에서 저항을 불러일으키는 화약고 같은 것이었고, 그것을 성공적으로 실행하기 위해서는 지방 엘리트층과 앞잡이들, 즉 신약 성서에 악당의 상징으로 나오는 '세리들'과의 결탁이 필수적이었다. 황제들은 정기적으로 현금이 필요했다. (공공 화장실에 소변세를 부과한 것으로 유명한 베스파시아누스 황제는 그 사실에 이의를 제기하는 아들 티투스를 안심시키며 말했다. "돈에서는 악취가 나지 않는다.") 도미티아누스(재위 기간 서기 81~96) 황제는 병사들에게 연봉의 1/3에 상응하는

85) 이 논의는 Hopkins 2009a.에게 많이 빚지고 있다. 또한 Scheidel 2015a and 2015b의 주요 공헌을 참조.

봉급 인상을 단행했다. 아우구스투스 황제와 셉티미우스 세베루스 황제 사이의 2세기 동안 단 한 번 행해진 봉급 인상이었다. 그러나 그러한 관대함이 국가 재정에 부담을 주었다. 2세기에, 하드리아누스 황제는 정부에 미지불한 채무들을 면책해 주어야 했고, 겨우 두 세대 뒤에 팬데믹이 지나가고 나서 마르쿠스 아우렐리우스 황제도 비슷한 관대함을 베풀었다. 이러한 감면은 관대한 행위로 널리 알려졌으나, 사실은 제국의 번영이 절정에 달했을 때조차 세 개 대륙에 걸쳐 있는 제국의 재정을 조달하는 일에는 늘 스트레스가 있었음을 보여주는 신호이기도 하다.[86)]

로마의 군사적 지배는 '평화'라는 현실을 과대평가하기 쉽게 만든다. 그런 관점에서 군사 역사 전문가인 에드워드 루트왁Edward Luttwak의 《로마 제국의 장대한 전략》은 제시하는 바가 많다. 로마 제국이 속지주의 제국으로 변하면서, 헤게모니는 경제적 군사력으로 유지되었다. 전략상 최우선순위는 폭력을 지방의 외곽으로 이동시키는 것이었다. 그러나 시간이 흐르면서, 외곽의 방어가 국정 운영기술의 목표가 되었다.

로마의 국경 시스템은 제국의 회복 탄력성을 보여주는 전형이었다. 그것은 제국의 방대한 군사적 물류의 우월성으로 적을 압도할 기회를 엿보며, 구부러지기는 해도 무너지지는 않도록 고안되었다. 로마의 세력권 안에 있는 가장 진보한 경쟁국가라 해도, 군단 병사들이 진격하기도 전에 소멸되곤 했다. 당시 로마의 평화가 유지된 것은 장기적으로 전쟁이 일어나지 않아서가 아니라, 제국의 경계선 밖으로 분쟁이 분산된 덕분이었다. 로마라는 국가

86) 베스파시아누스: Suetonius, Vesp. 23 and Cassius Dio, Hist. Rom. 65.14.5. 도미티아누스: Cassius Dio, Hist. Rom. 67.4. Griffin 2000, 79~80. 하드리아누스와 마르쿠스 : Birley 2000, 182.

의 구체적 목표인 평화는 찾기 힘들었고, 언제나 지평선 너머에 머물렀다. 평화의 절정기라고 여겨지던 안토니누스 피우스의 통치 시절에도 국경 안팎의 갈등은 만연했다. 그의 통치기에 그리스의 반란, 유대인들의 봉기, 영국의 광범위한 군사 작전, 다키아에서의 소요 사태, 아프리카에서의 분쟁 그리고 스페인에서의 폭동이 일어났다. 서기 155~157년경에는 화폐 가치의 커다란 하락이 있었다. 로마 제국의 위대한 찬가를 저술한 아에리우스 아리스티데스가 3세기의 혼란 속에서 행해진 또 다른 연설의 주인공일 가능성이 드러나고 있다. 그 연설에서, 몰아치는 폭풍우를 헤치고 국가를 안전한 항구로 다시 돌아오게 하는 것으로 묘사되는 사람은 사실상 안토니누스 피우스 황제일 것이다.[87)]

바다 위에서 폭풍우에 휘말린 배는 전성기의 제국에 대한 은유임이 분명하다. 그리고 국가라는 배가 거대한 단 하나의 파도 때문에 전복되는 것은 아니라는 사실을 상기시켜준다. 곧 로마 제국을 뒤집어버릴 재앙이 이제까지 견뎌온 어떤 것보다 거대한 규모라 해도, 장기적으로 보면 그 영향은 미묘하며 결국 이미 알려진 것이다. 바로 앞에 도사리고 있는 불행의 여파 속에서도, 국가라는 배를 바로 세우기 위해 제국은 비축해 둔 회복 탄력성에 의지할 수 있었다. 이러한 패턴은 확실히 로마의 역사에 대해 쓰는 것을 복잡하게 만든다. 많은 일들이 로마 헌법의 질서 안에서, 그리고 그 바깥인 다뉴브 평야와 이란 고원에서 한꺼번에 일어날 참이었다. 그러나 안토니누

87) Luttwak 2016. 또한 Mattern 1999; Whittaker 1994; Le Bohec 1994, 147~178; Ferrill 1986을 참조. 안토니누스 통치하의 분쟁: Hist. Aug., Vita Anton. 5.4~5; De Ste. Croix 1981, 475; Hist.Aug., Vita Marc. 5.4; CIL 3.1412 = ILS 7155. 연설: Aelius Aristides, Or. 35.14, Jones 1972. 의 이의를 받아들인다면, Jones 2013을 보라. 화폐가치의 하락: Butcher and Ponting 2012, 74.

스 페스트로 인한 위기는 사회가 활발하게 발전해온 하나의 궤적을 끝내고 말았다. 그것은 분쟁과 끊임없이 마주하면서도 제국을 안정적으로 통치하고 용이한 통솔을 가능하게 했던 여정이기도 했다. 발밑을 받쳐주던 기반이 약해지고, 쾌적하지 못한 기후가 시작되면서 로마인들이 한 번도 마주해본 적이 없는 흉포하고 눈에 보이지 않는 미시의 적이 도래했다. 먼 지평선으로 폭풍을 몰고 모여든 구름이 평소보다 훨씬 위풍당당해 보이기 시작했다.

새로운 시대

서기 162년 처음으로 갈레노스가 로마를 향해 길을 떠났을 때, 그는 도로와 해안선을 따라 반대 방향으로 향하는 수많은 병사들과 마주쳤을지도 모른다. 대규모의 군사 이동이 동부 지역을 향하고 있었다. 파르티아가 로마 병력의 예봉에 완패하기 직전이었다. 그 나라의 왕 볼로가세스 4세는 마르쿠스 아우렐리우스와 루키우스 베루스의 즉위식을 신출내기 황제들을 시험해 보는 기회로 삼았다. 루키우스는 안티오크로 떠났다. 그곳은 로마 역사상 가장 대규모인 군사 작전이 반세기 이상 펼쳐질 동안 사령부 역할을 하게 될 곳이었다. 가장 깊은 승리감에 도취하게 만든 뒤 곧이어 공포를 몰고 온 전쟁이었다. 로마인들은 루키우스 베루스의 파르티아 원정이 제국에 팬데믹을 가져왔다고 믿었다. 진실을 말하자면, 그 전쟁은 절정기에 있는 로마의 힘과 전체적으로 미묘하게 전환된 흐름 양쪽 모두를 드러냈다.[88]

루키우스와 마르쿠스는 제국의 힘을 과시하기로 결정했다. 로마인들이 전투에서는 패배할지 모르지만, 루트왁이 '확전 우세'라 부른 위치를 점하게 될 것이 틀림없었다. 파르티아 원정이 확실한 증거였다. 안티오크는 사령부 역할을 했다. 제국의 중심에서 오는 보급선 연결을 원활하게 하기 위해, 로마의 엔지니어들은 오론테스강에 운하를 건설했으며 그로 인해 지형이 바뀌었다. 적어도 세 개의 군단이 유럽에서 아시아로 배치되었고, 로마의 도로를 따라 3천6백 킬로미터 이상을 이동했다.

마찬가지로 뛰어난 군사 전문지식을 소환하여 그 원정에 집중했다. 대부분의 다른 동료 귀족들과 달리, 마르쿠스 아우렐리우스와 루키우스 베루스는 직접 야전 지휘를 한 경험이 부족했다. 그러나 참전용사의 리더십이 모이자 보완이 되고도 남았다. 전쟁 자문위원회에는 제국 주변에서 훈장을 받은 원로원 사령관들이 대부분 포함되어 있었다. 그중에는 시리아 출신의 원로원 의원(또한 셀레우코스 왕조의 자손이기도 한) C. 아비디우스 카시우스C. Avidius Cassius도 있었는데, 그는 하드리아누스 황제 통치 시절에 이름을 날렸다. 전쟁 내각은 로마 제국의 질서를 반영하고 있었다. 지방의 인재를 등용했고, 때로는 저항적인 제국의 광범위한 속주를 지휘하도록 훈련받은 원로원 엘리트들로 구성되어 있었다.

이렇게 배치된 로마의 제국주의 군대는 한 치의 양보도 허용하지 않았다. 파르티아는 전쟁에서 참패했다. 다시 한 번 로마인들은 압도적인 규모로 무력을 행사하는 그들의 능력을 보여주었다. 단합된 리더십을 배경으로 제국의 보급선과 안전하게 연결된 채 특정 전쟁터에 집중적으로 배치될 때, 2세기 무렵의 로마 군대는 아무리 강력한 군대로 대항한다고 해도 이겨내기

---

88) 갈레노스가 처음으로 로마에 도착한 내용에 대하여 Schlange-Schöningen 2003, 140~142를 참조. 루키우스의 여정: Halfmann 1986, 210~211. 군사 작전에 대하여: Ritterling 1904.

힘든 무적의 병력이었다.[89)]

수도에 승리의 소식이 울려 퍼졌다. 서기 166년에 루키우스가 로마에 귀환했을 때, 도시는 반세기 만에 처음으로 공식적인 승리를 목격했다. 그러나 금세 핏빛으로 물든 소식이 동쪽에서 날아왔다. 이 전쟁의 영웅 중 한 사람인 아비디우스 카시우스는 자신의 군대가 티그리스강 유역, 바빌로니아 깊숙한 곳의 헬레니즘에 기반을 둔 도시 셀레우키아를 포위하도록 허용했다. 세계적 교역의 중심에 위치한 부유한 도시 셀레우키아는 '가장 위대한 도시' 중 하나로, 제국의 대도시들에 버금가는 곳이었다. 셀레우키아는 이미 항복한 상태였으나, 로마 군대는 주민들이 신뢰를 깨뜨렸다고 주장하면서 도시를 약탈했다. 로마인이 보기에도 불안한 폭력이었다.

약탈의 혼란 속에서 로마 병사 하나가 우연히 어떤 사원 안에 놓인 상자를 열려고 했다. 긴 머리의 아폴로로 알려진 신의 성소에서 일어난 일이었다. 로마인들은 그곳에서 역병을 일으키는 나쁜 증기가 흘러나왔다고 믿었다. 곧 "페르시아와의 국경 지역에서부터 라인강과 갈리아에 이르기까지, 전염병과 죽음이 모든 곳을 오염시켰다." 이 이야기는 로마 제국에 낯선 전염병이 도래하면서 공식적인 기록이 되었다. 사실 파르티아 원정과 셀레우키아의 약탈은 많은 사람이 죽어갈 대재앙의 발생과 과정에서 부수적인 사건일 뿐이었다. 대재앙은 황제들의 가문 이름인 안토니누스 페스트(천연두)로 불릴 운명이었다. 안토니누스 페스트의 등장은 로마사와 자연의 역사 양쪽에서 신기원을 이루게 된다.[90)]

---

89) 파르티아 원정의 리더십과 과정에 대하여 Birley 2000, 161~165; Birley 1987을 참조. 일반적인 원로원 의원의 군대 지휘에 대하여: Goldsworthy 2003, 60~63.

기이한 질병이 제국 전체로 슬금슬금 퍼져나가고 있을 때, 갈레노스는 로마에서의 경력을 끝내려 하고 있었다. 그는 '달아나는 노예처럼' 간신히 그 도시를 탈출했다. 그는 육로로 아드리아해의 항구 브린디시움Brindisium으로 간 다음 '첫 번째로 닻을 올리는 배'를 탔다. 갈레노스는 황제에게 붙들려 감금될까 봐 두려워했다. 그의 공포는 곧 현실로 나타났다. 루키우스 황제가 죽자, 마르쿠스 황제는 갈레노스를 아퀼레이아Aquileia로 소환했다. 북쪽으로 원정을 떠날 준비를 하려고 황제가 겨울 캠프를 설치한 곳이었다. 마르쿠스 황제와 갈레노스 둘 다 그들이 예전에 경험한 것과는 전혀 다른 죽음에 둘러싸여 있었다. 그들의 삶의 경로는 '엄청난 전염병'이 나타나면서 형성되어갔다. 어떤 의미에서 안토니누스 페스트는 우연의 산물이었고, 헤아릴 수 없이 긴 시간 동안 반복된 진화의 실험 끝에 도달한 예상치 못한 최종 결과이기도 했다. 그와 동시에 범 세계적으로 빠르게 움직이는 연결망을 지닌 제국이 역사상 최초로 팬데믹이 발발하는 생태적 조건을 만들어낸 결과물이었다.[91]

---

90) 셀레우키아에 대하여Hopkins 1972를 참조. "모든 것을 오염시켰다": Ammianus Marcellinus, Res gest. 23.6.24, tr. Rolfe.

91) "달아나는 노예" 그리고 "첫 번째 배를 탔다": Galen, Praecog. 9.3 (14.649K), tr. Nutton.

3장

아폴로의 복수

Apllo's Revenge

아리스티데스와 제국, 부유하지만 병치레에 시달리다

앞 장에 등장했던 재능 있는 연설가 아에리우스 아리스티데스는 서기 144년에 안토니누스 피우스 황제 앞에서 '로마 연설'을 했다. 그때 그는 건강이 그다지 좋지 않은 상태였다.

갈레노스보다 한 세대 먼저 로마에 온 아리스티데스는 세상의 가장 드넓은 무대에서 자신의 운을 시험해 볼 준비가 된 야심찬 지방 출신 청년이었다. 그는 평생 그 기회를 위해 준비해 왔다. 상류층 출신인 그는 유명 인사를 수사학 교사로 두고 젊은 시절 내내 가르침을 받았다. 아버지가 죽은 뒤, 아리스티데스는 마침내 나일강 항해의 대여정을 시작했다. 낯설고 신비한 강의 원천을 발견하지는 못했으나, 평생 되새겨볼 수 있는 다채로운 경험을 쌓았다. 얼마 지나지 않아 그는 제국의 수도로 향했다. 발칸 반도를 관통하는 로마의 거대한 고속도로 에그나티아 가도Via Egnatia를 따라 육로로 서쪽을 향해 여행했다. 가는 길에 그는 통증이 멎지 않는 감기에 걸렸고, 음산한 날씨와 늪지대를 지나면서 점점 병세가 악화되었다. 그는 음식을 먹기 위해 안간힘을 다해야 했고, 숨 쉬는 것도 힘들어졌다. "나는 치아가 빠질까 봐 걱정이 되었다. 그래서 가는 내내 손으로 붙잡고 있었다." 로마에 도착할 즈음에는 급기야 열이 치솟았다. "살아날 희망이 전혀 없었다." 그러나 죽음의 자리로 여겼던 침상에서 떨쳐 일어난 아리스티데스는 '로마 연설'을 했다.[1)]

그가 로마에서 병에 걸린 경험을 묘사한 것은 고대에 쓰인 가장 사직이고 세세한 의학 일기인 '신성한 이야기'의 초기 에피소드일 뿐이다. 그 기록은 아리스티데스가 구세주로 여겼던 치유의 신 아스클레피오스를 기리며 쓴 것이다. 로마에서 걸린 병 때문에 그는 평생 건강이 좋지 않았고 질병에 시달리며 신에게 의지하고 지냈다. 아리스티데스는 장 질환, 편두통, 폐결핵, 염증, 종양, 발작 그리고 열병이 끊이지 않았다. 아리스티데스는 페르가몬에 있는 아스클레피오스의 사원에서 자주 요양했다(마치 비벌리힐스의 세련된 재활 클리닉에 머무는 것처럼 보인다). 그곳에서 갈레노스의 스승 사티루스Satyrus에게 치료를 받았다. 훗날 갈레노스는 그 연설가의 허약한 체질을 기억했을 것이다. 오늘날에는 아리스티데스가 만성적으로 앓았던 병들을 때때로 "심인성", 신경증 혹은 심기증이라고 진단하기도 한다. 그러나 그것은 부당하다. 아리스티데스가 받은 '치료'는 나이보다 원기 왕성한 노인들을 노쇠한 원래의 상태로 되돌려 놓을 만한 것들이었다. 로마에서 그는 끔찍한 처치를 받았다. "의사들은 내 가슴에서 시작해서 방광까지 절개했다. 그리고 부항 도구를 갖다 댔을 때, 숨이 완전히 멎었고, 온몸이 마비되는 것 같은 견딜 수 없는 고통에 시달렸고 온통 피투성이가 되었다. 그리고 나는 엄청난 배설을 했다." 치료로 일관된 인생이 그때부터 시작되었다. 수십 년에 걸쳐서,

---

1) 나일강: Aelius Aristides,Or.36.Sickness: 48.62~63,tr.Behr. 아리스티데스에 대한 일반적인 내용은 Downie2013; Israelowich 2012; Harris and Holmes 2008에 실린 논문들; Bowersock 1969; Behr 1968을 참조.

아리스티데스는 가학적인 것부터 그저 기괴한 것에 이르기까지, 온갖 처방을 찾아다녔다. 생리학적으로 그의 건강이 망가졌다는 사실을 의심할 이유는 없었다.[2)]

그 모든 질병을 앓으면서도 아리스티데스는 당대에 가장 유명한 연설가가 되었다. 스미르나Smyrna가 대지진을 겪었을 때, 아리스티데스가 구사하는 애절한 도움의 요청을 들으며 마르쿠스 아우렐리우스는 눈물을 흘렸다(그리고 정중한 호혜주의로 자신의 역할을 수행하면서, 황제는 제국과 다른 도시들 사이의 위대한 타협이 이루어지는 데 꼭 필요한 제국의 도움을 제공했다). 고대에는 '신성한 이야기'가 즉시 보편적 찬사를 받았다. 고대인들은 아리스티데스를 현대에 흔히 볼 수 있는 괴짜로 여기지도 않았다. 신과 의사들의 충고에 따라 그가 찾아다녔던 치료법들은 2세기의 의학적 관행에서는 완벽하게 주류에 속하는 것이었다. 아리스티데스가 보통의 사람들보다 더 심하게 고통을 당했는지도 모르지만, 모든 이들에게 질병이 잠재되어 있던 시대에 무기력함과 구원에 대한 그의 추구는 사람들의 마음을 사로잡았다. 왜냐하면 나머지 인류 역시 우울한 유대감을 느꼈기 때문이다.[3)]

흥미진진한 기록인 '신성한 이야기'에서, 아리스티데스를 괴롭힌 질병이 무엇이었는지 확신을 가지고 말할 수 있는 사례가 하나 있다. 이 이야기는 기괴한 것과는 거리가 멀어서 그를 자기 시대의 역사 속으로 더 가까이 끌

---

2) 그의 질병에 대하여, 특히 Israelowich 2012. Galen: Jones 2008, 253; Bowersock 1969, 62를 참조. "의사들": Aelius Aristides, Or. 48.63, tr. Behr. 심기증: e.g., Marcone 2002, 806,"un sofista ipocondriaco." Beard 2015, 500: "심기증."

3) 스미르나: Aelius Aristides, Or. 19; Philostratus, Vita. Soph. 2.9. 아리스티데스가 "정상 상태"임은 Israelowich 2012 and Jones 2008에서 논의되었다.

어당긴다. 서기 165년 여름에 그는 스미르나의 교외에 머물고 있었고, 전염병에 "모든 이웃이 감염되어 있었다." 아리스티데스의 노예가 전염병에 걸렸고, 아리스티데스 자신도 그 병에 걸렸다. "누군가가 움직이려 애쓰면, 다음 순간 그 사람은 죽어서 현관 앞에 누워 있었다. …… 모든 것이 절망과 통곡, 신음과 고통으로 가득차 있었다."[4)]

지나가듯 적힌 이 짧은 내용은 커다란 퍼즐의 작은 조각에 불과하지만, 안토니누스 페스트로 알려진 질병에 대해 지중해 지역에서 나온 최초의 확실한 증언이다. 아리스티데스는 "타는 듯한 고통과 흐르는 진물이 뒤섞인 상태"라고 묘사했다. 자신도 인후에 생긴 '지속적인 병변'에 시달렸다. 그는 죽음의 문턱까지 갔으나 목숨을 구했다. 아리스티데스는 자기 몸에서 열이 내린 바로 그 순간 사망한 어린 소년이 자신을 대신해서 일종의 어두운 희생을 했다고 믿었다. 그 질병에서 구원을 받은 것이 계기가 되어, 아스클레피오스의 충심 어린 환자이자 아폴로의 신실한 숭배자인 아리스티데스는 '신성한 이야기'를 쓰게 된 것이었다. 그것은 팬데믹의 중압감에 시달리고 있는 제국에 바치는 엄숙한 선물이기도 했다. 아리스티데스는 질병 앞에 완전히 무기력했던 사회를 대표하는 상징일 수 있다. 곧이어 전염병에 의한 사망의 파도에 끊임없이 흔들리던 로마 세계에서조차 전례 없는 규모의 생물학적 사건이 발생한다.[5)]

로마 제국은 서기 160년대에 신종 감염병의 진화와 마주쳤다. 그것은 운명적인 만남이었으나, 불가피한 것은 아니었다. 역병은 성장이 과도할 경우에 예측할 수 있는 역효과는 아니다. 우리는 로마 제국을 맬더스 학파의 주

---

4) Aelius Aristides에 묘사되어 있는 페스트의 일화, Or. 48.38, tr. Behr.

장처럼 자원의 근본적 역량보다 인구 팽창이 앞서서 일어난 붕괴의 희생양으로 취급해서는 안 된다. 그러나 전염병의 발생이 순전한 우연도 아니었다. 제국에 내재하는 '생태적' 조건으로 인해 이런 사건이 잘 일어날 만한 주사위의 눈금이 나온 것이다. 로마 세계에서 질병의 역할을 이해하려면, 제국이 눈에 보이지 않는 서식자에게 적합한 환경을 갖추었다고 생각해야 한다. 밀집된 도시 거주지, 지형의 끊임없는 변화, 제국 내부와 외부로 강력하게 연결된 교역망, 그 모든 것이 특정한 미생물이 번식하기 좋은 생태계 형성에 기여했다.

이 장에서는 제국을 괴롭혔던 특정 미생물을 전면에 배치하여, 로마 제국에서 죽어간다는 것의 생물학적 의미에 대해 할 수 있는 이야기들을 해보려고 한다. 로마는 아마도 그렇게 위험한 실험이 가능한 최초의 문명이었을 것이다. 로마의 과거를 연구하는 이들이 예측하기 어려웠던 유익한 자료들을 발견했다. 많은 기록을 남긴 갈레노스처럼 길을 안내해준 의학의 천재들뿐만 아니라 돌, 뼈, 게놈과 같은 증거물들도 있다. 무덤의 비문과 같은 공식적 증거들, 유골과 같은 물리적 증거들, 그리고 병원균 자체에 대한 분자적 증거들이 늘어나고 있다. 이 모든 것이 로마 제국의 보건과 인간의 생물

5) '신성한 이야기'의 발상은 페스트를 앓은 경험과 밀접하게 연관되어 있다: Israelowich 2012. 안토니누스 페스트는 로마 역사에서 근본적인 사건으로 여겨졌으며 (예를 들어, 현대 사료 편집의 창시자 Barthold Niebuhr에 의해), Boak 1955가 주창한 인력 부족 이론에서 주목을 받았다. 그것은 여러 이유로 유명무실해졌다. 숫자와 인구 통계학에 대한 Moses Finley의 무관심도 한 가지 이유이다. Gilliam 1961과 다른 이들이 영향력 있는 최소한의 견해를 제시했다. 그러나 Duncan-Jones 1996에서 다시 한 번 페스트가 관심의 대상이 되었고, 지난 20년 동안 활발한 토론이 지속되고 있다. 대표적으로 Lo Cascio 2012; Bruun 2007; Jones 2006; Jones 2005; Gourevitch 2005; Bruun 2003; Greenberg 2003; Zelener 2003; Marcone 2002; Bagnall 2002; Scheidel 2002; van Minnen 2001; Duncan-Jones 1996; Littman and Littman 1973의 논문들이 있다.

학에 대해 점점 완성된 그림을 만들 수 있도록 기여한다. 결정적 사실을 드러내기보다는 단지 흥미를 자극하는 것에 불과할 때도 있다. 그러나 로마인들은 위태로운 접합의 시기에 제국을 건설했던 것 같다. 우리는 로마 문명이 특별히 중요한 흐름을 형성하던 수 세기 동안 진화한 감염병의 역사라는 그늘진 윤곽을 이제 막 들여다보기 시작했다.

현대의 저개발 사회의 기준으로 보더라도 제국의 거주자들은 건강하지 못했다. 그들은 아리스티데스처럼 부유했으나 병들어 있었다고 말할 수 있다. 악취가 풍기는 제국의 도시들은 장내에 기생하는 세균을 배양하는 페트리 섭시와도 같았다. 폭력적으로 변형된 지형은 말라리아 같은 재앙을 불러들였다. 밀집된 연결망을 통해 만성 질병이 제국 전체로 퍼져나갈 수 있었다. 그러나 가장 위태로운 순간은 사람들 사이에서 직접 전파되는 심각한 감염병이 제국에 침입했을 때였다. 우리는 갈레노스가 '대역병'이라고 불렀던 병이 사실은 천연두였음을 논증할 것이다. 그것은 로마 제국을 희생물로 삼기에 적합한 초자연적 질병임이 분명했다. 로마 통치기에 도시와 사람들은 도로와 바닷길로 모자이크처럼 연결되어 있었으므로 제국 스스로 재앙을 향해 몸을 던진 셈이었다. 로마 제국은 세균이 침투할 수 있는 새로운 관문을 건설하고 전파될 수 있는 고속도로를 연결하여, 팬데믹을 위한 길을 터주었다.

안토니누스 페스트는 아무도 목격한 적이 없는 질병이었다. 팬데믹은 제국의 사람들에게 원초적인 종교적 두려움을 일깨웠다. 궁극적으로 아폴로 신에게 책임을 돌리려 하는 것에는 합당한 무엇인가가 있다. 모든 경계를 쉽게 넘나들며 움직이는, 변화무쌍한 신이면서 아우구스투스 시대 이후로 제국 자체의 이미지와 밀접하게 연관되어 있었다. 새로운 병원균은 제국의 속성과 전 세계로 뻗어나간 연결망으로 인해 촉발되었다. 팬데믹의 도래는 새로운 시대의 시작을 알렸다.

로마 제국의 질병 생태계

공중 보건과 항생제가 승리를 거두기 전까지 감염성 질병은 인류의 첫 번째 공공의 적이었다. 흔히 볼 수 있는 포도상구균 감염에서부터 대단한 슈퍼살해자인 천연두와 부보닉 페스트에 이르기까지, 감염병은 인간의 대규모 사망을 일으키는 주요 원인이었다. 그러나 인류를 위협하는 치명적 세균 집단들은 정체되어 있지 않고 역사적 시대와 공간과 함께 변화한다. 로마의 질병을 모아놓은 표본집단은 시대와 장소에 따른 인위적 결과물이기도 하다. 그것을 상상하는 것은 세균의 관점에서 세상을 보고, 우리와 이 행성을 공유하는 미시적 유기체들이 진화해 온 여정을 따라가 보는 것이다. 병원체와 마주한 로마인의 경험을 과거와 마찬가지로 세균이 무대 위에 나타났다가 사라지는 별개의 '다른' 활동으로 간주해서는 안 된다. 그것을 다른 사건으로 치부하는 것은 지금 풀어나가는 감염병 이야기에서 첫 번째 천년이라는 결정적 위치를 무시하는 것이다. 또한 특별한 시점에서 로마 제국과 구체적 병원균이 나란히 놓이게 되는 상황을 완전히 놓치는 것이다.[6)]

오늘날 인간 질병의 역사는 게놈 혁명으로 인해 유동적 상태에 놓이게

---

6) Barrett and Armelagos 2013; Oldstone 2010; Crawford 2007; Goudsmit 2004; Hays 1998; Karlen 1995;McKeown 1988; McNeill 1976에는 인간의 역사 속 감염병에 대해 귀중한 소개를 하고 있다.

되었다. 손상된 DNA를 회복하는 새로운 기술이 고고학적 맥락에서 개발되었을 뿐 아니라, 게놈 염기서열 분석의 비용이 하락한 덕분에 예전 어느 때보다 더 깊이 과거로 파고드는 일을 시작할 수 있었다. 게놈이 진화의 계통을 획립하여 우리는 다윈의 "그 나무에서 떨어신 부러지고 죽은 나뭇가지들이 땅 위를 가득 채우고, 끝없이 갈라지는 아름다운 가지들로 표면이 덮여 있는 위대한 생명의 나무"를 재구성할 수 있게 되었다. 계통수로 불리는 게놈의 관계 시스템은 미생물의 과거를 알려주는 지도를 제공한다. 그것은 시공간 안에서 유기체의 역사를 추적하는 방식으로 진화적 관계를 규정한다. 고고학적 게놈을 되살려 활용할 수 있게 되면, 주어진 종이 과거의 특정 지층에 있는 특정 위치에 존재한다는 사실을 정확히 지적해줄 뿐 아니라, 미생물들의 계통 발생을 다양하게 확장해서 병원체의 진화를 이해하는 데 도움을 준다.[7)]

생물학적 기록보관소가 이제 하나의 담론을 뒤흔들기 시작했다. 분자 증거가 승리를 거둔 시점보다 한 세대 전에 등장한 이야기다. 그 이야기는 인간이 구석기 시대 인류의 조상으로부터 세균과 기생충들을 물려받아 기본적인 '상속물'로 지니고 있었다고 주장한다. 이러한 병원균들은 오래된 친구처럼, 인간과 함께 지내는 것에 잘 적응했고 그래서 그들 중 많은 것들이 그저 성가신 존재에 불과했다. 우리의 수렵-채취인 조상들은 지구에 흩어져 돌아다니면서, 새로운 기생충을 여행의 '기념품'으로 얻게 되었다. 그때까지만 해도 병원균은 부담스럽지 않은 존재였다. 그다음에 일어난 신석기 혁명이 폭력적인 감염병의 빅뱅을 일으켰다. 유랑하던 조상들이 마을에 정착하

---

7) "위대한 나무" Darwin 1859, 130.

면서, 밀집된 곳을 좋아하는 작은 벌레들이 번성할 수 있었고, 질병은 인간과 붙어 사는 가축으로부터 인간에게로 옮겨갈 수 있었다. 분자생물학이 등장하기 전, 반박할 수 없는 질병사의 명저로 받아들여진 맥닐McNeill의 《역병과 인간》의 내용이다. 그 책에서는 진보된 문명이 발달하면서 유라시아의 "문명화된 질병 집단들이 서로 결합"했다고 주장한다. 초기 신석기 시대에 서로 분리되어 있던 치명적 풍토병 병원균들이 사회가 서로 접촉하면서 한데 어우러져 무서운 대량학살 효과를 나타냈다. 처음에는 구세계 안에서만 일어난 일이었으나, 뒤이어 대양을 왕래하는 광범위한 전 지구적 연결성으로 전환되었다.[8)]

이것은 전염병학, 지리학, 동물의학의 조각들을 모아 임시변통으로 만들어진 이야기다. 그 시대의 후반부에 이르러서야 자료의 출처를 모아 일관성 있는 서술이 이루어졌다. 독창적인 구성이었고, 뛰어나게 윤곽이 잘 잡혀 있다. 때로는 분자생물학적 증거가 이전 세대 역사가들의 직관을 직접 확인해 주기도 한다. 가축들과의 밀접한 관계가 미생물이 옮겨오는 중요한 다리 역할을 한 것은 몇몇 사례에서 사실임이 판명되었다. 예를 들어 홍역은 소의 질병이 우리에게 옮겨온 것이다(비록 로마 후기까지는 사실이 아니었지만). 반대의 경우도 있다. 결핵은 소 결핵의 조상이다. 우리가 소를 병들게 했다. 방향이 뒤바뀐 것이다. 가장 놀라운 발견은 진화 그 자체가 지속적인 역동성을 지녔으며 사악하기까지 할 정도로 창조적이라는 사실이다.[9)]

---

8) McNeill 1976; already Le Roy Ladurie 1973. See Armelagos et al. 2005.

9) 유전학에서 보는 질병의 역사: Harkins and Stone 2015; Trueba 2014; Harper and Armelagos 2013; Pearce-Duvet 2006; Brosch et al. 2002. 홍역: Newfield 2015에서는 홍역의 가까운 조상은 고대 후기의 유럽에서 활동했다는 매력적인 제안을 한다. 결핵에 대해서는 아래를 보라.

최초의 인류는 지금과는 매우 다른 세균들의 지형 속에 살았으나, 몇몇은 우리에게도 친숙한 적들이었다. 성가시고 위험한 장내 바이러스나 라이노바이러스(평범한 감기 바이러스)를 포함하는 피코르나 바이러스 과Picornavirus family 같은 몇몇 집단은 종류가 다양하고 전 세계적으로 분포되어 있으며, 다양한 척추동물들이 공통적으로 감염된다. 과거의 인류 이전부터 이미 함께 존재했다는 의미다. 환경 속에서, 혹은 인간에게 의존할 필요 없이 동물 저장소에서 생존해나갈 수 있는 다른 미생물들은 문명이 인간에게 교묘하게 유해해지기를 기다릴 필요가 없었다. 체체파리를 매개 감염체로 전파되는 질병인 아프리카의 트리파노소마증, 즉 수면병은 선사시대부터 오늘날에 이르기까지 인간에게 고통을 안겨주고 있다. 제한된 극소수의 사람들은 만성적 감염병을 계속 앓으면서 살아가기도 한다. 매독을 일으키는 박테리아와 연관된 열대 감염병인 인도마마는 고대에서부터 비롯되었다. 현재 진행 중인 유전자 연구는 구석기 시대 조상들이 직면해야 했던 질병의 지형을 새롭게 밝혀낼 전망이다.[10)]

질병의 역사에도 돌이킬 수 없는 덧없고 폭발적인 종말의 장이 틀림없이 있을 것이다. 인류가 지평선 너머로 점점이 흩어진 채 천천히 움직이는 얇은 띠로 존재하는 한, 치명적인 급성 질병들은 스스로 소진되었다. 다른 인간 집단에게 전파되기도 전에 병원균이 너무 많이 빠르게 감염시키는 바람에 질병에 취약한 인간 집단 자체가 소멸해 버렸기 때문이다. 현대에도 우리를 질병에 시달리게 하는 저독성 바이러스들은 인간 집단 안에 축적되었다. 더불어 수렵과 채집을 하는 조상들은 동물 숙주로부터 악성으로 진화한 새로

---

10) 피코르나바이러스 과: Lewis-Rogers and Crandall 2010. 수면병, 인도마마: Harkins and Stone 2015.

운 미생물들에게 공격당했을 것이고, 그것들은 금세 소멸하거나 다시 자연으로 후퇴했을 것이다. 그러나 전반적으로 구석기 시대 인간들은 훨씬 우호적인 질병 생태계를 누렸다.[11)]

신석기 혁명이 결정적인 전환이었다. 일정한 곳에 머무르는 생활방식, 단조로워진 식습관, 훨씬 밀집된 거주, 지형의 변화 그리고 여행과 의사소통의 새로운 기술들이 이어졌다. 이 모든 것들은 미생물의 생태학뿐만 아니라 인구의 구성과 분포에도 영향을 미친다. 결과가 거의 즉각적으로 나타난 경우도 있었을 것이다. 오랫동안 배경에 잠복해 있던 질병들이 쉽게 번성할 수 있는 새로운 환경이었다. 마을에 밀집해 거주하면서부터 공중위생과 인구밀도가 근본적인 문제로 등장했다. 그래서 문명사 초기의 고대 도시의 경우에는 사소해 보이지만 위력이 대단했던 이질, 장티푸스와 파라티푸스 열병, 라이노바이러스 그리고 음식과 배설물을 매개로 전파되는 다른 기생충들을 사망률의 원인으로 들여다보아야만 한다. 초기의 도시 생활을 괴롭혔던 것은 맹위를 떨치는 치명적 질병이 아니라, 흔하게 나타나는 설사, 열병 그리고 감기였다.

신석기 혁명이 여전히 중요하기는 해도, 이제는 감염병 역사의 빅뱅처럼 보이지는 않는다. 농경의 등장이라는 개념은 특권적 위치에서 강등되었다. 왜냐하면 치명적일 수 있는 세균이 존재하는 다소 고정적 환경과 인류가 필연적으로 접촉하게 되는 단 하나의 순간이 이제는 필요하지 않기 때문이다. 20세기의 경험은 호된 교훈을 남겼다. 신종 감염병은 항상 존재하는 위협이다. 농장의 동물들은 새로운 병원균이 생성되는 생물학적 배양장의 작은 부

11) 더 건강했던 구석기 시대: Brooke 2014, 213~220.

분에 불과하다. 야생의 힘은 새로운 적을 지속적으로 만들어낸다. 지카, 에볼라 그리고 에이즈와 같은 치명적 바이러스들이 최근에 출현하면서 그 사실이 명백해졌다. 요컨대 자연에는 야생의 세균 저장소와 잠재적 적들이 득실거리고, 유전자 변이는 위험한 분자 실험을 끊임없이 파생시키고 있다. 이 위험한 분자 실험이 전 세계에 고르게 혹은 무작위로 분포하는 것은 아니다.

오늘날에도 열대지방 전역에서 감염병은 심각하다. 지금까지 내내 그래왔다. 지구 전역에서 가장 널리 관찰되는 생물 다양성의 양상은 위도에 따라 종이 달라지는 것이다. 미생물에 한정된 것이 아니다. 저위도 지방에서는 반복되는 빙하기의 냉해를 피할 수 있었으므로, 진화의 시계가 더 오랫동안 돌아갈 수 있었다. 더욱이 태양으로부터 에너지도 더 많이 도달한다. 따라서 더 많은 생명체가 존재하고 더 큰 복잡성을 띠게 된다. 감염병의 생물 지리학은 인간이 사육하는 식물과 동물의 공간 분포를 따라가지 않는다. 오히려 환경 지리학의 심오한 원칙들을 따른다. 앞으로 보게 되겠지만, 로마의 세 가지 팬데믹 중 두 가지는 남쪽 지역에서 유입된 것으로 보인다. 세 번째 팬데믹인 부보닉 페스트는 유럽 동남부 스텝 지대의 생물인 토종 야생 설치류로부터 전파되었을 것이다. 전염병은 거의 모든 곳에서 출현할 수 있지만, 주사위가 던져지는 것은 지구상의 특정 지역이다.[12)]

인류와 새로운 질병이 만나는 주요 접촉면은 농장이 아니라, 잠재적으로 인간에게 유해한 병원체를 저장하고 배양하는 조류, 포유류 그리고 다

12) 위도 간 종의 차이: Jablonski et al. 2017; Fine 2015; Davies et al. 2011. 병원균에 대하여: Stephens et al. 2016; Hanson et al. 2012; Dunn et al. 2010; Martiny et al. 2006; Guernier et al. 2004.

른 생물체 집단 전체이다. 따라서 인구가 늘어나고, 서로 이질적인 인간 집단들이 상호 연결되기 시작하면, 세균들은 광분하여 인간을 감염시켰다. 인류가 지구의 구석구석 거의 모든 곳에 거주하게 되면서, 우리 자신과 진화의 실험 구역 사이에 접촉면이 넓어졌다. 다산으로 인해 인구가 수십억으로 늘자, 미생물들이 치명적이고 심각한 세균으로 활동할 기회가 늘어났다. 인간 사회 사이에서 꾸준히 이어지는 연결망들은 단지 오래된 세균 집단들만을 연결하는 것이 아니다. 더욱 심각한 것은 개별 세균 집단들이 같은 장소에 모여 생성과 소멸을 반복하는 메타개체군으로 변화해서 치명적 세균으로 유랑하며 탐험한다는 사실이다. 질병사의 주요 드라마는 야생의 숙주로부터 검증되지 않은 세균들이 계속 출현하는 것이며, 점점 연결성이 증가해서 서로 감염시키는 인간 집단들을 찾아내는 일이다.[13)]

생태 환경과 진화는 감염병의 역사를 추동한다. 유서 깊은 인간 감염병의 역사는 가축 사육의 부작용이 아니었다. 그보다는 농경과 유목에 종사하는 인간 개체군의 크기와 복잡성이 폭발적으로 증가하고, 그 뒤 그러한 집단들 각각이 진화가 빠르게 이루어진 지구상의 더운 지방으로 옮겨간 것에 기인한다. 이러한 그림은 여전히 분명치 않지만, 빠르게 선명해지고 있다. 게놈 증거는 초기 신석기가 아니라 최근 천년을 실제 활동의 현장으로 지목한다. 어쩌면 금속을 다루는 기술과 거미줄 같은 연결망이 있던 청동기 시대가 예상치 않게 생물학적으로 불안정하고 흥미로웠음이 밝혀질지도 모른다. 최근에 중앙 유라시아 쪽 고고학 표본에서 페스트가 발견되었다. 고대

---

13) 신석기 시대 전환점: Brooke 2014, 220~242. Harkins and Stone 2015는 새로운 게놈 증거를 끌어낼 훌륭한 통섭이다.

세계의 여명을 밝힌 철기 시대는 결핵과 같은 주요 질병의 역사에서 중요한 진화의 순간이었던 것으로 보인다.[14)]

질병의 역사와 인간의 문명은 모순과 의도하지 않은 결과들로 가득찬 이야기다.

제국의 질병과 건강 그리고 사망률

로마 시는 당대에는 하나의 경이로움이었다. 탈무드에는 제국의 수도를 방문한 사람들이 느낀 엄청난 감격이 표현된 구절들이 있다. "위대한 도시 로마에는 거리가 365개가 있고, 거리마다 궁전이 365채나 있다. 각각의 궁전에는 365층이 있고, 각층에는 전 세계 사람들이 먹고도 남을 만큼의 식량이 있다." 제국 전체가 경외의 대상이었다. "로마의 힘은 사람 사는 세상 모든 곳에서 무적이다." 그러나 로마의 웅장함은 그 도시를 건설한 인간뿐 아니라 눈에 보이지 않는 미생물 서식자들에게도 큰 혜택이었다.[15)]

로마 제국은 질병 생태계를 구축했고, 제국의 건설자들은 그 결과를 상상조차 할 수 없었다. 제국은 도시의 집중성을 키워서 이전에도 볼 수 없었고 이후로도 수 세기 동안 볼 수 없을 밀집된 도시 환경을 만들었다. 제국은 이례적으로 범위가 넓고 다양한 지역들 사이를 이동할 수 있게 연결했다. 로

14) 페스트: Rasmussen 2015; 곧 출간될 Valtuena; 그리고 뒤의 6장을 보라. Chapter 6. TB:

15) "위대한 도시": Talmud Bavli, Pesahim 118b, from Hopkins 2009a, 192. "로마의 힘": Josephus, Bell. Jud. 2.16.4 (362) tr. Whiston. Purcell 2000은 제국 시대의 로마를 생생하게 스케치하고 있다.

마의 통치 아래 일어난 환경의 변화는 신석기 시대와 산업혁명 사이에서 가장 급속한 생태적 변화를 가져온 대표적 사례였다. 로마인들과 국경 너머에 있는 사람들, 특히 아프리카와 아시아 사람들을 엮은 상업 교역망은 우리가 상상하는 것보다 더 강력했던 것으로 보인다. 로마 기후최적기의 안정적 기간이 지나고 나서 인간의 통제를 벗어난 혼란스럽고 불규칙한 기후의 국면은 2세기 후반부터 시작되었다.

로마 제국을 괴롭혔던 미생물 침입자들은 시간이 흐르면서 오늘날 우리에게는 거의 보이지 않게 되었다. 고대인들도 마지막까지 세균을 의식하지 못했다. 우리는 다만 간접적인 접근 방법으로라도 로마 제국 시민의 질병 체제와 보건 상황을 조금이라도 복구할 수 있기를 바라고 있다. 비어 있는 부분이 많은 그림이다. 또한 로마의 질병 생태 하나만을 이야기하는 것도 오해의 소지가 있다. 앞으로 보게 되겠지만, 제국 그 자체는 미생물을 통합하는 힘이었고, 로마 시대는 질병사에서 중대한 국면이기도 하다. 그러나 무질서하게 뻗어나간 제국의 지형 내부에는 수많은 현지 세균들의 생태계가 있었고, 작은 규모로 온갖 차이를 만들어내는 환경의 음영과 변이가 있었다. 로마인들을 안팎으로 확대하여 들여다보면, 제국의 세균 생태계는 단일하고 균질적인 집단이라기보다는 다양한 종류로 이루어진 정교하고 혼란스러운 습지 풍경에 가까워 보이기에 제대로 판단을 내리기 힘들다.

궁극적으로 사회적 보건의 수준을 측정하는 것은 평균 기대 수명이다. 출생 시 기대 수명은 로마 역사 연구의 인구통계학에서 성배와 마찬가지였다. 아무리 애를 써서 추적해도 언제나 지평선 바로 뒤로 물러나는 우승컵 같다. 우리는 여전히 로마인들이 얼마나 오래 살았는지 확실히 알지 못한다. 영아 사망률이라는 중요한 문제로부터 우리의 무지가 시작된다. 로마의 영아들은 위험할 정도로 일찍 젖을 뗐다. 그것은 어머니로부터 물려받아야 할 면역력을 빼앗기고 음식과 물로 인한 감염 요인에 일찌감치 노출되는 결과를 가져왔다. 로마 제국에서 출생 후 1년 동안 살아남지 못할 확률은 30퍼센트였다. 이렇게 출발이 불확실한 까닭에 기대 수명의 '평균'에 대한 어떤 주장도 마땅치 않을 수밖에 없다.[16)]

가장 전망이 밝아 보이는 접근 경로를 제국이 남긴 과세제도의 유적에서 찾아냈다. 이집트의 어느 지역에서 국세 조사 신고서가 기록된 파피루스를 발견했다. 이 문서로 국세 조사에 등록된 인구의 연령별 분포가 어떤지 윤곽을 알 수 있게 되었다. 이러한 분포를 표준 생명표로 알려진 사망률의 개략적 일정표에 적용해 볼 수 있었다. 이렇게 접근한 결과, 로마령 이집트의 출생 시 기대 수명(e_0)은 여성 27.3세, 남성 26.2세로 제시되었다. 물론 우리는 로마라는 국가가 전체 인구를 얼마나 효율적으로 조사했는지 정확하게 알 수 없다. 숫자를 약간 적게 잡았으리라는 것은 확실하다. 더욱 유감스럽게도 표준 생명표는 최근의 개체군들에 기반을 두고 있으므로, 로마 세계의 생활 조건과는 정확히 일치하지 않는다. 따라서 인구조사 파피루스는 결정적이라기보다는 대략적이다. 결국 로마 제국의 출생 시 기대 수명은 20세에서 30세 사이이며, 그곳 제국의 한 귀퉁이에서도, 그 범위 안에 있으리라

16) 로마의 사망률은 정확한 해답 없이 광범위하게 연구되어 왔다. 가장 유명한 로마의 법학자 울피아누스는 로마인의 사망률을 절망적으로 예상한 생명표를 토대로 연금 계획을 개발했다. (Frier 1982를 보라). 그러나 그것과 현실의 상관관계는 결론이 내려지지 않은 채 논의를 계속해 왔다. 수많은 고대의 비석에 기록되어 있는 사망 연령은 로마의 선택적인 추모 관습으로 인해 엉망으로 왜곡되어 있다. 이러한 것들로 인해 실망스러운 막다른 골목에 이르게 되었다. 나는 전염병 사망률의 역할과 그것이 표준 생명표에 미치는 영향에 대해 월터 샤이델Walter Scheidel에게 동의한다. Scheidel 2001c 뿐만 아니라 도시의 묘지 효과에 대해서도 마찬가지다. Scheidel 2003. See Hin 2013, 101~71; Bagnall and Frier 1994, 75~110; Frier 1983; Frier 1982. 기대 수명: Scheidel 2001b, 39. 로마의 젖떼기: Prowse et al. 2008. 로마의 인구: Morley 1996, 33~39.

고 말하는 것이 가장 안전한 대답처럼 보인다.[17)]

가장 잘 알려진 부분 모집단에 속하는 로마 황제들도 혹독한 사망률 체제가 제시하는 일정표에 맞게 사망했다. 작지만 분명하게 밝혀진 이러한 표본으로 우리는 로마의 지배자들이 가장 비천한 속주민들과 비슷한 정도의 그리 길지 않은 수명을 누렸음을 알 수 있다. "충분한 영양 섭취의 잠재적 이득은 공격적인 세균 공동체에 늘 노출되는 것을 상쇄하고도 남는다." 부자들은 질병을 완화할 수 있는 풍족한 식량, 넓은 주거지, 그리고 무엇보다도 혹독한 여름 동안 시골로 피신할 수 있는 여유를 누렸다. 그러나 마르쿠스 아우렐리우스의 사생활은 이러한 방어가 그리 든든하지 못한 것이라는 사실을 통렬하게 깨우쳐 준다. 그와 그의 아내 파우스티나는 서기 138년에 약혼했다. 파우스티나가 여덟 살, 마르쿠스가 열일곱 살이었다. 145년 4월, 파우스티나가 열다섯 살이 되었을 때 두 사람은 결혼했다. 그 뒤 25년에 걸쳐, 파우스티나는 적어도 열네 명의 자녀를 낳았다. 그중에서 오직 둘, 딸 하나와 아들 하나가 살아남은 것으로 알려졌다. 황실 혈통의 자손들이 열병과 설사로 잇따라 몸져 눕는 불운으로 금욕주의자인 아버지를 시험했음을 마르쿠스의 편지 속에서 슬쩍 엿볼 수 있다. 갈레노스의 명성이 치솟자, 마르쿠스가 아들 콤모두스의 개인 주치의로 그를 불러들인 것은 놀랄 일도 아니다.[18)]

문자로 적힌 기록에서 많은 것을 추정해왔다. 문서 증거로 더는 알아낼 수 없는 지점에서부터 유골의 안내가 시작된다. 해골은 사연을 풀어놓는다.

---

17) Bagnall and Frier 1994; Scheidel 2001c.

18) 황제들: Scheidel 1999. 파우스티나와 마르쿠스: Levick 2014, 62~63; Birley 1987.

척추와 관절은 만성 질병 혹은 힘든 노동으로 인한 끝없는 스트레스를 토로한다. 아치형 두개골과 안와眼窩는, 생리적 스트레스의 표지인 다공성 골 비대증이라 불리는 상태의 확실한 증거를 보존할 수 있다. 안정 동위원소를 화학적으로 분석하면 식습관과 이주의 패턴을 추적할 수 있다. 치아는 식습관, 영양 그리고 건강의 기록이다. 단조로운 탄수화물이 치아를 부식시키며, 발달기에 경험한 스트레스의 기억은 법랑질에 줄무늬를 새긴다. 요컨대, 로마 제국의 주민들이 짊어졌던 생물학적 부담은 아직도 그들의 유골에 기록되어 있다.[19]

문서 기록과 마찬가지로, 해골에 새겨진 기록도 불확실하며 또 숨겨진 편견이 많다. 그러나 이러한 위험들은 주의 깊게 줄여나갈 수 있다. 생물 고고학의 중요한 전망은 로마 제국의 유적으로 발굴된 골조직의 양과 분포가 좌우한다. 유감스럽게도, 과학은 로마 고고학의 해골이 남긴 기록의 잠재력을 아직 완전히 이용하지 못하고 있는 형편이다. 오래된 장애물들을 이제 막 극복하기 시작했다. 부적절하게 표준화된 방법론, 데이터의 공유와 자료 접근에 대한 제한, 그리고 심각한 관찰자 간 차이가 결론을 이끌어내는 데 제약이 되었다. 그러나 영국의 도서 지방을 비롯하여 몇몇 뛰어난 연구들이 진행 중이고, 그런 사례가 점점 늘어나고 있다.[20]

아마도 해골 증거의 가장 흥미로운 측면은 로마인의 유골의 길이일 것이다. 인간의 신장은 생물학적 복지를 드러내는 투박하지만 귀중한 대리증

19) 개론은 Larsen 2015. 로마의 표본들에 대한 총체적 적용은 Killgrove 2010a. 로마 연구에 있어서 생물고고학의 진술에 대하여 Killgrove 2014.

20) 예를 들어, 다공성 골 비대증은 종종 병원균에 의한 감염, 영양실조 혹은 선천성 빈혈에 의한 개체군의 생물학적 스트레스의 지표로 보인다. 그러나 현재 로마 제국 관련 데이터는 충분히 강력하게 표준화되어 있지 않아서, 결론을 이끌어내는 것이 부적절하게 여겨질 것이다.

그림 3.1 | 황후의 다산을 기리는 금화(아우레우스): 페컨디타스 아우구스타Fecunditas Augustae(미국 화폐협회)

거물이다. 키가 자라는 정도는 시간과 공간에 따라 다르다. 유전자는 신장의 차이에 영향을 미치지만, 사회적 그리고 환경적 요소도 성장을 돕거나 방해한다. 신장은 실제 섭취한 영양과 관련된 함수이다. 즉 성장하는 기간에 신체가 섭취한 영양에서 노동과 질병에 의한 대사 비용을 제외한 것이다. 신체 성장 곡선은 유연하지만 생애 초기 20년 가량만 그러하다. 신체는 성장이 완전히 그치기 전까지는, 영양 결핍과 역경의 시기가 지난 뒤에도 부분적으로 '만회'가 가능하다. 단백질은 성장을 돕는 이상적 구성 요소여서, 육류 섭취는 성장을 촉진한다. 무엇을 먹느냐가 가장 중요하다. 동시에 감염병은 실제 영양 대차대조표에서 비용이 많이 들어가는 부분이다. 면역 체계는 대사 작용으로 탐식을 부추기며, 많은 질병이 영양소의 흡수를 막는다. 어머니의 건강 또한 자식의 건강 상태에 장기적으로 중요한 영향을 미친다.[21]

21) 복지의 대리증거물로서 신장에 대하여 Steckel 2013; Floud et al. 2011.

현대에는 경제가 발달해야 '성장 스퍼트'에 박차가 가해진다. 1850년경에 네덜란드 남성의 평균 신장은 164~165센티미터였다. 오늘날에는 183센티미터로 세계 최장이다. 동아시아의 일부 지역에서는 깜짝 놀랄 변화가 일어났다. 1950년 일본의 남성 신장은 160센티미터였다. 오늘날에는 173센티미터이다. 이제 선진국에서는 유전자가 허용하는 한도만큼 키가 자라게 되었고, 현대에 접어들어 인류는 거의 평균 15센티미터 더 자랐다.[22)]

원칙적으로는 박물관 진열장 속에 보관되어 있는 수천만 점 이상의 해골들이 신장의 역사에서 잠재적 기록보관소이다. 그러나 현실적으로는 유골로부터 신장을 추정하는 것이 힘겨운 도전임이 증명되었다. 그리고 여전히 제국의 여러 지역에 걸친 포괄적이고 뛰어난 연구가 부족하다. 더욱이 신장을 판단하는 것이 뼈의 길이를 재는 것보다 인간적으로 더 흥미로울지 모르지만, 뼈의 길이를 측정하여 신장의 추정치로 전환하는 것은 성가신 불확실성을 야기한다. 이러한 방법론적 도전을 해결하는 한 가지 방법은 신장의 추정치과 대퇴골의 원래 측정값을 둘 다 고려하는 것이다. 대퇴골은 다른 뼈들처럼 스트레스에 민감하지 않기 때문에 보존 상태가 좋고 쉽게 측정할 수 있다.[23)]

로마가 영국을 정복한 것은 보건 측면에서는 재앙이었다. 반면에 제국의

---

22) Steckel 2013, 407.

23) 전체 골격으로부터 신장을 재구성하는 방법들도 있지만, 인류학자들 대부분은 긴 뼈들, 상완골, 요골, 정강이뼈 또는 특히 대퇴골의 측정으로부터 키를 예측하기 위해 수학적 공식을 사용해왔다. 긴 뼈의 치수는 전체 신장과 관련이 있다. 신장이 큰 사람은 대퇴골이 더 길다. 그러나 뼈 길이를 신장으로 변환할 때 사용하는 공식은 다양한 현대인(특히 20세기 중반부터 과도하게 영향력 있는 백인 및 흑인의 집합)에서 비롯되었으므로, 불확실성을 야기한다. 특히 정강이뼈와 요골처럼 신체 말단 부위들은 스트레스를 받는 모집단에서 탄력적일 수 있다. 무엇보다도 바람직하지 않은 부분은, 수십 년 동안 인류학자들은 다른 공식을 사용하여 다른 결과를 얻었다는 것이다. Klein Goldewijk and Jacobs 2013을 참조.

표 3.1 | 영국에서 발굴된 대퇴골 길이

	로마인의 대퇴골		앵글로 색슨인의 대퇴골	
	평균 길이	숫자	평균 길이	숫자
남성	444.0	290	464.8	155
여성	412.9	231	429.22	130

주: 곧 출간될 Gowland and Walther의 데이터

몰락은 생물학적 축복이었다. 로마령 영국인들은 키가 작았다. 성인 남성의 평균 신장이 약 164센티미터, 성인 여성은 154센티미터였다. 최신 연구 결과에 의하면, 로마령 영국인 남성의 평균 대퇴골 길이는 444밀리미터, 여성이 423밀리미터이다. 로마의 지배를 벗어난 뒤로 남성의 평균 대퇴골 길이가 465밀리미터, 여성이 429밀리미터로 늘어났다. 의심할 나위 없이, 중세 초기의 사람들은 자신의 로마인 조상들을 내려다볼 수 있는 신장이었다.[24)]

이탈리아에서는 철기 시대와 중세 초기에 신장이 최고점을 찍었고, 그 사이에 있는 로마 시대에는 신장이 전체적으로 작게 나타난다. 로마인들의 신체가 꽤 건장했다는 메타 연구가 하나 있지만, 문제가 좀 있어 보인다. 근거가 된 표본이 신뢰를 주지 못한다. 더욱 중요한 것은 동일한 데이터에 연대기 그대로를 적용해서 최근의 발견들로 새로 분석해 보면, 로마 제국의 이탈리아인들이 철기 시대와 초기 공화정 시대의 조상들보다 명백히 키가 더 작다는 사실이다.[25)]

현재로는 시간의 추이에 따른 로마 시대 이탈리아인의 신장 연구는 단

24) 영국: Gowland and Walther forthcoming. Bonsall 2013, 228~29. Roberts and Cox2003은 여전히 귀중한 메타 연구이다.

한 가지만 신뢰할 수 있다. 로마 시대 이전의 이탈리아인이 로마인보다 훨씬 키가 컸다. 남성의 평균 대퇴골 길이가 454밀리미터에서 446밀리미터로 줄어들었다. 로마 여성의 경우, 줄어든 정도가 훨씬 심하다. 로마 시대 이전의 평균은 420밀리미터였으나, 로마 시대에는 407밀리미터로 감소했다. 중세에는 평균 신장이 다시 늘어나서, 철기 시대의 기준을 넘어섰다. 남성의 대퇴골은 평균 456밀리미터로, 여성의 대퇴골은 평균 420밀리미터로 돌아갔다. 더욱이 로마 시대에는 말단 부위인 팔이나 다리뼈, 즉 요골이나 정강이뼈가 더 많이 손실되었음을 보여준다. 3~4퍼센트로, 대퇴골보다 두 배나 더 감소한 변화가 명백히 드러난다. 연구자들은 로마 제국 통치기에 이탈리아인의 평균 신장을 남성은 약 164센티미터로, 여성은 약 152센티미터로 추정한다.[26)]

왜 로마인들은 키가 작았을까? 영양실조가 적절한 해답일 것이고, 그 해답을 배제하는 것은 현명하지 못할 것이다. 그러나 우리는 로마인의 신장이

---

25) 이러한 메타 분석은 나의 연구이며, Kron 2005의 작업을 반복하고 업데이트하려는 시도이다. 내가 서둘러 덧붙이려는 것은, 이러한 분석의 가치가 오래된 이탈리아의 생물 인류학적 전통에 주로 영향을 받은 원래 연구의 한계 때문에 심각하게 손상되었다는 믿음이다. 원래 연구는 종종 그저 대퇴골 길이만을 기록하고 때로는 다양한 회귀 공식에 기초하여 평균 신장만을 기록한다. 길이 자체만을 보고한 것을 나는 그대로 사용했다. 단지 신장만 기록한 경우, 대퇴골 길이에 기초해서 적용했을 것 같은 회귀 방정식을 역으로 풀어서 대퇴골 길이를 추정했지만, 항상 그렇지는 않았다. 그러므로 나는 표에서 원래 데이터와 재구성한 데이터를 구별하고 있다. 원래 연구에는 표준 편차가 거의 포함되지 않으며, 나는 관측치수에 근거하여 분석에 가중치를 부여하지 않았다. 그림 3.2는 통계적 타당성에 대한 어떠한 주장도 하지 않는다. 시간 변수는 보고된 범위의 중앙값이다. 요컨대, 내 연구를 포함한 다른 메타 연구보다, 관찰자간 차이의 위험 없이 더 조심스럽게 통제된 Giannecchini and Moggi-Cecchi 2008의 방대한 연구에 더 큰 신뢰를 두고 있다.

26) 이제까지 가장 중요한 연구는 Giannecchini and Moggi-Cecchi 2008이다. 저자들은 다양한 이탈리아의 유골들을 접할 수 있었고, 실제로 긴 뼈들의 길이를 분석하고 기록했다. 더 오래된 연구는 Koepke and Baten 2005 and Kron 2005가 있다.

그림 3.2 | 이탈리아에서 발굴된 남성의 대퇴골 평균 길이

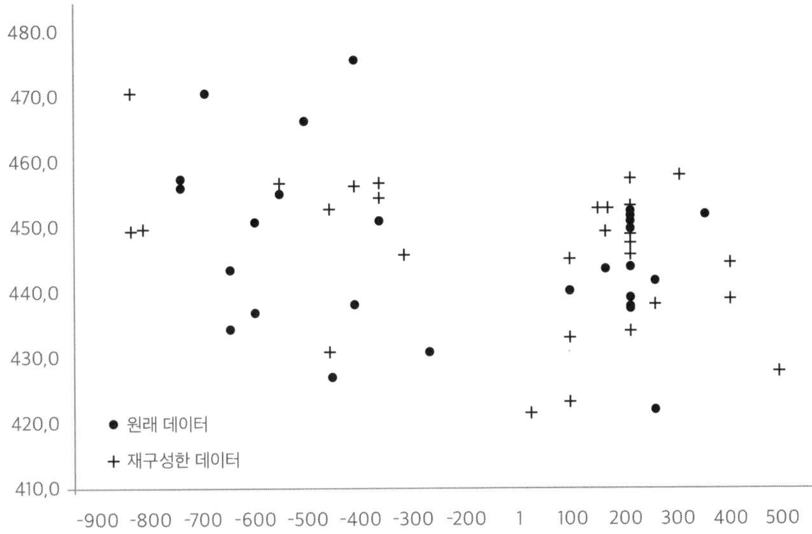

작은 것과 영양 공급의 부족을 섣불리 연결하지 말아야 한다. 그 대신 부분적으로 질병의 부담이 주요 요인이었음을 고민해 보아야 한다. 섭생을 주요 요인으로 보기에는 의심스러운 이유가 몇 가지 있다. 오랫동안 우리는 로마의 식습관에 대해 상류층이 저술한 모호한 문학적 증거에 의존해 편견을 가지고 추론하고자 했다. 이제는 로마인들의 뼈에서 그들이 섭취한 화학적 흔적을 추적하고 있다. 탄소 및 질소의 안정 동위원소는 여분의 중성자를 가진 무거운 동위원소가 자연에서 아주 살짝 다른 흔적을 남기면서 순환하는 환경에서 자연적으로 발생한다. 예를 들어, 질소 동위원소는 먹이 사슬에서 생물체의 위치를 뚜렷하게 드러낸다. 먹이 피라미드의 꼭대기를 향하는 생물체의 골조직에는 상대적으로 무거운 동위원소들이 풍부하다. 따라서 인간의 뼈를 만드는 데 사용된 영양소의 기원을 안정 동위원소의 비율로 추정할 수 있다.[27]

그림 3.3 | 이탈리아에서 발굴된 평균 대퇴골 길이
(Giannecchini and MoggCecchi 2008에서 데이터 인용)

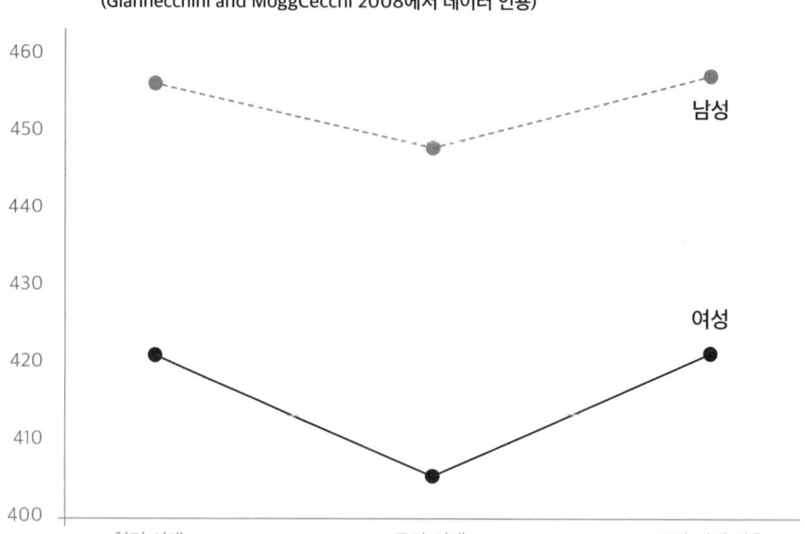

다시 한 번 우리는 신중해야만 한다. 증거는 한정되어 있고, 그것은 이미 '로마인의 식습관' 같은 것은 없었다고 강변하고 있다. 사회마다 그리고 지역마다 다른 식습관을 종합할 수 있을 뿐이라고. 그러나 빈민층을 포함한 많은 로마인이 단지 빵만 먹고 살았던 것은 아닌 것이 밝혀졌다. 가장 소박한 방식으로 매장된 시신이라 해도 식습관에서 동물성 그리고 특히 해양성 단백질이 풍부했음이 나타난다. 연구들 대부분은 로마시와 그 주변에 거주했던 인구에 초점을 맞추고 있으나, 영국에서 발견된 증거 역시 육류와 적은 양의 해산물을 포함한 섭식이 이루어졌음을 시사하고 있다. 고고학 연구를 위해 로마에서 발굴된 인간의 유골과 많은 동물 뼈의 화학적 구성이 일치

27) 특히 Garnsey 1999, 1998, and 1988의 연구를 참조.

하는데, 이것은 육식의 증거로 추정된다. 고도로 계층화된 사회였으니 많은 로마인이 겨우 생존을 유지하는 수준에서 살기는 했을 것이다. 앞으로 중요한 연구가 분명히 이루어지겠지만, 지금까지는 유골의 증거만으로 로마인들의 신장이 작은 원인이 영양실조로 탓이라고 명확하게 결론 내리기 어렵다.[28)]

로마인의 치아로부터 도출한 결론도 같은 방향을 가리킨다. 질병이 로마인의 건강에서 큰 비중을 차지하고 있었음을 드러낸다. 제국의 두 장소와 중세 초기의 개체군에서 발굴한 치아를 비교하는 중요한 연구가 있다. 두 시대 모두 구강 위생을 강조하지 않았으나, 그들의 치과 질환은 서로 다른 요소에서 비롯되었다. 중세 초기의 치아에서는 불균형한 탄수화물 섭식으로 야기되는 병변인 치아 카리에스, 즉 충치로 고생한 흔적이 더 많이 발견된다. 이와 대조적으로 로마의 치아에서는 선형 법랑질 형성부전[LEH]이라고 불리는 발육 부진이 훨씬 더 많이 발생했다. 어린 시절에 몸이 스트레스를 심하게 받아서 법랑질 생성에 방해를 받으면 LEH가 일어난다. 영양실조나 감염병 혹은 양쪽 모두에 의한 시너지 효과가 그 원인이다. 로마시 교외에 위치한 제국 시대의 공동묘지에서 77명의 농촌 노동자들 유골을 발굴했다. 그것을 대상으로 한 연구에서는 법랑질 성장 부진이 빈번한 것으로 나타났지만, 다른 치과 질병은 거의 없었다. 이 개체군은 육류에 비중을 두면서 정제된 탄수화물은 미미한 양을 섭식하고 있었다. 연구가 더 많이 이루어져야

28) 로마의 섭식: Killgrove 2010; Cummings 2009; Rutgers et al. 2009; Craig et al. 2009; Prowse et al. 2004. 동물 뼈의 고고학 : Jongman 2007; King 1999. Britain: Bonsall 2013,28:"육류는 이제 예전에 짐작했던 것보다 개인의 식단에서 더 많은 비중을 차지했던 것 같다." Cummings 2009; Muldner and Richards 2007.

하겠지만, 로마인의 치과 기록만 볼 때는 사람들이 기본적으로 질병으로 인한 지독한 생리적 스트레스를 받고 있었음이 드러난다.[29)]

영국 남서부 지방의 로마령 도싯Dorset에 있는 희소한 가치를 지닌 몇몇 무덤에서 비슷한 결과가 나온 것은 주목할 만하다. 로마인들은 2세기 무렵까지 시신을 화장했다. 그러므로 후기 공화정과 초기 제국 시대의 지층에는 연속성이 끊어지는 간극이 종종 있다. 그러나 도싯에서 발견된 무덤은 연속적으로 매장되어 있어서 제국의 도래와 퇴각을 관찰할 드문 기회를 얻을 수 있었다. 제국이 도래하면서 목욕탕과 수로, 배수관, 난방시설, 화장실을 갖춘 로마식의 첫 번째 도시가 서둘러 건설되었다. 이러한 편의시설에도 불구하고 "로마인들이 우리를 위해 해준 것이 무엇인가"라는 질문에 대한 합리적 대답은 "우리를 병들게 했다"는 것일지도 모른다. 사망률이 치솟았다. 아주 어린 사람과 아주 늙은 사람, 즉 가장 면역력이 약한 계층이 고통을 당했다. 남성이 여성보다 상태가 더 나빴다. 그것은 여성이 자연적 면역능력에서 남성보다 더 강하다는 사실을 드러낸다. 도시화가 이루어지고, 사회가 계층으로 나뉘고, 이동성이 증가하면서 인구는 감염병에 더 취약해진다. 영국의 다른 지역인 요크York에서도 비슷한 패턴이 감지되는데, 이곳에서는 제국의 도래와 함께 환경이 더 불결해졌다. 영양 스펙트럼이 좁아지고 감염병에 훨씬 더 많이 노출되었다. 로마 문명은 지역 보건에 해로웠다.[30)]

이런 모든 증거로 볼 때, 역사에서 너무 때 이른 사회 발전이라는 도약은 언제나 생물학적 역전을 가져오기 마련이라는 결론에 이르게 된다. 황금시

---

29) Cucina et al. 2006; Bonfiglioli et al. 2003; Manzi 1999.

30) 도싯: Redfern et al. 2015; Redfern and DeWitte 2011a; Redfern and DeWitte 2011b. 요크: Peck 2009.

대에 네덜란드인들이 세계에서 유례없는 높은 수준의 수입을 달성했을 때, 평균 키는 정체되어 있었다. 산업혁명에 돌입하면서 보건 상태가 악화되고 평균 신장이 줄어든 것은 잘 알려진 사실이다. 현대화의 이 잔혹한 역류가 미국에서는 남북전쟁 이전 시대를 의미하는 앤티벨럼 패러독스Antebellum Paradox로 알려져 있다. 소득이 증가하고 공중 보건이 발전하여 과도하게 집중된 노동 인력을 갈아 넣는 체제를 만회하는 시기가 오기 전까지는, 자식 세대의 평균 신장은 부모와 조부모 세대보다 더 작았다.

영국은 현대화가 진행되면서, 첫 번째 산업화의 격렬한 물결에 휩쓸린 수백만의 사람들이 구루병, 류마티스성 열, 호흡기 질환 그리고 설사 같은 질병 때문에 제대로 성장하지 못했다. 아이들의 몸은 이렇게 잔혹한 공격을 고스란히 견뎌야 했다. 맬더스는 도시의 질병 생태계가 미치는 영향에 대해 대수롭지 않게 생각하고 있었다. "대도시에는 그리고 중간 크기의 도시라 해도, 생애 초기 단계 사람들에게 특별히 불리한 무엇인가가 있는 게 분명하다. 기본적으로 대규모 사망이 일어나는 지역 사회를 살펴보면, 공기가 폐쇄되어 있고 불결한 상태에서 더 자주 일어난다. 그것이 어린아이들의 부드러운 폐에 나쁜 영향을 미치는 것 같다."[31)]

로마인들도 이러한 역설을 그들 나름대로 겪었으나, 그러한 문제를 기술적 발전의 돌파나 공중 보건의 새로운 제도로 해결하지 못했다. 로마인들은 스스로 이룩한 진보의 사나운 손아귀에 무기력하게 사로잡힌 채 혼란스러운 생태적 반향에 시달렸다. 모든 징후로 볼 때, 로마의 경제적 성공에도 불

---

31) 네덜란드: Maat 2005. Antebellum paradox: Treme and Craig 2013; Sharpe 2012; Zehetmayer 2011; Komlos 2012 (임금 하락의 중요성을 논의하면서, 다른 견해를 제시한다); Alter 2004; Haines, Craig, and Weiss 2003. "대도시에는": Malthus 1826, 408.

구하고 제국의 사람들은 유난히 심하게 병원체에 시달렸다. 어떤 면에서는 그 성공 때문에.

로마인의 보건이라는 황량한 그림을 완성하기 위해서는 중세 말기에 나타나기 시작하는 '사망 원인'의 통계자료 같은 것이 꼭 필요하다. 우리는 어떤 종류의 미생물이 어느 정도의 비율로 로마인들을 쓰러뜨렸는지 직접적 징후를 전혀 알지 못한다. 그러나 제국의 특정한 보건 환경에 대해서는 상상을 시도해볼 여지가 있으며, 로마 시대에 사망의 가장 직접적 원인으로 작용했던 것이 무엇인지 희미한 단서라도 찾으려 노력할 수 있다.

무엇보다도 로마인들은 도시의 삶을 강렬하게 선호했던 자신의 욕망에 희생되었다. 도시는 하수, 위생 시설이 근거리에서 공급된 덕분에 질병 생태계가 뚜렷했다. 로마의 도시들은 생계를 위해, 기회를 얻기 위해, 또는 활력을 추구하는 이주민들을 끌어들였다. 로마 세계에서는 평범한 일상이던 거대한 노예시장에 끌려온 사람도 적지 않았다. 지역의 세균을 겪어보지 못했던 이주민들은 면역적으로 취약했고, 엄청나게 사망했다. 도시에 모여 살던 로마인들은 도시의 사망률이 급격히 높아지는 현상인 도시 묘지 효과에 희생되었다. 발전이 진행되면서 도시는 성장하지만, 바로 그 성장이 결과적으로는 건강에 해로웠다.[32)]

그러나 도시에서도 로마인들에게 유리하게 작용한 흥미로운 몇몇 요소들이 있었음을 인정해야만 한다. 로마의 토목 기술자들은 도시에 신선한 물이 샘솟도록 수로를 건설했다. 고지대에서 도시로 연결된 수로를 통해 제국의 많은 지역에 가장 중요한 단 하나의 보건 자원인 깨끗한 물을 정기적으로 공급했다. 늘 변함없이 흐르는 물은 식수와 목욕만이 아니라 도시의 하수도를 정화하는 용도로도 쓰였다. 로마 제국의 공중화장실은 매우 인상적이다. 제국의 초기에 황제들은 50명에서 100명이 동시에 사용할 수 있는 변기를 지닌 대규모의 공중화장실을 지었다. 이것은 로마화 되었다는 '인증마크'이기도 했다. 화장실은 긴 벤치에 검은 구멍이 나란히 촘촘하게 뚫린 형태였다. 뚜껑은 없었다. 포르투나여신의 모습으로 장식하는 게 가장 흔했다. 사색을 위한 주제였다. 전반적으로 수로, 하수도, 화장실과 같은 훌륭한 시설의 유적 덕분에 현대의 역사학자들에게 로마인들이 전근대적 도시 생활에서 가장 불결했다는 오명은 면했을 것이다.[33)]

우리의 낙관론을 유보해야 할 강력한 근거들이 있다. 로마의 하수도들은 거대하지만 현대의 전문가들에게는 좋은 평가를 얻지 못했다. 그것은 폐기물 처리 시스템이라기보다는 폭풍이 몰아칠 때 빗물을 흘려 보내는 지하 배수로에 더 가까웠다. 기념비적인 공중화장실의 기발함은 실제로 위생이 그 동기가 된 것이 아니라 제국이나 시민의 허영심을 위한 것으로 보인다. 개인

---

32) 도시화 비율: Hanson 2017; Morley 2011; Wilson 2011; Lo Cascio 2009; Scheidel 2001b, 74~85; Morley 1996, 182~83. 지역의 질병 생태계들: Scheidel 2001a and 1996. Galen's Pergamum: Galen, Anim. Affect. Dign. 9. 도시 묘지 효과에 대한 최근 자료들은 Tacoma 2016, 144~52; 그리고 de Ligt and Tacoma 2016에 실린 논문들, 특히 Lo Cascio 2016;Hin 2013을 참조. 로마에서의 도시 묘지 효과는 논쟁의 여지가 있다. 그러나 나는 도시의 극단적으로 높은 사망률에 대한 증거가 다음과 같은 훌륭한 근거에 의해 입증되는 것으로 본다. (1) 제국의 초기에 이주민이 들어오는 경우가 많았다는 생물고고학적 증거가 점점 늘어나는 것(Prowse 2016;Bruun 2016; Killgrove 2010a; Killgrove 2010b; Prowse et al. 2007을 참조) (2) 풍토성 말라리아에 대한 증거가 집중되는 것 (3) 신장에 대한 증거 (4) 위생 시설이 도시의 열악한 위생 상태를 간신히 완화하는 정도였다는 고고학적 증거(Mitchell 2017; Koloski-Ostrow 2015). 그렇다고 하더라도, 나는 아우구스투스 황제 시대에서 마르쿠스 아우렐리우스 황제 시대 사이에 로마의 인구가 증가했다는 논의를 인정하고자 한다. 예를 들어 Lo Cascio 2016. 또한 나는 많은 곳에서 시골의 사망률도 높았고, 도시-시골의 차이가 그다지 심하지 않았다고 논의를 제기한다. Hin 2013, 227이 지적한 것처럼, 도시와 시골의 사망률은 스펙트럼을 이룬다.

33) 로마에서 "도시 묘지 효과"에 반대하는 논의는 Lo Cascio 2016; Kron 2012; Lo Cascio 2006을 참조. 로마의 화장실과 하수도에 대해서는 특히, Koloski-Ostrow 2015를 참조. "인증마크" ; van Tilburg 2015; Hobson 2009.

의 쓰레기 처리가 더 중요한데도 어처구니없을 정도로 그럴 기회가 주어지지 않았다고 기록되어 있다. 가정용 화장실은 하수도와 연결되어 있지 않은 경우가 많았다. 가스가 역류하고, 흘러넘칠 위험이 있으며, 해충을 불러들일 위험을 고려하면 하수도는 이득보다는 해가 더 크다. 언덕 위의 부유한 서택에서는 이러한 상황이 견딜 만했을지도 모른다. 나머지 사람들은 악취에 둘러싸여 살았을 것이다. 로마의 가정에서는 집안에 오물통을 두는 화장실이 주류를 이루었고, 요강이 유행에 뒤떨어진 물건이었던 적이 결코 없었다. 개인 화장실을 부엌 옆에 만드는 경우도 흔했다. 로마인들은 우리가 화장지를 사용하는 용도로 해면 막대기들을 사용(그리고 재사용)했다. 고대 그리스 로마를 연구하는 사람의 말을 빌자면, "그러한 기구를 사용하는 것의 위생적 의미는 아무리 좋게 봐주어도 지독하게 구리다."

날마다 로마 시 한 곳에서만 45톤이 넘는 인간의 배설물이 배출되었고, 어설프고 불완전하게 도시 밖으로 치워졌다. 도시에서 사육되는 수많은 가축의 배설물은 말할 것도 없었다. 인간의 배설물을 비료와 축융 용액처럼 돈을 주고받으며 거래하기도 했다. 로마인의 배설물 유적을 연구한 최근의 중요한 성과에 의하면, 통탄할 정도로 비위생적인 사회로 인해 제국의 수도와 그 주변에 거주하던 로마인들에게는 회충과 편충이 들끓었다고 한다. 전혀 놀랍지 않다. 제국이 영토를 넓혀 가면서 사람들의 장내 기생충 발생을 악화시킨 게 사실이다. 도시의 생활환경 문제는 제국의 거주자들이 감당할 수 없는 부분이었고, 바로 그 지점에서 그들은 보이지 않는 파도에 휩쓸리

---

34) 요강에 대하여 Koloski-Ostrow 2015, 88~89를 참조. "그러한 기구를 사용하는 것의 위생적 의미는": Scobie1986, 411 Mitchell 2017, 48, 배설물의 양에 대하여 그리고 중요한 고고학적 결론을 내린다. "공중 위생 조치는 배설물로 오염되어 널리 퍼진 기생충으로부터 인구를 보호하기에 불충분했다."

그림 3.4 | 계절에 따른 고대 로마의 사망률

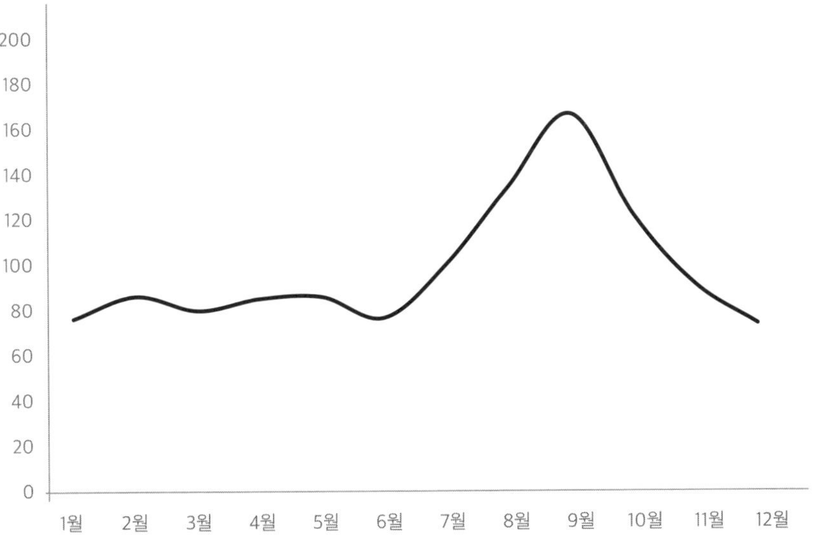

게 되었을 것이다.[34)]

놀라운 부분은 계절에 따라 죽음이 발생하는 유형이 다르다는 것이다. 여기에 로마의 질병 생태계의 본질이 있으며 그 흔적이 뚜렷하게 드러난다. 많은 감염병을 극복한 현대 사회에서는 죽음이 계절을 가리지 않는다. 그러나 사망의 주요 원인이 감염병인 곳에서 음울한 죽음의 사자는 일정하지 않게 변한다. 치명적인 미생물은 환경에 민감하다. 벼룩이나 모기처럼 전염 물질을 운반하는 매개체도 마찬가지다. 한 해에 걸쳐 나타나는 사망률 유형은 계절에 민감한 세균의 흔적을 드러낸다. 계절에 따른 사망률은 법의학 도구로도 쓰인다. 비기독교인들이 사망하면, 그들은 묘비에 지상에서의 삶의 길이를 새겨 넣는다. 기독교인들이 사망하면, 그들은 사망한 날을 사후의 삶으로 재탄생한 날로 간주하여 일자를 기록한다. 의도하지 않았으나 고대 로마인이 사망한 날짜의 기록을 보존한 것이다.

고대 후기 로마(서기 250~50년경)의 기독교 비문은 5천 명이 넘는 이들의 사망한 날짜를 기록하고 있는데, 죽은 사람이 10세에서 40세 사이로 편향된 표본이다.[35]

늦여름과 초가을에는 죽음의 물결이 몰려 왔다. 로마인들은 삼복더위가 위험하다는 사실을 알고 있었다. 변동의 진폭만으로 볼 때 역사적으로 드문 일이었다. 이는 고대 로마가 비정상적으로 치명적인 질병이 모여 있는 표본 집단이었음을 암시한다. 모집단에서 가장 강한 젊은 성인에 편향된 표본이라 그러한 인상이 더 강조된다. 계절에 따른 사망에는 남성과 여성 사이에 의미 있는 편차는 없다. 그러나 연령에 따른 구별은 있었다. 어린이, 성인 그리고 중년 이상인 이들이 모두 늦여름과 초가을에 많이 세상을 떠났다. 그러나 중년 이상인 사람들의 사망률이 겨울에 확연하게 2차 정점을 찍었는데, 이는 노인이 겨울철 호흡기 감염에 취약하기 때문일 것이다. 놀라운 것은 15~49세 성인들의 사망률이 9월을 중심으로 가장 큰 진폭을 보이면서 높이 치솟는 양상이다. 아마도 사망자들 중 많은 사람들이 그 지역 토착 질병에 대한 후천성 면역력이 부족한 이주민들이었을 것이다. 로마 시는 이주민에게 생소한 생물학적 적대자들로 가득찬 환경이었음이 분명하다.[36]

우리는 로마의 황제들과 그들의 속주민이 동일한 시간표에 따라 이 세상을 떠났음을 이미 알고 있다. 또한 계절에 따른 사망률 데이터는 로마의

---

35) 제시된 모든 계절적 사망률 데이터는 로마의 기독교 금석문에서 내가 수집한 데이터 집합에 근거한다. Harper 2015c; Scheidel 2001a and 1996; Shaw 1996. 그래픽은 한 달의 다양한 날짜에 대해 정규화된 지수로 표현된다. (만약 1년에 걸쳐서 동일한 사망률이라면, 100에서 직선으로 나타날 것이다). 계절에 따른 변이에 대하여 Grassly and Fraser 2006을 참조.

36) Harper 2015c.

그림 3.5 | 계절에 따른 로마의 사망률, 연령별

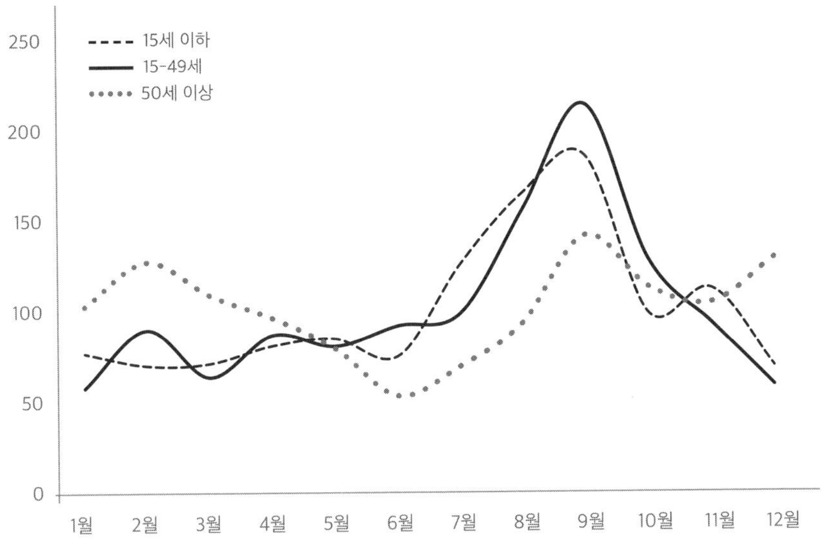

세균들이 신분을 존중하지 않는다는 사실을 보여준다. 부자와 유명인사의 유골이 담긴 우아한 석관에 새겨진 글귀로 판단하건대, 여름에서 가을 사이에 밀려오는 죽음의 물결은 모든 이들에게 치명적이었다. 지하묘지의 벽에 새겨진 흐릿한 흔적들에서 얻은 표본으로 추측하면 중하층 계급 시민의 죽음도 유사한 양상임이 뚜렷하다. 갈레노스 역시 계절에 따르는 유형을 인지하고 있었다. 그는 상류층을 치료했고, 가을이 치명적 시기임을 관찰했다. 그는 낮에는 기온이 높이 올라가고 밤에는 추워지는 가을 날씨가 거칠고 변화가 심해서 몸의 균형을 흔들어 놓는다고 생각했다. "이처럼 불규칙하고 혼란스러운 탓에 가을은 병에 걸리기 쉽다." 요약하자면, 영양적으로 우월하고 훨씬 쾌적하게 거주하는 이점을 누리는 엘리트들도 결국 도시의 세균 생태계로부터 안전하지 못했다는 것이다. 그들 역시 가장 낮고 하찮은 이들과 같은 방식으로 모든 육신이 가는 길을 갔다.[37)]

여름부터 절정으로 치솟기 시작하는 사망률의 큰 원인은 물과 음식을 통해 걸리는 위와 장 질환이었다. 다양한 급성 설사병이 로마의 주요 풍토병이었음이 틀림없다. 모든 징후는 세균성 이질과 장티푸스 열병을 가리키고 있다. 세균성 이질, 특히 적리赤痢는 오염된 음식과 물이 대변-구강 경로로 전파된다. 파리가 세균을 운반하는 경우도 있었으며, 개인위생이 부적절할 때 심각하게 퍼져나간다. 급성으로 시작되는 적리는 환자의 체력을 소모시키는 열과 혈변에 시달리게 한다. 살모넬라 타이피Salmonella typhi와 같은 장티푸스 열병 또한 심각한 위험이었을 것이다. 살모넬라균은 자연에 널리 퍼져 있으며 다양한 동물 숙주 속에 숨어 있으나, 장티푸스 열병은 인간만 걸린다. 그 병 또한 대변-구강 전파로 퍼져나가며, 특히 물을 매개로 한다. 세균성 이질보다 잠행성인 질병이지만, 의학적으로 통제할 수 없는 사회에서 그 결과는 치명적이다. 여름의 무더위와 위생의 문제가 상호작용하여 계절의 사망률을 치솟게 만들었다. 강대국 로마는 가장 미물인 세균에게 제압당했다. 매우 부조리하게 보일지라도, 제국에서는 설사가 아마도 죽음에 이르게 하는 가장 강력한 힘이었을 것이다.[38)]

고대 로마에서 죽음의 물결은 가을까지 지속되었다. 로마 통치기에 지중해 지역을 괴롭히던 파괴적 살해자에 대한 단서가 있다. 바로 말라리아다. 말라리아는 플라즈모디움Plasmodium protozoa이라는 원생동물이 침입하여 발병하는데, 이것은 학질모기가 인간에게 전파하는 복잡한 생애주기를 지닌 단

37) "이처럼 불규칙하고": Galen, Temp. 1.4.528 tr. Singer.

38) 치명적 설사에 대하여 DuPont 1993, 676~80을 참조. 개요는 Scheidel 2001a를 참조. 1881~82년 이탈리아 마을의 원인별 사망률 계절 지수는 Ferrari and Livi Bacci 1985, 281에서 가져왔으며, "호흡기 질환"과 "장염 설사"의 데이터를 기록한다.

그림 3.6 | 계절에 따른 로마의 사망률, 대리증거물로 본 계층별

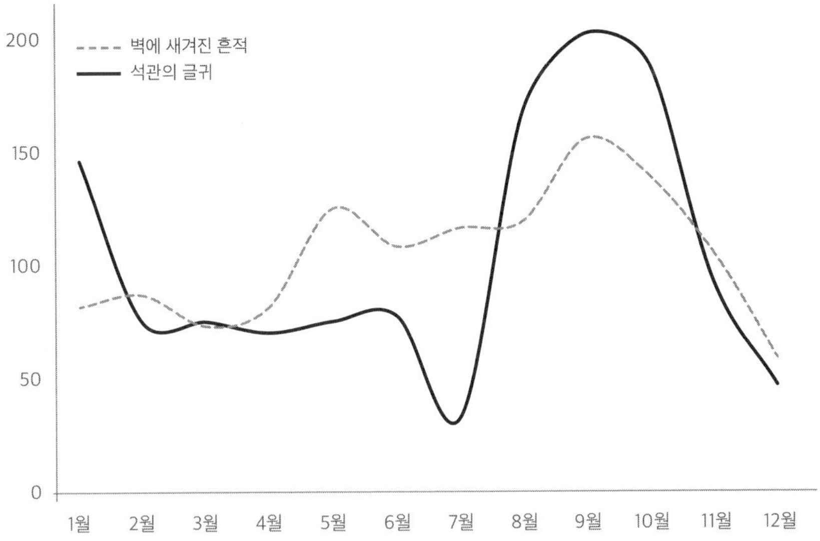

세포 기생충이다. 플라즈모디움 원생동물의 다른 종들도 인간을 감염시킬 수 있다. 말라리아원충P. malariae과 삼일열 말라리아원충P. vivax은 로마에 항시 존재하는 위험이었다. 그러나 로마의 사망률에는 대표적으로 가장 위험한 속屬인 열대열 말라리아원충P. falciparum이 가장 큰 영향을 미쳤다. 이것은 이틀에 한 번씩 치명적인 열이 급속하게 올랐다가 내려가서 고대인들이 '간헐성 열병'이라고 불렀던 질병의 원인인 맹독성 병원체이다. 오늘날까지도 말라리아는 높은 질병율과 사망률을 유발하고 있으며, 이전에 한 번도 그 병에 노출되지 않았던 어린이나 성인들에게 기이할 정도로 폭력적이다. 말라리아가 풍토병인 지역에서는 '인구 패턴을 결정하는 경이로운 힘'을 갖는다. 말라리아는 로마와 제국의 핵심 지역 전체에서 관을 덮는 휘장과도 같았다.[39)]

말라리아라는 이름은 '나쁜 공기'라는 뜻이다. 말라리아는 궁극적으로

그림 3.7 | 1881~1882년 사망 원인에 따른 분류, 이탈리아의 지방 도시들
(Ferrari and Livi Bacci 1985에서 데이터 인용)

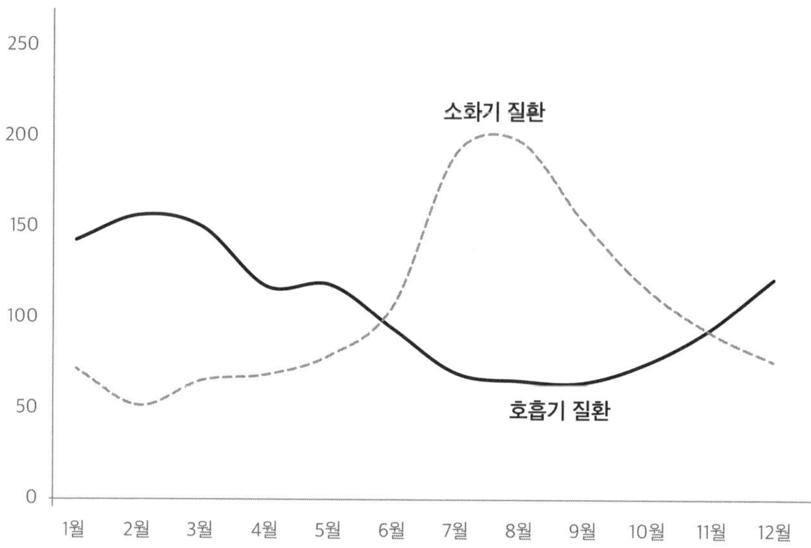

생태적 질병이다. 플라즈모디움은 고대로부터 아프리카의 열대지방에 기원을 두고 있는 해로운 기생충이다. 열대열 말라리아원충은 만 년도 채 안 된 최근에 고릴라의 병원체로부터 파생되었음이 게놈 증거에 의해 극적으로 밝혀졌다. 로마인들이 제국을 건설할 즈음에, 말라리아는 이미 그 세계에 속해 있었다. 그러나 로마 제국 생태계의 특유한 배열이 말라리아를 번성하게 만들었다. 말라리아의 DNA는 남부 이탈리아의 초기 제국에 속한 두 장소에서 발굴된 고고학적 표본에서 배열이 분석되어 나왔다. 병원체의 존재

---

39) "경이로운 힘": Sallares 2002, 2. For the role of malaria past and present, Shah 2010. 플라즈모디움의 전지구적 유전자의 다양성 Faust and Dobson 2015. 로마의 말라리아로 인한 계절적 사망률 데이터 1874-76은 Rey and Sormani 1878에서 가져왔으며, 그들의 "치명적인 간헐성 열병." 카테고리를 사용했다.

그림 3.8 | 말라리아로 인한 로마의 계절별 사망률 1874~1876

(Rey and Sormani 1878에서 데이터 인용)

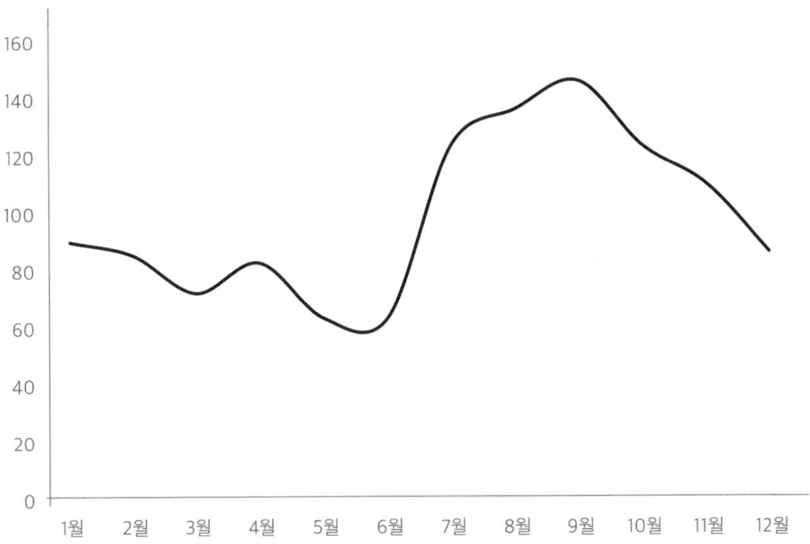

가 확실히 증명된 것이다. 말라리아는 습지에서 발생하는 질병이고, 이탈리아의 중부와 남부 그리고 비슷한 지역들에서 풍토병으로 존재했다. 또한 제국의 본거지인 로마 시에서는 문서화되고 기록된 증거를 통해 특정 풍토병 병원체의 생태와 영향을 특별히 상세하게 추적할 수 있었다.[40)]

로버트 살레스Robert Sallares의 연구 덕분에, 우리는 말라리아의 상세한 일대기와 로마와의 특별한 관계를 알 수 있게 되었다. 고대의 의학 자료들은 제국의 수도에서 말라리아가 유행했음을 보여주는 귀중한 증거다. 어느 누구보다도 훌륭한 증언자는 갈레노스다. 그가 간헐성 열병을 주의 깊게 연구

40) 연령과 말라리아의 유전자 역사; Loy et al. 2017; Pearce-Duvet 2006, 376~77; Sallares 2004. 후기 시대의 이탈리아 Percoco 2013. DNA: Marciniak 2016.

한 것으로 미루어 볼 때 2세기 로마에서 말라리아라는 질병은 매우 중요했다. "이제 히포크라테스나 다른 어느 목격자의 말도 필요하지 않다. 우리가 날마다 간헐성 열병을 바로 눈앞에서 보고 있기 때문이다. 특히 로마에서. 다른 장소에서는 다른 질병이 전형적이듯이, 이 사악한 질병은 이 도시에 만연해 있다." 그 병은 '로마의 거의 모든 곳에서' 발생했으며, 갈레노스가 보기에, 그곳의 거주자들은 이러한 악성 열병과 '가장 밀접하면서 익숙했다'.[41]

말라리아의 공간 역학은 모기가 번식하는 지형에 따라 대체적으로 규정된다. 로마인들은 질퍽질퍽한 습지가 전염병을 일으키는 장소임을 의식하고 있었다. 로마의 농업서 작가들과 건축가들은 모두 습지의 치명적인 수증기를 피하려면 집을 어디에 어떻게 지을 것인지에 대해 조언하고 있다. 로마는 도시 자체가 공기가 나쁜 것으로 유명했다. 고여 있는 물웅덩이들은 학질모기들이 산란하는 장소였다. 이상하게도 말라리아의 발생률은 지역에 국한된 문제였다. 그래서 제국의 다른 지역에서 나타나는 계절에 따른 사망률 유형이 가끔은 수도의 유형과 결정적으로 차이가 날 때도 있었다. 이것은 고대 기독교도의 묘비를 참조해도 마찬가지다. 북부 이탈리아에서는 사망률이 가을까지 이어지지 않은 채 여름에만 최고점에 달했다. 반면에 학질모기가 번성했던 남부 이탈리아에서는 가을의 사망률이 최고점을 찍었고, 그 시기에 열대열 말라리아원충의 활동이 치명적이었음을 드러낸다.[42]

---

41) Sallares 2002 가 근거가 된다. 1세기의 의사 켈수스가 알고 있던 것(예를 들어, De medicinia 3.3.2)은 중요한 증언이다. "우리는 이제": Galen, Morb. Temp. 7.435K. "로마의 거의 모든 곳에서": Galen, Hipp. Epid., 2.25, 17.A.121-2K. Sallares 2002, 222를 참조.

42) 계절에 따른 패턴들: Shaw 1996, 127.

본질적으로 로마의 문명은 전염병이 잠재하는 지형에 속수무책이었던 것 같다. 농업이 확장되면서 문명이 모기에게 유리한 서식지 속으로 깊숙이 들어오게 되었다. 삼림벌채로 인해 물웅덩이가 생겼고, 울창한 숲이 들판으로 변하면서 모기들이 쉽게 번식할 수 있는 환경이 조성되었다. 트라야누스 황제가 폰티네Pontine 습지를 가로질러 건설한 아피아 가도와 같은 로마의 도로들은, "학질모기가 선호하는 새로운 번식지를 만드는 데 중요한 역할을 했다." 도시의 정원들과 상수도로 인해서도 모기와 인간은 엄청나게 가까워졌다. 로마인들은 뛰어난 환경공학적 기술자들이었고, 그들도 그 사실을 알고 있었다. "누구든지 대중을 위한 물과 목욕탕에서, 수영장에서, 운하에서, 도시의 집들에서, 정원에서, 교외의 빌라에서 사용하는 물의 양을 세밀하게 계산해 보면, 그리고 멀리 떨어진 곳에 세워진 아치, 깎인 산과 평평해진 계곡을 여행하게 되면, 그는 세상에 더는 놀랄 게 없음을 인정하게 될 것이다." 그러나 편리한 환경을 건설한 탓에 모기가 급증했다. 예상치 못하게 로마 제국은 모기의 번식을 실험하는 장이 되었다.[43)]

말라리아는 단순히 흔한 질병들 중 하나가 아니다. 왜냐하면 말라리아는 다른 병원균을 끌어들여 합병증을 일으키기 때문이다. 그 해로움은 일차 감염의 위험을 훨씬 뛰어넘는다. 말라리아의 부작용에는 심각한 영양실조가 포함되므로, 환자는 다른 감염에 취약해지기 마련이다. 갈레노스는 특히 어린이들에게 치명타를 입히는 매일열 말라리아에 대해 알고 있었다. 그 병에 걸렸다가 살아난 사람들은 수십 년 동안 신체적 성장 부진과 면역력

43) O'Sullivan et al. 2008;을, 무엇보다도 Sallares 2002, 95를 참조. "누구든지": Pliny, Hist. Nat. 36.24.123.

약화에 시달렸다. 말라리아는 비타민 결핍으로 인한 질병인 구루병 등을 야기하고, 결핵과 같은 호흡기 감염에 취약해지게 만들었다. 말라리아에 걸리기 쉬운 환경의 악영향은 모든 생명체가 쇠약해지는 것이다. "왜 사람들은 신선하고 맑은 공기가 있는 곳에서는 서서히 늙어가는 반면에, 우묵한 습지에서는 빠르게 늙어갈까?" 그러한 환경에서는 빨리 죽을 확률이 높았고, 이주민들은 특히 취약했다. 로마를 여행한 많은 이들이 말라리아에 굴복했다. 갈레노스 이후 수 세기가 지난 뒤, 성 아우구스티누스의 어머니는 로마의 항구인 오스티아에서 말라리아에 걸려 아흐레 동안 병마에 시달리다가 목숨을 잃었다.[44]

말라리아모기에게 적합한 환경은 기후의 단기적, 장기적 변화에 모두 민감하다. 주변 온도는 모기 체내에서 플라즈모디움 포자를 형성하는 데 영향을 미치며, 물가에서 번식하는 학질모기는 습도에 따라 서식지가 달라진다. 고대인들은 이러한 환경의 영향에 민감했다. 로마 시대의 문헌에는 다습한 봄에 이어 여름이 건조하면, 가을의 사망률이 높아진다고 적혀 있다. 중기 홀로세는 다습하여 매개체인 모기의 번식에 유리했다. 말라리아가 지중해 주변으로 이주한 것은 문명이 이제 갓 날갯짓을 시작한 초창기 수천 년 즈음이었을 것이다. 위도상으로 온대와 아열대 지역 사이에 있던 로마의 속주에서, 기후 변동은 말라리아의 유행을 좌우했다. 그런데 우리는 나쁜 가능성을 염두에 두어야 한다. 만약 로마 기후최적기가 특별히 다습한 시기였

44) "왜 사람들은?": Ps.-Aristotle, Prob. 14.7.909, tr. Sallares 2002, 282. Monica: Sallares 2002, 86. Synergistic malaria: Scheidel 2003.

45) 농학자: Palladius, Op. Ag. 1.7.4. 다습한 봄: Ps.-Aristotle, Prob. 1.19.861. 18세기 프랑스의 말라리아에 대한 기후 제어 분석에 대하여, Roucaute et al. 2014.

다면, 모기들과 그들이 옮기는 기생충에게는 유리한 호기였다.[45]

말라리아는 로마와 다른 핵심 지역의 풍토병이었다. 환경의 변화가 맞아떨어지기만 하면 이러한 질병은 역병 수준으로 심각해질 수 있었다. 갈레노스는 관습적인 지혜를 터득하고 있었다. "한 해 내내 다습하고 더우면, 반드시 대역병이 돈다." 현대의 초기에도, 말라리아는 5~8년을 주기로 로마와 그 주변 지역에서 유행했다. 말라리아는 분명 고대 로마에서 전염병으로 인해 사망할 때의 주요 원인에 속했다. 로마에서 죽음은 일정한 간격으로 일어나는 사건이 아니었다. 계절에 따라 일어났고, 전염병이 유행하는 해에 급격히 증가했다. 그러한 변동의 폭은 종잡을 수 없었다. 고대인들은 전염병으로 인한 사망률 급등이라는 혼란에 익숙했으며, 악성 전염병이 시작되는 징후를 경계하며 지켜보았다. "한 사람이 병에 걸렸다고 해서 온 집안이 공포에 빠져들지는 않는다. 그러나 악성 전염병이 시작되는 징후가 나타나면 도시는 웅성거리기 시작하고, 사람들은 달아나며, 신들을 향해 주먹을 치켜든다."[46]

고대의 자료에서는 죽음의 해가 왔다 간 횟수를 헤아리고 있다. 현대의 역사학자들은 고대의 전염병 대부분이 지역 내부에서 발생했고, 그 지역에 국한되었다는 사실을 충분히 인식하지 못하기도 했다. 기원전 50년에 안토니누스 페스트가 창궐하기 전까지 그 사이에 알려진 모든 역병의 목록은 시사하는 바가 많다. 목록은 그다지 길지 않은데, 아마도 역병이 워낙 예기치 못한 사건이라 많은 이들이 의식하지도 못한 채 세상을 떠났기 때문일

46) "한 해 내내": Galen, Temp. 1.4.531, tr. Singer. 5~8년 주기의 전염병: Sallares 2002, 229."한 사람이 병에 걸려도": Seneca, De Clem. 1.25.4.

것이다. 그리스와 라틴어에서 포괄적으로 '역병'을 뜻하는 뢰뫼loimoi와 뤠스lues라는 용어로 미루어 볼 때, 사망률이 치솟는 사건의 기원에 서로 다른 병원체가 있음을 이해하지 못했음을 알 수 있다. 역병은 (늪에서 나오는) 유독한 증기, 오염된 공기, 분노한 신 혹은 신성한 노여움과 불안정한 환경이 불가해하게 조합하여 일어나는 사건이었다. 이러한 역병은 대부분 말라리아였겠지만, 정확하게 알아내기는 어렵다. 넓은 범위의 지역에서 일어난 사건조차 기후 변동에 의한 파장일 수 있었다.[47)]

팬데믹이 창궐하는 데 이르는 기간 동안, 고대 역사에서 대부분의 역병은 집단 내부에서 세력을 확대했을 것이다. 말라리아와 세균성 이질은 수년간에 걸쳐 기복이 심해지는 경향이 있다. 박물학자인 대 플리니우스의 경우에는 노인들이 전염병의 맹공격을 피할 수 있다고 믿었던 사실이 눈에 띈다. 이것이 함축하는 바는 분명하다. 토착 질병들로 많은 이들이 사망했을 당시에 그 이전의 감염으로 얻은 면역능력이 노인들을 보호했으리라는 것이다. 전염병이 도는 해와 홍수가 일어나는 것과 같은 단기적 환경 교란이 서로 밀접하게 연관되어 있다는 사실은 토착 질병들이 기후 변동으로 증폭되어 사망률을 치솟게 만든 주범임을 뜻한다. 로마 세계는 들끓는 미생물 수프의 희생양이 되곤 했다. 외부에서 들어온 병원체에게 습격을 당한 것이 아니었다.[48)]

모기 같은 매개체나 환경에 의해 전파되는 말라리아나 이질 같은 전염병은 공간과 연관성이 있다. 제국 내부의 서로 다른 지역을 한데 묶는 연결

---

47) 시간을 좀 더 거슬러 올라가면, 역사학자 리비Livy가 대부분 로마에서 혹은 군대 내에서 퍼져나간 전염병 목록을 열거한다. 아테네의 전염병도 언급할 가치가 있다. 기원전 420년대~360년대에 걸쳐 증언된 많은 전염병이 관련될 수 있지만, 그들의 주기성과 역학만으로는 서로 어떤 연관성도 확인할 수 없다.

표 3.2 | 알려진 모든 전염병들, 기원전 50년~서기 165년까지

시기	출처	사건
BC 43	카시우스 디오 45.17.8	"거의 모든 이탈리아"에 퍼진 심각한 전염병; 기원전 44년에 화산 대폭발에 이어 극적인 기후 변화가 일어남; 디오는 티베르강 홍수를 연관시켰다; 홍수 뒤에 말라리아가 발병했을 것이다.
BC 23	카시우스 디오 53.33.4	로마의 보건 위생이 안 좋았던 해; 티베르강 홍수
BC 22	카시우스 디오 54.1.3	티베르강 홍수와 관련되어 이탈리아 전역에 전염병 퍼짐; 디오는 희미하게 추측한다. "이 지역의 밖에서도 같은 일이 일어나고 있을 것이다"; 이러한 끔찍한 사건으로 인해 로마 원로원은 아우구스투스가 집정관이나 독재자가 되어야 한다고 믿게 되었다.
AD 65	타키투스, 연보. 16.13 수에토니누스, 네로 39 오로시우스, 7.7.10-11	이탈리아에 폭풍; 가을에 끔찍한 역병으로 로마에서 3만 명 사망
AD 77	오로시우스 7.9	베스파시아누스 통치 9년째 로마에서 역병 발생
AD 79/80	수에토니우스, 티투스 8.3 케사리부스의 비석문. 10.13 제롬, 성서 연대기, 연보. 65 카시우스 디오 66.23.5	베수비우스 화산 폭발로 화산재가 멀리 광범위하게 흩날림; 로마에 전례 없는 역병, 하루에 만 명 사망
AD 90	카시우스 디오 67.11.6	로마뿐 아니라 전 세계 사람들이 바늘에 긁혀서 사망했다. (이 모호한 기록은 이해 불가하다. 디오는 전염병이 있었다는 명확한 주장을 하지 않는다.)
AD 117-138	역사학자. 8월. 하드리아누스 21.5	하드리아누스 통치기의 기아, 역병, 지진
ca. AD 148	갈레노스, 해부학, 관리. 1.2 갈레노스, 정맥 절개술. 7	"아시아의 많은 도시"에서 "탄저병" 유행

망은 미생물의 이동과 전파를 용이하게 했지만, 연결망을 따라 처음 전파된 전염성 질병들이 급성 감염병은 아니었다. 대신 결핵이나 나병 같은 만성 감염병이 제국의 순환 체계를 이용했다. 실제로 문헌과 고고학 그리고 게놈 증거들을 종합해 보면 로마 제국이 결핵과 나병의 역사에서 중요한 역할을 했음을 시사하고 있다.

결핵은 마이코 박테리아 투베르클로시스Mycobacterium tuberculosis가 신체에 침입해서 발병하는 호흡기 질환이다. 오랫동안 고대에서부터 비롯된 질병으로 간주되었으나, 게놈의 증거에 의하면 약 5000년 정도 되었을 것으로 추정한다. 공기 중에 떠다니는 비말에 의해 사람과 사람 사이로 직접 전파되기 때문에 결핵균은 인구 밀도가 높고 불결한 도시를 좋아한다. 그 경과는 수주에서 수년에 이르지만, 기침과 체력 소모로 환자들을 쓰러뜨린다. 결핵은 20세기까지 질병과 사망의 주요 원인이었으며 오늘날에도 사악한 살해자로 남아 있다. 말라리아와 마찬가지로, 결핵도 전염병으로 퍼져나가면 어느 사회에서든 큰 영향을 미칠 수 있다.

결핵은 그리스 초기의 의학서적 저자들에게 이미 알려져 있었다. 따라

---

48) Pliny the Elder, Nat. Hist. 7.51 (170). 우리는 제국 전체에 침투성 병원균이 퍼져나갔을 가능성을 완전히 배제할 수는 없다. 뎅기열과 황열병 같은 절지동물매개 바이러스들이 수 세기 후에 지중해 연안에 도달했다. 그들은 고대에 이미 퍼졌을 수도 있고, 다른 말라리아나 위장성 전염병들과 광범위하게 섞였을 수도 있다. 비록 이상하게도 긍정적인 증거가 부족하지만, 인플루엔자 전염병은 개념적으로는 가능성이 더 높다. 트라야누스 황제 치하의 의사 에페수스의 루푸스가 쓴 글 속의 모호한 구절에는, "서혜 임파선종 전염병"을 잘 알고 있는 게 분명하다는 것이 드러난다. 그것은 바로 예르시니아 페스티스의 초기 형태, 진정한 서혜 임파선종 페스트일 수 있다. 그것은 우리를 적절한 시기의 문제로 돌아가게 한다. 분명히 그의 시대에는 서혜 임파선종 페스트가 팬데믹이 아니었다. 갈레노스 전집에는 어쨌든 그 질병에 대한 인지가 없는 것으로 보인다. 루푸스에게 전염병은 '모든 끔찍한 것'의 결합체였다: 설사, 열, 구토, 망상, 통증, 경련 등, 그러나 서혜임파선종은 아니었다. 제국의 전염병은 모든 정황으로 볼 때, 내부에서 폭발했다.

서 로마 제국의 새로운 골칫거리는 아니었음이 분명하다. 그러나 우리는 최근에 결핵 병원체의 역사에 중요한 진화의 순간이 있었음을 알게 되었다. 약 1800~3400년 전에 가장 치명적인 현대의 계통으로 진화했다. 그 범위는 여전히 넓게 잡혀 있는데, 미래의 연구로 정교해지기를 바란다. 그 와중에도, 유골에 남아 있는 기록들이 단서를 제공해주었다. 대부분의 감염병과는 달리 결핵은 환자의 뼈에 특징적 손상을 남기므로 고고학에서 흔적을 추적할 수 있는데, 로마 이전의 유골에서는 대부분 그 흔적을 발견하기가 어려웠다. 가능성 있는 단 하나의 사례가 영국에서 발견되었을 뿐이다. 그 후 로마가 지배했던 수 세기 동안 결핵은 훨씬 더 눈에 띄는 기록을 남겼다. 제국은 "유럽에 결핵이 퍼져나가는 분수령"이 되었다고 일컬어진다. 로마 제국과 결핵이 진화한 역사는 운명적으로 교차한 것처럼 보인다. 멀리 떨어진 마을이 서로 연결되면서 치명적 질병에 속하는 결핵이 확산하게 되었다.[49)]

또한 로마 제국은 달팽이처럼 유럽 전역으로 퍼져나가던 나병의 전파를 가속화했다. 나병은 마이코 박테리아 레프레Mycobacterium leprae, 그리고 레프로마토시스M. lepromatosis 균에 의해 발병하는 만성 감염병이다. 사람들 사이에서 직접 전파되는 나병의 병리적 증상은 복잡하다. 신경을 파괴하고 피부와 뼈를 손상시킨다. 특히 얼굴을 마비시키고 형태를 변형시킨다. 서서히 진행되며, 고통스럽고, 환자를 쇠약하게 만든다.

나병은 여전히 해결되지 않은 문제로 남아 있는데, 어쩌면 정말로 수십

---

49) 장내 기생충의 확산과 로마의 정복: Mitchell 2017. 결핵의 게놈: Achtman 2016; Bos et al. 2014; Comas et al. 2013; Stone et al. 2009. 결핵의 역사적 의의: Roberts 2015; Müller et al. 2014; Holloway et al. 2011; Stone et al. 2009; Roberts and Buikstra 2003. Britain: Taylor, Young, and Mays 2005. "분수령": Eddy 2015.

만 년 전의 고대가 기원일지도 모른다. 지금까지 전 세계적으로 최초의 사례는 기원전 2000년 무렵 인도에서 발병한 것으로 알려져 있다. 나병은 인도에서 이집트까지 수 세기 동안 서서히 이동했다. 이집트가 로마의 지배를 받기 직전이었다. 그러나 1세기 말과 2세기 초에 대 플리니우스와 플루타르크 두 사람 모두 나병을 새로운 질병으로 간주했다. 에페수스의 의사 루푸스는 과거의 위대한 의사들이 그 병을 설명하지 못했다는 사실에 놀랐다. 고고학적 연구에서 나병은 로마 제국에서 뚜렷하게 나타나기 시작했다. 최근 로마 제국의 공동묘지에서 나온 4~5세 아이의 유골에서 마이코 박테리아 레프레의 DNA가 복원되었다. 전 세계로 퍼져나간 마이코 박테리아 레프레의 유전적 다양성은 나병의 주요한 계통 발생에서 두 가지로 갈라져 나간다. 이는 로마 제국 초기에 일어난 일일 것이다. 게놈 증거에 의하면, 주로 기원후 첫 번째 천년의 초기에 치명적 박테리아가 확산되었음이 분명하다.[50)]

우리는 로마의 사망률 체제가 얼마나 상황에 좌우되는 것이었는지를 제대로 인식해야 한다. 제국에서 사망률의 유형은 특정한 미생물 유기체의 필요와 방식 그리고 제약에 따라 형성되었다. 이러한 미생물은 그들만의 무기와 한계를 갖고 있었다. 말라리아는 급성 질환이고 치명적이지만, 지형의 특성과 매개체인 모기의 생애주기에 통제를 받았다. 세균성 이질은 인구가 밀집되고 불결한 도시에서 번성했으나, 대변-구강 경로인 현지의 통로에 의존

50) 문제가 되는 상황은 Green2017, 502~5에 훌륭하게 요약되어 있다. 나병의 유전적 역사: Singh et al. 2015. 나병의 역사: Donoghue et al. 2015; Monot et al. 2005; Mark 2002 (특히 인도에서 이집트로 전파된 것에 대해 이전에 논의된 이론과 함께): Roberts, Lewis, and Manchester 2002, esp. Lechat 2002, 158의 실린 에세이들. 대 플리니우스, Nat. Hist. 26.5; Plutarch, Mor. 731b-34c. Rufus apud Oribasius, Coll. Med. 4.63. 로마의 사례들: Inskip et al. 2015(sub-Roman); Stone et al. 2009; Mariotti et al. 2005; Roberts 2002. 어린이 유골들: Rubini et al.2014. 계통발생론: Schuenemann et al. 2013.

했다. 인간들 사이로 직접 전파되는 결핵과 나병에는 로마의 교통망이 열어 놓은 무한한 전망이 호기였다. 그러나 그들은 느리게 움직였다. 이러한 병원균들과 기록에 잘 나타나지 않는 다른 병원균들이 지닌 제약은 로마 제국의 질병 생태학에 내재해 있는 것이 아니라 병원균 각각에 생물학적으로 부과된 것이었다. 제국의 상황에 적절하게 부합되는 조건을 갖춘 병원균은 상상할 수 없는 기회를 맞이하게 되었다.

그리스와 로마의 걸출한 인물들의 전기를 쓴 것으로 이름을 얻은 플루타르크의 짧은 도덕적 스케치에서는 세상에 '새로운' 질병이 있는지 의문을 제기하는 장면이 나온다. 그 작품은 과학적으로 모호한 대화로 이루어져 있는데, 로마 제국의 학식 있는 귀족들 사이에서 그 즈음 유행하던 화제를 다루었다. 플루타르크의 화자 중에는 새로운 질병이 가능하다고 주장하는 이가 있었다. 그가 그렇게 생각하는 이유는 단지 뜨거운 목욕 같은 당황스러운 유행이 있는 것처럼, 세상에는 새롭게 신체에 위해를 가할 수 있는 검증되지 않은 음식이나 유행이 있기 때문이라는 것이다. 그와 논쟁하는 이는 새로운 질병은 원칙적으로 가능하지 않다고 주장했다. 우주는 밀폐되어 있고 완전하며, 자연은 발명가가 아니기 때문이다. 과거의 위대한 의사들이 지닌 권위가 그러한 반박의 근거였다. 고대적 사고방식의 기반이 순간적으로 진부한 견해로 전락하면서 오류가 잉태되는 순간이기도 했다. 그 자리에서 그는 "질병은 그 자체로 특별한 씨앗을 가지고 있지 않다"라고 주장했다. 역사는 모순으로 가득차 있지만, 가슴 아프게도, 플루타르크가 이 문명화된 작품을 창작하고 있을 때조차 자연은 멀리서 새로운 질병의 씨앗을 준비하고 있었다. 로마 세계에 친숙한 병원균이 지닌 제약조차 벗어 던진 새로운 질병의 씨앗을.[51)]

자연은 변하지 않으리라는 고대의 완고한 고전적 관념은 예상치 못한 반전을 맞이할 운명이었다. 야생은 새롭고 격렬하며 어마어마한 무엇인가를 준비하고 있었다.

로마인과 세계의 연결망

맨발바닥 게르빌루스 쥐, 혹은 켐프저빌Gerbilliscus kempi이라고 하는 동물은 사하라 사막과 다습한 열대 사이의 아프리카를 가로지르는 넓은 사바나와 건조한 숲 지대에 사는 설치류이다. 이 게르빌루스 쥐의 고향은 기니에서 남부 에티오피아까지 이어지는 온대 지방이라는 설이 있다. 많은 설치류들이 오르토폭스바이러스Orthopoxviruses(진성두창바이러스)로 알려진 바이러스 속의 숙주 역할을 한다. 그러나 맨발바닥 게르빌루스 쥐는 타테라폭스바이러스Tatera poxvirus 종의 은신처로 알려져 있으며, 이러한 차이로 인해 특별히 흥미로운 대상이 되었다. 타테라폭스바이러스는 낙타폭스바이러스camelpoxvirus의 가장 가까운 친척이다. 이 두 바이러스는 대두창 바이러스Variola major, 즉 천연두 바이러스 종과 가장 가까운 친척이다.

이 세 가지 바이러스 종은 조상 격인 설치류의 오르토폭스바이러스로부터 유전적으로 분리되면서 거의 동시에 발현되었다. 인간과 낙타, 그리고 맨발바닥 게르빌루스 쥐는 각각 세 가지 폭스바이러스의 유일한 숙주이다. 그들의 생물지리학에는 아프리카 어딘가에서 공통의 원종으로부터 분리에

---

51) 플루타르크, Moralia 731b~734c,"seeds" at 731d.

이르게 된 진화적 사건이 배치되어 있다. 맨발바닥 게르빌루스 쥐의 서식 범위와 오르토폭스바이러스의 게놈으로 분석한 진화의 역사를 종합해보면, 천연두의 발생지는 아프리카일 확률이 가장 높다.[52)]

마르쿠스 아우렐리우스의 통치가 시작된 후 수 세기 동안, 로마 제국은 국경선 너머에서 유입된 생물학적 사건의 희생양이 되는 일이 반복되었다. 상업적 연결이 원활해지면서 로마는 국경 밖 외부 세계의 신흥 전염병에 노출되었고, 그것이 로마의 질병 생태계를 구성하는 가장 운명적 요소였다. 역사적으로 때 이르게 개화하여 번성한 로마 경제는 활발한 교역이 이루어질 수밖에 없었다. 우리는 홍해에서 벵골 만까지 큰 호를 그리면서, 지중해 지역과 아리비아를 잇고, 다시 에티오피아와 인도 그리고 극동까지를 이은 연결망의 범위와 활력을 이제야 인식하기 시작하고 있다. 학자들은 오랫동안 이 상업적 연결망이 정말로 중요했는지 의심했으나, 지난 수십 년 동안 의견이 극과 극을 달렸다. 고고학적 발굴과 우연히 발견한 새로운 문서들 덕분에, 그리고 로마의 전반적 교역의 활력에 대해 다시 집중하기 시작하면서, 우리는 인도양 교역의 진정한 중요성을 인지하게 되었다.

우리의 눈은 이미 전후 사정을 알고 있으므로, 대서양을 보면서 전 세계 인류를 연결하고 현대 자본주의를 확산시키는 뱃길을 떠올리도록 훈련되어 있다. 그러나 1세기와 2세기에 대서양은 아직 통행이 불가능한 장벽이었던 반면에, 인도양은 세계를 연결할 준비가 되어 있었다. 로마 제국의 도래가

52) 계통발생론에 대하여, Duggan et al. 2016; Babkin and Babkina 2015; Babkin and Babkina 2012. Updating Shchelkunov 2009; Li et al. 2007을 참조. 게르빌루스 쥐와 낙타의 생물 지리학은 인간 천연두가 아프리카에서 기원함을 강력히 시사하고 있다. 독립적으로, 아프리카 변종들이 가장 큰 유전적 다양성을 드러낸다는 사실 또한 아프리카에서 천연두가 진화하기 시작했음을 보여준다. 아프리카 속의 낙타에 대한 개론은 Farah et al. 2004를 참조.

그 촉매 역할을 했다. 로마인들이 이집트를 합병했을 때, 국경을 접하고 있는 메로에의 누비아 왕국Nubian kingdom of Meroe과 에티오피아의 전신인 악숨Axumite 왕국, 그리고 아라비아의 동쪽 연안에 접해 있는 왕국들이 연결되었다. 아우구스투스는 대규모 함대를 거느리고 홍해를 항해했나. 로마는 동남쪽 국경 전 구간에서 견고한 정책을 폈다. 로마는 나일강과 홍해를 잇는 도로와 운하들을 건설하여 교역을 확대했다. 들어오는 상품에 붙는 통행료의 수익성이 높았기 때문에 로마인들은 상업적 연결망을 보호하고 육성하는 데 힘을 기울였다. 로마의 권력이 홍해까지 뻗어나갔다는 사실은 오늘날 사우디아라비아와 예멘의 국경인 파라산 제도의 해변에서 발견된 두 개의 라틴어 비석이 여실히 증명하고 있다. 비석에는 아리스티데스가 로마에서 연설하던 바로 그 해에 레지오 세쿤두스 트라야누스legio II Traiana 군단이 로마 항구의 최남단 1000km 아래 이집트의 베레니케Berenike에 있는 섬에 현을 설치하고 항구를 건설했다는 내용이 적혀 있다.[53)]

이전까지는 세계가 그토록 좁아진 적이 없었다. 그리스의 지리학자 스트라보Strabo는 로마가 들어오면서 홍해의 항구 도시 미오스 호르모스Myos Hormos에서 인도로 향하는 배들이 매해 20척에서 120척으로 늘어났다고 썼다. 2세기 중반에 프톨레마이오스가 자신의 저서 《지리학》을 쓸 때, 그는

53) FHN volume 3에 일반적으로 매우 귀중한 자료들이 있다. 아우구스투스: Strabo, Geogr. 16.4.22~27. Purcell 2016; Seland 2014; Tomber 2012; Cherian 2011; Tomber 2008; Cappers 2006; De Romanis and Tchernia 1997; Casson 1989; Raschke 1978. 파라산:Phillips, Villeneuve, and Facey 2004, with Nappo 2015, 75~78; Speidel 2007. 로마 국가의 역할에 대해서 특히 Wilson 2015를 참조. Raschke 1978에서 구체화된 인도양 교역의 범위에 대한 회의적 관점은 오래 존속되었으나, 그러나 그것이 바탕이 된 독단적인 베버리안 프리미티즘이 진부해지고, 무지리스 파피루스가 발견되면서 고고학적 증거가 축적되자, (Tomber의 연구에서 주의 깊게 통합된 바대로, 로마 지배하의 홍해와 인도양 연안 전반에서), 나에게는 그러한 견해가 축소되는 것처럼 보인다.

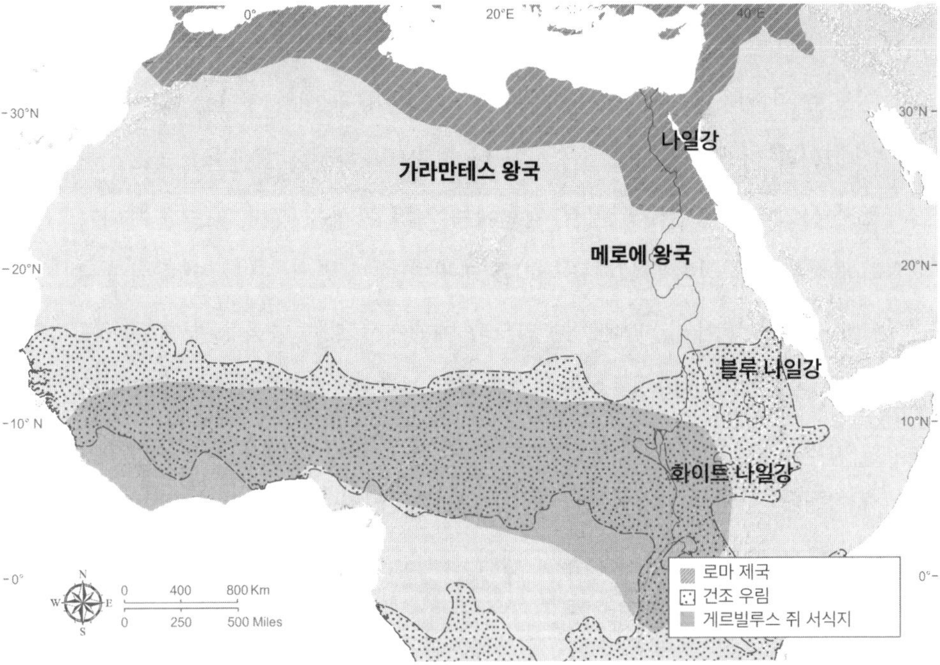

지도 7. | 맨발바닥 게르빌루스 쥐의 분포

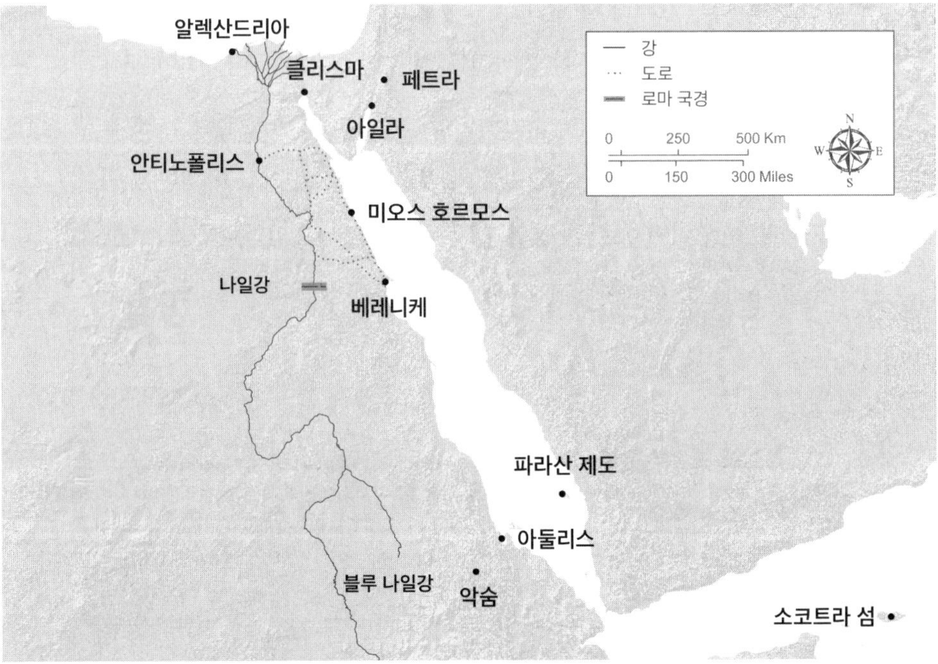

지도 8. | 로마와 홍해 주변 세계

'인도로 항해하는 게 익숙한 사람들로부터' 동양에 대한 정보를 많이 얻었다. 그러나 이러한 목격자들의 성향 탓에, "상인 계층은 일반적으로…… 오로지 사업에만 몰입해 있어서, 탐험에는 거의 관심을 갖지 않는다. 게다가 허세를 부리고 싶어서 여행한 거리를 과장할 때도 종종 있다." '로마 연설'에서 아에리우스 아리스티데스는 인도와 예멘에서 오는 화물들이 매우 규모가 큰 걸로 보아 로마인들이 먼 곳에 있는 과수원을 몽땅 털어왔을 것이라고 주장했다. 아리스티데스 자신은 나일강을 거슬러 올라가 '에티오피아'까지 여행했다. 목적은 강의 원천을 찾으려는 것이었고, 내내 로마 권력의 비호를 받은 안전한 뱃길이었다. 몇 세대 전에는 상상도 할 수 없던 모험이 안락한 관광으로 바뀐 것이다.[54)]

로마의 소비주의와 자본의 이동은 동양과의 무역에 불을 붙이는 계기가 되었다. 그렇다고 "인도와 상업적 교역이 폭발적으로 열린 것은 아니었다." 상거래는 비단, 향신료, 거북이 등껍질, 상아, 보석 그리고 이국적인 노예들 같은 사치품들로 이루어졌다. '문인이 아닌 상인'이 쓴 《홍해 일주 항해기》는 당대의 특징이 잘 드러난 작품이다. 동아프리카에서 인도 아대륙에 이르는 지역에서 이루어진 노련한 상업 활동을 목격할 수 있다. 우기의 항로에 익숙한 그리스 상인이 서기 50년경에 쓴 이 책에서는, 활기차지만 다소 수

54) 미오스 호르모스의 성장: Strabo, Geog. 2.5.12. Berenike: Sidebotham 2011. 찾기 어려운 정보: Strabo, Geog. 15.1.4. Pliny the Elder, Hist. Nat. 6.101. 소 세네카는 인도라는 주제에 헌정하는 책을 썼으나, 지금은 소실되었다. 그는 지구 저편 구석에 로마에 버금가는 웅장한 제국이 존재했을 가능성에 대해 매우 비로마적인 인식을 보여준다: Pliny the Elder, Hist. Nat. 6.60. See Parker 2008, 70. Poet: Statius, Silv. 5.1.603. "인도로 항해하는 게 익숙한 사람들": Ptolemy, Geogr. 1.9, tr. Stevenson. "상당히 많은 상선들": Aelius Aristides, Or.26.11~12, tr. Behr. 나일강: Aelius Aristides, Or. 36.1, 혹은 FHN 3.198ff를 참조.

다스러운 선장이 로마령 이집트 해안의 미오스 호르모스와 베레니케 항구를 인도양 저 너머의 머나먼 곳과 연결하는 교역망에 대한 견해를 밝히고 있다.[55)]

무역에서 사치품의 비중을 강조한다고 해서 그 규모, 다양성, 또는 중요성이 축소되는 것은 아니다. 알렉산드리아에서 제국의 의무 관세가 부과되는 54개 품목의 목록을 살펴보면 동양과의 무역망에서 유통되는 고부가가치 대상의 범위를 알 수 있다. 대 플리니우스는 동양과의 무역으로 제국에서 매해 1억 세스테르티우스(1/4 데나리우스)가 흘러나갔다고 추정했다. 금으로는 9900킬로그램이 넘는 것이며, 제국 군대 예산의 약 1/6에 해당하는 금액이었다. 플리니우스는 기억하기 쉬운 대략적 액수를 선호했다(이러한 금액을 로마 여성들의 경박한 취향 탓으로 돌리는 여성혐오의 왜곡된 경향도 있었다). 또한 알렉산드리아의 상업 금융업자, 그리고 이집트에서 인도의 무지리스까지 항해하는 무역상 사이의 계약서 일부가 기록된 파피루스가 나타나자, 플리니우스의 기록은 과장된 것처럼 보였다. 우리는 ('헤르마폴론'호라 불리던) 배가 돌아오는 길에 상아, 나르드 향, 544톤의 후추를 포함한 다른 귀중품들을 운반했다는 것을 알게 되었다. 이 단일 화물은 700만 세스테르티우스로 평가되었는데, 밀 약 2만 3000톤 혹은 이집트 땅 200km^{2}에 상응하는 것이다.

기록과 문헌들에서는 인도양의 상거래에서 향신료가 주된 중요품이라는 것을 강조한다. 향신료가 촉발시킨 교역이라고 해도 과언은 아닐 것이다.

---

55) "인도와 상업적 교역": Frankopan 2015, 16. Periplus: Casson 1989, 10. Pliny the Elder, Hist. Nat. 12.84. 무지리스 파피루스: De Romanis 2015; Rathbone 2000 경제적 중요성에 대하여; Casson 1990.

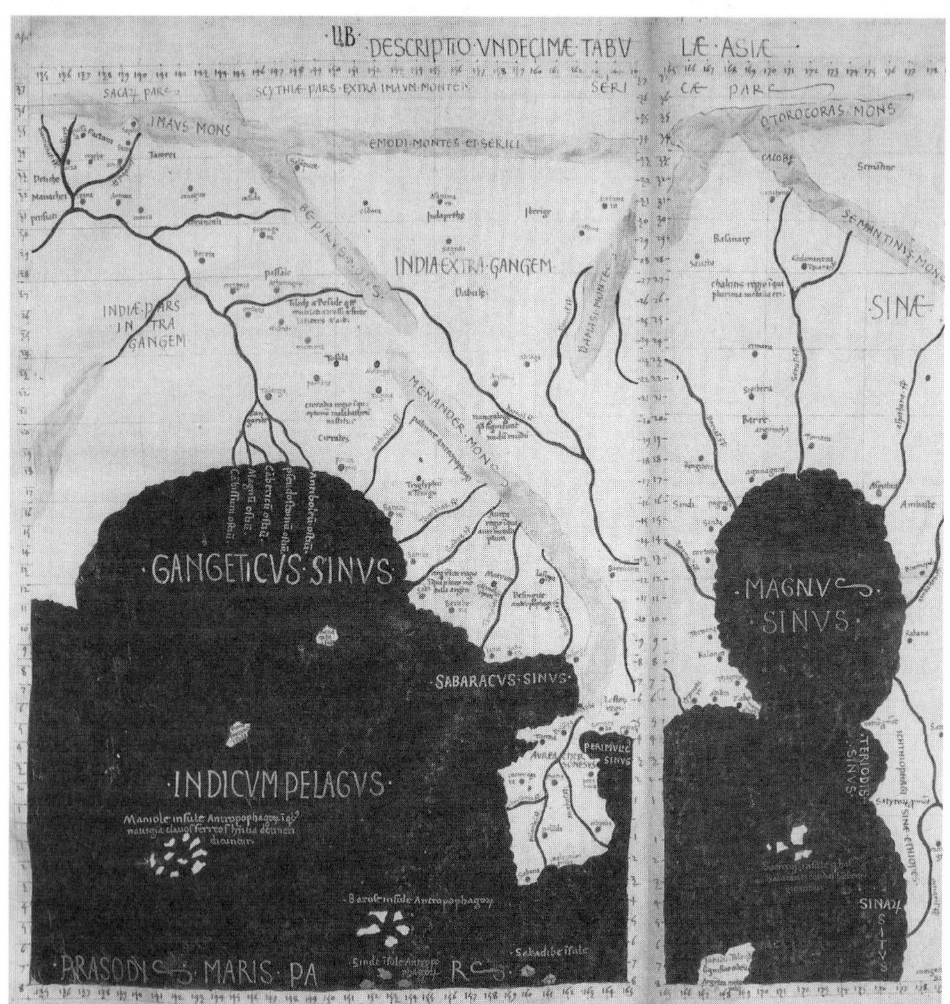

그림 3.9 | 프톨레마이오스의 세계(15세기 원고, Harley 7182, British Library; GRANGER)

가장 유명한 로마의 요리책이 이 시대의 것인데, 후추의 맛에 지나치게 의존하고 있는 내용이다. 서기 92년에 도미티아누스 황제는 로마에 향신료 저장소를 지었다. 도시의 중심이면서 오늘날 막센티우스 성당과 콘스탄틴이 포럼을 내려다보고 서 있는 바로 그 자리였다. 후추는 단순히 이국적인 사치가 아니었다. 후추 1파운드가 며칠 동안의 임금이 될 수도 있었다. 영국 북부의 하드리아누스 방벽에 주둔하고 있는 병사들을 위한 주문 목록에도 후추가 있다. 새롭게 싹튼 소비자의 취향이 예기치 못한 반향을 몰고 와서 전 세계가 변화하는 사례는 언제나 있었다.[56)]

우리는 기본적으로 로마 쪽의 정보를 가지고 있다. 그러나 원주민 선원들 또한 무역의 주체였고 여러 방향으로 상품이 유통되었음을 명심해야 한다. 동전뿐 아니라 로마의 제품들도 인도 아대륙 전역에서 발견된다. 타밀어로 쓴 시에서는 현지인들이 서양에서 들여온 '시원하고 향기로운 포도주'에 대해 감탄하는 내용이 있다. 인도의 시에서는 무지리스Muziris에 정박한 서양인들의 '아름답고 커다란 배'를 묘사하고 있다. 무지리스는 앞에서 언급된 '헤르마폴론'Hermapollon호가 향했던 도시다. 로마인들은 금을 가져가서 '후추를 가득 싣고' 돌아왔다. 그곳에 로마의 항구적인 무역 식민지가 있었음이 틀림없다. 로마 세계에서 살아남기 위해 필수적인 지도인 포이팅거Peutinger 지도에는 무지리스에 있는 아우구스투스 사원이 표시되어 있다. 동양으로 물건들을 싣고 왔다가 싣고 가는 서양의 무역상들이 이식한 종교 사원이다. 인도 연안의 무역은 멀리 내륙의 쿠샨 왕국까지 거쳐 마침내 실크로드와 중국 저 너머까지 이어지게 되었다. 중국인들은 로마인들에게 '비단을 만드는 사람들'로 알려졌다. 비단은 서양을 주요 시장으로 하는 매혹적인 상품이었다. 제국의 초기에 비단 교역은 주로 남쪽 해양 경로를 통해 이루어졌다.[57)]

---

56) 알렉산드리아의 과세 목록: Dig. 39.4.16.7. 아피키우스의 요리책에 나오는 향신료에 대하여, Parker 2008, 151~52. 향신료 저장소: Parker 2008, 153. 후추 가격: Pliny the Elder, Hist. Nat. 12.28. 하드리아누스의 방벽: Vindolanda Tablet #184. Tomber 2008은 홍해와 인도양에서의 교역에 대한 고고학적 증거에 대한 귀중한 개관이다.

57) 인도양과 중국을 잇는 경로에 대하여, Marks 2012, 83.

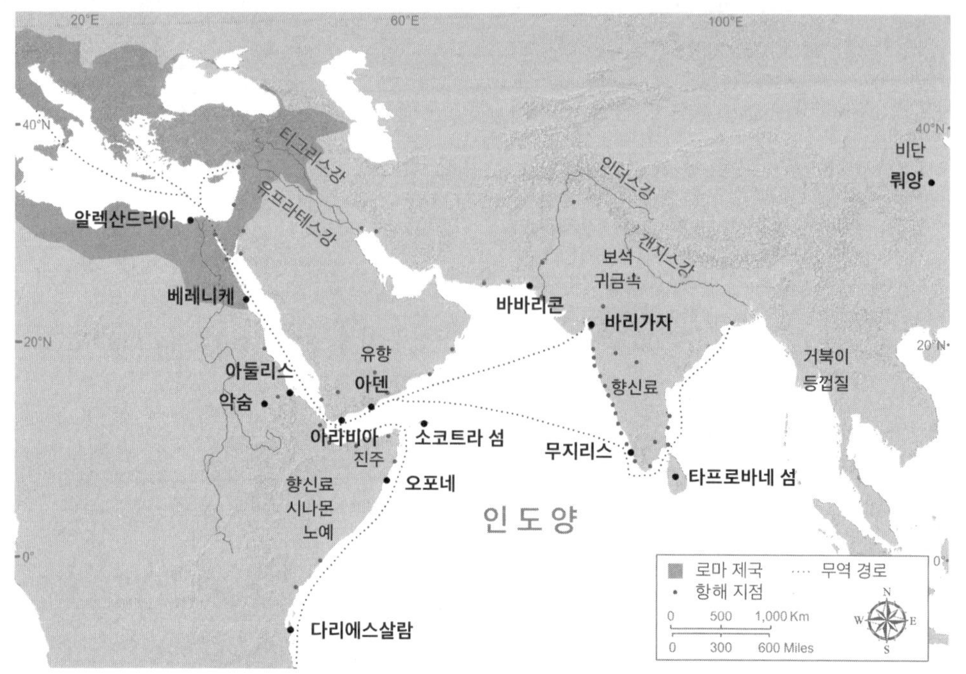

지도 9. | 로마인과 인도양

로마와 중국이 서로에 대해 더 넓은 인식을 갖게 되었다는 것은 세계가 좁아졌다는 반증이다. 《홍해 일주 항해기》는 한漢나라가 언급된 최초의 서양 문헌이다. 2세기 무렵 중국의 기록에는 서쪽 끝에 대 진, 즉 '위대한 중국'이자, 다른 말로 하면 로마가 있음이 명백히 남아 있다. 프톨레마이오스가 《지리학》을 쓸 무렵, 로마 상인들은 말레이 반도 너머까지 진출했다. 중국 제국사 연보에는 '안툰', 즉 마르쿠스 아우렐리우스 안토니우스가 보낸 로마인 대사가 도착했다는 기록이 남아 있다. 그들은 공식 대사가 아니라 타일랜드 만에서 표류하다가 중국 황제의 군대에게 사로잡힌 무역상들이었을지도 모른다는 합리적 의혹도 있다. 이러한 서양인들은 아무런 준비도 없이 황제의 법정에 끌려 나가서 코끼리의 상아, 코뿔소의 뿔, 거북이 등껍질 같은 물건들을 중국인들에게 내놓았다. 아무런 관심도 끌지 못했다. 그러나

"이것이 처음으로 소통이 이루어진 사례였다." 루키우스 베루스가 파르티아 원정을 마치고 돌아온 바로 그 해였다.[58)]

동아프리카 역시 세계를 구성하는 데 빠질 수 없는 부분이었다. 《홍해 일주 항해기》의 저자는 홍해 연안의 도시 아둘리스Adulis의 '깊은 만'과, 내륙에 있는 그보다 더 큰 도시인 악숨까지 뻗은 도로를 묘사했다. 악숨은 이미 상아 무역의 중심지였으며, 로마의 남쪽 국경선에서 중요한 역할을 담당한 도시였다. 동아프리카는 로마인의 상상력을 자극할 이국적 동물들의 원산지였다. 도미티아누스 황제가 온갖 수를 다 써서 가까스로 코뿔소를 로마로 들여온 뒤, 동전을 발행하여 그것을 널리 축하한 것으로 보인다. 악숨 너머에 있는 아프리카의 뿔 지역(소말리아 반도)은 조스칼레스Zoskales라고 불리는 왕의 강력한 통치 아래 있었다. 그는 "자신의 소유에 대해 엄격하고, 항상 더 많은 것을 얻고자 하며, 한편으로는 훌륭한 사람이면서 그리스어를 읽고 쓰는 데 정통한 사람"이었다. 《홍해 일주 항해기》를 쓴 상인은 다르 에스 살람Dar es Salaam 같은 아프리카 해안의 먼 남쪽 도시에 가면 무엇을 사고 팔아야 할지에 대해 사려 깊은 의견을 갖고 있었다.[59)]

로마 제국은 '사람이 사는 세계를 향한 모든 문'을 열어젖혔다. 그리스의 연설가 디오는 로마령 알렉산드리아가 "말하자면, 전 세계와 멀리 있는 나라들 사이의 접합점이다. 마치 모든 사람을 한 자리에 모으는 도시 속 시장" 같다고 했다. 그는 그 도시가 "아이티오피아(이디오피아)인들과 아랍인들뿐

---

58) 로마의 동전에 대해서, 특히 Darley 2013을 참조. 타밀어 시: Power 2012, 56; Parker 2008, 173; Seland 2007, 이러한 시들의 후기 시기에 대하여. Colony: Casson 1989, 19ff. 중국: McLaughlin 2010, 133~34. 중국의 방문객들과 로마를 알고 있던 중국인들에 대한 개관:Hou Hanshu 23, tr. Hill.

59) 아둘리스: Periplus Mar. Eryth. 4, tr. Casson. 코뿔소: Buttrey 2007. Zoskales: PeriplusMar. Eryth. 5, tr. Casson.

아니라 박트리아인, 스키타이인, 페르시아인 그리고 소수의 인도인까지" 맞아들이는 것을 볼 수 있었다. 이렇게 여러 인류가 뒤섞이는 것이 그 시대의 특징이었다. 최근에 아프리카의 뿔 지역 뾰족한 끝부분에서 150마일 떨어진 소코트라Socotra 섬의 어느 동굴 안에서 벽화가 발견되었다. 이것은 우연히 그 시대를 보여주는 창문 하나가 열린 놀라운 사건이다. 로마 시대에 만들어진 200개가 넘는 스크래치들로 인도인, 남아라비아인, 악숨인, 팔미라인, 박트리아인 그리고 그리스 무역상들이 한데 어울리는 광경을 묘사했다. 이 섬은 당시에도 현재와 마찬가지로 예멘의 하드라마우트Hadramawt에 속해 있었으나, 다방면에 걸친 벽화는 인도인에 의해 생성된 운동에너지에 대한 증거이다. 물리적 위치로 인해 소코트라 섬은 일종의 중간지대가 될 수밖에 없었고, 1세기라는 시대에 이제 막 세계화가 발아하기 시작한 온상이자 세상 한구석에 있는 만남의 장소였다.[60)]

아프리카 해변에 바짝 붙어서 우기의 바람을 타고 항해하는 상인들 역시 보이지 않는 교류의 중개상들이었다. 물건과 신이 가는 곳에는 병원균들도 간다. 인도양 체제의 진정한 생물학적 의의는 '유라시아의 문명화된 질병 집단들'을 융합시킨 것이 아니라, 장애물 없이 신종 전염병을 통과시킬 수 있는 통로를 형성했다는 데 있었다. 중앙아프리카는 지구상에서 가장 많은 종류의 척추동물과 다양한 미생물이 서식하는 곳이다. 결과적으로 그곳은 인간에게 유해할 정도로 불균형한 숫자로 득실거리는 병원균의 요람이기도 한, 진화 실험의 위험한 생산지였고, 지금도 그런 상태로 남아 있다. 질병사의 드

60) "모든 문": Aristides, Or. 26.102, tr. Behr. Dio, Or. 32.36 and 39, tr. FHN III, 925. 소코트라: Strauch 2012. 장기간 관점에서 본 인도양은 Banaji 2016을 참조.

라마는 병원체의 진화와 인간의 연결성이 끊임없이 충돌하는 데 있다. 로마 제국에서는 그 두 가지 힘이 특별히 중대한 방식으로 함께 어우러졌다.[61]

대역병

안토니누스 페스트라는 대규모 사망 사건에 대해 우리가 많은 것을 알고 있다는 사실은 분명하다. 그렇기는 해도 우리는 어쩔 수 없이 과거라는 유리를 통해 거의 이천 년 전에 유행했던 질병을 어렴풋하게 들여다볼 수밖에 없다. 팬데믹이 로마 제국으로 진입한 관문에서부터 수수께끼는 시작된다.

로마인들은 대규모의 사망 사건이 셀레우키아의 약탈에서부터 시작되었다고 믿었다. 셀레우키아는 페르시아만의 화물집산지였고, 페르시아 무역상들은 인도양 교역망의 바닷길을 따라 오고 갔다. 팬데믹은 걸프만을 따라 움직이다가 셀레우키아에 이르러 활성화되었고, 로마 병사들이 귀향하면서 확산되었을 확률이 높다. 그러나 셀레우키아에서 대규모 발병이 일어난 것 같지는 않다.

셀레우키아에서의 약탈이 신에 대한 불경을 저지른 것이며 아폴로 사원에서 유독한 증기가 방출되었다는 것은 그저 그럴싸한 이야기에 불과했다. 공동 황제였던 루키우스 베루스와 그 휘하의 장군 아비디우스 카시우스

61) Jenkins et al. 2013. 매우 새로운 연구들이 동물매개감염질병의 놀라운 지리적 범위를 보여주고 있다는 것을 주목해야만 한다: Han et al. 2016.

Avidius Cassius를 음해하려는 악의에서 날조된 것이다. 시리아 출신의 장군은 나중에 마르쿠스 아우렐리우스에게서 제국의 권좌를 빼앗으려 시도했고, 따라서 공식적인 사료에 그 이름은 오점으로 남았다. 사람들의 맹목적 믿음 외에는 아무런 근거가 없는 이야기다. 우리는 파르디아 원정이 끝나기 1년 전부터 제국 내부에서 전염병이 발생했다는 증거를 가지고 있다. 아에리우스 아리스티데스의 연설에서 보면 전염병은 165년에 소아시아 서부 지역에서 발생했다. 더욱이 소아시아 내륙의 구릉지대, 프리지아Phrygia 깊숙한 곳에 자리한 고대 도시 히에라폴리스Hierapolis에는 서기 165년에 '악을 피하는 자', 아폴로 알렉시카코스의 동상이 세워졌다. 아폴로 신에게는 그리스인의 기억에서 지워지지 않는 전염병인 아테네 페스트를 물리친 빛나는 과거가 있었다. 그것 하나만으로는 동상이 전염병의 존재를 긍정하는 증거라고 하기 힘들겠지만, 이미 로마 군대가 원정에서 돌아오기 전 제국에서 전염병이 진행되고 있었다는 또 하나의 정황증거일 수 있다.[62]

로마인들이 지어낸 팬데믹의 기원에 집착하지 않는다면, 그 병의 일정표를 보여주는 다른 단서들이 더욱 의미 있어 보인다. 팬데믹은 홍해를 중심축으로 삼아 제국에 밀반입된 게 거의 확실하다. 안토니누스 피우스의 전기(AD 138~161)에는, 그가 통치하는 동안 아라비아에 역병이 돌았다는 예사롭지 않은 기록이 발견된다. 그것을 대수롭지 않게 받아들일 수도 있으나, 고대 예멘에 속해 있으면서 남아라비아 왕국들의 교차로인 카란Qaran 지역에서 발견된 비석에는 대규모 사망을 기록한 뚜렷한 증거가 남아 있다. 사바의

62) Rossignol 2012; Marino 2012. 루키우스의 명성을 음해하는 내용은 특히 Bowersock 2001을 참조. 알렉시카코스: Ritti, Şimşek, Yıldız 2000, 7~8; MAMA IV.275a. Aelius Aristides, Or.48.38, tr. Behr. 문헌 증거에 대해서 Marino 2012를 참조. Marcone 2002. 아테네 페스트: Pausanias, 1.3.4.

Sabaic 문자로 새겨 넣은 서기 160년경의 비문은 4년 전에 베이트 아라크Bayt Ahraq 마을을 파괴하고 '온 나라'를 감염시킨 역병을 언급하고 있다. 서기 156년에 아라비아에 돌았던 전염병의 병원체가 안토니누스 페스트와 같은 것인지 확인할 수는 없다. 그러나 그 동시성은 주목할 가치가 뚜렷하다. 만약 그 전염병이 정말로 아프리카에서 비롯되었다면, 로마까지 소문이 퍼진 아라비아의 역병은 지평선 위에 몰려온 폭풍의 전조증상이었을 것이다. 대륙 내부에서 탈출한 새로운 미생물이 인도양을 중심으로 이어져 있는 연결망에서 유리한 통로를 찾아낸 것이다.[63)]

이동에 제약을 거의 받지 않는 세균은 일단 제국 안으로 들어오자, 폭발적으로 퍼져나가기 시작했다. 갈레노스가 이동한 기록을 통해 우리는 역병이 서쪽으로 퍼져나갔음을 알 수 있다. 갈레노스는 명성을 얻기 시작하자마자 로마를 떠났다. 그가 왜 달아났는지 정확하게 알 수는 없다. 두 가지 다른 설명이 있기 때문이다. 그는 초기 저서에 불투명한 정치적 상황 때문에 고향인 페르가몬으로 돌아간다고 썼다. 한 차례의 내전이 끝나자 귀향한 것이다. 후기 저서《나만의 책》에서는 로마를 떠난 것이 '대역병' 때문이었다고 인정하고 있다. 그가 위험을 피해 달아난 것인지 혹은 고향에 도움을 청하러 간 것인지는 확실하지 않다. 그럼에도 전염병이 지중해를 건너 휩쓸며 다가오는 것을 알아차릴 수 있는 게 얼마나 특별한 일인지 주목받지 않았다. 갈레노스는 전염병이 로마에 도착하자마자, 혹은 도착하기 직전에 떠났다. 서기 166년 중후반 즈음에, 전염병은 수도로 퍼져나갔다. 대도시는 병원

---

63) 아라비아의 역병: Hist. Aug., Vita Ant. 9.4. 사바익 문자 비문: Robin 1992. Connected with the Antonine Plague by Rossignol 2012; Robin 1992, 234, southern Arabia "le foyer initial de la contagion."

균 폭탄이 되어 지중해 서쪽 지역으로 질병을 퍼뜨리게 될 것이었다. 팬데믹은 168년에 아퀼레이아에 주둔한 군대들 사이에서 맹위를 떨쳤고, 연결망의 교점 역할을 하는 한 도시의 인구에서 다음 도시로 진행하면서, 서쪽을 향해 나선형 프랙탈로 불균등하게 피져나갔다. 제롬의 연대기에 의하면, 군대는 서기 172년에 초토화되었다.[64]

우리가 처음 목격한 역병의 흐름은 빠르고 엷은 그림자 행태였으며, 제국의 동쪽에서 서쪽으로 서둘러 가로질러 갔다. 그렇지 않아도 역병을 입증하는 것은 험난한 일이다. 역병은 나일 삼각주 지역에 큰 혼란을 불러왔고, 그 지역에서 발견된 탄화된 문서에서 우연히 그 사실이 밝혀졌다. 갈레노스의 저서라고 잘못 알려진 의학 문서에는 역병이 "짐승처럼 사악하게 적지 않은 사람들의 목숨을 빼앗았고, 온 도시를 휩쓸어 멸망시켰다"라고 적혀 있었다. 갈리아와 독일도 타격을 받았다. 아테네에서 마르쿠스 아우렐리우스는 시내에서 가장 배타적인 클럽의 가입 조건을 완화해야만 했고, 그래서 최근까지 노예였던 조상이 있는 사람조차 고대 아테네의 재판소였던 신성한 아레오파거스 안으로 들어갈 수 있었다. 그 도시에는 서기 167, 169 혹은 170년에 총독 자리가 비어 있었다. 몇 년 뒤 아테네에서 온 한 연설가는 황제 앞에서 웅변을 하다가 울부짖었다. "페스트로 죽은 이들이 차라리 운이 좋은 것입니다!" 로마의 항구 오스티아의 비문에는 동방 무역상들의 연합이 상당히 줄어들었고, 필요한 세금을 내기 위해 분투하고 있다는 내용이 적혀 있다. 페스트는 소아시아와 이집트의 내륙 그리고 다뉴브강 북쪽에까지 퍼졌다. 대규모 사망을 불러온 그 사건은 과연 최초의 팬데믹이라는 꼬

64) 역병의 발생과 갈레노스의 행동에 대하여, 가장 최근의 Mattern 2013, 187~89를 참조.

리표가 붙을 만했다.[65)]

현대의 관찰자들은 안토니누스 페스트가 퍼져나간 범위에 놀랐다. 전염병에는 익숙했으나 그 정도의 공간적 규모에는 익숙하지 못했기 때문이다. 위기에 대응하는 방식은 처음에는 종교적이었다. 역병은 언제나 무기력하거나 원초적인 공포의 감정을 불러일으켰으며, 안토니누스 페스트는 깊은 종교적 두려움을 건드렸다. 시간의 안개 속에서, 아폴로 신은 역병과 연관되어 있었다. 호머의 서사시에서 아폴로 신은 전염병의 화살을 쏘아 보낸 궁수이기도 했다. 역병이 창궐하는 과정에서 소문이 돌았다. 머리카락이 긴 아폴로 신을 모시는 셀레우키아의 사원에서 역병을 일으키는 증기가 배출되었다는 것이었다. 재앙의 원인으로 지목된 신의 분노를 달래려는 절박한 시도의 흔적들이 제국의 전역에서 발견되는 것도 역병의 규모를 말해주는 두드러진 증거이다.

고대의 다신교는 지역적으로 분권화된 종교였고, 신들의 사원과 사제들은 제국의 도시와 마을의 삶에 느슨하게 박혀 있었다. 로마 제국의 시기에 사람들은 엄청난 경건함뿐만 아니라 창조성을 가지고 신을 숭배했다. 그렇게 열린 방식으로 종교적 권위의 '민주화'라 불릴 만한 것을 조성했다. 전염병에 대한 두려움 때문에 온갖 기획력 있는 예언자들에게 쉽게 기회가 주어졌다. 심술궂은 재미를 주는 풍자작가 루키아노스Lucian가 당대의 사기꾼들에게 혹평을 퍼부은 글에서 기억에 남는 인물은 아보노티쿠스의 알렉산더

65) "짐승처럼": Pseudo-Galen, Ther. Pis. 16 (14.280-1K), tr. Mattern 204. 갈리아, 독일: Ammianus Marcellinus, Res Gest. 23.6.24. 아테네: Philostratus, Vit. Soph. 2.561, tr. Wright. Jones 2012b, 82~83; Jones 1971, 179. SEG 29.127, 60~63; SEG 31.131. 오스티아: OGIS 595. 다뉴브강 너머: ILS 7215a.

Alexander of Abonoteichus이다. 그는 긴 머리의 아폴로 신으로부터 받은 신탁을 포함해서 '모든 사람을 향해' 역병을 경고하는 연설을 했으며, 역병을 막기 위한 주문으로 어떤 신성한 단어들을 문에 새기라고 강권했다. 그러나 루키아노스에 따르면, 그의 충고를 따른 사람들이 오히려 역병에 걸려 목숨을 잃었다는 것이다. 이것은 아폴로 신의 복수에 대한 두려움이 실제로 있었음을 보여주는 중요한 증거이다. 제국의 거주자들 대부분은 루키아노스의 냉정한 객관성보다는 아마도 알렉산더의 미신적인 두려움에 더 동조했을 것이다.[66)]

사실, 이런 식의 종교적 대응이 폭넓게 영향을 미쳤음을 보여주는 비문들이 상당수 있다. 제국의 구석구석에서 터키의 "클라로스Claros에 있는 아폴로 사원의 해석에 따라, 신들과 여신들에게로," 라는 짧은 구절이 새겨진 돌이 11개나(열 개는 라틴어로, 하나는 그리스어로) 발견되었다. 존스C. P. Jones의 명석한 추론에 의하면, 이 돌들은 액막이용 비문들이다. 모두 지독한 역병을 막기 위해 벽에 박아놓은 판자에 새겨져 있었다. 많은 증거들이 추가로 계속 밝혀지고 있는데, 로마령 런던의 백랍 부적도 최근에 널리 알려졌다. 그 속에는 아폴로 신의 신탁에서 받은 매우 긴 액막이 주문이 적혀 있다. 부적의 내용을 신빙성 있게 복원하면서, 존스는 신이 키스를 금지했다는 사실을 밝혀냈다. 키스는 고전적 지중해 지역에서 매우 중요한 사회적 인사법이었다. 만약 질병이 직접 전파되는 것이라면, 그러한 충고는 의학적으로 타당한 것이었다.[67)]

---

66) 아폴로의 사원: Ammianus Marcellinus, Res Gest. 23.6.24; HA, Vit. Luc. 8. 민주화: Brown 2016. Satire: Lucian, Alex. 36.

역병이 돌기 훨씬 전, 아폴로 신은 절충되어 통합된 제국의 신들 속에 우뚝 서 있었다. 디디마Didyma와 클라로스에 있는 아폴로 사원은 종교적으로 이질적이며 멀리 떨어져 있는 지역의 사람들을 믿음과 관습으로 통합하는 신성한 소통의 중심이 되는 특권을 부여받았다. 역병이 돌던 시대에 그리스 세계의 도시들은 필사적으로 해답을 찾기 위해 사절들을 파견했고, 이 절박한 사절들에게 보낸 아폴로의 장황한 답변이 돌에 새겨진 채 적어도 일곱 군데에 남아 있다. "오호, 통재라! 벗어날 수 없는 역병이라는 강력한 재앙이 들판으로 달려오는구나. 한 손에는 복수의 칼을 휘두르고, 다른 한 손에는 새로 병에 걸려 깊은 슬픔에 잠긴 인간들의 모습을 치켜들고 있다. 온갖 방법으로 갓 태어난 땅을 괴롭혀 죽음에게 넘겨준다. -모든 세대는 소멸하리니- 앞뒤 가리지 않고 인간에게 고통을 주어 파괴하고 만다." 아폴로는 정화 의식으로 집을 깨끗이 하고, 훈증 소독으로 전염병을 몰아내라고 도시들에 명령했다. (후자에는 확고한 선례가 있었다. 이미 500년 전에 명의 히포크라테스가 훈증 소독으로 역병을 몰아내라고 지침을 내렸었다.)

또 다른 사례에서는 격심한 고통을 완화하기 위한 술과 제물을 요구하는 신탁이 내려졌다. "치명적인 역병으로 인한 파괴적인 불행에 상처를 입은 것은 당신 혼자가 아니다. 많은 도시와 사람들이 격노한 신들의 분노에 슬퍼하고 있다." 아폴로 신이 도시의 성문 밖에 활을 당기고 있는 자신의 동상을 세우라고 명령한 사례도 몇몇 있었다. "멀리서 화살을 쏘아 모든 것을 파괴하는 역병을 맞혀, 질병을 퇴치한다."

---

67) 런던: Tomlin 2014. Inscriptions: Jones 2006 and 2005. 그들의 지리적 위치는 지도 10에 표시되어 있다. 키스: Jones 2016.

안토니누스 페스트가 촉발한 아폴로 신에 대한 폭발적 신앙은 고대의 금석문에 남아 있는 다른 기록들과는 내용이 전혀 다르다. 남아 있는 것도 종교적 공포심의 빙산의 일각에 불과하다. 아폴로 신에 대한 종교적 숭배는 절망적인 시기에 과도하게 활성화되었다. 액막이용 주문이 새겨진 비문은 역병 자체보다는 두려움의 증거이지만, 안토니누스 페스트가 얼마나 넓은 범위로 퍼져나갔는지에 대한 지표를 제공해준다.68)

우리는 당연히 어떤 병원체가 이토록 방대한 사망의 원인이 되었는지 궁금할 수밖에 없다. 단순히 음침한 호기심의 문제가 아니다. 병원체를 연구하는 생물학은 질병 사건의 역동성과 규모를 결정한다. 만약 우리가 안토니누스 페스트의 원인으로 존재하는 미생물의 정체를 알아낼 수 있다면, 잃어버린 퍼즐 조각들을 채워 넣을 희망이 생긴다. 진지하게 용의선상에 오른 단 하나의 병원체는 천연두 바이러스이며, 이러한 견해를 둘러싸고 로마를 연구하는 학자들 사이에서 사실상 합의가 이루어져 있다. 여기서는 사례 연구를 발전시켜서 천연두가 가장 최적의 가설이며, 이제껏 인정되어온 것보다 더 가능성이 높다는 사실을 밝힐 것이다. 그러나 분자분석의 긍정적 확

---

68) 비문은 칼리폴리스Callipolis (I. Sestos, IGSK 19 no. 11); 페르가몬Pergamum (IGRR4.360); 디디마Didyma (I. Didyma 217); 카이사리아 트로케타Caesarea Troketta (Merkelbach and Stauber I, Klaros no. 8); 오데소스Odessos (Merkelbach and Stauber I, Klaros no. 18); 사르디스/에페수스 Sardis/Ephesus (Graf 1992 = SEG 41, 481); 히에라폴리스Hierapolis (Merkelbach and Stauber I, Klaros no. 12); 피시디아Pisidia (Anat. St. 2003 151~55)에서 나왔다. 그것들 중 어느것도 정확한 연대를 알 수 없으나, 모두 마르쿠스 아우렐리우스 통치 시절에 발생한 역병과 관련이 있다는 믿음으로 수렴되는 이유들이 있다. 그것들은 통합적으로 Oesterheld 2008, 43~231; Faraone 1992, 61~64; Parke 1985에서 다뤄졌다. "오호통재라!": Callipolis, tr. Parke 1985, 150~51. 훈증 소독: Pinault 1992, 54~55."당신 혼자가 아니다": Hierapolis, tr. Parke 1985, 153."그것으로 질병을 퇴치한다": Hierapolis, tr. Parke 1985, 154. 콤모두스 시대부터 아폴로 프로풀레이우스를 그려 넣은 소아시아의 지역 화폐가 있다. : Weinreich 1913. 또한 안티오크에서 발견된 비문을 참조. Perdrizet 1903.

인 없이 결론을 내리는 것은 위험하다. 불확실성은 남아 있으니 주목할 가치가 있다. 게놈 증거는 천연두의 역사가 격변했음을 보여준다. 결국 그 병원체에 '천연두'라는 딱지를 붙이는 것은 매우 흥미롭고 복잡한 진화적 현실을 어느 정도 단순화한 것일 수 있다.

고고학에서 발굴한 희생자의 유골에서 미생물 게놈을 얻어 염기서열을 직접 분석하지 않고, 다만 역사적으로 병원체를 확인하려면 병리학과 역학적 지식을 이용할 수밖에 없다. 즉 개인과 집단의 수준에서 병원체의 뚜렷한 생태에 관한 지식에 의존해야 한다. 병원체의 정체를 확인하려면 의심의 대상이 되는 병원체의 계통 발생과 집단의 내력이 반드시 일치해야 한다. 안토니누스 페스트의 정체를 찾는 과정에서 뜻밖의 행운을 만났다. 고대의 명의가 질병의 현장에 있었다. 갈레노스는 '대역병'의 시기에 '헤아릴 수 없이 많은' 희생자들을 치료했다. 비록 그 질병에 대한 논문을 작성하지는 않았지만, 자신이 관찰한 바를 때로는 상세한 설명으로 여기저기에 남겨 두었다.

주의해야 할 부분이 있다. 갈레노스 같은 관찰자의 글이라고 해도 소급 적용하는 진단은 위험하다. 무엇보다도 갈레노스가 현대의 연구자들을 위해 글을 쓴 것이 아니라는 것, 의학에서 경험과 관찰은 배경이 되는 문화의 용어와 예측을 통해 걸러지기 마련이라는 것을 기억해야 한다. 매우 명석한 사람이었음에도, 갈레노스는 체액 이론에 사로잡혀 있어서 시야가 협소했다. 체액 이론의 근거가 되는 믿음은 신체가 네 가지 체액의 혼합으로 이루어져 있으며 건강은 이러한 체액이 균형을 이룬 상태라는 것이다. 갈레노스에게는 병을 옮기는 미생물에 대한 개념이 없었고, 당대의 많은 이들과 마찬가지로, 새로운 질병이 발생할 가능성을 믿지 않았던 것 같다. 갈레노스에게 있어서 안토니누스 페스트는 항상 규모가 다른 '대역병'이거나 '가장 오래 지속되는' 전염병이었을 뿐, 종류가 다른 전염병은 아니었다. 갈레노스는 엄청난 감염병들이 상존하는 세계에 살았고, 동시에 그는 병원체마다 발현되는 증상을 특정하려는 시도를 하지 않았다. 그의 글을 소급 적용하여 진단을 내리는 것은 스튜의 맛에 대한 감상을 읽고 그 성분을 추정하려는 시도 같은 것이다.

비록 체액 이론의 렌즈를 통과한 것이긴 하지만, 갈레노스는 통찰력 있는 임상 기록들을 남겼다. 갈레노스가 보기에 이 질병의 원인은 '멜랑콜리(우울감)'를 의미하는 흑담즙이라는 체액의 과잉이었다. 역병의 희생자들이 겪는 불쾌감을 관찰한 결과일 것이다. 갈레노스의 머릿속에서 그 증상은 발열, 검은 농포성 발진, 결막염, 기관지 깊숙한 곳의 궤양 그리고 검은 혈변이었다. '건조한' 체질인 사람들이 감염에서 살아남을 수 있는 확률이 가장 높았다.[69]

갈레노스의 여러 사례 중 가장 긴 이야기가 그의 역작이자 다섯 번째 책《의학의 역사》에 실려 있는데, 상처의 치유에 관한 긴 토론 속에 삽입되

69) 부보닉 페스트는 임상적, 역학적으로 고려할 수 없다. 간혹 언급되는 발진티푸스와 임상적으로 들어맞지 않는 것(예를 들어 고열, 농포 병변이 없는 것), 역학적으로 맞지 않는 것(이가 옮기는 "야영지" 열병), 역사적으로 맞지 않는 것(수 세기가 지나서야 증언된 것)도 마찬가지다. 홍역은 완전히 불합리하지는 않다. 왜냐하면 홍역은 매우 전염성이 강하기 때문이다. 천연두보다 더 그렇다. 하지만 환자들에게서 비늘처럼 떨어져 나가는 마른 농포들은 천연두 발진이고, 홍역의 가장 흔한 합병증은 호흡기에서 나타나는데, 우리 자료에서 그런 설명은 찾아볼 수 없다. 홍역에 대해서는 Perry and Halsey 2004를 참조. 최근의 분자 시계 분석에서는 홍역이 안토니누스 페스트가 지나간 뒤 수 세기 후에 발현했다고 제안한다. 그러나 그러한 논의의 정확성에 대한 건전한 회의론을 재고하고자 한다면, Wertheim and Pond 2011을 참조. 갈레노스와 일반적인 역병에 대해서는 Marino 2012; Gourevitch 2005; Boudon 2001. Countless:Galen, Praes. Puls. 3.4 (9.357K)를 참조. 흑담즙: Galen, Atra Bile 4 (5.115K). 열병: Galen, Hipp. Epid.3.57 (17a.709K) and Simp. Med. 9.1.4 (12.191K). 발진과 궤양: Galen, Meth. Med. 5.12 (10.367K) and Atra Bile 4 (5.115K). 대변: Galen, K17a.741 and Hipp. Epid. 3.57 (17a.709K). 건조: Meth. Med. 5.12 (10.367K). 대규모이고 가장 오래 지속된 e.g., at Galen, Praes. Puls. 3.3 (9.341-2 and 357-8K); 17a.741K; 17a.885K; 17a.709K; 17a.710K; 17b.683K; 12.191K; 19.15, 17~8K.

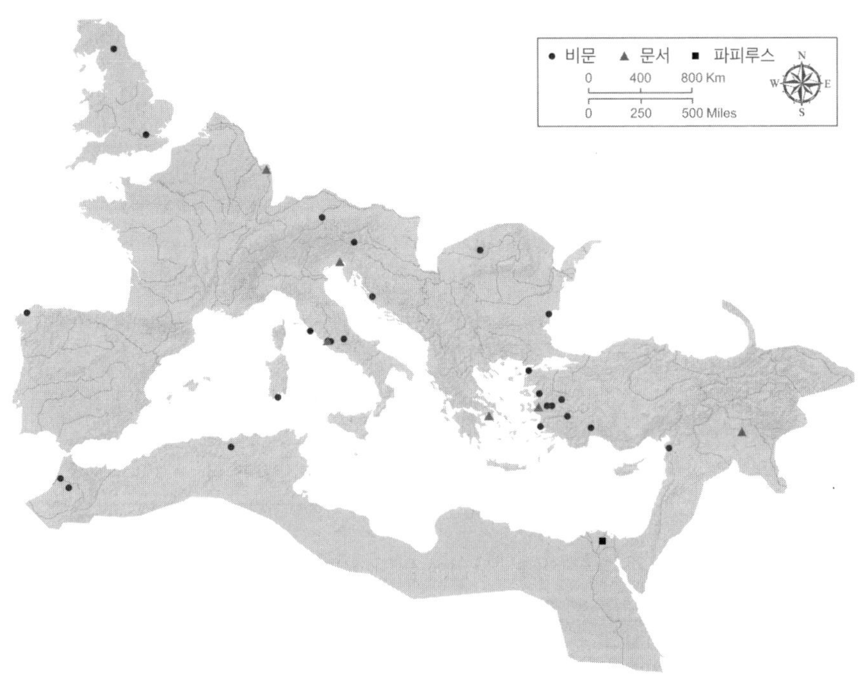

지도 10. | 안토니누스 페스트의 전파 범위를 확인할 수 있는 지표

어 있다. 일반적으로 치유가 되려면, 상처가 건조해져야 했다. 갈레노스는 기도와 기관지 깊숙한 곳에 궤양이 생긴 역병 환자에 대해 설명했다. 그는 궤양 내부를 건조시킬 방법을 발견해서 환자의 생명을 구했다고 믿었다. 그 환자는 아홉 번째 날에 "목숨을 구한 다른 사람들이 대부분 그러했던 것처럼" 온몸에 붉은 발진이 돋았다. 그리고 기침을 하다가 궤양의 딱지를 뱉어냈다. 갈레노스는 환자를 눕히고 건조 작용을 하는 액체를 입에 물고 있게 했다. 환자는 건강을 되찾았다. 회복기에 들어선 환자는 '역병이 맹위를 떨치고 있는' 로마에 절박한 심정으로 머물렀으나, 열두 번째 날이 되어서야 비로소 일어날 수 있었다. 이러한 사례는 역병에 시달리는 사람들의 병리에 대한 갈레노스의 가장 중요한 성찰을 촉진했다. 살아남은 사람들은 "불순물이 건조되어 이미 제거된 것처럼 보였다." 따라서 구토는 긍정적인 신호였

표 3.3 | 갈레노스가 관찰한 역병의 발진

엑산테마타 멜라나 Exanthēmata melana : 검은색으로 돌출한/농포성 발진. 그리스어로 분출을 의미하며(어원으로는 꽃처럼 "피어나는"), 농포가 피부 위로 솟아난다.

헬코스Helkos : 상처, 염증. 갈레노스에게 이것은 살이 계속 헐고 터지는 것을 의미한다(Galen K10.232). 갈레노스는 역병 환자들의 '모든' 염증이 "건조하고 거칠었다"고 반복해서 주장했다.

에펠키스Ephelkis : 딱지. 염증이나 상처가 저절로 딱딱해지는 것.

렘마Lemma : 벗겨지는 것. 이 단어는 물고기 비늘에 사용된다. 갈레노스는 발진이 헐지 않는 환자들은 비늘처럼 벗겨진다고 한다.

에폴루Epouloō : 흉터가 남는 것. 갈레노스가 새살이 돋을 때 자주 사용한다.

다. 목숨을 건지게 된 사람들은 검은색 농포가 온몸에 빽빽하게 돋아났다. 대부분의 경우 '붉은색 염증'이 생겼고, 생존자는 모두 농포에 '딱지'가 앉았다.[70]

갈레노스는 열이 환자의 혈액을 정화한다고 믿었다. "이러한 발진성 열병[농포가 돋아나는 것]에는 건조 작용을 하는 약이 필요 없다. 저절로 다음과 같은 방식으로 진행되었기 때문이다. 궤양이 있는 몇몇 환자들에게서 딱지라고 부르는 상처의 표면이 떨어져 나가고 나면, 남은 부분은 이미 건강한 상태에 가까워서 하루 이틀 지나고 난 뒤 흉터가 생긴다. 궤양이 없는 다른 이들은 발진이 거칠거칠해지면서 가렵다가 비늘처럼 떨어지고 이 모든 과정이 끝나면 환자는 건강해진다" 〈검은 담즙에 대하여〉라는 논문에서 갈레노스는 온몸을 뒤덮은 검은 농포가 말라서 비늘처럼 떨어지는 것을 묘사했고, 때로는 갈레노스가 질병의 전환점이라고 여겼던 시점에서 여러 날이 지난 뒤에 병상에서 일어나기도 했다. 이러한 임상적 관찰은 소포성 그리고 농

70) Galen, Meth. Med. 5.12 (10.367K), tr. Johnston and Horsley.

표 3.4 | 천연두 감염의 진행

날짜	감염성	병리
1	무	무증상
2		
3		
4		
5		
6		
7		
8		
9		
10		
11		
12		열, 오한 등등
13		
14	유	
15		반점 발진
16		구진성 발진
17		
18		
19		소포 발진
20		
21		농포 발진
22		
23		
24		
25		딱지 앉음
26	약하게	
27		
28		
29		
30		
31	무	흉터
32		

포성 발진이 딱지가 앉아 떨어지면서 흉터를 남기지만 그러고 나서 피부가 회복되는 과정을 묘사하고 있다.[71)]

천연두 감염 증상은 갈레노스가 관찰한 질병과 아주 비슷하게 들어맞는다. 그러므로 바리올라 메이저Variola major 바이러스의 감염 경로에 대해 상세하게 검토해볼 가치가 있다. 수십 년 동안 현대의 임상의들이 전 세계에서 연구하면서 관찰한 결과 천연두는 근절되었다. 천연두는 직접 전파되는 질병이다. 감염자가 공기 중으로 배출한 비말을 흡입하는 것으로 바이러스에 감염된다. 일단 천연두 비리온(바이러스의 최소 단위)이 새로운 숙주에게 침입하면, 발병율이 드물게 높아진다. 감염자 대부분은 일정 수준까지 앓게 된다. 바이러스는 점막에서 증식해서 놀라운 속도로 림프절과 비장으로 번져간다. 천연두는 초기 면역반응을 앞질러 가고, 몸은 허겁지겁 저항하기 시작한다. 이러한 잠복기는 7~19일 정도로 비교적 길어질 수 있지만, 보통은 12일 정도이다. 가짜 소강상태 동안 환자는 증상을 나타내지 않는다. 그러나 환자가 정상적으로 움직일 수 있다는 것은 바이러스가 멀리, 그리고 빠르게 전파될 수 있다는 의미다.

첫 번째 증상은 발열과 오한이었고, 갑자기 나타났다. 환자는 곧 다른 이들을 감염시켰다. 구토와 설사 그리고 등에 통증이 나타났다. 며칠 안에 열이 내리고 곧 피부에 병리적 증상이 나타나는 것이 가장 흔한 과정이었다. 고통스러운 병변이 목과 구강에 형성되었다. 얼굴과 온몸에 반점과 발진이 나타났고, 몸통보다 얼굴과 팔다리에 더 빽빽이 돋아났다. 발진이 시작되면

71) "이러한 발진성 농포에는 건조시키는 약이 필요 없다": Galen, Meth. Med. 5.12 (10.367K), tr. Johnston and Horsley. Galen, Atra Bile 4 (5.115K).

2주 동안 온갖 일들이 벌어졌다. 수두가 피부에서 돋아나 소낭성이 되었다. 그러고 나서 돌기들은 농포가 되고 닷새가 지나면 딱지가 앉기 시작했다. 환자가 가장 전파력이 클 때는 열이 나고 발진이 시작되는 동안이지만, 딱지가 떨어지기 전까지는 감염시킬 수 있다. 딱지가 떨어지고 나면 보기 흉한 흉터가 남았다. 모든 감염의 과정은 약 32일간 진행되었다.[72]

보통의 천연두 감염 과정은 그러하다. 여러 가지 다른 증상들이 나타나기도 한다. 정상적인 발병에서 출혈이 나타나는 소수의 사례도 있었다. '초기에 출혈'이 나타나는 유형에서는 환자의 병세가 빠르게 진전되었다. 아마도 열이 나기 시작한 둘째 날부터일 것이다. 신체의 여러 군데에서 출혈이 있었고, 피부가 엉겨 붙으면서 특징적인 발진이 진행되기 전에 환자는 죽었다. '후기에 출혈'이 나타나는 유형에서는, 농포 병변이 생기고 나서 출혈이 나타나 피부 속으로 스며드는 것처럼 보였다. 두 종류의 출혈성 천연두는 성인들을 공격하는 경향이 있었고, 한결같이 치명적이었다.[73]

천연두는 농포성 발진이 나타나는 수두나 홍역 같은 다른 질병들과 비슷해 보인다. 특히 초기 단계나 병세가 미약할 때 그러하다. 홍역의 경과는 기침을 동반한 전구성 열이 2~4일 동안 나타난다. 결막염이 시작되고 뒤이어 머리에서 온몸으로 발진이 퍼져나가 약 8일 정도 지속된다. 천연두와 달리, 홍역 발진은 피부 위로 돋아나지 않고, 흉터를 남기지도 않는다. 수두 감염은 발열과 발진이 동시에 나타난다. 피부 병변은 천연두보다 얕게 나타나고, 자잘하게 흩어져 온몸에 퍼지고, 빨리 사라진다. 천연두의 구별되는 특

72) 특히 Fenner 1988.을 참조하라. Fenn 2001은 접근 가능한 개관을 제공한다.

73) 출혈성: Fenner 1988, 32, 63.

징은 피부 위로 튀어나오는 커다란 농포가 피부 속에 깊이 자리 잡고 있다는 느낌이고, 온몸에 동시에 돋아나 적어도 2주 동안 진행되고, 몸통보다는 사지에 집중되어 나타나며 때로는 손바닥과 발바닥을 뒤덮는다.

갈레노스의 관찰은 바리올라 메이저의 증상과 일치한다. 천연두 감염이 진행되면 증상이 나타나고 약 열흘 뒤에 사망에 이르게 되는데, 이것은 발병 후 9~12일 사이가 고비라는 갈레노스의 믿음과 일치한다. 발열은 보편적 증상이지만 특별히 고열은 아니었다. 천연두로 추정할 수 있는 묘사이다. 갈레노스는 농포가 빽빽하게 돋아나면 긍정적인 신호라고 했으나, 현대 임상의들의 의견은 달라서 융합성 발진을 불길한 징조로 여긴다. 그러나 갈레노스는 생존자 중 소수 집단만을 고려한 것이었다. 리트먼과 리트먼Littman and Littman이 행한 연구의 결론이 합당하다. 즉 갈레노스는 천연두의 출혈성 유형을 보았다는 것이다. 갈레노스에 의하면 매우 짙은 검은색 변이 그 신호였고, 최악의 징조였다. 갈레노스는 모든 역병의 희생자들이 흑담즙의 과잉이라서 말라붙은 검은 발진이 나타나거나 혈변을 본다고 추정했을 것이다. 전자의 경우에는 환자들이 희망을 가질 이유가 있었으나, 후자의 경우는 혈액이 '완전히 더러워졌음'을 의미했다. 갈레노스는 농포가 함께 돋아났는지 아니면 자잘하게 흩어져 있는지, 신체의 중앙인지 아니면 사지에 집중해 있는지, 혹은 손바닥이나 발바닥에도 농포가 나타나는지에 대해 특정해서 설명하지 않는다. 그의 묘사로는 정확한 진단을 내릴 수가 없다. 그러나 농포성 병변이 나타나는 것에서부터 딱지가 앉고 흉터가 남기까지, 그가 묘사한

---

74) 결막염: Galen, De Substantia Facultatum Naturalium 5 (4.788K). 발열: Galen, Hipp. Epid. 3.57 (17a.709K) and Simp. Med. 9.1.4 (12.191K). Confluent: Galen, Atra Bile4 (5.115K).

발진은 안토니누스 페스트의 병원체로 천연두를 지목하게 만든다. 고대 의사와 우리를 갈라놓는 문화적 간극에도 불구하고.[74)]

천연두는 특별히 오랜 역사를 지닌 천형은 아니다. 게놈 증거로 볼 때, 짧지만 다사다난한 역사를 지녔다. 분자시계로 연대를 측정하는 방법은 진화상의 사건이 얼마나 오래전에 일어났는지 추정한다. 그것은 특정 수준의 유전적 변이가 발생하는데 얼마나 오래 걸릴 수 있는지 확률을 제공한다. 한 분석에 의하면 천연두가 공통의 조상으로부터 아프리카의 타테라폭스바이러스와 갈라진 것은 겨우 2000~4000년 전이라고 한다. 천연두는 아득한 옛날 아시아의 '문명화된 질병의 표본 집단'에 속해 있지 않았다. 새로운 게놈 연구는 실제로 16세기 무렵에 천연두가 주요한 진화상의 사건을 겪었으며, 탐험과 제국 건설의 시대에 더욱 치명적인 바이러스의 형태로 지구상에 퍼져나갔음을 강력하게 시사한다. 질병의 기원과 현대의 이력 사이에 있는 천연두의 역사는 열려 있는 질문으로 남아 있다.[75)]

문헌 증거에서 최초로 천연두의 흔적이 나타나는 것은 불과 첫 번째 천년 무렵이다. 안토니누스 페스트를 제외하고는, 4세기 경 중국에서 천연두일 가능성이 있는 전염병이 돌았다. 5세기 후반에 그리스 북부 에데사Edessa에 출현한 경악할 만한 전염병에 대한 설명으로 미루어 보면, 천연두일 가능성이 높다. 그러고 나서 6세기 이후에는 의학 문헌에 천연두에 관한 수많은 설명이 등장한다. 아론Aaron이라는 이름의 알렉산드리아 출신 의사의 글에서부터 8세기 초에 마드하바-카라Madhava-kara가 저술한 중세 인도의 의학

---

75) 게놈학과 천연두의 연대 측정: Duggan et al. 2016; Babkin and Babkina 2015; Babkin and Babkina 2012.

서적의 고전인 《마드하바 니다남》Madhava nidanam에 이르기까지 다양하다. 9세기 후반에서 10세기 초반에 페르시아의 의사인 라제스Rhazes가 천연두와 홍역을 진단하는 차이에 관한 뛰어난 논문을 썼다.[76)]

고고학 표본에서 게놈 데이터가 더 많이 발견될수록 더 완벽한 그림이 등장할 것으로 보인다. 현재 한 가지 가설은 안토니누스 페스트가 등장하기 얼마 전, 설치류의 오르토폭스바이러스에서 진화한 바리올라가 아프리카에서 인간에게 기생하는 병원체가 되었다는 것이다. 2세기 무렵에 유행한 역병의 생물학적 병인은 맹독성인 바리올라 계통으로 추정할 수 있다. 이것은 나중에 소멸했거나 너 순한 유형인 중세 천연두의 조상이 될 수도 있다. 그리고 여전히 다른 생물학적 병인들을 추정할 수 있지만, 현재까지는 진지하게 후보로 고려할 만한 병원체가 없다. 때가 되면 게놈 증거가 알려줄 것이다. 더 숙고할 만한 지점은 최근 천 년 동안 인간 병원체의 진화 역사가 격변했다는 사실이다.

이 역병과 같은 능력을 지닌 세균은 그리 많지 않다. 특히 불과 몇 년 만에 공간적으로 대륙 횡단을 이루었다. 안토니누스 페스트는 전파력이 매우

76) 나는 서기 1000년 경의 천연두 그리고 천연두와 유사한 바이러스에 관한 역사적 증거로 타당하고 완전한 목록을 제공해왔다. 온라인으로는 http://www.kyleharper.net/uncategorized/smallpox-resources-and-thoughts/. 나는 7세기 인도의 As>t>ānogahr>dayasam˘hitā of Vagbhata에서, 그리고 8세기 초에 마드하바 카라가 저술한 마드하바 니다남에서 중요한 증거를 얻곤 했다. 최초로 가능성이 있는 중국의 증거는 게 홍Ge Hong (혹은 고 홍Ko Hung)의 초우 호우 페이 치 팽 Chou hou pei chi fang, "응급 상황에서의 손쉬운 처방."이다. Needham et al. 2000, 125~27을 참조. The Chronicle of Pseudo-Joshua the Stylite, sections 26 and 28에는 5세기 후반에 에데사에 돌았던 천연두일 확률이 높은 전염병을 묘사하고 있다. 곧 출간되는 Harper의 논문을 참조. 마지막으로 7세기 알렉산드리아에서 10세기 이라크에 이르는 시기에, 주목할 만한 의사인 알 라제스를 정점으로, 일련의 의학 작가들이 천연두(수두와 홍역뿐만 아니라)에 대해 잘 알고 있었음을 보여준다. 나중의 자료들은 Carmichael and Silverstein 1987을 참조.

높아서 직접적으로 감염병을 옮길 수 있는 온갖 징후를 보여준다. 고대인들은 역병을 미아즈마miasma로 여겼다. 이는 독성을 띤 구름처럼 대기 속에서 움직이는 오염된 기체를 일컫는 말이다. 그런데 우리는 역병이 점점 넓어지는 동심원 형태로 전파되었을 것이라는 그릇된 상상을 해서는 안 된다. 그렇게 되면 안토니누스 페스트의 전파와 인구통계학적 역동성을 되짚어 보려는 모든 희망이 허사가 된다. 팬데믹은 독성이 있으며 핵분열을 하는 핀볼과 더 흡사하다. 각각의 충돌에서 여러 조각으로 나뉘고, 교차점에서 방사선 모양으로 흩어져 확산된다. 무질서하게 전파되지만 도시에 내재한 가능성과 제약 때문에 구조화되었다. 도시들은 로마인이 건설한 제국 안에서 상호 연결되어 있었다. 팬데믹은 남동쪽에서 북서쪽으로 움직였다. 그러나 바람이 아니라 인간에 의해 움직이는 것이라 그 움직임을 예측할 수 없었다. 화살표는 왜곡되곤 했을 것이다. 휘어지는 방향 아래 놓인 프랙탈의 복잡성을 상상해야 한다.77)

현대의 역사학자들은 안토니누스 페스트의 사망자를 제국 인구의 2퍼센트에서 3분의 1 이상까지 광범위하게 추정한다. 이 사실로 인해 우리 앞에 놓인 도전의 전체 크기가 비로소 시야에 들어온다. 사망자가 150만에서 2천5백만 사이 어느 지점인 것이다! 이러한 것이 과거 2천 년 동안의 질병 사건을 연구할 때 피할 수 없는 불확실함이다. 우리에게는 사망률 명세서가 없으며, 특정한 순간 특정 장소에서 질병이 끼친 영향을 우연히 엿본 것뿐이다. 그러한 장면은 결정적인 중요성을 지니지만, 주의해야 한다. 배경이 되는 사회적 그리고 생태학적 요소가 대규모 사망의 전반적 영향을 크게 좌

77) 미아즈마에 대한 고대의 개념에 대하여, Bazin-Tacchela et al. 2001의 에세이를 참조.

우한다. 따라서 로마 제국 안에서도 그 변이의 폭이 넓었다. 마을이나 군대 막사 혹은 대도시마다 역병의 경험은 각각 달랐을 것이다.[78)]

개체군 수준에서 병원균의 움직임은 궁극적으로 병원균이 어떻게 존재하느냐와 어떤 전파 수단을 쓰느냐에 따라 크게 달라진다. 전염병의 역동성은 소수의 결정적 매개 변수들로 환원될 수 있다. 총접촉률, 전파 위험도, 그리고 치사율이다. 질병에 걸린 환자의 수는 총접촉률에 전파 위험도를 곱해서 결정한다. 즉 감염환자가 접촉한 사람의 숫자와 노출된 이가 감염될 가능성으로 계산하는 것이다. 일반적으로 전파 위험도는 거의 순수하게 생물학적인 것이다. 천연두 같은 바이러스는 전파력이 매우 높다. 그러나 홍역이나 독감보다는 약한 편이다. 파키스탄의 시골 지역에서 나온 보고서에서는 감염된 친척이 전파한 천연두에 한 가정의 70퍼센트가 걸렸다고 기록되어 있다. 70퍼센트는 흔히 사용되는 숫자다. 자신의 의료 기록에 대해 자주 언급하는 갈레노스는(그는 젊은 시절에 네 번 열병을 앓았다) 수백 명의 환자를 치료했음에도 감염된 적이 있다는 암시는 한 번도 없었다. 따라서 병원체에 노출되면 감염될 확률은 높지만, 그것이 일반적이라고 볼 수는 없다. 천연두에 무증상이거나 생래적 면역능력을 가진 사람들은 거의 없지만, 생존자들은 지속적으로 버티면서 강하게 저항했다.[79)]

---

78) 전 세계: Hist. Aug., Vit. Ver. 7.3. "모든 군대": Eutropius, Brev. 8.12.2. Spread: Jerome, Chron., an. 172. "오염된 모든 것": Ammianus Marcellinus, Res Gest. 23.6.24 tr. Rolfe."많은 지역들을 거쳐서": Orosius, Hist. Adv. Pag. 7.15.5~6. Death toll estimates: Zelener 2012 (20~25%); Paine and Storey 2012 (over 30%); Jongman 2012 (25~33%); Harris 2012(22%); Scheidel 2002 (25%); Rathbone 1990 (20~30%); Littman and Littman 1973 (7~10%); Gilliam 1961 (1~2%).

79) 안토니누스 페스트에 대한 역학적 연구 중 가장 정교한(솔직히 말해서 유일한) 성취는 Zelener 2003이다. 그 결론은 whose conclusions are accessible in Zelener 2012에서 얻을 수 있다. Riley 2010 and Livi Bacci 2006도 특별히 도움이 된다.

가장 흥미로운 변수는 총접촉율이다. 병원체가 전파되는 실제 메커니즘은 전염병의 진행에 가장 큰 영향을 미친다. 예를 들어 천연두는 공기로 전염되는 병원체라서 환자의 기침, 재채기 혹은 타액에서 배출되어 코나 입을 통해 다음 감염자에게 침입한다. 잠복기는 12일 정도로 길어서 감염된 환자는 움직일 수 있는 동안에는 바이러스를 새로운 장소로 운반할 수 있었다. 약 12일 동안 환자의 전파력이 매우 높다. 그리고 며칠 뒤 농포에 딱지가 앉을 때까지 환자는 잠재적 감염원으로 남아 있다. 천연두 바이러스는 공중으로 전파되지만, 멀리 날아가지는 못했다. 불과 0.9~1.2미터 정도였다. 우리는 가족 구성원들이 연달아 전염병에 쓰러지는 모습을 묘사한 아에리우스 아리스티데스의 기록 같은 것들에 놀라서는 안 된다. 그러나 천연두의 확산에 가장 큰 제동을 건 것은 바이러스의 전파 범위가 0.9~1.2미터 안이었다는 것과 감염된 환자들이 움직이지 못했다는 것이다. 위험 반경 내에 얼마나 많은 사람이 들어오도록 하느냐가 무엇보다도 전염병의 확산에 실질적 영향을 미칠 것이다. 환자를 돌보는 문화적 규범에서부터 대규모의 운송망에 이르기까지. 로마 제국에 퍼진 안토니누스 페스트라는 커다란 질문의 수백만 번 반복된 핵심은 0.9~1.2미터라는 반경이다.[80)]

구조적 사실들이 어우러져 제국의 접촉률을 높였고, 직접 전염되는 병원체의 전파력이 높아지는 유리한 환경을 만들었다. 육로와 해로에서 넓고 효율적인 수송망이 제국 내부를 연결했다. 여전히 로마 세계는 고대 사회였고, 이동에 시간과 비용이 많이 들어서 병원체의 확산을 막는 효과가 있었

80) Riley 2010, 455. Cf. Brooks 1993, 12~13: "대륙을 휘젓고 다닌 그 모든 언어들, 들불처럼 번지거나 광란의 도가니가 되었으나, 현실의 천연두는 같은 집과 병원에 있는 사람들만 감염시키는 편이었다."

다. 도시화가 이루어지면서 거주지가 밀집되었고, 주택 밀집 구역도 많았지만 그래도 대부분은 주로 시골에 살았다. 로마의 통치를 받는 사회의 문화적 조건은 의외로 치명적 전염병에 취약했다. 세균에 대한 이론이 없는 사회였으므로(심지어 전파력에 대해서도 무지했다) 감염자를 두려워할 과학적 이유가 없었고, 가정 방문을 기본으로 하는 대규모 의료 체제로 인해 전염병이 도시 전체에 퍼졌다. 새로운 질병이 로마 제국에서 발견되었고, 그 사회는 현재 직면하고 있는 적과 동일한 적에게 대항해 본 학습 경험이 전혀 없는 개체군이었다. 물론 키스를 금지하는 아폴로의 지시가 있었고, 병든 마르쿠스 아우렐리우스가 아들 콤모두스에게 이 병의 전염성에 대해 거칠게나마 미리 경고한 것들이 있기는 했다.

질병의 치사율은 병원균의 독성과 개체군의 생물학적 상황의 조합으로 결정된다. 천연두와 같은 치명적 바이러스라 해도 치사율은 30~40퍼센트이며, 병에 걸린 사람들 대부분이 살아남아서 면역력을 갖게 된다. 천연두의 희생자는 나이가 매우 어린 사람(면역 체계가 아직 발달하지 않은 사람)과 나이가 매우 많은 사람(면역 체계가 약한 사람)이다. 전체적인 치사율은 맹독성 병원체가 공격한 개체군의 연령 구조에 따라 다르다. 더욱이 이미 존재하는 병원균의 부담이 얼마나 크냐에 따라 병이 발생했을 때 치명적인 정도가 달라진다. 신대륙 같은 경우, "낮고 습하고 더운 지역은 다른 곳보다 병원균에 대한 부담이 커서, 기존의 질병과 유럽에서 수입된 새로운 질병이 서로 부정적으로 작용했다." 안토니누스 페스트는 강력한 질병 환경과 시너지 효과를 내어 사망률이 높아졌다.[81)]

---

81) "병원균 부담": Livi Bacci 2006, 225.

다른 요인들은 역병의 강타를 누그러뜨렸다. 도시의 의료 조직체들은 환자들이 간호를 받을 수 있도록 도왔다. 방혈법 혹은 갈레노스 같은 의사들이 사용한 '건조 작용을 하는 물질'들이 상황을 더 악화시켰을 수도 있지만 병에 고통 받는 이들에게 음식과 물을 제공하는 기본적인 돌봄의 가치를 폄하하기는 어렵다. 이것은 종종 삶과 죽음을 갈랐다. 갈레노스는 섭식이 가능했던 환자들은 살아남았고, 그렇지 못했던 환자는 사망했다고 기록했다. 안토니누스 페스트에 관한 문헌 자료들 가운데 역병이 돌던 시기에 사회적 혼란이 발생했다는 기록은 없다. 사회 질서는 온전히 유지되었던 것 같다. 예외적으로 나일 삼각주 지역에서 생태학적 변화, 사회적 폭력, 재정적 부채와 같은 복합적인 위기가 닥쳤고, 역병이 사회 붕괴로 이어졌다. 로마에서는 마르쿠스 아우렐리우스가 공적 비용으로 가난한 이들을 매장하도록 했다고 전해진다. 다른 도시에 대해서는 알려진 바가 없다.[82)]

긴 소강상태 이후, 역병은 적어도 두 번 이상 다시 발생했다. 직접 전파되면서 생존자들에게 강력한 면역력을 부여하는 바이러스로부터 예상할 수 있는 양상이었다. 개체군이 충분히 큰 경우라면, 바이러스는 도시 한구석에 조용히 잠복해 있을 수 있고, 혹은 다시 발발하기 전 다른 도시와 마을로 계속 퍼져나갈 수 있다. 취약한 숙주의 비율이 다시 올라가면, 병이 재발하는 것이 가능하다. 천연두의 첫 충격은 서기 165년까지 제국을 흔들었고, 이 파장은 적어도 서기 172년까지 각 지역을 휘청거리게 했다. 물리적 지형과 인간들의 네트워크가 맞물려 병원체의 생물학적 리듬과 결합하면서 병

82) Galen, Hipp. Epid. 3.57 (17a.710K). 삼각주 지역의 위기에 대하여는 Elliott 2016 and Blouin 2014를 참조.

이 확산되었다.

역병이 로마 제국 전역에 촉수를 뻗으면서, 갈라져 나온 많은 곁가지에서는 질병 자체의 추동력이 빨리 소진되었을 것이다. 그런 의미에서 로마와 알렉산드리아 같은 대도시들은 첫 번째 파동을 타고 세균을 순환시키는 엔진 역할을 했다. 또한 엄청난 인구 덕분에 세균들이 우리의 시야가 미치지 못할 만큼 작은 숫자로 잠적할 수 있었다. 그러다가 출생과 이주가 이루어지면서 취약한 등급의 숙주들이 보충되었고, 다시 한 번 대도시들은 시한폭탄이 되어 내륙으로 병원체들을 대방출할 기회를 노리게 되었다. 우연히 보존된 파피루스와 비문이 발견되면서, 서기 182~183년 노리쿰Noricum에서, 서기 178~179년 이집트에서 역병의 징후를 발견하게 된 것은 놀라운 일도 아니다. 이집트에서는 이 무렵 알렉산드리아가 재확산의 시발점이 되었으리라고 상정해 볼 수 있다. 제국의 서쪽에서는 서기 191년에 로마에서 두 번째 대확산이 시작되었다는 생생한 증언들이 있다. 재확산으로 하루에 2천 명이 사망했다. 최악의 상황이 끝났다고 믿기 시작했던 대중들은 등골이 오싹했을 것이다.[83)]

우리가 찾은 문학적 증거 대부분은 치명적인 팬데믹을 넓은 지형으로 훑어본 것이다. 몇몇 소중한 사례를 확대하여 세부적으로 들여다볼 기회가 있었다. 나일 삼각주에서 발견된 탄화된 파피루스 두루마리의 사례가 그 하나이다. 멘데스Mendes 시 근처 약 스무 군데 마을에서 '인구통계학상의 대출혈'이라 불리는 현상이 상세히 묘사되어 있었다. 이 마을들이 세금 납부

83) 특히 Zelener 2003을 참조. 노리쿰: AE 1994, 1334. 이집트: 아래 단락을 보라. 로마: Cassius Dio, Hist. Rom. 73.14.

표 3.5 | 안토니누스 페스트의 역학적 요소

총접촉률	전파 위험도	치사율
+ 수송 연결망 + 인구 밀도 + 다세대 가구 주택 + 세균 이론 부재 + 의료 체제 + 사회적 학습 부족	바리올라 메이저의 경우 약 70퍼센트	+ 연령 구조 + 병원체 부담 - 의료 체제 - 사회 질서 유지 + / - 영양적 완충

+ 사망률 증가 - 사망률 감소

가 불가능할 정도로 심각한 인구 감소가 시작된 것은 2세기 중반에 일어난 나일강 삼각주의 복잡한 수리학적 변화 탓일지도 모른다. 그러나 서기 170년에 작성된 문헌에서는 삼각주에 점점이 흩어져 있는 마을의 인구 감소를 강조한다. 케르케누피스Kerkenouphis라는 마을은 서기 168~169년에 도적들이 봉기하고, 사람들이 세금을 피해 달아나고, '역병이 돌아서' 거주자가 0명에 이르렀다고 기록되어 있다. 여기에서 역병은 한계 상황에 이른 고통스러운 환경이 결국 자유 낙하하도록 만들었다.[84]

은밀히 퍼져나간 두 번째 죽음의 파동은 삼각주에서 멀리 떨어진 나일강 서쪽의 파이윰Fayyūm 주의 마을 소크노파이우 네소스Soknopaiou Nesos에서도 목격된다. 사막과 맞닿은 무리스Moeris 호수 북쪽에 위치한 이 성직자들의 마을은 악어 신을 숭배하고 사원을 지키는 일을 했다. 그 외에 어업과 농업 그리고 사막을 건너는 대상 교역 같은 다양한 일을 했다. 서기 178~179년 사이의 겨울에 하늘의 응징이 다시 마을을 찾아왔다. 178년 말에는 성인 244

84) P. Thmouis 1. Elliott 2016; Blouin 2014, 255; Marcone 2002, 811; Rathbone 1990. Banditry: Alston 2009를 참조.

명이 살고 있었으나 179년 1월에는 59명이 사망했고, 2월에는 다시 19명이 사망했다. 기록은 간략하게 사망자 숫자만 말해준다. 두 번째 물결이 밀려온 두 달 사이에 가장 덜 취약한 하위인구에서 사망률이 32퍼센트에 이르렀다. 만약 치사율이 50퍼센트였다면, 희생자의 숫자에 두 배를 곱한다. 마을의 244명 중 156명이 병에 걸렸다는 계산이 나온다. 이렇게 제국의 축소판을 통해 알 수 있는 것은 밀집된 거주지에서 유효 접촉율이 위험할 정도로 높았을 수 있다는 사실이다. 소노파이우 같은 마을은 외부 세계와 생물학적으로 연결되어 있었다. 일단 한 정착지 안에서 전파가 시작되면 바이러스는 하나의 희생자로부터 다음 희생자로 순식간에 퍼져나갈 수 있었다.[85)]

이렇게 작은 사례들의 연구는 귀중하다. 그렇다고 대표성을 띠는 표본으로 여기는 것은 오류일 수 있다. 마을들은 삼각주의 가장자리에 정착해 다각적 위기와 씨름하는 불안정한 환경 속에 있었다. 파이윰 주의 마을은 인구 밀도가 매우 높은 이집트 특유의 위험에 노출되어 있었고, 계곡의 거주지와 연결되어 있었다. 양쪽 마을 모두 제국의 평균적 거주지보다 더 심각한 상황을 경험했을 것이다.

군대는 역병으로 큰 타격을 받았다. 연대기 기록을 보면, 서기 172년 무렵에 군대는 거의 소멸할 지경에 이르렀다. 마르쿠스 아우렐리우스의 전기에는 노예와 검투사들을 긴급 징병하고, 이례적으로 노상강도세를 추가 징수했다고 적혀 있다. 군대의 위급한 상황은 그리스 중부 지역에서 나온 비문에 기록되어 있다. 규정상 징집 면제를 받았던 이들이 서기 170년 즈음 80명 이상 군대에 갔으며, 이것은 군대의 '심각한 인력 부족' 때문으로 알려

---

85) SB XVI.12816. Hobson 1984. See esp. Keenan 2003; van Minnen 1995; Rathbone 1990.

졌다. 그러나 역병이 군대에 끼친 인구통계학적 영향을 보여주는 가장 현저한 지표는 25년간 레지오 셉티무스 클라우디아legio VII Claudia에서 복무한 뒤 제대한 군인 명단에서 유추할 수 있다. 로마 군단의 연간 신병 숫자와 인명 손실에 대한 합리적 가정 아래, 그해 급증한 퇴역 군인들의 숫자는 군단에서 약 15~20퍼센트의 손실이 있었음을 보여준다. 첫 번째 팬데믹의 물결보다 더 많은 숫자는 아니었으나 다음 해에 서둘러 병사들을 조금이라도 충원했다. 물론 막사의 생활방식이 병원균의 전파를 가속시켰을 것이다. 그러나 인생의 전성기에 있는 병사들이 신뢰할 만한 식량 공급과 돌봄 시스템 속에 있다면, 역병에 걸린 다른 환자들보다는 치명률이 훨씬 낮아야만 했다. 다시 한 번 강조하지만, 이러한 표본은 특정한 조건 아래 역병이 확산될 때 일어나는 상황에 대해 크게 대표성을 갖지는 못한다.[86)]

때때로 로마를 연구하는 역사학자들은 팬데믹이 인구에 미친 중대한 영향 탓에 옛 기록들이 갑자기 중단되었다고 주장했다. 이집트의 파피루스나 비문 건립, 군대의 제대 문서 같은 것들이 일정한 시기 동안 나타나지 않았다. 지속된 연구에 의하면 그것은 결정적이라기보다는 오히려 암시적 효과이다. 왜냐하면 이러한 기록상의 공백들은 위기가 있었음을 나타내는 것이지 위기의 원인을 나타내는 게 아니기 때문이다. 그러나 이례적 규모의 대역병은 훌륭한 방아쇠 역할을 한다. 급속한 체제 위기를 일으키는 구체적인 인구통계학적 원인은 실질 가격 같은 장기적 변화들 속에서 독립적으로 규정된다.[87)]

역병이 돌고 있을 때, 제국의 은광 산업이 갑자기 붕괴하여 단기적인 통

86) 그리스의 신병모집: Jones 2012b. Army: 특히 Eck 2012를 참조.

화 위기가 촉발되었다. 이집트의 지역 화폐는 서기 164~165년부터 은화의 가치 하락이 시작되어 서기 167~168년에는 심각해졌다. 서기 170~171년부터 179~180년까지 지역 주화 생산에 커다란 공백이 생겨 알렉산드리아로부터 은화 통화가 완전히 중단되었다. 팔레스타인(서기 166~167년에서 175~176년까지)과 시리아(서기 169년부터 177년까지)의 도시 화폐국에서도 유사하게 이례적인 공백이 있었으므로 매우 광범위한 문제임을 알 수 있다. 파르티아 원정에 나서면서 군대의 이동과 전쟁 무기의 비용으로 제국의 재정 시스템이 이미 무너진 상태였다. 그러나 역병은 그것을 치명적인 위험 수준까지 몰아넣었다. 그 반동으로 160년대 후반부터 170년대 전반에 걸쳐서 통화와 사회기반 시설의 재정이 휘청거렸다.

이집트에서는 인구 변화와 통화 충격이 유발한 가격 체제의 급속한 변화를 감지할 수 있었다. 명목상의 가격, 즉 드라크마로 표시되는 통화의 액면 가격은 두 배로 뛰었다. 화폐는 구매력의 절반을 잃었는데, 이는 가장 근본적인 상품인 밀을 포함한 다양한 상품 가격에서 분명히 드러난다.[88)]

---

87) 전문가들은 내가 Duncan-Jones 1996의 핵심적인 논문과 Scheidel 2002의 중요한 공헌의 여파로 촉발된 토론의 용어들을 피해가려 한다는 것을 알아차릴 것이다. 나는 특히 Bruun 2012, 2007, and 2003과 같은 회의론적 연구들이 건설적이며 몇몇 증거들의 한계를 규정하는데 도움을 주었다고 믿는다. 그러나 현재 사용하는 용어로는 소통이 교착 상태에 이르고 말았다. Duncan-Jones 1996은 이 기간 동안 일어난 많은 중단(예를 들어 비석 건립)들이 심각한 의료적 위기를 가리키는 것이라는 강력한 정황적 사례를 구축한다. 몇몇 증거들은 타당하지만, 이런 식의 분석은 위기의 원인을 정확히 지적하지 못하기 때문에 단지 암시적일 뿐이다. 그럼에도 논쟁을 되살린다는 목적은 달성했다. 여기서 제시되었던 사례는 그동안 놓쳤던 부분에서부터 시작된다. “전염병”의 규모와 배경에 대한 더욱 명료한 감각과 새로운 병원체가 무엇인지에 대한 역학적 가능성이다. 나는 이 사례에 문학적 증거의 신빙성을 더하고, 금석학적 증거가 추가될 때 역병의 영향을 최소화하기가 점점 어려워진다고 생각한다. 더구나 나의 파피루스 연구에 의하면 대체로 Scheidel 2002는 정당하다. (임금은 더 복잡하지만 임대료나 땅값의 경우에는 확실하다.) 내가 분석한 바로는, 기후 변화가 위기의 일정 부분을 담당했으나 질병 요인의 중요성을 축소할 수 없다는 Elliott 2016에 동의한다.

그림 3.10 | 밀 가격(드라크마/아르타바)

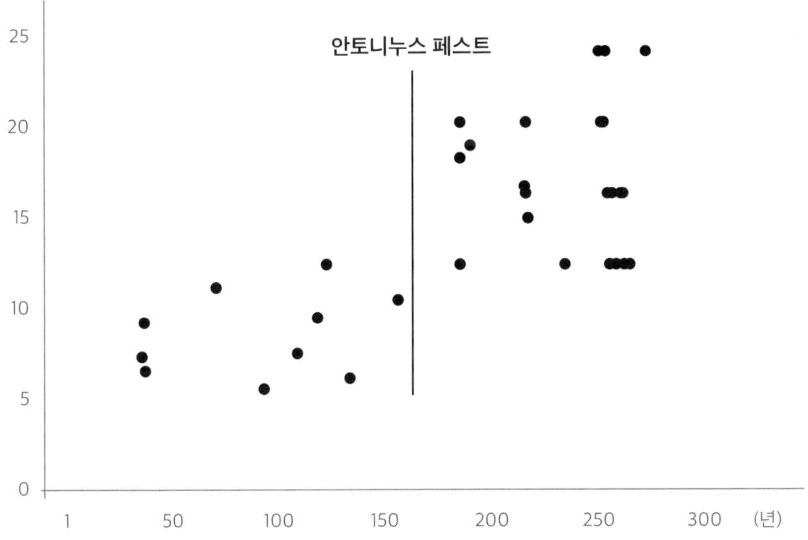

역병이 끼친 경제적 충격은 심각했다. 밀로 환산한 토지 가격이 곤두박질쳤다. 갑자기 토지의 가치가 하락한 것은 아마도 수요가 급격히 줄어들었기 때문일 것이다. 실제 임금에는 손해도 이득도 되지 않았다. 아마도 노동력이 부족해졌을 것이고 그래서 높은 사망률 충격에서 비롯된 고임금이라는 혜택이 있었을지도 모르지만, 상업의 위축과 기술자본이 적어지면서 생산성이 줄어든 경제적 손실 탓에 보통의 노동자들이 이득을 얻지는 못했다. 한편 실제 농지 임대료는 토지와 노동력의 상대적 부담이 변화했음을 예민하게 드러낸다. 소작인들이 지불해야 하는 경작지 임대료는 하향 조정되어 수십 년 동안 새로운 평형상태를 유지했다.[89]

---

88) 광산: Wilson 2007. Egyptian coinage: Howgego, Butcher, and Ponting 2010. 도시 화폐국: Gitler 1990~91 and Butcher 2004. 가격: Harper 2016a (wheat); Rathbone and von Reden 2015; Rathbone 1997 and 1996.

그림 3.11 | 현물 임대료(밀/헥타르)

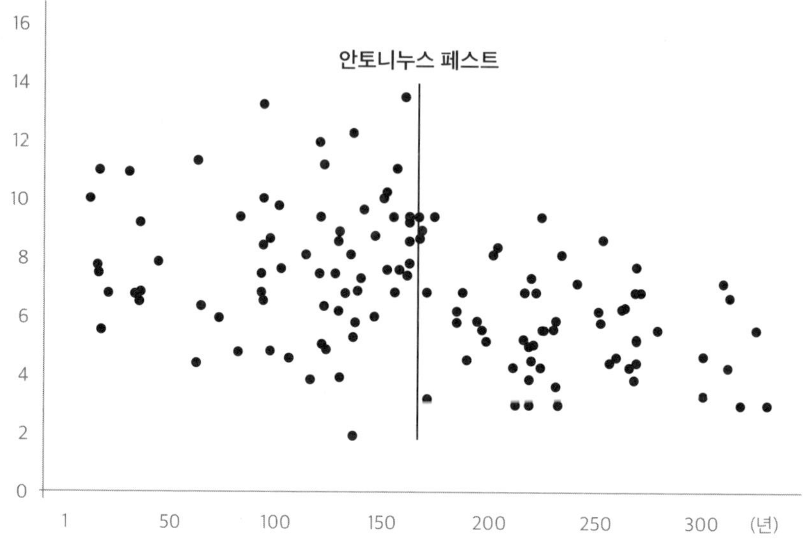

요약하자면, 유례없는 종교적 반응이라는 파편들에서부터 제국 전체를 뒤덮은 죽음에 대한 문학적 기록에 이르기까지, 전염병의 폭력성에 대한 섬세한 일별에서부터 그것이 경제에 미친 영향에 대한 광범위한 관점에 이르기까지, 모든 증거는 안토니누스 페스트가 제국이 이전에는 경험하지 못했던 대규모의 사망 사건이라는 결론과 일치한다.

팬데믹으로 사망한 사람들의 숫자를 냉혹하게 요약하는 총사망자 수가 필요하다. 안토니누스 페스트에 관한 한, 로마가 통치했던 지리적 공간마다 상황이 헤아릴 수 없이 다양하다는 사실을 감안해야 한다. 서로 연결된 해안지역은 제국 단위에서 직접 전파되는 질병이 유행할 때 위험에 가장 잘 노출되는 곳이었다. 넓은 곳에 흩어져 있는 시골은 외따로 떨어져 있는 위치

89) Harper 2016a. See also Scheidel 2002 and Bagnall 2002.

가 완충적 역할을 했다. 이집트의 시골 마을은 거주지가 분산된 제국 서부의 시골보다 상황이 나빴다. 제국의 연령 구조에는 잃어버린 세대가 존재한다. 그것은 상상할 수 없을 만큼 많은 유아와 어린아이들이 역병으로 목숨을 잃었음을 의미한다. 기존 병원체들이 사망률을 더욱 악화시켰을 것이다.

많은 연구들이 안토니누스 페스트의 총 사망률을 10~20퍼센트 사이에 둔다. 유일한 역학적 모델은 병원체를 천연두라고 가정하여 제국 전체의 사망률을 22~24퍼센트로 추정했다. 제국의 핵심지역에서는 접촉률과 사망률이 둘 다 높았을 것이다. 깊숙한 내륙지대나 제국의 변방에서는 비율이 많이 완화되었을 가능성도 점칠 수 있다. 군대의 사망률 15~20퍼센트는 아마도 바다와 근접하여 연결된 제국의 가장 번화한 심장부에서나 가능한 높은 수치일 것이다. 비록 그 범위에서 낮은 쪽의 비율이 로마에 적용된다고 하더라도, 적어도 30만 수도 주민들이 병에 걸렸고, 그 절반이 사망한 셈이다. 우리가 참고한 자료 속에서 그러한 참화가 자아내는 공포를 쉽게 상상할 수 있다. 결국 완전한 무지의 영역이기도 한 시골로 침투한 역병에 대해서도 사망률이 낮을 것이라고 보기에는 범위가 너무 넓다. 제국 인구 전체를 고려한다면, 진위는 확인할 수 없지만, 약 10퍼센트 정도로 추정하는 것이 신중할 것으로 보인다. 팬데믹으로 초토화된 지역은 그것의 두 배 정도일 것이다. 만약 안토니누스 페스트의 바이러스가 제국의 7천5백만 영혼 중 7~8백만 영혼의 목숨을 앗아갔다면, 그 시대에는 문자 그대로 인류 역사상 최악의 질병이었다.[90)]

역사의 과정에서 많은 병원균이 숲이나 들판에서 뛰쳐나와 유성처럼 대

90) 22-24%: Zelener 2012.

폭발을 일으켰다. 그리고 작은 부족이나 마을에 사는 취약한 숙주들을 모두 휩쓸어 버리고 전멸했을 것이다. 이렇게 진화상의 막다른 골목에 다다르는 것이 안토니누스 페스트를 일으킨 미생물의 운명이었을지도 모른다. 만약 그들이 무대 위로 다시 튀어 오른 그 순간 예전에는 존재한 적이 없던 넓은 세계로 연결되는 통로가 펼쳐져 있지 않았다면 말이다. 이런 의미에서 로마 역사는 미생물의 진화와 인간 사회가 우연히 접속하면서 그 항로의 방향을 바꾸었다.[91)]

회복 탄력성과 새로운 평형

안토니누스 페스트는 로마 국가와 사회가 발전하면서 밟아온 특정한 궤적이 종말을 고하는 전환점이 된다. 하지만 우리는 그 사건을 제국이라는 프로젝트가 파멸에 이르게 된 치명타로 보려는 유혹에 저항해야만 한다. 만약 제국의 총 사망률이 20퍼센트에 이르렀다면, 아우구스투스의 통치 후반기 제국의 인구 수준으로 후퇴하게 된 셈이다. 눈 깜짝할 사이에 1세기 반 동안의 견실한 성장이 뒤로 물러서는 믿기 힘든 충격이었다. 그렇지만 아우구스투스가 통치하던 시절의 제국은 인구가 희박한 편이 아니었다. 안토니누스 페스트는 로마의 인구 체제가 지닌 내적 논리를 무너뜨리지는 못했다. 이 지점에서 로마 제국과 천연두를 비롯한 전염병들에 의해 인구가 유린된 신대륙 사이에는 중요한 차이가 있을 것이다. 휘청거리는 사회는 식민지화,

91) 잠복기, Fenner 1988, 5. 더 깊은 내용은 아래를 보라. 일반적인 천연두에 대하여, Hopkins 2002.

노예제도, 그리고 자원 착취의 상황까지 더해지면서 무력해졌다. 장기적으로는 미생물의 확산으로 인한 실제적 충격도 감지되었다. "새로운 질병은 장기적으로 인구 체제에 더 많은 '손상'을 가할수록 더 부정적 영향을 끼치며, 충격 뒤에 다시 제자리로 돌아올 수 있는 능력이 줄어들게 된다."[92]

안토니누스 페스트의 여파로 이런 식의 붕괴는 일어나지 않았다고 명확하게 말할 수 있다. 오히려 역병에서 살아남은 이들은 이후로 수십 년 동안 번식력을 최대 수준으로 끌어올렸다. 역병의 두 번째 파동 뒤, 서기 249년에 키프리아누스 페스트가 퍼지기 전까지 알려진 주요 역병은 없다. 만약 그 병원체가 천연두라면, 그것이 제국의 큰 도시에서 풍토병이 되었다는 증거는 없다. 팬데믹이 끝나고 난 뒤, 다시 이전의 최고점에 이르지는 못했으나, 인구는 여러 세대에 걸쳐 증가했다. 심지어 소크노파이우 네소스의 인구도 반등했다. 안토니누스 페스트는 제국을 돌이킬 수 없는 인구 침체로 밀어 넣지는 못했다.

그러나 제국이 이전에는 경험해 본 적 없는 대규모 사망 사건의 충격은 제국 시스템의 용량에 부담을 주었다. 눈앞에 닥친 정치적 시험은 험난했다. 제국이 맞닥뜨린 재정 위기는 극심한 도전이었다. 서기 168년 무렵 마르쿠스는 궁정의 보물들을 경매에 내놓아 기금을 모았다. 기본적인 농업 주기에도 혼란이 왔다. 갈레노스는 "로마에 복속된 많은 나라에 수년 동안 기근이 지속되고 있다"라고 기록했다. 굶주린 도시 거주자들이 시골로 내려가 "그들이 평소처럼 일 년을 견딜 수 있을 만큼 많은 밀을 확보했다." 그로 인해

92) "장기적 영향": Livi Bacci 2006, 205. 또한 Cameron, Kelton, and Swedlund 2015; Jones 2003을 참조.

밭은 초토화되어, 시골 사람들은 먹을 것을 찾아 헤매다가 나뭇가지와 풀로 연명했다. 이것은 고대 로마 제국이라는 집단적 경험에서 대규모 기근에 대한 가장 생생한 증언이다. 주목해야 할 부분은 그런 상황이 팬데믹의 여파로 나타났다는 것이다. 그러나 전반적으로 제국의 구조는 느슨해지지 않았다.[93]

팬데믹이 전체적으로 끼친 영향은 좀 더 미묘하다. 인구가 아우구스투스의 통치 시절 수준의 규모로 줄어들었다면, 조정의 시기는 제국 경제의 정치적이고 도덕적인 측면에 변화를 초래했을 것이다. 이러한 것들은 특히 통치방식에서 책임이 더 무거운 것들이다. 정복으로 패권을 장악한 제국이 속지주의 제국으로 정착하고, 점차로 다양한 민족들을 공통의 정치조직체로 동화시키면서 충성을 명령했다. 제국의 시민과 속주민들은 그 보상으로 평화와 질서를 요구했다. 그들은 자신들을 통치하는 정부에 기대하는 바가 있었다. 우연히 이집트의 어느 총독에 대해 알게 되었는데, 그는 역병이 지나간 뒤 자신이 통치하는 지역에서 1804통의 탄원서를 받았고, 사흘에 한 번씩 순회 재판을 열었다. 마르쿠스 아우렐리우스의 통치 기간까지 제국과 그 주변 도시의 엘리트들 사이에 이루어진 위대한 타협은 성공적이었으나 결코 안정되지는 않았다. 지방 귀족은 제국 사회의 가장 높은 계급에 끼어들었으며, 제국은 어느 때보다도 그들의 폭넓은 역할이 필요했다. 지방 귀족의 부와 공헌은 아우구스투스가 미처 예견하지 못한 위치와 명성을 요구했

93) 마르쿠스: Hist. Aug., Vita Marc. 17.5. Galen, Bon. Mal. Succ. 1 (6.749K). 오로시우스, Hist.Adv. Pag. 7.15.5~6.와 비교할 것. 갈레노스가 묘사한 "수년 동안 지속되는 기근"은 대부분 역병이 지난 뒤 시기에 해당된다. Bon. Mal. Succ. 1을 참조. 심각한 생존의 위협은 약 165~171에 일어났다.: Kirbihler 2006, esp. 621; Ieraci Bio 1981, 115. De Ste. Croix 1981, 13~14.

다. 마르쿠스의 시대에 전쟁과 역병이라는 긴급 사태 그리고 철학자 황제의 관용적 태도가 작용했다. 재능 있는 지방 사람들에게 기회의 문이 열렸으며, 이것은 전례가 없는 일이었다. 팬데믹이 제국이 지역화되는 것을 재촉한 셈이었다.[94)]

국경 너머에서는 더욱 큰 변화가 진행되었다. 제국과 근접한 덕분에 미개한 국가에서는 2차 국가의 형성이 촉진되었다. 다뉴브강을 넘어오는 가공할 적들의 봉기는 급격한 지정학적 변화가 일어나고 있다는 징후였다. 파르티아 원정을 위해 3개 군단을 동쪽으로 이동시킨 것은 위험이 예견된 일이었다. 우선 루키우스가 동쪽 상황을 해결한 뒤 북쪽의 문제로 눈을 돌리려는 계획이었다. 루키우스가 작전을 수행하는 동안, 마르쿠스는 로마에서 북방 원정을 대비한 새로운 두 개의 군단을 양성하고 있었다. 모두 시기가 적절하지 않았음이 판명되었다. 승리한 루키우스의 군대는 역병의 구름을 몰고 비틀거리며 귀향했다. 한편 역병의 폭풍은 서쪽에서 발생했다. 북방 원정은 1년 동안 지연되었다. 국경에서 들려오는 소식은 암울했다. 마르코마니Marcomanni 족과 콰디Quadi 족은 거주지를 요구했으며, 그렇지 않으면 전쟁이었다. 마르쿠스와 루키우스가 북방 원정에 나섰을 때, 아퀼레이아에 주둔했던 겨울 캠프에 역병이 돌아 군대가 초토화되었다. 갈레노스는 우려했던 대로 황제에게 소환되었다. 루키우스가 전염병에 쓰러진 것이다.[95)]

마르쿠스 아우렐리우스의 북방 원정은 제국의 운명에 전환점이 되었던 것으로 간주된다. 그 무렵 중요한 변화가 일어났다. 심지어 로마인의 '단계

---

94) 1804 탄원서들: P. Yale 61.

95) Birley 1987.

적 지배 확대'도 흔들리는 것 같았다. 야만인들의 침략군은 알프스 산맥을 넘고 발칸 반도로 내려와 양쪽으로 제국 깊숙이 침입했다. 마르쿠스는 통치 기간의 마지막 10년 동안 아비디우스 카시우스의 왕위 찬탈 시도로 방해를 받으면서도 우유부단한 군사 작전을 지속했다. 셀레우키아를 침략했던 시리아의 총독 카시우스는 모호한 이유로 배신했다. 반란은 진압되었으나, 국경에서의 군사 작전이 산만해졌다. 그것은 미래에 일어날 반란의 조짐이었다.

스토아 철학자 황제는 다뉴브 강가에서 만년을 보냈다. 그는 그곳에서 승리를 거두었다고 주장했으나 결과는 공허했다. 제국을 평온하게 유지하는 것만으로도 기진맥진했고, 회복의 여지가 남아 있지 않았다. 로마 제국의 팽창은 그것을 가능하게 한 성장을 전제로 하는 것이었다. 그러나 전염병이 시스템에 타격을 주었다. 군대의 신병 모집에서 곧바로 인구 손실의 위기가 느껴졌으나, 장기적으로는 표면 아래 심층부에서 미묘한 압력의 변화가 있을 뿐이었다. 신병 모집은 더 어려워졌고, 결국 더 많은 수익성을 유인책으로 내세웠다. 지방 사람들은 제국의 이름으로 군에 헌신하여 두각을 나타냈고, 셈은 곧 치러졌다.[96]

원로원 의원이자 역사가인 카시우스 디오는 제국이 위기의 여파 속에 있을 때 위풍당당하게 출세하여 신분 상승한 지역 출신들 중 하나다. 그는 마르쿠스와 그의 시대가 남긴 모호한 유산에 대해 성찰했다. 마르쿠스는 "그가 마땅히 받아야 할 행운을 얻지 못했다. 몸이 건강하지 못했고, 현실적으로 재임 기간 내내 수많은 문제에 휘말렸기 때문이다. 그러나 나는 바로 그

96) Lo Cascio 1991.

러한 이유로 더욱 그를 존경한다. 이례적이고 드문 역경들 속에서 그는 자기 자신을 살렸고 제국을 지키는 두 가지 일을 해냈다." 그것은 불안정한 시류에 맞서 고군분투하며 제몫을 해낸 사람에 대한 매우 공정하고 사려 깊은 평가처럼 보인다.

마르쿠스의 선정에도 불구하고, 기적처럼 개화한 팍스 로마나의 꽃송이는 꺾이고 말았다. 제국은 살아남았으나, 새로운 시대의 차가운 돌풍은 스토아 철학자 황제의 성찰 속에 이미 감지되고 있었다. 우리는 그의 뛰어난 일기에서 그것을 발견한다. "죽은 이를 매장할 준비를 하자마자, 곧 자신이 매장될 차례이다. 모두 한순간일 뿐이다. 그러니 결국, 인간의 일은 정말로 덧없고 가치 없다는 사실에서 언제나 시선을 돌리지 말아야 한다. 어느 날 몸에 스며들었던 것은 다음날에는 시신이 되고 재가 된다. …… 그러니 바위처럼 우뚝 서라. 비록 쉼 없이 파도가 부딪쳐 와도, 바위는 굳건히 서서 주위의 물결을 가라앉힌다."[97]

로마 제국은 살아남았다. 그러나 팬데믹의 시대가 도래했고, 새로운 세균과 만나게 되는 미래에서 제국은 자연이 예비하고 있던 도전을 결코 감당할 수 없음이 드러난다.

97) "그가 마땅히 받아야 할": Cassius Dio, 72.36.3, tr. Cary. "죽은 이를 매장할": Marcus Aurelius, Med. 4.48.

4장

세계의 노년기

The Old Age of the World

제국의 천 년

서기 248년 4월 21일, 로마시는 1000번째 생일을 맞이했다. 사흘 낮과 사흘 밤 동안 제물로 바쳐진 동물을 태우는 번제burnt offerings가 뿜어낸 희뿌연 연기와 성스러운 찬가 소리가 거리를 가득 메웠다. 전 세계에서 데려온 기이한 동물들로 이루어진 진짜 동물원이 시민들에게 공개되었고, 그 뒤 동물들은 학살되었다. 코끼리 32마리, 엘크사슴 10마리, 호랑이 10마리, 사자 60마리, 표범 30마리, 하마 6마리, 기린 10마리, (사로잡기 어렵지만 비할 데 없이 매혹적인) 코뿔소 1마리, 그리고 수많은 다른 야생동물과 검투사 천 쌍이 모였다. 로마에서 100년마다 한 번씩 열렸던 전통인 '세기의 경기' 루디 사쿨라르스ludi saeculare(백년제)에서는 고대의 기억을 소환한다. 기번의 말을 인용하면, "미신을 믿는 마음을 노련하게 길들여서 깊고 엄숙한 숭고함을 고취시켰다." 기념행사에는 여전히 죽음의 어두운 그늘이 드리웠지만 역병으로부터 관심을 돌리려는 의도가 엿보였다. 그러한 의례가 드러내는 의도적 프리미티비즘에도 불구하고, 루디 사쿨라르스는 다른 많은 것들처럼 제국을 건립한 아우구스투스의 재발견으로 인정되었다. 모든 의미에서 루디 사쿨라르스는 제국다운 행사였다. 로마가 수 세기 동안 지속적으로 누리던 경이로운 권력을 무대 위에 올려 보여주었다. 동시대 사람들은 로마가 일종의 고별사처럼 마지막으로 과시하는 세속적 경기를 목격하고 있음을 전혀 눈치채지 못했다.[1)]

우리처럼 멀리 떨어져서 바라볼 때는 로마의 천 년을 기념하는 화려한 행사가 어느 정도 현실을 외면하고 있음을 알기 쉽다. 그러나 고대 로마의 시민들은 아마도 타이타닉호의 갑판에서 칵테일을 마시는 것과 비슷한 상황이었을 것이다. 그렇다 하더라도 우리가 이미 알고 있는 사실들로 편견을 가져서는 안 된다. 서기 248년에 로마는 친밀함과 신뢰감을 고취하기 위해 많은 것을 제공했다. 바로 한 세대 전에는 '도시의 배꼽'인 움빌리쿠스 우르비스umbilicus urbis를 대대적으로 재단장하여 로마가 세계의 중심임을 확인했다. 시의 경계선인 포메리움pomerium은 시골의 구릉지대로 뻗어나간 성벽 없는 도시의 상상 속 건축물로 남아 있었다. 세기의 경기를 기념하기 위해 서기 248년에 주조되어 발행된 동전은 순수한 은의 묵직한 질감을 간직하고 있다. 그래서 오늘날에도 그것을 손에 쥐면 귀중한 금속과 공공의 신뢰가 결합하여 제국 화폐의 가치를 공고하게 했음을 느낄 수 있다. 우리는 애국심에 가득찬 선수들이 경기에 임해서 당당하게 중얼거리던 기운을 맛볼 수 있다. "제국의 안녕과 영원을 위해, 불멸의 신들에게 바치는 모든 숭배와 존

1) 경기에 관한 개관은 Körner 2002, 248~259. 동물들: Hist. Aug., Tres Gord.33.1~3. 세속적 경기들의 개관은 Ando 2012, 119; Pighi 1967. Gibbon 1776, vol. 1, Chapter 7. 세속적 경기들의 방종함에 대한 것은 이 책의 5장을 보라. 독자는 즉시 숫자 계산의 문제를 발견할지도 모르겠다. 필리푸스가 통치하기 시작한 것은 아우구스투스가 통치한 뒤 100년의 주기가 채워지지 않았기 때문이다. 클라우디우스 황제 때부터 로마인들은 편의에 따라 세속적 행사 시기를 계산하는 데 이견을 보였고, 그 결과 서로 다른 주기로 세기의 경기를 개최했다.

그림 4.1 | 로마 건국 천년제를 기념하는 필리푸스 황제의 은화(안토니니아누스)(미국 화폐협회)

경의 마음으로 그대는 자주 가장 신성한 신전에 드나들며 감사의 표시를 해야 한다. 그래야 불멸의 신들이 미래의 세대에게 우리의 조상이 건설한 것을 전해줄 것이다." 그렇듯 루디 사쿨라르스라는 세속적 경기는 종교적 경건함과 그 도시의 영원한 제국을 위한 감사와 탄원의 광신적 에너지를 뿜어내는 가장 고대적인 유물을 동원한 총괄적인 행사였다.[2)]

그 자리에서 장쾌한 광경을 주재한 황제는 마르쿠스 율리우스 필리푸스 Marcus Julius Philippus 혹은 필립 더 아라브 Philip the Arab 였다. 그는 시리아 남쪽 지방 출신이었으나 아주 이방인은 아니었다. 오래전부터 꾸준히 통합이 진행되었으므로 지배국과 속주의 구별이 사라지고 있었다. 그의 통치는 로마가 동방 원정에서 실패하면서 전임 황제가 목숨을 잃는 폭풍 같은 혼란 속에서 시작되었다. 그러나 필리푸스는 교묘하게 군대를 탈출시켰다. 상당한 대가를 치

---

2) 움빌리쿠스에 대하여 Swain 2007, 17을 참조. 그리고 아래 내용을 보라. 선수들: Lane Fox 1987, 464, 초기의 의례에서. 동전들: RIC Philip, 12~25.

렸지만 형 프리스쿠스의 비호 아래 안전하게 동방을 떠나 로마로 향했다. 필리푸스의 통치는 엄청난 과시로 기세 좋게 시작되었다. 이집트에서는 행정 개혁이 시도되었고, 모레타니아Mauretania와 영국처럼 멀리 떨어진 곳에서는 활발하게 도로를 개선했다. 북방의 야만인들을 제압하고 만족스러운 승리를 거두었으므로, 그는 천년제를 치르기 위해 서기 248년에 로마로 돌아올 수 있었다. 필리푸스는 권력의 중심지인 로마라는 도시가 다양한 민족들, 군대 그리고 원로원에 대한 복종을 요구한다는 사실을 명백히 인식하고 있었다. 로마에서는 여전히 군사 작전을 세우고, 권좌를 위한 음모가 진행되었으며, 운명이 결정되었다.[3)]

필리푸스가 통치하는 로마는 아우구스투스에게는 낯설지 않았을 것이다. 그러나 단지 한 세대가 지나면서 완전히 낯선 세계로 변하게 된다. 제국에 대한 평화로운 신뢰는 거칠게 요동쳤다. 멀리 신비로운 도시를 감싸고 있는 거대한 석조 성벽인 아우렐리아누스 방벽은 얼마 전까지도 보호막 역할을 충분히 할 것 같았다. 조폐국에서 지나치게 많이 쏟아져 나와 이제는 조잡한 과자 부스러기처럼 취급되는 주화 때문에 은이 바닥났다. 전혀 새로운 유형의 지배 계층이 등장했다. 성급하면서 도시에 대한 경외심이 전혀 없는 다뉴브강 유역의 주둔 군인들이 부유한 원로원 의원인 귀족들로부터 국가의 통제권을 빼앗아 버렸다. 오래된 수도가 아니라 북방의 수비대 막사에서 권좌가 결정되었다. 제국의 도시 지하에 숨겨진 카타콤이라는 미로에서 기독교에 대한 모호한 숭배가 미미한 호기심을 뛰어넘어 처음으로 기이한 진전을 이루었다. 요컨대 한 세대라는 공간 속에서 전혀 새로운 시대의 윤곽

---

3) 필리푸스에 대하여 Ando 2012, 115~121; Körner 2002.

이 드러난 것이다. 고대 후기라고 불리는 시대이다.

이 급속한 변혁의 시대는 모호하게 은폐되어 있다. 서기 249년에 일어난 필리푸스 살해 사건은 제국 전체를 집어삼킬 해체의 소용돌이를 촉발시켰다. 역사학자들에게 이 시대는 '3세기의 위기'로 알려져 있다. 제국은 불운의 별 아래로 이동한 것 같았다. 공격적인 적들이 동방과 북방 경계선에서 한꺼번에 제국으로 밀고 들어왔다. 흔들리는 왕조 체제는 위험에 노출되었다. 권좌를 노리는 왕위 찬탈자들이 차례로 빠르게 등장하면서 시민들이 피를 흘렸다. 전쟁과 음모의 와중에서 재정적 위기는 피할 수 없는 결과였다.

사후 판단이라는 이점이 있으므로, 역사학자들은 이 위기의 근본 원인을 찾는 데 어려움이 없었다. 원인들을 모아서 보면 3세기의 위기는 불가피한 것 같지만, 그것은 지나친 판단일 수도 있다. 정말로 필요한 것은 길게 늘어서 있는 원인들의 줄에 덧붙일 또 다른 원인이다. 그러나 환경 위기를 도입하려면, 기후 변화와 팬데믹이라는 작인에 대한 증거의 일관성에 충실해야 한다. 또한 위기의 정황에 치우쳐 있는 감각을 바로 세우고, 오래 누적된 압력이 어쩔 수 없이 방출된 것으로 속단하지 말아야 한다. 240년대와 250년대 로마 제국은 매우 구체적이고 갑작스러운 타격이 이어지면서 체제가 회복 탄력성의 한계를 넘어섰다. 타들어 가는 가뭄과 안토니누스 페스트에 버금가는 팬데믹이 고트족과 페르시아의 침입을 합친 위협보다 더 큰 충격으로 제국을 강타했다. 국경, 왕조, 재정 질서가 한꺼번에 붕괴한 것은 위기의 원인이면서 결과였다. 제국의 체계는 취약함의 접합부를 따라 구조 자체가 휘어지고 있었으나 붕괴를 몰고 온 것은 외부로부터 받은 타격이었다.[4)]

'위기'라는 말은 그리스의 의학 용어에서 비롯된 것이다. 위기는 급성 질환의 전환점을 가리키는 말이었다. 환자가 병에 굴복하느냐 혹은 회복되느냐의 기로를 일컫는 것인데, 3세기 중반 제국의 상황을 비유하기에 적절하다. 서기 260년에 로마의 미래는 어떤 보장도 없었음을 기억하게 만든다. 국경의 조직망은 완전히 무너졌다. 통치가 무너진 뒤 제국의 커다란 덩어리인 동쪽과 서쪽 양쪽이 갈라졌다. 기본적인 일상의 지배세제가 사라졌다. 어쩌면 튀어 나가려는 원심력이 더 우세했을 수도 있겠다.

그렇지만 환자는 회복되었다. 다뉴브 지역 주둔군 사령관들의 강압적인 리더십이 이어지면서, 제국은 대부분 재통합되었다. 그러나 여기에서 위기라는 비유가 한계에 다다른다. 치유된 환자는 예전과 완전히 동일하게 회복된 것이 아니었다. 새로운 균형을 바탕으로 재등장한 제국은 국가와 사회에 새로운 긴장과 조화를 조성했다. 조정을 위한 시도와 학습에 다시 한 세대 이상의 시간이 걸렸으나, 위기의 폐허 속에서 등장한 체제가 곧바로 '새로운 제국'으로 묘사되었다. 안토니누스 페스트로 인한 위기로 제국의 축적된 에너지가 약화되기는 했으나 기초가 무너지지는 않았다. 3세기의 위기는 변혁이었다. 그것을 로마 제국의 첫 번째 몰락이라고 불러야 할 것이다. 로마의 과거라는 구석진 곳을 비추는 조명이 아무리 희미해도, 우리는 제국의 운명을 바꾼 주인공이 바로 환경이었음을 알 수 있다.[5]

만약 루디 사쿨라르스를 개최한 목적이 신에게 은총을 빌고 역병을 물

---

4) 이 장은 Harper 2016b, 2016c, and 2015a에서 가져왔다. 3세기의 '위기'는 방대한 참고 문헌을 만들어 냈지만, 주요 안내 책자로는 Ando 2012; Drinkwater 2005; Potter 2004; the essays in Hekster, de Kleijn and Slootjes 2007의 논문들 Swain and Edwards 2004의 논문들, 특히 Duncan-Jones 2004; Carrié and Rousselle 1999; Witschel 1999; Strobel 1993; Bleckmann 1992; MacMullen 1976; Alföldy 1974가 있다.

5) 새로운 제국': 예를 들어 Harries 2012; Barnes 1982; 에드워드 기번의 선례를 따르는 공식 '첫번째 몰락': Scheidel 2013.

리치는 것이었다면, 그 의식은 엄청난 실패로 밝혀지게 된다. 그 시대 사람들에게는 아무런 효과가 없었다.

안토니누스 시대의 연장: 세베루스 왕조

로마의 기준으로 보더라도, 마르쿠스 아우렐리우스와 그의 아내 파우스티나는 자녀를 많이 두었다. 하지만 열네 명의 자녀들 가운데 오직 아들 콤모두스 하나만 살아남았다. 갈레노스를 주치의로 호출했던 아들이었다. 그렇지만 그 아들로 충분했다. 남성 후계자를 두지 못한 황제들이 이어지던 행운은 끝났다. 제국은 곧바로 생물학적 계승의 원리로 돌아갔다. 로마의 열일곱 번째 황제인 콤모두스는 왕족으로 태어나 요람에서부터 왕자로 키워진 최초의 후계자였다.

그가 통치하던 12년 동안 제국은 전쟁과 역병이라는 트라우마를 넘기고 기반을 다시 찾았다. 그러나 콤모두스는 아버지에게 있던 겸손함이 부족했고, 따라서 원래부터 그다지 신통치 않던 원로원과의 관계가 극도로 나빠졌다. 서기 190년에서 191년 사이에 전염병이 복수의 여신처럼 다시 돌아왔고, 그와 함께 이집트에서 극심한 식량난이 시작되어 로마에도 영향을 미쳤다. 비난이 분분했다. 원로원은 황제 측근의 부정을 문제 삼았다. 황제의 코앞에서 조심스럽게 음모가 꾸며지고, 황제는 측근 중에서도 신뢰할 만한 사람만을 요직에 임명했다. 서기 192년의 새해가 밝기 전날, 콤모두스는 궁전에서 교살당했다. 왕조가 멸망했다.[6)]

왕위를 차지한 최종 승자는 아담한 체격이지만 놀라운 성취를 이룬 셉티미우스 세베루스였다. 그는 중간 계급의 원로원 의원이었다. 매우 로마인다운 내력을 지닌 그는 안토니누스 피우스의 통치 기간이던 서기 145년에 태어났다. 로마의 위대함을 찬양하던 아에리우스 아리스티데스가 태어난 시 불과 1년 뒤의 일이었다. 그의 고향 렙시스 마그나Lepcis Magna는 시중해 연안에 있는 고대 카르타고의 도시로, 로마화의 표본 같은 곳이었다. 라틴어로 새겨진 최초의 비문은 기원전 8세기까지 거슬러 올라간다. 카르타고의 신 밀크아쉬타르트트의 신전은 '로마와 아우구스투스'의 신전으로 다시 봉헌되었다. 마을은 그리스의 영향을 받은 로마식으로 신속하게 바뀌었다. 원형극장, 기둥이 있는 현관 지붕인 포르티코, 목욕탕, 수로, 아치가 등장했다. 1세기 후반에 렙시스는 무니키피움(고대 로마에서 라틴 동맹이 해체된 뒤 로마에 편입한 자치도시. 어느 정도 자치권이 있어 독자적인 행정관과 정부를 소유할 수 있었으며, 행정관은 사법권과 재정권을 가지고 있었다. 그러나 외교정책은 로마에 따라야 했고 로마에 병력을 공급해야 했으며 화폐주조를 할 수 없게 되어 있었다.-편집자주)의 지위를 부여받았고, 지사로 선출되면 자동으로 로마 시민이 되었다. 트라야누스 황제 때 렙시스는 콜로니아(본래는 정복한 지역을 지키기 위해 건립한 로마의 군사기지. 나중에는 로마 도시 중에 가장 높은 지위를 나타내는 용어가 되었다-편집자주)로 승격되었다. 이제 모든 시민은 로마의 시민이 된 것이다. 풍부한 올리브유를 자랑하는 이 도시에서 셉티미우스 세베루스의 조상은 두각을 나타내어, 로마 사회의 최고위층으로 지위가 상승했다. 그들은 시리아에서 갈리아까지 펼쳐져 있는 제국에 충성하면서, 셉티미우스가 원로원 의원직을 수행할 수 있는 길을 닦았다. 쿠데타로 콤모두스가 쓰러졌을 때, 셉티미우스는

6) 마르쿠스와 파우스티나: Levick 2014, 62~63.

군대가 주둔하고 있는 지역인 북부 파노니아의 총독으로 있었다. 로마의 상황이 걷잡을 수 없는 소용돌이로 치닫자, 셉티미우스는 자신의 군대에 의해 황제로 추대되었다.[7)]

그는 점성학의 굳건한 신봉자였는데, 그럼에도 불구하고 그에게 권좌에 대한 특별한 예언은 없었다. 그러나 셉티미우스 세베루스는 로마에서 가장 영향력 있는 왕조 창시자 중 한 명이 될 운명이었다.

그가 세운 왕조는 사십 년 이상을 버텨낼 것이었다. 왕조의 윤곽을 제대로 들여다보는 게 중요하다. 셉티미우스는 곧 자신을 안토니누스 왕조의 후계자로 칭했다. 이것은 대담한 허구였으나, 안토니누스 왕조의 계승을 공언하는 것은 그의 제국이 지평선 너머의 어두운 시대에 대한 징조가 아니라 이전 시대를 연장하고자 하는 것임을 제시하는 데 적절했다. 최근에 역사학자들은 3세기의 위기를 서기 240년대 중반에서 270년대 중반까지로 기간을 축소했다. 세베루스 왕조가 이룩한 부흥은 짧고 급격했던 3세기의 위기와 분리될 수 없다. 세베루스 왕조와 동시대였던 고대 역사학자들의 부정적 평가가 현대인의 견해에도 영향을 미쳤다. 카시우스 디오는 마르쿠스의 통치가 끝나면서 황금시대도 종말을 고했고 '철과 녹'의 시대가 시작되었다고 여겼다. 그러나 비관주의는 로마의 역사학적 방법론에서는 절대적인 관습 같은 것이었고(세상은 언제나 점점 나빠진다), 디오는 여성들이 두드러진 역할을 했던 후기 세베루스 왕조의 대표들에게 원로원이 지녔던 혐오를 절묘하게 반영하고 있다. 뼛속 깊이 흐르는 여성 혐오, 그리고 황제와 원로원 사이의 긴장 때문에 왕조가 성취한 명백한 업적들을 부정해서는 안 될 것이다.[8)]

7) 셉티미우스 즉위의 배경에 대하여, Campbell 2005a, 1~4; Birley 1988.

셉티미우스 세베루스는 지중해 연안의 중심지 출신인 부유한 원로원 의원이었다. 어느 모로 보나 군인은 아니었다. 군인으로서의 적성은 겨우 보통 수준이라서, 이전 왕조를 세운 아우구스투스나 베스파시아누스, 트라야누스에 훨씬 못 미쳤다. 셉티미우스의 군 생활은 쓰라린 내전의 불쾌한 기억을 씻어내기 위해 성급히 시도했다가 성공한 파르티아 원정, 그리고 영국 북부의 정복을 끝내기 위한 대규모 군사 작전에 참여하면서 차근차근 이력이 쌓였다. 셉티미우스는 자신에게 권력을 준 군대에 감사했지만, 그것에 대해 환상을 갖고 있지는 않았다. 아들에게 "군대와 잘 지내면서 부유하게 만들어주고, 다른 이들은 신경 쓰지 않아도 된다"라고 충고한 것은 그의 실제적 관점을 잘 드러낸다. 콤모두스의 죽음 이후, 권력의 망토를 움켜쥐려면 군대를 물리적 폭력의 도구로 사용하면 된다는 진정한 '제국의 비밀'이 드러났다. 그러나 셉티미우스의 경우에는 여전히 원로원의 질서에 속해 있으면서 그 도구를 휘두른 것이었다. 그는 민간인의 지위에서 사령관에 오른 사람이었다. 그리고 로마의 가장 훌륭한 전통에 따라 사령관은 권력의 근거가 되는 충성에 대해 보상할 것이었다.[9)]

셉티미우스의 승리가 지방 사람들에게는 큰 이익임을 숨길 수 없었다. 지중해 서쪽에 흩어져 있던 로마 식민지의 아들과 자손들은 1세기 후반부터 거침없이 늘어났었다. 그러나 세베루스 왕조의 시작으로 지방 엘리트들이 원로원과 궁정에 가득찬 것을 볼 수 있다. 마르쿠스의 지휘 아래 벌어졌

---

8) '철과 녹': Cassius Dio, Hist. Rom. 72.36. 세베루스 왕조는 "디오클레티아누스의 선도자라기보다 안토니누스의 계승자": Carrié 2005, 270.

9) 셉티미우스는 "군인 황제가 아니었다": Campbell 2005a, 10. "Get along": Cassius Dio, Hist. Rom. 77.15.2.

던 전쟁과 팬데믹이 유발한 인구통계학적 격변으로 인해 우수한 지방 사람들이 제국의 상류층으로 점점 더 많이 진입하게 되었다. 부유하고 뛰어난 아프리카인 여단이 안토니누스 왕조의 통치 아래 '상류층으로 폭풍처럼 진입했다.' 셉티미우스는 그들을 등용했고, 그가 세운 왕조는 지방 사람들이 잠재력을 펼치는 계기가 되었다.[10)]

고향 처녀였으나 잘 알려지지 않았던 첫 번째 아내가 세상을 떠나자, 당시 갈리아를 통치하고 있던 셉티미우스는 적절하게도 시리아 귀족의 딸인 율리아 돔나에게 청혼했다. 약혼 제의는 루그두눔Lugdunum에서 에메사Emesa까지 4400킬로미터를 날아가 전해졌다! 제국에 의해 맺어진 이 결합은 제국 문화에 독특한 스타일과 개방성을 부여한 리비아–시리아 왕조의 중심이 되었다. 셉티미우스는 이집트가 제국 사회의 주류에 완전히 통합되도록 두루 살폈다. 알렉산드리아에 적절한 시 의회가 생기고 이집트인들이 원로원에 진출했다. 셉티미우스는 자신이 리비아 출신임을 드러내는 것을 부끄러워하지 않았다. 당시는 북아프리카의 전성기였다. 젊은 시절부터 셉티미우스는 산 정상에 서서 온 세상이 조화롭게 노래하는 것을 내려다보는 꿈을 지녔다. 셉티미우스는 의욕적인 몽상가였고, 그의 왕조는 꿈을 이루었다.[11)]

최고의 순간은 아들 카라칼라에게 넘겨졌다. 서기 212년에 카라칼라는 일거에 제국의 모든 자유민에게 시민권을 부여했다. '안토니누스 칙령'은 이미 제국의 통치자와 식민지 신민들 사이에 존재하던 미미한 구분을 없애버

10) "상류층으로 폭풍처럼 진입했다": Birley 1988, 24.

11) 율리아 돔나에게 청혼하다: Birley 1988, 75~76.

렸다. 뒤늦게나마 보편적 선거권으로 로마 제국이 속지주의 국가가 되었음을 인정한 것이다. 그것이 분수령이었다. 이러한 법령이 제정된 직후에, 산악지대로 둘러싸인 남부 마케도니아의 외딴 마을 주민들이 그들에게 부여된 새로운 지위가 옛 주인과 해방된 노예 사이의 관습적인 관계와 무엇이 다른지 구분하려고 노력한 흔적이 우연히 발견되었다. 조금 더 시간이 흐른 시점에서, 우리는 시리아 사막 변두리에서 자신들의 재산 소유권을 주장하는 여성들을 발견한다. 그들은 아우구스투스 황제의 법령을 근거로 하고 있다. 3세기 내내, 새로운 시민들이 로마법을 그들의 목적에 맞게 이용하게 되면서 로마법은 신속하게 퍼져나갔다. 3세기가 끝날 무렵, 연설자들이 흔히 아첨을 위해 '로마인의 법은 모든 이들에게 통용되기에'라며 그 도시의 법을 들먹이는 수사를 웅변가를 위한 전통적 안내서에서는 권하지 않게 되었다.[12)]

세베루스 왕조의 시대가 고전적 로마법의 전성기였던 것은 우연이 아니다. 유스티니아누스 법전의 많은 부분은 세베루스 시대 법학자들의 발췌문으로 구성되어 있다. 지적인 분야 중에서도 가장 보수적인 학문은 제국의 동쪽 경계선 출신의 몇몇 관리들 중에서 가장 뛰어난 주창자들이 나왔다. 법학자 파피니아누스와 울피아누스는 둘 다 시리아 사람이었으며 세베루스 행정부에서 일하면서 최고의 능력을 발휘했다. 시민권의 확대는 법을 실행하는 고도의 전문성과 연결되었다. 특히 울피아누스의 경우, 그의 가장 뛰어난 저술 중 몇몇은 총독들이 새로운 시민들의 도전에 대응하기 위해 갖추어

12) 안토니누스 칙령: P. Giss. 40; Dig. 1.5.17; Buraselis 1989, 189~98. 카시우스 디오의 적대적 기록에는 금전적동기가 개입되어 있었다. 특정 세금을 내는 계층이 확대되었기 때문이다. 실제적 동기는 어쩌면 종교적인 것일 수도 있었다. 새로운 시민들이 도시 숭배의 범위를 넓혔으니까. 로마법의 확산: Garnsey 2004; Modrzejewski 1970. Macedonia: ISMDA no. 63. Levant: Cotton 1993. "Since the laws": Menander Rhetor, Epid. 1.364.10.

야 할 네 번째 요소라고 불렀다. 베이루트에 로스쿨이 건립되고, 곧 법률과 관련된 생활과 배움의 중심지가 되었다. 세베루스 시대에 제국 문화가 탈중심화된 것은 지방 사람들이 로마의 법학에 지대한 공헌을 한 덕분임은 두말할 나위가 없다.[13)]

점점 더 늘어가는 제국의 행정 관리직에서 지방 사람들의 재능이 두각을 나타났다. 초기 로마 제국은 '관료 부족'이 특징이었다. 중앙 행정부는 견고한 시민 기반의 공공 생활을 감싸고 있는 성긴 조직이었다. 제국의 중앙 행정부는 필연적이고 유기적인 과정을 통해 확대되었으며, 로마화가 진행되면서 동시에 시장을 기반으로 한 제도가 퍼져나갔다.

세베루스 왕조의 통치하에서는 이러한 변화가 가속되었다. 하위 귀족에 속하는 기병(에퀴테스) 계층이 급속도로 퍼져나갔다. 3세기에는 신사 신분인 기병들도 여전히 있었으나, 민간과 군대 관료인 기병들의 숫자가 늘어나면서 제국의 기사층이 두터워졌다. 세베루스 왕조 시대에는 원로원과 기병 계층 사이의 갈등이나 긴장을 고려할 필요가 없다. 셉티미우스 통치 기간 내내 원로원은 "사실상 고위 행정직과 군 지휘부를 독점했다." 세베루스 왕조는 제국을 경영하는 데 있어서 원로원이 최고 지위에 있도록 보호하면서, 제국 체제 유지를 위한 전문적 인력이 훨씬 늘어나면서, 로마가 통치하는 광대한 영토들을 대표하게 되었다.[14)]

세베루스 시대에 일어난 가장 중요한 정치적 변화는 권력이 미묘하게 군대 쪽으로 옮겨간 것이다. 아우구스투스는 군대를 무장해제시키는 데 성공하여 그것을 정치적 수단으로 삼았으나, 셉티미우스가 정권을 잡으면서 군

---

13) Ibbetson 2005. 세베루스 왕조의 위대한 법학자 울피아누스의 업적에 대하여 Honoré 2002.

대의 진정한 잠재력이 일깨워졌다. 그 영향력은 지갑 속에서 나타났다. 통치 초기에 셉티미우스는 군대의 봉급을 100퍼센트 인상했다. 일반적인 군단 병사들은 매해 300에서 600데나리씩 더 받았다. 감사의 표시는 오랫동안 지체되어 있었다. 병사들의 봉급은 도미티아누스가 통치하던 서기 83~84년부터 인상된 적이 없었다. 이집트에서 나타난 증거를 넓게 적용하면, 안토니누스 페스트 이래로 몇 년 사이에 물가가 두 배로 올라간 것이 보이므로, 셉티미우스 통치 아래 봉급 인상은 뒤늦은 생활비 조정이라고 할 수 있었다.[15)]

그러나 군대의 봉급 인상은 훨씬 미묘하고 심각하게 중요한 면이 있다. 국가로서의 로마는 언제든지 거뜬히 약 50만 명의 병력을 전투에 배치할 수 있었다. 봉급이 오른다는 것은 군대에서 신병 모집이 해마다 더 골치 아픈 일이 되어간다는 신호이기도 했다. 그러나 아직 위기는 아니었다. 셉티미우스는 큰 부담 없이 세 군단을 새로 채워 넣는 데 성공했고, 군 입대는 여전히 자발적으로 이루어졌다. 셉티미우스는 현역 군인들의 결혼할 권리를 인정해 주었다. 이는 수 세기 동안 내려온 전통이자 직업 군인으로서의 중요한 규율인 독신 생활의 의무를 깨뜨린 것이었다. 결혼할 권리를 주는 것은 분명히 사소한 유인책이 아니었으므로, 군대의 면모를 서서히 변화시켰다. 요컨대 셉티미우스가 군대에게 양보한 것은 정치권력 부분, 봉급 인상 부분

---

14) 세베루스 왕조의 통치에 대하여, Lo Cascio 2005b, "불리한 입장" at 132. Campbell 2005a, 12~13. 셉티미우스가 기병 계층을 원로원의 신성한 예비역이었던 관료로 임용한 것은 사실이다. 그가 새롭게 창설한 1,2군단과 3군단 파르티아의 보좌관으로 임명한 것이 가장 눈에 띈다. 그러나 각각의 경우마다 정상참작이 가능한 정황이 있었고, 그는 원로원 보좌관을 기병 계층 아래 두어 용의주도하게 불협화음을 피했다.

15) 도미티아누스: Griffin 2000, 71~72. 군대의 임금 인상: Herodian, 3.8.4; Campbell 2005a, 9.

그리고 신병 모집 정책 부분이었다.[16)]

세베루스 왕조가 거둔 성공의 결실은 풍요로웠다. 그 어느 때보다 포용력이 강한 문화가 활짝 꽃피었다. 지방 인재들이 물밀듯이 유입되어 세베루스 왕조의 문화가 깨어났다. 고대의 수도는 여전히 후원이라는 제국 전통의 구심점으로 남아 있었다. 로마의 건축에 대해 셉티미우스는 아우구스투스 황제의 건축물과 조화를 이루고자 하는 야심찬 계획이 있었다. 상징적으로 모든 길이 향하고 있다는 아우구스투스의 황금 마일표 가까이에 셉티미우스 개선문으로 움빌리쿠스 우르비스를 다시 짓도록 했다. 콤모두스 치하에서 화재로 파괴되었던 웅장한 평화의 신전도(갈레노스의 한탄에 의하면, 그 역시 화재로 원고와 귀중한 약품을 잃었다) 의욕적으로 다시 세워졌다. 붉은 아스완 화강암으로 만든 외벽의 거대한 기둥들이 구경꾼의 눈길을 끌었고, 안쪽에는 시내 구석구석을 보여주는 포르마 우르비스 로마Forma Urbis Romae라는 특별한 대리석 지도가 시선을 압도하는 위용을 자랑하며 약 18.1×13미터에 달하는 크기로 펼쳐져 있었다. 셉티미우스는 일곱 행성의 신을 기리는 거대한 파사드인 셉티조디움을 세웠다. 아피아 가도와 도시 중심에 있는 팔라틴 언덕이 만나는 지점이었다. 카라칼라는 거대한 목욕탕 건립을 후원했고, 세베루스 왕조의 마지막 황제 알렉산데르는 로마의 마지막 수로를 건설했다. 도시 주위에 거대한 물레방앗간과 곡물 저장 창고가 세워졌다.[17)]

당시에는 아무도 그들이 지중해 지역 고대 시대에 마지막으로 웅장한 공공건물을 대규모로 짓고 있다는 사실을 의식하지 못했다. 그러고 나서 갑작스러운 공백이 이어졌고 고대 후기에 이르러서야 교회 건축이 새로운 면

---

16) 병사들의 결혼: Birley 1988, 128.

모로 웅장함을 드러내는 시기가 시작되었다. 건축의 활성화는 세베루스 시대가 경제와 인구통계학적 지표의 회복을 꾀하는 시대였음을 드러내는 하나의 징표이다.

까다로운 신학자인 테르툴리아누스는 이러한 수십 년의 세월에 대해 이렇게 언명했다. "보아하니, 세계가 옛날보다 더 열심히 계발되고 건설되고 있는 게 분명하다. 이제는 어디에서나 도로가 교차하고, 알려지지 않은 곳이 없고, 모든 곳에서 일을 벌일 수 있다. 황무지로 악명 높던 곳이 가장 쾌적한 주거지로 바뀌었다. 깊은 숲속은 쟁기질한 밭으로 변했다. 야생의 짐승은 인간이 키우는 가축 앞에서 달아난다. 사막에 씨를 뿌리고, 자갈밭에 식물을 심는다. 늪에는 배수로를 만들고, 집 몇 채가 모여 있는 작은 마을보다 대도시가 더 많다. 아무도 외로운 섬을 겁내거나 험준한 해변을 두려워하지 않는다. 어디에나 집이 있고, 어디에나 사람들이 있고, 어디에나 도시가 있으며, 어디에나 삶이 있다! 그리고 가장 위대한 증언은 인류가 넘쳐난다는 것이다." 이러한 장밋빛 선언이 아첨하는 마음에서 나온 게 아닌지 당연히

17) 세베루스 왕조의 고급문화는 안토니누스 시대를 연장한 것이지만, 자체적인 문화가 나타나기도 했다. 갈레노스의 이력이 하나의 사례이다. 그는 서기 216/217년까지 살았고 실제적으로 마르쿠스 시대만큼 셉티미우스 시대 동안 공적인 경력을 누렸다. 철학은 아프로디시아스의 알렉산더와 같은 새로운 스타를 배출했는데, 그는 스승인 위대한 아리스토텔레스의 뒤를 이었다. 주인 자신 다음으로 위대한 아리스토텔레스의 한 사람이다. 세베루스 시대에는 의심할 나위 없이 스토아와 에피쿠로스 학파 대신 플라톤 주의가 등극했다. 그리스의 산문 소설도 활기를 띤 분야였다. 한때 숨겨져 있던 시리아 문화의 대륙 전체가 갑자기 처음으로 조명을 받았다. 그 시기에는 놀라운 일들이 많았다. 경이로운 시인 셉티미우스 네스토르는 리포그램으로 쓴 일리아드(책의 숫자를 상징하는 글자들을 사용하지 않고, 모든 책에 실린 시들을 다시 썼다.)로 동양과 서양에서 명성을 얻었다. 아테네의 필로스트라투스가 인기를 끌었는데, 그는 "두 번째 궤변론"이라는 문학 운동을 공표하고 경이로운 현자인 티아나의 아폴로니우스에 관한 전기를 썼다. Swain, Harrison, and Elsner 2007에 실린 개략적인 논문을 참조. 세베루스의 로마에 대하여 Lusnia 2014; Wilson 2007; Reynolds 1996. Watermills and grain: Lo Cascio 2005c, 163을 참조.

의심스러울 것이다. 테르툴리아누스의 의도는 더 심각했다. 유능한 논객인 그는 영혼의 환생이라는 교리를 반대할 믿을 만한 증거를 찾고자 했다. 이전보다 훨씬 많은 숫자의 인간들이 땅 위에서 활보하는 것은 그 교리에 대한 확연한 논리적 장애물이었다![18]

인구는 별다른 전염병의 방해 없이 증가해갔다. 천연두 바이러스가 제국의 큰 도시들에서 풍토병이 될 수도 있었으나, 서기 190년에서 191년 사이 로마에서 다시 발생했다는 기록은 없다. 수 세기 뒤에 몇 군데에서 언급되고 있을 뿐이다. 증거가 없다는 것이 결정적 사실이 될 수는 없으나, 모든 것을 감안할 때 팬데믹이 저절로 소멸되었거나 전파가 제한되는 구석으로 잠복했을 것이다. 팬데믹이 후퇴하고 있는 기간 동안 인구 반등을 위한 방안이 마련되었다.

이집트의 인구가 안토니누스 시대 이전의 최고점에 도달하지는 못했으나 다시 팽창하기 시작했다는 사실은 파피루스 학자들의 관심을 끌었다. 역병에 의해 폐허가 된 마을 소노파이우 네소스도 세베루스 시대에 간신히 유지되고 있었으며, 적어도 서기 239년까지는 기록에 남아 있다. 카라니스 마을은 3세기 초에 부활한 뒤 사실상 중반에는 사라졌다가 3세기가 끝나갈 무렵 다시 살아났다.

다른 사례들도 이런 패턴을 따른다. 로마령 이집트에서 기록이 가장 확실히 남아 있는 마을인 옥시린쿠스Oxyrhynchus의 경우, 서기 199년에 1만 1901명이 거주하다가 서기 235년에는 인구가 약 2만 1천 명까지 늘어났다. 이러한 숫자들로 보면 인구 성장률이 너무 높지만, 적어도 그 방향의 변화가 의

---

18) 웅장한 건축물은 세베루스 왕조와 함께 끝난다.: Wilson 2007, 291. 테르툴리아누스, De anima 30.

미하는 바가 있다. 대체로 문학, 파피루스 그리고 고고학적 기록들 모두 세베루스 시대가 인구통계학적으로 부활의 시기였음을 가리키고 있다.[19)]

세베루스 왕조가 통치하는 동안 제국은 균형을 회복했다. 새로운 질서를 좀먹는 존재가 있었다면, 군내 권력이 흉포함을 드러낸 것이었다. 한번 세상으로 나온 거인 지니를 병 속으로 다시 집어넣을 수는 없었다. 셉티미우스의 아들이자 후계자인 카라칼라는 동생을 살해한 뒤, 군대를 방어막으로 삼았다. 그는 군단 사병의 봉급을 다시 50퍼센트 인상했고, 해마다 900데나리씩 올려주었다. 셉티미우스는 재위 초반에 은화를 평가절하했으나, 그 파장은 미미했다. 카라칼라는 재정적으로 긴급했거나 순전히 자존심 때문에 더 급진적인 수완을 발휘해야 했다. 그는 실험적으로 2데나리의 가치를 지닌 새로운 은화 안토니니아누스를 발행했다. 거기에는 2데나리에 함유되어야 할 은이 80퍼센트밖에 함유되지 않았다. 그러나 새로운 은화가 문제를 일으키지는 않은 것 같다. 국가는 공공 화폐가 귀금속 함량에 의한 시장의 가치가 아니라 법령에 의해 확립된 액면가를 구현한다고 엄격하게 주장했다. 놀랍게도 효과가 있었다. 은 함량이 높은 데나리가 화폐의 유통 과정에서 사라지지도 않았고, 인플레이션이 나타났다는 증거도 없다. 새로운 은화는 점점 신용화폐가 되어갔다. 결과를 이미 알고 있는 위치에서나 할 수 있는 이야기지만, 로마인들은 심연 위에서 요동치는 배를 타고 항구를 건설하는 셈이었다.[20)]

카라칼라의 죽음으로 발생한 짧은 막간을 제외하면, 세베루스 왕조는

---

19) Bowman 2011, 328; Keenan 2003; Alston 2002 and 2001; van Minnen 1995; Rathbone 1990을 참조.

235년까지 통치했다. 마지막 황제였던 알렉산데르 세베루스는 라인강 군사 작전을 수행하던 도중에 부하에게 암살당했다. 살해를 청부한 사람의 이름은 막시미누스였다. 다뉴브강 아래쪽 지역의 군 지휘자 출신 기병인 그는 최초로 제국의 권좌에 오른 진정한 아웃사이더였다.

막시미누스는 야만인으로 기억되었다. 원로원이 그의 통치를 인정했음에도, 그는 병을 핑계로 원정 중인 북방 지역에서 떠나지 않았다. 그는 수도에 자신의 승전보를 보냈을 뿐 아니라, 원로원 건물 외벽에 자신의 군사 작전을 그린 그림을 내걸기도 했다. 그가 발행한 주화의 은 함유량으로 판단하건대, 군사 작전에 들어가는 엄청난 비용에도 불구하고 세베루스 시대 이후의 재정적 평형을 유지할 수 있었다. 그는 로마의 정치권력을 무시하면서 시대를 지나치게 앞서갔다.

서기 238년 봄에, 그의 정권이 무너졌다. 교과서적인 정당성의 위기 때문이었다. 멀리 떨어진 북아프리카에서 반란이 시작되었다. 현지인들은 막시미누스의 대리인들이 요구하는 엄청난 재정적 기대를 견디지 못했다. 다소 어설픈 원로원의 쿠데타도 정권을 넘어뜨리려 했다. 막시미누스의 통치 이력은 역사의 제1막이 때로는 희극임을 보여준다. 막시미누스는 전조에 불과했고, 군인 황제들의 시대는 아직 드러나지 않은 상태였다.[21]

---

20) 임금: Southern 2006, 108~9. 셉티미우스는 큰 파장 없이 서기 194년에 심각한 평가절하(~45% 은)를 단행한 것 같다. Butcher and Ponting 2012; Corbier 2005a and 2005b; Lo Cascio 1986. 신용화폐/가치 평가: Haklai-Rotenberg 2011; Rathbone 1997 and 1996.

21) 막시미누스에 대하여, Syme 1971, 179~93. 더 최근의 자료는, Campbell 2005a, 26~27. 막시미누스의 폐위: Drinkwater 2005, 31~33; Kolb 1977에서 상세히 다루고 있다.

세계의 노년기: 3세기의 기후 변화

돌이켜보면 막시미누스의 이력은 서곡일 뿐이었다. 그러나 다음 막으로 넘어가기 전에 너무 많은 것을 상정해서는 안 된다. 서기 238년에 원로원은 다시 권력을 장악했고, 곧 열세 살의 고르디아누스 3세가 권좌에 올랐다. 그는 아직 남아 있던 세베루스 시대의 엘리트들에게 조언을 얻을 수 있었다. 그는 메소포타미아 북부로 침략해온 페르시아를 막기 위해 동방으로 떠났고, 루키우스 베루스 이후 정확하게 80년 뒤인 서기 242년에 대규모의 수행원들을 거느리고 안티오크에 도착했다. 2년 뒤 원정이 실패로 끝나고, 고르디아누스 3세는 적진 깊숙한 곳에서 죽었다. 필리푸스가 황제로 추대되었으며, 50만 아우레우스(금화)를 배상금으로 치르고 황급히 군대를 탈출시켰다. 상황이 그토록 절박한 것은 아니었다. 그는 동방, 소아시아, 발칸 반도의 여러 도시를 거쳐서 '조용히' 로마로 돌아갔다. "훨씬 잠잠했던 시기의 제국을 다스리던 왕족들의 방식에 가까운" 것이었다. 그는 수도에 도착해서 궁정을 차지하고 그곳에 거주했다. 짧은 기간 안에 필리푸스는 활동적인 행정가임을 증명했다. 그가 통치하던 제국 도시의 거주민은 그것이 평소와 다름없는 일들이라고 믿을 수밖에 없었을 것이다. 그러나 로마의 천년을 화려하게 기념한 지 1년이 지나지 않아, 제국의 조직은 흐트러지기 시작했다.[22)]

이전에도 로마 제국의 왕조는 불안정해 보였는데, 손실을 겪으며 남루해졌고 근근이 살아남았다. 그렇다 하더라도 240년대 후반기부터 발발하기 시작한 일들은 전례가 없던 것이었다. 국경 시스템이 광범위하게 붕괴되었

22) 이 시기에 일어난 사건들에 대한 서사는 Drinkwater 2005, 33~38을 참조. "조용히": Peachin 1991.

고, 고대 화폐 체제가 총체적으로 소멸했으며, 로마 영토 안에서 황제들이 짧은 기간 동안 자주 바뀌면서 권좌를 다투었다. 이후로는 상황을 통제하던 중앙집권적 제도들이 산산이 부서지는 계단식 변화가 일어날 예정이었다. 위기는 '매우 심각해서 제국이 유지되었다는 사실이 놀라울 지경'이었다. 시간이 흐르면서 상황이 점진적으로 진행되었고 회복력이 소진되었다. 그러나 동시대인들은 위기의 배경에 갑작스럽고 고통스러운 환경적 요인이 있었음을 의식하고 있었다. 위기의 뒤에 있는 복잡한 원인들의 목록에 우리는 기후 변화와 팬데믹으로 야기된 충격을 덧붙여야만 한다.[23]

역경의 시기를 살아가면서 기독교인들은 '세계의 노년기'에 살고 있다는 생각을 만들어냈다. 사상의 전쟁을 치르면서 그들이 정교화한 은유였다. 위기의 와중에 엉뚱하게도 신의 본성에 대한 공적인 논쟁이 일어났다. 황제들은 위기의 책임을 기독교인들이 (다신교의) 신들을 제대로 숭배하지 않은 탓으로 돌렸다. 기독교인들은 실제로 지구가 노년기로 접어들고 있을 뿐이라고 항변했다. 이러한 반론을 나름대로 심각하게 받아들이는 게 좋을 것이다. 높은 수준의 훈련을 받은 수사학자들이 매우 구체적으로 핵심을 잘 표현한 것이기 때문이다. 테르툴리아누스가 로마령 아프리카의 활력 넘치는 문명을 눈으로 직접 목격한 뒤 한 세대가 지나지 않아, 또 다른 카르타고 사람인 키프리아누스는 "세상이 점점 늙어가면서 과거에 세상을 지탱하던 생명력을 유지할 수 없으며, 한때 그 속에 깃들었던 힘과 활력이 이제는 남아 있지 않다. …… 겨울이 와도 씨앗을 키우는 비가 예전처럼 풍요롭게 내리지 않는다. 여름에는 태양이 들판을 예전처럼 뜨겁게 달구지 않아 곡식이 여물

---

23) 매우 심각해서": Duncan-Jones 2004, 21.

지 않는다. 봄의 절제는 이제 기쁘지 않고, 가을 나무에 달린 열매는 익어가지 않는다."는 것이 분명하다고 믿게 되었다.[24)]

역사학자들은 키프리아누스의 은유가 어디에서 비롯되었는지 고대 철학의 장시들을 뒤지며 원형을 찾으려 했다. 그러나 그 은유가 지닌 잠재력의 직접 원천인 노화라는 생물학적 가정을 심각하게 받아들이지 않았다. 고대인들에게 노화는 차갑고 건조해지는 것이었다. 젊음은 뜨겁고 촉촉했으며, 열정적 힘이 넘쳤다. 이러한 개념은 섭식에 관한 고대의 대화에 명료하게 표현되어 있다. 예를 들어 젊은이는 포도주를 주의해서 마셔야 했다. 포도주는 열정적인 젊은 몸을 과열시킬 위험이 있었다. 열정이 지나치면 자기 통제를 잃게 된다. 마시면 담대해지는 포도주의 특성을 2세기의 소설 속에서는 일종의 '섹스 연료'라고 불렀다. 그러나 노인들이 포도주를 가볍게 마시는 것은 기운을 돋우는 것이다. 몸이 건조해지는 것을 늦춰준다. 갈레노스는 "늙은 사람들의 몸은 성질이 건조하다. 몸의 각 부분이 건조해지는 이유는 열이 부족해서 영양분을 받아들이는 정도가 적어지기 때문이다."라고 기록했다. 늙어가는 것은 오랫동안 물기가 증발해서 결국 차가운 죽음에 이르는 것이다. "죽음은 내면의 열이 소진하는 것이라서, 요컨대 늙는다는 것은 서서히 사라지는 것이다."

세계가 늙어가고 있다고 키프리아누스가 주장할 때 노화에 대해 갖고 있던 견해는 바로 이런 것이었다. "지는 해의 스러지는 빛은 밝지도 않고 눈부시게 타오르지도 않는다. …… 한때 풍요로운 샘에서 흘러넘치던 분수는 이제는 늙어가며 말라붙어 한 방울도 솟아오르지 않는다." 키프리아누스는

---

24) 키프리아누스, Ad Demetr. 3.

이 세계가 차가워지고 건조해졌다고 믿었다. 세계는 무덤을 향해 다가가는 창백한 노인이었다.[25)]

인간의 목격담에 신빙성이 있음을 자연의 기록보관소들이 증명해준다. 로마 기후최적기 동안 미소 짓던 나날들이 2세기 후반에는 신속하게 종말을 고하고 있었다. 브레이크가 급하게 걸린 것은 아니었다. 로마 기후최적기는 조용히 사라졌고, 그 뒤를 이은 것은 후기 로마 과도기였다. 뚜렷한 해답이 없는 분열과 급격한 변화의 시기가 약 3세기 동안 지속되었다. 변화는 전지구적 규모였다. 태양의 변동성이 외부 강제력의 주된 메커니즘이었다. 로마인들 머리 위에서 태양은 점점 약해져갔다. 베릴륨 동위원소 기록을 보면, 서기 240년대에는 일조량이 급격하게 감소한다. 얼음이 얼기 시작했다. 수 세기 동안 녹은 상태였던 알프스 산맥의 거대한 알레치 빙하가 산 아래로 슬금슬금 확장되기 시작했다. 몽블랑 분지의 메르 드 글레이스 빙하도 마찬가지였다. 멀리 떨어져 있는 스페인, 오스트리아 그리고 트라키아에도 비슷한 시기에 얼음이 얼었다는 기록이 있다. 키프리아누스는 추워지고 있는 3세기 중반의 서늘한 바람을 제대로 감지했다.[26)]

로마 기후최적기의 두드러진 특징은 지중해 지역 전반에 걸쳐 습기가 이

25) 특히 은유에 관하여 Zocca 1995 and Fredouille 2003, 21~38을 참조. "섹스 연료": Ach. Tat. 2.3.3. "성질이 건조하다": Galen, Temp. 2.580~81, tr. Singer. "죽음은": Galen, Temp. 2.582, tr. Singer. "지는 해": Cyprian, Ad Demetr. 3.

26) 새로운 연구가 제공하는 관점에서, 나는 로마 기후최적기가 끝날 무렵의 화산이 미친 외부강제력보다는 다른 가치 있는 연구에 비중을 두게 될 것이다(예를 들어, Elliott 2016 and Rossignol and Durost 2007). 서기 169년에 일어난 화산 폭발이 기후를 냉각시켰고, 266년에 있었던 더 큰 화산 폭발도 마찬가지 결과를 가져왔다. 화산 폭발의 시기와 규모에 관한 신뢰할 만한 연구는 Sigl 2015를 참조하라. 일조량: Steinhilber et al. 2012. 빙하: Le Roy et al. 2015; Holzhauser et al. 2005. 스페인의 기온 기록: Martín-Chivelet et al. 2011. 오스트리아의 동굴침전물: Vollweiler et al. 2006; Mangini, Spötl, and Verdes 2005. 트라키아의 동굴침전물: Göktürk 2011.

례적으로 높았다는 것이다. 로마 기후최적기에는 오랫동안 서서히 건조하게 변해가는 완신세의 행진이 잠시 멈췄다. 그러나 로마 기후최적기가 끝나자, 건조 기후를 향해 가는 더 큰 주기의 영향이 드러났다.

단기적으로 서기 240년대에는 지중해 지역의 남쪽 끝부분에서 심각한 가뭄이 있었음이 관찰된다. 키프리아누스가 살던 북아프리카도 가뭄으로 시들어갔다. 기독교 주교이기도 했던 그는 고통스러운 가뭄에서 가까스로 살아남은 사회에서 대중적으로 기독교를 방어하려고 애썼다. 기독교인들은 "비가 오지만 거의 내리지 않는 듯 온다면, 흙먼지가 날리고 땅이 황폐해진다면, 메마른 대지에서 창백하고 목마른 풀잎조차 싹트지 않는다면……, 가뭄으로 인해 봄이 오지 않는다면," 필연적으로 비난받게 되어 있었다. 비가 내리지 않는 하늘 탓에 도시는 식량 부족에 시달렸지만, 키프리아누스는 위기 속에서도 이득을 보는 부자들의 창고를 신랄하게 비판했다. 전반적 위기는 사실상 복음을 전파하기에 적기였다. 현재의 괴로움을 넘어 생명을 약속하는 신앙이 주는 안위로 불러들이는 초대와 마찬가지였다. "포도 넝쿨이 쓰러지고, 올리브 나무가 우리를 속이고, 가뭄으로 타들어 가는 밭에서 곡식들이 죽어간다면, 그것은 기독교도에게 무슨 의미인가?" 가뭄으로 메마른 풍경은 키프리아누스가 기독교도의 대변인 역할을 하던 무렵의 전체적 배경이었다.[27)]

같은 시기에 팔레스타인에도 가뭄이 덮쳤다. 사막에 인접한 레반트의 농경 지대에서는 언제나 절박한 긴장감 속에서 비가 내리기를 기다렸다. 2세

27) 키프리아누스, De Mort. 2. Cyprian, Ad Demetr. 7. 부자: Cyprian, Ad Demetr. 10. "포도 넝쿨이 쓰러지고": Cyprian, Ad Demetr. 20.

기와 3세기 랍비들의 문헌에 나타나는 강수량은 사실상 기적에 가까웠다. 당대의 세계관 속에는 그 땅의 엄혹함이 깊이 내재해 있었다. 서기 70년에 사원이 파괴된 뒤, 토양은 내내 건조했다. 랍비들의 문헌은 편향되지 않은 기후학적 기록에 가장 적합하다고 볼 수는 없을 것이다. 그러나 서기 230년대에서 240년대 사이에 가뭄에 대한 현자들의 기억에는 일관성이 있어서, 어쩌면 우리는 랍비들의 전설에 역사적 근거를 부여할 수도 있다. 챠니나 바 챠마Ḥanina bar Ḥama는 유명한 랍비로, 위대한 랍비 유다 1세Judah I의 후학이기도 하다. 그는 세포리Sepphoris에 있는 학교에서 주도적 역할을 했고, 세계의 노년기가 무르익을 때까지 살았다(~250년). 그에 관련된 이야기 속에서도 가뭄은 견디기 힘든 문제로 등장한다. 한 일화에서는, 갈릴리와 유대 남부에 한동안 비가 내리지 않았다. 남쪽에 있는 랍비가 대중들에게 공식적으로 금식을 촉구해서 비를 내리게 했던 반면에, 세포리에서는 가뭄을 견뎌냈다. '마음이 강건했기' 때문이었다. 결국 비는 왔지만, 오래 기다린 갈증 해소의 순간에도 지도자 역할을 했던 랍비들의 머릿속에서 유례없이 엄혹했던 가뭄의 기억은 사라지지 않았다.28)

궁핍한 상황에서 제국은 이집트에 의존하게 되었다. 푸른 리본 형태인 나일강 계곡 주변의 녹지대는 놀라울 정도로 비옥했다. 이 지역은 제국의 보험증권이라 할 만했다. 나일강 계곡의 독특한 생태는 지중해 기후가 미미하게 변화할 때마다 제국의 울타리 역할을 해주었다. 나일강은 주요한 두 개의 지류에서 흘러내린다. 아프리카의 적도 지방에 원천을 두고 있는 화이트

28) 이것은 Sperber 1974에서 가져왔다. 챠니나 바 챠마Hˇanina bar Hˇama에 대하여 Miller 1992를 참조. 기후 증거: Issar and Zohar 2004, 210, 특히 쿰란 근처의 '아인 파슈카 빌라'의 기록을 참조.

나일강의 기본적 흐름은 한결같다. 블루 나일강의 흐름은 넘치는 수량과 토사로 수위가 높아져 해마다 범람을 유발한다. 나일강 홍수의 약 90퍼센트는 동아프리카의 여름에 내리는 몬순 때문이다. 블루 나일강은 에티오피아 고원지대에 내린 빗물을 모아 하류로 운반하고, 하르툼에서 화이트 나일강과 합쳐져 강의 본류로 흐른다. 그 결과가 거대한 자연의 관개 펌프 역할을 하는 강이다. 로마인들이 들어오기 수천 년 전부터 인류 문명은 그것을 이용했다. 생명을 불어넣는 강물과 비옥한 토사 덕분에 이집트 농경의 생산성은 극도로 높았다. 이집트는 로마의 빵 바구니 역할을 했고, 제국에 있어 매우 중요한 곳이었다.[29)]

해마다 오르내리는 강물의 수위는 신성한 리듬이었다. 희망에 찬 기도를 올리며 예측할 수밖에 없었다. 고대인들 모두 너무나 잘 알고 있듯이, 홍수가 주는 선물은 일관성이 없었다. 사제든 농부든 수확이 좋은 해가 있고 나쁜 해가 있음을 생애 내내 지켜보았다. 해마다 바뀌는 이러한 변화 아래 감지할 수 없을 만큼 천천히 그러나 결정적으로 주기가 변해가고 있다는 사실은, 훈련된 눈으로 주의 깊게 지켜보아도 알아차릴 수 없었다.

장기적으로 볼 때 후기 완신세完新世의 수천 년이 흐르면서 나일강의 방류량은 점차 줄어들었다. 몬순이 내리는 지역이 남쪽으로 이동하면서 열대 수렴대를 끌어당겼다. 종교와 상관없는 광범위한 이동을 배경으로, 수십 년 혹은 수백 년보다 더 짧은 기간 동안 나일강 홍수는 예측할 수 있을 때와 불규칙할 때가 번갈아 나타났다. 경기가 최고조와 밑바닥으로 순환하는 것

29) Marriner et al. 2013; Marriner et al. 2012; Abtew et al. 2009; Jiang et al. 2002; Krom 2002; Eltahir 1996.

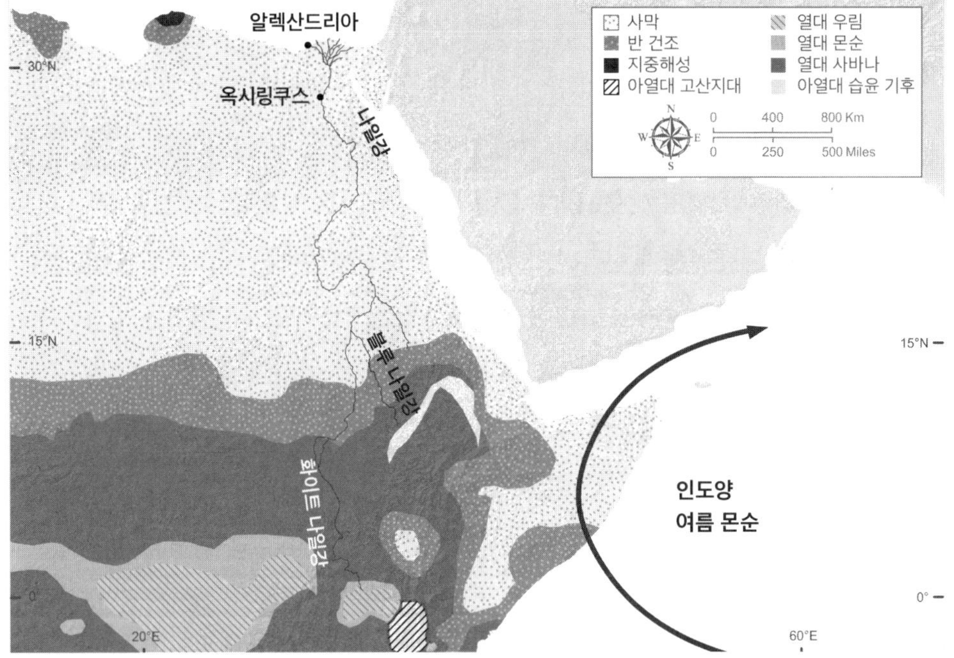

지도 11. | 나일강의 수리학과 기후 체제

처럼 나일강 홍수는 계곡 부근과 그 너머 문명의 과정에 영향을 미칠 장기적 변화를 가져왔다. 이러한 국면을 서기 641년 이후로 세계에서 가장 오래되고 지속적인 인간의 기후 기록인 나일로미터 자료로 추적할 수 있다. 이 자료는 아랍어 연대기에 보존되어 있다. 그보다 이른 시기에는 기록이 분산되어 있으며 간접적이다. 그러나 우리가 찾은 증거로는 로마가 지배하던 수세기 동안 나일강의 양상이 심각하게 변했음을 알 수 있다.[30)]

나일강 수위에 대한 기록은 로마 제국의 건립자들이 시기의 혜택을 매우 적절하게 받았다는 사실을 재확인한다. 마이클 맥커믹Michael McCormick과

30) 고대인과 나일강: Bonneau 1971; Bonneau 1964. 나일로미터: Popper 1951. 나일강의 변동성: Macklin et al. 2015; Hassan 2007. 나일강의 전반적 수리학에 대하여, Said 1993.

나는 제국 초기의 수 세기 동안 어떤 방식으로 홍수가 일어났는지 데이터베이스를 구축했다. 로마 지배 시기에 일어난 홍수들을 기록한 파피루스 자료(때로는 간접적이고 불확실한)를 수집 분석해서 근거로 삼았다. 나일강 기록은 뚜렷하게 다른 두 가지 국면으로 나뉜다. 첫 번째는 아우구스투스에 의한 합병에서부터 서기 155년 무렵으로 이어지는 국면이고, 두 번째는 서기 156년에서 3세기 말까지의 국면이다. 처음에는 예측 가능한 범람과 결과가 좋은 홍수의 비율이 높았다. 그러나 나중에는 최악의 홍수들이 너무 자주 일어났다.

더욱이 국면이 전환되던 시기인 서기 150년대에 처음으로 새로운 종류의 기록인 '침수되지 않은 땅 신고서'가 파피루스에 나타난다. 출처는 모호하지만 이러한 신고서는 나일강 홍수 체제가 더 불규칙해지기 시작한 것에 대한 반응이었을 것이다.[31)]

나일강의 변동성에 대한 물리적 증거는 아쉽게도 훨씬 간접적이다. 나일강의 범람은 엘니뇨-남방진동(ENSO)으로 알려진 지구적 기후 변동성과 강하게 연관되어 있다. 엘니뇨가 있는 해에는 태평양 동쪽의 바닷물이 따뜻해지고, 서쪽 끝 지역의 몬순은 억제된다. 엘니뇨가 강력해지면 나일강 홍수는 약해진다. 오늘날 엘니뇨는 3년에서 5년 주기로 발생하지만, 엘니뇨-남방진동의 주기는 다양하다.

불행히도 해상도 높은 첫 번째 천년의 ENSO 기록은 희귀하고 불확실하다. 그러나 에콰도르에서 발견된 퇴적층의 기록은 로마 기후최적기 동안

31) 원 데이터: McCormick, Harper, More, and Gibson 2012. Applications: Izdebski et al.2016; McCormick 2013b.

ENSO가 매우 드물게 일어났음을 보여준다(20년마다 한 번씩 정도). ENSO가 잠잠했다는 것은 이집트의 홍수 체제가 활발하면서 예측 가능했으리라는 것을 의미한다. 또한 로마 기후최적기가 중기 완신세와 비슷한 특징을 보였다는 또 다른 증거이기도 하다. 그러고 나서 로마 과도기의 수 세기 동안 ENSO는 매우 흔하게 발생했다. 3년마다 한 번 정도. 오랜 시간 이례적으로 유리한 조건에 놓인 이집트의 생산성에 의존하면서 로마인들이 누리던 행운은 고갈되고 말았다.[32)]

로마인들이 불운에 대한 완충 작용이 가장 필요했을 때, 나일강이 그들을 매정하게 저버렸다는 것은 의심의 여지가 없다.

서기 244년에는 강물의 수위가 올라가지 않았다. 서기 245년 혹은 246년에는 다시 미미한 수량으로 범람했다. 기록에 의하면 246년 봄 추수 직전에 옥시링쿠스의 공무원들은 전례 없는 비상조치를 취했다. 24시간 안에 개인이 보유하고 있는 모든 곡식을 등록하라는 명령을 내렸다. 그렇지 않으면 과감하게 처벌한다는 위협이 있었다. 국가는 아르타바 당 24드라크마라는 놀랄 만큼 높은 가격으로 구매를 강행했다. 보통은 정부에 유리한 가격을

---

32) Marriner et al. 2013; Marriner et al. 2012; Abtew et al. 2009; Hassan 2007; De Putter et al. 1998; Eltahir 1996. 더욱이 ENSO는 가장 강력한 지구 기후 메커니즘 중 하나이고, 그 영향력은 지중해 지역과 근동까지 미친다. 그것은 북아프리카에서 레반트까지 펼쳐진 지역에 복잡한 영향을 미치며, 나일강 계곡에서 일어나는 효과와 반대 방향으로 움직일 때가 많다.: ENSO가 일어나는 해에는 지중해 남쪽의 반건조지대에 비가 내린다. 그러나 ENSO 진동이 사라지는 국면에서는 급격한 변동성과 연관된다. 어쨌든 북아프리카, 팔레스타인 그리고 이집트의 가뭄들이 서로 연관되어 있다면, ENSO와 같은 지구적 메커니즘이 개입되어야 할 것이다. 그리고 로마 과도기에서 일어난 급격한 변화 중 하나가 엘니뇨의 잦은 발생 빈도라고 가정할 수 있다. 로마 제국의 빵 바구니는 남반구의 대규모 기후 패턴에 따라 달라졌다: Alpert et al. 2006; Nicholson and Kim 1997. 여기서 엘니뇨의 빈도는 에콰도르의 퇴적층 기록에서 재구성된다. Moy et al. 2002, 데이터는 이곳에서 얻을 수 있다. http://ftp.ncdc.noaa.gov/pub/data/paleo/paleolimnology/ecuador/pallcacocha_red_intensity.txt.

정했으나 24드라크마는 대단한 가격이었다. 그 시기 적정 가격의 두 배였고, 그토록 높은 가격으로라도 곡물을 구입해야 했던 절박함이 엿보인다. 2년 뒤인 서기 248년에도 식량 부족 문제가 두드러졌다. 그해의 파피루스에는 '현재의 긴박함'과 식량 공급을 다루는 관청의 창고를 채우려는 다툼이 언급되어 있다. 248년의 또 다른 파피루스에는 한 개인이 의무적으로 수행하는 식량 공급 관리직을 피하려고 자신의 재산을 모두 내주었다는 기록이 있다. 같은 시기에 알렉산드리아의 주교는 강바닥이 사막처럼 말라붙었다고 주장했다. 만약 그것이 수사적 표현이 아니라면 실제로 화이트와 블루 나일강이 동시에 범람하지 않았다는 의미다. 이것은 로마령 이집트가 지속되었던 7백 년의 어느 시기에도 감지하지 못한 가장 심각한 위기에 해당한다.[33]

기후의 격변은 상서롭지 못한 시기에 찾아왔다. 로마 군대는 페르시아에서 안전하게 퇴각하기 위해 50만 아우레우스라는 상당한 금액을 지불했다. 그것은 터무니없는 배상금이었다. 그러나 당시에 가능한 일에 상상력을 맞춰보면, 이집트에서 일어난 가뭄이 지역 전체에 끼친 충격을 대략 추정할 수 있다. 일정 단위 구역의 밭에서 생산된 밀의 양은 토질을 비롯한 여러 요소에 따라 달랐다. 그리고 홍수는 농업의 숨은 동반자였다. 3세기의 어느 유명한 사유지에서는 동일한 지역 내의 밭에서 몇 년 동안 수확한 밀의 양이 아루라(토지의 단위로 약 0.2756 헥타르에 해당) 당 7아르타바(건조한 물질의 부피를 재는 단위, 약 38.8리터에 해당)에서 16.6 아르타바였다. 아루라 당 평균 12아르

---

33) P. Erl. 18 (BL III 52); P. Oxy. XLII 3048; P. Oxy. 38.2854. See Rathbone and von Reden 2015, 184: "이것은 로마령 이집트에서 목격된 가장 심각한 식량 부족이다." Tacoma 2006, 265; Casanova 1984. 주교: Eusebius, Hist. Eccl. 7.21. 알렉산드리아에서 일어난 이러한 위기는 13세기 '시빌의 신탁'에도 여파가 남는다: Orac. Sibyll. 13.50~51.

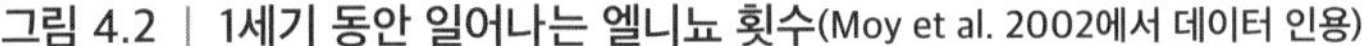

그림 4.2 | 1세기 동안 일어나는 엘니뇨 횟수(Moy et al. 2002에서 데이터 인용)

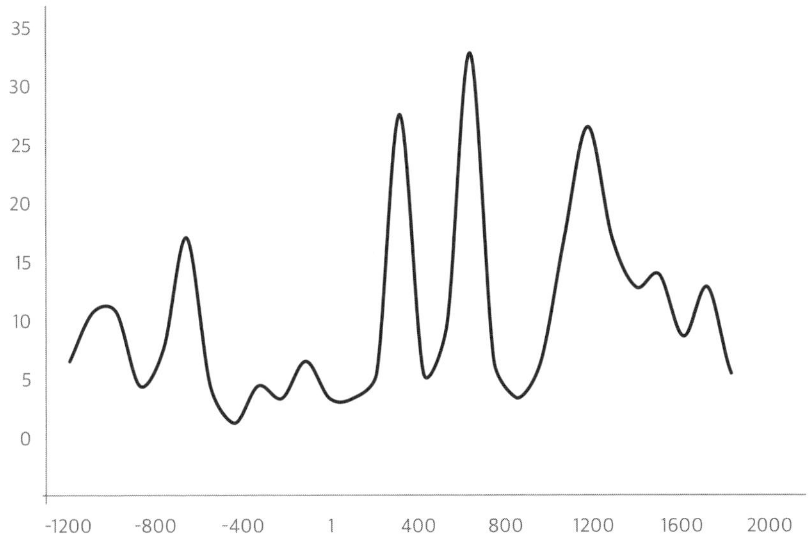

타바를 근거로 계산하면, 이집트의 연간 곡물 총생산량은 8천3백만 아르타바에 이른다. 만약 강물이 적게 범람한 해에 수확량이 10퍼센트 줄어든다고 보수적으로 추정한다고 해도, 그 지역에 끼치는 경제적 비용의 총액은 830만 아르타바이다. 당시 금액으로 환산하면 백만 아우레우스 혹은 페르시아 왕 샤푸르에게 지불한 배상금의 두 배이다.

로마는 이집트에서 매년 적어도 4백만에서 8백만 아르타바를 추징했다. 가뭄이 들면 이집트에서 걷어 들이는 것은 연간 세금의 20퍼센트인 9만 6천~19만 2천 아우레우스에 불과했다. 사실상 손해는 이것의 몇 배에 달한다. 중세에 나일강이 범람하지 않으면, 혹독한 굶주림이 뒤따르는 경우가 많았다. 홍수량이 연이어 부족해지면서 회복 탄력성의 여유분이 얇아져서 상황은 기하급수적으로 악화되었다. 정확하거나 확실한 증거는 없지만, 강이 범람하지 않아서 잃어버린 비용의 측면에서는 적어도 가뭄이 위기의 시작

이라는 결론은 타당하다.[34)]

우리가 다음에 일어날 일을 미리 알고 있다는 사실을 잠시 잊는 것은 어려운 일이다. 한 세대 내내 위기로 치달았다고 해도 그것이 불가피한 운명의 서막은 아니었다. 세베루스 왕조와 그 이후의 황제들은 폭이 좁기는 해도 일종의 평형을 이루었으나, 지정학적 충격과 환경으로부터의 충격이 연속되자 새로운 질서는 위협을 받았다. 240년대에 일어난 연이은 가뭄만으로도 겨우 명맥을 이어가던 제국의 시스템은 벼랑 끝까지 내몰렸다. 그러나 자연은 로마인들에게 또 다른 불행한 반전을 준비하고 있었다. 지구 기후 체계가 돌발적으로 격변하면 생소한 감염병의 발발이 이어지는 일은 이번이 마지막이 아니었다. 새로운 팬데믹의 전면적 폭력은 궁극적으로 제국의 구조가 감당할 수 있는 규모를 넘어섰다. 로마의 영원함을 기원하는 환희에 찬 기념식을 치르고 나서 불과 몇 년 뒤 제국의 존재가 지속될 수 있을지 완전히 불투명해지고 말았다.

키프리아누스 페스트: 잊힌 팬데믹

키프리아누스는 셉티미우스 세베루스의 통치를 받던 호황기의 로마령 카르타고에서 태어났다. 평범한 부유층 가문에 속했던 그는 훌륭한 교육을

---

34) 수확량: Rathbone 2007, 703; Rowlandson 1996, 247-52; Rathbone 1991, 185, 242~44. 총생산: Rathbone 2007, 243~244. 4~8백만 아르타바: Scheidel and Friesen 2009에서 최소량 산출 Justinian's Edict 13에서 최대량 산출. 금액 가치 계산은 1아르타바 = 12드라크마 = 3데나리 = 3/25아우레우스를 근거로 함. Famines: Borsch 2005; Hassan 2007.

받고 수사학을 가르치는 교수가 되었다. 3세기의 서구 교회에서 가장 중요한 인물이 될 운명인 사람의 생애 초기에 대해 우리는 이것밖에 알지 못한다.

세부 사항이 부족한 전기적 사실들은 서기 245~246년 무렵에 키프리아누스가 왜 기독교도가 되려고 했는지 그 이유를 이해하는 데 도움이 되지 못한다. 3세기 초에는 수십 만 명에 불과한 기독교인들이 제국 전역에 뿔뿔이 흩어져 있었을 것이고 다신교의 신들이 로마 제국의 가정과 신전을 확고하게 지배하고 있었다. 그런 상황 속에서 카르타고에서 교육을 잘 받고 글을 읽고 쓸 줄 아는 새로운 신도를 얻은 것이 기독교 운동에서 얼마나 큰 행운이었는지 잊으면 안 된다. 그것은 마치 쿠데타 같은 사건이었다. 그러한 행운은 시간 낭비 없이 활용되었고, 248년에 키프리아누스는 카르타고의 주교가 되었다. 258년에 순교하기까지 그가 주교로 활동한 10년은 교회 역사에서 가장 중요한 기간으로 증명될 것인데 아마도 그의 이름이 붙은 역병에 대한 역사적 기억 덕분일 것이다.[35)]

키프리아누스 주교의 저술 속에는 전염병에 대한 생생한 증언이 남아 있으며, 그러한 유산은 곧 기독교 연대기 속의 사건들과 연관되었다. 역병에 키프리아누스의 이름이 붙어서 역사 속에 남게 된 이유이며, 자주 오해를 받는 이름이기도 하다. 권위를 인정받은 두툼한 책인 《케임브리지 고대사》에는 그 역병을 '3세기 중엽에 아프리카에서 유행한 것'이라고 기술하고 있다. 윌리엄 맥닐이 《감염병의 역사》에서 키프리아누스 페스트를 주목한 탓에 일반적인 질병사에서 여전히 언급되고 있다. 그러나 고대를 연구하는 학

---

35) Brent 2010; Sage 1975. 기독교도의 숫자는 아래 내용을 보라.

자들 사이에서 키프리아누스 페스트는 완전히 잊힌 사실이었다. 가장 권위 있는 연구에서조차 지나가는 말로도 언급하지 않는다.[36)]

이렇게 소홀히 취급되는 이유는 많다. 3세기의 위기가 과연 심각한 것인지 질문하는 추세의 변화도 거기에 포함된다. 그러나 더 미세하게 들어가 보면, 진정한 팬데믹이 얼마나 예외적 사건인지 실감하지 못하기 때문에 등한시하는 것이다. 제국 영토의 끝과 끝에서 같은 시대에 목격된 대규모 사망 사건이라는 단순한 사실만으로도 면밀히 조사해볼 만하다. 키프리아누스 페스트는 3세기 카르타고에서 일어난 에피소드가 아니다. 대륙을 횡단하면서 퍼진 대단한 규모의 감염병이었다.

키프리아누스 페스트는 역사적으로 기본적인 사실이 거의, 혹은 전혀 알려지지 않은 시기에 발생했다. 그러나 실제로 자료들 모두가 동시에 가리키고 있는 한 가지 사실은 대규모 역병이 그 시대를 규정하고 있다는 것이다. 금석문, 파피루스, 고고학적 유물 그리고 문헌 자료들이 종합적으로 팬데믹과의 높은 연관성을 보여준다. 최근 연구에서 나는 적어도 일곱 명의 목격자와 더 나아가 독립적인 여섯 가지 전파 경로를 확인할 수 있었다. 이러한 증언으로 우리는 역병의 경험을 추적할 수 있다. 그러나 놀랍게도 갈레노스의 증언이 없다. 다작을 한 훌륭한 의사가 갈 길을 안내해 주던 기막힌 행운이 끝난 것이다. 그러면서 처음으로 기독교인들의 증언이 시작된다. 교회는 역병의 시기에 폭발적인 성장을 경험했고, 엄청난 사망률은 기독교인들의 기억에 깊은 인상을 남겼다. 단지 교차 확인만을 위해 다신교와 기독교의 자료를 비교하는 것은 아니다. 상이한 어조와 음색 덕에 역병을 더 풍

---

36) McNeill 1976, 136~137. See, e.g., Brooke 2014, 343. “아프리카에서 유행한”: Corbier 2005b, 398.

부하게 이해할 수 있기 때문이다.[37)]

역병은 에티오피아에서 발생했고, 제국을 가로질러 북쪽과 서쪽으로 퍼져나갔다. 연대기의 설명이 그러하다. 그래서 우리는 역병에 대한 문학적 설명의 교본이자 교육받은 그리스인들 모두에게 익숙한 투키디데스Thucydides의 묘사를 맹종하는 것에 의심을 품기도 한다. 그러나 두 가지 뚜렷한 증거에 의해 미생물 병원균이 제국의 남동쪽에서부터 다시 침입해 들어왔을 가능성을 확증할 수 있다. 첫 번째 증거는 고고학자들이 상上이집트 고대 테베의 유적지에서 조직적으로 사체를 유기한 듯한 집단 무덤을 발견한 것이다. 황급히 소각된 사체들 위에 현장에서 혼합된 석회를 쏟아 부은 것처럼 보였다. 사체 유기 장소의 연대는 3세기 중엽으로 추정되었다. 사체를 태우고 대량으로 매장한 작업이 매우 독특해서, 주민들이 특정 질병에 경악하여 극단적인 조치를 취했으리라는 추정을 하게 한다. 팬데믹이 남쪽에서 비롯되었다는 더욱 결정적 증거는 알렉산드리아의 주교가 제공한다. 그는 적어도 249년까지는 그 병이 이집트의 대도시에서 유행했다고 증언했다. 제국의 서쪽에서 최초로 발견되는 팬데믹의 연대는 251년 로마에서이다. 연대순으로 보면 동부에서 유입된 게 확실하고 연대기의 기록들이 옳다는 게 입증된다.[38)]

키프리아누스 페스트는 수년 동안 맹위를 떨쳤다. 연대기에는 역병이 15년 동안 지속되었다고 기록되어 있으나 그들이 의미하는 15년이라는 길이

---

37) 포괄적인 논의는 Harper 2015a and 2016c를 참조. 우리는 이제 스물네 번째 증언을 덧붙일 수 있다. 비록 우회적일지라도 Martyrdom ofMarian and James, 12에 보존되어 있는 사후 예언들이다. Joseph Bryant가 이러한 참고 자료를 소환하여 내가 주의를 기울이도록 한 것에 대해 감사한다.

38) 테베: Tiradritti 2014. 연대기: Harper 2015a.

가 정확히 어느 정도의 시간을 가리키는지는 불분명하다. 260년 무렵에 두 번째 유행이 있었을 것이다. 황제 클라우디우스 2세는 470년에 역병으로 사망했다고 알려져 있으나, 그의 죽음이 정말로 같은 팬데믹에 의한 것인지는 명료하지 않다. 자료들에 의하면 오래 지속된 대규모 사망 사건이 제국을 휘저으면서 적어도 두 번은 로마시가 충격을 받았음을 추정할 수 있다. 후기 연대기들 중 하나는 실제로 몇몇 도시들이 두 번의 타격을 받았다는 중요한 세부 사항을 기록하고 있다. 불행히도 더 정확한 기록은 찾을 수 없다. 키프리아누스 페스트는 서기 249년에서 262년까지 제국의 배경에 있으며, 아마도 더 후기인 270년 즈음까지 영향을 미쳤을 것이다.[39)]

역병이 휩쓴 지리적 범위는 광대했다. "로마의 어느 지역, 어느 도시 어느 집도, 어디에나 퍼져 있는 이 역병의 공격을 받아 텅 비어버리지 않은 곳이 거의 없다." 그것은 "지구 전체에 그림자를 드리웠다." 키프리아누스 페스트는 우리가 가진 모든 자료에서 언급된다. 역병은 알렉산드리아, 안티오크, 로마 그리고 카르타고 같은 가장 큰 도시들을 덮쳤다. '그리스의 도시들'도 공격했을 뿐 아니라, 멀리 떨어진 폰투스의 네오케사리아나 이집트의 옥시링쿠스 같은 도시들도 타격을 받았다. 어느 기록에 의하면, 키프리아누스 페스트는 도시와 시골을 동시에 돌았다. 그것은 "도시와 마을을 가리지 않고 괴롭혔고, 사람이 남아 있는 곳은 어디든 파괴했다. 이전 시대의 어떤 역병도 이렇게 인간의 생명을 파괴하지는 않았다." 키프리아누스 페스트는 제

39) 15년: 이 기록은 3세기 아테네 역사가 필로스트라투스로 거슬러 올라간다. 그에 대해서는 Jones 2011을 참조. Evagrius Scholasticus, Hist. Eccl. 4.29; Excerpta Salmasiana II (ed. Roberto = FHG 4.151, 598); Symeon the Logothete (Wahlgren 2006, 77); George Kedrenos, Chron. Brev. vol. 2, 465~66; John Zonaras, Epit. Hist. 12.21.

국 단위의 사건이었다.[40)]

갈레노스와 같은 의학적 증인이 없다는 아쉬움은 키프리아누스가 대규모 사망에 대해 설교하면서 질병의 증상을 생생하게 설명하는 것으로 어느 정도는 보상이 된다. 설교자는 불가해한 고통에 휩싸여 있는 청중을 위로하고자 했다. 질병은 기독교도라고 해서 자비를 베풀지 않았다.

"눈의 통증, 갑작스러운 발열, 모든 사지의 불쾌함을 우리와 다른 이들이 똑같이 느낀다. 이 시대에 사는 우리가 동일한 육신을 공통으로 지니고 있는 한." 키프리아누스는 희생자들이 고통과 죽음 속에서 발휘하는 힘을 순교자들의 영웅적 비타협성에 비유하면서 환자들을 숭고하게 대하도록 애썼다. 그는 청중들에게 병의 증상을 묘사했다. "이러한 것들은 신앙의 증거로 간주된다. 몸에서 힘이 빠져나가고, 변이 줄줄 흐른다. 목 안 가장 깊숙한 곳에서 불에 덴 것 같은 상처가 타오르기 시작한다. 그치지 않는 구토로 창자가 요동치고, 피가 뿜어져 나와 눈이 화끈거린다. 감염으로 심하게 부패한 발이나 사지의 다른 부분들이 잘려 나간다. 신체의 기능이 정지되고 상실되어 쇠약해지면서 걸음을 제대로 걷지 못하고 귀가 들리지 않고 눈이 보이지 않게 된다."[41)]

키프리아누스의 설명에는 그 질병의 주요 증상이 드러난다. 피로, 혈변, 발열, 식도병변, 구토, 결막 출혈, 사지에 퍼진 심각한 감염이 병리적 현상에 포함되고, 그 여파로 심신이 허약해지고 청력 상실, 실명이 이어진다. 이 기

40) 로마의 어느 지역": Orosius, Hist. Adv. Pag. 7.21.5~6. "그림자를 드리웠다": Jordanes, Get. 19.104. "도시와 마을을 가리지 않고": Zosimus, Hist. Nov. 1.26.2, tr. Ridley.

41) "고통": Cyprian, De Mortalitate 8 ."이러한 것들은 신앙의 증거로 간주된다": Cyprian, De Mortalitate 14. 또한 Grout-Gerletti 1995, 235~36을 참조.

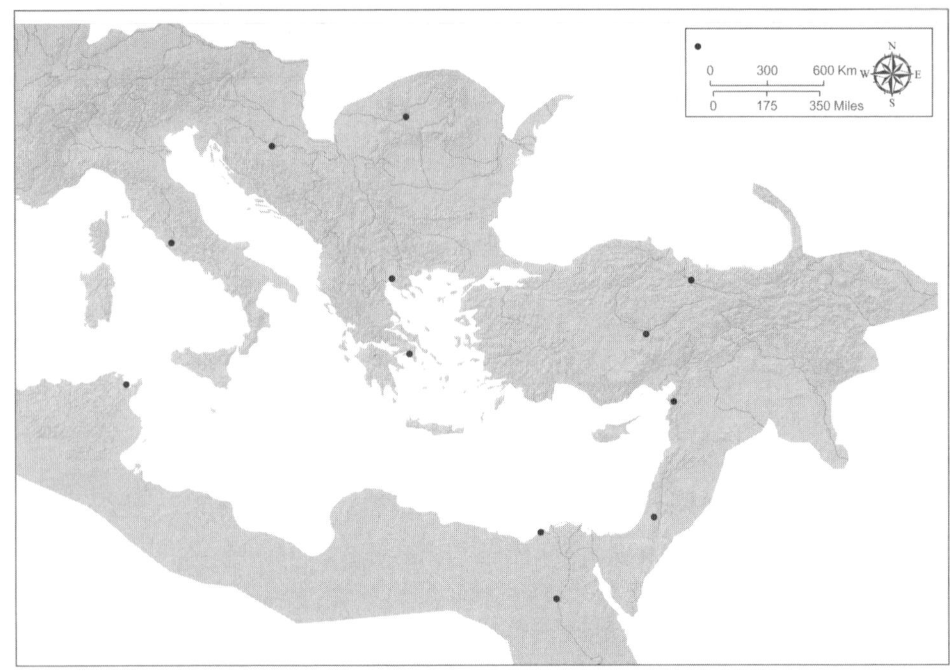

지도 12. | 키프리아누스 페스트의 지표율

록은 단독으로 되어 있어, 솔직히 그다지 명료하지는 않은 다른 목격자들의 증언으로 보완된다. 키프리아누스의 전기 작가는 그 병이 갑작스럽게 발병하는 특징이 있다고 설명한다. "병은 날마다 퍼져나가 헤아릴 수 없이 많은 사람이 갑작스럽게 발병하는 바람에 모두 자기 집에서 달아났다." 이러한 일들이 벌어진 곳에서 매우 멀리 떨어진 소아시아 북부 지방의 민간전승 속에도 키프리아누스 페스트가 전염이 빨리 된다는 사실이 강조된다. "고통이 갑자기 사람들을 덮쳤다. 예상보다 빠르게 침투하여 타오르는 불길처럼 사람들의 집을 먹어 치웠다. 병에 걸린 이들은 치유의 희망을 품고 신전으로 달아나, 신전 바닥은 누워 있는 환자들로 가득찼다." 같은 이야기에서는 환자들이 겪는 해소되지 않는 갈증도 등장한다(여기서는 피상적으로 투키디데스를 모방하는 것일지도 모른다). "샘물과 개울과 저수지에는 병 때문에 쇠약해져 불타는 듯한 갈증을 느끼는 이들이 몰려들었다. 그러나 내면의 깊은 곳에서 일어난 화염을 끄기에는 물의 힘이 너무 미약했다. 일단 병에 걸린 사람들은 물을 마시기 전과 마신 후의 느낌이 똑같았다."[42]

감염과 발병의 과정은 끔찍했다. 또 다른 북아프리카의 증인이자 키프리아누스 페스트가 유행할 때 거의 죽을 뻔했던 기독교인들은 증상을 확인해주면서 그 병의 생소함을 강조한다. "우리는 매일 죽음의 의식을 보지 않는가? 기이한 죽음의 형태를 목격하고 있지 않은가? 전례 없는 역병으로 인해 맹렬하고 길게 지속되는 질병이 초래한 재앙을 바라보고 있지 않은가? 폐허가 된 도시에서 일어난 대학살도?" 그는 역병이 순교의 고통에 대한 명백한 격려라고 주장했다. 영광스러운 죽음을 맞이한 이들은 "황폐한 질병이 부른 유혈이 낭자한 파괴 속에서 맞이하는 공통의 운명"을 벗어나기 때문이다. 키프리아누스 페스트는 단지 전염병으로 인한 사망의 주기적 순환에 속하는 또 다른 회전은 아니었다. 질적으로 새로운 것이었다. 환자가 겪는 출혈을 암시하는 것이라면, '유혈이 낭자한' 파괴라는 표현이 공허한 수사는 아닐 것이다.[43]

역병은 제국 외부에서 비롯되어 남동쪽에서 북서쪽으로 움직였다. 2년에서 3년에 걸쳐 알렉산드리아에서 해변을 따라 다른 주요 중심지로 퍼져나갔다. 팬데믹은 멀리 그리고 넓게, 대규모와 소규모를 망라한 거주지로, 제국의 깊은 내부로 전파되었고, '이례적으로 수그러들지 않을' 것처럼 보였다. 로마 제국에서 일반적이던 죽음의 계절성도 역전되었다. 가을부터 사망

---

42) "날마다 퍼져나간 병": Pontius, Vit. Cypr. 9, tr. Wallis. "고통이 덮쳤다.": Gregory of Nyssa, Vit.Greg. Thaum. 956~957, tr. Slusser. On this text, Van Dam 1982.

43) Harper 2016c. Ps.-Cyprian, De Laud. Mart. 8.1.

자가 늘어나 다음 해 여름이 되어서야 줄어들었다. 역병은 무차별적이었다. 나이, 성별, 거주지를 가리지 않았다. '모든 집'으로 침범했다.[44)]

예상할 수 있는 바대로, 제국에 퍼져나간 '오염된 공기' 탓을 하는 설명도 있었다. 그러나 동시대 아테네의 훌륭한 역사학자가 남긴 또 다른 연대기에는 "병은 옷을 통해서 혹은 단순히 바라보기만 해도 옮았다"라고 기록되어 있다. 그 관찰은 주목할 만하다. 세균에 대한 가장 기본적인 인지조차 없는 문화에서 그러한 언급은 아직 이론이 성립되기 전에 전염을 감지하고 있었음을 드러낸다. 옷이나 시선에 의해서도 병이 전염될 수 있다는 염려는 적어도 감염의 기원에 대한 어렴풋한 인식이 있었음을 시사한다. 그것은 더 나아가 병이 눈에 영향을 미쳤음을 암시하는 것일 수도 있다. 고대인들은 시선의 힘에 대해 기이한 개념들을 품고 있었다. 그중에는 바라보는 사람의 눈에서 미립자가 흘러나와 접촉이 가능하다는 생각도 있었다. 시선이 뻗어나가 접촉하는 힘이 있다고 믿는 문화에서는 키프리아누스 페스트에 걸린 환자의 핏발 선 눈은 소름 끼치는 형상이었을 것이다.[45)]

사망자 수는 절망적이었다. 우리는 알렉산드리아의 주교가 남긴 흥미롭고 구체적인 기록을 가지고 있다. 그는 "이 거대한 도시에 이제는 주민들이 그다지 많지 않다. 예전에는 젖먹이 어린아이부터 노익장이라 옹호하며 부르던 최고령의 세대까지 있었다. 사십 대에서 칠십 대에 관해 말하자면 당시에는 훨씬 많았지만, 이제는 공공 식량 배급을 받을 자격이 있는 열네 살에

---

44) "이례적으로 수그러들지 않는": Orosius, Hist. Adv. Pag. 7.22.1.

45) "공기": Orosius, Hist. Adv. Pag. 7.27.10. "병은 옮았다": Excerpta Salmasiana II (ed. Roberto = FHG 4.151, 598). 이 자료는 아테네의 필로스트라투스로부터 비롯되었다. 외부로 전달되는 시력에 대한 발상: Bartsch 2006.

서 여든 살까지 사람들 숫자를 모두 합해도 그에 미치지 못한다. 그리고 이제 가장 어린 사람들의 수는 전 세대의 가장 늙은 사람들 숫자와 비슷하게 보인다." 계산에 의하면 도시의 인구가 약 62퍼센트 (예를 들어, 50만 명이 19만 명으로) 감소했다. 인구가 줄어든 것이 모두 역병으로 인한 사망 때문만은 아니다. 일부분은 혼란을 피해 도시를 빠져나갔다. 또한 우리는 언제나 기록이 얼마나 과장되었는지도 의심해야 한다. 공공 곡물 배급 명부에 실린 시민들의 숫자는 신뢰도가 떨어지는 세부 사항이기는 하지만, 사망률의 규모에 대한 다른 증언은 모두 일치한다. 아테네의 역사가는 하루에 5천 명이 사망했다고 주장했다. 정확하지는 않으나 극적인 목격담들이 이어지면서, 인구 감소는 언제나 역병의 결과임을 증언했다. "인류는 모든 것을 폐허로 만드는 역병으로 인해 소멸한다."[46)]

이렇게 허황된 단서들은 키프리아누스 페스트의 병원균이 무엇인지 밝혀내는 데 적합하지 않다. 그러나 이렇게 대규모 질병을 발생시킬 수 있는 병원균의 범위는 그리 넓지 않으며, 가능성이 있는 몇몇 세균들은 이미 확실히 제외되었다. 부보닉 페스트는 병리학적으로나 계절적으로 혹은 인구 수준의 역학으로 볼 때 적절하지 않다. 콜레라, 발진티푸스, 홍역은 가능성도 희박하지만, 각각 풀기 어려운 문제를 제기한다. 천연두가 유력한 후보이다. 콤모두스 치하의 전염병과 키프리아누스 역병 사이에서 두 세대가 소멸되었다는 것은 전체 인구가 다시 취약해졌음을 의미한다. 출혈이 생기는 천연두의 양상 또한 키프리아누스가 묘사한 몇몇 특징을 설명할 수 있다.

---

46) "이 거대한 도시": Eusebius, Hist. Eccl. 7.21, tr. Williamson 1965. 62%: Parkin 1992, 63~64. 하루에 5000명: Hist. Aug., Vit. Gall. 5.5."인류": Cyprian, Ad Demtr. 2, tr. Wallis.

그러나 천연두로 보기에는 모든 사례에서 근거가 아직 미약하다. 어떤 북아프리카 저자는 키프리아누스 역병이 전례가 없는 질병이었다고 주장했다(물론 그가 이전에 천연두가 유행했던 기억을 가지고 있는지는 의문이지만). 우리가 갖고 있는 자료 어디에도 천연두의 뚜렷한 증상인 온몸에 돋아나는 발신에 대한 묘사는 없다. 4세기 초에 쓰인 유세비우스의 교회사에는 서기 312~313년에 천연두와 비슷한 발병이 있었음이 기록되어 있다. 유세비우스는 이것을 키프리아누스 역병과 '다른 병'이라고 하면서 농포성 발진도 명확하게 묘사했다. 3세기에 로마 제국의 국경 밖에서 들어온 병이라는 사실을 다시 상기한다면, 당시의 풍토병이 퍼져나간 것이 아니라는 의미다. 결국 팔다리가 썩어가고 영구적으로 심신이 허약해지는 키프리아누스 역병의 증상은 천연두로 인한 것이라고 볼 수 없다. 어느 것도 결정적 단서는 아니지만, 종합적으로는 그 병이 천연두가 아니라는 사실을 가리키고 있다.[47]

어떤 결론도 추측에 불과할 확률이 높다. 우리는 숙고해 볼 두 가지 후보를 제안할 것이다. 첫 번째는 팬데믹 인플루엔자이다. 인플루엔자 바이러스는 인류 역사에서 최악의 팬데믹 병원체에 속한다. 예를 들어 전염병 '스페인 독감'은 1차 세계대전이 끝날 무렵 5천만 명의 희생자를 냈다. 고대 세계에서 발생한 인플루엔자에 대한 명확한 증거가 부족하다는 사실은 곤혹스럽다. 독감은 오래된 병이고 고대 세계에서도 낯설지 않았기 때문이다. 인플루엔자는 전염성이 강한 급성호흡기증후군으로 증상이 여러 가지다. 대부분의 유형은 비교적 온건하며, 우리가 잘 알고 있는 감기 증상을 일으킨다. 다른 희귀종 인플루엔자는 매우 위협적이다. 특히 야생의 수생 조류에

47) 유세비우스, Hist. Eccl. 9.8. 발진티푸스: Grout-Gerletti 1995, 236.

서식하면서 동물원성 감염을 일으키는 병균은 돼지, 가금류, 그리고 인간을 포함한 다른 동물들에게 발병의 원인이 될 수 있다. 이러한 변종이 인간과 인간 사이로 직접 퍼질 수 있도록 진화될 때, 그 결과는 가히 재앙에 가깝다. 지난 세기에 네 차례의 전 지구적 발병이 있었고, 조류독감(H5N1과 같은 일부 무서운 변종을 포함하는)은 오늘날에도 가공할 위협으로 남아 있다.[48)]

동물원성 감염병 인플루엔자는 치명적이다. 그것은 바이러스성 폐렴만큼이나 위험하고 과열된 면역 반응을 일으킨다. 역설적으로 면역 반응이 활성화되면서 젊고 건강한 사람일수록 위험에 처하게 된다. 키프리아누스 역병에 대한 설명에는 호흡기 증상이 없으므로 인플루엔자일 가능성이 현저하게 낮아진다. 그러나 1918년의 팬데믹을 관찰한 기록을 읽어볼 가치가 있다. "코와 귀, 안구에서 피가 쏟아져 나왔다. 몇몇 환자들은 심한 고통 속에 누워 있었다. 살아 있는 동안에 섬망으로 인해 혼수상태에 빠졌다……. 코와 인두, 목의 점막에 염증이 생겼다. 눈꺼풀을 따라 길게 붙어 있는 섬세한 막인 결막에도 염증이 생겼다. 환자들은 두통과 몸의 통증, 발열에 시달렸고, 종종 완전히 탈진했으며, 기침…… 잦은 고통, 끔찍한 고통…… 산소 결핍으로 혈액이 검푸르게 된 상태……. 그러고 나서 몸에서 피가 쏟아져 나왔다. 누군가의 코에서, 입에서, 심지어는 귀나 눈 주위에서 피가 줄줄 흘러나왔고, 어떤 경우에는 뿜어져 나왔는데, 끔찍한 광경이었다. 입원 환자 전체의 5에서 15퍼센트가 코피로 고통을 당했다." 팬데믹 인플루엔자는 키프리아누스 페스트의 끔찍한 경험에 대한 설명일 수 있다.[49)]

---

48) Barry 2004.

49) Barry 2004, 224~37. 내가 인플루엔자에 대해 더 주의깊게 숙고할 수 있도록 격려해준 동료 Tassie Hirschfeld에게 감사한다.

겨울에 많이 발생하는 키프리아누스 페스트의 계절성은 사람들 사이의 밀접한 접촉으로 직접 전파되어 번성하는 병균의 특성을 말해준다. 철새들의 이동 경로와 일치한 로마 제국의 위치나 돼지 그리고 닭과 오리 같은 가금류를 많이 사육했던 요인이 로마인들을 위험에 처하게 했을지도 모른다. 기후의 변동은 야생 철새들이 이동하는 경로의 방향을 미세하게 바꿀 수도 있다. 서기 240년대의 심각한 기후 변동으로 인해 낯선 동물원성 병원균들이 방향을 바꿔 새로운 영역을 찾아가는 환경이 만들어졌을 것이다. 이런 이유로 독감 바이러스가 역병의 병원균일 가능성이 있다. 키프리아누스 페스트의 정체로 더 가능성이 높은 두 번째 후보는 바이러스성 출혈열이다. 역병은 고열과 심각한 위장 장애를 동반하는 급성 질환이었고, 증상에는 결막 출혈, 혈변, 식도 병변, 그리고 사지 말단 세포의 괴사가 포함되었다. 이러한 징후들은 급성 출혈열을 일으키는 바이러스에 의한 감염 과정과 일치한다. 바이러스 출혈열은 RNA 바이러스의 다양한 계열에 의해 발생하는 동물원성 감염병이다. 플라비바이러스Flavivirus는 황열병이나 뎅기열과 같은 질병을 유발하는데, 이러한 질환은 키프리아누스 페스트로 묘사되는 증상들과 어느 정도 유사하다. 그러나 플라비바이러스는 모기로 전파된다. 지리적 범위, 확산 속도, 그리고 겨울에 잘 퍼지는 계절성 때문에 키프리아누스 페스트의 정체에서 모기를 매개체로 하는 바이러스일 가능성은 배제한다.[50]

다른 바이러스성 출혈열 계열은 설치류에 의해 전파되거나 혹은 사람 사이에 직접 전염된다. 라사열 같은 아레나바이러스Arenavirus는 설치류에 의

---

50) 바이러스성 출혈열에 대한 개략적 설명은 Marty et al. 2006을 참조. 황열병은 McNeill 2010을, 신세계에서의 그 영향에 대해서는 Cooper and Kiple 1993을 참조.

해 전파된다. 구세계의 아레나바이러스는 아프리카에 병원소가 있는 풍토병이며, 따라서 그러한 병원균에 의해 키프리아누스 페스트가 발생했다는 설명은 그럴듯하다. 그러나 설치류가 옮기는 대단위 팬데믹은 유스티니아누스 페스트의 발생까지 기다려야 할 것 같다. 페스트 박테리아의 뚜렷한 생태와 복잡한 이종간 역학으로 인해 부보닉 페스트는 대륙 규모의 팬데믹이 되었다. 키프리아누스 페스트의 발병 속도와 규모로 볼 때 병원균이 아레나바이러스일 확률은 낮다.

그 병의 확산 속도는 그것이 사람 사이에 직접 전염되는 질병임을 보여준다. 환자를 돌보고 죽은 이를 처리하는 일이 위험하다고 믿었다는 사실은 사람들 사이에 전염병이 퍼질 가능성이 높았다는 의미다. 오직 한 계통의 출혈열 바이러스만이 키프리아누스 페스트의 병리와 전염병학적 특성에 가장 잘 들어맞는다. 바로 필로바이러스filovirus인데, 이것에 속하는 가장 대표적인 바이러스가 악명 높은 에볼라 바이러스다.[51)]

필로바이러스는 수백만 년 전부터 존재했다. 그들의 유전물질 조각들이 고대의 포유류 게놈에서 발견된다. 수백만 년 동안 필로바이러스는 박쥐, 곤충, 설치류를 감염시켰다. 그러나 에볼라 바이러스와 마르부르크 바이러스Marburg Virus 같은 필로바이러스는 20세기 후반에 소규모로 발생이 이어지면서 비로소 알려졌다. 2014년에 발생한 에볼라 전염병으로 인해 같은 계통의 바이러스에 더 크게 주목하게 되었다. 에볼라 바이러스의 자연적 숙주는 박쥐로 의심되기는 하지만 여전히 규명되지 않은 채 남아 있다. 에볼라 바이

51) Harper 2015a에서는 아레나바이러스가 가능한 사례를 제시하고 있는데, 여전히 가능하기는 하지만, 이제는 인간 사이에서 직접 전염되는 전파 역학이 필요한 것처럼 보인다.

러스는 섬뜩한 임상 과정과 극단적인 치사율로 대중의 관심을 받았다.

전염병이 발생하려면, 우선 에볼라 바이러스가 숙주에서 인간으로 전파되어야 한다. 아마도 감염된 박쥐나 유인원과 인간이 접촉했을 때 일어날 것이다. 일단 감염이 되면, 짧은 잠복기를 거친 뒤(보통 4~10일 정도이며 더 길어질 때도 있다) 환자는 고열과 함께 위장과 혈관이 관련된 여러 장기가 동시에 망가지는 질환에 시달린다. 결막 충혈과 출혈 증상은 키프리아누스 페스트의 혼란스러운 기록을 잘 해명할 수 있을 것이다. 현대의 치료법으로도 치사율은 기괴하게 높다. 50~70퍼센트이다. 보통 6일에서 16일 사이에 사망하며, 생존자들은 면역이 생긴 것으로 보인다. 에볼라 바이러스는 공중에 떠다니는 비말이 아니라 체액으로 전파된다. 따라서 가정 내에서 쉽게 전염된다. 특별히 간병인들이 위험에 처하게 되고, 사체는 여전히 감염의 잠재적 원인이다. 최근에는 전통적 매장 의식을 지키는 것이 발병에 특히 문제가 되는 위험 요소였다.[52)]

거의 2천 년이나 되는 세월이 지난 뒤 의료인이 아닌 사람들이 남긴 고통스러운 기록을 가지고 소급하여 진단을 내리는 일은 결코 신뢰를 주지 못할 것이다. 그러나 출혈 증상, 감각 쇼크 상태 그리고 질병의 생소함에 대한 강조는 모두 필로바이러스 감염 증상과 일치한다. 에볼라 바이러스 같은 병원균은 키프리아누스 페스트처럼 빨리 확산된다. 그러나 체액으로 전파되기 때문에 서서히 타올라 '이례적으로 수그러들지 않는' 힘이 당대의 목격자들을 그토록 놀라게 했을 것이다. 3세기 팬데믹에서 치명적인 사체에 대

---

52) 필로바이러스의 유전적 기원: Aiewsakun and Katzourakis 2015; Taylor et al. 2010; Belyi et al. 2010. 에볼라 개관: Quammen 2014; Feldmann and Geisbert 2011. 치사율: http://epidemic.bio.ed.ac.uk/ebolavirus_fatality_rate에서 매우 유용한 데이터를 얻을 수 있다.

표 4.1 | 키프리아누스 페스트

병리학	역학
급성발열	외국에서 기원, 동쪽에서 서쪽으로 2년 안에 제국 전역으로 퍼짐
쇠약	"수그러들지 않고" 15년 동안 지속, 간병인에게 위험함
출혈성 설사	사체 전파 가능성
식도출혈	직접 전파 가능(눈으로)
구토 지속	가정 전체 강타
결막 출혈	무차별적
팔다리 괴사	도시와 농촌
영구 장애	겨울에 절정
청력 시력 상실	높은 사망률
	극심한 가뭄의 뒤를 이어 발병

한 강박은 최근의 에볼라 경험으로 미루어 볼 때, 심오한 지점을 건드린다. 인간 집단에서는 결코 풍토병이 되지 않는 에볼라 같은 병원균의 역사를 우리가 깊이 알지 못하는 탓에 불확실성이 존재한다. 역사학자로서 우리는 당연히 익숙한 질병을 첫 후보로 설정한다. 그러나 인간 사회와 야생의 자연 사이에 놓인 경계선에서 등장하는 신종 질병의 힘에 대해 폭넓게 인식해야 한다. 그래야 동물원성 감염병으로 커다란 피해를 입히고 다시 동물 숙주로 후퇴한 키프리아누스 페스트와 같은 과거에 일어났던 중대한 질병 사건의 위치를 추정할 수 있다.

로마 제국은 특유의 풍토병이 아닌 외부에서 침입한 역병에 다시 한 번 희생되었다. 몬순 체제에 영향을 미친 서기 240년대의 전 지구적 기후 불안정성이 생태계의 변화를 촉발했고 키프리아누스 페스트의 창궐로 이어졌을 것이다. 십 년 이상의 세월에 걸쳐 역병은 빠르게 퍼졌으나 제국 전체에 피해를 입히면서 서서히 소진되었다. 팬데믹은 병사들과 평민들, 도시 거주자들과 마을 사람들을 가리지 않고 공격했다. 제국의 끝과 끝에서 매우 다른 관점과 동기를 지닌 채 기록을 남긴 토착 다신교와 기독교 저자들은 이 역병이 전에 겪었던 어떤 질병과도 비슷하지 않다는 데 의견의 일치를 보았다.

안토니누스 페스트가 유행하던 때, 제국을 구성하고 있는 조직의 섬유들은 닳았으나 찢어지지는 않았다. 그러나 249년에 키프리아누스 페스트가 나타났을 때의 상황은 매우 달랐다. 제국이 비축해둔 힘이 고갈되었다. 아마도 이번 미생물은 훨씬 더 불길한 적수였을 것이다. 이 사건으로 제국의 중심은 더 이상 버틸 수 없었다. 키프리아누스 페스트에 대해서는 남아 있는 것이 불확실한 것이 많다. 그러나 이것만은 확실하다. 키프리아누스 페스트 직후에 세상은 무정부 상태가 되었다.

위기의 물결

세기의 경기장에서 소년 소녀로 이루어진 합창단은 의심할 나위 없는 제국의 패권을 과시하는 찬가를 불렀다. 248년만 해도 제국이 제대로 기능하고 있었다. 로마에는 황제가 있었고, 로마 시민은 여전히 제국의 상징적 중심으로 남아 있었다. 필리푸스의 정통성은 원로원과 군대가 인정했다. 정통성 덕분에 어려웠던 시절에도 그는 제국이라는 기계가 영국에서 이집트까지, 시리아에서 스페인까지 뻗어나갈 수 있도록 작동시킬 수 있었다. 해마다 주기적으로 이루어지는 세금 징수로 시민과 군대를 먹여 살릴 식량도 충

53) 53. Drinkwater 2005, 38~39.

분했다. 거둬들인 세금과 중앙유럽에 있는 제국의 은광 덕분에 황제는 광대한 국경선에 배치된 병사들에게 봉급을 지불할 수 있었다. 병사에게 지불하는 돈은 실제적 가치를 지닌 것이었다. 아직까지 데나리는 셉티미우스 치하와 마찬가지로 사용되었다. 제국은 한 사람에게 복종했다. 그러나 엄청나게 넓은 조직은 올이 풀리기 직전이었다. 필리푸스 통치 후기에 발행된 주화는 전례 없는 스트레스의 징후를 보여주고 있다. 북쪽 국경에서 군대가 반란을 일으켰고, 그것을 진압하기 위해 파견되었던 데키우스는 곧 스스로 권좌에 올랐다. 제국은 돌이킬 수 있는 지점을 지나쳤다.[53]

필리푸스의 죽음으로 20년 동안의 혼란이 시작되었다. 248년의 천년제로부터 268년에 군인 황제 클라우디우스 2세의 즉위에 이르기까지, 로마의 역사는 급격하게 쇠퇴했고 혼란으로 뒤엉킨 상태였다. 제국 기계의 구조적 통일성은 산산이 부서졌다. 국경 체제는 붕괴했다. 정통성이 무너지면서 권좌를 노리는 강탈자들이 차례로 등장했다. 제국은 분열되었고, 이후의 황제들이 부서진 조각들을 제자리로 돌려놓는 데 극적으로 성공해야 그것이 로마 제국 역사에서 마지막 통치 행위가 되는 것을 피할 수 있었다. 전면적 재정 위기로 인해 세금을 징수하는 것도, 통화의 신용도를 유지하는 것도 불가능했다. 이러한 위기 속에서 로마인이 제국의 기본적 공리로 받아들였던, "제국은 병사들이 필요하고, 병사들은 돈이 필요하다"라는 원칙이 깨졌다. 통화 체제가 붕괴하면서, 로마 경제의 민간 기반 시설이 무너졌다. 불길은 점점 걷잡을 수 없게 되었다. 무질서의 소용돌이가 가속화되면서 제국을 집어 삼켰다.[54]

---

54) "제국은 병사들이 필요하고": Cassius Dio, Hist. Rom. 52.28~29.

로마의 국경 체제는 방어할 수 있도록 설계되었지만 뚫을 수 없는 것은 아니었다. 서기 250년대 초반에 거의 동시에 모든 주요 전선에서 방어망이 뚫렸다. 후대의 역사가가 붕괴의 광대함을 요약했다. "갈리아족을 초토화시킨 알레만니가 이탈리아로 침입했다. 트라야누스가 통합했던 다뉴브강 너머의 다키아Dacia 지역을 잃었다. 그리스, 마케도니아, 폰투스Pontus 그리고 아시아는 고트족에게 파괴되었다. 파노니아Pannonia(지금의 헝가리)는 사르마티아인Sarmatians과 쿼디족에게 강탈당했다. 게르만족들은 스페인까지 진격하여 타라코Tarraco(지금의 카탈루냐)의 귀족들을 복속했다. 메소포타미아를 차지하고 있던 파르티아인(즉 페르시아인)은 시리아에 대한 권리를 주장하기 시작했다." 여러 전역에서 공격이 집중되었다. 평소에는 제국 주변부의 폭력 사태로부터 떨어져 있던 연약한 내부까지 야만인들이 침략해 오면서 군사적 위기가 가시화되었다. 전례 없이 피비린내 나는 침략이 시작되었다.[55]

신탁의 언어에 의하면, "인류가 역병과 전쟁 속에서 멸망하면서 우주는 혼돈 속에 던져질 것이다." 당대 사람들에게 역병과 불안한 국경 사이의 관계는 명백했다. 냉철한 자료들이 팬데믹으로 인한 인구 손실과 군사적 역경 사이의 인과 관계를 보여주었다. 페르시아 왕 샤푸르 1세가 진격해 온 직접적 동기는 대규모 사망으로 인해 로마군대의 병사들이 감소했음을 알아차린 것이었다. 군대의 막사는 하나의 환자에서 다음 환자로 직접 전염되는 바이러스가 퍼지기에 유리한 곳이었다. 대규모 침략의 와중에서 세균은 보이지 않게 밀려든 첫 번째 공격의 물결이었다.[56]

55) "알레만니족": Eutropius, Brev. 9.8. 침략 사건의 순서에 대하여, Drinkwater 2005, 28~66; Wilkes 2005a; Potter 2004, 310~314. Todd 2005, esp. 442.

국경은 서기 250년대 초에 무너졌다. 가장 먼저 뚫린 곳은 다뉴브강 전선이었다. 250년에 카르피Carpi족과 고트족이 침공해왔다. 251년 여름에 데키우스 황제와 그의 군대가 아브리티우스Abritus 전투에서 고트족의 유능한 왕 크니바Cniva에게 완패했다. 로마인들은 다뉴브강 전선 전체에서 통제력을 잃었다.

그 다음은 유프라테스강 전선이었다. 252년에 샤푸르 1세가 동쪽에서 공세에 나섰다. 그것은 동방에서 한 번도 경험해 본 적이 없는 전광석화 같은 작전이었다. 시리아는 점령당했고 소아시아 내륙 지역은 약탈당했다. 동시에 고트족의 새로운 부족이 바다로 진출하여 흑해에서부터 에게해까지 유린했다. 멀리 에페수스를 아우르는 도시들이 속수무책으로 당했다.

250년대 중반에는 라인강 체제가 허물어졌다. 프랑크족과 알레만니족이 256년 무렵 부유한 갈리아 지역을 습격했다. 실제로 한 세대에 걸쳐 이 지역은 대규모 약탈의 피해를 입었다. 갈리에누스 황제가 북방 작전으로 대응하려 했을 때, 제국의 심장부가 노출되었다. 260년에 다뉴브강 상류로부터 시작된 침공은 로마의 주변부까지 이르렀다. 같은 해 갈리에누스는 자신의 아버지이자 공동 황제인 발레리안이 수치스럽게도 샤푸르 1세의 포로가 되었다는 사실을 알게 되었다. 나크시 루스탐Naqš-i Rustam의 바위 절벽에 새겨진 대승 기념물은 로마인들의 수모를 경축했다. 아프리카와 이집트의 알려지지 않은 피해를 포함하여 모든 국경선에서 로마 제국은 심각한 상처를 입

56) Orac. Sibyll. 13.106~108, 147~148, with Potter 1990. Zosimus는 그의 저술 '새로운 역사'에서 이 부분의 내용을 그 당시 아테네의 Dexippus로부터 얻은 훌륭한 자료에 상당히 의존하고 있다. 역병과 불안정성의 직접적 관계는 그의 연령대 묘사에서 많이 인용했다. 샤푸르: Excerpta Salmasiana II (ed. Roberto = FHG 4.151, 598).

었다.[57]

주요 국경선 양쪽에서 동시에 압박당한다는 것은 언제나 재앙을 불러일으키기 마련이었다. 이제 적들은 무시무시했다. 페르시아인들의 통솔자는 유능했나. 고트족 연합체는 북쪽 국경선 너머에서 한층 발전된 사회가 형성될 위험을 드러내고 있었다. 로마인과 그들의 이웃 게르만족 사이에는 서서히 '기술의 집중'이 진행되고 있었다. 진화하여 훨씬 더 세련된 적들이 로마제국 전체 체계에 보이지 않는 압력을 가하고 있었다. 일단 역병이 돌자 로마의 국경 방어선에 구멍이 뚫렸다. 호전적인 제국에 대해 고대부터 원한을 갖고 있던 국경선 너머의 굶주리고 야심에 찬 사람들에게 제국 체계의 구조적 취약성이 노출된 것이다. 군사적 위기에서 팬데믹은 중요한 영향을 미쳤다. 잠복해 있던 위협을 드러나게 했고, 격렬히 밀려오는 세력에 국경 체제가 무너지는 원인을 제공했다.[58]

제국의 내륙 깊숙이 있는 도시와 서둘러 성벽을 건설하여 방어한 대중 민병대에 대한 이야기들이 있다. 260년에는 승리의 여신에게 바치는 제단이 아우크스부르크Augsburg에 세워져 지역 방위군의 성공을 '시민들'과 함께 기념했다. 더불어 임시변통으로 만들어진 이 민병대는 독일로 돌아가는 침략자 야만인들을 습격하여 '많은 이탈리아인 포로들'을 풀어주었다. 심지어 자신들의 특권에 오랫동안 집착했던 '로마의 시민'도 260년에 침략자들을 물리치기 위해 무장했다.

260년대에 이르러 로마 제국은 기능적으로 세 부분으로 나뉘었다. 하나

57) 고트족: Todd 2005. The Persians: Frye 2005를 참조.

58) "기술적 수렴": Todd 2005, 451.

는 갈리아 지역, 다른 하나는 팔미라의 통치를 받는 동방 지역, 중앙에 있는 핵심 국가는 갈리에누스가 지배했다. 이 국가는 결국 이탈리아 그리고 발칸에서 이탈리아에 이르는 경로의 방어선까지 줄어들었다. 우리는 260년대 후반에는 아테네와 같은 그리스의 도시들조차 자력으로 긁어모을 수 있는 자원에 의존했음을 알고 있다. 다키아와 같은 전략적 속주와 라인강, 다뉴브강 그리고 주요 강들 사이에 있는 아그리 데쿠마테스(수확량의 1/10을 조세로 내는 농토)로 알려진 영토 전체에서 주민들이 소개疏開되었고, 결국 영원히 그 땅들을 잃었다. 로마 제국은 분리되었고, 268년까지 핵심 지역으로 줄어든 영토를 유지하던 갈리에누스가 로마인의 역사적 집단 기억 속에서 삭제되는 비극적 인물인 것은 당연한 일이다.[59)]

주화는 국가 권력의 쇠퇴를 반영한다. 좋든 나쁘든, 제국의 지위에 대한 평가를 가장 잘 보여주는 것이다. 250년대와 260년대에는 주화의 은 함유량이 급격히 떨어졌다. 고대의 화폐인 세스테르티우스와 데나리의 액면가치가 인정사정없이 붕괴되었다. 권위 있던 이런 화폐들이 사라지고, 모두 안토니니아누스로 대체되었다. 달러화가 우리 눈앞에서 사라지는 것과 같은 상상할 수 없는 혁명이었다. 그리고 나서 20년도 채 안 되는 사이에 안토니니아누스는 점차 품질이 저하되어 빌런 주화가 되었다. 빌런은 감지할 수 없을 정도로 적은 양의 은을 함유한 동전이다. 통화 위기의 추세는 가속화되었다. 개인 보유자는 질 좋은 동전을 유통시키기보다는 갖고 있으려 했을 것이다. 사실상 로마 제국의 역사에서 주화를 보유할 수 있을 정도로 많이 생

---

59) "로마의 시민": Zosimus, Hist. Nov. 1.37.2. 승리의 제단: Ando 2012, 161. 갈리아 제국: Drinkwater 1987. 개략적으로, Drinkwater 2005, 44~48.

그림 4.3 | 안토니니아누스의 은 함유량(g)(주 60의 데이터 참조)

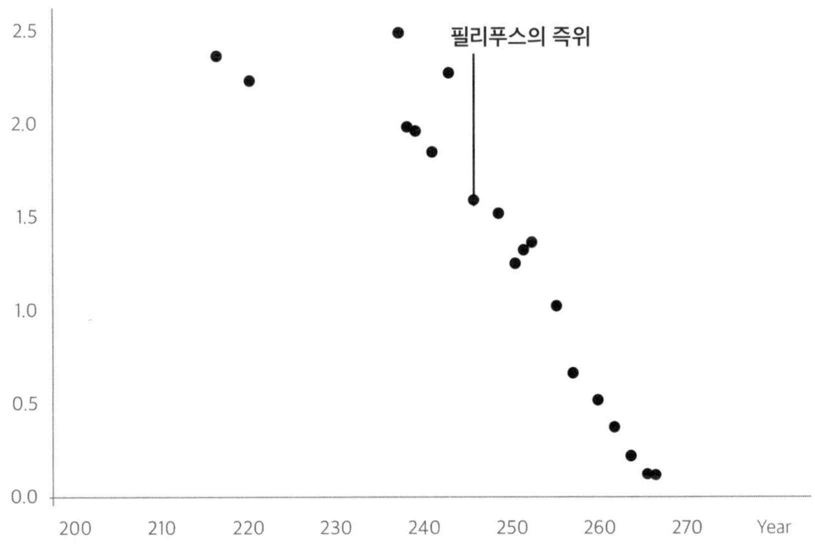

산한 시대는 없었다.

우리는 이집트에서도 통화 위기가 고조되고 있음을 어렴풋이 감지했다. 주화는 신용 가치를 한동안 유지했다. 그러나 260년의 파피루스에서 우리는 총독이 은행가들에게 '아우구스투스(황제)들의 신성한 화폐'를 받아들이도록 강요하는 내용을 발견했다. 이것은 은행가들이 그것을 받아들이지 않으려 애썼다는 사실과 총독이 그렇게 하도록 강요했다는 사실 두 가지를 뚜렷하게 보여준다. 역병이 돌고 화폐 가치가 저하되는 시대에 상품과 서비스의 가격 수준이 거의 100퍼센트에 가깝도록 격렬하게 요동쳤다. 이러한 불안정성은 앞으로 다가올 상황에 비하면 대단치 않게 보인다. 위기가 끝날 무렵, 통치 기간 내내 복원을 시도했던 황제 아울레리아누스의 노력은 실패로 돌아갔다. 주화의 신용 가치는 무너졌다. 물가는 열 배로 급등했고, 한 세기에 걸쳐서 인플레가 질주할 예정이었다. 천 년을 지속하던 은 화폐의 시대

가 종말을 고할 운명이었다.[60)]

군대의 손실로 인해 권위가 꺾이고, 제국은 분열되고, 병사들에게 월급을 지급할 수 없게 되자, 결국 갈리에누스는 실패했다. 그의 통치가 그토록 오래 지속되었다는 사실이 놀라울 정도이다. 이것은 로마 제국의 핵심 깊숙이 회복 탄력성과 이념적 정통성의 힘이 남아 있음을 증명하는 것이다. 그것은 또한 역병이 오래 지속되는 혼란 속에서 힘을 모을 대안이 전혀 없었음을 보여주는 것일 수도 있다. 268년에, 갈리에누스는 밀라노에서 암살당했다. 쿠데타는 다뉴브강 주둔군 장교인 클라우디우스가 지휘했다. 클라우디우스 2세는 권좌에 도전하는 길고 모호한 줄에 서 있는 또 하나의 대기자가 아니었다. 그의 즉위는 완전히 새로운 황제들의 시대가 도래했음을 알리는 신호였다. 그러나 새로운 시대가 시작되었다고 위기가 종식된 것은 아니었다. 가뭄과 역병, 전쟁과 재정 파탄의 충격으로 인해 기반이 될 만한 게 깨끗이 사라졌다. 마침내 군인 황제들의 시대가 눈앞에 다가왔다.

복구와 혁명

필리푸스가 죽고 한 세대가 흐른 뒤 클라우디우스 2세가 즉위하기까지가 로마 역사에서 종말의 시대였다. 여러 장소와 마을들이 기록에서 조용히

60) 개관, Corbier 2005a and 2005b. 은: Estiot 1996; Walker 1976. 물가: Harper 2016a. Bankers: P. Oxy. 12.1411. 축적: De Greef 2002; Duncan-Jones 2004, 45~46; Bland 1997. Fiduciary: Haklai-Rotenberg 2011. 그림 4.3의 은 데이터는 Pannekeet 2008 [available in English on academia.edu]과 Gitler and Ponting 2003; Walker 1976의 제안을 따른 것이다..

사라졌다. 이집트의 인구 조사 기록도 250년대에 끝이 났다. 고대로부터 내려온 마지막 민간 유산이 사라진 것이다. 늘 존재하던 공적인 금석문 기록도 멈췄다. 도시 신전의 웅장함도 빛이 바랬다. 경제생활이 무너지고 자본과 투자의 흐름이 갑자기 끊기면서, 우리는 예술가나 장인의 개인적 작업실조차 갑작스레 소멸했음을 추적할 수 있었다. 한때는 보이지 않는 곳에서 고전적 질서를 함께 지탱하며 얽혀 있던 많은 끈들이 이 시기에 종말을 맞았다.

이렇게 기반이 사라진 것은 클라우디우스 2세가 권력을 잡은 정치적 혁명의 전제 조건이자 결과였다. 클라우디우스 2세 이후의 연이은 황제들은 그들의 통치 행위를 일종의 '복구'로 광고하고자 했다. 그러나 역병과 위기의 여파 속에서 합체된 제국의 체제는 새로운 내적 논리를 가지고 있었다. 혁명은 새로운 균형을 규정하는 두 가지 원칙에 근거했다. 제국의 조직은 다뉴브강 주둔군에서 선출한 군인 황제들이 통치한다는 것, 그리고 그들의 병사들에게 순금으로 보상을 준다는 것. 새로운 국가의 엄격한 전제 조건 위에서 견고한 질서가 회복되었다.[61]

왕족 혈통의 갈리에누스가 역설적으로 군인 황제들이 등장할 길을 닦았다. 흠잡을 데 없는 원로원 출신의 조상을 둔 그의 부유한 가문은 고대 에트루리아에 뿌리를 두고 있었다. 그의 아버지는 세베루스 왕조 시대에 임용되어 집정관 자리에 올랐다. 사회적으로나 지리적으로, 갈리에누스 같은 사람의 통치는 황실의 근본으로 돌아가려는 전통이 꺾인 상태였다. 그러나 그의 치세 동안 원로원은 군대의 통수권을 빼앗겼다.

---

61) 마을들: Keenan 2003; Alston 2001; van Minnen 1995. 인구 조사 기록: Bagnall and Frier 1994, 9. 민간의 유산: Corbier 2005b, 413. Epigraphy: MacMullen 1982. 신전들: Bagnall 1988 그리고 아래 내용. 작업실: 특히, Corbier 2005b, 419.

그림 4.4 | 군대의 충성심을 기리는 클라우디우스 2세의 금화(아우레우스)(미국 화폐협회)

후대의 자료에 의하면, 갈리에누스는 "자신의 태만으로 제국의 권력이 최상위층 귀족에게 넘어가게 될까 봐 두려워했다." 그래서 그는 "원로원 의원들이 군대 경력을 쌓거나 군대에 들어가는 것을 최초로 금지했다." 군단 사령관인 레가투스 레지오니스의 높은 지위는 원로원이 군대를 통제하기 위한 핵심이었다. 그는 원로원 출신의 고위 지휘관을 전문적 군인들로 대체하여 독특한 로마 귀족의 기풍을 몰아냈고, 수백 년 전의 후기 공화정에서 비롯된 고대의 사회 정치적 질서를 무너뜨렸다. 역병과 전쟁이 엘리트 집단 하나를 다시 끌어내렸고 다른 집단이 등장하도록 했다. 그러자 이번에는 복구가 훨씬 급진적으로 일어났고, 늘 그렇듯 견뎌낼 수밖에 없는 운명이었다.[62)]

만약 갈리에누스가 권좌를 빼앗기는 사태를 막으려 했다면, 그의 정책

62) 갈리에누스의 배경: Syme 1983, 197; Drinkwater 2005, 41. "제국의 권력이": Aurelius Victor, Caes. 33.33~34, tr. Bird. 갈리에누스의 개혁에 대하여, Piso 2014; Cosme 2007; Lo Cascio 2005c, 159~60; Christol 1986; Christol 1982; Pflaum 1976; de Blois 1976을 참조.

은 오산이었다. 수 세기 동안 군단 사령부는 제국에 대한 소유권을 주장하는 이들의 집결지였다. 이제 대의명분 뒤에서 군대를 집결시킬 수 있는 것은 좋은 가문 출신의 장군이 아니라 전문 군인들이었다. 분열된 제국 기갑부대를 지휘했던 것으로 유명한 클라우디우스 2세의 즉위는 이러한 가능성이 즉각적으로 실현된 것이다. 갈리에누스의 죽음은 전통적 유형의 황제 시대가 끝났음을 의미했다.

그러나 클라우디우스 2세의 사회적 배경이 혁명적인 것만큼이나 지리적 배경도 중요했다. 그는 모에시아Moesia의 북쪽 혹은 파노니아의 남쪽 출신이었다. 다뉴브강 유역의 이 좁은 평야는 고대로부터 로마의 오래된 속주였다. 수 세기에 걸쳐 퇴역한 군단 병사들이 지역 주민들과 섞여서 살았다. 병사의 자손들은 아버지의 뒤를 이어 애국심을 가지고 군대에 지원했다. 다뉴브강 국경선은 전쟁을 겪으면서 다져졌다. 군대 문화가 번성했다. 지역에서 원로원 의원이 배출되는 경우는 거의 없었으나 훈장을 받은 장교들이 많았다. 수십 년 동안 장교들은 황제에게 충성을 다했으나, 제국이 난장판이 되고 고향이 황폐해지자, 그들은 스스로 권력을 잡았다.[63)]

클라우디우스 2세는 역병으로 인해 갑자기 생을 마쳤으나 그의 혁명은 살아남았다. 다뉴브강 주둔군 장교들은 일단 제국 조직의 통제권을 잡게 되자, 권력을 놓지 않으려 했다. 월터 샤이델Walter Scheidel은 포카스가 통치(610)하기까지, 거의 3/4에 이르는 로마의 황제들이 제국 영토의 불과 2퍼센트에 해당하는 지역 출신임을 명석하게 보여준 바 있다. 테오도시우스 왕조는 그러한 양상에서 유일하게 벗어난 사례이며, 규칙의 예외이다. 테오도시우스

63) Scheidel 2013. 지방에 대하여, Wilkes 2005b; Wilkes 1996. 원로원 의원의 부족: Syme1971, 180.

왕조는 아드리아노플 전투(378)에서 장교단이 학살된 직후인 갑작스러운 절망의 순간, 절대적으로 '완벽한 폭풍' 속에서 탄생했다. 268년부터, 부유한 지중해 지역의 귀족이 누리던 지위를 북쪽 국경의 오지 출신 직업 병사들 집단이 차지하게 되었다. 그 지역을 로널드 짐Ronald Syme은 '에너지 구역'이라고 불렀다. 그곳은 제국의 동쪽과 서쪽의 절반이 서로 겹쳐 접합되는 중요한 장소였다. 로마 제국은 단지 국경에 주둔했던 군사 엘리트들의 손에 들어간 것이 아니라, 바로 '이 지역' 출신의 엘리트들에게 넘어간 것이었다.[64)]

거대한 제국이 주변부 세력에 의해 무너지는 경우가 종종 있지만 3세기 로마 제국에서 일어난 일은 그런 경우가 아니었다. 로마 제국은 내부의 국경 지대로부터 복구가 시작되었다. 군인 황제들의 정체성은 로마인들이었다. 고대 로마인의 피가 그들의 혈관 속에 흘렀다. 그들은 조급한 전통주의의 성향이 있었는데, 예를 들어 로마법을 적용하는 데 있어서 그러했다. 다뉴브강 유역 황제들의 특질은 제국 전체를 보호하고자 하는 것이었다. 즉각적으로 클라우디우스 2세의 뒤를 이은 아우렐리아누스는 제국의 동쪽과 북서쪽 지역을 다시 정복하는 데 온 힘을 기울였다. 다뉴브강 유역 황제들은 통치하는 수 세기 동안 자기 조상의 나라를 눈에 띄게 부유하게 만들지는 못했다. 넓어진 복지 정책의 수혜를 입은 것은 세르비아의 도시 시르미움Sirmium이나 나이수스Naissus가 아닌, 로마의 시민들이었다. 그러나 복구 작업을 위해서는 과감한 군사 공격이 필요했다. 로마시는 제국의 상징적 중심으로 존중받았으나, 군인 황제들은 망설이지 않고 군사 작전의 현장에 가까운 국경 마을에 궁전을 지었다. 행정 기구는 거침없이 재정비되었다. 제국을 재조립

64) Scheidel 2013."에너지 구역": Syme 1984, 897.

한다는 더 높은 대의명분을 위해 정교한 헌법 적용은 잠시 유보되었다.[65)]

후대의 황제들이 명백히 공정하지 못했던 것은 군대, 특히 장교 집단에게 호의를 베푼 것이었다. 클라우디우스 2세는 그를 추대한 병사들의 충성심에 보상을 주었다……. 황금으로. 고대의 주화에 대한 통찰이 있는 학자들은 이때가 바로 고대 후기가 시작된 순간이라고 주장했다. 은화의 가치가 종잡을 수 없이 떨어지자 필연적으로 취해진 조치였다. 그러나 그것은 결코 잊지 못할 사건이 되었다.

이후로 황제들은 즉위 축하 상여금으로 금을 지급했다. 함축된 의미는 뚜렷했다. 현장에서 황제가 직접 금을 나눠주어야 충성의 맹세를 했다. 상여금은 정례화되어 병사들은 5년마다 한 번씩 금을 받게 되었고, 그래야 황제가 장수하는 것에 불만을 품지 않았다. 시간이 흐르면서, 은화로 주어지는 병사들의 정규 봉급은 가치를 잃게 되었고, 황제의 기부금이 급여 역할을 했다. 큰 승리들이 이어져 상여금이 주어질 만도 했다. 우리는 1922년 프랑스 북부 아라스Arras에서 발견된 보물에서 그러한 가능성을 감지한다. 군 장교 소유의 토기 속에는 285년에서 310년에 걸친 군 생활에서 얻은 황금 메달 25개를 비롯해서 진기한 보석, 은 제품과 주화 472개가 들어 있었다. 무게가 53그램인 황금 메달은 '영원한 빛을 되찾은 자'라는 찬사를 받던 콘스탄티누스 대제의 아버지 콘스탄티우스 1세가 영국을 다시 정복한 것을 기념하는 것이었다. 성실함과 충성심은 후한 보답을 받았다.[66)]

---

65) 법률 프로그램: Johnston 2005; Corcoran 2000. 행정 개혁에 대하여, 5장을 보라. 그렇다고 해서 지역을 후원하지 않았다는 것은 아니다. (특히, 디오클레티아누스의 궁전).

66) 전환점: Bastien 1988. See also Callu 1969. 직접 나눠주다: Lee 2007, 57~58. 아라스, 또는 보랑의 보물: Bastien and Metzger 1977.

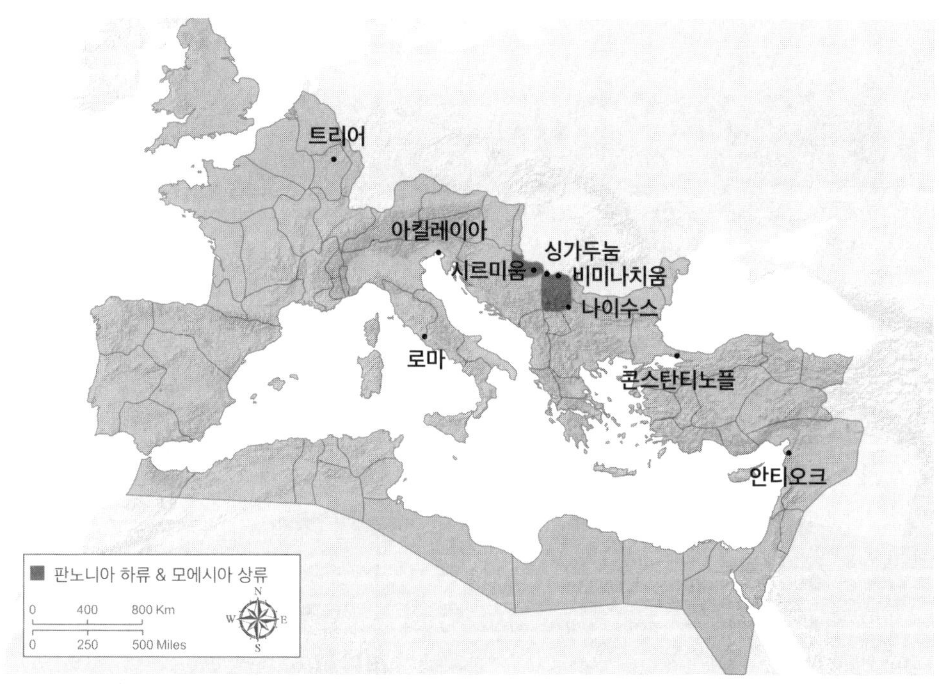

지도 13. | 최후의 로마 황제들을 낳은 두 지역

황금의 정치는 국가와 사회를 내부에서부터 재정립하게 될 것이었다. 군인 황제들의 시대는 황금의 시대였다.

위기가 정신에 미친 영향을 명백하게 규정하거나 기계적으로 평가하기 어렵지만, 장기적으로는 훨씬 더 결정적이었다. 대규모 사망 사건은 예상하기 힘든 종교적 반응을 촉발시켰다. 열정과 절망이 정신적인 삶의 기압을 변화시켰다. 안토니누스 페스트로 인해 제국 전역이 가장 고대적 형태의 아폴로 숭배로 선회했다. 앞으로 살펴보게 되겠지만, 유스티니아누스 페스트는 지중해 지역의 문화를 종말론적 분위기로 급격하게 몰아갔다. 후대에 흑사병이 돌 때 일어나는 유대인 박해와 채찍질 고행 운동은 역병에 대한 직접적 반응이었다. 반면에 죽음에 매혹되는 더 추상적인 문화적 현상은 중세 후반의 대규모 사망을 목격한 참혹한 경험과 연관된 것 같다.

그림 4.5 | 콘스탄티우스 1세의 메달, 아라스 보물(프랑스 국립 박물관)

3세기의 위기는 고대 세계의 전통적 시민 종교가 맞이한 진실의 순간이었다. 또한 기독교로 알려져 있던 주변부 종교 운동이 기이하게 성장하는 문을 여는 계기이기도 했다. 한 세대의 시간이 흐른 뒤, 필리푸스가 개최한 천년제에서 한껏 과시되었던 위풍당당한 의고주의는 과거 어느 때보다도 반대하는 목소리가 훨씬 더 높아진 종교적 지형에 무릎을 꿇었다.

시작 단계부터 위기는 종교적 갈등에 불을 붙였다. 새로운 통치자가 즉위하면 자발적 기도와 제물을 바치는 게 적절한 반응이었다. 그러나 249년 후반 즈음에 데키우스 황제는 모든 시민에게 로마의 신들에게 경배하고 제물을 바치도록 요구했고, 명령을 강제하기 위해 제국의 조직을 가동했다. 역병이 알렉산드리아에서 맹위를 떨친 뒤 서쪽으로 퍼져나가려 할 때, 황제가 우주적인 탄원의 방식을 고안해낸 것은 우연이 아닐 것이다. 고대의 정신에서 보면 역병은 신이 분노를 표현하는 도구였다. 안토니누스 페스트가 도시 차원의 장엄한 종교적 탄원 행위를 촉발했다. 아폴로 신의 신전에 내려진 위대한 신탁이 불을 붙였다. 아폴로는 키프리아누스 페스트에서도 소환되

그림 4.6 | 아폴로 신을 치유자로 묘사한 서기 251~253의 은화(안토니니아누스)(미국 화폐협회)

었다. 황제들이 '치유자 아폴로'를 부르며, 화폐에 새로운 이미지를 담기 시작했다. 로마에서는 종교적 해결책을 간절히 모색했다. "예언자 시빌라의 책을 뒤져서 신들의 평화에 대한 내용을 찾았고, 그들이 명령한 대로 치유자 주피터에게 제물을 바쳤다." 역병은 두려움과 경건함이 뒤섞인 감정을 불러일으켰다. 애초에 데키우스가 역병 때문에 제물을 바치도록 명령한 것이든 아니든, 키프리아누스 페스트는 종교적 격변기의 원인이 되었다.[67]

학자들은 데키우스의 종교 정책을 '박해'라고 부르기를 주저한다. 한쪽 측면만을 본 견해일 수 있기 때문이다. 기독교를 근절하고자 하는 욕망이 정책의 유일한 동기는 아니었을 것이다. 데키우스가 제국 전체에 제물을 바치도록 명령한 것은 예전에 안토니누스 페스트가 유행했을 시기에 나타난

---

67) 구원자 아폴로의 주화: RIC IV.3: Trebonianus Gallus, nos. 5, 19, 32, 103 and 104a-b; RIC IV.3 Volusianus, nos. 188, 247, 248a-b; RIC IV.3 Aemilianus, no. 27; RIC V.1, Valerianus,no. 76. Manders 2012, 132. "신들의 평화": Hist. Aug., Vit. Gall. 5.5. 역병에 대한 종교적 반응 개관은 Reff 2005를 참조.

시민의 반응을 확대한 것으로 볼 수 있다. 그러나 이제는 보편적 시민권의 시대였다. 위기에 대해 온갖 것을 아우르는 반응이 있었고, 자발적인 맹종은 없었다. 이 중 어느 것도 처음부터 기독교를 탄압하는 것이 데키우스의 목표였다는 가능성과 양립할 수 없다. 제물을 바치는 일을 거부한 기독교도의 행위는 법에 대한 저항만이 문제가 된 것은 아니었다. 밀려오는 재앙 앞에서 신들의 보호를 위험에 처하게 만드는 짓이기도 했다.[68]

기독교인들이 희생양이 되고 있었다. 다신교와 기독교의 종교적 논쟁에서 자신의 신앙을 방어했던 키프리아누스가 소환되었다. 특히 그가 사과문 형식으로 썼던 역작, 《데메트리아누스에게》가 언급되었다. 그 책의 주된 주제는 가뭄, 역병 그리고 전쟁에 대해 기독교도가 무죄임을 밝히는 것이었다. 우리에게는 기소자 쪽의 이야기가 부족하다. 그러나 한 세대 후에 비기독교 철학자 포르피리Porphyry의 신랄한 언어를 통해 나지막한 메아리를 붙잡았다. 그는 역병이라는 재앙이 닥쳤던 시대에 기독교인들이 오만했다고 비난한다. "그들은 질병으로 인해 오랜 세월에 걸쳐 도시들이 몰락했음에도, 아스클레피우스와 다른 신들이 더는 우리에게 거하지 않음을 찬양하고 있다. 예수를 숭배하는 동안 사람들이 아무런 복도 받지 못했음에도." 250년대에는 이런 태도가 우세했을 것이다.[69]

데키우스는 종교 탄압을 위한 수색망을 펼쳤다. 시민들은 다신교에 제물을 바치는 행위로 자신의 충성심을 증명해야 했다. 이집트의 파피루스에는 개별적 제물을 확인한 기록들이 많이 남아 있다. 기독교인들이 참여를

68) "박해" 문제에 대하여, Ando 2012, 134~41; Manders 2011; Luijendijk 2008; Bleckmann 2006; Selinger 2002; Rives 1999.

69) 포르피리: in Eusebius, Praep. Ev. 5.1.9.

거부하자 중앙 정부로부터 더욱 강력한 대응이 이어졌다. 이번에는 날로 성장하는 교회를 노골적으로 겨냥했다. 발레리아누스는 기독교인들을 색출하는 것이 명백한 목표인 조치를 시행했다. 기독교 교회는 과거의 이 모든 에피소드를 하나의 거대한 시험으로 간주했다. 수 세기 동안 신앙을 억압해 온 제국의 노력이 최고조에 이른 것으로 보았다. 그러나 이러한 설명은 박해의 상황을 불명료하게 만드는 것이며, 기독교 운동이 얼마나 미미했는지 제대로 전달하지 못한 것이다.

단지 현재의 우리가 기독교의 확산을 인상 깊게 느끼고 있을 뿐이다. 실제로 서기 200년 즈음의 기록물에서 기독교인들에 대한 언급은 보이지 않는다. 만약 이후의 사건들이 없다면, 2세기까지의 기독교인들은 역사의 각주로도 남기 힘들었을 것이다. 2세기 후반에 기독교인들은 약 10만 명이었으리라고 추정된다. 서기 300년에 이르러 놀라운 변화가 일어났다. 가장 명백한 징후는 개인의 기독교식 이름이 갑자기 퍼져나갔던 것이다. 최근의 추정치에 의하면 놀랍게도 이집트 인구의 15~20퍼센트가 이미 기독교도였다. 정확성은 보장할 수 없으나, 아무리 조심스럽게 가정한다고 하더라도, 3세기에 기독교가 폭발적으로 변모하여 대중적 현상이 되었다는 결론은 피할 수 없다.[70)]

예수 운동은 시작부터 전도의 열정이 이끌었다. 그러나 매우 익숙한 어떤 것을 '전환'하는 일의 역학 관계는 각 세대의 구체적 조건 속에서 추구되

---

70) 기독교의 전파율: Schor 2009; Harris 2005; Hopkins 1998; Stark 1996; Lane Fox 1987; MacMullen 1984; Barnes 1982. Onomastics: Frankfurter 2014; Depauw and Clarysse 2013; Bagnall 1987b; Wipszycka 1988 and 1986; Bagnall 1982.내가 Depauw와 Clarysse의 요지를 받아들이고 결국 Bagnall을 따른다는 사실은 명백하다.

어야 한다. 2세기에 도시 생태계의 소규모 집단을 신앙으로 이끌었던 유인력이 3세기의 대중 운동을 촉진시킨 힘으로 연결된 것은 아니었다. 심지어 3세기에도 변화의 속도가 일정하지 않았다. 오히려 역병과 박해가 겹친 상황이 기독교의 확산을 재촉한 것 같다. 폰투스Pontus의 네오카에사리아Neocaesarea에 있는 한 기독교 공동체의 기억을 예로 들어본다. 그 지역의 신앙적 영웅인 기적을 행하는 사람 그레고리와 연관된 민간의 전설 속에서 역병은 공동체에 기독교를 전파하는 데 중심적 에피소드로 등장했다. 대규모의 사망은 조상들의 신이 무능함을 고통스럽게 드러내면서, 기독교 신앙의 미덕을 발휘하게 했다. 아무리 전형적인 이야기라 할지라도, 공동체에서 종교적 변혁이 일어날 때 역병이 했던 역할은 역사적 기억의 알맹이 속에 보존되어 있다.

기독교의 가장 뚜렷한 장점은 희생적 사랑의 윤리를 바탕으로 전혀 낯선 사람들 사이에서도 친밀감을 불러일으키는 조직을 형성하는 능력이 무한하다는 것이었다. 교회는 공통된 유산과 상호 의무를 전제로 하는 새로운 공동체이며 '새로운 종족'임을 과시했다. 기독교 윤리는 역병이 빚어내는 혼란을 전도의 장으로 변화시켰다. 부활이라는 강렬한 약속이 신앙심 깊은 이들이 죽음의 공포를 이겨낼 수 있도록 고무했다. 키프리아누스는 박해와 역병의 열기 속에서 적에게 사랑을 보여주라고 자신의 양떼를 설득했다. 연민은 눈에 잘 띄고 중요했다. 환자를 기본적으로 돌보는 일은 치사율에 중대한 영향을 미칠 수 있었다. 예를 들어 에볼라의 경우에도 물과 음식이 제대로 공급되면 사망에 이르는 사례가 현저하게 줄어든다. 기독교 윤리는 신앙을 전파하는 효과가 대단했다. 역병의 폭풍 속에서 교회는 안전한 항구 역할을 했다.[71]

위기의 불길이 진화되자, 그 재가 남아 기독교의 확산을 위한 비옥한 밭이 되었다. 갈리에누스가 260년에 박해를 멈추라고 명령했다. 교회는 40년 이상 평화를 누렸다. 유명한 교회 역사가인 유세비우스는 이 기간의 순조로운 성장을 의기양양하게 서술했다. "예배하기 위해 모인 수많은 군중과 모든 도시를 꽉 채운 인파와 함께 기도하는 찬란한 집회를 어떻게 묘사하겠는가? 낡은 건물은 이제 군중이 들어가기에는 좁았으므로 모든 도시에서 넓은 교회들이 기초부터 지어졌다."

기독교인들은 당당하게 상류층으로 진입했다. 어느 때보다도 눈에 잘 띄게 되었다. 쓰레기 더미 속에서도 귀중한 파피루스가 발견되는 이집트의 도시 옥시링쿠스에서, 교회는 이즈음 더는 그림자 속에 묻혀 있지 않았다. 기독교도의 이름이 붙은 첫 번째 파피루스는 256년에 기록되었다. 그 직후에 우리는 성직자인 파파 소타스Papa Sotas를 통해 기독교 공동체의 발흥을 추적할 수 있다. 그는 도시의 첫 번째 주교였고, 기독교도로서 거의 최초로 이름이 알려졌을 것이다. 그의 행적은 적어도 다섯 개 이상의 파피루스에 기록되어 있으며, 그 속에는 추천서를 쓰고, 교회를 위한 기금을 부탁하고, 지중해 동부를 자유롭게 여행하는 내용이 들어 있다. 요컨대, 고대 후반의 주교가 어떤 일을 했는지 보여준다. 옥시링쿠스에서 교회는 실제로 거의 눈에 보이지 않던 상태였으나 갑작스레 당당함을 과시하는 분위기로 등장했다.[72)]

한편 로마에서는 카타콤으로 알려진 벌집 형태의 매장 동굴들이 빠르

---

71) "신들로 가득찬 세계": Hopkins 2009b. 새로운 집단: Buell 2005. Networks: Schor 2011; Brown 2012. 너무 쉽게 무시된 Stark 1996을 참조.

72) "어떻게 묘사하겠는가": Eusebius, Hist. Eccl. 8.1.5.옥시링쿠스에 최초로 교회가 세워진 것은 서기 304년으로 알려져 있다: Luijendijk 2008, 19. 최초로 이름이 알려진 기독교도: P. Oxy. 42.3035. Sotas: Luijendijk 2008, 94ff.

게 퍼져나갔다. 2세기 후반이나 3세기 초에 몇 개의 묘실에 공동체가 생겨났다. 이것들이 중심이 되어 곧 무질서하게 바깥으로 뻗어나간 복합적 공간이 생겨났다. 3세기의 3/4분기 즈음은 도약의 시기였다. 지하에 있는 기독교도의 존재가 얼마 안 되는 매상 동굴 이상으로 중요해졌다. 이제 홈이 파인 초라한 무덤들이 늘어선 긴 통로는 램프 불빛이 비치는 범위마다 벽으로 가로막혔다. 카타콤은 불법적 숭배자들의 낭만적인 은신처도 아니었고, 야심에 찬 교황이 하향식으로 설계한 것도 아니었다. 카타콤은 지상에서 교회를 활성화시킨 공동체의 유대가 죽음 속에서도 지속되는 것이었다. 광범위한 후원 조직과 강하지만 복합적인 정체성을 지닌 내세에 대한 격렬한 신앙이 카타콤을 유지했다. 이 시기에는 아직 엄청난 부를 이룩하지 않은 다양한 공동체들이 무심하게 사회적으로 뒤섞이는 유동적 분위기가 남아 있었다. 순교자들의 성지는 아직 단단하게 조직되어 있지 않았다. 역병과 박해의 역경을 헤쳐 나온 아직 허약한 사회였다. 그리고 눈부신 성장을 할 준비가 된 다른 측면이 등장하고 있었다.[73)]

기독교에 대해 아무것도 모른다고 해도, 3세기를 전통적 다신교 안에서 역전이 일어난 시대라고 설명할 것이다. 고대 종교는 곤경에 처했다. 위대한 신전 건축의 전통이 흔들리더니 멈추었다. 2세기는 종교적 건축이 활발하던 시대였다. 하드리아누스는 아테네에서 기원전 6세기 이후부터 미완성으로 남아 있던 올림피아의 위대한 신 제우스 신전을 완공했다. 신전들은 도시의 빛나는 '눈'이었다. 3세기 중반부터 신전들은 황폐해져 갔다. 이집트에

73) 개관 Rebillard 2009; Bodel 2008; Spera 2003; Pergola 1998. 초기 매장: Fiocchi Nicolai and Guyon 2006; Ferrua 1978; Catacombs of Priscilla, ICUR IX 24828ff. 칼리스토:ICUR IV 10558.

서 발견된 신전의 마지막 비문은 데키우스 시절의 것이었다. 그러고 나서는 침묵이 이어졌다. 3세기가 끝날 무렵, 인류의 가장 오랜 종교적 전통을 배양하던 신전들이 군대의 창고로 변했다. 수많은 고대의 종교 의례들이 사라져 버렸다. 신전의 인력과 재산을 등록하던 오랜 관행이 259년부터 그쳤다. 고대 종교의 붕괴는 정말로 놀라운 일이다. 이러한 현상은 바로 직전까지 도시의 제도들이 훨씬 고전적이었던 이집트에서 제국의 다른 곳보다 더 뚜렷하게 나타났다. 그러나 이집트 연구에 노력을 많이 기울여서 상대적으로 다른 지역에서의 종교 생활에 대한 증거가 미미해 보이는 것도 사실이다. 어쨌든 3세기의 위기 속에서 전통적 도시 종교로는 밀려오는 재앙을 방어할 수 없었다.[74)]

왜 그렇게 되었는지 질문하는 것이 중요하다. 일관성 있는 '이교도' 같은 것은 없었다. 기독교 역시 논객들의 정신 속에서만 존재하는 것이었다. 고대의 다신교는 분산되어 있었다. 서로 헐겁게 연결된 종교들의 모음이 자연 속에 편재했고 가정과 도시의 삶에 배어 있었다. 로마 제국에서 번성했던 다신교는 고대 도시의 아치형 사회적 계층 구조로 구축되어 있었다. 우리는 고도의 신학적 사유에서가 아니라 도시 속 거리의 삶에서 고대의 정통 다신교를 만난다. 에페수스의 유명한 사례가 있다. 부유한 에페수스 시민이자 로마의 기사인 뷔비우스 살리타리스C. Vibius Salutaris가 아르테미스 여신을 기리기 위해 기부를 했다. 신전에서 기부금을 운용하여 그 이윤으로 에페수스

---

74) 올림피아의 제우스: Pausanias 1.18.6; Levick 2000a, 623. "눈": Libanius, Or. 30.9; see Fowden 2005, 538. Bagnall 1988은 3세기 후반에 도시의 다신교의 붕괴에 대한 가장 고무적인 논의로 남아 있다. 286에 보면: "이후 이집트 사원은 침묵에 잠긴다." Bagnall 1993, 261~68. 총체적 정체에 반대하는 내용은 Lane Fox 1987, 572~85을, 건축에 대해서 Louis Robert를 참조.

사람들의 오랜 역사를 기념하는 웅장한 종교극을 지원했고, 고대 부족의 전통에 따라 시민들에게 현금 선물이 분배되었으며, 여신에게 피의 제물을 바쳤다. 이러한 종교적 기부 행위는 재정적 혼란이 가중되면서 완전히 사라졌다. 시민 후원의 오랜 유형들이 휘청거렸다. 그러나 신앙의 혼란 속에서도 고대의 신들은 완전히 밀려나지 않았다. 기반이 흔들리는 질서 속에 여전히 뿌리내리고 있었다.[75)]

상부 구조는 무너졌으나, 고대 다신교는 소멸하지 않았다. 자연적인 종교의 입자들은 어디에나 존재했다. 로마의 도로를 걷는 여행자는 보게 될 것이다, "화환과 꽃으로 장식한 제단, 나뭇잎으로 가려진 동굴, 뿔이 걸려 있는 참나무, 동물 가죽을 씌운 너도밤나무, 울타리를 두른 신성한 언덕, 몸통에 형상을 새겨 넣은 나무, 잔디를 입히고 신주神酒를 끼얹은 제단 혹은 기름이 얼룩져 있는 돌을." 어떤 위기가 닥친다고 해도 지상에 단단히 뿌리내린 토속 다신교 신앙을 완전히 씻어낼 수 없었다. 3세기에 기독교인들은 들끓는 다신교의 소리와 냄새에 둘러싸여 있었다. 그러나 대중적인 종교 생활을 웅장하게 표출하지 못하게 되자, 기독교인들이 기회를 포착했다. 교회는 공적인 담화에 자신의 목소리를 눈에 거슬릴 정도로 집어넣었다. 세베루스 시대에서조차 거의 불가능하게 보였던 방식이었다. 교회는 제국과 협상할 준비가 되어 있었다. 4세기로 넘어가자, 기독교 공동체는 무시할 수 없는 세력이 되었다. 군인 황제들은 기독교도를 근절할 것인지 새로운 동료로 받아들일 것인지 망설였다. 그러자 그들 가운데 가장 성공한 이가 뜻밖에도 신앙의 충실한 보호자이자 지원자가 될 것을 맹세했다. 기독교의 도도한 물결

---

75) 후기 다신교에 대한 균형 잡힌 접근은 Jones 2014. 에페수스Ephesus: Rogers 1991.

이 몰려오기 시작한 시기였다.[76)]

복구로 향하는 길

아우렐리아누스 황제(서기 270~275)는 분리된 영토를 다시 정복했다. 그는 로마 시 주위에 성벽을 쌓았고, 화폐를 전면적으로 개혁하고자 시도했다. 그는 비록 지중해 판테온에서는 아웃사이더이지만 쉽게 지역화된 신인 무적의 태양신 솔 인빅투스에 대한 숭배를 주장했다. 그는 로마의 승리를 기념하는 영광스러운 의식으로, 포로가 된 팔미라의 여왕 제노비아를 로마의 거리에서 행진하게 했다. 그리고 스스로를 '세계의 복구자'라고 선언했다.

현실에서 그의 통치는 옛것과 새것이 의기양양하게 뒤섞인 것이었다. 군인 황제들의 복구 작업은 전통이라는 명분 아래 수행되었다. 그들의 작업은 성공적이어서 현대의 역사가들조차 위기가 실재했는지 의문을 가질 정도였다. 그러나 우리는 로마 제국이 범 지중해라는 지리적 틀을 갖춘 단일한 국가로 재조립된 것을 당연하게 여겨서는 안 된다. 중국의 한제국은 비슷한 위기에서 온전하게 살아남지 못했다. 로마 제국은 제2의 생명을 얻었다. 그 사실에서 우리는 위기가 중대하지 않았는지 의심하기보다는 복구가 이루어진 것에 경탄해야 한다.[77)]

제국의 운명은 260년대에 저조기를 맞이했다. 인구도 바닥을 쳤다. 복구

---

76) "제단": Apuleius, Flor. 1, tr. Fowden 2005, 540. Watts 2015, 17~36에서 접신을 위한 생생한 초혼 장면을 참조. 콘스탄티누스의 전환은 Chapter 5를 보라.

77) 아우렐리아누스: Drinkwater 2005, 51~53.

작업은 훨씬 느려졌다. 키프리아누스 역병과 광범위한 위기로 방향을 잃었다. 평화에 익숙하던 내륙 지역은 잔인하게 침범당했다. 오래 이어져 내려온 사회의 지배계층이 무너졌다. 서로마 제국 전체에서 농촌의 거주지 유형에 균열이 생겼다. 생활이 돌아왔으나 서서히, 더 조심스럽고 다른 리듬으로 돌아왔다. 도시는 결코 예전과 같아지지 않았다. 가장 건강했던 고대 후기의 도시들조차 이전보다 규모가 더 작아졌고, 복구된 후에도 전체적으로 주요 도시들의 숫자가 줄어들었다. 병사들을 쉽게 모집할 수 있던 옛날은 영원히 사라져버렸다. 고대 후기의 국정 운영 기술은 더 어려워질 수밖에 없었다. 그러나 복구 작업은 또 다른 반세기의 토대를 마련했다. 제국의 통합과 경제 부흥을 위한 기간이었다.

기나긴 4세기는 나름대로 새로운 황금시대였다. 물질적 측면에서는 안토니누스 시대의 개화보다 찬란하지 못했으나 다른 기준으로는 특별했다. 그러나 새로운 균형을 찾은 내부 어딘가에는 각기 제국의 절반을 이루는 동방과 서방을 분열시킬 씨앗이 숨어 있었다. 복구 작업의 결과로 콘스탄티노플에 두 번째 로마가 세워졌다. 새로운 수도의 건립은 지정학적 균형을 상상할 수 없을 정도로 완전히 바꿔버린 천재적 시도였다. 지구적 기후 변화로 인해 사람들이 이동하고 연쇄 반응으로 난민 위기가 일어나 로마 영토의 경계선에 가해지는 압력이 재조정되자, 국경선의 긴장이 서서히 누적되어 제국을 무너뜨릴 지경이 되었다. 제국의 오직 한쪽 절반만이 다음 몰락에서 살아남게 될 운명이었다.[78]

78) 최저점: Duncan-Jones 2004는 유용한 요약이다.

5장

운명의 수레바퀴

Fortune's Rapid Wheel

제국의 영향권

우리가 집정관 스틸리코를 찬양하는 장면에서 만났던 시인 클라우디아의 소품 중에 〈베로나Verona의 노인〉이라는 매력적인 시가 있다. 그것은 운명의 격류에 던져진 적 없이 느리고 무구한 삶을 살았던 이름 없는 농부를 기리는 글이다. 노인은 시류를 벗어나 행복하게 살았다. 그리고 자신이 태어난 소박한 오두막에서 죽게 될 것이다. 그는 이방인으로 떠돌며 이국의 강물 맛을 본 적이 한 번도 없었다. 또한 '집정관의 이름이 아니라 수확의 계절이 돌아오는 것으로' 세월의 흐름을 헤아렸고, '우람한 떡갈나무가 작은 도토리였던' 시절을 기억했다. 가장 가까운 도시 베로나는 마치 '햇볕이 흘러넘치는 인도'처럼 이국적이었고, 가르다Garda 호수는 홍해의 해변처럼 멀기만 했다. 그러나 농부의 좁은 지평선은 행복으로 펼쳐져 있었다. "머나먼 서쪽 땅의 경계를 찾는 이들도 있을 것이다. 그들은 많은 모험을 할 것이다. 그러나 노인은 더 많은 삶을 산다."[1]

---

1) Claudian, Carm. 20. 앞선 내용과 유사한 시들에 대하여, Røstvig 1972, 71.

이것은 매력적인 전원시다. 지쳐서 터벅터벅 골짜기를 건너던 클라우디아가 고도의 정치가 미치지 않는 곳에서 정직하게 살아가는 농부와 마주치게 되는 일은 실제로도 가능하다. 클라우디아가 개인적으로 감동할 수도 있을 것이다. 한군데 깊이 뿌리 내린 노인의 존재는 시인이 살아온 경험과 뚜렷한 대조를 이루었다. 이집트의 시인인 클라우디아는 서쪽으로 모험을 떠나 로마의 궁정에서 문화적 선풍을 일으켰을 뿐 아니라 제국의 최고 권력자인 총사령관 스틸리코의 대변인으로 고용되었다. 늙은 농부가 실제로 존재했다면 시는 특별히 가슴 아프게 끝났을 것이다. 일반적으로 서기 400년 즈음에 쓰인 시로 추정하는데, 바로 다음 해, 알라리크Alaric가 이끄는 서고트족의 군대가 포Po 계곡을 할퀴고 지나간 것이다. 스틸리코는 폴렌티아Pollentia에서 그들을 맞이하여 피 흘리는 전투를 치렀고, 북이탈리아평원을 거쳐서 그들을 동쪽으로 몰아냈다. 전원의 평온함이 산산조각 났다. 결정적인 대결은 베로나에서 벌어졌다. 그곳에서 스틸리코의 군대가 침략자들을 격퇴했다. 전투 현장의 사령관으로서 스틸리코가 성취한 최고의 업적이었다.[2)]

이후로 상황은 빠르게 나빠졌다. 406년의 마지막 날, 라인강 국경선이 무너졌다. 사건은 가속도가 붙었다. 408년에 스틸리코 체제가 쿠데타로 몰락했고, 장군은 곧 처형되었다. 제국은 서방에서 상황을 통제할 외관상의 권력을 모두 잃었다. 호시탐탐 기회만 노리고 있던 고트족의 지도자 알라리크가 로마를 포위했다. 410년 8월, 영원한 도시는 약탈을 당했다. 고대 수도가 침범당한 것으로 이미 충분한 상처였으나, 상징적 여파는 심각했다. '부서지기 쉬운 세상의 틀'은 붕괴했다. 로마는 하루아침에 몰락하지 않았으나,

2) 연대: Cameron 1970, 391.

도시가 약탈당했다는 것은 핵심이 되는 세대가 핵심이 되는 순간을 경험했음을 상징했다. 이때 제국의 권력이 서방에서 통제력을 상실했다. 이번에는 손실을 돌이키지 못할 운명이었다. 5세기 내내 서쪽 로마 제국은 산산조각 나며 분열되었다. 멀리서든 가까이서든, 이러한 규모의 사건에 영향을 받지 않는 이는 없었다.[3)]

역사학자들은 제국이 빠르게 분해된 것은 역경이 지속되었음을 증명하는 것이라고 설명한다. "고대 후기의 역사에서 제국의 절반인 서방의 군대와 정부가 왜 몰락했는지 이유를 알아내는 것보다 더 어려운 일은 거의 없다." 최근에 3세기의 위기 복구가 건실했음을 새롭게 평가하게 되면서, 그 문제를 탐색하는 일은 훨씬 버거워졌다. 제국은 반등했고, 그래서 종말의 책임이 내부에서 점진적 쇠퇴가 일어났기 때문이라거나 불가피한 분열의 소용돌이 탓이라고 말하기가 어렵다.

4세기 후반에 로마 제국은 지구상에서 가장 강력한 국가이자 유사 이래로 가장 강력한 국가에 속했다. 황제 테오도시우스 1세(재위 379~395)는 아우구스투스 시대의 영토보다 더 넓은 제국을 통치했다. 순전한 재정력으로만 보자면 역사적으로 예외적인 일이었다. 17세기의 가장 강력한 정치 체제와 수준이 비슷했다. 동로마 지역 대부분을 비롯하여 제국 영토의 몇몇 지역에서는 인구와 경제가 거의 기적적으로 부흥했다. 서방에서조차 제국의 몰락이 쇠퇴의 원인이었지 그 반대는 아니었다. 언제나 그렇듯이 구조적 취약성과 인간의 실수들이 있었지만, 그것을 서로마 제국의 중심 권력이 사라지는 것과 같은 중대한 사건에 갖다 붙일 수는 없다.[4)]

---

3) "틀": Prosper of Aquitaine, Carm. Ad Uxorem 7~8, see Santelia 2009; Roberts 1992, 99~100.

제국의 몰락으로 이어지는 연속적 과정이 진전되는 것을 풀어내려면, 우리는 이 기간에 일어난 변화의 서로 다른 리듬에 익숙해져야만 한다. 정치적 회복은 혁명적이었고 계속 진행되었다. 3세기 중엽의 위기 속에서 소수의 원로원 엘리트와 노시 산의 위대한 타협이 군부독재 체제로 바뀌었을 때, 실험의 시대라는 공간이 열렸다. 디오클레티아누스(재위 284~305)와 테오도시우스(재위 379~395) 사이의 백 년 동안 제국의 행정 구조에는 많은 변화가 일어났다. 제국 초기의 3세기 동안 일어난 변화를 다 합친 것보다 많았다. 제국 체제는 철저히 중앙집권화되었다. 제국 초기에는 봉급을 받는 고용된 관료들이 천 명이 안 되었는데, 고대 후기에는 약 3만 5천 명에 이르렀다. 외부 압력이 개입하여 상급직이 너무 많은 권력을 시험할 때도 이러한 전면적인 실험의 영향은 여전히 진행되고 있었다.[5]

고대 후기는 대립의 시대였고, 역동적 사회와 강건함을 요구하는 국가의 욕망 사이에 존재하는 긴장이 무엇보다도 결정적이었다. 군인 황제들의 통치에는 일찍이 군주에게 요구되던 상당한 인내나 교묘함이 없었다. 즉 이전 황제들이 정치적 수완civilitas이라고 부르던 절제와 존중의 자세가 결여되어 있었다. 헌법이 저지하는 것은 거의 없었다. 그 시기에 대해 풍부한 기록을 제공하는 법전에는 국가의 통제에 대한 야심찬 비전이 반영되어 있었다. 종종, 국가는 모든 계급의 개인들을 그들의 지위나 직업에 귀속시킬 수 있고, 모든 사회적 관계를 빠르게 고정시킬 수 있다고 믿었다. 그러나 정치적 복구가 이루어지자 경제적 부흥이 활기를 띠었다. 통화의 안정이 특히 시장을

---

4) "더 어려운 것은 없다": Harris 2016, 220.

5) 관료들: Kelly 1998, 163.

빠르게 재생했다. 국가는 개인 영역에서 활력 에너지를 끌어냈으나, 자신의 목적을 위해 이러한 에너지를 통제하고자 하는 꿈을 성취하기는 매우 힘들었다.

우리는 4세기 사회의 역동성에 대해 잠시 논의를 멈출 것이다. 그래야 다음에 등장하는 상황이 극명하게 보이기 때문이다. 유기적으로 통합되어 있던 서로마 제국의 부유한 사회 계급 구조가 무너지면서, 그 자리에 빈곤하고 단순한 질서가 남았다. 여기서 클라우디아가 노래한 독립적 농부의 모습이 가장 애틋하게 다가온다. 제국의 몰락은 멀리서 떠도는 소문처럼 하나의 권력이 다른 권력으로 대체된 것이 아니었다. 국가와 사회의 기틀이던 고대의 질서가 종말을 고한 것이었다. 그것은 로마의 법적 서류가 전달되는 모든 곳, 사람이 사는 가장 오지까지 속속들이 영향을 미쳤다.

이 드라마의 배경인 환경 변화의 리듬은 복잡했다. 제국이 겪어온 팬데믹과 요동치는 기후 변동에 비하면 4세기의 기간은 막간의 평화였다. 환경의 역할은 미묘했으나 사소하지는 않았다. 기후는 더 따뜻해졌다. 많은 지역에서 새로운 성장이 싹튼 것은 따뜻한 기후의 햇살 덕분이었다. 그러나 로마 기후최적기의 나날은 돌아오지 않았다. 기후는 이제 전혀 신뢰할 수 없는 협력자였다. 대서양의 기압 변화가 좌우하는 기후 체제에서 지역 간 균형을 맞추기 위한 수증기의 교환이 더욱 뚜렷해졌다.

이 시기의 인구통계적 역사 역시 이전보다 더 복잡미묘하다. 제국은 규모가 큰 질병 사건에서 회생했으나, 후기 로마 사회에 들어선 뒤에도 갑작스러운 전염병으로 인한 사망이 빈번했다. 슈퍼 세균은 활동을 멈췄으나, 무서운 토착 세균들이 제국을 지속해서 비위생적인 환경으로 만들었다. 후기 제국에서는 불안정한 기후 체제와 전쟁의 혼란 속에서 토착 질병들로 인한 사망이 반복되었다.

4세기에 환경의 변화가 일으킨 진정한 충격은 동방에서 감지되었다. 이 시기에 제국의 기후를 좌우하던 대서양 체제로 인해 유라시아 스텝 지대에 극심한 건조기후가 도래했다. 중앙아시아로부터 대규모 이수의 시대가 열렸다. 이 결정적 시기에 유목 국가와 사회 내부에서 일어난 드라마에 대해서 알고 싶지만 알려진 바는 거의 없다. 그러나 새롭게 주목할 부분은 로마 제국의 사건들에서 갑자기 스텝 지대의 민족들이 중요해졌다는 것이다. 훈족들이 스텝 지대의 서쪽 경계선에 도착하면서 1세기 이상 고트족이 유지하던 질서를 뒤엎어 버렸다. 고트족은 갑자기 로마의 국경선 너머로 밀려들어오기 시작했고, 그 예상치 못한 압력에 제국의 구조가 무너졌다.

유일한 원인을 상정하는 설명에 집착할 필요는 없다. 훈족의 출현 자체가 서로마 제국의 멸망을 의미하지는 않는다. 결국 훈족이 정복한 지역은 거의 없고, 그들이 역사의 현장에 진입해서 미친 영향은 그 순간의 특정한 상황에서 평가되어야 한다. 복구가 진행되고 있었고, 정치적 실험이 끊이지 않았으며, 동방과 서방 사이에 고요한 균열이 존재하고 있던 조건을 고려해서 측정해야 마땅하다. 그러나 유목민 무리도 마냥 깃털 같은 존재가 아니었기에 제국이 회복 탄력성의 역치를 넘어서도록 만들었다. 역사상 처음으로 아시아의 스텝 지대 전체가 무게 중심을 옮겨서 그 지역에서 가장 선진화된 형태를 갖춘 국가들이 서구와 대치했다. 그 결과, 오직 제국의 절반만이 살아남을 방도를 찾았다.

4세기의 가장 예리한 관찰자인 로마의 역사가 아미아누스 마르켈리누스Ammianus Marcellinus는 로마 역사에 관한 마지막 책에 훈족을 설명하면서 유명한 문장을 남겼다. "빠르게 돌아가는 운명의 수레바퀴, 그것은 언제나 역경과 번영을 번갈아 일으킨다." 제국이 지속되던 수 세기 동안, 로마인들은 수많은 역경을 견뎌왔다. 그러나 4세기 후반과 5세기 초에 이어진 도전들은 극복할 수 없는 것으로 판명되었다. 인간적이고 자연적인 차원에서 연이어 일어난 역사의 장면들은 아미아누스가 상상했던 대로 매우 변덕스러웠다.

제국이 도달한 새로운 평형

심각해지는 위기 속에서 권좌를 차지한 군인 황제들은 무엇보다도 제국을 지키려 했다. 그들은 안정을 회복하기 위해 기꺼이 수도를 옮겼고, 통화를 개혁했으며, 심지어 신까지도 바꿨다. 그러나 새 질서를 세우는 일이 점점 더 요구되었다.

디오클레티아누스는 조상에게 물려받은 아무 권리도 없이 다뉴브 지역의 일개 병사에서 최고의 권좌에 올랐다. 그는 20여 년의 통치 기간(284~305) 동안 열정적인 개혁가임을 증명해 보였다. 가장 중요한 혁신은 네 명의 동료 황제가 역할을 분담하는 사두체제인 테트라키아였다. 테트라키아는 내란을 진압하기 위한 기발한 시도로 제국의 무질서한 내치와 외치를 네 명의 지배자가 팀을 이루어 분담하는 것이었다. 디오클레티아누스는 새로운 체제의 기초를 닦았다. 그는 가열되는 위기 속에 등장했던 비상대책들을 안정시키고 다듬으면서 개혁을 진행했다. 조상과 재산보다 재능을 선호했던 디오클레티아누스에게 '원로원 의원들은 거의 쓸모가 없었다.' 지역들을 '여러 조각으로 나누었고', 제국의 총독들은 영토를 직접 통치할 수 있게 되었다. 디오클레티아누스는 불가분의 관계로 융합되어 있던 민간과 군대의 행정을 분리했다. 위로는 황제의 궁정이 규모와 겉치레의 면에서 더 커졌고, 황제 자신은 사람들과 거리를 두면서 거대한 예식의 장막으로 가려졌다. 후기 황제들을 가리키는 가장 적절한 단어는 '신성함'이었다.[6)]

로마 국가기구의 주된 과업은 여전히 군대에 봉급을 지불하는 것이었다. 디오클레티아누스가 먹여 살려야 하는 야수들은 점점 더 비대해져서 그의 과업을 훨씬 어렵게 만들었다. 군대의 위상이 계속 높아지면서 당대의 사람들은 두려움을 느꼈다. 디오클레티아누스가 군대의 규모를 두 배로 늘렸다는 주장이 있다. 사실은 디오클레티아누스의 군대는 40만에서 50만 정도의 병사들로 이루어져 있었고, 제국 초기의 전임 황제들 때보다 숫자가 더 많지는 않았다. 그러나 심각한 위기로부터 회복되고, 키프리아누스 역병이 돌 때 입은 인력의 손실을 고려하면, 증가한 규모가 급격해서 힘에 겨웠을 것이다. 디오클레티아누스는 적극적으로 국경을 요새화하고 제국 전역의 도로와 군사 시설을 보수하는 데 힘을 기울였다. 군대에서 그는 매우 성공적인 경력을 쌓았던 것으로 평가된다. 그는 북쪽 지역을 평정하고 페르시아에 대한 로마의 지배를 회복했다. 로마의 힘을 확장하여 유프라테스강을 지나 메소포타미아에 이르기까지, 철통같은 성벽으로 둘러싸여 있는 수많은 도시를 끌어들였다. 그 모든 것에 들어가는 비용 문제를 해결하는 데 디오클레티아누스는 천재적인 행정 능력을 발휘했다. 그는 지역마다 다른 고대의 복잡한 조세 체계를 과감하게 폐지하고, 표준화된 재정 평가에 기초한 단일 통합 세금 체제로 대체했다. 관리들은 제국 전역을 종횡무진 누비고 다니면

6) "거의 쓸모가 없었다.": Jones 1964, 48. "여러 조각으로 나뉘어": Lactantius, De Mort. Pers. 7.4, tr. Johns. 개략적인 논의는, Lo Cascio 2005a; Corcoran 2000; Barnes 1982; Jones 1964, 37~76, esp. 42~52.

서 인구조사를 새로 실시했다. 이탈리아조차 특권을 잃었고, 마치 옛 지방 사람들처럼 순순히 세금을 내야 했다.[7)]

병사들에게 금으로 기부금을 주는 관례는 지속할 수밖에 없었다. 그러나 디오클레티아누스는 정기적 봉급을 주겠다는 자신의 약속을 지켰고, 옛 화폐로 지급했다. 디오클레티아누스 시대의 화폐는 신용의 단위로 데나리를 중심에 두었다. 데나리의 구매력은 계속 떨어졌고, 디오클레티아누스는 인플레이션의 흐름을 막으려고 노력했다. 그는 화폐를 개혁하고 엄격하게 가격을 통제했다. 유명한 물가 칙령은 후기 로마의 국가기구가 개입주의 스타일을 새롭게 표방했음을 보여준다. 법의 서문을 읽어보면 병사들을 가장 염두에 두고 있음이 분명하다. "가격이 올라가는 것은 네 배도 여덟 배도 아니다. 이러한 가치와 판매를 설명하는 인간의 언어 능력을 능가할 정도로 터무니없는 수준으로 올라간다. 물건을 한 번 사면 병사의 봉급과 보너스가 모두 없어진다. 온 세상 사람들이 군대를 지원하기 위해 지불한 세금을 병사들은 약탈자의 혐오스러운 주머니 속으로 몽땅 집어넣는다." 디오클레티아누스는 약 1200여 가지 상품의 가격 제한을 결정했다(농기구에서 화물 운임까지, 직물에서 노예까지, 프랑스산 샌들에서 수컷 사자까지). 물가 칙령은 인플레이션의 와중에도 경제적 특화가 어느 정도였는지를 간접적으로 설명하는 것이다. 그러나 기독교도인 그의 적들이 고소해하며 지켜보았듯이, 그리고

7) 6세기 관료가 흥미로울 정도로 정확하고 그럴듯하게 디오클레티아누스의 군대를 435,266명으로 계산한 숫자를 우리는 확보하고 있다: John Lydus, Mens. 1.27. Campbell 2005b, 123~124; Whitby 2004, 159~160; Lee 1998, 219~20; Treadgold 1995, 43~64; Ferrill 1986, 42; Jones 1964, 679~686, esp. 679~680. 재정 정책: Bransbourg 2015; Carrié 1994; Cerati 1975; Jones 1957. 개략적인 내용은, Bowman 2005를 참조.

문서 증거들이 확인해주듯이 정책은 비참하게 실패했다.[8)]

디오클레티아누스의 개혁은 콘스탄티누스 시대의 문을 열었다. 콘스탄티누스는 장교의 아들이었고, 나이수스(지금은 세르비아의 니슈Niš)에서 태어났다. 그 도시는 클라우디우스 2세가 고트족에게 결정적 승리를 거둔 장소이기도 하다. 쿠데타를 일으켜 다뉴브강 지역의 황제들에게 영원한 권력을 쥐어준 클라우디우스 2세와 자신이 왕조로 연계되어 있다고 콘스탄티누스는 주장하곤 했다. 그러나 콘스탄티누스의 첫 번째 과업은 사두체제를 전복시키는 것이었다. 306년에 아버지의 영토에 대한 지배권을 주장했고, 312년에는 서방 쪽 경쟁자 막센티우스를 물리쳤으며, 324년에 동방을 점령하는 것으로 마침내 디오클레티아누스 체제의 모든 잔재를 청산했다. 콘스탄티누스는 이미 살아 있을 때부터 양극단에 선 인물이었다. 개혁가이자 고대 후기 국가의 기원이 되는 체제를 세운 창립자이기도 했다. 장기 집권 (AD 306~337) 덕분에 혜택을 입은 동맹국들과 부하들을 시켜 자신을 지지하는 조직망을 만들게 했다. 또한 권력 구조의 체계적 질서를 구축했는데, 그것은 그의 통치 기간이 끝난 뒤에도 오래 지속되었다. 콘스탄티누스와 적절하게 비교할 수 있는 유일한 인물은 초대 황제 아우구스투스이다. 그는 수십 년간 격렬한 불안정을 겪은 뒤 새로운 평형의 틀을 마련한 체제로 통치를 오랫동안 지속했다. 아우구스투스와 콘스탄티누스를 비교하는 것은 자화자찬도, 아첨꾼의 허황된 이야기도 아니다.[9)]

콘스탄티누스가 즉위할 무렵, 군사 계급은 엄격하게 통제되고 있었다.

---

8) Edictum De Pretiis Rerum Venalium, pr., ed. Lauffer. On the Edict, Corcoran 2000, 205~233. 경제적 배경에 대하여Camilli and Sorda 1993 and Bagnall 1985의 에세이를 참조.

바야흐로 대화해의 시기였다. 콘스탄티누스 정권은 새로운 엘리트와 원로원 계급의 잔재가 화해를 도모하게 했다. 콘스탄티누스는 원로원 계급에게 새로운 특혜를 베풀어, 지방 총독과 같은 고위 관료직을 원로원 의원들에게 할당했다. 그러면서 또한 원로원 내부의 계급을 재정비했다. 그는 새로 만든 수도 콘스탄티노플에서 두 번째 원로원을 창설했다. 그것은 점차 로마의 원로원에 버금가는 지위로 성장했다. 결과적으로 원로원 의원의 지위를 얻을 수 있는 새로운 경로가 만들어지면서, 원로원 직이 부풀려지는 과정이 시작되었다. 원로원 계급은 숫자상으로 걷잡을 수 없이 증가했다. 원로원이 성장하면서 도시의 귀족들이 줄어들었다. 전통적 시의회에 부와 특권 그리고 능력의 상승이라는 새로운 압력이 가해졌기 때문이다. 제국에 대한 헌신의 보상으로 원로원 지위를 부여함으로써, 콘스탄티누스는 후기 로마 귀족의 기본적 역동성을 작동시켰다. 콘스탄티누스는 서열과 명예의 모든 체계를 재정비하여 명예의 경제를 강력하게 중앙집중화시키고 황제의 측근을 중심으로 배치했다.[10]

---

9) 평가에 대하여, 특히 Lenski 2016은 현대 역사가들이 콘스탄티누스 대제에 대해 다양하게 여러 개요를 소개한 것을 둘러볼 수 있다. 지난 십 년 동안 주요한 논의들은 Potter 2013; Barnes 2011; Van Dam 2007; the essays in Lenski 2006; Cameron 2005. 아우구스투스로서의 콘스탄티누스: Harper 2013b; Matthews 2010, 41~56; Van Dam 2007.

10) 행정/원로원: Harper 2013b; Kelly 2006; Heather 1998b; Jones 1964, 525~528. 콘스탄티노플: Dagron 1984. 한때 재능과 헌신을 통해 출세했던 사람들이 이제는 최고의 명예를 바랄 수 있었으므로, 기병 계급은 모두 사라졌고, 오직 한 직책만 온전히 남았다. 콘스탄티누스는 궁정에서 황제를 경호하는 동지들의 즉석 조직인 코미테를 각각 특권을 지닌 세 가지 직책으로 구성된 공식적 명예 조직으로 정규화했다. 그는 대담하게도 파트리키우스, 파트리키안이라는 지위를 부활시켰는데, 이제는 최고 왕족의 혈통을 위한 것이 아니라 순전히 황제가 부여하는 것이었다. 그리고 콘스탄티누스 통치 아래, 황제의 성인 플라비우스는 특정한 행정 관리들에게 이름과 직함 사이에 위치하는 어떤 의미로 널리 부여되었다. 이제 황실을 호위하는 군단은 황제의 성까지 공유했다. 플라비우스라는 성은 고대 후기 내내 사용되었고, 새로운 질서의 창건자로서 콘스탄티누스의 성공을 드러내는 것이었다 : Keenan 1973 and 1974.

아우구스투스와 마찬가지로, 콘스탄티누스는 철저하게 보수적인 사회 정책으로 새로운 질서를 공고히 했다. 그는 제국의 강건한 기반인 퇴역 군인과 농민들을 열렬히 보호했다. 총독들에게는 "다수의 하위 계층 사람들이 무사비한 사람들에게 종속되거나 더 상한 사람들의 이익에 빌려나지 않도록" 주의하라고 지시했다. 콘스탄티누스의 법은 사회적 위계를 강화했으며 노예와 자유인이 자기 자리에서 이탈하지 않는 것에 목적을 두었다. 콘스탄티누스의 개혁은 사회적 혼합에 대한 철저한 혐오를 드러낸다. 콘스탄티누스는 아우구스투스의 간통죄 입법을 더 엄격하게 적용했고, 결혼 금지를 강화하여 귀족 엘리트들과 사회의 최하위층인 불가촉 계층을 분리했다. 그는 (로마의 풍속에서 조심스럽게 용인되던 사소한 체면치레인) 사생아에게 재산을 양도하는 것을 금했으며, (로마인들이 매우 자유롭게 행했던) 이혼을 제한했다. 수 세기 동안 내려온 전통과 법률상의 섬세함도 황제의 의지를 막지는 못했다. 정권이 바뀌는 격변의 시대에, 콘스탄티누스의 법은 고대 후기의 기조를 세웠다.[11)]

과감하게 한 획을 긋는 시대였기에 콘스탄티누스는 이러한 실험들을 수행할 수 있었다. 가장 유명한 사실은 그의 개종이다. 황제가 품은 종교적 동기의 진실성을 의심할 까닭은 전혀 없다. 기독교는 개인적 성향에 의한 독특한 선택이지, 계산된 것은 분명 아니었다. 디오클레티아누스 치하에서 박해가 다시 시작되었음에도 교회는 성장했다. 그러나 기독교인들은 여전히 주변 집단으로 남아 있었다. 단기적으로 볼 때 콘스탄티누스의 종교적 신념은

11) McGinn 1999는 특히 고무적이며, Evans Grubbs 1995도 마찬가지다. "다수의 하위 계층 사람들이": CT 11.16.3, tr. Pharr. 노예제도: Harper 2013b, Harper 2011, Part 3에서 인용. 사생아: Harper 2011, 424~462. Divorce: Harper 2012; Memmer 2000; Arjava 1988; Bagnall 1987a.

골칫거리였다.

그러나 신앙 덕분에 콘스탄티누스는 헌신적이고 조직적인 집단의 충성을 얻었고, 교회의 후원을 이용했다. 그는 기독교에 대한 논쟁에 개입하는 데 시간을 낭비하지 않았고 교리의 화합을 확립하려고 온 힘을 기울였다. 교회에 대해 너그럽게 자선을 베풀었고, 다른 황제들처럼 스스로 선택한 신을 위해 웅장한 건물을 짓는 일에 자금을 댔다. 그는 옛 신들에게 바쳐지는 기금의 생명줄을 끊었고, 은밀하게 신전을 약탈했으며, 소멸해가는 과정에서 피의 제물을 바쳤다. 피라미드식 사회 계층의 꼭대기에서는 신을 숭배하는 것과 같은 사적이고 불가해한 문제에서도 황제의 취향이 기조를 결정했다. 콘스탄티누스는 제국 최고의 후원자였고, 그의 편애가 파문을 일으키며 퍼져나가 영향력을 키웠다. 콘스탄티누스의 기이한 선택이 기독교에서는 분수령이 되었고, 그 세력이 돌이킬 수 없을 정도로 가속되는 순간이었다.[12)]

새로운 수도의 기초를 닦을 때도 역시 개인적 성향의 독특함이 좌우했다. 황제들은 수십 년 동안 국경과 마주하고 있는 요크York와 트리어Trier, 시르미움과 나이수스, 니케아와 안티오크 같은 마을과 도시들을 오가며 지냈다. 디오클레티아누스가 로마에서 통치 20주년을 기념했을 때, 그는 처음으로 로마를 직접 보았을 것이다. 로마는 감상적이고, 상징적이며 의례적인 수도로 남아 있었다. 그러나 '로마는 황제가 있는 곳'이라는 문구는 이미 낡은 사실이 되어 버린 지 오래였다.

로마에 대한 균형을 맞추기 위해 동방에 정식으로 수도를 선택했으나, 그럼에도 불구하고 현명하지 못한 도약이었다. 지리적으로는 탁월한 선택이

---

12) 황제의 종교 정책에 대한 한 가지 견해는, Barnes 2011.

었다. 군사적 무게 중심은 다뉴브강 지역에 있었다. 동방과 서방을 잇는 고대의 도로에 자리 잡은 콘스탄티노플은 행진의 땅으로 접근할 채비가 되어 있었다. 콘스탄티누스와 후계자들이 강력한 요새로 만든 그 도시는 사실상 난공불락으로 판명되었다. 도시는 바다에 면해 있었고, 소아시아에서 이집트에 이르는 아치 모양의 배후지는 그리스풍의 부유한 지역이었다. 후대의 황제들도 원래의 계획을 정교하게 실행했지만, 자신의 이름을 딴 도시에 대한 콘스탄티누스의 야망은 처음부터 원대했다. 여기에서 그는 다가올 수 세기를 규정할 힘에 시동을 걸기 시작했다. 콘스탄티노플은 운명의 도시였다.[13]

콘스탄티누스의 치세는 고대 후기의 귀감이 되었다. 개혁과 실험의 시대가 종식된 것은 아니었지만, 그러나 지금, 3세기 중반에 아우구스투스의 질서가 무너진 이후 처음으로 군대와 귀족 그리고 제국 정부 사이에 필수적인 안정된 관계 설정이 이루어졌다. 제국의 최초 건립자와 콘스탄티누스 사이에 마지막으로 유사한 점이 한 가지 있다. 콘스탄티누스가 세상을 떠날 무렵, 살아 있는 사람 중에는 복구 이전의 옛 시절을 기억하는 이가 거의 남아 있지 않았다. 아우구스투스 이래로 가장 긴 통치 기간이었다. 30년 동안 집권한 뒤, 서기 337년 5월에 콘스탄티누스는 세상을 떠났다. 그의 시신은 황금 관에 눕혀져 콘스탄티노플까지 옮겨졌다. 그곳에서 전통과 기독교 양식이 불분명하게 혼합된 장례식을 치렀고, 열두 사도를 기리면서 안치되었다. 그를 추모하는 연설은 예언적이었다. "죽음 이후에도, 다양한 제국 통치의

13) Herodian, 1.6.5. 특히 Grig and Kelly 2012; Mango 1986; Dagron 1984에서 경이로운 에세이 모음을 참조.

책임은 그에게 있다. 그는 전 세계를 다스리면서 승리하는 자, 위대한 자 아우구스투스라는 이름으로 혁신적 삶을 살았기 때문이다." 콘스탄티누스는 유령처럼 존재하면서 이후 수 세기 동안 새로운 질서를 지탱했다.[14)]

우호적 환경

환경의 변화는 후기 제국의 재건에 착수하려는 인간의 계획에 협조했다. 로마 기후최적기의 매력적인 조건이 돌아오지는 않았다. 중기 홀로세에 잠깐 지속된 어디나 따뜻하고 다습한 날씨는 다시는 돌아오지 않는 과거의 일이었다. 이 시대가 끝나갈 무렵은 요란했다. 3세기 중반에 세계와 지역 기후의 불안정성은 극에 달했고, 극도의 가뭄으로 지구 자체가 덜컥거리면서 죽어가는 것처럼 보였다. 그러나 3세기가 '세계의 노년기'였다면, 기나긴 4세기는 뜻밖에도 새로운 젊음을 빌려온 시기였다.

기후가 안정되었다. 서기 266년 이래로, 한 세기 반 동안 이렇다 할 화산 활동이 일어나지 않았다. 로마 제국 전역에서 태양열 방출은 증가하여 서기 300년에 최대치에 도달한 뒤 5세기까지 높은 수준을 유지했다. 4세기는 뚜렷한 온난화의 시기였다. 알프스 빙하는 4세기 중반에 완전히 사라졌다. 몽블랑 분지의 메르 드 글라스 빙하는 빠르게 반응하여 4세기 말에는 1990년대 수준까지 녹았다. 평균 기온이 초기 제국의 수준까지 오르지는 않았으

---

14) 방탕아: Zosimus, Historia nova 2.38.2~3. "반복적으로 그리고 끊임없이 . . .": Eusebius, Vit. Const. 4.1~2. "다양한": Eusebius, Vit. Const. 4.71.

나, 태양은 복구의 시대를 향해 미소를 지었다.[15)]

로마 기후최적기가 물러가고 나서, 더 확연한 후기 홀로세 기후 국면이 등장했다. 대규모 기후 패턴은 이제 북대서양 기단의 지배 아래 놓이게 되었다. 북대서양의 기압 변화는 서유럽에서 아시아 내륙 깊숙한 곳까지 널리 사회의 운명에 영향을 미쳤다. 대서양에서 서로 반대 방향으로 순환하는 두 중심이 상호작용하여 서쪽에서 불어오는 폭풍의 진행 방향을 형성한다. 지중해 서쪽에는 영구적 고기압인 아조레스 고기압이 위치한다. 이 고기압은 역선풍이 부는 순환을 생성하는데, 공기가 시계 방향으로 돌면서 강우를 차단하는 것이다. 북쪽으로는 북대서양 중심에 아이슬란드 저기압이 자리 잡고 있다. 이 저기압은 강한 회오리바람을 일으켜 서유럽 상공에서 시계 반대 방향으로 공기를 회전시킨다. 두 지역에 자리 잡은 기압 차의 변동이 '북대서양 진동'으로 알려져 있다. 북대서양 진동(NAO)은 지구의 매우 거대한 기후 체제 가운데 하나다.[16)]

겨울에 북대서양 진동의 힘은 영향이 강력하다. 대서양의 기압 차이가 확연해질 때, 다른 말로 하면 북대서양 진동 지수가 양의 값으로 변할 때, 강한 저기압의 활동으로 서풍이 선회하며 극지를 향해 불어간다. 영국과 북유럽에는 비가 쏟아진다. 기압 차이가 상대적으로 완만할 때는, 약한 폭풍이 지중해 서쪽에 잔잔한 비를 뿌려 북쪽에 비해 남쪽의 수분 평형을 유지하기 좋게 한다. 예를 들어 2015~2016년 사이에 북대서양 진동 지수가 자주 양의 값이었을 때 영국에서는 기록적인 비가 내렸고, 지중해 서쪽 지역

15) 화산 활동: Sigl et al. 2015. 일조량: Steinhilber, Beer, and Fröhlich 2009. 빙하: Le Roy et al. 2015.

16) NAO: Burroughs 2005, 170~175; Hurrell et al. 2003; Marshall et al. 2001; Visbeck et al. 2001.

에는 비정상적인 가뭄이 나타났다. 마치 지구 규모의 정원 스프링클러처럼, 급변하는 북대서양 진동이 북반구의 중위도 지방에 폭풍을 보내어 비를 뿌린다.[17]

북대서양 진동의 역사는 자연의 기록보관소에서 복구할 수 있다. 영국의 섬들은 북대서양 기후 체제에 곧바로 노출된다. 스코틀랜드의 동굴 속에서 3천년 전 북대서양 진동의 섬세한 기록이 발견되었다. 동굴 속의 석순이 매년 성장하는 비율이 북대서양 진동의 국면에 민감하게 영향을 받았다. 4세기의 흔적이 눈에 띈다. 청동기 시대와 현재 사이에서, 4세기의 수준은 오직 중세의 이상 기후 동안의 수준과 일치했다. 퍼즐의 다른 조각들이 맞춰진다. 스페인에서 발견된 호수의 기록에서는 4세기에 강력한 가뭄의 증거가 보이는 시기가 있다. 이와 대조적으로 북유럽과 중앙유럽에서는 강수량이 훨씬 많았다. 프랑스와 독일의 참나무에서 발견된 강우 기록에 의하면, 4세기 내내 그리고 5세기 전반에 폭풍이 유럽의 중앙과 북쪽으로 움직이면서 강수량이 높았으며, 점점 증가했음을 보여준다.[18]

지중해 중부 지역에서는 북대서양 진동이 양의 값을 가질 때의 영향을 예측할 수 없다. 폭풍이 지나가는 길에 있는 거대한 기압골은 이탈리아에 비를 내리기도 하지만 반도 전체에 아무 영향을 미치지 않을 수도 있다. 겨울 폭풍의 활동이 쇠퇴하여 이탈리아 남부는 건조했음에도, 북부는 대륙성

17) 이례적으로 중세 기후에서 북대서양 진동 지수가 지속적으로 양의 값이었을 때(즉 "중세의 온난한 시기") 나타난 장기적 영향을 비교하려면: Trouet et al. 2009. Manning 2013, 107~108.

18) Baker et al. 2015; NAO에 대한 또 다른 고기후의 기록은 그린란드 호수의 고해상도 침전물 기록에서 발견되었다: Olsen et al. 2012. Spain: Martín-Puertas et al. 2009; Currás et al. 2012. Oaks: Büntgen et al. 2011.

강우의 수혜를 가장 많이 입었다. 북이탈리아는 4세기에 부흥했는데 부분적으로는 강력한 제국 행정부의 존재 때문이기도 하지만, 한편으로는 믿을 만한 강우 덕택이기도 했다. 이와 대조적으로 이탈리아 중부와 남부는 3세기의 위기로부터의 회복이 미약했다. 캄파니아Campania의 시골은 "황량한 풍경이었고, 농경지는 황폐했다. 한때 번창하던 농경의 중심지였던 곳에 폐허 속에 흩어진 빈 농가들만 남았다." 이탈리아는 풍요와 불운이라는 양날의 칼을 아슬아슬하게 잡고 있었는지도 모른다. 양의 값을 가진 북대서양 진동의 통제 아래서, 지중해의 수분 체제는 깜박이는 스위치와도 같았다.[19]

제국 동방의 기후 체제는 더욱 다층적이었다. 북대서양 진동이 여전히 영향을 미치기는 하지만, 지중해 동부는 정말로 기후적으로 지구의 교차로 위에 놓여 있어서, 열대의 몬순 체제의 여파가 강하게 작용하기도 하고, 아시아 전체의 기압에 영향을 받기도 하며, 멀리 엘니뇨 남방 진동에 의해 변형되기도 했다. 그리고 지중해 동부의 기온 양상은 넓은 지역에 걸쳐 통일성이 있기도 하지만, 강수량은 지역 요인에 더 많이 좌우되므로 더 까다롭다. 고대 후기에 지중해 동부 지역은 아나톨리아와 레반트 지역의 기후 양상이 급격히 달라지는 것으로 보아 수분 평형을 위한 교환이 이루어진 것 같다. 이스라엘에서는 4세기부터 200년에 걸쳐서 생명을 불어넣는 습기가 공급되기 시작했고, 이후에는 매우 건조한 시대가 왔다. 소아시아는 그 반대이다. 4세기는 대체로 건조했고, 반면에 이후부터는 다습한 시기가 시작되었

19) 티베르 홍수의 빈도는 4, 5세기에 급격히 감소했지만, RCO의 예외적으로 높은 수준과 비교했을 뿐임은 주목할 만하다. "황량한 풍경": Brown 2012, 100. 그리스의 카파시아 동굴 기록에서는 수분이 더 크다: Finné et al. 2014. 그리고 알바니아 동부의 슈코드라 호수의 기록은 Zanchetta et al. 2012를 보라.

다.[20]

4세기 기후는 순탄했으나 약간의 변동성이 있었다. 지중해는 겨울 폭풍이 지나가는 불확실하고 변화무쌍한 경계선 위에 자리 잡고 있었다. 주요 가뭄과 기근에 대한 기록이 후기 제국의 문서에 자주 등장한다. 그러나 우리는 이러한 기록에 어떤 자격 제한을 두어야만 한다. 인구가 다시 늘어나면서 필요한 식량도 당연히 증가했을 것이다. 가뭄과 기아에 대한 증언은 매우 흔했다. 그러나 기독교의 승리 덕분에, 고대 후기에서 우리가 얻은 증거의 종류와 범위는 다른 시대와 근본적으로 다르다. 설교, 편지 그리고 성인의 전기 같은 것들이 많다. 이러한 기록 중 상당수는 앞선 시대에는 눈에 띄지 않던 장소인 외딴곳에서 발견된 것이다. 정보를 제공하는 이들은 일상생활의 어려움에 관해서는 대체로 말이 많은 편이다. 기독교 지도자들은 가난한 이들을 돕는 일로 밥값을 했다. 단지 가뭄과 기근에 대한 정보가 많다고 해서 가뭄과 질병이 더 많았다고 말할 수는 없다.[21]

고대 후기의 기록에서 기후가 가져온 위기의 중요한 사례는 368~369년 사이에 카파도니아Cappadocia를 덮친 식량 부족이었다. 우리는 오직 교회의 전위적 인물이자 주교였던 카이사레아의 바실리우스Basil of Caesarea의 눈을 통해

---

20) 지중해 동부의 기후 메커니즘 개관: Finné et al. 2011; Xoplaki 2002. Arid Anatolia: Haldon et al. 2014. Sofular: Göktürk 2011; Fleitmann et al. 2009. 베레켓 분지Bereket Basin: Kaniewski et al. 2007. 나르 괼루Nar Gölü: Dean et al. 2013; Woodbridge and Roberts 2011. 테세르 호수Tecer Lake: Kuzucuoğlu et al. 2011. 이스라엘 Israel: Migowski et al. 2006; Bookman et al. 2004. 더 다습한 시기가 시작되고 끝난 시점은 다소 불명료하다. 논의를 위해서 McCormick et al. 2012를 참조. 또한 7장을 보라.

21) Stathakopoulos 2004가 가장 광범위하다; Telelēs 2004는 기후 사건에 초점을 맞추고 있다. ; Patlagean 1977은 여전히 소중한 자료다. Brown 2002 and Holman 2001은 우리가 고대 후기에 대해 새로운 관점을 가질 수 있도록 한다.

서만 전체적 사건을 알 수 있다. 바실리우스는 수사학과 행정적 능력의 천재성을 모두 동원하여 위기를 견뎌냈다. 우리는 그의 눈을 통해 내륙에 있는 이 사회가 다가오는 식량난에 맞설 태세를 갖추는 것을 지켜볼 수 있다. 재난은 지평선 너머에서 서서히 다가오고 있었다. 바실리우스에게 식량 위기는 로마 사회의 황폐한 사회적 분열이 쓰고 있는 베일을 벗기고 교훈을 줄 수 있는 기회의 순간이었다. 그는 가축우리 같은 집에 사는 가난한 아버지가 생계를 위해 어느 자식을 팔아야 할지 결정해야만 한다는 예를 들어 설명한다. "어떻게 하면 당신 눈앞에 가난한 이들의 고통을 보여줄 수 있을까? …… 그는 마침내 아이들에게 눈을 돌리고, 아이들을 시장으로 데리고 가서 죽음을 미룰 방법을 찾아낸다. …… 그의 고민을 상상해 보라. '어느 아이를 먼저 팔까? 곡물 상인은 어느 아이를 가장 좋아할까?' …… 그는 눈물을 쏟으며, 가장 사랑하는 아들을 판다."[22]

세세하게 참혹함을 설명해주는 바실리우스의 기록이 없다면, 우리는 이러한 장면이 전에 얼마나 여러 번 되풀이 되었는지 알 수 없다. 이런 문제에는 신중해야 마땅하지만 모든 것을 야심만만한 주교의 교묘한 과장으로 취급하면서 이 지역의 가뭄에 대한 물리적 증거까지 무시하는 경솔함은 조심해야 한다. 4세기의 전반적 기압 체제나 자연의 기록보관소가 드러내는 증거들은 당시 아나톨리아의 절박한 위기에 이처럼 현실적 맥락을 제공한다.

바실리우스의 기록에 나타난 기근은 어느 모로 보나 지역에 국한된 현상이다. 그러나 샅샅이 찾아낸 증거를 고대 제국의 기록과 비교해 보면, 4세

22) Holman 2001; Garnsey 1988, 22~23. 카이사레아의 바실리우스, Dest. Horr. 4. Harper 2011, 410~411.

그림 5.1 | **총강수량** (mm) **프랑스/독일** (Büntgen et al. 2011에서 데이터 인용)

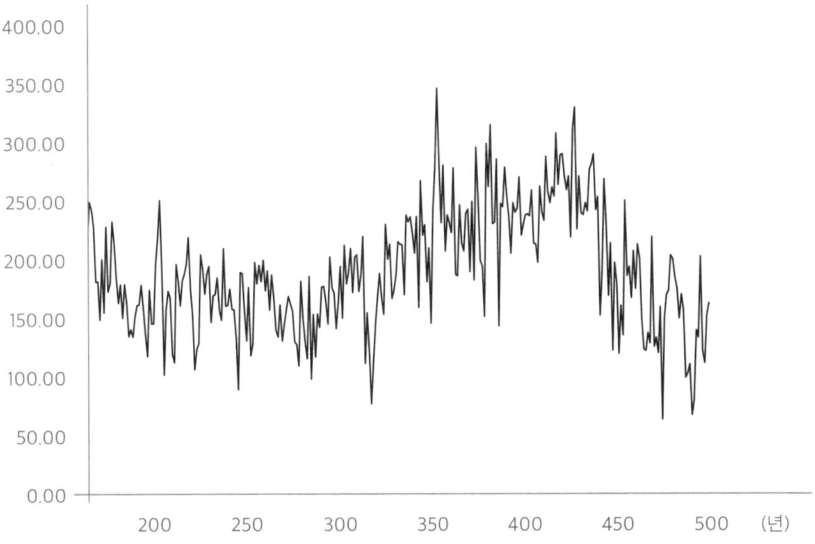

기에는 초기 제국에서는 보기 힘들던 광범위한 식량 위기에 대한 설명이 나타난다. 가장 악명 높은 위기는 380년대 중반에 발생했다. 서기 383년에 "모든 지역의 희망은 처참한 수확량 때문에 배신당했다." 동시에 나일강의 범람도 미미했다. 이러한 사태가 겹치자 비상사태가 벌어졌다. '광범위한 기근'이 뒤따랐다. 이 사태에 대한 정보들은 풍부하다. 때마침 최고 계층에서 종교적 논쟁이 일어난 시점이기 때문이다. 기근은 다신교도인 원로원 의원 심마쿠스Symmachus와 기독교인이자 밀라노 주교인 암브로시우스Ambrose 사이의 이례적이고 유창한 논쟁에 불을 붙였다. 로마에 있는 원로원 건물에서 승리의 여신의 제단을 철거하는 문제가 쟁점이었다. 다신교도와 기독교도 사이에서 승리의 제단은 특별한 상징이 되어 줄다리기를 계속하게 만들었다. 원로원 의원과 주교의 치열한 토론은 매우 광범위한 기근을 대하는 귀족들의 시각을 보여주는 드문 기록이다.[23]

다신교도인 심마쿠스가 보기에 기근이 예외적으로 심각한 이유는 신들의 분노 때문이었다. 수확량이 적더라도 보통은 이런저런 과정을 거치면서 쉽게 극복할 수 있었다. 왜냐하면 "지역들은 서로 도움을 주기 마련이다. 풍작인 곳에서 흉작인 곳의 결핍을 메꿔주는 식으로." 그러나 당대의 기근은 평범한 '추수 시기의 우여곡절'을 뛰어넘는 것이었다. 그러한 '전반적인 식량난'은 신들의 불쾌감을 드러내는 명백한 징조였다. 농촌의 빈민들은 "숲의 나뭇가지를 꺾어 먹으면서 목숨을 부지했다." 로마시는 비축된 소중한 식량을 지키기 위해 외국인들을 추방하는 비상조치를 취했다(그러나 이국의 무희들은 체류가 허용되었다). 기독교 주교인 암브로시우스가 보기에는 위기가 과장된 것이었다. 북부 지역은 풍작을 누렸다. 그는 역설했다. "우리가 정말로 믿을 수 있을까? 나일강이 평소처럼 둑을 넘지 않은 것은 로마의 사제들이 입은 손실을 앙갚음하기 위해서라고?" 제단의 복원을 저지하려는 그의 노력은 승리했다.[24]

바실리우스가 언급한 기근과 마찬가지로, 이러한 일화는 우연한 상황 덕분에 기록되었다. 이러한 종류의 사건들은 출처가 된 자료보다 앞선 시기에 흔히 일어났을 것이다. 그러나 우리는 380년대에 각 지역에서 일어난 식량 위기의 배경이 되는 진정한 기후 요소에 대한 정보를 놓치지 말아야 한다. 북부에서는 수확량이 풍부했으나 남부에서는 가뭄이 있었다는 상황은 분명히 설득력이 있다. 좋지 않은 시기에 나일강이 범람하지 않았던 것은

23) "모든 지역은 희망을 잃었다": Symmachus, Rel. 3.15, tr. Barrow.

24) Stathakopoulos 2004, no. 29, 207. "지역들은 서로 도움을 주기 마련이다": Symmachus, Rel. 3.17, tr. Barrow. "우여곡절" 그리고 "목숨을 부지했다": Symmachus, Rel. 3.16, tr. Barrow. Ambrose, Ep. 73.19, tr. Liebeschuetz. 기근은 암브로시아스터로 알려진 당대의 작가도 언급하고 있으며, 프루덴티우스도 시사했다.

뜻밖에도 파피루스에서 확인된다. 갓 입대한 신병이 상이집트의 기근 피해가 심하다는 것을 불평하는 내용이 그 속에 기록되어 있다. 우리는 서기 450년대 초에 발생한 일련의 혹독한 가뭄과 기근을 포함하여 고대 후기에 다시 한 번 제국 전역을 뒤흔든 중대한 식량 위기가 있었음을 알고 있다. 그러한 사실들은 너무 꾸준히 발견되어서 단순히 어쩌다 알려지게 되어 과대 포장된 것이라고 치부하기 힘들다. 이전보다 큰 규모로 일어난 단기적 기후 위기들은 수세기에 걸친 기후가 배경이 되어 초래되었음이 틀림없다.[25]

제국이 부흥하는 동안 물리적 기후는 온난했으나 변동이 심했다. 이러한 양상은 4세기의 생물학적 역사에 반영되었다. 후기 로마 사회는 팬데믹이 잠잠한 시기에도 여전히 높은 사망률의 압박으로 신음했다. 제국 초기의 질병 생태계는 지속되었다. 제국은 여전히 도시화로 밀집된 상태였고, 긴밀하게 연결되어 있었다. 그 결과 고대 후기의 보건 상태는 암담했다. 로마인들은 여전히 수명이 짧았다. 실제로 고생물학자들이 '로마 제국'의 유골로 확인하는 것 중 대부분이 4세기에 속하는 것이다. 그 무렵 화장보다는 매장이 보편적 관행으로 바뀌었다. 이전처럼 전염병과 싸우면서 신체의 자원이 고갈되었으며, 암암리에 로마인들의 신장을 억눌러서 자라지 못하게 만들었다. 3세기의 위기는 세균 때문이 아니었다. 그러나 세균이 로마인들을 완전히 놓아준 것은 아니었다.

계절에 따라 사망률이 달라지는 것은 풍토병의 부담이 컸다는 징표이다. 콘스탄티누스의 개종과 서기 410년에 벌어진 로마의 함락 사건 사이에 제

---

25) 이집트의 문제들: P. Lond. 3.982. See Rea 1997; Zuckerman 1995, 187. 그 이후로 안티오크에 엄청난 기근이 뒤따랐음이 관찰되었다. Stathakopoulos 2004, no. 30, 209. 유사하게도 서기 451년의 기후 변동은 지중해 전역에 영향을 미쳤다. 아틸라의 침공과 겹치는 부분에 대해서는 아래 내용을 참조.

국의 도시에는 기독교인의 묘비 수천 개가 세워졌다. 비석에는 기독교인이 이 세상을 떠난 날짜가 적혀 있다(410년 이후에는 묘비의 숫자가 급격히 떨어지는데, 이는 유서 깊은 수도가 무너졌음을 보여주는 징후이다). 그것을 종합해 보면, 계절에 따라 죽음의 신이 활동하는 리듬을 보여주는 가장 풍부한 정보가 된다. 도시를 장악한 치명적 세균들이 위장에 몰려드는 무더운 여름이 가장 위험했다. 사망률은 7월에 급증했으나 8월과 9월에 정점을 찍었다. 가을에 사망률이 최고점을 찍은 것은 말라리아가 여전히 만연하고 있음을 보여주는 것이다. 그러나 노인들에게는 겨울이 단연코 가장 위험한 계절이었다. 겨울의 호흡기 감염병은 만년까지 살아남은 이들을 희생양으로 삼았다.[26]

로마의 세균들은 맹렬했다. 그러나 길었던 4세기의 특징은 큰 재앙과도 같은 사망 사건이 부재했다는 것이다. 디오니시오스 스타타코풀로스Dionysius Stathakopoulos는 철저한 출처를 근거로 한 목록에서, 4세기에는 열네 건의 전염병을, 5세기에는 열여덟 건의 전염병 발병을 확인했다. 총 횟수는 초기 제국에서 인식할 수 있는 건수보다 오히려 더 많다. 그러나 제국 전역으로 퍼져나간 역병의 사망률에 대한 일반적 배경보다 우리가 지금 볼 수 있는 정보가 조금 더 많을 뿐이다. 정말로 놀라운 사실은 여러 지역으로 연결되는 사망 사건이 없다는 것이다. 이 규칙을 반증하는 예외는 서기 312~313년에 제국 동쪽의 일부 지역에서 천연두와 유사한 농포가 잡히는 치명적 질병이 발생했다는 것이다. 가뭄에 뒤따라 일어난 기근과 역병이었다. 환자들은 몸 전체에 열이 나면서 발진이 돋았고, 많은 이들이 맹인이 되었다. 그러나 이러한 사태가 미치는 지리적 범위는 이례적이었다. 대부분 전염병들이 매우 제

26) 3장을 보라.

그림 5.2 | 연도별 사망 연월일이 새겨진 묘비의 수

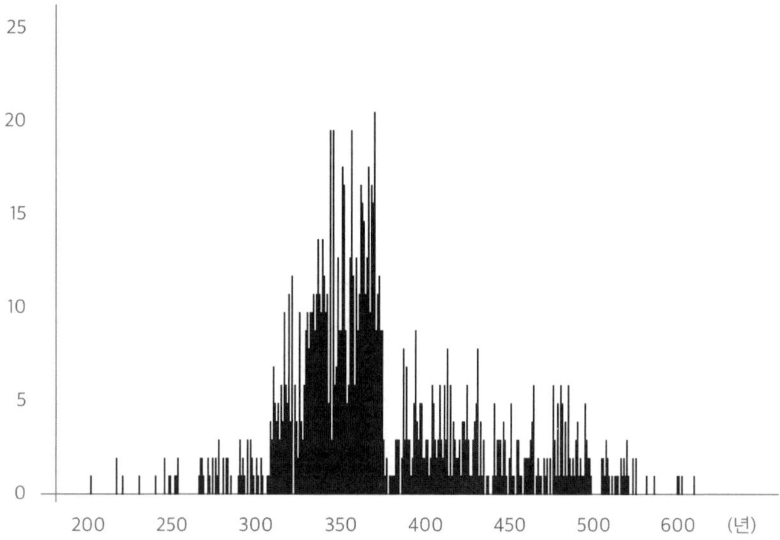

한된 범위에서 일어났다.[27]

전염병이 도시나 지역을 장악하기는 했지만, 일반적으로 감염을 일으키는 병원균은 먼 거리로 쉽게 퍼질 수 있는 세균이 아니었다. 전쟁과 기근과 같은 혼란으로 인해 정기적으로 지역적 규모의 사망 사건이 일어났다. 포위전을 벌이거나 이동하고 있는 군대는 항상 생물학적인 위험 요소였다. 포위작전은 군중이 밀집되는 절망적 상황을 초래했다. 식량을 얻지 못하고 깨끗한 물이 공급되지 않는 위험한 상황을 불러왔다. 행진하는 군대에 속한 병사들은 낯선 세균과 접촉하게 되었다. 고대 후기에는 외국의 침략군이 눈에

27) Stathakopoulos 2004. Eusebius, Hist. Eccl. 9.8. 밀라노의 암브로시우스는 서기 378년 야만인들 사이에서의 전쟁 때문에 기근과 역병 같은 재앙이 온 세상에 퍼졌다고 주장했다. 연대기 저자 히다티우스는 서기 442년에 혜성이 출현한 이후 역병이 온 세상에 퍼졌다고 기록한다. 두 증언 모두 당대의 확증으로 뒷받침되지 못하며, 모두 종말론이라는 수사학적 효과를 사용하고 있다. 축소해서 해석하는 게 안전하다.

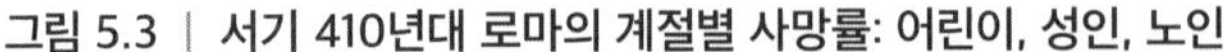
그림 5.3 | 서기 410년대 로마의 계절별 사망률: 어린이, 성인, 노인

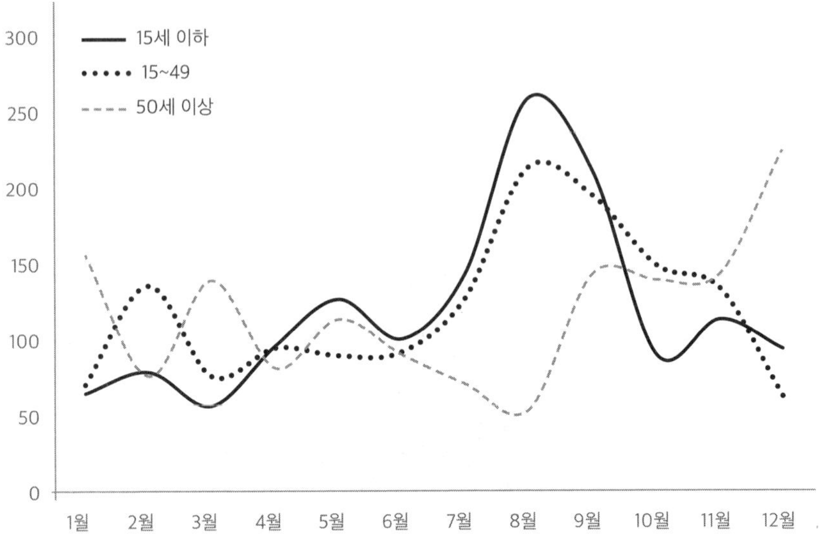

보이지 않는 지역 세균의 방어에 격퇴당하는 일이 번번이 일어났다. 전쟁과 사망률 위기는 동시에 일어났다.

변동이 잦던 고대 후기의 기후 체제는 전염병 사망률이 변화하는 맥락과도 관계가 밀접했다. 식량 부족은 질병 발생의 전조였다. 변칙적인 기후 사건은 질병 매개체의 폭발적인 번식을 유발할 수 있었다. 예를 들어 450~451년 사이에 이탈리아에서 일어난 엄청난 기근은 말라리아가 만연한 시기와 일치했다. 식량 위기는 사람들이 도시에 내재하는 정상적인 환경 통제를 뛰어넘어 생존을 위해 필사적으로 이동하게 만들었다. 식량난으로 인해 굶주린 사람들은 못 먹는 것이거나 심지어 독성이 있는 음식까지 먹어야 했고, 그 모든 상황으로 인해 감염에 저항하는 면역 체계의 힘이 약화되었다.[28)]

28) 말라리아 발병에 대하여 아래 내용을 참조.

쌍둥이 재난: 기후 사건이 어떻게 전염병을 촉발시키는가

→ 매개체나 숙주 이동/배양 (예를 들어 모기, 쥐)

→ 연속적 이주로 개체 수 밀집

→ 환경적 통제가 무너짐 (폐기물, 사체 처리)

→ 영양실조

→ 독성물질 섭취

→ 면역력 약화

고대 지중해 사회는 가능한 한 환경 변동성의 스트레스를 완화시키면서 스스로를 보호했다. 후기 제국의 마을들이 자연의 폭력에서 발생한 충격을 무디게 하려고 애쓰고 때로는 실패하는 것을 자료를 통해 생생하게 관찰할 수 있었다. 통제 시스템이 망가졌을 때, 재앙이 덮쳤다.

에데사Edessa와 그 배후 지역을 휩쓴 기아와 역병의 서사는 지역 하나가 완전히 붕괴한 심각한 기록이다. 서기 500년에 메뚜기떼가 밭의 농작물을 파괴해서 폐허로 만들었다. 4월에는 곡물 가격이 정상 가격의 약 8배까지 치솟았다. 사람들은 놀라서 재빨리 대체 작물로 수수를 파종했다. 사람들은 소유물들을 팔기 시작했지만, 수요가 바닥을 쳐서 아무도 사려고 하지 않았다. 마을을 떠난 굶주린 이들이 도시로 몰려갔다. 역병이 뒤따랐다. 천연두일 가능성이 가장 높다. 제국 차원에서의 구제는 너무 늦었다. 빈민들이 "거리와 돌기둥, 광장을 떠돌며 한 조각 빵을 구걸했으나, 집에 여분의 빵이 있는 사람은 아무도 없었다." 절망에 빠진 이들은 죽은 동물의 잔해를 삶아 먹기 시작했다. 그리고 살갈퀴풀과 포도넝쿨에서 떨어진 것들로 눈을 돌렸다. "그들은 돌기둥 사이와 거리에서 잠을 잤으며, 굶주림의 고통으로 밤낮 없이 울부짖었다." 12월에 서리가 내리자, '죽음의 잠'이라는 위험에 노출된 사람들이 쓰러졌다. 교회가 할 수 있는 일은 쌓인 시신 더미를 처리하는 것뿐이었다. 이주민들이 최악의 상황에 처했으나, 봄이 될 때까지 구제받은 이는 아무도 없었다. "부자들도 많이 죽었으나, 굶주림에 시달리지는 않았다." 그러나 환경을 통제할 수 없게 되자, 가장 심각한 전염의 위험에서 부유층을 미묘하게 격리시키던 완충장치들도 붕괴되었다.[29]

에데사가 제국의 동쪽 끝에 있었기에 구제의 손길이 닿기에는 너무 멀었던 것인지도 모른다. 그러나 그 모든 참혹함에도 불구하고 이것은 지역에 한정되어 일어난 일임에 틀림없었다. 기회를 엿보던 감염성 박테리아와 바이러스들은 무질서하고 취약한 순간을 포착했다. 전염병 발병은 압도적인 전파 능력 덕분이 아니었으므로, 불꽃이 한정된 지역을 벗어나 큰불로 번져갈 위험도 없었다. 서기 530년대의 돌발적인 기후 변화에 이어 맹렬한 병원균이 도래할 때까지, 가장 야만적인 미생물들은 아직 고대 후기의 활동을 유보하고 있었다. 이러한 시간 속에서 살다가 죽어간 남자와 여자들은 그저 오래되고 익숙한 불평들하고만 씨름하면 되었다. 물결이 서서히 일렁이기 시작하는 바다와 같은 시기였다. 그러나 한 시즌 동안, 로마인들은 제국 규모의 환경적 재앙을 면했다. 앞으로 살펴보겠지만, 국경선 너머의 민족들은 그다지 운이 좋지 않았고, 그 결과 제국이 요동치게 되었다.

---

29) Ps.-Joshua Stylites 38~46에 생생하게 기록된 일화이다. Stathakopoulos 2004, no. 80, 250~255. Garnsey 1988, 1~7, 20~36. 곧 출간될 Harper의 저서를 참조.

아치형 사회 구조

콘스탄티누스 통치 시절, 멀리 제국의 남동쪽 끝 이집트의 도시 리코폴리스Lykopolis에서 이름이 요한인 남자가 태어났다. 리코폴리스는 알렉산드리아로부터 약 640킬로미터 떨어진 나일강의 상류 서안 외딴 곳에 자리 잡고 있었다. 지중해에서 일주일 동안 쉬지 않고 강을 거슬러 오르면 도착할 수 있는 거리였다. 4세기 후반에 수도승이자 작가인 팔라디우스Palladius가 리코폴리스를 찾았는데, '일부는 걸어서, 그리고 일부는 배를 타고 강을 거슬러서' 모두 18일이 걸린 여정이었다. 그러나 홍수의 계절이었으므로, "많은 이들이 병에 걸렸고, 나도 마찬가지였다." 여행의 목적은 수도승 요한을 만나는 것이었다. 그는 도시 근교의 햇볕이 내리쬐는 험한 언덕에서 은거하고 있었다. 요한은 이미 종교적으로 명성이 높았고, 그 성스러운 사람을 보는 것은 야생의 동물과 마주치는 것처럼 이례적이고 설레는 일이었다.[30)]

요한은 평범한 가문 출신이었다. 스물다섯 살에 세상과 인연을 끊고 그 무렵 이집트에서 막 시작된 수도원 공동체에서 훈련을 받았다. 그는 마을 위 높은 곳에 있는 동굴에 은거하면서, 정기적으로 음식물 받을 때를 제외하고 30년 동안 고립된 채 지냈는데, 치유와 예언의 능력이 생겼다(나일강이 해마다 범람하는 양이 풍부할지 미약할지를 예측할 수 있는 매우 실용적인 능력을 포함해서). 말년에 요한은 방문객들을 만났다. 토요일과 일요일에 동굴의 창문을 통한 만남이었고, 오직 남성들로 제한했다. 그에 대한 소문은 바람을 타고 제국의 끝까지 퍼져나갔다. 테오도시우스 1세는 요한에게서 '개인적 신탁'

30) 일주일의 여정에 대하여 orbis.stanford.edu. For Palladius' trip, Hist. Laus. 35를 참조.

을 얻고자 했다. 군사 작전을 앞두고 있을 때면 적어도 두 번은 요한의 예언을 듣기 위해 리코폴리스로 황제의 사신을 보냈다.[31]

요한의 기적과 같은 능력은 4세기를 상상하는 데 도움이 될 것이다. 이집트의 건조한 보래 덕분에 우연히도 당내의 편지 같은 짧은 문서들이 보존되었는데, 그 속에서 우리는 은둔자가 자신을 둘러싼 세상에 깊이 관여했음을 볼 수 있다. 한 편지에서, 요한은 마을 사람인 프소이스를 위해 중재를 시도했다. 프소이스는 징병을 피하고 싶어서 요한에게 간절히 도움을 구했다. 그는 두 자녀를 담보로 금화 여덟 개를 빌려서 그것을 설득의 도구로 사용하라고 요한에게 빌려주었다(쉽게 말해서 뇌물이라고 할 수 있었다). 노력은 실패했다. 그러고 나서 프소이스는 결국 손가락을 잘랐다. 끔찍하지만 징집을 면제받는 관습적인 방법이었다. 하지만 그것은 위험한 행동이었다. 367년에는 손가락을 자른 징집병이 발견되면 산 채로 불태우라는 명령이 내려졌다. 그러나 381년에 테오도시우스 1세가 선언했다. "누군가 수치스럽게도 손가락을 절단해서 무기를 사용할 수 없게 된다고 해도, 그가 기피하고자 했던 병역을 수행해야만 한다. 다만 그는 문신형을 받을 것이고, 명예로운 군 복무를 거절했으므로, 노역으로 대신하게 될 것이다." 병역 기피자 프소이스는 영문도 모른 채 바로 이 테오도시우스의 법에 걸렸던 것 같다. 그의 병역 기피 시기는 381년에 법이 공포된 직후일 것이라는 주장이 제기되었다.[32]

---

31) "개인적 신탁": Zuckerman 1995, 193. Nile: Hist. Monach. in Egypt. 11.

32) 요한에 대한 가장 최근 자료는 Sheridan 2015 and van der Vliet 2015, 165~167을 참조. 아파 요한과 리코폴리스의 요한을 구별하는 연구는 Zuckerman 1995에서 이루어졌다. 모두 신뢰할 수 있는 것은 아니다: Choat 2007을 참조. 그것은 실제적으로 여기에 나온 논의를 대체할 수 없다. 징병제와 자해: CT 7.13.4 (AD 367); CT 7.13.5 (AD 368); CT 7.13.10 (AD 381), tr. Pharr을 여기에 적용했다. 지방에서는 신체가 훼손된 징병자에 대해 절반의 크레딧만을 받았다. 부담금이 2라면 1로 계산했다.

우리는 요한이 가엾은 프소이스를 구할 수 있었는지를 결코 알지 못하지만, 다채로운 일화는 국가라는 기계가 제국의 외딴 구석에서조차 삶의 내밀한 세부 요소를 형성하는 방식을 보여준다. 순전히 규모만으로 4세기의 삶을 과소평가해서는 안 된다. 동시에 병역을 기피하는 마을 사람 이야기로 상기할 수 있는 것은, 법전에 나오는 법의 흐름을 보아도 알 수 있듯이, 신병 징집이 단지 순수하게 인구통계학적 문제일 뿐만 아니라 항상 국가의 골칫거리였다는 사실이다. 제국의 유한한 권력과 현장에서 그것을 대리하는 이들은 징병제로 인해 기괴한 저항에 부딪혔다. 3세기 후반에 최악이던 인구 상황이 곧바로 4세기 후반 군대의 위기와 이어진다고 가정하는 것은 오류일 것이다. 그 사이에 너무 많은 역사가 있었다. 쇠락이나 부패보다는 오히려 걷잡을 수 없는 역동성이 후기 제국의 국정운영을 더 힘들게 했다.

디오클레티아누스와 콘스탄티누스의 의욕적인 개혁, 그리고 4세기의 환경적 배경은 로마 제국이 재기하는 현장이 되었다. 제국의 복구는 3세기 후반에 인구통계가 호전되며 시작되었다. 그러나 통화 위기가 계속 되면서 재도약에 보이지 않는 걸림돌이 되었다. 은화의 가치는 여전히 추락하고 있었다. 디오클레티아누스는 최고 가격을 지정하고 금의 시장가치를 규제하면서, 무력을 동원해 구 화폐 체제를 살리고자 했다. 그는 막대한 양의 귀금속을 낮은 가격으로 구매하는 방식으로 징발하여 제국 금고의 금 비축량을 늘렸다. 그러나 그의 통화 정책은 실패했고, 급격한 인플레이션이 4세기까지 지속되었다.[33]

통화가 불안정해지자 신용시장의 숨통이 막히고 거래가 위축되었다. 그러나 콘스탄티누스가 집권하면서 해결책이 눈에 보이기 시작했다. 바로 순금 경제였다. 콘스탄티누스는 금을 시장가로 자유롭게 유통하게 했다. 또한 금화인 솔리더스의 크기를 로마의 무게 단위의 1/72로 줄였다. 이러한 개혁은 전면적인 금본위 체계의 길을 닦았다. 귀금속이 제국의 금고로 들어오는 것을 보장해 주는 새로운 세금이 생기면서 개혁은 안정되었다. 콘스탄티누스의 집권은 경세직 분수령이 되었다. 콘스탄티누스와 그의 아들 치하에서, 금화 솔리더스는 새로운 경제가 작동하는 토대가 되었다. 340년대에 이르러 옛 사원의 귀금속을 녹인 것과 새로운 공급원에서 나온 금이 시장에 유입되면서 솔리더스의 유통이 더욱 확대되었다. 350년대에 솔리더스는 심지어 예전의 데나리우스를 대체하여 거래할 때도 공통적인 회계 단위로 사용되기 시작했다. 우리는 이러한 상황이 요구하는 상상의 전환을 과소평가해서는 안 된다. 천 년 동안 은이 바로 돈이었다. 그러나 이제 생활 속에서 금을 중심에 놓고 화폐로 통용하게 된 것이다.[34)]

국가는 금으로 세금을 징수했고, 막대한 숫자의 관리들에게 금으로 봉급을 지불했다. 재정 조직이 경제 순환 체제를 작동시켰다. 그러나 고대 후기의 시장 경제가 급속하게 회복되었고, 그 시대의 진정한 서사는 '후기 로

33) Lo Cascio 1993; 국가는 귀금속을 강제로 징발했고, 과대평가된 지폐로 보상했으며, 이것은 디오클레티아누스 치하에서 시작되어 "디오클레티아누스 징세의 가장 독창적 특징"으로 알려졌다. Carrié 2003; Carrié 2007, 156. 가격 칙령은 금을 "저평가"한 것으로보이며, 이후 4반세기 동안 정책적으로 금을 계속 저평가했던 것 같다. 인플레이션에 대해서는 특히 Bagnall 1985를 참조. 밀의 가격은 Harper 2016a에서 참조.

34) 콘스탄티누스의 "금값 자유화": Lo Cascio 1998 and 1995. 세금: 콜라티오 루스트랄리스collatio lustralis 혹은 샤일사르가이론chyrsargyron은 5년마다 상업에 대해 금으로 부과되는 세금이며, 주로 군인들에게 1년에 4회 지급되는 기부금으로 사용되었다. 그는 또한 원로원 의원의 재산에 매년 부과되고 금으로 내야 하는 콜라티오 게발리스collatio glebalis도 제정했다. 둘 다 부유층에게만 부과되는 누진세였을 것이다. 두 세금 모두 인기가 없었으나, 지속적으로 시행되었다. 새로운 금 경제: Carrié 2007; Banaji 2007; Corbier 2005a, 346; Brenot and Loriot 1992; Callu and Loriot 1990; Morrisson et al. 1985, 92~95. Stray는 콘스탄티누스의 집권 이후 솔리더스가 급격히 증가했음을 발견함: Bland 1997, 32~33.

마가 시장과 국가 재정의 힘을 특정한 방식으로 융합'했다는 것이다. 이러한 융합은 민간 시장에서 이득을 보는 동시에 공직자로서 고소득을 취하며 사회적으로 출세한 이들의 경력에서 드러난다. 생선 소스로 큰돈을 벌게 된 헬리오도루스Heliodorus라는 상인의 사례가 있다. 그는 벌어들인 돈을 땅과 노예에 투자했고, 로스쿨에 입학했다. 황제에게 충성하여, 그 보상으로 마케도니아와 그리스의 토지, '금, 은 그리고 수많은 노예들, 말과 가축들'을 받았다. 이러한 전기들을 보면 자본과 황실의 후원 네트워크가 겹친다는 것을 알 수 있으며 이러한 현상이 4세기 사회에 활력을 불어넣었다.[35)]

통화가 회복하자 금융권이 회생했다. 제국의 큰 금융기관들은 은화의 추락과 함께 거의 사라졌다가 4세기에 부활했다. 4세기의 신용과 금융 업무에 관한 증거들을 보면 로마 역사상 어느 때보다 활발하다. 고대의 안티오크에서 예금을 다루던 은행가들이 갖고 있던 요한 크리소스톰John Chrysostom 신부의 초상화보다 더 생생한 것은 없을 것이다. 신용시장은 자본 투자에 불을 붙였고, 상업적 모험에 보증을 섰다. 그 결과 상업 거래를 원활하게 만들었다. "부를 얻고자 하는 상인은 배를 마련하고, 선원들을 고용하고, 선장을 불러서 항해에 필요한 여러 일들을 준비하고, 돈을 빌려 바다로 나가, 다른 나라 땅을 여행한다." 돈과 신용이 부활하자 지중해 전역을 잇는 상업 연결망이 깨어났다. 성 아우구스티누스는 고향인 항구도시 히포Hippo에서 무역을 하며 사는 삶의 매력을 찬양했다. "어떤 이는 말한다. '항해와 무역, 그건 멋진 일이지! 많은 지역을 알게 되고, 어디서나 돈을 벌고, 마을의 유력자에게 기대지 않으며, 언제나 낯선 땅을 여행하고 여러 사업과 민족들을

---

35) "후기 로마의 융합": Banaji 2007, 55. 헬리오도루스: Libanius, Or. 62.46~48.

그림 5.4 | 밀의 명목 가격, 서기 300~375, 밀 데나리/아르바타

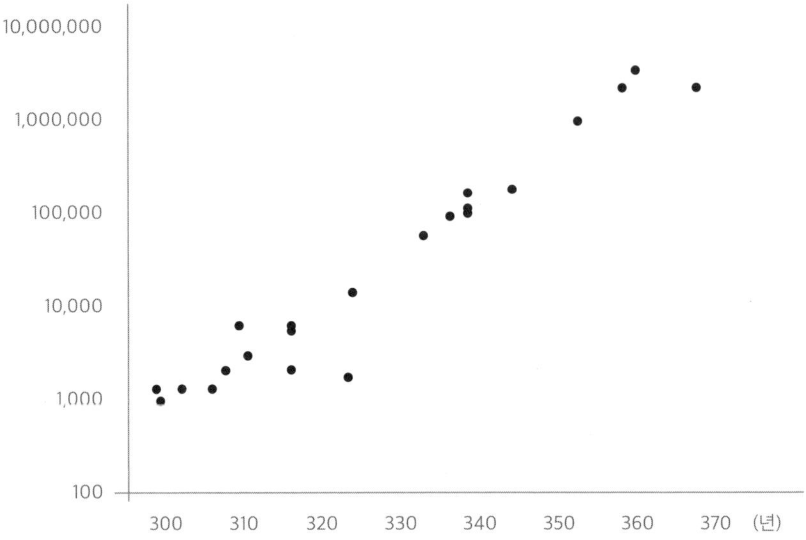

알게 되어 정신을 살찌운 뒤, 고향으로 돌아와 벌어들인 돈으로 부자가 되는 일!'"36)

고대 후기의 교역망은 수 세기 전 상업의 기억으로부터 성장했으나 과거에 의존하지는 않았다. 이탈리아의 요구에 지배를 덜 받는 지역들 사이에서 새로운 거래망이 진화했다. 이집트와 팔레스타인은 3, 4세기부터 본격적으로 와인 무역에 뛰어들었다. 아프리카 레드 슬립 웨어라고 알려진 도자기가 고고학적으로 분포하는 범위는 놀랍다. 추적해 보면 아프리카에서 처음 등

36) 금융기관의 소멸: Andreau 1998; Andreau 1986. CJ 5.37.22(AD 329)는 특별히 숨겨진 부분을 밝힌다. 금융기관의 회생은 완전하게 다뤄지지 않고 있으나, Barnish 1985; Petrucci 1998; Bogaert 1973을 참조. 요한 크리소스톰John Chyrsostom, In Pr. Act. 4.2 (PG 51: 99). Bogaert 1973, 244, 257~258는 그리스 문학 전체에서 금융기관에 대한 가장 뚜렷한 정의를 내리고 있다. "상인The merchant": John Chrysostom, Hom. In Io. 1.3 (PG 59: 28). 또한 그의 Hom. In 1 Cor. 14.3 (PG 61: 117); De Laz. 1.3 (PG 48: 966)을 참조. "항해와 무역": Augustine, Enarr. In Ps. 136.3, tr. McCormick 2012, 57.

그림 5.5 | 콘스탄티누스 1세의 금화(솔리더스) (미국 화폐협회)

장하여 제국 전체를 잇는 장거리 연결망의 각 지역에서 눈에 띈다. 로마 세계는 수익을 얻기 위해 모여든 실용적 정신을 지닌 전문 상인들이 활동하는 거대한 자유무역지대가 되었다. "어떤 상인이 장사를 하면서 수익을 올리는 방법을 잘 알고, 단지 한 가지 경로나 방식만 고집하지 않으면서, 재치 있고 빈틈없이 자신의 사업에 주의를 기울인다고 할 때, 만약 수익을 내지 못한다면 그는 곧 다른 거래로 눈을 돌릴 것이다. 그의 목적은 오직 돈을 버는 것이며 사업을 키우는 것이기 때문에." 《전 세계와 각 지역 사람들에 대한 설명》Description of the Whole World and Its Peoples이라는 책의 내용은 준비가 덜 된 무역상들을 위한 지리학이다. 동양의 상인이 쓴 것으로, '4세기의 여러 해안에서 가장 이익이 되는 구매를 하는 실용적 안내서'이며 그 시기에 상업적 통합의 규모가 어떠했는지 드러내고 있다.[37]

37) 아프리카 레드 슬립웨어에 대한 서지학적 자료는 광대하다. Fentress et al. 2004를 참조. "상인이라면": Ps.-Macarius, Serm. 29.2.1, tr. McCormick 2012, 57. "실용적 안내서"로서 엑스포지토Expositio : McCormick 2001, 85.

그림 5.6 | 북아프리카 하드루멘툼Hadrumentum 해변 무역을 보여주는 모자이크 (바르도 박물관)

해상 자본주의는 고대 후기의 사회적 이동이라는 바퀴에 윤활유를 부었다. 사회관계는 침체에서 벗어났으며, 제국이 복구되면서 기회의 문이 활짝 열렸다. 가능성은 무한하고도 넓어 보였다.

튀니지의 평범한 벽지 출신 농부의 묘비가 우연히 발견되었다. 무덤에는 다소 뻔뻔할 정도로 자긍심에 가득찬 그의 이야기가 담겨 있었다. 그는 "재산도 살림살이도 없는 가난한 아버지의 빈곤한 거주지에서 태어났다." 이글거리는 태양 아래서, 그는 수확에 수확을 거듭하다 노동자 대신 갱단의 두목이 되었다. "이러한 노력과 절약하는 생활로 성공했고, 한 가정의 가장이 되어 집을 소유하게 되었으며, 부족한 것이 없는 가정을 이루었다." 그는 시골 소년으로 시작했음에도 도시의 원로원에 임명되었다. 그의 사례는 활력의 중심에서 멀리 떨어진 곳에서도 가능했던 열린사회의 경로를 대략적으로 보여준다.

권력과 부의 교차점에 가까울수록, 기회의 폭은 훨씬 넓었다. 콘스탄티노플의 새로운 동방 원로원은 사회적 불안정을 배경으로 자리를 채워갔다.

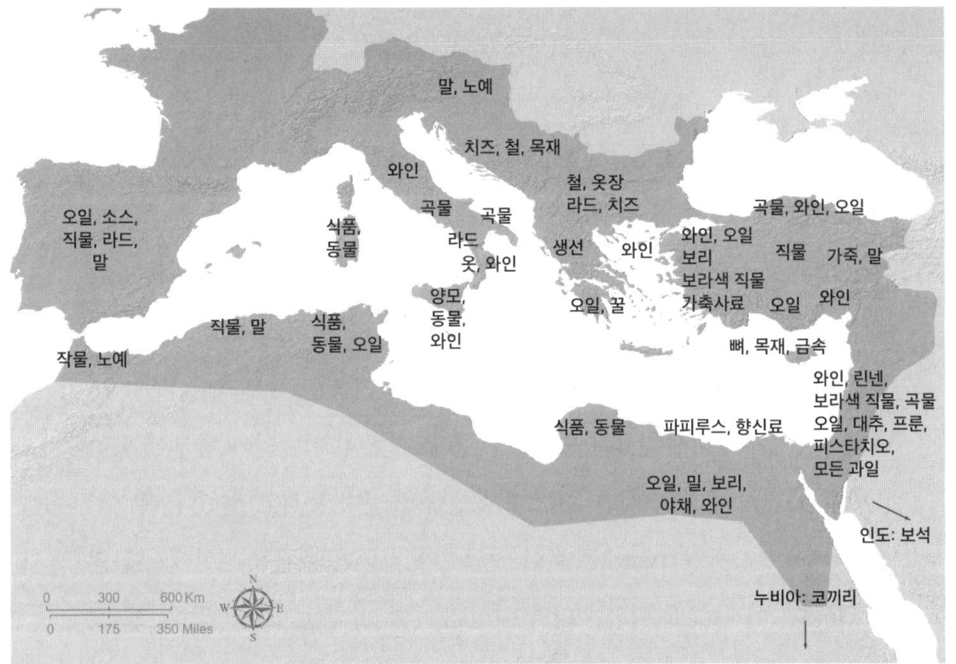

지도 14. | **로마 제국 상인의 눈으로 본 조망: 박람회The Expositio**

기존의 원로원 의원들은 구리 세공인의 아들, 소시지 제조인, 직조공, 목욕탕 종업원이 갑자기 원로원 의원의 가운을 걸치는 것을 보고 경악을 금치 못했다. 그런 상황에서 늘 그렇듯 결혼 시장은 격변의 영향을 완화시키는 데 일조했다. 성 아우구스티누스의 전기가 그 지점을 잘 보여주는 사례다. 그가 북아프리카의 흙먼지 날리는 벽지에서 일약 출세의 길로 들어선 것은 흠잡을 데 없는 조상을 둔 여성과의 약혼으로 가능했으나, 궁극적으로는 종교적 삶을 향한 급격한 반전으로 성사되지 못했다.[38)]

제국을 복구한다는 명분 아래, 불안정한 사회가 요동쳤다. 경제적, 법적

38) 막타르의 추수꾼: ILS 7457, tr. Parkin and Pomeroy 2007, 39. Shaw 2015; Brown 2012, 4~6을 참조. 구리 세공인, 소시지 제조인: Libanius, 혹은 42 with Petit 1957. 아우구스티누스: Conf. 6.13 and 6.15. Shanzer 2002, 170을 참조.

계층들이 층층이 복잡하게 사회 질서를 구성했다. 가장 음험한 부분은 제국이 여전히 전적으로 노예 사회의 본거지였다는 사실이다. 노예제도는 사실상 고대 후기 사회의 윤곽을 명료하게 드러낸다. 3세기의 급격한 변동 이후 노예제도는 지중해 시상 경제의 부흥을 배경으로 잔혹하게 부활했다. 노예들은 어디에나 있었다. 그들의 땀과 노역이 많은 귀족들이 소유한 재산의 토대였다. 로마에서 왕족의 혈통을 가장 많이 물려받은 소 멜라니아Melania the Younger라는 귀족 여성은 8천 명의 노예를 소유했다. 이탈리아 남부에 있는 그녀의 사유지 한 곳에서만 2400명이 임금을 받지 못하고 일했다. 독실한 멜라니아는 수천 명의 노예를 풀어 주었으나, 그녀가 물질적 세상에서 물러난 뒤에도, 여전히 일흔다섯 명의 여성 노예와 거세한 노예들을 거느리고 다녔다! 그녀의 사례는 예외적이지만 시사하는 바가 뚜렷하다. 노예제도는 사회관계 뒤에 숨겨진 시장의 힘을 보여준다. 상품 시장, 명예의 시장, 인간의 몸으로 이루어진 시장들을.[39]

멜라니아가 소유한 노예는 매우 드문 규모였다. 더 중요한 사실은 고대 후기 사회의 1퍼센트에 해당하는 엘리트들이 '다수의', '한 무리의', '한 떼의' '군대 규모의' 혹은 단순히 '셀 수 없이 많은' 노예들을 가정과 농장에서 거느렸다는 것이다. 4세기 부유층의 생활방식이나 경제적 토대를 엿볼 기회가 주어질 때마다 우리는 이런 다수의 노예 소유자들과 마주치게 된다. 노예 보유의 양상에서 이따금 엿볼 수 있는 것은 공적인 부의 영역과 사적인 부의 영역이 뒤섞여 있다는 사실이다. 덕은 있으나 '부유하지 않은' 퇴역 장

39) 더 많은 문헌들과 개략적 내용은 Harper 2011을 참조. 멜라니아: Palladius, Laus. Hist. 61; Gerontius, Vit. Mel. 10~12. With Harper 2011, 192; Clark 1984.

교를 칭찬하는 연설의 사례가 있다. "이 사람은 오랫동안 병사들을 지휘했으나, 간신히 농장 하나를 살 수 있었다. 그것조차 전혀 자랑할 만하지 않은 것이었다. 그에게는 열한 명의 노예와 열두 마리 노새, 말 세 마리, 라코니언 개 네 마리가 있었다. 그러나 그는 야만인의 영혼을 공포에 떨게 했다."[40)]

가장 두드러진 사실은 경계가 희미한 중간 계층에서도 보편적으로 노예를 소유했다는 것이다. "가난한 이의 가정조차 도시와 마찬가지다. 그 안에도 지배자가 있다. 예를 들어, 남자는 자신의 아내를 지배하고, 아내는 노예들을 지배하고, 노예들은 그들의 아내를 지배한다. 그리고 다시 남성과 여성은 자녀들을 지배한다." 노예를 소유하는 것이 존경받을 수 있는 최소한의 기준이었다. 4세기에는 사제, 의사, 화가, 매춘부, 군관, 배우, 여관 주인 그리고 무화과 판매업자들도 노예를 소유했음이 밝혀졌다. 노예들이 노예를 소유하는 경우도 많았다. 안티오크의 조교수들도 약간의 노예를 소유했다. 시골에서도 마찬가지였고, 제국 어디에서나 일하는 농부의 재산에는 노예들이 속해 있었다. 고대 후기의 이집트 농촌 지역에서 발굴된 파피루스에는 다음과 같이 적혀 있다. "한 명에서 네 명 정도의 적은 노예를 소유한 이들은 드물지 않았다. 그런 가정에서 노예의 경제적 중요성은 무시하기 어려운 것이었다."[41)]

그 시대의 경제적 격차는 실로 놀라운 것이었다. 고대 후기의 최고 원로

40) Harper 2011, 46~49. "이 사람은": Libanius, Or. 47.28. 서기 383년에 법에 의해 트라키아 시의회는 "노예를 많이 가졌고," "낮은 계층의 이름이 지닌 익명성"으로 중요한 병역을 피해온 평민을 징집해도 좋다는 허용을 받았다.: CT 12.1.96.

41) "가난한 이의 가정조차": John Chrysostom,In Ephes.22.2 (PG 62: 158). 사제, 등등.: Harper 2011, 49~56. 린넨 직조공: CIL 15.7184; CIL 15.7175. With Thurmond 1994, 468~469. 조교들: Libanius, Or. 31.11. "적은 숫자의 노예 소유자": Bagnall 1993, 125.

원 의원 가정은 엄청난 부를 소유했다. 그리스인 관찰자가 경악을 금치 못하며 기록한 내용을 보면, 로마의 상류층 원로원 의원의 집은 광장과 사원, 분수, 목욕탕, 심지어 경기장까지 구비된 하나의 도시 같았다. 최고 상류층 집의 수입은 연간 38만 4천 솔리더스였고, 차순위 계층은 연간 7만 2천 솔리더스를 벌어들였다. 이러한 수입은 8만 농가가 해마다 얻는 소득과 맞먹는 것이었다. 성녀 멜라니아는 서부 지중해 지역인 이탈리아, 시칠리아, 스페인, 갈리아, 영국 그리고 아프리카에 흩어져 있는 가문 소유의 토지를 물려받았다. 아프리카에 있는 어느 농장은 두 명의 주교가 필요했다. 어린 두 자녀가 죽자, 그녀는 여러 세대에 걸쳐 축적된 재산을 처분하기로 결심했다. 그것은 귀족의 의무를 저버린다는 비난을 불러일으켰다. 또한 토지 시장을 무너뜨리는 일이기도 했다. 그녀는 로마의 빌라에서 이사를 할 때도 어려움을 겪었다. 크리스 위컴Chris Wickham은 말하기를, "서쪽 지역 원로원 엘리트는…… 양쪽 조상 모두와 대단한 재산을 자랑스럽게 여겼다. …… 원로원 지도자들의 경우 다른 귀족들과 비교했을 때 더욱 엄청난 재산을 자랑할 수 있었다."[42)]

이 시대의 경제 엘리트들은 대서양을 건너 식민지를 건설하는 시대 이전까지 그 규모와 지리적 범위에 있어서 견줄 대상이 없는 사유 재산을 축적했다. 그러나 후기 제국에서 가장 눈에 띄는 사회 과정은 부가 지나치게 소수에게 편중된 현상이 아니었다. 오히려 고대 후기 사회는 존경스러우나 무너지기 쉬운 중간 계급이 대부분이었다. 그들은 후원의 조직망 안에 고정

42) "서쪽 지역 원로원 엘리트": Wickham 2005, 156. See also Jones 1964, 778~84. 올림피오도루스Olympiodorus: Frag. 41. Harper 2015b. Matthews 1975. 멜라니아: 위 34번 주석을 참조.

되어 있었다. 고대 후기 사회의 도시는 생산과 거래, 용역의 중심지였다. 전문가와 상인, 가식 없는 기술을 지닌 장인들로 북적였다. 그들 중 많은 이들이 얼마 안 되는 세습 재산에 의존했다. 대단치 않은 재산에 결합된 가중치를 우리가 알아볼 기회가 별로 없을 뿐이다. 그러나 이집트에서 발견된 토지 대장의 일부분은 평범한 토지 소유자들과 소규모의 독립 자산가들이 수적으로 지배적이었음을 분명하게 드러내고 있다. 부는 계층에 따라 차별화되었으나 집중되어 있지는 않았다.[43]

가장 규모가 큰 사회적 세력은 늘 그렇듯 침묵하는 다수로 남아 있는 노동하는 농민 계층이다. 그들 중 많은 이들이 토지를 소유하지 못한 농부였다. 우리가 가진 자료에서는 이따금 야심찬 지주들에게 착취당하는 노동자들의 애처로운 비명을 들을 수 있다. 그들의 처지는 위태로웠지만 절망적이지는 않았다. 교활하게도 국가는 지주들의 편을 들지 않았고 충실한 세금 징수의 기반을 보호하고자 했다. '세수의 유입'을 주의 깊게 관찰하는 눈이 있던 콘스탄티누스는 재정 평가, 부채 회수, 심지어 소작권 계약에 대하여 '다수의 하층민'을 보호하는 법을 통과시켰다. 제국의 그늘을 피할 수 있는 곳은 없었다. 클라우디아누스의 몽환적인 목가시에도 불구하고, 세월의 영향을 피해 가는 순수한 농부라는 존재는 어디에도 없었다. 고고학은 언제나 그러한 이미지가 거짓임을 드러낸다. 후기 로마의 농민들은 전문적인 그릇 공장에서 만든 접시로 밥을 먹고 산업적으로 생산된 지붕 기와 아래서 잠을 잤다. 우리는 그들의 농장에 흩어져 있는 동전들을 자주 발견한다. 그

43) 특히 헤르모폴리스에서 발견된 토지대장에 대하여 Bagnall 1992 and Bowman 1985를 참조. Harper 2015b의 맥락에서 인용했다.

들은 시장과 재정적 교환의 영역에 포섭되어 있었다. 키레나이카Cyrenaica에 있는 어느 마을의 주교인 시네시우스Synesius가 북아프리카 고지대에 사는 '시골 사람들'이 고립되어 있음을 문제 삼을 때, 그는 "우리 가운데에는 아트레우스의 아들 아가멤논이 트로이에 저항한 위대한 왕이며 아직까지도 왕이라고 알고 있는 이들이 있다"고 주장했다. 그러나 그는 고백하기를, "사람들은 살아 있는 황제가 항상 존재한다는 것을 잘 알고 있다. 해마다 세금을 걷어가는 이들이 우리에게 그 사실을 상기시킨다."[44)]

지주들과 공적인 세금 징수자들 사이에서 착취당하며 세금을 내는 농부들 아래로 정말로 가난한 이들이 있었다. 그들은 고대 후기 사회에서 유령처럼 맴돌았다. 자신의 노동에 의존해서 살던 그들은 가난의 위협을 벗어나지 못했다. 그들은 기후와 질병이라는 자연의 변화가 취약한 회복 탄력성을 넘어섰을 때, 사회과학자들이 말하는 '위급 상황의 빈곤'으로 밀려들어갔다. 384~385년 시리아를 휩쓴 기근 때문에 안티오크의 거리는 굶주린 난민들로 가득찼다. 그들은 먹을 수 있는 잡초조차 찾지 못하자 마을로 몰려가 쓰레기 더미를 뒤졌다. '구조적 빈곤' 또한 늘 존재했다. 농촌에서는 구조적 빈민층이 생계의 경계선에서 허덕였다. 갈리아의 성 마르틴은, "돼지를 돌보는 이는 추위에 떨며 거의 벌거벗은 채 가죽옷을 걸치고 있었다"라고 말했다. 그들은 온기를 얻기 위해 마을의 구호소 문이나 목욕탕 근처에 모여들었다. 고대 로마의 어느 마을에서도 빈민들의 신음소리를 들을 수 있었다. 그들은 헐벗었고 집이 없었다. "그들의 지붕은 하늘이다. 그들의 피난처

44) 제도적 틀에 대해서는 특히 Kehoe 2007을 참조. 콘스탄티누스: CT 11.16.3, tr. Pharr. 시네시우스, Ep. 148, tr. Fitzgerald.

는 현관의 포르티코 지붕, 골목길, 그리고 마을 구석의 버려진 곳이다. 그들은 올빼미처럼 담장의 갈라진 틈새로 숨어든다. 그들의 옷은 남루한 누더기를 이어붙인 것이다. 사람들의 동정심에 따라 그들의 수확이 달라진다."[45]

절박한 빈곤층은 다른 어느 시대보다 고대 후기에 훨씬 잘 띈다. 이렇게 잘 보이는 이유는 기독교 지도자들이 노력한 결과이다. 사람들이 동정심을 가져야 자신들에게 이득이 있기 때문이다. 갑자기 고대 사회의 모습이 무삭제로 주어지기 시작했다. 이제 불쾌한 장면도 볼 수 있게 되었다. 주교들은 빈민들의 '신음소리와 이를 악무는 모습'을 외면할 수 없게 하려 했다. "우리가 그들을 무시해야 할까? 곁을 지나가면서?" 그 결과 화려한 미사여구로 치장한 인도주의적 연대의 새로운 모형이 만들어졌다. 그리고 고대 도시의 보이지 않은 구석에 갑자기 조명을 비추었다. 구조적 빈민층은 이곳에서 질병과 장애에 갉아 먹히고 있었다. "당신은 비참한 고통으로 인해 동물로 변한 사람을 본다. 그의 손은 발굽이나 새의 발톱처럼 되어버려 인간이 만든 거리에 발자국을 남긴다. 그것이 사람이 길을 지나가다가 만든 자국이라는 것을 누가 알아볼 수 있을까?" "병든 빈민에게 가난은 두 배가 된다. 건강한 빈민은 집집마다 돌아다니며 부자들의 집에 다가가거나 교차로에 천막을 치고 지나가는 사람에게 도움을 청한다. 그러나 병에 짓눌린 이들은 좁은 방이나 구석에 틀어박힌 채 마치 시궁창에 있는 다니엘처럼, 오직 경건하고 자비로운 당신을 기다릴 뿐이다."[46]

---

45) 고대 후기의 빈곤에 대하여 Holman 2008에 실린 에세이; Atkins and Osborne 2006에 실린 에세이; Brown 2002; Holman 2001; Neri 1998; Patlagean 1977. 안티오크: Libanius, Or. 27; Stathakopoulos 2004, no. 30, 209. 마르틴: Sulpicius Severus, Dial. 2.10, tr. Hoare. "그들의 지붕": Gregory of Nyssa, De Benef. 453, tr. Holman 2001, 194.

우리는 주로 도시라는 프리즘을 통해 고대 후기 세계를 들여다본다. 도시의 생활은 3세기 후반부터 다시 활기를 띠었으나, 예전과 똑같지는 않았다. 도시의 어떤 공간은 결코 재생되지 않았고, 다른 곳들은 수리되었으나 변형되었다. 대규모 건축이 다시 시작되었지만 이제는 교회가 도시 생활의 구조 속으로 들어왔다. 정치적 주체로서의 도시는 대부분 예전의 독립성을 잃었다. 중앙 정부는 수익을 낼 수 있는 자원을 독차지했고, 엘리트들의 재산과 재능을 끌어들였다. 그러나 무질서하게 뻗어나가는 제국에서, 도시들은 필연적으로 제국 행정을 조정하는 역할을 계속했고, 후기 제국의 교류와 생산의 거점으로 번창해 나갔다.

로마의 경우에는 보통 그렇듯이 이 모든 것이 과장되었다. 하나의 도시로서의 로마는 늘 약간 인위적이어서, 제국을 통치하는 자격과 정치적 임대료 명목으로 지원을 받았다. 위기의 구름이 걷힌 4세기에 옛 수도는 한동안 좋은 날씨를 이어가 일종의 인디언 서머를 즐겼다. 로마시는 정치적으로는 실제적 영향력을 잃은 지 오래였다. 디오클레티아누스는 단 한 번, 불편해하면서 수도를 방문했다. 콘스탄티누스는 30년의 집권 기간 중 모두 세 번 로마시를 방문했다. 필리푸스 더 아라브의 세속적 축제가 치러진 뒤 백 년이 되는 해였던 348년에는, "요즘 로마시에는 우려할 일이 거의 없다"라는 핑계로 아무런 팡파르도 없이 지나갔다. 그러나 사실상 수도는 화려함을 거의 잃지 않았다. 황제 콘스탄티누스 2세가 357년에 수도에 들어섰을 때, 그는 압도당했다("눈길이 닿는 곳 모두의 놀라운 광경에 그는 현혹되었다"). 로마는 제

---

46) "우리가 무시해야 할까?" Gregory of Nazianzus, De pauperum amore, 15, tr. Vinson. "당신은 본다": Gregory of Nyssa, In illud: Quatenus uni ex his fecistis mihi fecistis, ed. van Heck, 114. "병든 사람": Gregory of Nyssa, De Benef. 453, tr. Holman 2001, 195.

그림 5.7 | 동서양의 행정 조직을 설명하는 책 《노티티아 디그니타툼》에 나오는 로마.
(16세기 인쇄, 오클라호마대학 과학역사컬렉션)

국의 상징적 핵심이었고, 엄청난 부가 집중되어 있었다. 도시의 서민들마저 비할 데 없는 특권을 누렸다. 아우렐리아누스(재위 270~275)가 통치할 무렵에는 주민들에게 곡식이 아닌 구운 빵을 분배했다. 올리브유는 등록된 사람들에게 매일 나눠주었다. 대규모 공급망 덕분에 사람들은 시세보다 싼 값으로 포도주를 마실 수 있었다. 돼지고기 또한 무료로 배급되었는데, 고대 후기에는 12만 명 이상이 혜택을 받았다. 제국의 식량 보조가 영원한 도시의 인구를 인위적으로 부풀렸다. 가장 정교한 추정치에 의하면 4세기에 로마의 인구는 약 70만 명이었다.[47)]

동방에 자리 잡은 새로운 로마는 창건자의 야심찬 꿈을 능가하며 성장했다. 콘스탄티노플의 인구는 백 년이 채 지나지 않아 3만에서 30만으로 열

47) 고대 후기의 로마에 대하여 개략적으로는 Grig and Kelly 2012; Van Dam 2010; Harris 1999b를 참조하라. "우려할 일이 거의 없다": Aurelius Victor, Caes. 28.2. Also Zosimus, Hist. Nov. 2.7. "눈길이 닿는 곳 모두": Ammianus Marcellinus, Res Gest. 16.10.13, tr. Rolfe. 특혜에 관하여, Sirks 1991 (빵 308; 올리브유 389~390; 포도주 392~393; pork at 361ff.).

배 증가했다. 한때 로마로 배정되던 곡식은 이제 동쪽 수도로 향했고, 알렉산드리아와 콘스탄티노플 사이의 바다를 뒤덮은 많은 배들이 긴 띠를 이루어 인공적으로 '마른 땅'을 만들었다. 로마에 필적할 만한 수로들이 만들어지면서 거대한 급수 체계도 건설되었다. 도시의 경계선이 폭발적으로 확장되면서, 성벽을 다시 쌓는 일이 반복되었다. 거의 유스티니아누스 1세 시대에 이르기까지 기념비적인 토목 공사가 진행되었다. 콘스탄티노플은 정치적 목적으로 만들어진 도시였고, 인구는 제국의 자존심에 맞게 의도적으로 부풀려졌다. 그러나 옛 로마와 마찬가지로 그 도시를 단순히 빨아들이기만 하는 스펀지로 보아서는 안 된다. 그곳은 금세 그리스 정신의 진정한 진앙지가 되었다.[48]

안티오크, 카르타고, 알렉산드리아와 같은 거대한 메트로폴리스들은 두 군데 수도가 누린 인위적인 정치적 뒷받침 없이 번창했다. 알렉산드리아는 여전히 '사람이 거주하는 세상의 도시들 중에서 가장 거대한 도시'라는 주장을 고수했다. 2393개의 사원, 4만 7790채의 집, 1561개의 목욕탕 그리고 935개의 선술집을 자랑하는 도시였다. 초거대 도시들말고도 그 아래로 인구 5만에서 10만에 이르는 대도시들도 흩어져 있었다. 에페수스, 예루살렘, 카이사레아, 사르디스, 테살로니카, 아파메아, 트리어, 밀라노 같은 곳들이다. 인구 2만 5천 명에서 5만 명에 달하는 진짜 도시들, 즉 헤르모폴리스나 히포, 스키토폴리스나 보르도 같은 곳들이 훨씬 더 흔했다. 이 모든 도시와 훨씬 더 작은 도시들도 대중목욕탕, 일렬로 세운 돌기둥 콜로네이드, 광장,

48) 인구: Van Dam 2010, 55; Zuckerman 2004. "마른 땅": Van Dam 2010, 55. 콘스탄티노플에 대한 개관: Dagron 1984.

그리고 다른 편의 시설들과 함께 고전적 도시의 친숙한 질감을 갖췄을 것이다. 이제 바실리카와 사당들도 앞다투어 좋은 입지를 찾아 갔다. 비록 도시들이 중앙집권적 제국에 더 의존하게 되었다 하더라도, 지역에서 이루어지는 후원의 오랜 관행이 완전히 사라진 것은 아니었다.[49)]

도시의 활력은 농촌에 근거하고 있었다. 4세기에는 제국의 동쪽에서 농촌의 삶이 기적처럼 개화하기 시작했다. 나중에 더욱 상세하게 탐구하겠지만, 성장의 시기는 6세기까지 이어졌다. 서쪽에서는 농촌의 부흥이 불균등하게 이루어졌다. 후기 로마에서는 라인강과 다뉴브강을 따라 이어지는 지역을 요새화하는 데 막대한 예산을 쏟아 부었다. 그러나 안보 상황이 국경지대를 영원히 침체시켰던 것 같다. 영국, 스페인 해안, 이탈리아 북부, 갈리아 남부와 같은 제국 서쪽의 많은 안전한 지역에서는 농촌에 정착이 확고하게 이루어졌다. 고대 후기에는 서로마 제국에서 광범위하게 '빌라 붐'이 일었다. 대부분은 번창한 지역이었고 농업 생산의 원동력은 거의 갖추어지지 않았다. 그러나 호황은 보편적 현상이 아니었다. 스페인 내륙 일부분과 이탈리아 반도에서 서서히 진행되었고, 인구통계학적 회복은 이루어지지 않았다. 서로마 제국 농촌 풍경의 변화무쌍한 부침은 기후 변화, 시장의 통합, 지역 안보 전망의 상호작용으로 결정되었다.[50)]

---

49) 알렉산드리아: Fraser 1951 and generally Haas 1997. 고대 후기의 도시는 광대하고도 논쟁적인 주제이다. See in general Liebescheutz 2001에 개략적인 내용이 있으며, 권위 있고 상세한 논의는 이 장과 7장에서 다룬다.

50) Wickham 2005는 고고학과 그것의 경제적 함축에 대한 권위 있는 통계 조사이다. 또한 Brogiolo and Chavarría Arnau 2005; Chavarría and Lewit 2004; Lewit 2004; Bowden, Lavan, and Machado 2003; Brogiolo, Gauthier, and Christie 2000을 참조. Christie 2011, 20에는 "손상되어서 매력이 없는" 국경의 풍경에 대한 것이다. 특히 Decker 2009는 동쪽 지역의 역동성에 대해 참조. 또한 7장을 참조.

인구는 증가했으나, 여유분은 넉넉지 않았다. 위기가 지나간 뒤에도 다시 예전처럼 쉬운 방식으로 신병을 징집할 수는 없었다. 고대 후기의 국가는 강압적이었다. 디오클레티아누스와 콘스탄티누스는 군인과 퇴역 군인의 아들에게 아버지의 뒤를 이어 입대하도록 요구했고, 군 복무는 사실상 상속되는 신분이 되었다. 혹독한 폭력과 금전적 보상이라는 유인책으로 병사들을 보충했다. 평가 기준이 조심스럽게 느슨해졌다. 원칙적으로는 5피트 7인치가 키의 최소치였다. 잘 알려진 사실이지만 야만인으로 편성된 부대가 공백을 메꿨다. 그러나 징병의 어려움을 그저 '인력 부족' 탓으로 돌리는 것은 너무 단순하다. 4세기 제국은 병역을 대체하는 적어도 한 가지 새로운 대안과 경쟁해야 했다. 군대의 부름에 귀 기울였을 사람들이 종교적 삶에 이끌리는 것이었다. "성직자와 수도사들의 거대한 무리는 대부분 게으른 입들로 이루어졌다." 4세기 말 즈음에 그들 모두를 합한 숫자는 실제 군대의 절반 규모였을 것이며, 제국의 인력 비축에서 무시할 수 없는 누수였다. 공무원도 매력적이고 안전한 대안이었다. 4세기에 징병이라는 골치 아픈 문제는 인구 통계와 직접 관련된 것은 아니었다.[51)]

4세기의 로마 제국이 휘두른 군사력 자체는 여전히 대단했다. 총 규모가 놀라웠다. 로마군은 7만 명의 전문 부대를 포함하여, 고대 기준의 규율에 따라 모집하고 훈련한 50만 명의 군인을 전장에 내보냈다. 전례 없이 광범위한 병참 시스템이 가동되어 군대에 물자와 장비를 공급했다. 디오클레티아누스와 콘스탄티누스가 건설한 제국 조직이 무기, 갑옷, 군복, 동물, 식량을

---

51) 상속 지위: Jones 1964, 615. "거대한 무리": Jones 1964, 933. 절반 크기: Van Dam 2010, 27. 일반적인 징병에 대하여: Campbell 2005b, 126-27; Lee 1998, 221~222.

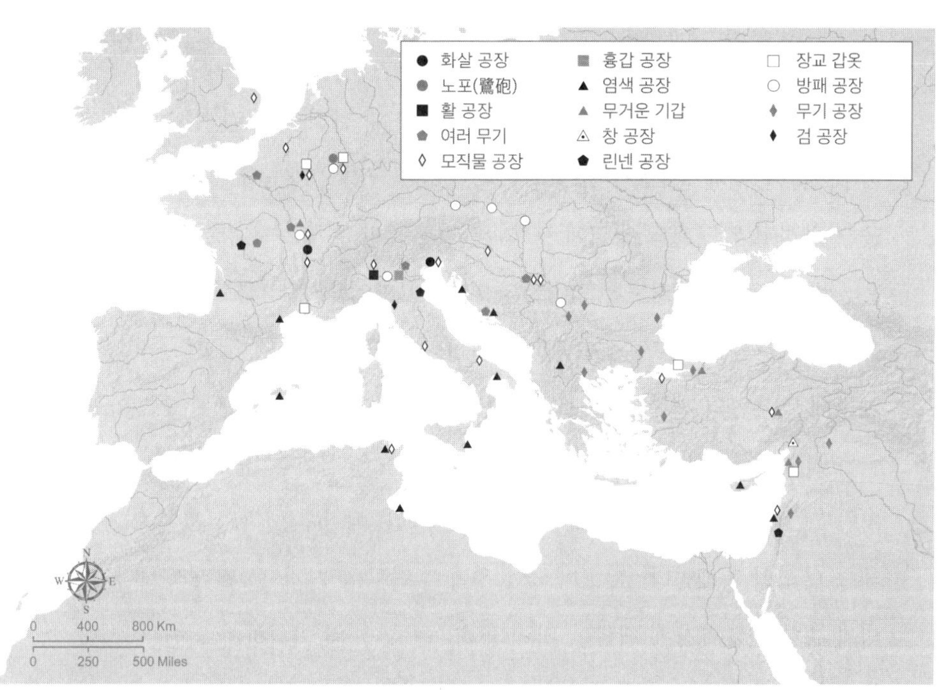

지도 15. | 제국 군사 조직의 병참 관리

제공했다. 로마의 병사는 3대륙에 걸쳐 제국이 운영하는 30개 이상의 전문 공장에서 제조된 무기를 휴대했다.[52)]

장교들은 금과 은으로 장식한 청동 갑옷을 입었는데, 그것은 다섯 군데 공장에서 만들어진 것이었다. 로마의 궁수들은 파비아Pavia에서 제작한 활과 마콩Mâcon에서 제작한 화살을 사용했다. 보병은 제국의 방직공장에서 제조한 뒤 각각 분리된 염색장에서 작업을 마친 군복(셔츠, 튜닉, 망토)을 입었다. 또한 전문 공장에서 만든 장화를 신었다. 4세기 후반에 로마의 기병은 말을 타고 전투에 나갔는데 카파도키아, 트라키아 혹은 스페인에 있는 제국의 종마 사육장에서 키운 암말이나 거세된 수말을 탔다. 부대의 식량 공급은 대

52) 특히 Ferrill 1986을 참조.

륙과 대륙을 가로질러 엄청난 규모로 식량을 운반하는 느린 수송 체계로 이루어졌다. 황제 콘스탄티누스 2세는 갈리아 국경의 창고에 밀 300만 부셸을 저장하고 알프스의 창고에 또 다른 밀 300만 부셸을 저장한 뒤 야전군을 서쪽으로 이동시키도록 명령했다. "북방 야만인 군대가 군사 작전을 벌였을 때, 야만인의 지도자는 수백만 부셸의 밀을 염두에 두지 않았다."[53]

4세기 후반의 편견 없는 관찰자라면 모든 전선에서 로마군이 숫자와 전술 그리고 군수 지원까지 우위에 있다고 판단했을 것이다. 그러나 몇 세대가 지난 뒤, 서로마 제국의 군대는 사라지고 만다. 예전에 제국의 서쪽 영토는 세습 왕국의 형태였다. 로마 제국의 몰락은 역사상 가장 큰 전략적 내부 붕괴에 속했다. 4세기에 제국이 복구되어가는 실상을 인식하게 되면, 이러한 몰락을 설명하기는 더 어려워진다. 서로마 제국의 붕괴는 그 의미가 단순히 3세기 위기의 여파가 남긴 풀리지 않은 긴장이 지연되어 나타난 결과는 아니다. 로마의 르네상스는 제국 외부의 세력들에 의해 중단되었다. 붕괴의 계기가 된 사건은 저 멀리 동쪽, 중앙아시아에서 팽창한 미지의 세력으로부터 시작되었다. 대초원의 민족이 서구 역사에 침입하여 제국의 북쪽 국경을 사정없이 압박했다.

새로운 지정학: 지중해 대 중앙아시아

유라시아 대초원은 헝가리 평야에서 몽골의 동쪽 근교까지 생태적으로

53) 개략적 내용은 Christie 2011, 70~73. Ferrill 1986, 78~82; Jones 1964를 참조. "야만인 군대가": Thompson 1958, 18.

연속되어 뻗어 있는 드넓은 지역이다. 기후는 극한으로 치닫는 대륙성 기후로, 여름에는 무덥고 겨울에는 혹독하게 춥다. 대초원은 너무 건조해서 나무가 자랄 수 없다. 그러나 사막으로 변하지 않을 정도의 수분은 있으며, 광활하게 펼쳐진 잔디와 관목 덤불로 덮여 있다. 초원의 아랫부분에는 남쪽에서 올라오는 몬순이 닿지 않는 몇몇 사막들이 줄무늬를 이루고 있다. 사막에는 오아시스가 점점이 흩어져 있는데, 그곳이 실크로드의 중계소 역할을 했다. 대초원의 북쪽에는 타이가의 추운 지대가 띠처럼 이어져 있고, 그 너머로는 더 추운 툰드라 벨트 지역이다. 수분의 분배는 서풍에 의존하는데, 그것은 대서양에서 태평양까지 지구에서 동서로 가장 긴 땅덩어리의 중위도를 궤도 삼아 움직이는 탁월풍 폭풍이다. 생태학적 지역으로서의 대초원과 비교하면 지중해 기후 지역의 실제 육지 면적은 왜소해 보인다.[54)]

고대 지중해 세계의 주민들에게 대초원은 시간과 역사의 저편에 있었다. 다뉴브강 너머에 있는 모든 것들은 '무한한 스키타이의 황무지'가 삼켜버렸다. 그곳에는 발달과 쇠퇴의 주기를 경험할 수 없는 유목민들이 살고 있었다. 역사의 아버지 헤로도토스의 《민족지》에 실려 있는 내용에서 수정할 게 별로 없을 정도였다. 4세기의 아미아누스 마르켈리우스Ammianus Marcellinus는 대초원의 종족을 온전한 인간으로 보지 않았다. 그들은 "농막도 없고 쟁기를 사용하는 데 관심도 없다. 반면에 그들은 살코기를 먹고 우유를 많이 마시며 마차에서 거주한다. 마차에는 나무껍질로 만든 둥근 덮개가 씌워져 있고, 그것을 몰고 끝없는 황무지를 달린다. 풀이 무성한 곳에 다다르면, 마차를 둥글게 배열해서 세워 놓고 야생동물처럼 가축들을 놓아먹인다."[55)]

---

54) Di Cosmo 2002, 13~43.

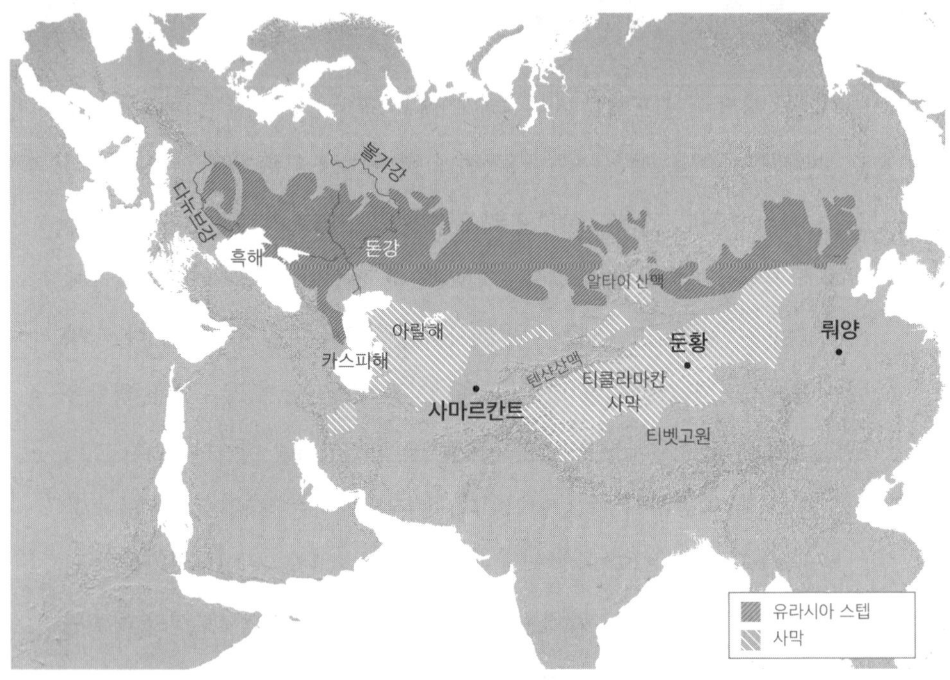

지도 16. | 유라시아 스텝 지대

대초원은 생태적으로 쟁기가 맞지 않고 목축을 하는 유목민이 돌아다니기에 적합한 땅이었다. 토양이 척박해서 쉽게 뿌리내리기 어려웠으므로 사회적 계급이 가파르게 형성되었다. 기원전 최초의 천 년 후반기에 전사들이 대초원에 최초의 제국을 건설했다. 대초원의 첫 번째 제국은 기원전 200년경에 흉노족이 세웠다. 흉노족 국가는 중국 내의 한족 국가와 변증법적으로 반목하면서 융성했다. 고대 지중해 지역에서와 마찬가지로, 유목민의 삶은 여기서 문명의 이념적 거울 역할을 했다. 위대한 중국의 역사가 사마천은 기원전 1세기에 흉노족에 대해 동정하는 태도를 보이며 서술했다. "이들

55) "무한한 폐허": Ammianus Marcellinus, Res Gest. 31.2.13, tr. Rolfe. "그들은 농막도 없고": Ammianus Marcellinus, Res Gest. 31.2.17, tr. Rolfe.

은 키우는 가축의 고기를 먹고 젖을 마신다. 그리고 가죽으로 옷을 입는다. 가축들은 풀을 뜯고 물을 마신다. 그래서 계절이 바뀔 때마다 이동한다. …… 키우는 가축은 말, 소, 양이며 또한 낙타, 당나귀, 노새, 버새 그리고 말과 비슷한 다른 희귀한 동물도 키운다. …… 아이들은 양을 탈 수 있으며, 활과 화살로 새와 쥐를 쏠 수도 있다." "흉노족에게는 전쟁이 [주된] 일이다." 전쟁하는 삶은 그들의 '타고난 본성'이다. 헤로도토스가 했을 법한 묘사이다.[56]

수백 년 동안 제국의 동쪽에서 유목민은 실존하는 위협이었다. 흉노족은 중앙의 강력한 엘리트가 지배하는 다민족 연합체이며, 중국에 대항해 압도적인 기마부대를 투입할 수 있었다. 중국 한족과 흉노족의 끊임없는 마찰로 인해 생겨난 에너지가 양쪽의 국가를 형성하는 연료 역할을 했다. 중국은 수 세기 동안 대초원의 맹렬한 공격을 견뎌야 했다. 유목민의 국가는 동쪽으로 치우쳐 형성되었으며, 중국 내륙의 비옥한 계곡과 중앙아시아의 험준한 고지대를 잇는 국경선을 따라 압박해갔다. 그러나 서기 2세기 후반부터 중앙아시아가 모호한 혼란의 시기로 들어섰다. 혼란의 한가운데에서 대초원의 민족들은 서쪽으로 시선을 돌렸다.[57]

우리에게는 동양과 서양에 동시에 반향을 불러일으킨, 혼돈을 수직으로 비출 수 있는 작지만 귀중한 탐조등이 있다. 1907년에 아우렐 스타인 경Sir Aurel Stein이 둔황에서 발견한 봉인된 편지 한 묶음이다. 그것은 중국이 통제하던 서쪽 국경에 남아 있던 옛 한나라의 수비대 탑 속에 숨겨져 있었다. 편

56) 특히 Di Cosmo 2002, esp. 269~77을 참조.

57) Ying-Shih 1986, 383~405. 한 왕조의 해체에 대하여, Mansvelt Beck 1986, 357~376.

지는 소그디아나Sogdiana의 상인이 쓴 것이었다. 소그디아나는 실크로드 교역망의 핵심 거점인 사마르칸트를 중심으로 번성했던 중앙아시아의 작은 국가였다. 문제의 편지는 중국에서 고향인 사마르칸트로 보내는 것이었다. 서기 313년에 쓰인 편지에는 한제국 동쪽 중심부의 기근과 붕괴, 탈주하는 사람들 등 종말론적 장면들이 묘사되어 있다. 폭동으로 인해 황제는 뤄양에 있는 수도를 침략자 유목민들의 자비심에 맡긴 채 떠나야 했다. 결정적으로, 소그디아나 상인은 사나운 폭동의 주체가 씨운Xwn, 즉 훈족이라고 밝힌다. 에티엔 드 라 베시에르Étienne de la Vaissière의 언어학 연구로 한나라의 천적이던 흉노족과 4세기에 중앙아시아를 휩쓸었던 훈족이 긴밀한 연관성이 있음이 밝혀졌다. 어쩌면 흉노족이 정말로 4세기 훈족의 직접적인 유전적 조상일 수도 있고, 어쩌면 초원을 장악하면서 그저 무시무시한 이름까지 떠맡은 것일 수도 있다. 그것은 분명하지 않다. 흉노든, 씨운이든, 훈이든 대초원에서 사회적으로 가장 진보된 구성체가 서쪽으로 폭력의 방향을 막 돌리려는 참이었다.[58]

4세기에 유라시아의 동쪽과 서쪽에서 일어난 사건들은 돌이킬 수 없는 일을 만들었다. 이후에 대초원에서 일어난 사건들은 서양에 지대하게 결정적인 영향을 미쳤다. 아미아누스가 보기에 로마의 국경선에 나타난 호전적 유목민은 운명의 여신이 변덕을 부려 선택한 도구였다. 다시 봐도 존경받을 만한 견해이다. 의심의 세월이 흐른 뒤, 후기 로마 제국을 연구하는 많은 역사가들은 아미아누스의 서사를 진지하게 받아들이기 시작했다. 그의 서사

58) De la Vaissière 2015; 2005a, 2005b, and 2003. Translated in Juliano and Lerner 2001, no. 8, 47~49. 훈족에 대한 광범위하고 가장 훌륭한 논의는, 비록 오래전 연구지만 Maenchen Helfen 1973 (그는 이 책에서 인정하는 정체성에 대해 의심을 품고 있다)이다. 또한 Thompson 1996을 참조.

에서는 4세기의 지정학적 역학 관계에서 대초원의 인물들이 움직이는 모습이 두드러지게 나타난다. 야만인들이 돌아왔고, 훈족은 그 이야기 속에서 결정적이지만 제한적인 역할을 한다. 특별히 "훈족 군대의 침략은 몇몇 정치적 세대를 거치면서 흑해 북쪽에서 굳건해진 고트족 중심의 정치 질서를 뒤집어 버렸다." 이주와 침략이 이어지자 로마 제국이 북쪽 국경에서 기획한 군사 작전은 운이 다했다. 허약한 로마 권력의 부활이 방해를 받았다.[59)]

훈족의 이주는 문자가 없는 민족의 역사가 그렇듯 당연한 모호함으로 덮여 있다. 그러나 자연의 기록보관소가 역할을 할 것이다. 왜냐하면 훈족의 이주는 무엇보다도 환경과 연관된 사건으로 간주할 만하기 때문이다. 몬순은 아시아의 남쪽 절반을 적시지만, 티벳 고원의 북쪽 땅은 건조한 대륙성 기후였다. 중앙아시아 내륙의 기후는 대서양 기단의 영향을 강하게 받으며 중위도를 궤도로 부는 폭풍인 서풍에 좌우되었다.

북대서양 진동이 양의 값일 때는 제트기류가 서쪽에서 북쪽으로 방향을 잡아 중앙아시아는 건조해진다. 북대서양 진동이 음의 값일 때, 폭풍의 궤도는 적도 쪽으로 방향을 틀어 대초원 전역에 비가 쏟아진다. 북대서양 진동이 양의 값이 지배적이던 중세 기후 이상(서기 1000~1350) 기간에 아시아의 내륙 지역은 지독하게 건조했다. 4세기에는 어떤 일이 지속되는 가뭄에 대한 준비를 하고 있었다. 고기후의 대리증거물 가운데 해상도가 가장 높은 것은 티벳 고원의 둘란-울란에서 발견되는 노간주나무들이다. 이 나무들은 대륙성 기후와 몬순 기후의 영향이 섞이는 남쪽 끝에 서식한다. 그

---

59) 아미아누스 마르켈리누스, Res Gest. 31.1.1, tr. Rolfe. "침략": Heather 2015, 212. 이것은 대초원의 역사에서 지속적인 전환점이 되었다. Maas 2015, 9: "동쪽 주민들에게 향한 문은 늘 열려 있었다. 가장 직접적으로는 아바르인과 터키인들에게……."

러나 4세기의 징후들이 포착되었다. 에드 쿡Ed Cook이 증명했듯이 그 무렵은 엄청난 가뭄의 시기였다. 서기 350년에서 370년까지는 지난 2천 년 동안 최악의 가뭄이 지속된 20년이었다. 중앙아시아가 고향인 유목민들은 갑자기 1930년대 미국 대평원을 덮친 최악의 황사 폭풍 '더스트 보울'과 같은 극적인 위기를 맞이했다.[60)]

훈족은 말을 타고 무장을 한 기후 난민이었다. 그들은 자신들의 생활방식 덕분에 놀랄 만한 속도로 새로운 목초지를 찾아낼 수 있었다. 우리는 4세기에 훈족이 사회적으로 발전할 수 있었던 내적 논리에 대해 더 잘 알고 싶다. 기후 변동이 하나의 민족이나 혹은 여러 민족의 연합체가 국가를 형성하는 결정적 시기와 맞물렸던 것이 분명하다. 오직 기후 하나만 작용했던 것은 아니고, 대초원족이 위협의 방향을 한쪽에서 다른 쪽으로 바꾼 것도 한 요인이었다. 기후의 작용과 함께 유목민들의 공격적이고 복잡한 연합이 융성했고 새로워졌다. 그러나 정확하게는 4세기 중반에 대초원의 무게 중심이 알타이 지역(오늘날 카자흐스탄과 몽골의 국경)에서 서쪽으로 이동했다. 서기 370년 무렵, 훈족은 볼가강을 건너기 시작했다. 서부 초원지대에 이들이 나타난 것은 중대한 사건이었다.[61)]

아미아누스의 말에 의하면, "화성을 분노하게 만든 온갖 몰락과 여러 재앙의 씨앗과 근원, 예기치 못한 화염으로 온 세상을 혼란으로 밀어 넣은 것,

---

60) 둘란-울란: Cook 2013은 기후 구성 체제를 상세하게 발전시켰다. 나는 엘니뇨 남방 진동보다 북대서양 진동의 역할을 훨씬 더 강조했는데, 쿡이 그 전경을 제공했다. 건조한 중앙아시아: Campbell 2016, 48~49; Oberhänsli et al. 2011; Chen 2010; Oberhänsli et al. 2007; Sorrel et al. 2007을 참조.

61) Heather 1995. Frankopan 2015, 46:"약 350년과 360년 사이에 부족들이 자신의 땅에서 쫓겨나 서쪽으로 몰리면서 엄청난 이주의 물결이 일어났다. 이것은 기후 변화로 인해 일어났을 확률이 높다. 기후가 변하면서 대초원에서의 삶은 이례적으로 혹독해졌고, 자원을 차지하려는 경쟁이 강화되었다."

우리는 그것이 바로 그들임을 알게 되었다. 훈족이다. 그러나 고대의 기록으로 훈족은 마에오티안 해[아조프 해] 너머 얼음이 어는 바다 근처에 살며, 흉포함이 극에 달한다는 것 말고는 거의 알려진 바가 없다. …… 그러나 추하기는 해도 인간의 형상을 하고 있는 그들은 생활방식이 매우 강건해서 음식을 불에 굽거나 조리하려 하지 않는다. 오직 잡초의 뿌리 그리고 허벅지와 말 등 사이에 두어 미지근해진, 반쯤은 날것인 짐승의 고기만 먹는다. 결코 집을 짓지 않으며, 집에 들어가는 것을 무덤에 들어가는 것처럼 피한다. …… 전투할 때 걸어 다니지 않으며 말등에 거의 찰싹 붙어 있다. 강인해 보이지만, 진실을 말하자면, 추하다. …… 땅에서는 아무도 쟁기를 손에 들지 않고 밭을 갈지도 않는다. 그들에게는 일정한 거처도, 난로도, 법도, 정착하는 생활도 전혀 없으며, 그들이 상주하고 있는 마차를 타고 피난민처럼 계속 이곳저곳으로 돌아다닌다."[62)]

처음에 훈족이 유럽으로 몰려왔을 때는 민족 연합체의 형태로 공격해 온 것이 아니었다. 단지 '호전적인 훈족 병사들이 단독으로 연이어' 먼저 나타났다. 그러나 그들은 다뉴브강 건너편 평원에 거주하는 이들을 공포에 떨게 한 새로운 마상 전술을 보여주었다. 그들의 말은 사납고 유능했다. 로마의 수의사는 다음과 같이 썼다. "전쟁에서는 훈족의 말들이 매우 유용하다. 힘든 일과 추위 그리고 배고픔을 견디는 능력이 있기 때문이다."[63)]

62) 아미아누스 마르켈리누스, Res Gest. 31.2.1, 3, 6, and 10, tr. Rolfe.

63) "연이어 독립적으로": Heather 2015, 214; also Heather 1998a, 502. 훈족의 말들: Vegetius, Mul. 3.6.2 and 5, tr. Mezzabotta 2000. 그들의 모습은 지울 수 없는 인상을 남겼다. "훈족의 말들은 갈고리처럼 굽은 커다란 머리, 튀어나온 눈, 좁은 콧구멍, 넓은 뺨, 강하고 꼿꼿한 목, 무릎까지 늘어진 갈기, 보통보다 넓은 흉곽, 굽은 등뼈, 곱슬곱슬한 꼬리를 지니고 있었다……."

훈족이 위압적이었던 이유는 무기 때문이었다. 그들은 탄력성이 좋은 복합궁을 사용했다. 현대의 분석가가 설명하기를, "제작이 매우 어려운 복합궁은 정확하게 쏘기도 어렵다. 활의 힘에 상응하는 반동이 생기기 때문이다." 훈족의 활은 사정거리가 150미터에 이르렀다. "잘 만들어진 활과 화살은 그들의 기쁨이고, 확신에 찬 그들의 손은 무시무시하다. 견고한 자신감으로 쏘는 활은 죽음을 불러올 것이다. 그들의 흉포함은 결코 잘못 휘두르지 않는 일격으로 사악한 행동을 하도록 훈련되어 있다." 이렇게 말에 올라탄 궁수들의 번개 같은 기량과 먼 사정거리는 공포를 불러일으키는 것이었다. 전쟁터에서 많은 피를 목격한 아미아누스 같은 사람에게도 그러했다. "누구라도 주저하지 않고 훈족을 가장 소름 끼치는 전사들이라고 할 것이다."[64)]

다뉴브강 북쪽의 땅은 한 세기 이상 고트족 연합이 차지하고 있었다. 4세기 후반까지 그들은 '오랜 시간 고요하게 지냈다.' 다뉴브강 일대는 일종의 평형이 지배하고 있었으나, 훈족이 그 지역을 혼란에 빠뜨렸다. 376년에 훈족을 피해 탈출한 고트족 무리가 망명지를 찾아 로마의 국경선 안으로 들어왔다. 남자, 여자 그리고 어린이로 구성된 십만 명 이상의 고트족이 도움을 청했을 것이다. 로마인들은 절박한 사람들의 물결이 밀어닥치자, 군대에 신병을 유입할 뜻밖의 기회로 여겼다. 상황은 뚜렷한 해결책 없이 막연하게 처리되었다. 어떤 고트족은 로마의 통제 아래 다뉴브강을 건너도록 허용되었다. 난민들은 뇌물을 바쳐야 했다. 굶주린 고트족은 잡아먹을 수 있는 개들을 얻었고, 그 대가로 아이들을 팔았다. 저항의 기운이 들끓었고, 고트

---

64) "제작이 어려운": Luttwak 2009, 25. 그러나 완전히 새로운 Elton 2015, 127과 비교하라. Maenchen-Helfen 1973, 221~228. "잘 만들어진 활과 화살": Sidonius Apollinaris, Carm. 2.266~69, tr. Anderson. "누가 봐도 주저하지 않고": Ammianus Marcellinus, Res Gest. 31.2.9, tr. Rolfe.

족은 곧 반란을 일으켰다. 심지어 훈족을 용병으로 삼아 자기편으로 끌어들이기도 했다. 동로마 제국의 황제 발렌스가 황급히 자신의 정예 부대를 이끌고 전장으로 향했다. 378년 8월 9일, 아드리아노플 시의 외곽에서 그는 전장에 대한 그릇된 지식으로 서방 군대의 지원을 기다리지 않고 전투에 돌입했다. 그 결과 로마 역사상 최악의 군사적 손실을 입었다. 발렌스 자신도 대학살이 벌어진 전투에서 목숨을 잃었다.[65)]

아미아누스에 따르면, 로마군은 병력의 2/3를 잃었다. 현실적으로 사망자 수는 2만 명에 이르렀을 것이다. 단기적 파장은 심각했다. 동쪽 제국 군대의 핵심인 정예 부대가 전멸했다. 제국 최고의 군대와 경험 많은 지휘관을 한꺼번에 그토록 많이 잃은 것은 마치 내장을 들어낸 듯한 손상이었다. 절망에 빠진 서쪽 제국의 궁정에서는 갈리에누스 이후 처음으로 다뉴브강 지역 출신이 아닌 이미 은퇴한 테오도시우스 1세를 황제로 추대했다. 군대가 입은 타격은 오랫동안 지속되었다. 어떤 연대는 아예 대체할 수도 없었다. 신병을 모집하고자 하는 절박한 노력이 한 세대 동안 감지된다. 예를 들어 상이집트의 마을 사람들까지 저인망식 대상으로 삼았다. 병력이 위태로워지자 로마인들은 협상을 하면서 새로운 정책을 실험하기 시작했다. 로마 영토에 정착하는 대가로 모든 민족은 원주민 지휘관 아래 군 복무를 한다는 것이었다. 500년 동안 로마 군대는 외국인을 제국에 동화시키는 가장 효과적인 수단이었다. 이제 군대의 야만인화가 본격적으로 시작되었다.[66)]

---

65) "고요하게 지냈다": Ammianus Marcellinus, Res Gest. 31.5.17, tr. Rolfe. Numbers: Heather 2015, 213. Maenchen-Helfen 1973, 26~30. 전투: Ferrill 1986, 56~63.

66) 아드리아노플: Hoffman 1969~70, 440~58. 야만인화: Whitby 2004, 164~170, 이전 문학에 대한 매우 조심스러운 해석; Curran 1998, 101~103; Lee 1998, 222~224; Elton 1996, 136~152; Ferrill 1986, 68~70, 83~85.

그러한 상황에서 테오도시우스의 치세는 성공으로 간주해야 한다. 그러나 395년에 그가 사망한 뒤, 한 사람이 양쪽 제국을 모두 다스리는 일은 다시는 일어나지 않았다. 그의 젊은 두 아들이 권력을 나누었고, 로마와 콘스탄티노플 궁정 사이에서 암투가 벌어졌다. 국경에서 위급한 사태가 진행되던 가장 최악의 시기에 제국의 대응은 서서히 약해졌다. '고트족 문제'의 불길이 치솟았고, 서기 395년에 유능한 고트족의 왕 알라리크Alaric가 382년에 정착했던 자민족을 모아들였다. 그는 더 큰 양보를 얻어내기 위해 제국을 괴롭혔다. 제국의 동방과 서방 궁정이 우위를 다투던 바로 그 무렵이었다. 서방 궁정은 총사령관이자 테오도시우스의 조카사위인 스틸리코의 섭정을 배경으로 집결했다. 그는 395년부터 408년에 암살되기 전까지 효율적인 통치를 했다. 밀려오는 파도를 잠시 잠재운 것 같았다. 400년에 그는 로마에서 집정관이 된 것을 의기양양하게 축하했다. 그의 찬미자인 시인 클라우디아는 그가 '세계의 균형'을 회복했다고 주장했다. 그러나 그것은 환상이었다. 갑자기 댐이 터져버리고, 유럽의 지정학적 요소들을 지배하던 서로마 제국의 능력이 홀연히 사라져 버렸다.[67]

스틸리코는 어쩌면 이미 부족한 장기 말을 가지고 체스판을 벌이고 있었는지도 몰랐다. 결정적인 순간 그가 통제할 수 없는 힘에 의해 판 자체가 기울었다. 군사적 현상으로 볼 때 서로마 제국의 '몰락'은 서기 405~410년으로 보아야 할 것이다. 역사가 피터 헤더Peter Heather는 이 시기에 일어난 사건들을 두 가지 차원에서 보아야 한다고 통찰했다. 표면적 차원에서, 제국은 최전방의 통제 능력을 무너뜨린 일련의 침공들과 맞닥뜨렸다. 405년에

67) "균형": Claudian, Stil. 3.10, tr. Platnauer.

새로운 계통의 고트족이 로마의 국경 너머에서 노리쿰Noricum을 가로질러 이탈리아를 유린했다. 스틸리코는 위협을 막아냈다. 그러나 406년 12월 31일, 반달족, 알란족, 수에비족을 포함한 또 다른 야만인들의 연합이 라인강을 건너 갈리아를 약탈하고 스페인으로 진격했다. 그들은 끝내 쫓아낼 수 없었다. 따라서 알프스 산맥 너머 지역, 특히 영국, 스페인, 북부 갈리아의 일부 지역에 대한 로마의 통제력은 불안정하거나 아예 무너졌다.[68)]

눈에 보이는 표면 아래 더 깊은 심층적 힘이 사태를 몰아가고 있었다. 동시에 일어난 침공은 단순한 습격이 아니었다. 그들은 난민들이었다. 사람들이 이동하고 있었고 여자와 아이들이 뒤따랐다. 그리고 지정학적 문제들이 심화되면서 이러한 이주가 촉발되었음을 우리는 자료 속에서 희미하게 감지할 수 있다. 훈족의 무게 중심이 서쪽으로 이동했다. 370년대에는 어디에도 속하지 않은 훈족 전사들의 무리가 첫 번째로 고트족의 위기를 초래했다면, 405~408년의 혼란은 훈족의 군사력이 서쪽으로 재배치되면서 일어났다. 로마인의 삶에 완전히 동화되지 않은 고트족과 같은 부족 집단들이 다뉴브강 중류 지역에서 탈출해서 제국으로 유입되었다. 이 무렵 처음으로 엄청나게 많은 훈족이 서쪽의 헝가리 평야까지 진출했다. 그리고 훈족의 왕 울딘Uldin이라는 인물이 단순한 명성 이상으로 주목받기 시작한다. 훈제국은 서쪽에서 그들의 운명을 찾았고, 그들 앞에 있던 부족들은 도미노처럼 몰락했다.[69)]

68) 헤더의 재구성: Heather 2015; 2010; 2006; 1995.

69) 서기 395년에 흉노족이 흑해 동쪽에 있는 코카서스를 통과해 와서 대대적인 공격을 감행한 반면, 408/9년에 그들은 흑해의 서쪽 다뉴브강을 건넜다. 바로 이즈음에 테오도시우스 성벽이 건설되었고, 강력한 이중 성벽은 천 년 동안 도시를 방어했다. 울딘: Maenchen-Helfen 1973, 59~72.

위기가 가한 압력은 국경 체제를 떠받치는 기둥이 견뎌낼 수 있는 하중을 넘어서는 것이었다. 안개처럼 불투명한 위기 속에서 로마 정부는 알라리크 휘하의 고트족들이 제국에 충성할 것이라고 믿었다. 그들은 황제에게 복종하기로 한 법적 계약에 구속되어 있었다. 그러나 408년 후반에 알라리크는 군대를 이끌고 알프스 산맥을 넘었고 요구 조건을 제시하면서 로마를 포위했다. 그는 도시의 식량 공급을 끊은 뒤 상상할 수 없는 배상금을 갈취하려 했다. 3년 연속으로 알라리크는 고대 수도를 인질로 잡았고, 마침내 410년 8월 24일 로마로 쳐들어갔다. 기원전 390년 켈트족이 도시를 점령한 이후 처음으로, 영원한 도시는 다시 적의 손아귀에 들어갔다. 알라리크의 기독교도 고트족이 도시를 통제할 수 없을 정도의 약탈은 면하게 했음에도, 상징적 파장은 혹독했다. "온 세상에서 가장 환한 빛이 꺼졌고, 아니, 로마 제국의 머리가 참수되었고, 혹은 대지 그 자체인 가장 진정하고 유일한 도시가 파괴되었다." 이 사건의 충격으로 아우구스티누스는 걸작《신의 도시》를 썼다. 단 한 가지 위로는 모든 인간적인 것들의 덧없음을 일깨웠다는 것이다.[70)]

상상조차 할 수 없는 일을 멈출 능력이 없다는 현실은 서로마 제국이 얼마나 급격하게 군사력을 조정할 특권을 상실했는지 드러냈다. 5세기 역사는 서방에서 권력이 해체되면서 영토 패권주의를 잃어가는 과정이다. 영국 같은 예전 속주들은 그저 시야에서 희미해지거나 지역의 자산으로 주어졌고, 아프리카 같은 다른 지방들은 훤한 대낮에 빼앗겨 버렸다. 어떤 정착지들–아키텐의 고트족, 사부이의 부르고뉴족, 이탈리아의 동고트족–은 법으로

---

70) "하나의 도시": Jerome, Comm. In Ezech. pr.

어느 정도 관리되었다. 그러나 제국은 절박한 위치에서 협상하고 있었다. 중심에 유리하도록 모든 결정이 내려졌다. 지방에서는 실망했고 충성심을 재고하게 되었다. 모든 사례에서 로마의 원주민 인구가 새로운 유입자들보다 숫적으로 우세했지만, 야만인들이 국가의 상부구조를 통제했다. 이탈리아와 갈리아를 잇는 좁은 통로를 제외한 모든 곳에서, 이제 서로마 제국의 권력 구조는 로마가 되기를 멈추었다.[71]

동쪽과 서쪽: 갈라진 운명

가장 유명한 훈족의 마지막 군사 작전은 결정적 장면이라기보다는 재연에 가까웠다. 로마 제국이 동요하고 있는 가운데, 훈족의 악명 높은 왕 아틸라Attila는 전쟁의 규모를 크게 확대했다. 십여 년에 걸쳐서 그는 서로마 제국의 잔재뿐 아니라 동로마 제국에까지 실제적인 위협을 가했다. 서기 440년대 내내 그는 발칸 반도를 휩쓸었고, 그의 측근들은 약탈한 부를 포식했다. 447년에 엄청난 지진으로 콘스탄티노플의 대 성벽이 무너진 뒤(탑 57개가 무너졌다), 로마 제국의 동쪽 수도는 무방비 상태였다. 오로지 풍토병들로 이루어진 방어벽만이 진격해오는 위협을 물리쳤다. "질병이라는 돌부리에 걸려서, 그들은 비틀거렸고 그들의 말은 쓰러졌다. …… 활을 능숙하게 쏘는 자도 설사병으로 쓰러졌다. 말을 타는 자들도 몸을 가누지 못하고 잠들었다. 잔혹한 군대가 조용해졌다." 로마 제국의 마지막 방어선은 전혀 낌새를 알

71) 5세기: Kulikowski 2012는 그 문제에 대한 가장 최근의 개관에 유익하다.

아차리지 못한 공격자들을 맞이한 보이지 않는 세균들이었다.[72)]

아틸라는 갈리아와 이탈리아 두 군데의 야심찬 군사 원정에서 성과를 거두었다. 그는 451년에 훈족과 게르만족이 섞여 있는 엄청난 군대를 이끌고 라인강을 건넜다. 그의 군대는 로마의 장군 아에티우스Aetius가 이끄는 로마인과 게르만인이 혼합된 군대와 야전에서 맞닥뜨렸다. 전투는 교착상태에 빠졌고, 이제는 확실히 대초원의 생태계를 넘어선 훈 제국의 진격을 막았다. 그러나 아틸라는 멈추지 않았다. 452년에 그의 기마부대가 이탈리아로 달려갔다. 그들은 포 계곡을 약탈했다. 밀라노는 저항도 없이 함락되었고, 아틸라는 황제의 궁전을 점령했다. 황제의 권좌 아래 널브러져 죽어 있는 훈족의 그림을 보고 분노한 그는 화가에게 '권좌에 앉아 있는 아틸라의 발치에 황제들이 어깨에 메고 온 자루에서 황금을 쏟아붓는 장면을 그리도록' 했다. 아무도 훈족이 이탈리아 중부로 진격하는 것을 막을 수 없었고, 그 이름에 대적하는 군사적 저항이 불가능함을 깨닫고, 로마는 교황 레오가 이끄는 절박한 사절단을 파견했다.[73)]

훈족 군대가 알프스 산맥을 넘어 헝가리 평야로 퇴각한 것은 역사 속에서 그 이유가 가장 궁금한 사건에 속한다. 아틸라는 매우 계산이 치밀한 사람이었다. "엄청난 흉포함 아래 교묘한 영리함이 숨어 있었다." 침략자들을 격퇴한 것은 '하늘이 내려준 재앙: 기근과 모종의 질병' 덕분이라는 관점이 있다. 퇴각은 사실상 침략자들과 토착 질병 생태계가 충돌했을 때 예측 가능한 생물학적 결과였다. 제국의 중심부는 세균 갑옷으로 무장하고 있었다.

---

72) "질병이라는 돌부리에 걸려서": Isaac of Antioch, Homily on the Royal City, tr. Moss, 61, 69. 440년대 아틸라의 군사 행동, Kelly 2015, 200-1; Maenchen-Helfen 1973, 108~125.

73) "아틸라를 그리도록": Priscus of Panium, tr. Kelly 2008, 260.

이 경우에 이탈리아를 구하고도 찬양받지 못한 구원자는 아마도 말라리아였을 것이다. 모기가 번식하여 치명적인 원생동물을 전파하는 저지대 습지에서, 말들을 놓아먹이는 훈족은 말라리아의 손쉬운 먹잇감이었을 것이다. 대체로, 훈족의 왕이 자신의 기마부대를 다뉴브강 건너 고지대의 초원으로 후퇴하도록 결정한 것은 현명한 것이었다. 아노펠리스 모기는 춥고 건조한 곳까지는 따라갈 수 없었다.[74)]

훈족이 다시 대초원으로 돌아가면서 퇴각의 먼지 속에 남겨진 로마 세계에서 아드리아노플전투 이전의 모습은 도저히 찾아볼 수 없었다. 중앙행정부에서 뿌리가 뽑힌 제국의 고대 구조는 서방에서 순식간에 시들어 버렸다. 가슴 아픈 한 가지 사례를 들자면, 노리쿰 지역의 국경에서 수십 년 동안 자리를 지켜온 용감한 로마 연대가 있었다. 봉급이 도착하지 않자, 그들은 이탈리아로 파견대를 보냈다. "그러나 아무도 모르게…… 가는 길에 그들은 야만인들에게 학살당했다." 바로 이즈음, "서로마의 군대는 국가 기관으로 존재하는 것을 멈췄다." 몇 년 뒤, 476년부터 서로마 제국에는 로마의 황제가 존재하지 않게 되었다.[75)]

---

74) "그의 엄청난 흉포함 아래는": Jordanes, Get. 186, tr. Mierow. "하늘이 내려준 재앙: Hydatius, Chron. 29, tr. Burgess 103. Maenchen-Helfen 1973, 129~42. 로마의 고고학 연대기에서 가장 오싹한 발견은 루냐노에 있는 유아 묘지이다: Soren and Soren 1999, 461~649. 5세기 중반에, 로마에서 북쪽으로 약 60마일 떨어진 시골 별장터에 적어도 47구의 태아와 유아 시신이 묻혔다. 그들은 몇 주 혹은 몇 달이라는 짧은 간격으로 매장되었음이 분명하며, 전염병 사망률이 얼마나 파괴적이었는지 보여준다. 발굴로 인해 여전히 깊은 시골을 지배하고 있는 흑마술 의식의 잔해가 드러났다. 두 가지 독립적인 과학적 기법, 즉 DNA 분석과 헤모조인이라 불리는 화학적 부산물의 흔적을 복구하는 것을 사용하여 사인이 말라리아임이 밝혀졌다. 훈족이 침공한 지역보다 훨씬 남쪽에 있는 장소이지만, 고고학자들이 이 묘지와 아틸라가 퇴각한 정확한 상황을 연관시키는 것이 무리하게 보이지는 않는다. 말라리아 발병은 모기 번식 주기에 따라 달라지는데, 이는 배경이 되는 기후의 변동에 민감하고 넓은 지역에 적용할 수 있다: Roucaute et al. 2014. Hemozoin: Shelton 2015. DNA: Sallares et al. 2003; Abbott 2001. Generally: Bianucci et al. 2015.

5세기 서방의 대부분에서, 제국의 부흥은 급격하게 쇠퇴했다. 로마의 개화는 시들었다. 도시는 점점 줄어들었다. 4세기에 진행되었던 빌라 붐이 끝난 뒤 5세기에 들어 새로운 빌라를 짓는 모습은 거의 찾아보기 힘들었다. 여전히 거주하고 있는 건물들은 사용 방식이 바뀌었다. 부의 순환은 난설되었다. 금융 경제는 끈질기게 유지되었으나, 사람들은 오래된 동전들을 어쩔 수 없이 사용할 뿐이었다. 동전은 일부가 잘려 나간 채 재순환되었고, 해체되어가는 경제 세계를 반영했다. 엘리트 교역과 지역 연결망은 완전히 사라지지 않았다. 그러나 전반적으로 사회는 더 단순화되어 가진 자와 못 가진 자 사이에 극명한 분열이 생겼다. 시장과 제국의 사업이 뒤섞여 축적된 거대한 사유재산이 해체된 뒤, 뜻밖에도 교회가 사회에서 가장 부유한 지주였으며 그에 상응하는 강력한 힘을 지니고 있음이 드러났다.[76)]

가장 무차별적인 변화는 로마시에서 일어났다. 인구가 갑작스럽게 줄었다. 6세기 초 관찰자들에게는 로마가 영광을 잃고 껍데기만 남았다는 사실이 명백해졌다. "아주 멀리 떨어진 지역에서 제공하는 식량을 공급받았다는 것만 보아도, 로마시의 인구가 엄청났음이 명백하다. …… 성벽이 둘러싸고 있는 광대한 넓이가 시민의 숫자가 방대했음을 증언한다. 연회용 건물의 어마어마한 수용 능력, 놀라운 크기의 목욕탕, 식량을 공급하기 위해 특별히 만들어진 게 분명한 물방앗간의 숫자도 마찬가지다." 인구가 감소하자 도시의 질병 생태계가 근본적으로 바뀌었다. 계절에 따른 사망률 추이조차 변화했다. 이제 앞으로 우리가 보게 될 기독교인들의 묘비 숫자는 더 감소한다.

75) 마지막 봉급: Eugippius, Vita Severin. 20. 그 지역의 고고학에 대하여, Christie 2011, 218을 참조. "서로마 군대": Whitby 2000b, 288. cf. Ferrill 1986, 22.

76) 동전들: McCormick 2013a. Church: Brown 2012.

계절에 따른 변동의 진폭이 그다지 극단적이지 않게 되었다. 어린 사람들은 여전히 여름에 휩쓸고 지나가는 질병에 취약했고, 겨울의 서리는 쇠약한 자들에게 혹독했다. 그러나 성인의 경우 확연하게 드러나는 특징이 거의 없고, 봄-가을의 두 가지 양상으로 나타난다. 로마는 한때 이주자들의 도시였다. 그들은 어릴 때 얻어진 면역능력 없이 도시의 토착 질병과 마주해야 했다. 이제 로마는 순수한 '지역 출신' 인구가 대부분이었다. 말라리아에는 취약하지만 해마다 여름에 배양된 토착 세균에 대한 저항 능력이 있는 사람들이었다. 로마는 그저 다른 도시들과 마찬가지인 도시가 되었다.[77)]

이러한 양상은 제국의 북서쪽 대부분의 지방에서 일어난 변화의 과정을 보여준다. 아프리카에서는 그다지 급격하지 않은 변화가 일어났고, 동쪽 제국은 물리적 지형의 영향이 결정적인 덕택에 자연의 바리케이드 뒤에서 안전하게 남았다. 우리는 5세기의 사건들을 완곡하게 표현해서는 안 된다. 그럼에도 불구하고 우리는 로마가 몰락한 뒤 수십 년 동안의 서쪽 지역을 곧바로 중세의 암흑기와 연결시키지 않도록 주의해야 한다. 동쪽 수도는 제국 통일의 꿈을 끝까지 포기하지 않았다. 비록 자국의 이익을 위한 정책이었고 그것이 거듭되면서 주의가 산만해졌지만 말이다. 서기 500년 무렵의 수십 년 동안 서로마 제국의 상태가 어떠했는지 우리로서는 규정하기 어렵다. 정확하게는 그 지역이 불안정한 상태였기 때문일 것이다. 로마 이후를 지배한 질서의 논리에 관해서는 결코 일치된 결론에 이르지 않았다. 가능성은 여전히 배제되지 않은 상태였다. 동로마 황제가 지닌 제국 통일의 야심과 그 계

---

77) "로마시의 인구가 엄청났음이 명백하다": Cassiodorus, Var. 11.39.1 and-2, tr. Barnish. 계절성: Harper 2015c.

획을 망쳐버린 자연의 반전이 다시 한 번 세상을 뒤집어 놓기 이전까지는 말이다. 이전까지는 환경이 잠시 후퇴하여 인간이 무대의 중심을 장악하도록 허락하고 있었다면, 이제 자연이 주인공의 역할을 되찾으려 하는 참이었다.

6장

분노의 포도 착즙기

The Wine-Press of Wrath

제국의 중심에서 거행되는 의식

서쪽 지역에서는 5세기와 6세기 초에 제국과의 연결이 끊어졌고, 정치 세력들의 무질서가 만연했다. 동쪽에서는 제국 행정부가 통제력을 확고하게 유지했다. 디오클레티아누스와 콘스탄티누스가 시동을 건 구심력으로 수도와 관료, 궁정에 권력을 집중하면서 제국의 운명을 밀고 나갔고, 그 모든 것의 핵심에는 신이 선택한 황제가 있었다. 귀족과 행정, 군대의 힘은 모두 황제의 신성한 기운에서 흘러나왔다. 오랜 기간 동로마 제국은 이러한 독재 권력 모델에 매혹되었던 것 같다. 6세기 초 동쪽 지역의 번영에 힘입어, 동로마 제국의 지평선은 무한하게 열리는 것처럼 보였다. 콘스탄티노플에 중심을 둔 제국은 여전히 후기 로마의 모습이 완연했고, 제국 전역에 미래의 비잔틴이 그늘을 드리우는 것은 훗날의 역사 속에서나 엿볼 수 있었다.

디오클레티아누스는 황제가 교양이라는 미덕을 갖춘 동등한 동료 시민들 가운데 가장 첫 번째이기를 요구하는 헌법의 가식을 종식시켰다. 그는 황제의 모습을 아득하고 경외심을 갖게 하는 권위로 감쌌다. 그 결과, 혹은 그에 대한 보상으로 후기 로마의 국가 기구는 수시로 별 근거 없는 의식을 치르곤 했다. 우리는 그러한 의식의 영향을 어느 정도 감지할 수 있다. 예를 들어 제국의 곡물 창고를 감사하는 매우 관료적인 행사를 야외극으로 만드는 국가의 능력 같은 것이다. 이러한 행사가 있는 어느 날, 황제가 마차에 올라탔다. 그러자 제국의 두 번째 실권자인 최고사령관이 황제의 발에 입을 맞췄다. 황제는 말이 다니는 넓은 길과 공중목욕탕 앞을 지나, 콘스탄티노플의 북적이는 시장으로 꺾어져, 거대한 공공 창고가 자리 잡은 골든 혼으로 행진했다. 그곳은 옛 도시의 북쪽 해안에 있는 오래된 항구로 닻을 내린 배들이 가득했다. 곡물 창고의 감독이 황제를 알현하고 장부를 보여줬다. 황제가 직접 재고를 감사했고, 모든 것이 만족스럽자 감독과 그의 회계사에게 10파운드의 금과 '백 퍼센트 실크로 만든' 튜닉을 하사했다. 도시의 식량 공급이 안전하고 적절하였으므로, 황제는 위풍당당하게 궁으로 돌아갔다.[1)]

이와 같은 의식은 후기 로마 제국에서는 필수적인 의사소통을 위한 매개체였다. 곡물 창고의 시찰은 황제의 권력을 과시하면서, 백성을 먹여 살린다는 가장 원초적 의무를 무대에 올리는 행사였다. 인구가 50만에 달하는 도시에서, 식량 공급을 안정시키는 일은 저절로 이루어지지 않았다. 식량 시스템에 제국 전체의 자원을 동원해야 했다. 궁정의 관리들이 지배하는 광대한 관료 조직이 수도와 군대에 대한 세금 납부를 조정했다. 콘스탄티누스가 집권한 이래, 동쪽 수도의 8만 신민들에게는 무료로 빵을 받을 자격을 부여했다. 50만의 입을 먹일 수 있는 밀이 순조롭게 부두에 도착해야 도시는 폭동의 위협에서 벗어날 수 있었다. 늘 그랬듯이 이집트는 여전히 제국의 빵

1) De cerem. 2.51, tr. Moffatt and Tall. 이것은 McCormick 1998에서 인용한 것인데, 첫 번째 팬데믹의 생태학적 연구가 정말로 이렇게 시작된다.

바구니 역할을 했다. 유스티니아누스 1세(재위 527~565)의 집권 초기에는 잘 알려져 있다시피 해마다 알렉산드리아에서 800만 아르타바이-3억 1천만 리터-의 밀을 수도까지 배로 실어 날랐다.

유스티니아누스 1세가 직접 곡물 창고를 감찰하는 의식을 고안해낸 것인지 아닌지 우리는 알지 못하지만, 전적으로 그의 스타일이기는 하다. "가장 사소한 일일지라도 우리가 관리해야 한다." 이 한 가지 법을 그는 자랑스럽게 널리 알렸다. "중요한 문제이거나 우리의 공화국을 지탱하는 문제에 주의를 기울이지 않고 방치하는 경우는 없다."[2)]

이렇게 치러지는 의식은 콘스탄티노플을 중심으로 한 세계적 교역망에 활기를 띠게 했다. 도시는 곡물 공급을 위해 농장과 밭으로 연결되었다. 가장 멀리는 상이집트까지 뻗어나갔다. 6세기의 콘스탄티노플은 전 세계 사람들과 재화로 북적였다. "전 세계에서 온갖 사람들이 그 도시로 몰려들었다. 저마다 사업상의 용건이나 어떤 희망 혹은 우연한 기회로 거기까지 왔다." 라틴어가 여전히 제국의 공용어였지만, 거리에서는 시리아어와 아람어, 콥틱어와 에티오피아어, 고트족과 훈족의 언어, 페르시아어와 아랍어, 물론 그리스어도 들을 수 있었다. 그곳을 전 세계의 중심이라고 해도 과언이 아니었다. 충실한 신하에게 황제가 실크로 보상을 준 것으로 알 수 있듯이 세계적으로 이름난 제품이 도시로 유입되었다. 그리고 사람과 물자가 향하는 곳으로 세균도 움직이기 마련이었다.[3)]

---

2) 밀의 재고 수준과 "우리가 관심을 가져야 한다고 본다": Justinian Edictum 13, tr. Blume. Jones 1964, 698.

3) "사람들 무리": Procopius, De aedific. 1.11.24, tr. Dewing. 언어들: Croke 2005, 74~76는 "북적이고 활기찬" 도시를 생생하게 환기시킨다. 금석문으로 증명한 이주자들에 대한 내용은 Feissel 1995.

그림 6.1 | 노티시아 디그니타툼에 나타난 콘스탄티노플(16세기에 인쇄됨, 오클라호마대학 역사학과 소장)

곡물 재고를 감찰하는 황제의 의식에서 얻을 수 있는 진정한 생태학적 교훈은 한눈에 보이지도 않을 만큼 거대한 창고에 숨겨져 있다. 곡물 창고는 후기 로마 세계의 어디에나 있었다. 곡물을 비축해 두는 것은 지중해 정신에 뿌리를 둔 것이었다. 도시와 배, 곡물 창고의 광대한 연결망이 제국의 생태계를 만들어냈다. 이러한 생태계는 어떤 종을 불러들여 기이하게 진화해서 우리와 공생하게 했다. 글자 그대로 '식탁을 공유하게' 만들었다. 바로 곰쥐Rattus rattus라 불리는 검은 쥐 혹은 배에 사는 쥐였다.

유스티니아누스 황제와 수행원들이 창고에 가까이 다가갔을 때, 분명히 어둠 속에서는 수천 마리의 쥐들이 허둥대고 있었을 것이다. "그놈들은 건물의 경계선에 붙어 있는 그늘 속에서, 혹은 건물 안에서, 이쪽저쪽 돌아다니며, 냄새 맡고, 부들부들 떨고, 매 순간 주위에서 일어나는 일에 신경을 곤두세우고, 유령처럼 조용히 훔친다." 20세기 중반에 이르러 현대 도시에서 유해 동물 방제가 상당히 중요한 일이 되기 전, 뉴욕 시민이 쓴 글이다.

고대 도시에서는 들끓는 침입자에 대항하는 투쟁은 헛수고였다. 검은 쥐들은 번식력이 왕성하다. 식량은 인구의 규모에 따라가는 요소이며, 쥐들은 곡물을 좋아한다. 긴 꼬리를 장착한 검은 쥐들은 솜씨가 좋은 등반가들이며 여행을 마다하지 않기에 수백 척의 배에 올라탄다. 쥐의 관점에서 볼 때 로마 제국은 상상할 수 없는 축복이었다. 로마 세계는 쥐들로 들끓었다.[4)]

세계적으로 이루어지는 교역과 설치류의 침입이 뒤섞여 인간 문명이 경험한 가장 대규모 질병 사건에 생태적 전제 조건이 성립되었다. 첫 번째 페스트 팬데믹이었다. 노먼 캔터Norman Cantor는 중세의 흑사병에 대해, "중성자 폭탄이 터진 것 같았다"라고 썼다. 첫 번째로 고대 후기에 퍼진 흑사병은 그다지 악명이 높지 않았다. 부당하게도 상대적으로 쉽게 잊혔다. 페스트는 541년에 이집트의 해안에 나타났다. 그리고 로마 제국과 그 너머로 퍼져나갔다. 14세기의 팬데믹이 남긴 트라우마는 여러 방식으로 중세와 현대 세계 사이의 문턱이 되었다. 첫 번째 페스트 팬데믹의 파괴력은 고대에서 중세로 넘어가는 통로로 간주할 만하다. 넓은 관점에서 보면 지난 천오백 년 동안 인류는 단일한 미생물 병원체가 유발한 상상할 수 없는 폭력을 경험했다. 그 병원체는 부보닉(서혜 임파선종) 페스트를 일으키는 예르시니아 페스티스 박테리아다.[5)]

페스트는 극히 이례적이고 상대를 가리지 않는 살해자이다. 천연두, 인

---

4) "그들은 훔친다": Mitchell 1992, 491 [orig. 1944].

5) "중성자 폭탄": Cantor 2001, 25. Little 2007a에 실려 있는 정선된 에세이 모음은 현장의 상태를 보여준다. Meier 2016; Mitchell 2015, 409~413, 479~491; Horden 2005; Meier 2005; Meier 2003; Stathakopoulos 2004; Sarris 2002; Stathakopoulos 2000; Conrad 1981; Durliat 1989; Allen 1979; Biraben 1975, 22~48; Biraben and Le Goff 1969에는 주요 논의들이 실려 있다. Rosen 2007 and Keys 2000은 대중적이지만 가치 있는 통찰이 들어있는 연구이다.

플루엔자 또는 필로바이러스와 비교하면, 예르시니아 페스티스는 무기를 장착하고 서서히 움직이는 거대한 미생물이다. 또 항상 탈것이 필요하다. 전염병 국면으로 접어들어 퍼져나가려면, 숙주와 매개체가 섬세하게 배치되어야 한다. 페스트 팬데믹은 준비하기 어려운 복잡한 협주이지만, 쉽게 잊을 수 있는 공연은 아니다. 일단 한번 추동력을 얻으면, 페스트는 생물학적으로 강력한 세력이 된다. 6세기에 들어서자 미생물 진화의 역사와 인간의 생태계가 어우러져 자연재해를 일으켰다. 그 강도와 지속성으로 볼 때 2세기와 3세기의 역병이 왜소해 보일 정도였다. 페스트 팬데믹은 바다 위로 위태롭게 돌출된 마을을 순식간에 사라지게 하는 허리케인과 맞먹을 만한 자연재해다. 자연의 야성과 제국이 건설한 생태계가 모의하여 일으킨 의도치 않은 음모였다.

이 시점까지 로마의 질병사를 상세하게 탐구했다면 첫 번째 부보닉 페스트 팬데믹이 얼마나 획기적 사건인지 훨씬 더 뚜렷하게 구별할 수 있을 것이다. 예르시니아 페스티스는 세계적 살해자로 진화하기가 거의 불가능했던 정말 특별한 병원체이다. 유전자 연구는 이 미생물의 역사와 생물학적 단서들을 풀어가는 데 박차를 가하고 있다. 이 단일한 박테리아의 생명 작용이 지난 천오백 년 동안 세계 역사를 지배한 요소 중 하나였다. 그러나 심지어 여기서도 대륙을 휩쓸고 지나간 광란의 경로는 인간의 교역망, 설치류의 수, 기후의 변화, 병원체의 진화가 어떻게 복잡하게 배열되는지에 달려 있었다. 아시아의 내륙에서 대서양의 경계선까지 치명적인 미생물이 지나간 파괴의 궤적을 순전한 우연에 의지해 추적할 수 있을 때 경이로운 흥분을 느낄 수밖에 없다.

페스트 박테리아가 로마 해변에 도착했을 때, 새로운 시대가 열렸다. 2세기 동안 페스트가 지속되면서 인구는 정체되었다. 고대 후기의 소빙하기로 알려진 물리적 기후 악화와 팬데믹으로 인해 고대 질서의 마지막 기반이 깨끗이 사라졌다. 다음 장에서 다룰 주제이다.

영토회복운동과 부흥

유스티니아누스 1세는 서기 527년부터 565년까지 황제로 재임했다. 통치한 지 10년도 채 되지 않아 이미 그는 앞선 황제 누구보다도 많은 것을 이루었다. 집권 초기에는 로마 역사상 전례가 없는 조치들을 돌풍처럼 몰아쳤다. 즉위한 해인 527년과 페스트가 등장한 541년 사이에, 유스티니아누스는 페르시아와 평화 협정을 맺었고, 방대한 서쪽 지역을 다시 로마의 지배로 끌어들였으며, 로마법 전체를 성문화하고, 재정 행정을 점검했으며, 로마 역사상 가장 웅장한 건물들을 활발하게 건설했다. 그는 도시의 위험한 반란을 제압했으며, 불만이 많은 교회를 자신의 신학적 노력을 통해 정통성으로 통일하려 노력했다. 540년까지 오로지 그의 종교 정책만이 성공하지 못했다고 볼 수 있다.[6)]

유스티니아누스의 삼촌 유스티누스는 517년에 황제의 자리에 올랐으나, 전혀 황제답지 않은 사람이었다. 그는 보잘것없는 인물이었다. 그를 혐오하는 이들은 그가 완전히 문맹이었다고 주장하곤 했다. 그는 일흔 살이었고,

---

6) Maas 2005는 유스티니아누스 1세의 통치에 대한 좋은 개관을 제공한다. 매우 부정적인 평가는 e O'Donnell 2008을 보라. Meier 2003은 자연재해가 유스티니아누스의 업적을 무너뜨리고 한 세대 전체를 어둡게 물들이는 역할을 했음을 설득력 있게 제시한다.

권좌를 물려줄 자식도 없었다. 그러나 조카인 페트루스 사바티우스를 수도로 불러들여 양자로 삼았고, 유스티니아누스라는 이름을 내려주었다. 조카는 통치자로 양육되었고, 527년에 제국을 단독으로 통치하게 되었다.

이미 고대 당시부터 유스티니아누스는 사랑을 받는 동시에 혐오의 대상이기도 했다. 그러나 그는 포기할 줄 몰랐고 밤낮으로 열심히 일했다. 한편으로는 무자비했으며 자신만만했다. 그는 훌륭한 짝을 찾았는데, 독립적이고 강건한 테오도라였다. 그녀는 여배우였으며 화류계 여성이었다(그녀의 동조자들도 인정하는 사실이다). 유스티니아누스는 추문이 있는 사람과 결혼하는 강혼降婚을 금지하는 수 세기 동안의 법을 단호하게 폐지했다. 그래도 법은 존속되었다. "우리의 회개를 받아들이고 우리를 더 나은 상황으로 돌려놓기 위해, 자신을 낮추어 날마다 죄를 짓는 인간을 용서하는 신의 자비심과 관용을, 우리 인간은 가능한 한 모방할 수 있다고 믿는다." 마치 미국의 현직 대통령이 끊임없이 추문을 일으키는 방송인 카다시안과 결혼한 셈이었다. 자신의 시대에 그렇게 문학적으로 많은 증오를 불러일으킨 황제는 없었다. 유스티니아누스 치세를 노골적으로 비판한 프로코피우스의 《비밀스러운 역사》에서는, 황제 부부가 음탕하고 타락했으며 어쩌면 악마들일지도 모른다고 했다. 그러나 동방(그리스)정교회에서 유스티니아누스와 테오도라는 성자이다.[7)]

유스티니아누스의 통치에 저항하는 반대 세력들은 재빨리 뭉쳤다. 기득권층은 그의 행정개혁을 혐오했다. 부유한 엘리트와 중앙 관료들은 암묵적인 합의를 공유하고 한통속이 되었으며 세금을 걷을 때는 뇌물이 오고 갔

7) CJ 5.4.23, tr. Blume. See Daube 1966~67.

다. 유스티니아누스는 아웃사이더의 열정적인 고지식함으로 부패에 맞서 싸웠다. 그를 세뇌한 사상의 설계자는 카파도키아의 요한으로 알려진 인물이었다. 요한은 효율성과 투명성 그리고 직접 통치를 추구했다. 총독직의 매매를 금지했으며, 지역을 개편했고, 지역 엘리트의 재량권을 축소했다. 요한은 콘스탄티노플의 고위 관료들을 괴롭혔다. 그는 폭력적이고, 탐욕스럽고, 무례한 사람으로 묘사되었다. 532년에 유명한 니카Nika 반란이 수도에서 일어났을 때, 그에 대한 반대가 들끓었다. 선거권을 박탈당한 귀족파가 일으킨 정부 전복 시도였다. 옛 아야소피아 성당을 비롯한 도시 전역이 불탔다. 정권은 수천 명을 난도질해서 죽이는 섬뜩한 방식으로 살아남았다. 유스티니아누스 정권은 두려움이 없었다.[8)]

이러한 술책은 유스티니아누스의 전반적인 통치 궤적을 보는 시각에 근본적으로 영향을 미친다. 황제는 자신을 멸시하는 교양 있는 이들을 배척했고 억울함을 느끼도록 했다. 따라서 그의 통치 기간의 기록은 패자들이 쓴 역사라는 보기 드문 사례이다. 그들은 정권이 통제 불능의 상태로 위태롭게 달려가는 것으로 묘사했다. 전쟁과 탕진에 가까운 건축 계획은 도를 넘어서서 지방 사람들의 피를 희생했다. 결국 실패할 운명이었다. 사형집행인 요한은 황제가 자만심으로 부리는 도구였다. 물론 전적으로 믿을 만한 묘사는 아니다. 유스티니아누스는 자신의 원대한 계획을 위해 재정적 평형을 추구했다. 후기 로마 행정부 연구에서 가장 뛰어난 성취를 이룬 학자인 존스A. H. M. Jones에게 그의 개혁은 깊은 인상을 남겼다. 또한 그를 혐오하는 이들이 남

8) 반대: Bjornlie 2013; Kaldellis 2004; Maas 1992; Cameron 1985, 23~24를 참조. Haldon 2005은 유스티니아누스 제국 행정부의 구소에 대해 유용한 스케치이다. 니카 반란에 대한 개관: Cameron 2000a, 71~72. Liebeschuetz 2000, 208 and 220: "유명인들"은 세금 시스템을 통제했다.

긴 글의 행간을 읽어보면, 유스티니아누스의 사람들이 얼마나 뛰어난 능력을 지녔는지 명백히 드러난다. 유스티니아누스의 가장 위대한 재능은 사람의 능력을 알아보는 정확한 눈이었을 것이다. 장관 요한, 법학자 트리보니아누스, 건축가 안테미우스, 장군 벨리사리우스, 그의 아내 테오도라…… 모두들 신분을 초월해서 그가 선택한 인물들이었다. 아우구스투스의 시대에도 그렇게 순전히 재능만으로 갑자기 발탁되는 일은 없었다.[9)]

그들의 기념비적인 업적은 그저 평범해 보인다. 그 가운데 가장 뛰어난 것은 로마법을 획기적으로 집대성한 로마법 대전Corpus iuris civilis이다. 기번의 말을 인용하면, "유스티니아누스가 승리로 얻은 헛된 칭호들은 먼지로 사라진다. 그러나 입법자의 이름은 정당하고 영원한 기념비에 새겨진다. 그의 통치와 보살핌 아래, 민법은 칙법휘찬the Code, 학설휘찬the Pandects 그리고 법학제요the Institutes라는 불멸의 작품 속에 집대성되었다." 유스티니아누스는 자신의 업적이 도달한 차원을 의식하고 있었다. "가장 어렵고 참으로 불가능해 보이는 과업이었다. 그럼에도 우리는 마음의 손을 하늘로 뻗어 영원한 도움을 간청하였고, 이 과업 역시 마음에 간직하여, 감히 바랄 수도 없는 성취를 허락하고 완성해 줄 신의 무한한 선량함에 의지했다." 트리보니아누스가 이끄는 유스티니아누스의 사람들은 천 년 동안 내려온 법과 법률 문서를 체계적이고 일관성 있는 한 덩어리로 종합했다. 534년 무렵 로마법 대전은 위풍당당하게 완성되었다.[10)]

유스티니아누스의 건축물들은 그 자체로 스스로를 대변한다. 아야소피

9) Jones 1964, 278~85. 또한 Stein 1968, II.419-83을 참조. 테오도라: 최근에 Potter 2015는 광대한 문헌들로부터 통찰력 가득한 전기를 썼다. 트리보니아누스: Honoré 1978.

아 성당은 기술적인 경이로움이다. 고대 세계에서 가장 웅장한 돔 지붕은, '하늘에 닿을 듯 치솟아 오른다.' 축이 있는 바실리카와 대칭을 이루는 사각형 안뜰의 원리가 혼합된 아야소피아의 아치형 구조와 비교하면 판테온의 돔은 하찮아 보인다. 아야소피아의 돔은 바닥에서부터 약 55미터에 이른다. 유스티니아누스는 교회 역사상 가장 강력한 후원자였을 것이다. 그는 콘스탄티노플 근처에만 서른 개의 교회를 지었다. 신의 어머니에게 봉헌된 예루살렘의 네아 교회는 경탄의 대상이었다. 여전히 존재한다면, 고대의 가장 위대한 기념물에 필적할 만할 것이다. 또한 그는 제국 전역에 병원과 구빈원을 지었다. 프로코피우스는 유스티니아누스가 발칸 반도에 군사기지 약 600여 군데를 정비했으며, 페르시아와의 국경을 요새화했다고 기록했다. 유스티니아누스의 건축 사업은 실제적인 안목을 드러내는 것이었다. 알렉산드리아에서 곡물을 싣고 오는 배들은 헬레스폰트Hellespont의 좁은 해협을 건너기 위해 적당한 바람을 기다려야 하는 일이 잦았다. 유스티니아누스는 해협 바로 남쪽에 있는 테네도스Tenedos 섬에 곡물 창고를 지었다. 모든 배들이 화물을 내릴 수 있을 정도로 큰 창고였다. 바지선이 그곳에서 화물을 수도로 운반했다. 남풍이 불기를 기다릴 필요 없이 배들은 항해 시즌 동안 두세 번 운행할 수 있었다.[11)]

---

10) Gibbon 1788, Vol. IV, Ch. 44. 유스티니아누스는 집권 초기에 카파도키아인 요한이 이끄는 위원회에 의뢰해 하드리아누스 시대부터 그 무렵까지 제국의 법을 종합했다. 초판은 AD 529년에 공포되었다. 그러나 이미 야심만만했던 실행은 로마법이라는 구성체가 얼마나 이질적이고 복잡한지 드러내는 것이었다. 성문화 프로젝트는 로마의 모든 입법과 법학을 포괄하도록 범위가 확대되었다. Honoré 2010, 28; Humfress 2005를 참조. "과업": Justinian, Deo Auctore 2, tr. Watson. 3백만 행: Cameron 2000a, 67.

11) "하늘에 닿을 듯 치솟아 오른다": Procopius, De aedific. 1.1.27, tr. 유스티니아누스의 후원에 대하여, Alchermes 2005, 355~366; Cameron 1985, 86~87. 테네도스섬: Procopius, De aedific.5.1.7~17.

유스티니아누스는 로마의 마지막 위대한 토목 기술자였다. 아직 근육질이었던 제국은 의지에 따라 자연을 변형시켰고, 그 규모는 트라야누스가 봐도 놀랄 정도였다. 그리스와 아나톨리아를 건너서 북부 메소포타미아로 진입하려면 홍수 소절부터 먼저 해결해야 했다. 에데사에 엄청난 홍수가 일어난 뒤, 유스티니아누스는 지형을 모두 재구축하고 스키르투스Skirtus 강에 새로운 해협을 만들었다. 마찬가지로 타르수스Tarsus 주위를 흐르는 시드누스Cydnus 강의 바닥도 새롭게 정비했다. 비티니아Bithynia의 상가리오스Sangarius 강에 건설한 다리의 유적은 여전히 눈길을 끈다. 마르마라Marmara 해로 흘러 들어가는 드라콘Drakon 강은 계곡의 입구에서 자주 범람했다. 유스티니아누스는 숲을 베어버리고 평원을 만들어 강의 흐름을 완만하게 조절했으며 낡은 수로는 수리하고 새롭게 건설했다. 건조한 여름철에 대비해서 신선한 물을 저장하기 위해 콘스탄티노플에 거대한 저수지를 만들었다.[12)]

그가 무엇보다도 과감하게 전개한 과업은 제국의 서쪽을 되찾기 위한 군사 원정이었다. 유스티니아누스는 옛 다뉴브강 지역 주둔군 출신의 라틴어 원어민이었다. 그랬기에 서방의 핵심 지역을 다시 정복하고자 하는 야심이 영토 회복의 의제에 불을 붙였다. 532년에 그는 페르시아의 적수인 후스로 1세와 〈영원한 평화〉라는 낙관적 이름이 붙은 협정에 서명한 뒤, 관심을 서쪽으로 돌렸다. 533년에 벨리사리우스가 반달족을 몰아내기 위해 원정대를 이끌고 나갔다. 1만 5천 명의 직업 군인으로 이루어진 정예 부대가 500척의

12) 에데사: Procopius, De aedific. 2.7.4. 또한 2.8.18에는 유프라테스 강에 대해 2.10.6에는 오론테스 강에 대해 나온다. 타르수스: Procopius, De aedific. 5.5.15~20. 상가리오스 강: Procopius, De aedific. 5.3.6.See Whitby 1985. 드라콘 강: Procopius, De aedific. 5.2.6~13. 수로: Procopius, De aedific.3.7.1 (Trabezond); 4.9.14 (Perinthus); 4.11.11~13 (Anastasiopolis); 5.2.4 (Helenopolis); 5.3.1(Nicaea). 저수지: Procopius, De aedific. 1.11.10. Crow 2012, 127~129.

수송 함대와 함께 항해에 나섰다. 승리는 신속했다. 534년에 벨리사리우스는 반달족의 왕을 포로로 사로잡아 콘스탄티노플로 위풍당당하게 귀환했다. 북아프리카는 이슬람 정복군에게 빼앗기기 전까지 로마의 소유로 안전하게 남아 있었다.[13)]

그렇지만 이탈리아에서 동고트족을 축출한 것이 그다지 결정적이지 않았음이 드러났다. 서기 536년에 벨리사리우스는 서쪽으로 파견되었다. 그는 시칠리아, 나폴리, 그리고 로마를 서둘러 점령했다. 540년에 벨리사리우스는 역습을 물리치고 라벤나Ravenna를 장악했다. 그는 다시 한 번 승리의 기쁨 속에 동고트족의 왕 비티게스Vitiges와 왕실의 보물을 포획하여 콘스탄티노플로 돌아왔다. 그러나 벨리사리우스는 페르시아 국경의 위급한 상황에 대응하기 위해 다시 소환되었고 이탈리아는 실질적으로 지배하기 힘든 상황이 되었다. 550년대 중반까지 심각한 저항이 이어졌다. 그러고 나서 568년에 롬바르드족의 침략으로 짧고 위태로운 평화가 끝났다. 수 세기 동안 비잔틴 제국은 로마와 라벤나의 전초기지와 이탈리아 남부까지만 지배했다. 결국 "서쪽 제국을 되찾고자 한 유스티니아누스의 꿈은 이탈리아를 조금 더 비참하게 만들었을 뿐이다." 그러나 540년에 일어난 운명적 사건과는 전혀 달랐다.[14)]

페르시아와의 적대적 관계가 되살아나면서 제국의 힘이 분열되었다. 540년 봄에는 후스로 1세가 로마 제국을 기습했다. 샤푸르 1세가 3세기 중반의 위기에 감행한 공격 이후 가장 맹렬한 페르시아의 침공이었다. 그는 갑

13) Cameron 2000a, 73~74.

14) Humphries 2000, 533~535, at 535.

작스러운 진격에 무기력하게 노출된 도시들을 차례로 함락시켰다. '매우 중요한 고대의 도시이며, 동로마 제국의 모든 도시들 중에서 부와 규모, 인구, 아름다움…… 어떤 면으로도 번창했던 도시 안티오크'도 약탈했다. 후스로 왕은 지중해까지 나아갔다. 그러나 벨리사리우스가 배신자를 공격하도록 파견되자, 한 계절이 지난 뒤, 후스로는 페르시아로 돌아갔다. 앞을 내다볼 수 없는 이러한 시기에 폭탄이 터졌다.

서기 541년에 페스트가 지중해 연안의 작은 도시인 펠루시움Pelusium에서 발생했다. 다음 해 봄에 눈에 보이지 않는 적이 수도에 입성했다. 엄청난 파열이 시작된 분기점이었다. 대역병은 '유스티니아누스의 다른 시대'라고 불리는 시기의 문을 열었다. 이때부터 23년 동안 그의 통치는 역병의 그늘 속에서 위태롭게 굴러갔다. 제국은 강건한 군대를 전투에 보내기 위해 안간힘을 썼다. 세금은 하늘 높은 줄 모르고 올랐다. 새로운 어둠이 황제에게 드리워졌다. 그 자신이 부보닉 페스트에 걸렸다가 살아났다. 충격적인 반전의 시대였다. "나는 신의 뜻이 왜 그러해야 하는지 이해할 수 없다. 인간이나 장소의 운명을 높이시고, 그러다가 그들을 내던져 파괴한다. 우리가 전혀 이해할 수 없는 이유로."[15)]

살인 병원체의 진화: 예르시니아 페스티스의 역사

15) "안티오크": Procopius, Bell. 2.8.23, tr. Kaldellis. 수만 명의 포로들이 페르시아로 끌려가 새로운 도시에 정착했다 : "Khusro's Better Than Antioch." 다른 시대: Meier 2003. "나는 이해할 수 없다": Procopius, Bell. 2.10.4, tr. Kaldellis.

유스티니아누스의 시대에 자연이 극적으로 격렬한 변동을 일으켰음을 주장하는 6세기의 증언들은 항상 있었다. 현대의 역사학자들은 과학적 정밀함이 결여된 것은 물론이고 전혀 다른 시대의 가정과 편견이 반영된 기록들을 정확하게 이해하려 분투해왔다. 이제 유스티니아누스 팬데믹의 병원체가 의심할 나위 없이 예르시니아 페스티스 박테리아라는 사실이 확인되었다. 엄격한 프로토콜을 준수하는 실험실에서 고고학이 발굴한 페스트 희생자들의 유골에 남아 있는 박테리아의 게놈을 분석했다. 이러한 지식은 폭풍 속의 닻 역할을 하여 우리의 추측을 억제한다. 로마 제국과 페스트균 사이에 일어난 역사적 충돌의 본질을 깊이 파헤칠 때조차 그러하다.

예르시니아 페스티스로 알려진 박테리아는 역사적으로 세 차례의 팬데믹을 일으킨 병원체이다. 첫 번째는 유스티니아누스의 통치기에 폭발적으로 퍼져나갔다. 중세의 팬데믹은 1346~1353년 사이에 흑사병으로 시작되었고, 거의 500년간 지속되었다. 세 번째 팬데믹은 1894년 중국의 윈난성에서 터졌고 전 세계로 퍼져나갔다. 세 차례 팬데믹은 사실상 엄청난 사건이었다. 인간은 설치류에게 퍼부어지는 질병의 십자 포화에 걸려든 부수적 희생자였다. 박테리아의 관점에서 보면 우리는 유감스러운 숙주다. 미래의 희생자들에게 벼룩이 박테리아를 옮길 수 있을 만큼 혈중 박테리아의 농도가 충분히 높아지기 전에 사망하는 경우가 많기 때문이다. 페스트에 감염된 인간 대부분은 박테리아의 종착역이지 전파자가 아니었다. 오늘날 예르시니아 페스티스는 전 세계 설치류의 서식지에서 발생하는 동물 풍토병(영원히 동물 개체군 안에 존재하는)이다. 그것은 우리의 영역 밖에 숨어 있다.[16)]

---

16) Slack 2012; Eisen and Gage 2009; Gage and Kosoy 2005.

예르시니아 페스티스는 특정 종류의 숙주를 강하게 선호하면서 매우 치명적이고 난잡한 살해자로 진화했다. 부수적 숙주인 인류가 어쩌다 팬데믹 규모의 피해를 입게 되었는지 이해하려면, 예르시니아 페스티스의 생명 작용을 알아야 한다. 유전적 이력과 미생물학적 작용에 대해서는 다른 주요 병원체보다 더 광범위하게 연구되었을 것이다. 예르시니아 페스티스는 다시 부상하는 감염병이다. 공식적으로는 바이오 테러 위협으로 분류되었다. 순전히 우연으로 예르시니아 페스티스는 고미생물학이 탄생하는 자리에 있었다. 1988년에 프랑스의 연구소가 18세기의 대량 매장지에서 예르시니아 페스티스의 유전자를 분석해내면서, 고대 DNA의 연구가 시작되었다. 당혹스러울 정도로 많이 쏟아져 나왔을 뿐만 아니라, 예르시니아 속은 병원체 진화의 '모델'로 여겨졌다. 그들의 생명 작용은 특별한 과학적 관심의 대상이 되어 왔다.[17)]

예르시니아 속은 그램염색법으로 염색되지 않는 장내세균과에 속하며, 살모넬라, 대장균 그리고 이질균처럼 일반적인 장 병원체에 둘러싸인 막대 모양의 박테리아다. 예르시니아 속에는 열여덟 종이 포함된다. 이들 중 열다섯 종은 인간에게 해가 없다. 흙이나 물속에 살면서 포유류에게 질병을 일으키지 않는다. 예르시니아 엔테로콜리티카[Y. enterocolitica], 예르시니아 수도투베르큘로시스[Y. pseudotuberculosis], 예르시니아 페스티스, 이 세 종이 강력한 면역 체계를 버텨내는 유전자를 얻었다. 그러나 이러한 유전자들은 염색체 밖에 있는 플라즈미드로 이입된다. 플라즈미드는 몇몇 특정한 유전자를 인코딩하는 유전 물질을 운반하는 운반체다. 유전자의 앱이라고 생각해도 오해는

17) 첫 염기 분석: Raoult et al. 2000; Drancourt et al. 1998. 본보기: McNally et al. 2016.

아닐 것이다. 예르시니아 페스티스의 생애는 세 가지 플라즈미드의 이야기로 요약될 수 있었다. 첫 번째로 이른바 yPV(독성 예르시니아 플라즈미드)를 예르시니아 엔테로콜리티, 예르시니아 수도투베르큘로시스와 공유한다. 그리고 yPV는 치명적인 무기를 구축한다. 접촉한 숙주의 세포에 특화된 단백질을 주입하여 숙주의 선천적인 면역 체계를 무력화시키는 데 매우 중요한 역할을 하는 바늘 같은 것이다. 이러한 작용은 '예르시니아의 치명적 키스'라고 불렸다. 이러한 도구를 얻음으로써 예르시니아는 치명적인 운명을 향해 진화의 한 발자국을 내딛었다.[18)]

그러나 yPV를 얻은 예르시니아 속은 아직 페스티스라는 괴물을 낳지 못했다. 예르시니아 엔테로 콜리티와 예르시니아 수도투베르큘로시스는 여전히 미생물 병원체로 존재했다. 그것들은 인간의 몸에서 장염을 일으켰고, 배설물-구강 경로를 통해 침입해서 장내에서 증식하고, 설사를 일으키며, 결국 면역 체계와의 싸움에서 패하는 자기 한계를 지녔다. 예르시니아 페스티스는 예르시니아 수도투베르큘로시스에서 진화했다. 5만 5천 년 전에 유전자 일부를 추가하고 일부를 삭제하면서 갈라져 나온 것이다. 예르시니아 페스티스는 실제로 예르시니아 수도투베르큘로시스의 유전자를 10퍼센트 잃었다. 결정적인 진화의 단계는 두 번째로 치명적이라고 알려진 pPCP1 플라즈미드를 얻은 것이다. 그것은 이제까지 순한 장내 병원체를 살해자로 변형시켰다. PCP1은 예르시니아 페스티스가 심층 조직으로 침입할 수 있는 엄청난 파괴력을 갖게 만드는 효소(플라로 알려진 플라즈미노겐 활

18) McNally et al. 2016; Hinnebusch, Chouikha, and Sun 2016; Pechous 2016; Gage and Kosoy 2005; Cornelis and Wolf-Watz 1997.

성제)를 만든다.[19)]

플라즈미드 pPCP1을 얻으면서 예르시니아 페스티스는 비말로 인간을 감염시켜 폐렴 페스트를 일으켰다. 폐렴 페스트는 예르시니아 페스티스가 유발하는 치명적인 열병이다. 2~3일 안에 신체의 방어 기제를 무너뜨리며, 치사율은 100퍼센트에 가깝다. 약 5만 5천 년 동안 예르시니아 페스티스는 특별히 치사율이 높은 호흡기 질환을 일으키는 능력을 지니고 있었다. 또한 예르시니아 페스티스는 초기에는 벼룩과 같은 체외 기생충에 물려서 퍼질 수도 있다. 그러나 박테리아는 아직 벼룩의 내장에서 살아남을 유전적 도구를 가지고 있지 않았기 때문에, 이 경로를 통한 감염은 아마도 '역학적 전파'라고 불리는 것에 의존했을 것이다. 오염된 주사 바늘과 본질적으로 크게 다르지 않다. 흡혈에 사용되는 감염된 주둥이가 세균의 통로가 된다. 예르시니아 페스티스의 경우 이런 종류의 전파는 효율성이 떨어진다. 그러나 유라시아 북부 전역에 흩어져 있는 청동기 시대의 유골에서 고고학계가 최근에 발견한 DNA는 페스트의 역사가 길다는 사실을 말해준다.[20)]

솔직히 전염병학에서 예르시니아 페스티스의 조상에 관한 것은 아직 명확히 알려지지 않았다. 팬데믹 병원체가 되려면, pMT1으로 알려진 세 번째 플라즈미드가 유전자(ymt)를 진화시켜 예르시니아 뮤린 독신이라는 단백질을 암호화해야 한다. 그것은 벼룩의 중간 내장에 있는 바실루스를 보호하는 중요한 역할을 한다. 이제 박테리아는 빠르게 증식이 가능한 벼룩의 내장에서 점액으로 이루어진 얇은 막인 바이오필름을 구축할 수 있게 되었다.

19) Zimbler et al. 2015; Chain et al. 2004.

20) 전파: Hinnebusch 2017. 청동기 시대: Rasmussen et al. 2015.

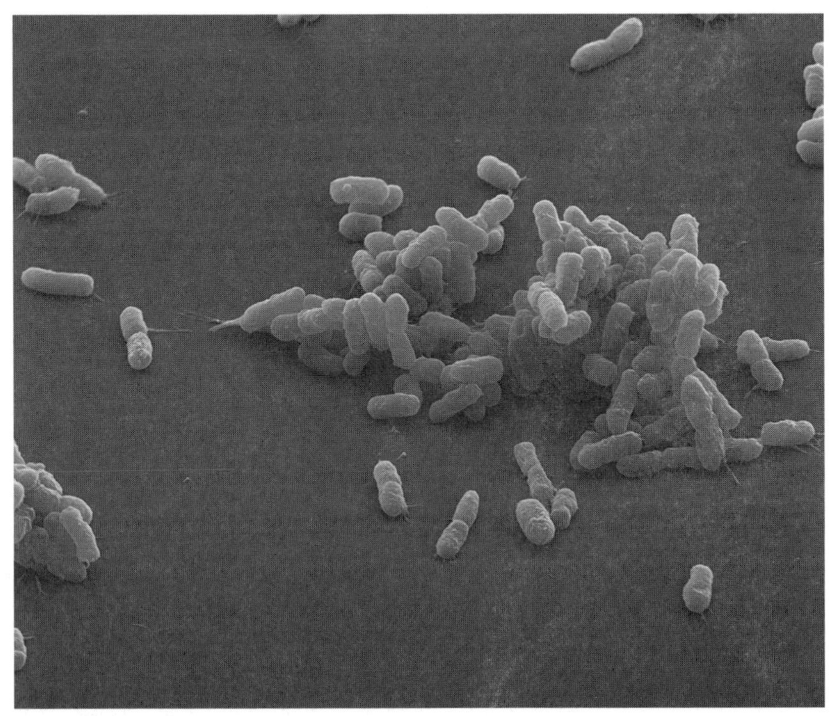

그림 6.2 | 예르시니아 페스티스. 가장 치명적인 박테리아(전자현미경 스캔, 과학 자료)

소화기 경로가 막히면서, 굶주린 벼룩들은 피를 찾아 필사적으로 물고, 그 과정에서 박테리아는 새로운 희생자에게 침입한다. 유전적으로 이렇게 적응한 덕분에 예르시니아 페스티스는 절지동물 전파자에 올라탄 뒤 숙주에서 숙주로 더 쉽게 옮겨갈 수 있게 되었다. 엄청나게 유능한 여행자가 된 것이다. 예르시니아 페스티스는 벼룩으로 인해 발생하는 질병이다. 오래전부터 제놉실라 체오피스라는 동양의 쥐 벼룩에 특별히 적응된 것으로 알려져 왔으나, 최근에는 다양한 벼룩들을 감염시키고 그 안에 잠복한다는 사실이 알려졌다. 벼룩의 몸 안에 숨게 되자 예르시니아 페스티스는 제어할 수 없는 살해자가 되었다. 벼룩에게 물려서 전염되는 것은 부보닉 페스트에서 필수적이며 가장 특징적 병리이다. 부어오른 림프절을 부보라고 부른다. 비말로 흡입하지 않고 피부로 유입되면, 림프절로 침입하여 부보가 생긴다.[21]

현대의 예르시니아 페스티스는 기원전 951년경부터 진화했다. 고고학계에서 복구한 이 시기 희생사의 게놈에서 발병의 원인이 되는 치명적 유전자와 함께 세 가지 플라즈미드가 모두 나타나기 때문이다. 설치류와 벼룩의 질병이면서 때때로 인간에게 퍼지는 예르시니아 페스티스는 진화상으로는 새로 태어난 것이다. 앙팡 테리블이 분명하다.

현대의 예르시니아 페스티스 게놈은 광범위하게 연구되었으며, 종 내의 유전적 변이가 전 세계에 분포하는 양상으로 오늘날 세균의 역사에 결정적 단서를 제공한다. 가장 기초적이고 다양한 예르시니아 페스티스의 변종은 중앙아시아에서 발견되며, 실제로 그곳에서 현대의 예르시니아 페스티스의 진화를 이끈 유전적 사건이 발생한 것이 확실하다. 적어도 지금 적용할 수 있는 유전적 자료에 근거해서 보면, 중국에 있는 칭하이-티벳 고원이 페스트 박테리아의 조상이 시작된 고향 같다. 예르시니아 페스티스의 역사가 시작된 이래 대부분의 기간 동안 그들은 야생 동물들 사이로 전파되면서 자연에서 근근이 존속하는 유지 국면의 형태로 잠복해 있었다. 예르시니아 페스티스는 어떤 포유동물도 감염시킬 수 있으나, 기본적으로 설치류가 동물 저장소이다. 예르시니아 페스티스는 마못이나 게르빌루스 쥐처럼 사회를 이루고 굴을 파서 사는 설치류 사이에서 번성한다. 벼룩에 의한 전파가 쉽기 때문이다. 중앙아시아의 큰 게르빌루스 쥐와 아시아의 마못은 이 질병에 어

21) Ymt: Hinnebusch et al. 2002. 다양한 벼룩들: Eisen, Dennis, and Gage 2015. Miarinjara et al. 2016.

표 6.1 | 괴물의 진화

예르시니아의 조상	예르시니아 수도투베르큘로시스	초기 예르시니아 페스티스	현대의 예르시니아 페스티스
		약 55,000년 전	약 3,000년 전
비병원성	자기 제한적 장염	폐렴	폐렴/부보닉
	pPV(T3SS 구축)	pPCP1 (플라즈미드 구축)	pMT1(ymt 구축)
	일반 면역 체계와 싸운다	공격적으로 침입하여 조직을 파괴한다	벼룩의 내장에서 잠복

느 정도 저항력이 있어서, 예르시니아 페스티스가 풍토병으로 길게 존속되는 데 도움을 주었다. 예르시니아 페스티스는 단일한 숙주에 지나치게 의존할 필요가 없는 능력이 있다.[22)]

3천 년 동안 현대의 예르시니아 페스티스는 중앙아시아에서 굴을 파고 사는 설치류의 풍토병이었다. 아마도 설치류에게는 우리가 알지 못하는 많은 사건과 격동의 역사가 있는 질병이었을 것이다. 예르시니아 페스티스는 유지 국면으로 잠복해 있던 숙주들로부터 흘러 나와 벼룩을 매개체로 유혹적이지만 불안정한 설치류의 세계로 유입된다. 그렇게 확장되어 가다가 바실리우스는 새로운 숙주를 발견했다. 동물들 사이에서 급격하게 유행하여 짧게 폭발적으로 전파될 수 있는 숙주였다. 검은 쥐 혹은 배 쥐인 곰쥐Rattus rattus는 기이하게도 페스트를 장착하여 확장하기 위해 설계된 것처럼 보인다. 습성이나 성향 그리고 엄청난 개체 수로 인해 검은 쥐는 페스트의 무기력한 희생자인 동시에 박테리아의 전파를 위해 자신도 모르게 징발되었다. 페스트에 적합한 영구적 숙주는 아니지만, 특히 인간의 페스트 팬데믹을 촉

22) Cui et al. 2013. See Varlık 2015, 19~20.

진하는 데 중요한 역할을 했다. 검은 쥐는 우리가 알고 있는 페스트의 서사와 불가분의 관계에 있다.[23]

검은 쥐는 공생의 습성을 지니고 있어서 인간과 가까이 서식하려고 한다. 그들은 우리가 의도치 않게 제공하는 먹이와 안식처를 좋아한다. 쥐는 잡식성이지만 곡물 같은 먹이를 매우 선호한다. 긴 꼬리가 있어 어디든 잘 올라간다. 종종 땅 위 높은 곳에서도 서식한다. 또한 검은 쥐는 여행을 좋아한다. 바다를 항해하는 선박을 끈질기게 서식지로 만들고 선원들의 창고에서 살을 찌우기 때문에 배 쥐로도 알려져 있다. 검은 쥐는 멀리 움직이지 않고, 영역 안에서만 생활한다. 다산성이라서 일 년 내내 번식할 수 있으며, 성숙한 암컷은 해마다 다섯 마리의 새끼를 낳을 수 있다. 임신 기간은 3~4주이며, 새끼는 3~5개월 안에 생식할 수 있는 성숙기에 도달한다. 먹이는 보통 개체 수가 폭발적으로 증가하는 작은 포유류들에게 집단의 규모를 제한하는 요소이다. 검은 쥐의 포식자들인 고양이, 올빼미, 작은 육식동물들이 적절한 통제를 하지만 먹이가 풍부하면 검은 쥐는 급증한다.[24]

검은 쥐는 자신의 털 속에 살면서 피를 빨아먹는 작은 벼룩인 동양의 쥐벼룩 제놉실라 체오피스에게 생명의 위협을 받는다. 예르시니아 페스티스가 확산되는 동안, 벼룩은 일차적 매개체가 된다. 감염된 개체로부터 흡입한 박테리아를 다른 개체에게 전파한다. 숙주의 놀라운 면역 체계가 저항하지만, 이것은 쥐가 굴복하기 전까지 박테리아를 혈액에 농축시키는 효과가 있을 뿐이다. 쥐의 개체 수가 줄어들면, 배고픈 벼룩들은 필사적으로 피를

23) 개관: McCormick 2003.

24) Varlık 2015, 20~28.

흡입하고자 인간을 먹이로 삼게 된다. 따라서 인간에게 페스트 전염병은 두 단계로 일어나는 사건이다. 첫째, 예르시니아 페스티스가 풍토병으로 야생의 숙주들 사이에서 통제할 수 없을 정도로 퍼져나가야 한다. 그러고 나서 인간과 공생하던 설치류로부터 인간에게로 도약한다. 인간의 전염병은 설치류에게서 일어난 풍토병 사건으로 인한 부수적 사건이다.[25]

어쨌든 이것은 고전적 모델일 따름이다. 다양한 근거로 수십 년 동안 이의가 제기되어 왔다. 가장 기본적으로는 흑사병 병원체의 정체를 밝히는 연구가 치열하게 경합을 벌였다. 많은 부분, 설치류와 벼룩에 의존하는 질병이라고 보기에는 중세 팬데믹이 너무 광범위하고 폭발적이라는 생각에서 비롯된 의혹들이었다. 이제 DNA 증거가 병원체의 정체에 대한 논쟁을 종식시켰다. 그러나 전염병학적 질문들이 여전히 이어지고 있다. 팬데믹이 진행되면서 박테리아가 다른 경로로 전파되었을 가능성에 대한 설득력 있는 논의들이 있다. 예를 들어 인간과 공생하는 벼룩이나 이 같은 다른 체외 기생충에 의한 전파 같은 것이다. 쥐의 단계를 생략하는 것이기 때문에 페스트가 추가 확산된 경로로 본다면 그럴 듯하다. 인간 벼룩인 풀렉스 이리탄스Pulex irritans는 공범의 혐의가 점점 더 짙어지고 있으며, 이러한 전파 모델이 '고전적' 모델을 보완하는 방식으로 중첩될 수도 있다.[26]

인간들 사이에 상당한 수준으로 직접 전파되는 폐렴 페스트 같은 다른

---

25) Varlık 2015, 28~38.

26) 풀렉스 이리탄스: e.g., Ratovonjato et al. 2014. 예르시니아 페스티스가 제놉실라 체오피스 외에 다른 벼룩들은 차단할 수 있다는 것이 최근에 확인되었다. 현 시점에서 중요한 질문은 전파를 더 효율적으로 만드는 차단 메커니즘이 풀렉스 이리탄스에서도 가능한가 하는 것이다. 이 부분에 대해 Dr. Hinnebusch와의 광범위한 소통에 감사한다.

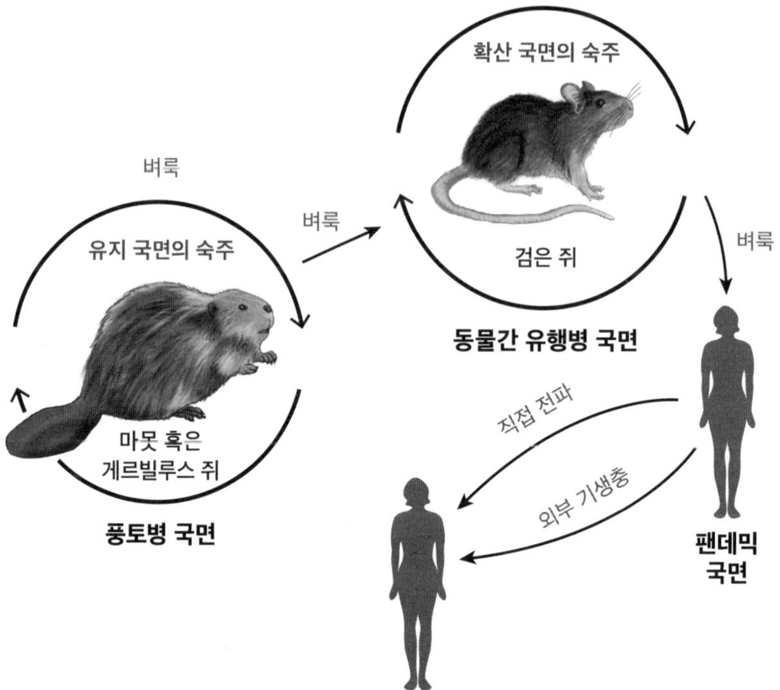

그림 6.3 | 페스트 순환의 고전적 모델

경로가 페스트 확산에서 그다지 큰 부분을 차지할 것 같지는 않다. 그러나 우리는 예르시니아 페스티스의 다양한 능력을 과소평가해서는 안 된다. 페스트 박테리아는 많은 설치류와 다른 포유동물까지 위험에 빠뜨릴 수 있다. 토끼목에 속하는 작은 포유류가 숙주 역할을 하고 있었으나 무시되었을 수도 있다. 페스트 팬데믹이 연쇄적으로 폭발하는 과정에서 조용한 연결 고리일 가능성도 있다는 것이다. 팬데믹에서 검은 쥐와 동양의 쥐벼룩이 주요 전파자임을 강조해야 하지만, 예르시니아 페스티스가 지닌 다양한 능력을 감안하면, 폭발적으로 퍼져나가면서 다른 포유류나 인간의 기생충도 전파자였을 가능성을 염두에 두어야 한다. 페스트 팬데믹은 세균계의 초신성이

었다.[27)]

페스트가 팬데믹으로 폭발하기 전, 복잡한 생태학적 플랫폼이 미리 마련되어야 했다. 검은 쥐들이 서구를 식민화하는 것이 선행 조건이었다. 아득한 옛날에는 로마가 지배하는 구역에서 쥐들이 살았던 적이 없었다. 검은 쥐는 동남아시아 태생이며, 멀지 않은 과거에 서구로 몰려들었다. 그들은 침략자였다. 마지막으로 서구를 향해 진격해 오기 위해서는 로마 제국의 힘이 필수적이었다. 마이클 맥코믹Michael McCormick은, "로마 제국의 정복으로 인해 검은 쥐가 유럽 전역으로 퍼져나갔을 가능성이 높다."고 했다.

지중해 서쪽 지역에서 발견되는 검은 쥐의 최초 흔적은 기원전 2세기 로마 공화국의 후반기에 속한다. 유스티니아누스 시절의 첫 번째 팬데믹을 설명할 수 있을 정도로 검은 쥐가 많이 퍼져 있었을 것으로 추정되었다. 그러나 15년 전에 맥코믹이 이전에는 검은 쥐를 인식하지 못할 정도로만 퍼져 있었음을 증명했다. 고고학자들이 쥐의 유골을 쉽게 찾지 못함에도 불구하고, 그 사이에 로마 제국의 쥐 분포 지도에 더 많은 증거가 더해졌다. 예를 들어 로마가 영국을 정복한 뒤에 검은 쥐가 뒤따라 들어왔다. 그리고 시골까지 깊숙이 침입했다. 곡물을 운송하고 저장하는 제국의 체제 덕분에 로마 제국은 검은 쥐의 천국이었다. 쥐의 관점에서 보면, 로마 제국은 영양의 노다지였다.[28)]

로마 제국은 페스트의 팬데믹이 일어날 생태적 지형을 마련했다. 사소하

27) 인간의 벼룩/체외 기생충:Campbell 2016, esp. 232~233; Eisen, Dennis, and Gage 2015; Eisen and Gage 2012; Audoin-Rouzeau 2003, 115~156에서는 초기 문헌의 포괄적인 논의가 실려 있다. 다른 경로들: Varlık 2015, 19~20; Green 2014a, 32~33; Carmichael 2014, 159; Anisimov, Lindler, and Pier 2004.

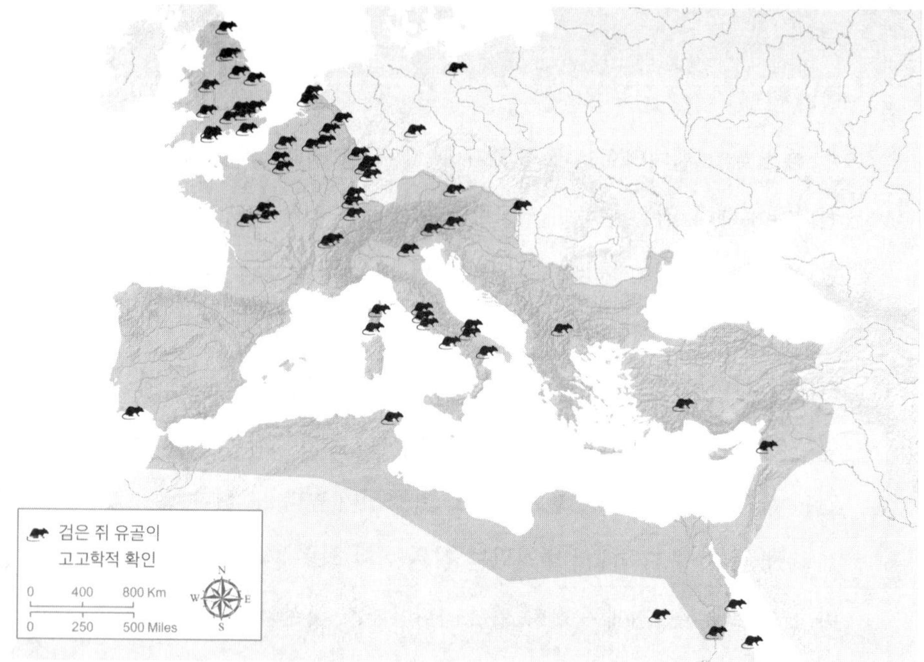

지도 17. | 로마 제국의 쥐 분포도

지만 호기심을 자극하는 세부 사항에 주목해야만 한다. 그리스인과 로마인은 유스티니아누스 치하에서 부보닉 페스트가 발병하기 전까지 그 질병에 대해 전혀 몰랐던 것은 아니었다. 히포크라테스의 의학 저술인 초기의 전집에는 설명이 없다. 그러나 1세기 말 에페수스의 루퍼스Rufus가 쓴 글에서는 '부보 전염병'을 언급하고 있다. 그는 리비아, 시리아 그리고 이집트에서 발생한 페스트를 목격한 다른 권위자들의 말을 인용한다. 카파도키아의 아레테우스Aretaeus도 부보 전염병에 대해 잠깐 언급했다. 그러나 이러한 언급들은

28) McCormick 2003, 1. 지도 17의 데이터는 맥코믹의 데이터 베이스로 구축한 것이며, The data in Map 17 build on McCormick's database, available on darmc.harvard.edu에서 얻을 수 있다. 한동안 업데이트(포괄성을 주장하지 않음) 되었으며, 나는 그 위치를 찾을 수 있었다. 그에 앞서 Audoin-Rouzeau 2003, 161~168.

명백히 지역적이거나 제한된 설명에 불과했다. 방대한 의료 지식과 경험을 지녔던 갈레노스는 부보닉 페스트에 대해서는 전혀 몰랐던 것 같다. 4세기에 잡다한 정보가 가득한 의학 백과사전을 편찬한 오리바시우스Oribasius는 루퍼스가 부보닉 페스트에 대해 쓴 내용을 발췌해 놓았다. 그러나 그는 의료 행위를 위한 간단한 설명서를 만들 때 페스트에 관한 내용을 삭제했다. 실용적인 지식이 아니었기 때문이다.[29)]

페스트는 유스티니아누스의 통치기 이전에 제국의 문을 두드렸으나, 팬데믹의 시대는 아직 시작되지 않았다. 6세기까지는 대재앙이 발생하기에 적합한 환경이 준비되지 않았다. 몇몇 유전적 혹은 생태적 요소의 조합이 팬데믹의 폭발을 막고 있었다. 사소한 유전적 변형이 마지막 추동을 제공했을 가능성을 연구해야 한다. 가장 최근에 청동기 시대의 희생자로부터 얻은 예르시니아 페스티스의 DNA는 필요한 모든 유전자 도구를 갖추고 있었다. 그러나 pPCP1 플라즈미드로 구축되는 결정적 맹독성 요소인 플라에는 치명적 잠재력을 증가시킬 미세한 변형이 아직 일어나지 않은 상태였다. 유스티니아누스 팬데믹이 발생하기 이전 어느 즈음에, 플라 단백질의 259번 아미노산에 돌연변이가 일어났다. 실험실에서 테스트한 결과, 이 사소한 아미노산 대체로 인해 박테리아가 맹독성으로 변했다. 박테리아들이 폭발적으로 변한 이유는 이러한 돌연변이 혹은 이와 비슷한 다른 돌연변이로 설명할 수 있다. 6세기 즈음 예르시니아 페스티스는 유전적 구성이 변하여 엄청난 팬

29) 루퍼스와 오리바시우스, Coll. Med. 44.41 특히 44.14를 참조. 루퍼스는 곱사등이 디오니시우스와 포세이도니우스 그리고 디오스코리데스를 권위자로 인용한다. 현대적인 추측으로도, 세 인물이 누군지 전혀 알 수 없다. 아레테우스, De Causis et Signis Acutorum Morborum 2.3.2. 나는 John Mulhall과의 유익한 소통에 감사한다; 곧 출간될 그의 연구는 고대의 문헌에 나타난 부보닉 페스트의 역사를 명료하게 밝힐 것이다. 더 간단한 설명서: Oribasius, Syn. ad Eust. Fil. See also Sallares 2007, 251.

데믹을 일으킬 수 있는 치명적 병원체가 되었다.[30)]

마침내 6세기에 유전적 생태적 전제 조건들이 치명적으로 일치하게 되었다. 작은 불꽃이 큰 화재로 번질 조짐이었다. 검은 쥐의 확산, 그리고 제국의 연결성이 예르시니아 페스티스가 팬데믹 규모로 전파될 기반을 구축했다.

동쪽에서부터 시작된 예르시니아 페스티스의 여정에는 한 개 이상의 장애물이 있었다. 첫 번째 팬데믹을 일으킨 예르시니아 페스티스의 변종은 중국 서쪽의 고지대에 있는 조상의 서식지에서 갈라져 나왔다. 6세기에 발굴된 예르시니아 페스티스 계통에서 가장 가까운 친척은 오늘날 신장 지역의 회색 마못이나 긴꼬리 땅다람쥐에게서 발견된다. 그렇듯 예르시니아 페스티스는 동양에서 온 재앙이었다. 모니카 그린Monica Green의 말에 의하면, "페스트의 역사에 관한 모든 서사는 기원이 된 장소와 연관지어져야 한다."[31)]

페스트는 수많은 경로를 따라 서쪽을 향해 달려갔을 것이다. 그러나 당대의 증거로 우리는 질병의 여정에 대해 명료한 단서를 얻을 수 있다. 페스트는 제국의 남쪽 해안, 나일강 삼각주의 동쪽 끝에 있는 이집트의 도시 펠루시움에서 처음 발병했다. 오로지 분자와 인간의 증언이 일치할 때만 치명적 팬데믹을 일으킬 병원체가 등장하기까지의 여정을 추적할 수 있다.

---

30) Rasmussen et al. 2015; Zimbler et al. 2015에서는 이러한 독성 요소의 중요성에 대하여 설명한다. 다른 사소한 진화 역시 가능하다. 독성 유전자와 결합한 첫 번째 팬데믹 게놈의 다른 작은 특징들에 대해서는 Feldman et al. 2016을 참조.

31) Green 2014a, 37. Alenerding(Feldman et al. 2016)이 새로 구성한 높은 적용 범위가 "중국 설치류(0.ANT1 and 0.ANT2)로부터 분리된 현대의 두 변종 사이에서 분기점 0(Branch 0)에 있는 유스티니아누스 변종에 이르는 분기점의 위치"를 확정했다는 데 의미가 깊다.

주변 세계의 상황: 코스마스가 본 세계

6세기의 무역상으로 알려진 코스마스 인디코플레우스테스Cosmas Indicopleustes는 《기독교도의 지형학》이라는 저서에서 인도의 브라만들이 지닌 믿음을 전파했다. 만약 중국에서 로마까지를 실로 이으면 그 실은 페르시아를 가로질러 세계를 이등분할 것이라는 믿음이었다. 코스마스에게 '실크의 나라'인 중국은 '인도를 지나 아득히 먼' 지구의 반대쪽 끝에 있는 곳이었다. 육로로 가는 가장 짧은 경로는 페르시아를 지나는 것이었다. "그래서 페르시아에는 실크가 항상 넘쳐났다." 그러나 코스마스에게 더 익숙한 극동으로 가는 경로는 바다를 건너는 것이었다. 중국으로 가는 길은 "인도양으로 들어서면 왼쪽으로 방향을 틀고", 페르시아만을 거쳐, 지금은 스리랑카인 '타프로바네'Taprobane를 지나가야 한다. 코스마스는 비단을 사려면 '지구의 끝'까지 여행해야 했다는 사실을 알고 있었다. 6세기에는 지구의 끝으로 실크로드가 이어져 있었다.[32)]

'코스마스 인디코플레우스테스'는 인도를 여행한 코스마스라는 뜻이다. 진짜 이름이 아니다. 우리가 인도라고 부르는 곳을 그는 여행한 적도 없는 것 같다. 자신을 그저 '어느 기독교도'라고 부르는 작가에게 중세 문인들이 붙여준 이름이었다. 더욱 중요한 것은 고대 후기의 인도는 우리가 알고 있는 곳보다 더 넓었다는 사실이다. 에티오피아에서 진짜 인도에 이르기까지 인도양을 빙 둘러싸고 있는 육지들을 구별 없이 모두 인도라 칭했다. 코스마스에 대해 우리가 아는 것은 단지 그가 쓴 글의 내용뿐이다. 그는 알렉산드

---

32) 코스마스 인디코플레우스테스, Top. Christ. 2.46.

리아에서 홍해 교역망을 오가던 상인이었다. 그는 지중해, 홍해 그리고 페르시아해, 세 곳을 항해했다고 주장한다. 그가 에티오피아를 여행한 것은 확실하며, 그곳에서 그는 역사적 내용이 담긴 비문을 옮겨 적었고, 야생 코뿔소를 보았다. 그는 치밀하고 정직했으며, 자신의 저서 어디에도 아대륙(인도)을 여행한 적이 있다고 쓰지 않았다. 그러나 《기독교도의 지형학》은 인도양 주변의 고대 후기 세계를 묘사한 주요 저작물이다.[33)]

3세기의 소강상태가 지나고 고대 후기에 들어서자 홍해와 인도양에서는 로마의 무역이 다시 활발해졌다. 베레니케Berenike는 여전히 북적이는 수출입항이었다. 홍해 북쪽 끝에 있는 쌍둥이 항구 클라이즈마Clysma(수에즈)와 아일라Aila는 중요성이 더 커졌다. 바브엘만데브Bab-el-Mandab 해협에 한쪽을 면하고 있는 홍해의 최남단은 지정학적 긴장으로 위태로운 지역이었다. 에티오피아의 강력한 악숨 왕조가 경쟁자인 건너편의 남아랍 왕국을 벼르고 있었다. 한편으로는 로마 소비자들의 요구가 있었고 다른 한편으로는 로마 정권의 재정적 적자가 있었는데, 둘 사이의 대비가 인도양 무역상들이 맞닥뜨리는 삶의 현장이었다. 로마인은 뒤뜰이나 마찬가지인 홍해를 거의 통제하지 못했다. 제국은 힘에 부쳐 그 바다에 군사력을 투입하지 못했다. 코스마스가 숨김없이 기술한 것처럼, 홍해 무역은 로마인들을 모험적인 무역상과 마이너 지배자들의 험하고 거친 세상으로 인도했다. 로마인들은 자기 문명의 우월함을 강하게 의식하는 거래자들이었으나, 현장 경험의 이점은 없었다.

33) 코스마스에 대하여, Darley 2013; Kominko 2013; Bowersock 2013, 22~43; Wolska-Conus 1968; Wolska-Conus 1962를 참조. 고대 후기의 홍해에 대하여, Power 2012.

34) 예를 들어 Cosmas Indicopleustes, Top. Christ. 11.15. Banaji 2016, 131은 이러한 역동성을 잘 보여준다.

코스마스는 그리스인, 에티오피아인, 아랍인, 페르시아인 그리고 인도인들이 공유하는 해양 교류 구역을 소상히 알고 있었다.[34)]

《기독교도의 지형학》은 사람, 상품, 그리고 사상의 움직임에 대해 실용적인 정보를 모았다. 후추와 실크가 귀중한 교역품이었다. 고대 후기에서도 향신료 무역은 여전히 규모가 큰 거래였다. 콘스탄티누스가 로마에 있는 성 베드로 성당에 해마다 후추 755파운드를 포함하여 엄청난 기부를 했다는 사실이 잘 알려져 있다.《기독교도의 지형학》에서 주목할 만한 열한 번째 책에는 후추나무를 그린 꽤 괜찮은 스케치도 실려 있다.[35)]

향신료와 함께 실크 무역은 고대 후기에 이르러 큰 사업이 되었다. 실크는 중국이라는 단어와 거의 동의어였다. 중국에서는 누에의 비밀을 엄격하게 지켰다. 로마인들은 육로와 남쪽 바다의 뱃길을 거쳐서 실크를 수입했다. 국가는 이것저것 되는 대로 수입했지만, 귀족과 기독교의 수요가 민간 시장을 과열시켰다. 실크 수입의 중요성은 정치적 차원에서 평가된다. 로마 역사에서 실크 말고 지정학적 중요성을 상정할 수 있는 다른 상품은 떠올리기 어렵다. 고대 후기에서 실크 교역은 세계적인 정치적 영향력을 지니고 있었다. 페르시아인들은 실크 교역을 지렛대로 이용했다. 유스티니아누스는 적극적으로 무역을 통제하거나 피할 방법을 찾았다. 그의 통치 말기에, 인도 북부에서 멀리 떨어진 '세린데'Serinde[즉, 중국]라는 곳에서 오랜 시간을 보낸

35) Cosmas Indicopleustes, Top. Christ. 11.10, Wolska-Conus 1973, 335를 참조. 나지란의 순교자들에 대한 이야기인 '그리스의 순교자 성 아레타스'에서는 인도를 "향신료, 후추, 실크 그리고 진기한 진주"의 산지라고 설명한다: Mart. Areth. 2. 또한 Mart. Areth. 29에서는 6세기에 가장 활발했던 항구들에 대한 내용도 찾아볼 수 있다. 항구들: Wilson 2015, 29~30; Power 2012, 28~41, 특히 41에는 베레니케 항구에 대해 등장한다. 콘스탄티누스: Seland 2012.

인도 출신의 수도사들이 실크 생산의 비밀을 누설하면서, 부화하지 않은 누에의 알을 동방에서 밀수하겠다고 제안했다. 그들은 중국으로 보내졌다가 다시 돌아왔다. "그 이후로 로마 영토에서도 실크를 직접 생산하게 되었다." 비잔틴 제국의 실크를 화학적으로 분석해야 이 대담한 기업 스파이 행위가 정말로 성공적이었는지 밝혀지게 될 것이다.[36)]

실크와 후추는 바다를 가로질러 이동하는 화물선에 가득 실린 교역 상품들에 추가되었다. 상아와 향로, 알로에, 정향, 정향나무 목재, 백단유, 금 그리고 노예들이 기존의 교역 품목들이었다. 노예는 결코 무시할 수 없는 상품이었다. 개인 소유의 노예는 현대 무역의 역사에서는 거의 보이지 않지만, 코스마스는 로마 제국으로 수입된 '노예들 대부분'이 에티오피아에서 왔을 것이라고 담담한 어조로 추측했다. 사상은 더 가볍게 바다를 건너 이동했다. 기독교도(페르시아 출신이 많았다)들은 동로마 전체에서 성공적인 선교활동을 했다. 인도의 철학과 금욕주의는 구도자들을 매혹했고 계속 끌어들였다. 초연한 성자들이 거주하는 정신의 인도가 서쪽 세계로 옮겨왔다.[37)]

이러한 상업이 실제로 어느 정도의 규모였는지 파악하기는 힘들다. 로마인들은 홍해에 있는 섬 하나를 통제하려고 싸웠다. 그곳에서 국가는 인도로부터 수입해오는 물건에 세금을 부과했다. 세수가 '엄청났다'라고 묘사되어 있다. 후기 로마의 주화들이 인도에서 산발적으로 발견되는 것은 4세기부터

---

36) "오랜 시간을 보낸": Procopius, Bell. 8.17.1~6, tr. Kaldellis. 로마와 중국에 대한 개관은 Ferguson and Keynes 1978을 참조.

37) 노예들: Harper 2011, 89~90. "노예들 대부분이": Cosmas Indicopleustes, Top. Christ. 2.64. 상아: Cutler 1985, 22~24. 정신의 인도: 머리 동쪽의 벵골만까지 여행했다가 브라만 설화를 듣고 돌아온 팔라디우스Ps. Palladius에 기록된 이집트 법관 이야기를 참조. De Gent. Ind. et de Brag., tr. Desantis. 고대 후기의 인도라는 개념에 대해서는 Johnson 2016, 133~137; Mayerson 1993을 참조.

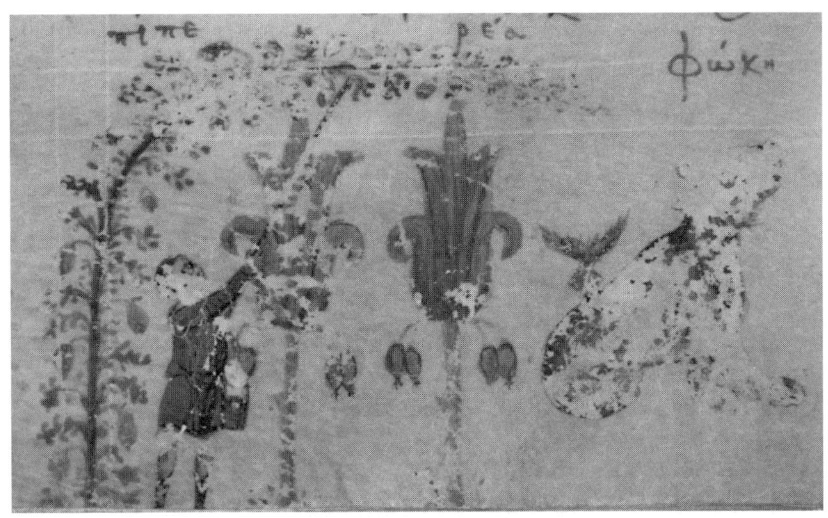

그림 6.4 | 후추나무: 코스마스 인디코플레우스테스의 저작에 실린 스케치(플로렌스, 메디치아 라우렌치아나 도서관, ms. Plut. 9.28, f. 269r. 메디치아 라우렌치아나 도서관의 허락을 받고 수록했으며, 어떤 방식으로든 재수록을 금한다.)

유스티니아누스의 통치기까지 이어진다. 가장 명확한 증거는 로마인과 페르시아인 사이에 냉전과 치열한 전쟁이 번갈아 나타나는 국면에서 갑작스레 홍해라는 활동무대가 중요해진 상황이다. 에티오피아의 기독교 국가인 악숨 왕국은 6세기 초에 등장했다. 아라비아 남부의 힘야르 왕국은 유대교로 개종했다. 유달리 호전적인 유형의 국가였다. 종교적 반감이 고대의 경쟁의식을 자극했고, 서기 525년에 악숨 왕국은 로마의 군사적 원조를 받아 힘야르 왕국을 침공했다. 분쟁은 강대국들을 끌어들였다. 이후 이십여 년 동안 에티오피아인과 힘야르인들은 로마와 페르시아의 의뢰인 역할을 했다. 한 세대가 지나서 무함마드가 이 세상에 태어났고, 이후로 세상은 '이슬람에게 호된 시련을 주는 곳'으로 묘사되었다. 로마인들은 저 너머의 바다로 진입하는 안정적 교두보가 유지되기를 열망했다.[38]

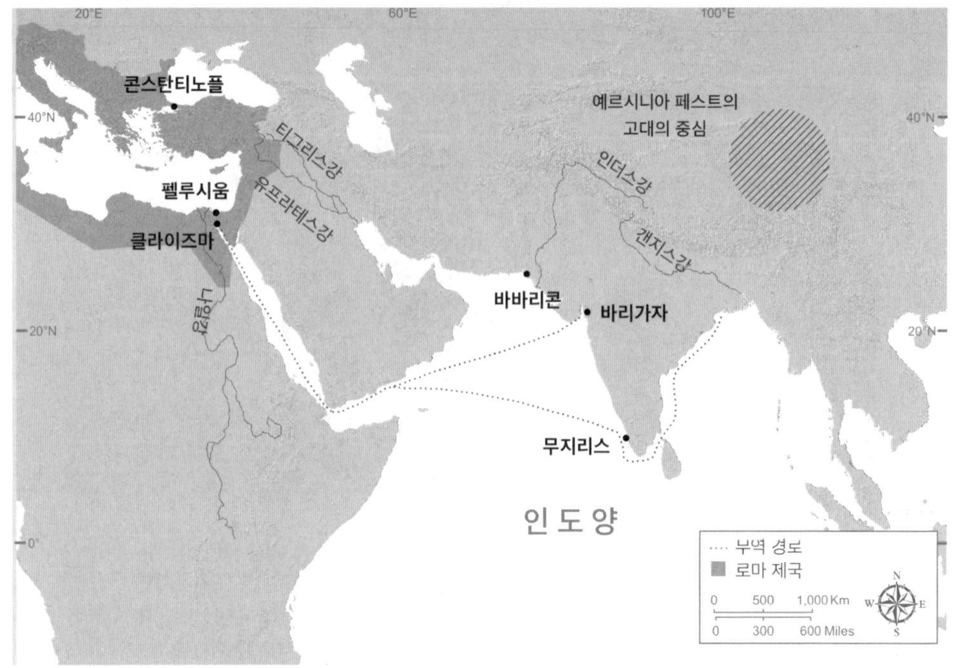

지도 18. | 예르시니아 페스티스의 여정: 중국에서 펠루시움까지

실크와 향신료에 대한 소비자들의 요구로 인해 동쪽과 서쪽이 가까워졌다. 인간의 사유 그리고 동물, 돈, 금속이 바다를 건넜다. 세균도 마찬가지였다. 541년에 반갑지 않은 밀항자가 머나먼 나라에서 제국으로 몰래 숨어들었다. 자료를 읽어본 사람이라면 누구나 유스티니아누스 페스트가 이집트에 최초로 나타났음을 인정한다. 우리에게 매우 중요한 목격자인 프로코피우스는 처음 발병한 곳이 펠루시움이라고 지목했다. 알렉산드리아에서 병이 유행할 때 현장에 있던 에페수스의 요한은 역병이 '인도의 남동 지역, 쿠

38) "엄청났다": Choricius of Gaza, Or. 3.67 (Foerster p. 65). Mayerson 1993, 173을 참조하라. 주화들: 특히 Darley 2015 and 2013의 주의 깊은 연구들을 참조하라; Walburg 2008; Krishnamurthy 2007; Turner 1989. 지정학: Bowersock 2013, esp. 106-19; Bowersock 2012; Power 2012, 68~75; Greatrex 2005, 501.

시 지역, 힘야르 그리고 다른 곳에서' 들어왔다고 주장했다. 펠루시움에서부터 퍼지기 시작했다는 사실은 역병의 근원이 동방이라는 유전적 증거와 함께 첫 페스트 팬데믹이 인도양을 건너왔음을 확실히 말해준다. 펠루시움은 홍해 무역의 주된 종착지였던 클라이즈마 항구의 북쪽에 자리 잡고 있었다. 머나먼 인도에서 건너온 배들이 그 항구에 정박해 있었다. 클라이즈마에서 펠루시움까지는 짧은 거리였다. 육로로 며칠 밖에 걸리지 않았다. 또한 파라오가 건설하고 트라야누스가 재건한 클라이즈마의 옛 운하는 나일강과 연결되었고, 강을 거슬러 올라가는 짧은 항해로 펠루시움에 닿을 수 있었다. 첫 번째 팬데믹은 바로 제국과 인도양 세계의 경첩 지역에서 발생했다.[39)]

박테리아가 로마 세계에 화려하게 입성하려면 마지막으로 운명의 반전이 필요했다. 아시아의 고지대가 예르시니아 페스티스라는 괴물 같은 세균을 준비하고 있었다. 제국의 생태계는 팬데믹을 기다리는 사회적 기반을 구축했다. 실크 교역은 치명적인 꾸러미를 운반할 준비가 되어 있었다. 그러나 마침내 불꽃이 번진 마지막 접점은 갑작스러운 기후 변화였다. 536년은 '여름이 없던 해'로 알려져 있다. 이전의 3천 년 동안에는 찾아볼 수 없었던 화산 폭발이 연이어 일어났다. 무시무시한 첫 격변이었다. 540~541년에 다시 화산이 폭발하는 겨울이 왔다. 다음 장에서 보게 되겠지만, 530년대와 540년대는 단순히 춥기만 한 것이 아니었다. 후기 홀로세에서 가장 추웠던 수

39) 프로코피우스, Bell. 2.22.6. 에페수스의 요한, 시리아의 미카엘에서, Chron. 9.28.305, p. 235. 시리아의 자료들은 쿠시를 역병의 먼 기원으로 간주하고 있다. 쿠시는 성경에서 남쪽의 이국적인 땅을 가리키며, '기독교도의 지형'에서는 분명히 아라비아 남쪽의 힘야르 지역을 의미한다. 클라이즈마: Tsiamis et al. 2009. Green 2014a, 47; McCormick 2007, 303에서는 인도양을 지나서 나타나는 남쪽 관문이라고 설득력 있게 제시한다. 펠루시움의 고고학적 접근은, Jaritz and Carrez-Maratray 1996: 감지할 수 있는 활동은 6세기 중반에 끝난다.

십 년이었다. 유스티니아누스의 통치 시절에는 수천 년에 한 번 찾아오는 혹한에 지구 전역이 시달렸다.[40)]

유스티니아누스 역병보다 앞서 나타난 기후 교란은 갑자기 눈앞이 하얘지는 섬광 같았다. 우리는 곧 뒤따라올 충돌이 있음을 본능적으로 알 수 있다. 정확하게 어떤 방식으로 하나가 다른 하나의 원인이 되는지는 알지 못하지만 페스트의 유행은 적어도 다섯 종을 포괄하는 연쇄 반응이다. 박테리아와 야생 동물 숙주(마못), 확산시키는 역할을 하는 숙주(검은 쥐), 절지동물 매개체(동양의 쥐벼룩) 그리고 우리 인간을 둘러싼 엄청난 생물학적 도미노 사태이다. 기온과 강수량의 미세한 변화가 연쇄 고리 속에 관여하는 각 유기체의 서식지, 행동 그리고 생리작용에 영향을 준다. 여전히 오늘날에도 작은 기후 변동이 설치류 개체군에서 유행하는 페스트에 눈에 띄는 영향을 미친다. 해마다 달라지는 비교적 작은 변화에도, 기후는 풍토병인 페스트의 유행을 주관한다.[41)]

한 가지는 확실하다. 기후와 역병의 관계가 질서정연하거나 직선형이 아니라는 것이다. 다른 생물 시스템과 마찬가지로 격렬한 변동성, 좁은 역치, 종잡을 수 없는 우연성이 특징이다. 비가 많이 온 해에는 식물이 잘 자라는데, 그것은 설치류 개체군에게는 풍부한 영양 공급이라는 요인으로 작용한다. 그런데 강수량이 너무 지나치면 지하에 있는 설치류의 굴에 물이 들어가 쥐들이 새로운 땅을 찾아 허둥대기도 한다. 개체 수가 폭발적으로 늘어나도 설치류들은 새로운 서식처로 이주한다. 오늘날 엘니뇨와 중국의 페스

40) 7장에서 다루는 더 나아간 논의를 참조. 흑사병에 대한 귀중한 사유를 Varlık 2015, 50~53과 비교하라. McMichael 2010도 참조.

41) 극단적인 기후 사건과 감염병의 관계에 대한 일반적 내용은 McMichael 2015; Altizer 2006을 참조.

트 발병에는 매우 강한 연관성이 있다. 과거 홀로세에도 이러한 관계가 전반적으로 유지되고 있었을 것이다. 화산 활동과 엘니뇨 사이에 강한 상관관계가 있음을 고려해 보면, 서기 530년대의 화산 폭발들로 인해 중국의 마못이나 게르빌루스 쥐들이 예르시니아 페스티스를 지닌 채 익숙한 지하 서식지를 떠나서 서쪽으로 향하는 해상 무역선의 설치류들에게 감염병을 옮겼을지도 모른다. 다음 장에서 살펴보겠지만, 무엇보다도 가장 가능성이 있는 시나리오는, 음성인 북대서양 진동 체제가 주도하던 6세기 초의 기후 양상이 박테리아 숙주들의 고향인 건조지대에 많은 비를 몰고 왔다는 것이다. 식물이 활발하게 생장했고, 그래서 굴을 파고 사는 설치류의 개체 수가 폭발적으로 증가했으며, 예르시니아 페스티스가 새로운 숙주 집단으로 확산되었다.[42)]

기후는 숙주들 사이에서 박테리아를 운반하는 벼룩들에게도 영향을 미치면서 역병의 양상을 조절한다. 주위 온도에 민감한 벼룩 탓에 페스트는 기본적으로 계절적 패턴을 지닌다. 벼룩은 일정한 온도의 범위 안에서만 번식하는 까다로운 습성이 있다. 너무 높거나 낮은 기온은 감염된 혈액을 역류하게 만드는 치명적인 장폐색을 일으키기 때문이다. 페스트가 계절에 따른 특정 주기로 발병한다는 것은 잘 알려진 사실이다. 감염병은 봄에 급증한다. 그러나 여름에 기온이 치솟으면 갑자기 발병이 억제된다. 인도에서는 20세기 초에, 늦여름의 숨 막히는 더위가 부보닉 페스트의 발생률을 0으로

---

42) 역병과 기후 사이의 복잡한 관계망에 대하여, Ari et al. 2011; Kausrud et al. 2010, Gage et al. 2008을 참조. 먹이의 접근성이 설치류의 개체군 규모를 조절하므로, 기후는 급격한 변화를 일으킬 수 있다. 예를 들어, White 2008, 230. 개괄적인 설치류 개체군의 역동성과 특히 이주에 관하여: Krebs 2013. 엘니뇨: Zhang et al. 2007; Xu et al. 2015;Xu et al. 2014; Enscore et al. 2002. 흑사병에 대하여 Campbell 2016을 참조.

떨어뜨렸다. 530년대와 540년대의 급격한 추위는 예르시아 페스티스가 결코 생각지 못했던 지리적 가능성을 열어주었을 수도 있다. 덥지 않은 여름으로 인해 따뜻한 남쪽 통로로 건너갈 수 있는 문이 열렸을 것이다. 향신료 해안의 평균 기온은 페스트의 주기가 용인할 수 있는 역치와 정확하게 맞아떨어진다.[43]

페스트가 산속 서식지에서 유출되어 남쪽 바다를 건너는 새로운 경로를 개척하게 된 사건의 정확한 순서는 파악할 도리가 없다. 다만 희미한 그림자를 통해 우리는 운명적 순간의 엄청난 우연성을 감지한다. 이러한 순간을 만들어내는 자연사와 인간사의 배열은 우연과 구조의 차이를 구별하는 우리의 인식을 당황하게 만든다. 우리가 할 수 있는 말은 치명적인 세균이 아주 작은 빈틈을 통해 로마의 쥐들에게로 가는 길을 찾아냈다는 것이다.

인류의 멸절에 다가가다

프로코피우스와 요한, 두 사람은 전형적인 유스티니아누스 시대의 사람이었다. 그러나 불편하게 가까이 존재했으나 전적으로 다른 문화적 세상을 대표하는 이들이기도 했다. 케사리아의 프로코피우스는 핵심적인 전통주의자였다. 법학 교육을 받은 그는 제국의 관료로 일했으며, 위대한 벨리사리우스 장군의 법률 고문이 되었다. 벨리사리우스 장군은 유스티니아누스 시

43) Ari et al. 2011, 2; Audoin-Rouzeau 2003, 67~70; Cavanaugh and Marshall 1972; Cavanaugh 1971; Verjbitski, Bannerman, and Kápadiâ 1908.

대의 초기부터 중반에 이르는 시기를 자신의 존재감으로 이끌고 간 인물이다. 그 옆에서 프로코피우스는 6세기의 가장 중요한 역사를 서술했다. 고전을 모방하여 고도의 정치적 내용을 쓴 것이다. 그는 문학 연보에서 가장 인기가 좋은 음란한 내용을 담은《비밀스러운 역사》로도 악명이 높다. 그러나 종교는 그의 취향이 아니었다. 그가 살던 시대의 신학적 논쟁을 그는 참을 수 없었다. "나는 신의 본성을 연구하면서, 그것이 무엇인지 질문하는 일은 어리석은 미친 짓에 속한다고 여긴다. 인간은 인간사조차 정확하게 이해하지 못하는데, 신의 본성에 관련된 일을 어떻게 알겠는가." 프로코피우스는 의도적으로 시간의 흐름에서 살짝 비켜 서 있는 고전적 그리스 문화의 영역에 거주하고자 했다.[44)]

에페수스의 요한이 그와 동시대인이라는 사실은 믿기 어렵다. 정확하게 말하면 요한이 일생을 바친 일은 프로코피우스가 관심을 두지 않은 쪽인 기독교의 갈등이었다. 시리아어를 사용하는 동쪽 국경 지대의 아미다Amida에서 태어난 그는 어린 시절에 수도원에 보내졌다. 그는 미아피지티즘Miaphysite 운동의 지도자가 되어 예수의 본성에 대한 심오한 신학적 논의에 휘말렸다. 칼케돈 공의회(451년)에서 교리를 공식화한 이래로 동쪽 제국을 분열시킨 논쟁이었다. 요한은 종교적 망명지인 콘스탄티노플로 갔다. 신학자인 그는 모국어인 시리아어로 남긴 교회의 역사와 동방의 성인에 대한 풍부한 설화의 저자로 이름이 높다. 그의 세계는 성경의 역사로 틀이 잡혀 있었다. 그는 자신이 경전의 서사 속에서 예언된 사건의 흐름 속에 살고 있음을

44) 프로코피우스에 대하여 Kaldellis 2004; Cameron 1985, esp. 42~43은 전쟁의 지엽적 내용인 역병에 대한 연구이다. "미친 짓에 속한다고 여긴다": Procopius, Bell. 5.3.6~7, tr. Kaldellis.

믿어 의심치 않았다.[45)]

프로코피우스와 요한은 이렇듯 전혀 어울리지 않는 부류이지만, 두 사람 모두 불시에 발생한 부보닉 페스트를 목격하고 그 참상을 생생하게 설명하는 글을 썼다는 우연으로 영원히 묶이게 되었다. 덕분에 우리는 같은 사건을 매우 다른 관점으로 볼 수 있다. 프로코피우스에게는 '곧 인류 전체를 쓸어버릴 것 같은' 역병의 원인을 설명할 길이 없었다. 투키디데스의 기록과 마찬가지로, 그의 기록은 냉철한 병리학적 관심과 대규모 사망이 미치는 즉각적인 사회적 트라우마가 주된 내용이다. 반면에 요한에게 페스트는 징벌이었다. 하나님의 분노가 내려와 도시들을 "마치 착즙기처럼 그 안에 거주하는 모든 주민을 잘 익은 포도알을 으깨고 짓밟듯 잔인하게 휩쓸었다." 사람들의 죄는, 특히 그들의 탐욕은 천상의 살육자들을 불러들여, "서 있는 밀을 수확하듯이" "나이와 크기와 지위를 막론한 모든 사람을 수없이 베어 쓰러뜨렸다."[46)]

우리는 존중과 신중함의 건전한 균형을 잃지 않으면서 고대인의 설명에 접근해야 한다. 우리에게는 예르시니아 페스티스에 대한 생물학적 지식이라는 대단한 이점이 있으며 그것을 사용할 수 있다. 첫 팬데믹을 일으킨 예르시니아 페스티스 변종의 생명 작용은 흑사병 병원체와 밀접하게 연관되어 있다. 그것은 기대와 한계를 동시에 강제하는 현실이다. 팬데믹 차원의 대규모 사망은 역병이 퍼져나가는 배경을 형성한 생태적 사회적 환경에 영향을

45) 요한에 대하여, Morony 2007; Kaldellis 2007; Ginkel 1995; Harvey 1990을 참조.

46) 프로코피우스에 대한 설명은 Bell. 2.22~23. 요한에 대한 설명은 후대의 연대기에 남아있다. 가장 광범위하게 다룬 연대기는 주킨 연대기 the Chronicle of Zuqnin이다. 편리하게도 영어로 번역된 것은 Witakowski 1996이다. 개략적인 것은 Kaldellis 2007(esp. at p. 14)을 참조. 프로코피우스는 자신의 본보기인 투키디데스를 세련되게(비굴하기보다는) 사용한다.

받기 마련이다. 우리는 그 특수성에 유의해야 하며, 우리의 목격자들이 과거의 맥락에서 병원체에 대해 대체할 수 없는 독특한 통찰을 기록했을 가능성을 무시하지 말아야 한다. 유스티니아누스 페스트는 오직 한 번 발생했고, 목격자들은 그 자리에 있었다.

예르시니아 페스티스가 다재다능한 살해자라는 사실을 기억하는 게 도움이 될 것이다. 감염되는 방식에 따라 좌우되는 두 가지 주요 경로가 있다. 벼룩에게 물려서 피부로 주입되는 방식과 에어로졸 비말을 흡입하는 방식이다. 이 질병의 대표적 발현은 부보닉 페스트이다. 그리스어로 부본boubones이라고 하는 림프절이 단단하고 고통스럽게 부어올라서 그렇게 불린다. 림프종이 형성되는 것은 전형적으로 벼룩에게 물린 게 원인이다. 페스트 박테리아가 피부에 주입되고, 그 자리에서 증식하면서 국소 조직을 검게 만든다. 림프계는 가장 가까운 림프절로 박테리아를 흘려보낸다. 그곳에서 박테리아는 면역 반응을 피하고 폭발적으로 늘어난다. 림프절이 부어오른다. 벼룩이 문 자리에 따라 어디에 림프종이 형성될지 결정된다. 목, 겨드랑이 그리고 특히 사타구니가 자주 부어오른다. 3~5일이 지난 뒤, 환자는 증상을 보이기 시작한다. 질병의 경과가 또 다른 3~5일 동안 나타난다. 열, 오한, 두통, 피로 그리고 섬망이 순식간에 진행된다. 자라난 림프종은 몸에 매달린 오렌지나 포도처럼 보인다. 예르시니아 페스티스는 환자의 면역 반응을 무력화시키고 패혈증이 뒤따른다. 사회적 공공의료 기반이나 항생제가 없는 세계에서는, 환자의 치사율이 80퍼센트까지 치솟았다.[47)]

벼룩에 물려 감염되는 이러한 상황에 변이도 일어난다. 박테리아가 림프

47) Benedictow 2004, 26; Audoin-Rouzeau 2003, 50~55.

관 경로를 건너뛰고 직접 혈류로 뛰어드는 사례도 있다. 환자의 경과는 1차 패혈성 페스트로 진행되고, 면역 체계는 반응을 일으킬 시간조차 없다. 끔찍한 돌발 사태이다. 환자는 병의 외부 증상이 발현되기도 전에 심각한 패혈증으로 사망한다. 최초 감염 후 몇 시간 안에 종말이 온다. 림프계에서 시작된 감염이 순환계로 도약하는 것도 가능하다. 감염된 림프절에서 페스트가 혈류로 들어가면, 2차 패혈성 페스트로 진행된다. 1차로 림프계 감염이 일어난 결과라서 그렇게 부른다. 2차 패혈성 페스트의 경우 세균이 모세혈관을 응고시켜 점상출혈이라 불리는 작은 출혈을 유발한다. 피가 섞인 구토와 설사가 뒤따른다. 이렇게 병이 진행되는 과정에서도 마찬가지로 패혈증은 놀라울 정도로 신속하게 치명적이 된다. 피부가 반점으로 얼룩진 증상은 하루 안에 사망한다는 징조이다.[48)]

벼룩에 물려서 시작되는 또 다른 진행 과정이 있을 수 있다. 부보닉 페스트의 사례에서 박테리아는 림프계에서 폐로 가는 길을 찾을 수 있다. 이러한 통로는 2차 폐렴 페스트로 알려져 있다. 폐렴 페스트는 호흡기 증상이 나타난다. 환자는 곧바로 기침을 시작하고 각혈을 한다. 신체의 고염증 반응으로 폐에 액체가 흘러 들어가 폐 기능을 손상시킨다. 폐렴 페스트는 고대 팬데믹에서 언제나 치명적이었을 것이다.[49)]

예르시니아 페스티스는 에어로졸 비말로도 전파될 수 있다. 미생물이 상부 기도에 잠복하게 되면, 림프계로 들어갈 수 있게 되어 부보닉 감염을 일으킨다. 만약 폐로 흡입되면, 1차 호흡기 감염이 진행된다. 잠복기는 2~3일

---

48) Sebbane et al. 2006; Benedictow 2004.

49) Benedictow 2004; Pechous 2016.

로 짧으며, 열과 가슴 통증 그리고 피가 섞인 기침을 하는 기관지 폐렴이 뒤따른다. 사망률은 100퍼센트에 근접한다. 1차 혹은 2차 폐렴 페스트 환자는 감염된 에어로졸 비말을 배출할 수 있다. 역사상의 팬데믹에서 폐렴 페스트를 통한 직접 전염의 중요성은 전반적으로 명료하지 않다. 전파 수단으로는 그다지 효율적이지도 않다. 모든 것을 감안할 때, 1차 폐렴 페스트는 기본적 감염이 아니라 보완적인 동력에 가까워 보인다.[50)]

박테리아가 새로운 희생자에게로 들어갈 다른 방법들이 있다. 실제로 박테리아를 섭취할 수도도 있다(설치류를 먹지 말아야 하는 이유, 특히 동물의 풍토병이 유행하는 곳에서). 그러나 벼룩에게 물리는 것이 감염병이 유행할 때 감염의 가장 주된 경로인 것은 변하지 않는 사실이다.

감염 방식	경로	병의 발현
벼룩에게 물림	림프 ➜ 림프절 혈류 림프 ➜ 혈류 림프 ➜ 폐	부보닉 페스트 1차 패혈성 페스트 2차 패혈성 페스트 2차 폐렴 페스트
에어로졸 비말	상부 기도 폐	부보닉 페스트 1차 폐렴 페스트

541년에는 강대국들 사이에 덜컹거리던 전쟁의 소음이 새롭고 이상한 죽음의 포효 앞에서 갑자기 잦아들었다. 한여름이 되자 펠루시움에서부터 죽음이 시작되었다. 법의학적 DNA 분석이 확인되기도 전에, 예르시니아 페스티스의 지문이 팬데믹에 온통 묻어 있었다. 프로코피우스에 따르면, 발병의 특징은 미열이 서서히 진행되는 것이었다. 그러고 나서 '림프절이 부어올

---

50) 섭취: Butler et al. 1982.

랐다.' 부풀어 오른 종양은 원래는 사타구니에서, 때로는 겨드랑이, 귀 그리고 허벅지에서 튀어나왔다. 프로코피우스는 "림프절이 매우 커져서 고름이 배출되는 경우, 환자는 병을 이기고 살아남았다."고 했다. 의학적으로 정확한 기록이다. 림프절이 화농하는 후기 단계까지 가면, 환자들은 살아남기도 한다. 프로코피우스는 또한 생존자들이 끝내 쇠약한 상태로 남는 것도 목격했다. 조직 괴사의 후유증은 평생 장애의 원인이 되었다. 요한도 사타구니가 부어오르는 것이 이 역병의 이상한 특징임을 기록했다. 그는 야생 동물을 비롯한 다른 동물들이 같은 질병으로 쓰러지는 것을 보았다. "부어오른 종양이 있는 쥐들이 쓰러져서 죽어갔다."[51]

역병 환자가 곧바로 죽지 않았을 경우, 렌즈콩 크기의 '검은 물집'이 온몸을 뒤덮었다. 같은 날 죽음이 뒤따랐다. 요한 역시 손에 나타난 검은 반점을 목격했다. "누구든 반점이 나타나자마자, 바로 그 순간부터 한두 시간 안에 종말을 맞이하거나 하루 정도 죽음이 연기될 뿐이다." 그는 이것을 역병의 공통적 과정이라고 여겼다. 마찬가지로 프로코피우스도 몇몇 환자들이 피를 토했고 그것이 죽음이 임박한 징조라고 기록했다.[52]

박테리아가 직접 혈류로 유입되면 1차 패혈증 감염이 신속하게 비관적 결과를 향해 진행된다. 당시의 기록은 즉각적인 죽음이 닥치는 것을 관찰한 것이다. "사람들은 서로를 바라보고 대화를 나누다가 비틀거리기 시작했고, 거리나 집 혹은 항구, 배, 교회 어디에서나 쓰러졌다. 어떤 사람은 작업장에

51) 프로코피우스: 열병: Bell. 2.22.15~16; 부어오름: Bell. 2.22.17; "고름이 배출되는 경우": Bell. 2.22.37; 쇠약: Bell. 2.22.38~39. John of Ephesus, in Chronicle of Zuqnin, tr. Witakowski 1996, p. 87.

52) 검은 물집: Procopius, Bell. 2.22.30. "누구든": John of Ephesus, in Chroncle of Zuqnin, tr. Witakowski 1996, p. 88. 토혈: Procopius, Bell. 2.22.31.

앉아 손에 도구를 들고 일을 하고 있었는데, 갑자기 비틀거리면서 옆으로 쓰러지더니 영혼이 빠져나갔다."[53]

남아 있는 첫 번째 팬데믹의 기록에서 폐렴 페스트는 거의 눈에 띄지 않는다. 호흡기 증상은 너무 평범해서 언급할 가치조차 없었을 것이다. 그러나 고대의 목격자들이 열과 불쾌감 같은 다른 공통적 증상을 조심스럽게 서술했으므로, 언급하지 않은 증상이 유독 두드러진다. 여름의 심각한 호흡기 병리는 주목받지 못했을 수 있다. 또 다른 단서들은 첫 번째 팬데믹에서 벼룩으로 인한 전파가 지배적이었음을 말해준다. 프로코피우스는 의사와 간병인들이 병에 걸릴 특별한 위험이 없다고 했다. 가난한 사람들이 먼저 사망했다. 곧 살펴보겠지만, 전염이 이루어지는 공간적 시간적 유형은 첫 번째 파도가 전체적으로 퍼져나가는 과정에서 시종일관 쥐-벼룩의 메커니즘이 우세했다. 모든 증거들을 종합해 보면 유스티니아누스 페스트는 팬데믹의 배경인 보이지 않는 동물 유행병이라는 재앙에 종속적이었으며, 동물들의 죽음의 파도에 인간도 불시에 휘말려 들었음을 알 수 있다.[54]

펠루시움에서 시작된 페스트는 두 갈래로 나뉘어 퍼져나갔다. 하나는 서쪽으로 향하여 알렉산드리아에 이르렀다. 프로코피우스에 따르면, 그것은 단지 이집트의 나머지 지역을 감염시켰을 뿐이었다. 페스트가 제국으로 퍼져나가는 통로에서 나일강이 배제되었다는 날카로운 관찰이다. 그리고

53) John of Ephesus, in Chronicle of Zuqnin, tr. Witakowski 1996, p. 88. Also Agathias, Hist. 5.10.4. Sallares 2007b, 235.

54) 후기의 발병, Evagrius, Hist. Eccl. 4.29(178)는 후두 질환을 설명한다. 특별한 위험에 처하지 않은 의사들(투키디데스의 모델에 정면으로 모순된다는 것을 주목할 수 있다): Procopius, Bell. 2.22.23. 부보닉의 주요 징후들: 또한 Allen 1979, 8. Sallares 2007b, 244는 폐렴 페스트가 우리의 (비의료적) 자료보다 더 중요하게 다루어졌어야 한다고 지적한다.

동쪽으로는 팔레스타인으로 향했다. 두드러진 운명의 한 획을 그으며, 요한은 알렉산드리아에서 팔레스타인을 지나 메소포타미아 그리고 소아시아를 여행했다. 이집트 변방의 한 도시는 "일곱 명의 남성과 열 살짜리 어린 소년 하나만 남은 채 완전히 소멸되었다." '팔레스타인 전체'를 통틀어 도시와 마을 모두 '주민이 하나도 남지 않은 상태'였다. 페스트는 시리아와 메소포타미아에도 퍼졌다. 요한이 소아시아의 중심부를 지나 콘스탄티노플을 향해 걸어서 이동하는 동안, 역병은 그의 일행을 뒤쫓아왔다. "모든 이들과 마찬가지로, 날마다 우리도 무덤의 문을 두드렸다." "우리는 신음하는 황량한 마을과 땅 위에 널려 있는 시신들을 보았다. 그들을 매장하거나 치울 사람이 아무도 없었다."[55)]

페스트는 두 가지 속도로 움직였다. 바다에서는 빠르게, 육지에서는 느리게. 배를 쳐다보기만 해도 소름이 끼쳤다. 요한은, "바다 한가운데에서 신의 분노가 갑자기 선원들을 공격한 배들이 있었다. 선장의 무덤이 되어버린 배는 시체들을 실은 채 파도 위를 계속 떠다녔다"라고 끔찍한 유령선에 대해 기록했다. 바다에는 유령이 출몰했다. "많은 이들이 청동으로 된 배의 형상을 보았고, 머리가 잘린 사람을 닮은 모습들이 그 위에 앉아 있는 것을 보았다. …… 머리가 없는 검은 사람들이 앉아 있는 반짝이는 배가 바다 위를 빠르게 흘러갔다. 그 광경을 본 사람들은 혼이 쏙 빠질 지경이었다." 프로코피우스가 기록한 좀 더 의학적인 관찰에서는, "병은 언제나 해변에서 시작

55) 두 갈래: Procopius, Bell. 2.22.6. "완전히 파괴되었다": John of Ephesus, in Chronicle of Zuqnin, tr. Witakowski 1996, p. 77. "팔레스타인 전체": John of Ephesus, in Chronicle of Zuqnin, tr. Witakowski 1996, p. 77. "날마다": John of Ephesus, in Chronicle of Zuqnin, tr. Witakowski 1996, p. 80.

되어 내륙을 향해 퍼져나갔다."[56]

감염된 쥐가 일단 상륙하면, 질병은 로마의 운송망을 따라 확산이 가속화되었다. 로마의 도로 위로 수레와 마차들이 밀항한 설치류를 실어 날랐다. 맥코믹은 6세기 갈리아에서는 강물이 페스트의 중요한 통로가 되었음을 보여주었다. 그러나 예르시니아 페스티스는 인간과 독립적으로 전파되기 때문에 확산이 은밀하게 진행된다. 쥐들이 갈 수 있는 곳이면 어디든지 퍼질 수 있다. 프로코피우스는 페스트가 침입한 곳마다 서서히 번져나가는 것을 주목했다. 그것은 "언제나 일정한 간격을 두고 퍼져나가고 진행되었다. 마치 미리 짜놓은 계획대로 움직이는 것처럼 보였다. 각 장소에서 정해진 시간 동안 머물렀다. 아무도 그것을 미미한 문제로 치부할 수 없을 정도라는 게 확실해질 때까지. 그리고 그곳에서 여러 다른 방향으로 사람이 사는 곳의 끝까지, 숨겨진 구석 하나라도 놓칠세라 퍼져나갔다. 사람이 살고 있는 곳이라면 섬이든 동굴이든 산꼭대기라도 놓치지 않았다." 역병은 고대 시골의 깊숙한 곳까지 퍼졌다.[57]

전이 속도는 밑바탕이 되는 동물유행병의 진행 일정에 복잡하게 맞춰져 있다. 예르시니아 페스티스는 전파되는 곳 어디에서나 처음에는 쥐의 군락을 통해 조용히 확산되었다. 쥐 개체군이 무너지면, 벼룩들은 절박하게 혈

---

56) "바다 한가운데에 배들": John of Ephesus, in Chronicle of Zuqnin, tr. Witakowski 1996, p. 75. "많은 이들이 보았다": John of Ephesus, in Chronicle of Zuqnin, tr. Witakowski 1996, p. 77. "병은 언제나": Procopius, Bell. 2.22.9, tr. Kaldellis.

57) 강: McCormick 1998, esp. 59~61. "언제나 일정한 간격을 두고 움직인다": Procopius, Bell. 2.22.6~8, tr. Kaldellis. cf. also John of Ephesus, in Chronicle of Zuqnin, tr. Witakowski 1996, p. 85~86: "모든 곳에 소문이 먼저 당도하고, 그러고 나서 재앙이 닿는다. 도시나 마을에 죽음의 신이 나타나고, 신속하고 맹렬하게 1마일, 2마일, 3마일 떨어진 주위의 다른 거주지에 퍼져나간다."

액을 찾아 나섰다. 흑사병을 연구하는 역사학자 올레 베네딕토우Ole Benedictow는 이러한 주기가 평균 2주 정도 걸렸으리라고 추정한다. 굶주린 벼룩들은 선택의 여지가 없어지자, 인간에게 달려들었다. 인간 감염병이 시작되었다. 마르세이유에서 페스트가 발생했을 때, 갈리아의 주교인 투르의 그레고리우스Gregory of Tours는 스페인에서 페스트에 감염된 배가 도착하자마자 한 가족 여덟 명이 사망했다고 설명했다. 그러고 나서 잠시 소강상태가 있었다. 우리는 그것을 동물유행병의 시한폭탄이 똑딱거리는 기간으로 인식할 수 있다. 곧 인간 페스트가 폭발했다. "밀밭에 불이 붙은 것처럼, 도시가 갑자기 전염병으로 타올랐다." 두 달 뒤, 페스트가 잦아들었다. 아마도 여름 기온이 올라갔기 때문일 것이다. 모두 깨끗이 사라졌다고 믿고, 사람들이 귀향했다. 그러나 페스트는 다시 퍼졌다.[58)]

위태로운 생활환경에 거주하는 가난한 사람들이 설치류와 근접하는 것은 불가피한 일이었다. 빈곤층이 흑사병에 먼저 굴복했지만, 결국은 부유층들도 휩쓸려갔다. 유스티니아누스 페스트는 먼저 "빈곤층을 맹렬하게 공격하기 시작했고, 그들은 거리에서 쓰러졌다." 결국 대학살은 마구잡이로 일어났다. 그것은 "크고 작은 집, 아름답고 탐나는 집에서도 일어났다. 집은 그곳에 살던 이들의 무덤이 되었고, 갑자기 하인과 주인이 동시에 죽어서, 집안에는 썩어가는 시신들이 뒤섞여 있었다." "사는 곳, 생활 습관을 지배하는 풍습, 성격에 의한 태도, 직업에 의해 사람들은 여러 방식으로 서로 다르다. 그러나 이 질병은 이러한 요소로도 차이를 만들지 못한다. 이 질병만은 동

58) 특히 Benedictow 2004를 참조. "밀밭에 불이 붙은 것처럼": Gregory of Tours, Hist. Franc. 9.22, tr. Thorpe ("밀"을 "옥수수"로 미국에 맞게 번역).

등하다."[59]

알렉산드리아에서 예르시니아 페스티스가 확산되는 것을 막을 도리는 없었다. 제국의 혈류가 곡물 교류라면, 알렉산드리아는 그것을 퍼 나르는 심장이었다. 알렉산드리아의 전염병은 바다 건너에서도 불행의 예언을 불러일으켰다. 역병은 콘스탄티노플에 가 닿기도 전에 이미 두려움의 대상이었다. "1, 2년 전부터 온 도시에 소문이 퍼진 뒤 역병이 불시에 시작되었다. 그제야 비로소 도시에 도달한 것이다." 비상사태의 소식을 수도에 알리기 위해 제국의 배가 폭풍우 치는 겨울 바다를 헤치고 나섰을지도 모른다. 페스트는 542년 2월 말 즈음에 콘스탄티노플에 모습을 드러냈다. 전체 팬데믹 기간 중 가장 초기에 남아 있는 페스트의 지표는, 매우 적절하게도, 유스티니아누스가 공표한 칙령이다. 금융 길드는 대규모 사망률의 와중에 부채 상환을 보증할 도움이 필요했다. "죽음의 위험이 모든 곳을 관통하고 있다. 각자가 경험한 일을 상세히 듣는 것은 불필요한 일이다. …… 평소에는 거의 일어나지 않는 예상치 못한 일들이 많이 일어나고 있을 때." 서기 542년 3월 1일의 칙령이었다. 훨씬 더 나쁜 일들이 다가오고 있을 때였다.[60]

콘스탄티노플에서 발생한 첫 번째 페스트는 넉 달 동안 지속되었다. 프

59) 빈곤층의 흑사병: Benedictow 2004. "맹렬히 공격하기 시작했다": John of Ephesus, in Michael the Syrian, Chronicle, 235~236."It fell": John of Ephesus, in Chronicle of Zuqnin, tr. Witakowski 1996, p. 74. "사람들은 다르다": Procopius, Bell. 2.22.4, tr. Kaldellis.

60) 예언: John Malalas, Chron. 18.90, tr. Jeffreys; 7장을 참조. "역병이 불시에 시작되었다": John of Ephesus, in Chronicle of Zuqnin, tr. Witakowski 1996, p. 86. "위험": Justinian, Edictum 9.3, tr. Blume. 또한 Edict 7 and Novel 117을 참조. 연대기에 대해서 Stathakopoulos 2004; McCormick 1998, 52~53을 참조. Meier 2003, 92~93에서 나는 연대를 찾을 수 없었다. 나중 자료를 참조하면, 설득력 있는 프로코피우스의 기록에도 불구하고, McCormick 1998을 참작하지 않고 있다. 히파판테가 542년에 옮겨졌다는 사실(다음 장 참조)은 페스트의 도착 이전에 액막이로 행한 것일 수 있다.

로코피우스와 요한 둘 다 현장에 있었다. 서로 다른 정신세계를 지닌 두 사람의 증언은 놀라울 정도로 일치한다. 첫 번째 희생자들은 노숙자들이었다. 그리고 사망자 수는 증가하기 시작했다. "처음에는 평소보다 몇 사람이 더 죽었나. 그러나 사망자 수가 점점 더 증가했고, 마침내 하루에 오천 명에 이르게 되었다. 그 뒤에 하루에 만 명이 되었고, 더 많아졌다." 요한이 날마다 헤아린 숫자도 비슷하다. 오천 명을 찍고 나더니 7천 명, 만 이천 명, 만 육천 명이 매일 죽었다. 처음에는 공공질서가 지켜지는 것처럼 보였다. "남자들이 항구에 지켜 서 있었고, 교차로와 성문에서 사망자 숫자를 셌다." 요한은 사망자 숫자가 23만 명에 이를 때까지 끔찍한 집계가 이어졌다고 기록했다. "그 이후로는 시체들 숫자를 세지 않고 밖으로 내보냈다." 존은 30만 명 이상이 죽었을 것이라고 추정했다. 재앙이 닥치기 전까지 전체 인구를 오십만 명으로 간주하고 그 가운데 약 25만 명에서 30만 명을 사망자로 집계한다면, 조심스럽게 얻어진 추정치인 50~60퍼센트라는 흑사병 사망률의 범위 안에 정확하게 맞아떨어진다.[61)]

사회 질서는 흔들리다가 무너졌다. 모든 일이 멈췄다. 소매시장은 문을 닫았고, 기이한 형태의 식량 부족이 뒤따랐다. "모든 물자가 풍부한 가운데 도시에는 기근이 돌았다." "도시 전체가 폐허가 된 것처럼 멈춰 섰고, 따라서 식량 공급도 그쳤다. …… 식량이 시장에서 사라졌다." 돈이 있어도 물건을 살 수 없었다. 두려움이 거리를 뒤덮었다. "이름이 적혀 있는 꼬리표를 목이나 팔에 걸지 않고는 아무도 밖으로 나가려 하지 않았다." 궁정은 굴복했다.

61) "처음에는": Procopius, Bell. 2.23.2, tr. Kaldellis. "남자들이 지켜 서 있었고": John of Ephesus, in Chronicle of Zuqnin, tr. Witakowski 1996, p. 86~87. 흑사병 추정치: 아래를 보라.

대신들 무리도 단지 몇몇 하인만 남았을 뿐이었다. 유스티니아누스 자신도 페스트에 걸렸다. 그는 운 좋게도 감염에서 살아남은 1/5 중 하나였다. 국가 기구는 보이지 않게 되었다. "전체적인 경험을 요약하자면, [콘스탄티노플에서] 클리미스를 입은 사람을 전혀 볼 수 없었다고 말할 수 있을 것이다." 클리미스는 제국 질서의 얼굴이라고 할 수 있는 화려한 의복이었다.[62)]

도시는 곧 시체들로 포화상태가 되었다. 처음에는 고인의 가족들이 시체를 매장하려고 끈질기게 시도했다. 마치 진흙탕 속에서 간신히 서 있으려 애쓰는 것 같았다. "어디에서나 온갖 방식으로 혼란이 지배하기 시작했다." 엄숙한 의식은 물론이고 기본적인 환경의 통제조차 무너졌다. 황제는 거리에서 시체들을 치우는 일만으로도 악전고투했다. 프로코피우스와 요한 둘 다 유스티니아누스가 자신의 개인 서기인 테오도로스에게 비상사태에 대응할 준비를 하도록 지시한 것을 상세하게 설명하고 있다. 도시 주위에 구덩이를 팠고 그것은 시체로 다 메꿔졌다. 또 죽은 이들을 방수포로 싸서 해변으로 끌고 간 뒤 배에 싣고 해협을 건넜다. 프로코피우스에 따르면, 시카이Sykai에 있는 군사용 탑은 '서로 뒤엉킨 시체 더미'로 가득찼다고 한다. 요한은 더욱 생생하게 묘사했다. 죽은 이들은 '쌓아 올린 건초 더미처럼' 켜켜이 엇갈려 쌓여 갔다. 희생자들은 "발로 짓밟혀서 마치 썩은 포도처럼 뭉개져 있었다. …… 뭉개진 시체들은 가라앉아서 그 아래 고인 고름 속에 잠겨 있었다." 이것은 끔찍한 관음증이 아니다. 글자 그대로, 요한은 그가 '신의 분노에 의한 강력한 포도 착즙기'를 목격하고 있다고 생각했고, 그것은 시대의

62) "진정한 기근": Procopius, Bell. 2.23.19, tr. Kaldellis. "도시 전체가": John of Ephesus, in Chronicle of Zuqnin, tr. Witakowski 1996, p. 88. "아무도 나가려 하지 않았다": John of Ephesus, in Chronicle of Zuqnin, tr. Witakowski 1996, p. 93. "전체적인 경험": Procopius, Bell. 2.23.20, tr. Kaldellis.

종말을 알리는 징조였다.[63]

콘스탄티노플에서 일어난 페스트 발생의 생생하고 감각적인 기록은 제국의 나머지 부분에 깊이 퍼진 경악으로 인한 침묵과 대조된다. 우리의 증인들은 팬데믹이 '전 세계'를 삼켜버렸다고 주장했다. 로마 제국 전체와 그 너머에 있는 페르시인과 '다른 야만인들'에게도 재앙이 미쳤다. 역병은 쿠시와 남부 아랍을 포함한 동로마 전체를 덮쳤다. 팔레스타인, 시리아, 메소포타미아 그리고 소아시아까지 페스트가 맹위를 떨쳤다. 다른 연대기들은 역병이 다뉴브 지역, 이탈리아, 북아프리카, 갈리아, 스페인 그리고 영국의 섬들까지 퍼졌다고 기록하고 있다. 이들 보고서는 마치 색칠하기 그림책과도 별로 차이가 없지만, 완전히 무시할 수는 없다.[64]

첫 번째 팬데믹 지도는 어두운 그림자들로 가득차 있지만, 때때로 작은 빛줄기가 그것들을 밝힌다. 우리는 첫 번째 팬데믹에 대한 단서를 찾기 위해 눈을 크게 뜨고 조각조각 이어진 증거를 읽어 내야 한다. 두 가지 결정적인 질문을 해야만 한다. 첫째, 물리적인 지형과 인위적인 지형 양쪽의 관점에서 볼 때 어디에서부터 첫 번째 팬데믹이 시작되었는가와 둘째, 페스트가 침입한 지역에서 무슨 일이 일어났는가 하는 것이다. 예르시니아 페스티스의 생명 작용이 가장 중요한 지배적 요소이지만, 단지 그것만은 아니다. 병

63) "혼란이 지배하기 시작했다": Procopius, Bell. 2.23.3, tr. Kaldellis. "시체 더미": Procopius, Bell. 2.23.10, tr. Kaldellis. "짓밟힌": John of Ephesus, in Chronicle of Zuqnin, tr. Witakowski 1996, p. 91. "포도 착즙기": John of Ephesus, in Chronicle of Zuqnin, tr. Witakowski 1996, p. 96. Cf. Apoc. 14:19.

64) "전 세계": Procopius, Bell. 2.22.1 and John of Ephesus, in Chronicle of Zuqnin, tr. Witakowski 1996, p. 102. 페르시아인들: Procopius, Bell. 2.23.21. 다른 야만인들: Procopius, Bell. 2.23.21 and 2.24.5. 쿠시 왕국, 남부 아라비아 그리고 서로마: Michael the Syrian, Chron. 9.28, p. 235 and 240. 서로마에 대해서는 Little 2007b를 참조.

지도 19. | 예르시니아 페스티스의 여정: 펠루시움에서 팬데믹까지

이 퍼져나가는 경로는 어느 정도 팬데믹의 사회생태학적 맥락인 인간적 요소에 민감하다. 올바른 질문을 하는 것으로, 우리가 알고 있는 지식의 범위를 분명히 규정할 수 있고 최소한 허황된 추측을 억제할 수 있다.

우선 지중해 동쪽의 도시들이 타격을 크게 받았다. 알렉산드리아는 '몰락하여 폐허가 되었다.' 마구잡이식 기록에서 언급된 다른 피해 도시들은 예루살렘, 에메사(까마귀가 날아가는 내륙으로 70킬로미터 떨어진), 안티오크, 아파메아Apamea, 미라Myra 그리고 아프로디시아스Aphrodisias 등이다. 목록은 비교적 빈약한 편이다. 놀랄 만한 양상은 아니다. 동쪽에 있는 도시들 대부분이 타격을 입었으나, 알지 못하는 단서에 대해서는 엄격한 주의를 요한다. 사망률 자체가 이제까지 존재했던 증언들 대부분을 삼켜버렸다.[65]

고대의 질병 발생 규모를 제한하는 주요인은 유스티니아누스 페스트 이

전에는 병원체의 이동성이었다. 고대 사람들 대부분은 여행과 소통이 원활하지 않은 덕택에 어느 정도 보호를 받았다. 상호 교류가 이루어지던 로마 제국에서조차 생활은 기계화되지 않은 운송 수단의 느린 속도에 맞춰 움직였다. 인구 통계에서 지배적 역할을 하는 농촌이 사망률 위기의 충격을 완화해 주었다. 도시는 천연두 바이러스처럼 사람과 사람이 직접 전파하는 병원체에 가장 취약했다. 현대의 문헌은 유스티니아누스 페스트를 서술할 때 도시에서 가장 심각한 피해를 입었으리라고 무심코 가정한다. 그러나 그런 가정은 폭력적인 페스트 박테리아의 비밀을 찾는 여정을 잘못된 방향으로 이끈다.[66)]

페스트는 다르다. 예르시니아 페스티스는 움직이는 인간 감염자들 사이에서 직접 전파되는 것에 의존하지 않는다. 환경의 오염에 의해 퍼지는 것도 아니다. 쥐들이 같은 장소에 밀집되어 있지 않은 한, 인간 개체군 집단의 밀도는 거의 중요하지 않다. 매개체인 설치류는 농촌 정착지나 야생에 많이 살았다. 인간의 교역과 소통망은 멀리 떨어진 쥐의 서식지로 박테리아를 빨리 확산시키는 촉매에 불과했다. 예르시니아 페스티스는 어디에나 존재하면서 밀집한 설치류의 네트워크를 통해 거침없이 확산되었다. 페스트 팬데믹이 전염의 매개체로서 다른 작은 포유류나 인간의 기생충도 이용할 수 있음을 고려하면, 그 다양한 가능성 때문에 퍼져나가는 추진력이 배가됨을

---

65) 알렉산드리아: John of Ephesus, in Chronicle of Zuqnin, tr. Witakowski 1996, p. 93. Michael the Syrian, Chron. 9.28, p. 236. 예루살렘: Michael the Syrian, Chron. 9.28, p. 238; Cyril of Scythopolis, Vit. Kyr. 10 (229). 에메사: Leontios of Neapolis, Vit. Sym. 151. 안티오크: Evagrius, Hist. Eccl. 4.29 (177). 아파메아: Evagrius, Hist. Eccl. 4.29 (177). 미라: Vita Nich. Sion. 52. 아프로디시아스: Roueché and Reynolds 1989, no. 86(대역병에 대한 참조로는 거리가 멀다).

66) 적절하게는 Sallares 2007b, 271.

알 수 있다.

첫 번째 팬데믹에서, 예르시니아 페스티스는 거침없이 시골 전역으로 퍼져나갔다. 도저히 막기 힘든 정상적인 예상을 뒤엎은 사태였다. 농작물은 수확하지 못한 상태로 밭에 남아 있었고, 포도는 덩굴에서 썩어나갔다. 지중해 동부 지역에서는 팬데믹의 촉수가 점점이 흩어져 있는 시골 마을까지 뻗어나갔다. 시케온Sykeon의 성자 테오도르Theodore는 열두 살 때 부보닉 페스트에 걸렸다. 페스트가 그의 마을까지 침입했던 것이다. 아나톨리아 중심부를 가로지르는 로마의 도로변에 있었고, 가장 가까운 도시에서 약 18킬로미터 떨어진 곳이었다. 안티오크 근처의 기둥 꼭대기에 살았던 어떤 성자는 역병이 '나라 전체를…… 온 나라의 구석구석을' 휩쓰는 것을 목격했다. 페스트는 예루살렘의 배후 지역도 침범했다. 어떤 비문에는 트란스요르단Transjordan 지역에 있는 조라우아Zoraua라는 마을에 부보닉 페스트가 발생했음이 기록되어 있다. 이집트에서는 알렉산드리아에서 강 상류로 약 38킬로미터 떨어진 '멘디스Mendis 사막'의 감옥에 있던 어떤 성자가 페스트에 걸렸다.[67]

서쪽에서는 증거가 더욱 드문드문 발견된다. 페스트는 북아프리카, 스페인, 이탈리아, 갈리아, 독일 그리고 영국으로 침입했다. 그러나 전파 경로와 침투 수준은 모호하다. 역병은 아프리카에서 '불이 붙었다.' "페스트가 남자와 여자 그리고 그들 주위의 비틀거리는 세계를 파괴하기 시작했다." 이베리

67) 밭에 있는 농작물: John of Ephesus, in Michael the Syrian, Chron. 240. 테오도르: Vita Theod. Syk. 8. 안티오크: Vita Sym. Styl. Iun. 69. 예루살렘: Cyril of Scythopolis, Vita Kyriak. 10 (229). 조라우아(지도 21에 위치 표시함): Benovitz 2014, 491; Feissel 2006, 267; Koder 1995. 이집트: John of Ephesus, Lives of the Eastern Saints, 13, vol. 1, p. 212. 위치에 대해서는 Harvey 1990, 79를 참조.

아 반도에서는, 첫 발병부터 '스페인의 거의 모든 지역이' 공격당했다. 이탈리아에는 섬뜩한 침묵이 드리워져 있다. 오직 하나의 기록만이 이탈리아에서 병이 발생했음을 확인해준다. 갈리아에서는, 그리고 오직 갈리아에서만, 더 나은 정보가 있다. 프랑스의 역사학자로, 많은 저작을 남긴 투르의 주교 그레고리우스가 페스트로 타격을 입은 세계에 대해 알려준다. 그가 남긴 정보는 아주 중요하다. 543년에 감염된 쥐들이 갈리아의 아를 해안에 상륙했다. 페스트는 강의 운송망을 따라 북쪽으로 퍼져나갔다. 첫 발생 때는, 어린 소년이던 그레고리우스가 살던 오베르뉴Auvergne 지역의 클레르몽Clermont까지는 닿지 않았다. 병은 슬금슬금 북쪽으로 번져가 트리에Trier와 랭스Rheims에 이르렀다. 영국 해협을 건넌 페스트는 544년 즈음에는 유럽의 서쪽 한계선에 다다른 것처럼 보인다. 아일랜드에서는 576년에 발생한 기록이 연보에 남아 있으나, 페스트의 영향이 얼마나 심각했는지 모호하다가 660년에 주요 사례가 발견된다.[68)]

역설적으로 서쪽에서는 낙후된 연결 체제로 인해 페스트 박테리아의 전파 속도를 늦출 수 있었다. 그러나 이러한 논의를 너무 지나치게 확신할 수는 없다. 예상할 수 있는 모든 곳에서 페스트가 발생했다는 증언이 있는 게 사실이다. 가장 놀라운 증거는 우리가 생각하기에 팬데믹이 미치지 못했을 거라고 생각한 장소에서 나왔다. 독일 남부의 뮌헨 외곽 아스하임Aschheim과 알테네르딩Altenerding에 있는 공동묘지 두 곳에서 예르시니아 페스티스의 고

68) 아프리카: Corippus, Ioh. 3.343~389. Victor of Tunnuna, Chron. an. 542. 스페인: Consularia Caesaraugustana, see Kulikowski 2007. 이탈리아: Marcellinus Comes, Chron. an. 542. 갈리아: Gregory of Tours, Hist. Franc. 4.5; Gregory of Tours, Glor. Mart. 50; Gregory of Tours, Glor. Conf. 78 (확실하지 않지만 첫 번째 파도); Gregory of Tours, Vit. Patr. 6.6 and 17.4 (아마도 첫 번째 발생 때). 영국의 섬들: Maddicott 2007, 174.

ㅎ분자학적 증거가 발견되었다. 아스하임의 공동묘지는 6세기에서 7세기까지 사용되었다. 백 명도 안 되는 정착민들을 위한 초라한 묘지였다. 6세기 중반에 이례적으로 매장이 빈번해진 것으로 보아, 위기에 의한 사망임을 의심할 수 있었다. 사망자들의 DNA를 분석한 결과, 예르시니아 페스티스의 희생자들임이 밝혀졌다. 박테리아가 여기까지 도달했던 것이다. 서쪽에 있는 외딴 시골 벽지에서 페스트를 발견했을 때의 파장을 과장이라고 할 수 없는 것이다. 페스트가 그곳까지 갔다면, 우리의 지도에서 인식되지 않은 채 모호하게 남아 있는 다른 지역들에도 페스트가 침입했을 것이다.[69)]

경이로운 분자 분석은 계속해서 우리를 무지에서 구원해 주었다. 다른 유전 물질의 파편들이 그곳에 남아 있다. 집단 매장의 형태로 인해 유스티니아누스 페스트가 고고학적 흔적을 남기지 않는 사례가 너무 자주 반복되곤 했다. 맥코믹의 엄청난 작업은 이제 그 반대가 진실임을 밝혀내고 있다. 그는 대량 매장이 갑자기 급증한 것이 부보닉 페스트와 연관되어 있다는 사실을, 약 85가지 고고학적 특징의 목록으로 보여주는 강력한 사례를 구축했다. 폭력과 다른 자연재해도 물론 고대 후기의 몇몇 대량 매장을 설명해준다. 그러나 바이에른에서 나온 확고한 유전적 증거로 인해 예르시니아 페스티스가 영국에서부터 팔레스타인의 경계에 이르기까지 매우 친밀하며 보수적으로 행해지던 매장의 엄숙함을 무너뜨렸다고 결론을 내렸다. 유스티니아누스 페스트는 광대한 궤적을 남겼다.[70)]

---

69) 아스하임: Wagner et al. 2014; Harbeck et al. 2013; Wiechmann and Grupe 2005. 공동묘지에 대하여: Gutsmiedl-Schümann 2010; Staskiewicz 2007; Gutsmiedl 2005. 알테네르딩: Feldman et al. 2016. 중세의 팬데믹 게놈 또한 분석되었다: Bos et al. 2011; Schuenemann et al. 2011; Haensch et al. 2010.

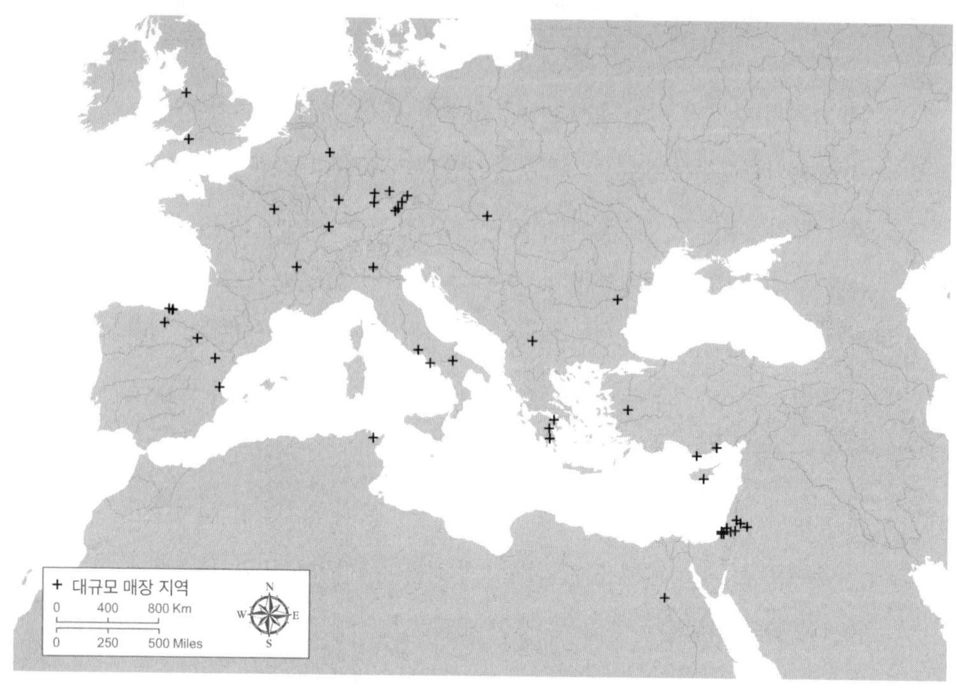

지도 20. | **대규모 사망 사건의 지형도** (McCormick 2015 and 2016 자료에 근거)

첫 번째 팬데믹 기간에는 누구든 페스트의 마수에서 벗어나면 뉴스거리가 되었다. 사막에 거주하는 무어인, 터키인 그리고 아랍인들은 전 세계적 재앙에서 배제되었다고 기록되었다. 아프리카에서 번진 페스트를 묘사한 시에서는, 로마인들은 병에 걸려 전멸했으나 '원한에 찬 부족들은' 살아남았다고 강조한다. 터키인들은 "처음부터 그 시기에 감염병이 유행하는 것을 본 적이 없다"며 자랑했다. 그리고 역병이 아라비아의 중심부를 그냥 지나간다는 통념이 늘 있었다. "메카도 메디나도 근동의 다른 곳에서 발생한 역병의 영향을 받지 않았다." 7세기의 유명한 성 캐서린 수도원 원장인 시나이의 아나스타시우스는 신앙이 없는 이들이 거주하는 '건조한 사막' 지역은

70) McCormick 2016 and 2015.

그림 6.5 | 세기별 대량 매장 (McCormick 2015 and 2016 자료에 근거)

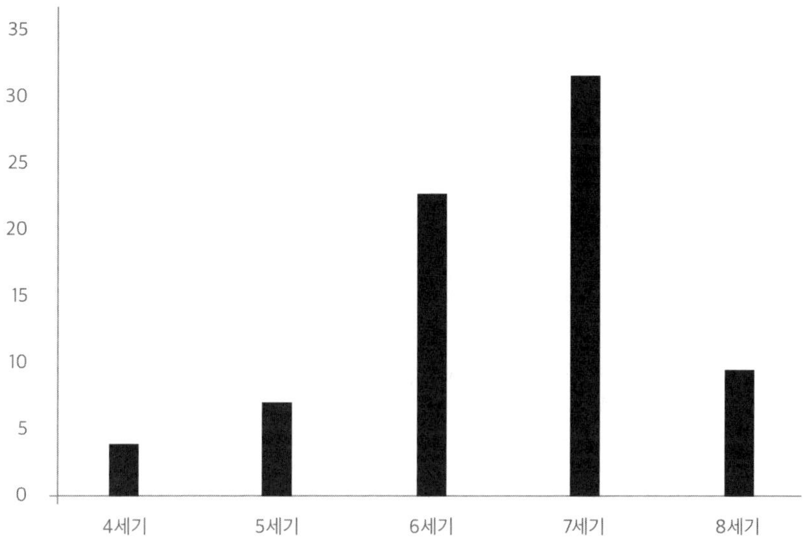

'결코 페스트를 경험하지 않는다'라고 기록했다. 무어인들, 터키인들 그리고 아라비아의 중심부에 거주하는 이들은 모두 유목 생활을 공유했다. 생태학적 설명은 자명하다. 정주하지 않는 사회 유형이 쥐-벼룩-페스트의 치명적 결합을 막는 방어 기제 역할을 했다는 것이다.[71]

페스트는 한밤중에 침입한 도둑과도 같았다. 2세기에 걸쳐 인구를 증가시키려던 집단 전체의 고통스러운 노력이 순식간에 역전되었다. 사망자 수는 규정하기 힘들었다. 요한은 페스트에 걸린 천 명 가운데 한 명도 살아남기 힘들다고 주장했다. 신뢰도 면에서 과장된 이야기일 것이다.《비밀스러운

---

71) 무어인: Corippus, Ioh. 3., tr. Shea. 터키인: Theophylact Simocatta 7.8.11, tr. Whitby and Whitby. "메카도 메디나도": Conrad 1981, 151. 또한 Little 2007b, 8을 참조. Anastasius of Sinai, Ques. Resp. 28.9 and 66, tr. Munitiz.

역사》에서 프로코피우스는 페스트의 와중에 인구의 절반이 사망했다고 주장했다. "역병이 발생하여…… 총 인구의 '절반'이 사라졌다." 페스트는 '농민들 대부분을' 휩쓸어 버렸다. "그래도 죽어간 이들만큼 사람들이 살아남았다. 병에 아예 걸리지 않았거나 혹은 병에 걸린 뒤에도 회복된 사람들이었다." 팔레스타인의 어느 비석에는 6세기 후반에 발생한 역병으로 인해 인류의 1/3이 절멸했다고 기록되어 있다. 첫 번째 팬데믹의 세계적 사망률에 대해 우리가 찾아낸 증언들이다.[72)]

고대 사회는 늘 시골의 비중이 컸다. 그때까지 인구의 85~90퍼센트는 도시의 외곽에서 살았다. 이전의 팬데믹과 페스트 팬데믹을 가를 수 있는 특징은 농촌 지역을 감염시키는 능력이었다. 그것이 예전에 왔던 팬데믹보다 페스트 팬데믹이 훨씬 더 치명적이었던 이유이다. 일단 유행이 시작되면, 살인 박테리아인 예르시니아 페스티스의 생명 작용은 강력했다. 페스트는 근본적으로 무차별적이었고, 고대의 저자들은 그것을 강조하고자 했다. 남녀노소, 부자와 가난한 자 모두 죽음의 행군 앞에 쓰러졌다. 그러나 특히 허약한 이들이 사망했다. 예르시니아 페스티스처럼 가공할 적에게 대항할 때조차, 개체군의 근본적인 생물학적 상태가 전혀 상관없는 것은 아니었다. 유스티니아누스 페스트가 시작되기 수년 전부터 변칙적인 기후 변동으로 인해 식량 공급이 줄어든 상태였다. 로마 세계의 불결한 질병 환경은 거주자들의 건강을 좀먹었고 면역 체계를 부실하게 만들었다. 이러한 변수들은 모두

---

72) 천 명 중에 한 명도 살아남지 못했다: John of Ephesus, in Michael the Syrian, Chron. 9.28, p. 240. "역병이 발생하여": Procopius, Anek. 18.44, tr. Kaldellis. 농민들 대부분: Procopius, Anek. 23.20, tr. Kaldellis. "적어도 죽어간 이들만큼": Procopius, Anek. 6.22, tr. Kaldellis. 비석: I. Palaestina Tertia, Ib, no. 68. 또한 nos. 69~70 and Benovitz 2014, 491~492를 참조.

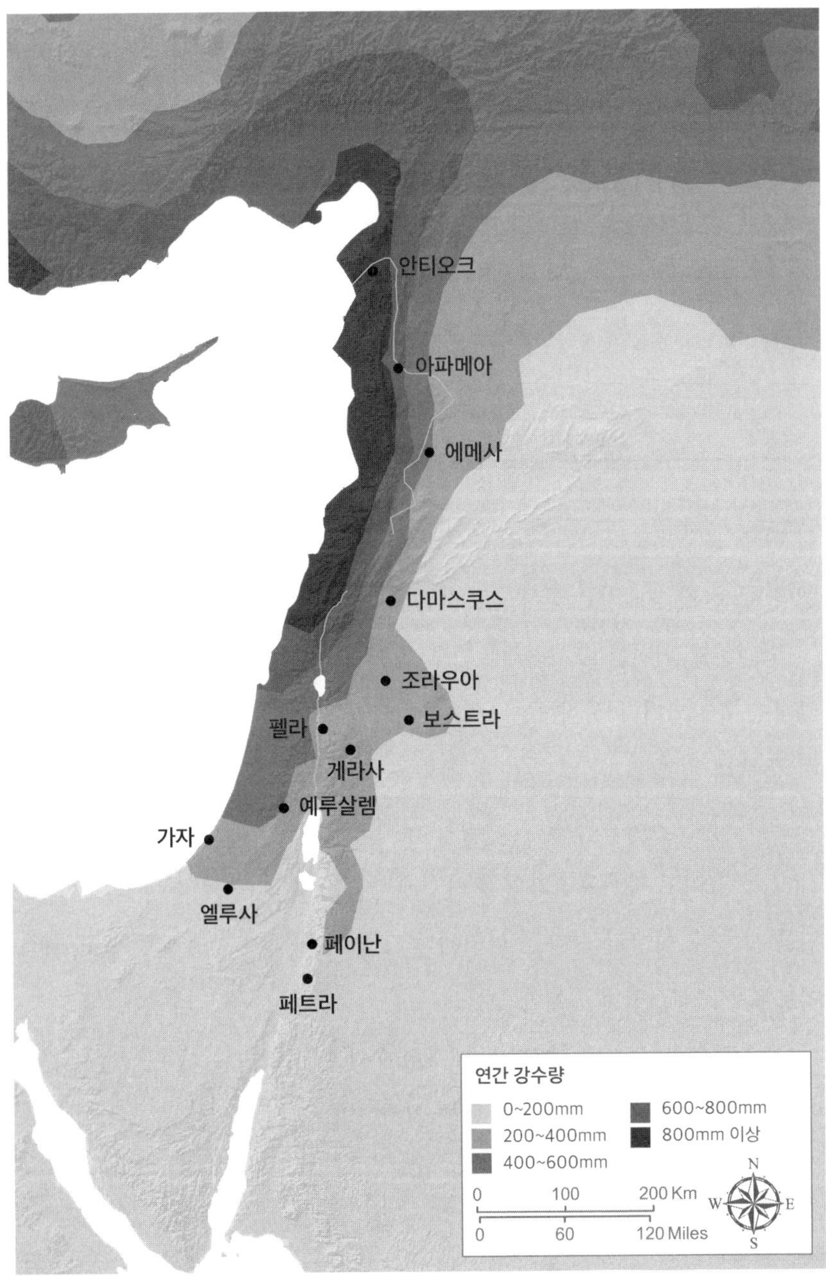

지도 21. | 근동의 페스트 생태계

지역	사망률(%)
영국	62.5
프랑스	60
사보이(프랑스 남동부의 지방, 공국)	60
랑그도크(프랑스 남부의 옛 주)/포레forais	60
프로방스	60
이탈리아	50~60
피에몬테(이탈리아 북서부의 주)	52.5
토스카나	50~60
스페인	60

첫 번째 팬데믹이 닥치기 직전 로마의 인구 집단이 취약한 상태였음을 나타낸다. 첫 번째 팬데믹은 굶주리고 쇠약한 이들을 쓰러뜨렸다.[73)]

엄격하고 철저한 조사 끝에, 악명 높은 중세 흑사병의 사망률 추정치는 그대로 유지되거나 심지어는 상향 조정되었다. 중세 후기의 문헌들은 상당히 풍부해서, 훨씬 더 밀도 높은 기록을 바탕으로 사망자 수가 재구성되었다. 역사학자들 대부분은 "흑사병이 14세기 중엽에 처음 발생했을 때 유럽과 중동 그리고 북아프리카의 총인구 중 약 40~60퍼센트가 사망했다"라고 입을 모은다. 사망자 숫자는 나라마다 조금씩 차이가 있을 뿐이었다. 베네딕토우가 조심스럽게 집계한 숫자들은 흥미로운 사실을 드러낸다.[74)]

기본적으로 유스티니아누스 페스트에 대한 우리의 지식 또한 사망률이 인구의 절반까지 이르렀다는 결론과 일치한다.

페스트는 즉시 생활의 정상적인 리듬을 요동치게 했다. 수확해야 할 농

---

73) DeWitte and Hughes-Morey 2012.

작물이 밭에서 그냥 썩어나갔다. 식량은 거의 바닥이 났다. 그러나 당시 인구가 줄어들면서 오히려 평소보다 남아돌았다. 반대로 임금은 치솟았다. 544년의 유스티니아누스 칙령에는, "주 하나님의 인간에 대한 사랑[즉, 페스트]에 의해 교정이 이루어진 뒤, 거래하고 설계하는 일을 하는 사람들, 여러 수공업에 종사하는 사람들, 농사를 짓는 사람들, 심지어 선원들까지, 일을 더 잘 해낼 생각을 해야 하는 이들이 탐욕에 빠져서 고대의 관습에 어긋나는 두 배, 세 배의 임금을 요구하고 있음을 우리는 알게 되었다"라는 구절이 나온다. 상속 제도는 혼란에 빠졌고, 광범위한 신용망 경제 속에 있던 은행은 상속자들에게 절박하게 채무의 이행을 촉구했다. 교회를 제외하고는 건축 사업이 멈췄다.[75)]

국가는 휘청거렸다. 유스티니아누스는 1파운드의 1/72이라는 신성한 기준에 미달하는 금화를 발행했다. 콘스탄티누스 이후 처음으로 금 통화를 조작한 것이었고, 이것은 고위층을 분개하게 만들었다. 군대는 이미 지나칠 정도로 세력을 확장했고, 계급 체계는 심하게 훼손되었다. 페스트는 전례 없는 재정적-군사적 위기의 서곡이었다. 이어지는 세대에서, 로마 국가는 군대를 동원하기 위해, 그리고 그 비용을 대기 위해 더 자주 분투해야 했다. 유스티니아누스는 인구통계학적 재앙이 이어지는 몇 년 동안 세금 체납을 용인해주지 않았는데, 마침내 553년에 이르러서야 그것을 후회하게 되었다. 그는 전반적으로 세금 부담을 줄여주는 쪽으로 기울었다. 살아남은 이들은

---

74) "흑사병": Green 2014a, 9. Benedictow 2014, 383, Table 38. Campbell 2016, 14: 1380년대까지는, 유럽 인구의 50퍼센트가 순감소한다by the 1380s, net decline in the European population of 50%; 또한 310페이지의 40~45%는 영국에서 첫 번째 파도가 일어났을 때 숫자이다. Borsch 2014에는 이집트에서 흑사병에 대한 내용이 실려있다. Toubert 2016, 27; DeWitte 2014, 101.

재정 압박에 짓눌렸다. 그의 통치기 중반에 제국은 로마 역사상 가장 높은 세율을 부과했던 것 같다. 정권에 대한 프로코피우스의 비판은 재정적 강탈에 대한 것이었다. 한편 개혁 과제는 삐걱거리다가 중단되었다. 피터 사리스Peter Sarris는 533년과 542년 사이에 공표된 142개 칙령과 법령을 세어보았다(연간 14.2개). 543년에서 565년 사이에는 총 31개였다(연간 1.3개). 다음 장

75) "우리는 알게 되었다": Justinian, Novella 122 (AD 544). 물가/임금: Harper 2016a. 건축 사업: Di Segni 1999. 그러나 특히 교회 건축의 연속성에 대한 중요한 관찰을 참조. 7장에서 심화된 내용을 보라. 첫 번째 팬데믹에 대해 연구한 학자들 대부분은 그것이 획기적 중요성을 띤 사건이라는 일치된 결론에 이른다. Durliat 1989는 팬데믹이 상대적으로 중요하지 않다고 주장한 유일한 연구이다. 비록 Horden 2005는 조심스럽고 Stathakoupolos 2004 is measured는 신중하지만. 이 시기를 더 보편적으로 연구하는 학자들은 페스트를무시하거나 축소해서 볼 때도 있을 것이다(예를 들어, Wickham 2016, 43~44; Wickham 2005). Durliat는 비문과 파피루스 증거의 빈약함을 고려했으나, 다른 것들로는 거의 입증 불가능하다. 미니멀리스트의 주장이 왜 지지부진한 것인지 간단히 요약하는 것이 유용할 것이다. (1)예르시니아 페스티스의 생물학적 정체가 지금은 확정되었다. 유스티니아누스 페스트의 변종과 흑사병의 원인이 된 변종 사이에서 의학적으로 유의미한 유전적 변이가 발견되지 않는 한, 그리고 그 반대가 사실이 아닌 이상, 실제적으로 논의는 종결된다. (2)역학적으로 접근하면 팬데믹이 광범위하게 영향을 미쳤음을 감지하게 된다. 특히 시골 지역을 관통하는 팬데믹의 힘이 치명적이었다. 뮌헨 외곽의 서로 다른 두 공동묘지에서 발견된 페스트 박테리아는 에페수스의 요한이 남긴 문서 이후로 사실을 밝힐 가장 중요한 증거이다. 분자 증거는 문학적 자료를 정당화한다. 만약 페스트가 '여기'에 있었다면, 어디에나 있었을 것이다. (3)생태학적 타당성은 과장하는 이들의 해석에 근거가 된다. 따라서 팬데믹 사례의 타당성이 신중하게 제시되어야 한다. (4)미니멀리스트의 경우는 문학적 증거를 완전히 버려야만 한다. 전혀 이질적인 세계관을 가진 저자들이 제국의 전혀 다른 장소에서 동시에 과장해서 대규모 사망 사건을 보고했다고 말하려면 매우 비약적인 믿음이 필요하다. 문학적 증거는 현저한 일관성을 보인다. 큰 그림에서 볼 때, 이 책이 대규모 팬데믹을 기록한 고대 자료가 제멋대로가 아님을 명확히 하는 데 도움이 되기를 바란다. 고대 로마에는 기록이 잘 남아 있는 세 가지 팬데믹이 있다. 안토니누스, 키누리아누스, 유스티니아누스 역병이다. 이들 각각은 일반적, 지역적, 감염병적 배경에서 두드러지게 눈에 띈다. 더욱이 문학적 증거와 물리적 증거가 강력하게 일치하고 있다. 우리의 고대 저자들은 시간이 흐를수록 더욱 신뢰도가 증가하고 있다. (5)지속적으로 축적되는 증거가 미니멀리스트 주장의 근거를 약화시키고 있다. 예를 들어, 제국의 중심으로부터 아주 먼 곳에서 발견된 유골에서 페스트가 발견되는 것, 대규모 사망을 기록한 비문들, 새롭게 발굴된 많은 숫자의 대량 매장 같은 증거들이다. (6)다음 장에서는 갑작스러운 인구 감소의 오랜 영향을 추적한다. 나는 이 분석이 갑작스러운 인구학적 재앙이 어떻게 2~3세대에 걸쳐 발생했고 국가의 몰락을 어떻게 이끌게 되었는지에 대한 그럴듯한 모델을 제공한다고 믿는다. (7)다음 장에서는 팬데믹에 대한 문화적 대응을 추적한다. Meier 2016에서 설득력 있게 논의하듯이, 다른 모든 증거와 독립적으로 일어난 극적인 문화적 변동이 배경이 된 위기의 심각성을 암시한다.

에서 살펴보겠지만, 인구통계학적 붕괴에서 동로마 제국의 몰락에 이르는 그리 복잡하지 않은 노선이 드러난다.[76)]

그러나 첫 번째 팬데믹 발생의 충격은 단지 시작에 불과했다.

죽음의 세기: 지속되는 페스트

일단 첫 번째 질병의 침입이 완료되자, 예르시니아 페스티스는 회피하는 책략을 사용했다. 천연두와 같은 바이러스는 생존자에게 면역 체계에 오래 지속되는 강한 면역력이라는 흔적을 남긴다. 페스트 박테리아는 생존자에게 단지 부분적이고 일시적인 면역력을 부여하는 정도이다. 특히 역사적 팬데믹의 경우, 문제는 완전히 해결되지 않는다. 에바그리우스 스콜라스티쿠스Evagrius Scholasticus는 첫 번째 팬데믹에서 한 번 감염되었던 몇몇 사람들이 나중에 두 번째로 발생한 페스트로 쓰러지는 경우가 있었다고 기록했다. 흑사병으로 인한 유사한 사례들이 있다. 인체의 적응력 있는 면역 체계는 기억을 보존한다. 이전의 전투 기억을 가지고 있는 특정한 B세포와 T세포가 그러하다. 그리고 현대 중국에서 연구한 바에 의하면, 페스트 생존자들은 재감염되는 사태에서 도움이 되기 위해 획득한 면역 도구들을 지니고 있다고 한다. 그러나 이러한 기억 세포들이 불패를 보장하지는 않는다. 획득한 면역 능력은 끝도 없이 지속되는 다면적 전투에 사용되는 추가적 무기에 가까울

76) 프로코피우스는 금화의 몰락을 '과거에는 일어난 적이 없는 사건'으로 생각했다: Anek. 22.38, tr. Kaldellis. Morrison and Sodini 2002, 218. Hahn 2000. 재정적-군사적 위기에 대하여는 7장을 참조. 법령들: Sarris 2006, 219; Sarris 2002, 174~175.

뿐, 박테리아의 침입을 완전히 봉쇄하지는 못한다.[77)]

페스트는 더 음흉하고 장기적인 책략을 가지고 있었다. 특정 환경에서만 생활할 수 있는 천연두 같은 질병은 잠복기와 발병 사이에 숨어 있을 동물 저장소가 없었다. 페스트는 더 끈질겼다. 첫 번째 밀어닥친 발생의 파도가 황폐한 풍경을 남기고 물러나자, 작은 집단들이 남았다. 페스트는 설치류들 속에 숨어 있었다. 강력한 면역력을 남기지 않으면서 동물 저장소에 잠복하는 페스트의 생물학적 무기 덕택에 첫 번째 팬데믹은 2세기에 걸쳐서 유행했고, 반복해서 대규모 사망 사건을 일으켰다. 진정한 평가를 내리자면, 첫 번째 팬데믹을 하나의 큰 폭발로 간주하지 말고 2세기에 걸친 연쇄 폭발로 생각해야 한다.

흑사병 이후의 중세 팬데믹은 유럽에서 4세기 동안 지속되었다. 우리는 최근에서야 그것이 어떻게 그렇게 오랜 시간 버틸 수 있었는지 좀 더 명료하게 알게 되었다. 예르시니아 페스티스가 서구의 풍토병이 된 것이다. 페스트는 공생 관계인 야생 동물 사이에서 유지될 수 있었다. 페스트의 주기적 재발은 예르시니아 페스티스의 본거지인 중앙아시아로부터 반복적으로 재침입한 것이 아니었다. 가장 전통적이며 새로운 형태의 증거가 이 사실을 가리킨다. 앤 카마이클Ann Carmichael의 탁월한 주장은 알프스의 산기슭과 알프스 마못을 숙주로 유지하는 것에 초점을 맞춰서 페스트를 풍토병으로 간주한다. 그리고 페스트 희생자로부터 추출한 새로운 게놈 증거로 나중에 발생한 박테리아 병원체가 흑사병의 직계 후손이라는 사실을 확정지었다. 서방에

77) 에바그리우스, Hist. Eccl. 4.29 (178). 흑사병: Benedictow 1992, 126~145. 중국: Li et al. 2012. 개관: Bi 2016.

침입한 이 박테리아는 머물고 싶은 만큼 지나치게 오래 머물다가 이상하게도 다시 사라졌다.[78)]

첫 번째 팬데믹은 541년에 예르시니아 페스티스가 도착한 이후 749년에 마지막 격렬한 몸부림에 이를 때까지 지속되었다. 2세기에 걸쳐 불규칙한 간격으로 페스트는 저장소로부터 폭발적으로 쏟아져 나오곤 했다. 전통적으로 이러한 폭발을 페스트의 연속적 '파도'로 취급했다. 여기에서는 그것을 신중하게 피하려 한다. 첫 번째 팬데믹에 대한 연구는 이러한 메타포에 사로잡혀 있었다. 첫 번째 침입은 파도와 같았다. 외부로부터 제국으로 들어와 넓은 호를 그리면서 바깥으로 퍼져나갔고, 엄청나게 많은 숫자의 설치류 개체군을 뚫고 마침내 서쪽 바다에 도달했다. 그 이후의 패턴은 복잡하고 비대칭적이었다. 사라지지 않고 지속된 예르시니아 페스티스의 생태계를 이해하고자 한다면, 오래된 메타포는 퇴출시켜야 할 것이다.[79)]

첫 번째 침입 이후, 페스트는 더 이상 외부에서 들어올 필요가 없었다. 최초의 확산으로 파괴된 잔재 속에 페스트는 재앙의 씨앗을 숨겨 두었다. 그 이후 2세기 동안, 우리는 내부의 박테리아 집단으로부터 다양한 규모로 증폭된 사건들이 일어났음을 살펴볼 수 있다. 관련 자료에 의하면 38건의 발병이 이어졌으며, 그들 중 몇몇은 서로 연결되어 있다. 증폭된 어떤 사건들은 지역적이며 일시적인 것처럼 보이고, 다른 것들은 멀리 영향을 미친 것처럼 보인다. 2세기에 걸쳐 이렇게 지속된 페스트의 복잡한 경로를 우리는 완전한 지도로 그려낼 수 없다. 그러나 이 격변기에 자연과 사회 사이에서

78) Carmichael 2014; Varlık 2014. Genetic: Bos et al. 2016; Seifert et al. 2016.

79) 종말에 이르기까지의 연대기에 대해서는 McCormick 2007, 292를 참조.

일어난 상호작용을 찾아볼 수는 있다. 지속적인 페스트의 생태계, 즉 동물들 사이에 잠복해 있는 페스트의 생명 작용은 언제 어디서 누출을 발생시킬지를 결정했다. 변화하는 제국의 인간 환경과 연결성은 부지불식간에 새로운 발생의 폭발력에 미묘하게 영향을 미쳤다.

페스트가 첫 번째로 다시 도래한 시기는 서기 620년경 콘스탄티노플이 지배하던 때였다. 중대한 확산 사건들이 자주 반복되었다. 해상 수송의 연결성이 발생의 폭발력을 증폭시켰다. 페스트 저장소의 진짜 위치는 불확실했다. 콘스탄티노플의 쥐 서식지가 페스트의 무활동 시기에도 발병의 씨앗을 배양하고 있었을 것이다. 그렇다 하더라도 페스트가 지방에서 유입되었을 가능성이 더 높다. 6세기 내내 콘스탄티노플은 지중해 동부 지역 전체 신경망의 중심으로 남아서, 촉수를 서쪽 멀리까지 뻗고 있었다. 유스티니아누스의 재정복이 남긴 진정한 유산은 지중해 서쪽 지역이 동쪽 지역과 질병 체계로 여전히 연결되어 있음을 확인한 것이다. 질병이 확산되는 사건은 거의 모든 곳에서 시작될 수 있었고, 콘스탄티노플로 향할 수 있었다. 수도는 제국의 세균을 모아서 전이 확산시키는 엔진 역할을 하는 중계소였다.[80)]

페스트가 처음으로 다시 나타난 것은 수도에서 맹위를 떨치고 난 뒤 16년이 지나서였다. 페스트는 완전히 사라진 적은 없었던 것처럼 보인다. "정말로 멈춘 적은 결코 없었다. 그저 한 장소에서 다른 장소로 옮겨 다녔을 뿐이다. 마치 폐허에서 살아남은 이들에게 휴식이라도 주는 것처럼." 어떤 희생자들은 "집이나 거리 혹은 우연히 가게 된 곳에서 정상적인 일을 보다가 갑

80) 이스탄불의 역할에 대해 Varlık 2015과 비교하라. 특히 페스트가 유지되었던 생태계에 대해 24p를 참조.

콘스탄티노플에 발생한 페스트(년)
542
558
573
586
599
619(?)
698
747

자기 숨졌다." 역사가 아가티아스Agathias는 여성보다 남성이 더 많은 영향을 받았다고 적었다. 아마도 수도의 상업과 공업 지역에서 설치류 개체군이 다시 증가했기 때문일 것이다. 수도가 공격을 받고 3년이 지난 뒤, 페스트는 아나톨리아 동쪽에서부터 시리아와 메소포타미아를 거쳐 페르시아 왕국에 이르기까지의 지역에서 유행했다. 수도에서 발생한 것이 퍼져나간 것인지 혹은 동쪽 지역의 페스트 저장소에서 발생한 것이 확산된 것인지는 분명하지 않다. 그로부터 다시 15년이 지난 뒤, 573~574년에 지역 간 확산된 역병이 동로마 제국을 휩쓸었다. 수도는 페스트의 세 번째 공격에 비틀거렸다. 도시의 하루 평균 사망자 수는 3천 명에 달했다. 586년에 역병은 수도에서만 40만의 인명을 빼앗았다고 (과장되어) 전해지지만, 콘스탄티노플을 벗어난 발생이 있었다는 보고는 없었다. 그러므로 지역에 국한된 현상이었을 것이다.[81)]

597년 무렵 테살로니카와 근처의 시골에서 페스트가 창궐했다. 우리는 이 사건을 자세히 살펴볼 수 있었다. 너무나 적막감을 자아내는 사망률이었기에, 동유럽으로 이주해온 적대적 야만인인 아바르족은 그것을 이용하려 했다. 그러나 다음 해 트라키아를 점령하면서 페스트가 그들에게 옮겨갔다.

아바르족의 지도자는 하루 만에 아들 일곱 명을 잃었다고 전해진다. 다음 페스트 시즌인 서기 600년에, 역병은 다시 수도에 침입했다. 사망의 규모는 기괴할 정도로 엄청났다. 시리아의 연보는 수도에서 38만이 죽었다고 기록한다. 일단 수도에 침입한 페스트는, 모든 곳으로 퍼져나간 것 같다. 육로로 비티니아Bithynia로 들어가 소아시아를 거쳐 시리아로 전파되었다. 또한 서쪽으로도 움직였는데, 아드리아해를 지나 북아프리카를 가로질렀고, 이탈리아의 서쪽 해안을 따라 올라가 로마에 이르러 끔찍한 결과를 낳았다. 역병이 증폭된 것은 발칸의 고원지대 어느 곳에 있던 야생 동물 저장소에서 시작되었을 것이다. 그리고 제국의 도시로 가는 길을 찾았고, 그곳에서 지중해를 건너는 항구를 향해 출발했다.

그러나 이것은 콘스탄티노플이 대규모 확산에 마지막으로 주요 역할을 한 것이다. 서기 542년과 619년 사이에 페스트는 평균 15.4년에 한 번씩 수도를 공격했다. 그 이후로 페스트는 128년 동안 두 번, 혹은 64년마다 한 번씩 발생했다. 이러한 급격한 변화는 지중해 동부에서 콘스탄티노플의 지배력이 쇠퇴하면서 이어진 것이다. 17세기 중반부터 콘스탄티노플은 첫 번째 팬데믹의 역학에서 지엽적이고 수동적인 역할을 하게 되었다.[82]

지중해 서쪽에는 팬데믹의 기록이 늘 빈약하다. 중세 초기는 이러한 세계에 장막을 덮었다. 우리는 그늘의 틈새로만 팬데믹 이력의 광대한 윤곽을 볼 수 있을 뿐이다. 희미한 불빛 속에서 우리의 눈이 속았을 가능성을 배제

81) "정말로 멈춘 적이 결코 없었다": Agathias, Hist. 5.10.1~2, tr. Frendo. "갑자기 숨졌다": Agathias, Hist. 5.10.4, tr. Frendo. 여성보다는 남성: Agathias, Hist. 5.10.4. Appendix B, Event #1; Stathakopoulos no. 134, 304~306을 참조. 아나톨리아, 시리아, 메소포타미아: Appendix B, Event #2; Stathakopoulos no. 136, 307~309. Amplification of AD 573~574: Appendix B, Event #3; Stathakopoulos no. 145, 315~316을 참조. 서기 586년의 확산 : Appendix Stathakopoulos no. 150, 319~320.

서방의 페스트 양상	
비잔틴의 양상	542~600
7세기의 소강상태	600~660
이베리아 반도의 양상	660~749

할 수 없다. 우리가 가진 빈약한 문헌 자료가 믿을 만하다면, 두 세대에 걸친 서방의 팬데믹 경험은 콘스탄티노플의 영향 아래 놓여 있었다. 페스트는 바다를 통해 동방에서 반복적으로 유입되었다. 그 뒤 7세기의 전반부에는 소강상태였다. 마침내 서방에서의 마지막 페스트 시대는 이베리아 반도에 집중되어 있던 페스트나 혹은 이슬람 세계에서 알-안달루스로 재유입된 페스트로부터 형성되었을 것이다.

유스티니아누스 페스트의 첫 번째 파도는 대서양 연안의 세계를 모두 휩쓸어 버렸다. 그 이후에 서방에서 페스트는 이십 년 이상 잠잠했다. 그러고 나서 해상으로 반복적으로 다시 유입되는 페스트로 인해 연속적으로 확산 사건들이 촉발되었다. 첫 번째로 페스트가 다시 발생하기 시작한 것은 서기 565년에서 571년 사이의 언제쯤 비잔틴 군대의 통제하에 있던 해안 지대 리구리아Liguria에서였다. 그것은 바다를 건너 이탈리아 북부로 퍼졌고, 알프스를 넘어 로마 제국의 옛 국경선까지 올라갔다. 역사학자 폴 더 디콘Paul the Deacon이 2세기쯤 지난 뒤에 그 사실을 글로 쓴 묘사가 생생하다. "사람들의 사타구니나 다른 연약한 부위에서 분비샘이 부풀어 오르기 시작했다. 견과류나 대추야자 형태로 커졌다가, 견디기 힘든 고열이 뒤따랐고, 사흘째 되는 날에는 사망했다." 그 여파는 재앙이었다. "세상이 고대의 적막으로 돌

---

82) Events of 597~600: Appendix B, Events #12-4; Stathakopoulos nos. 156, 159~564, 324~334.

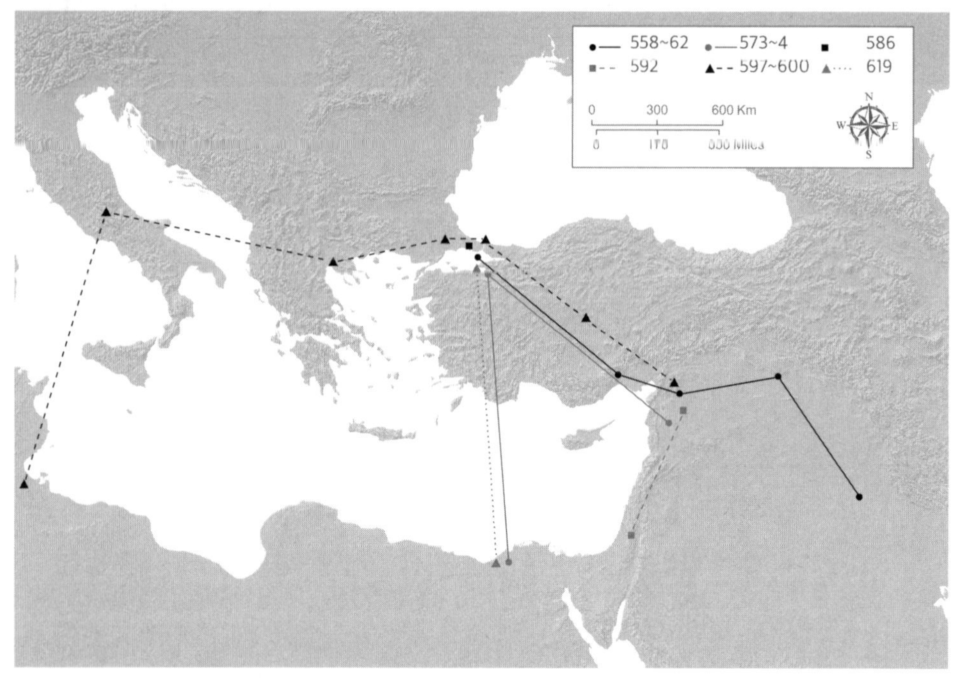

지도 22. | **동방에서 페스트의 확산, 서기 550~620**

아가는 것을 보게 될지도 모른다. 들판에서는 아무 소리도 들리지 않는다. 양치기의 휘파람 소리조차……. 수확 시기를 놓친 농작물들은 농부의 손길을 기다리고 있었다. …… 사람의 주거지는 야생 짐승들의 은신처로 변해버렸다."[83)]

이탈리아 북부로 확산되는 것과 거의 동시에 갈리아에서도 역병이 다시 발생했다. 갈리아에서의 발병은 심각했고, 이전에 퍼졌던 오베르뉴 같은 지역을 공격했다. 리옹, 부르쥬, 샬롱쉬르손 그리고 디종을 강타했다. 이러한 목록을 보면 역병의 확산에 있어서 강을 중심으로 펼쳐지는 교역망의 중요

---

83) Appendix B, Event #3; Stathakopoulos no. 139, 310~311. "부풀어 오르기 시작했다": Paul the Deacon, Hist. Langob. 2.4, tr. Foulke.

성을 확인하게 된다. 페스트의 재발은 물길 주위를 넘어서지 않았을 수도 있다. 그러나 팬데믹은 갈리아에서 끊임없이 요동쳤다. 작은 규모의 페스트가 582~584년에 갈리아의 남서부를 공격했다. 시작은 스페인의 배가 마르세이유에 정박하면서부터였다. 페스트는 두 달 동안 불타올랐다. 또한 론강을 따라 번개처럼 빠르게 퍼져나갔다. 그러나 이러한 확산이 론강의 종주지형(다른 나라와 인접하여 길게 뻗어 있는 지형-역자주)에 제한된 사건 이상이라는 어떤 암시도 없다.[84)]

6세기의 마지막 10년 동안에는 서방에서 페스트가 두 번 퍼져나갔다. 590~591년 사이에 대 그레고리오 교황의 도래를 알리는 것으로 유명해진 페스트가 로마에서 발생했다. 교황은 상당한 인구가 사라졌다고 주장했다. 지역에 국한된 사건이 아니었다. 페스트는 내륙으로는 나르니[Narni]까지 도달했고, 바다로든 육지로든 이탈리아 동쪽 해안까지 퍼져나갔다. 페스트는 갈리아까지 갔고, 그곳에서 다시 론강의 수송망을 따라 내륙의 아비뇽과 비비에로 들어갔다. 그러나 그 이후로 우리는 갈리아에서의 페스트 발생 소식을 듣지 못했다. 6세기 말에 갈리아는 남쪽보다는 북쪽을 향해 있었다. 무게중심이 변하여 지중해에서 미래의 대륙적인 유럽으로 바뀌었다. 단기적으로 이러한 고립은 생물학적인 방파제 역할을 했다.[85)]

599~600년 사이에 일어난 확산은 마지막으로 콘스탄티노플에서 분출된 것이었다. 그것은 서쪽 멀리까지, 아드리아해와 북아프리카 그리고 로마

---

84) 서기 571년에 갈리아에서의 발병: Appendix B, Event #4. Gregory of Tours, Hist. Franc. 4.31~32. Marius of Avenches, an. 571. 서기 582~584 동안의 발병: Appendix B, Event #6. Gregory of Tours, Hist. Franc. 6.14 and 6.33. 서기 588년의 발병: Appendix B, Event #8. Gregory of Tours, Hist. Franc.9.21~22.

85) Appendix B, Events #9~10.

를 포함한 이탈리아 서부 해안을 강타했다. 그레고리오 교황은 페스트가 동방에서 온다는 것을 알았다. 그러나 그가 상상할 수 없었던 것은 평화의 시대가 가까이 다가왔다는 사실이었다. 적어도 우리의 빈틈이 많은 자료에 의하면, 이후로 페스트는 제국의 서쪽에서 수그러들었다. 코르도바에서 발견된 609년의 라틴어 비문은 7세기 초 페스트에 희생된 사람을 기리는 것이었다. 우리가 얼마나 아는 바가 없는지를 상기시켜 주는 보기 드문 증거이다. 그것은 또한 페스트가 이베리아 반도에 집중되었을 가능성도 보여준다. 톨레도에서 발견된 7세기의 기독교 설교 안내서에도 같은 내용이 들어 있다. 이미 만들어져 있는 네 가지 설교가 부보닉 페스트의 유행에 대한 도덕적 딜레마와 씨름하고 있었다. 그리고 6세기 말에 페스트가 서쪽에서 방향을 다시 돌리면, 언제나 이베리아 반도가 연루되었다. 스페인은 페스트 재발이 반복되면서 명백히 바다로부터 유입되는 사례가 없는 유일한 지역이다.[86)]

만약 페스트가 이베리아에서 동물 저장소를 찾았다면, 그것이 664~666년 그리고 674~677년 두 번에 걸쳐 영국에서 발생한 후속 페스트가 잠복해 있던 적합한 집결지였을 수 있다. 유스티니아누스 시대의 첫 번째 발생은 대서양 연안까지 퍼져나갔으나, 이후로 우리는 부보닉 페스트가 해협을 건너갔다는 확실한 지표를 본 적이 없다. 고고학자들은 로마 시대의 절정기 이후 6~7세기의 발굴 현장에서 쥐의 유골이 사라졌음을 관찰했다. 이러한 부재는 유의미하다. 영국의 고고학적 발굴에 같은 기준을 적용하면, 쥐의 유골이라는 증거가 없으므로 쥐의 개체군이 붕괴했음을 추정할 수 있

86) Appendix B,Event #14.Inscription from Córdoba: CIL II 7.677.Homilary: Kulikowski 2007.

다. 여기저기서 쥐의 서식지가 서서히 회복되었으므로, 첫 번째 발생 이후에는 부보닉 페스트의 전파가 지연되었을 것이다. 약 664년경에 영국의 켄트 지방에서 처음으로 재발한 부보닉 페스트는 이베리아 반도에서 유입되었을 수 있다. 영국과 대륙을 연결하는 고고학적 증거와 문헌적 증거 양쪽에서 중세 초기에 대서양에서 교류가 이루어졌음을 드러내는 새로운 정보가 나왔다. 중세 초, 서쪽 경계선에서 이루어진 교류가 의도치 않은 결과는 바로 세균이었을 것이다.[87)]

원칙적으로는 첫 번째 팬데믹 전체가 시리아 역사 속의 한 사건으로 여겨질 수도 있다. 시리아는 2세기에 걸친 팬데믹의 처음부터 끝까지 페스트가 줄곧 활동한 주요 중심지였다. 시리아의 페스트를 들여다보는 것은 술 취한 사람이 불빛이 비치는 가로등 아래에서만 열쇠를 찾는 것 같은 위험 요소가 있다. 시리아의 전통적인 연대기는 풍부한 자료이다. 그러나 콘스탄티노플의 연보 또한 마찬가지로 수도의 주요 사건에 대한 제대로 된 기록이다. 레반트에서 현저했던 페스트는 신기루가 아니다. 시리아는 이 무렵에 페스트의 저장소로 악명을 얻었다. 비문 속의 증거는 독립적으로 확인된다. 게다가 생태계도 타당성이 있다. 시리아 북부는 반복적으로 확산의 기원이 되었다. 오론테스강 계곡에서 메소포타미아 북부에 이르기까지 둥글게 펼쳐진 지역의 평원과 경사진 산비탈에 기독교 정착지들이 점점이 흩어져 있었다. 페스트는 반건조 기후의 높은 고도에 살고 있는 설치류들 사이에서 숙주를 쉽게 발견했다. 뉘케트 발릭Nükhet Varlık이 행한 오스만 세계의 흑사병에

87) Appendix B, Events #21 and 25. Maddicott 2007을 참조. 쥐: Reilly 2010. 대서양 지역: Loveluck 2013, esp. 202~204.

서방에서의 페스트의 확산

이탈리아	갈리아	이베리아	영국
543	543	543	543
571	571		
	582~584		
	588		
590	590		
599			
		609	
			664~666
680			
			684~687
		693	
		707~709	
745			

대한 명쾌한 연구는 정확하게 이 지역에서 어떻게 페스트가 설치류 개체군에게 집중되어 있었는지를 보여준다. 아나톨리아 동쪽의 건조한 고지대는 첫 번째 팬데믹에서 페스트가 지속되는 시초 지점이 되었을 것이다.[88]

페스트는 즉시 동방에서 숨어 있을 장소를 찾아다녔을 것이다. 첫 번째 재발생은 561~562년에 실리시아, 시리아, 메소포타미아 그리고 페르시아를 강타했다. 이것이 558년에 콘스탄티노플에서 발생한 역병의 연장인지 혹은 독립적 사건인지는 불분명하다. 연대기에는 실리시아에서 대규모의 사망이

88) 무엇보다도 귀중한 논문인 Conrad 1981을 참조. 고지대 집중에 대하여 Green 2014a, 18; Varlık 2014, esp. 208; Panzac 1985를 참조. 이 지역의 정착지에 대해 Eger 2015, 202~206을 참조.

동방에서의 페스트 확산

이집트	팔레스타인	시리아	메소포타미아
543	543	543	543
		561~562	561~562
573~574		573~574	
	592	592	
		599~600	
	626~628		626~628
	638~639	638~639	638~639
			670~671
672~673	672~673		672~673
		687~689	687~689
689~690		693	
		698~700	698~700
		704~706	704~706
		713	
714~715			
		718~719	718~719
		725~726	725~726
		729	
732~735	732~735	732~735	732~735
743~749	743~749	743~749	743~749

있었다고 기록되어 있다. 어쩌면 타우루스 산맥에서 시작되어 퍼져나갔을 것이다. 592년에 동방에 퍼졌던 역병은 수도에서 발생한 것과 연관성이 없음이 확실하다. 599~600년의 엄청난 유행은 지역들 사이에서 동시에 일어났다. 그러나 그 뒤 역병이 퍼진 레반트 지역과 비잔틴 제국은 분리되었다. 시리아에서 재발한 페스트는 팔레스타인과 메소포타미아로 전파되는 경우

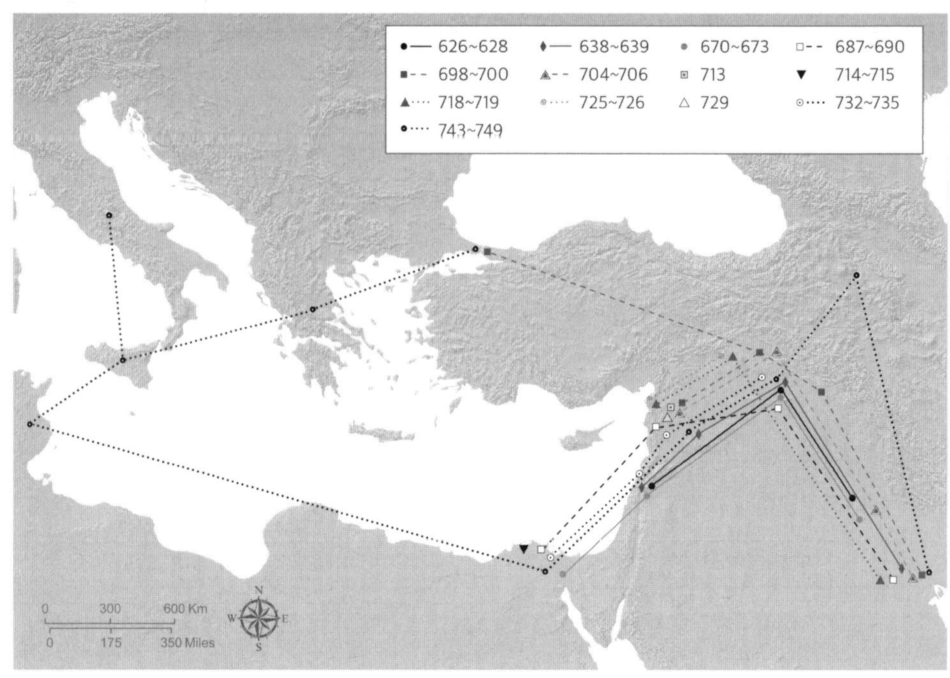

지도 23. | **동방에서 페스트의 확산, 서기 620~750**

가 많았다. 626~628년(쉬라와이흐Shirawayh 페스트) 그리고 638~639년(암와스Amwas 페스트)에 일어난 두 번의 확산은 이슬람의 초기 자료에 기록되어 있다. 후자는 사실상 무슬림과 부보닉 페스트의 첫 만남이었다. 약 한 세대 동안 잠잠하다가, 페스트는 시리아와 메소포타미아에서 자주 재발했다. 팬데믹이 끝날 때까지.[89]

몇몇 재발은 심각했다. 592년의 비문은 우주의 1/3이 죽어가고 있다고 언급한다. 더 범위가 좁고 지역적인 것들도 있었다. 레반트는 교류하기도 쉽

---

89) 동로마에서 AD 561~562에 일어난 재발: Appendix B, Event #2; Stathakopoulos no. 136, 307~309. AD 592에 일어난 재발: Appendix B, Event #11; Stathakopoulos no. 155, 323~324. Conrad 1994. 무엇보다도 이러한 재발들에 대해 Conrad 1981을 참조. 두 번째 팬데믹이 돌 때 이 지역에서 발생한 페스트에 집중한 내용은 Panzac 1985, 105~108을 참조.

고 고대 후기의 정치적 문화적 최전방의 에너지가 감도는 지역이었다. 이러한 사실이 무슬림의 중심지 가까이에 페스트가 집중되는 효과를 상승시켰다. 페스트의 발생 빈도가 매우 잦아서 뒤로 갈수록 심각성에 대한 감각이 둔화되었을 수도 있다. 설치류 개체 수의 회복이 부분적이거나 고르지 않았을 수도 있다. 그러나 페스트라는 현실은 우마이야 왕조가 일어나고 쇠락하는 생생한 배경이었다.[90]

첫 번째 팬데믹은 맹렬한 피날레를 장식하며 사라졌다. 마지막 확산 사건은 740년대에 일어났다. 첫 번째 발생 이후의 어떤 재발보다 지리적으로 가장 넓은 범위였다. 칼리프가 다스리는 지역에서 시작되어 남쪽으로 촉수를 뻗어나갔다. 그러다 아프리카 중서부인 이프리키야Ifriqiya에서 북쪽으로 도약했다. 아마도 한때 로마의 곡물선이 항해하던 카르타고, 시칠리아 그리고 이탈리아 사이에 있는 항로를 운항하는 노예선에 올라탔는지도 모른다. 65년 만에 처음으로 로마에서 다시 살아난 페스트는 맹렬했다. 그곳에서 지중해 북쪽 가장자리를 따라 다시 동쪽으로 향했다. 서기 747년에 콘스탄티노플에서 페스트가 나타났다. 사망자가 너무 많아서 모두 매장하는 것조차 불가능한 일이 되풀이되었다. 황제는 텅 빈 도시를 채우려고 강제로 사람들을 이주시켰다.[91]

첫 번째 팬데믹의 마지막 재발은 중세로 들어서는 새로운 지중해 지역의 윤곽을 따라 발생했다. 유스티니아누스 시대 이후 세균의 여정은 이동 거리

90) 1/3: I. Palaestina Tertia, Ib, no. 68. 또한 nos. 69~70 와 Benovitz 2014, 491~492를 참조. 또한 Conrad 1994가 중요한 아라비아의 자료에서 인용한 것을 참조. 시리아인 마이클은 서기 704~705년 사이의 확산으로 전 세계 1/3이 죽었다고 주장했다: Chron. 11.17 (449).

91) Appendix B, Event #38.

에 따라 달라졌다. 8세기 중반 즈음 중세의 반등이 시작되었다. 뚜렷하게 새로운 질서가 서쪽에서 희미한 빛으로 등장하고 있었다. 기독교 신앙을 지니고 새로운 제국을 건설할 카롤링거 왕조가 중심이었다. 그들은 명실상부한 로마인이었으나, 기원과 규모에 있어서는 완전히 유럽인이었다. 지중해 동쪽과 서쪽 지역 사이에는 이상하고 불편한 재결합이 있었다. 생물학적 역사가 늘 말끔한 것은 아니다. 그러나 이런 경우, 서기 740년대의 확산이 첫 번째 팬데믹의 가장 거대한 클라이맥스였다는 사실에 어떤 상징성이 있다. 페스트는 중세의 새로운 지중해 지역의 일부가 될 운명은 아니었다. 그것은 수 세기 동안 사라진 채, 멀리 중앙아시아의 고지대 국가에 잠복해 있었다.[92)]

541년에 로마 제국으로 이주하여 2세기 동안 그토록 비참한 파괴를 자행한 예르시니아 페스티스는 진화상에서 종말을 맞이했다. 유스티니아누스 페스트의 병원체는 원래 종에서 갈라져 나와 소멸되었다. 그것은 도착할 때와 마찬가지로 사라진 것도 수수께끼에 휩싸여 있다. 아마도 훨씬 더 풀기 힘든 문제일 것이다. 설치류 개체군의 숨겨진 역동성과 기후 변화라는 가장 중요한 힘이 페스트를 수그러들게 했다.

고대 후기의 소빙하기가 중세 초기의 온난함에 밀려날 무렵 첫 번째 팬데믹이 종말을 고한 것이 중요할지도 모른다. 그러나 우리는 어떻게 그런 일이 일어났는지 정확하게 말할 수 없다. 첫 번째 페스트의 시대는 예상치 못하게 시작된 것처럼 갑자기 끝이 났다.[93)]

92) 이러한 중세의 반등은 물론McCormick 2001의 연구주제이다.

93) 소멸한 곁가지: Wagner et al. 2014.

세계의 종말을 향하여

우리는 대규모의 생물학적 사건을 애써 이해하려 한다. 예르시니아 페스티스의 등장은 인류사에서 획기적 사건이다. 아마도 이전에는 인류가 이토록 치명적이고 교활한 적과 대치한 적이 없었을 것이다. 중세에 예약되어 있는 두 번의 엄청난 페스트 팬데믹은 상대적으로 역사상 가장 심각한 생물학적 재앙이었다. 첫 번째 몰려온 파도의 폭력성 때문에 2세기에 걸쳐서 진행된 인구 증가가 눈 깜짝할 새 역전되어 버렸다. 그러고 나서 다시 2세기 동안 지속된 페스트는 인구 회복의 희망을 꺾어버렸다. 예를 들어 연간 0.1퍼센트로 정상적으로 인구가 증가하다가 첫 번째 파도가 닥쳤고, 인구 3천만의 동로마에서 50퍼센트의 사망률에 이르렀다면, 그리고 인구의 빠른 회복률(연간 0.2퍼센트)과 줄어든 사망률 사건(팬데믹 국면에서 콘스탄티노플의 사망률 특징은 15년마다 10퍼센트 정도였다)을 결합해서 따져보면, 연속적인 확산이 인구 수준을 낮게 유지했음이 명백하다. 마치 대기의 중량이 갑자기 무거워져서 그 보이지 않는 무게가 인간 사회를 짓눌러 등이 휘게 만든 것 같았다.[94)]

그러나 자연의 변덕은 이제까지 출현한 가장 치명적인 세균을 끌어들인 것으로 만족하지 못했다. 페스트의 충격으로 인해 옛 제국을 다시 통일하려던 유스티니아누스의 꿈이 수렁에 빠져 황폐해진 채 남았다면, 로마 제국 해체의 마지막 단계는 박테리아의 승리로만 표상되지는 않았다. 페스트의

94) 후기의 페스트 발생에 있어서 사망률 표본은 Alfani 2013이 풍부한 정보를 싣고 있다. Haldon 2016, 232는 표2번에 기록된 것과 유사한 범위의 지중해 동부의 인구 추정치에 대한 내용이 실려 있다.

그림 6.6 | 동로마 인구의 추상적 모델 - 서기 500~600

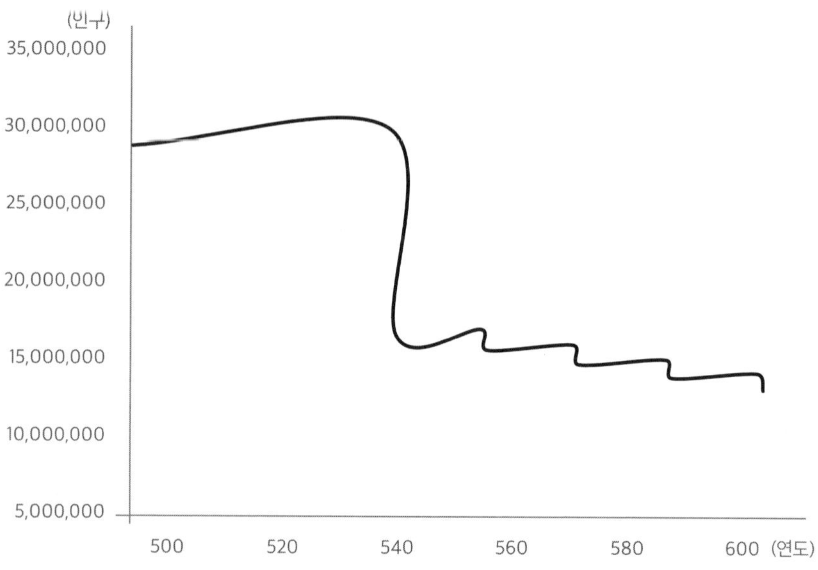

충격을 기후의 역사에서 분리해서 측정할 수는 없다. 마찬가지로 로마 제국의 몰락에서 결정적인 요인은 반갑지 않은 새로운 기후 체제인 고대 후기 소빙하기의 도래였다. 페스트와 기후 변화가 다 함께 제국의 힘을 소진시킨 것이다. 설명할 수 없는 슬픔과 두려움으로 인해 살아남은 이들은 시간 자체가 종말을 향해 가고 있다는 오싹함을 느꼈다. "세계의 종말은 이제 예견된 사실이 아니라, 스스로 모습을 드러내기 시작했다."[95)]

---

95) Gregory the Great, Dial. 3.38.3.

7장

심판의 날

Judgment Day

교황 대 그레고리오의 세계

대 그레오리오 교황은 유스티니아누스가 일궈놓은 세계에서 자랐다. 그는 전쟁으로 갈갈이 찢긴 로마에서 태어났다. 벨리사리우스의 군대가 처음 로마를 되찾은 뒤 얼마 지나지 않아서였다. 곧 페스트가 뒤따랐다. 그레고리오가 살던 로마는 몇 세대에 걸쳐 질병과 전쟁에 시달렸으나, 적어도 그가 자라던 시절에는 옛 수도가 알아볼 수 없을 정도로 망가지지는 않았다. 도시는 황실의 소유였고, 그레고리오는 황족이었다. 그는 옛 로마 귀족의 마지막 세대에 속했으며, 고대 귀족 계급을 회상하게 하는 명문가의 자손이었다. 그는 자신감을 갖고 제국이 지배하는 지중해를 건너갔다. 그의 가족은 시칠리아의 요지에 토지를 소유하고 있었다. 아프리카와 맺은 밀접한 관계가 그의 든든한 배경이 되었다. 그레고리오는 교황의 외교관 역할을 하면서 콘스탄티노플에서 7년 동안 머물렀다. 그의 임무는 마우리키우스 황제로부터 군사적 원조를 확보하는 것이었다. 목적 달성에는 실패했지만 그의 고상한 언동은 동쪽 수도의 여성들에게 좋은 인상을 남겼다. 그는 견고한 지정학적 현실 감각을 얻었고, 그것은 직접 교황 직을 수행하는 데 도움이 되었다. 또한 그는 황제 아들의 대부가 되었다. 그레고리오는 사라져가는 혈통의 마지막 자손이었으나, 뛰어난 모범이었다.[1)]

그레고리오는 고대와 중세 사이의 경계를 지키던 경비병으로 여겨지곤 했다. 그가 살아가는 동안, 고대 지형의 가장 눈에 띄는 특징들이 사라져갔다. 그레고리오는 천 년이 넘는 시간 동안 당당하게 자리를 지켜온 법인체인 로마의 원로원이 조용히 해체되는 것을 보았다. 이미 그의 생전에 유령의 팔다리처럼 되어버린 것이다. 우리는 이 사실을 그레고리오의 자필 편지를 통해 알게 되었다. 자신의 노력으로 공공질서의 외관이라도 유지하려고 애썼음이 드러나는 편지다. 그러나 그는 중세 교황의 위치를 형성하고자 시도할 만큼 자의식이 강하지 않았다. 그러한 발상을 품을 수조차 없었을 것이다. 그는 로마 제국의 정신적 틀 안에서 '신성한 공화국'을 운영했다. 무엇보다 중요한 것은 그레고리오는 시간 그 자체가 종말에 다가가고 있다는 완벽한 확신 속에서 살았다는 것이다.[2)]

그레고리오의 종말 신학은 그의 사유와 경력이라는 직물을 한데 엮고 있는 실이다. 만약 그의 세계관을 이해하고 싶다면, 세계의 마지막 시간 속에 있다는 그의 확신을 반드시 인식해야만 한다. 이러한 감각이 그가 자연환경을 경험하는 직접적 반응이었다. 자연 그 자체는 종말의 예감으로 몸부림치고 있었다. 그레고리오는 자연이 심각한 위기에 처해 있을 때 교황이 되었다. 589년 후반에 집중호우로 이탈리아에 홍수가 났다. 아디제강이 범람

---

1) Markus 1997.

2) 원로원: Gregory the Great, Hom. Ezech. 2.6.22, Humphries 2007, 23~24에 주의를 기울이라. 그레고리오와 제국: Dal Santo 2013. 그레고리오의 사상에 대한 일반적인 내용은, Demacopoulos 2015, 87~88. 제국과의 동일시에 대해서는 Straw 1988을 참조.

그림 7.1 | 뉘른베르크 연대기: 대 그레고리오
(15세기 인쇄, 오클라호마대학 역사학과 소장)

했다. 티베르강은 둑을 넘었고, 로마 성벽 위로 물이 차올랐다. 도시의 모든 지역이 잠겼다. 교회는 붕괴되었고, 교황의 곡물 창고는 폐허가 되었다. 그토록 엄청난 홍수가 난 적은 없었다. 곧 페스트가 이어졌다. 590년 초였다. 동쪽에서 넘어온 페스트로 인해 교황 펠라기우스 2세가 사망했다. 도시는 그레고리오에게 의지했다. 자연재해의 소용돌이 속에서 그레고리오는 베드로의 권좌에 올랐다.[3)]

페스트 초기에는 사람들이 열렬하게 예배를 보았다. 그레고리오는 역병

---

3) 그레고리오의 종말 신학에 대하여: Demacopoulos 2015, esp. 92~93; Kisić 2011; Markus 1997, 51~67; Dagens 1970. 서기 589~90의 역병: Appendix B, Event #9. Gregory of Tours, Hist Franc. 10.1, 10.23; Gregory the Great, Dial. 4.18, 4.26, 4.37; Reg. 2.2; Paul the Deacon, Hist.Langob. 3.24; Liber pontificalis 65. 물리적 증거에 대해서는 아래 내용을 참조.

의 유린을 멈추기 위해, 탄원으로 알려진 애도의 기도 행렬과 같은 정교한 의례 절차를 도입했다. 효과가 있는 듯 보였으나, 페스트의 휴지기는 짧았다. 599년경에 서로마 제국은 다시 동방에서 온 역병에 휩쓸렸다. "우리는 끊임없이 페스드에 시달린다." 지쳐버린 주교는 시대가 종말을 향해 거꾸러지는 것을 막을 수 없었다. "나는 한숨지으며 죽음이라는 처방을 갈망한다. 질병의 광기가 사제들을 학살했고, 실제로 이 도시의 사람들 중 누구도, 자유인도 노예도, 일하거나 봉사할 사람이 남아 있지 않다. 이웃 도시로부터, 날마다 끔찍한 사망 소식이 전해온다. …… 동방에서 오는 사람들은 훨씬 더 심각하게 황폐한 광경을 묘사하고 있다. 이 모든 상황으로 볼 때, 세계의 종말은 가까웠고, 고통이 어디에나 있음을 알 수 있다."[4)]

그레고리오의 종말 신학은 끊임없이 격변하는 물리적 환경의 압박을 받았다. 그는 자신이 "새로운 대기, 하늘에 있는 공포, 그리고 계절의 질서를 벗어난 폭풍……" 속에 서 있다고 느꼈다. 우리는 이것을 완전한 헛소리로 취급하지 않도록 조심해야만 한다. 모든 것을 볼 수 있는 우리의 관점에서, 고대 사제의 순진한 믿음을 무시하고, 그의 불안을 종교에서 늘 해오던 소리로 치부하기는 쉽다. 사실 페스트와 지진 그리고 폭풍은 고대 지중해 지역에서 항상 존재하던 것이다. 하지만 자연의 기록보관소는 우리에게 잠시 이러한 두려움에 대해 좀 더 크게 공감해 보라고 촉구한다. 유스티니아누스 페스트는 인간의 역사에서 가장 규모가 큰 사망 사건이었다. 그 시기에 이례적으로 격렬한 지진이 요동쳤다는 것도 사실이다. 게다가 고대 후기의 소

---

4) "우리는 시달린다": Gregory the Great, Hom. In Ev. 1.1.1. "나는 한숨지으며 갈망한다": Gregory the Great, Reg. 9.232, tr. McCormick 2001, 27, "전염병"의 도덕성에 대해." "텅 빈" 도시에 대해: Demacopoulos 2015, 92~93.

빙하기는 로마 제국의 정치적 사업에 우호적이지 않은 기후 체제였다. 기후 최적기가 위대한 교황의 먼 조상들이 감행한 모험에 호의적이었던 바로 그만큼. 그레고리오의 생애는 후기 홀로세의 악천후 시기와 겹쳐 있었다.[5)]

고대 후기의 소빙하기는 고대와 중세의 시작 사이의 문턱에 걸쳐 있다. 자연환경에서 일어날 수 있는 최고의 사건이라고 할 수 있다. 그 근원은 인간의 영향권 밖 멀리 있었으나, 인간에게 미친 여파는 대단했다. 그리고 첫 번째 팬데믹의 결과와도 불가분의 관계였다. 기후 변화와 질병은 얼마 남지 않은 로마 제국의 질서를 소진시켰다. 인구통계학적 결과가 일차적이었다. 그레고리오의 로마에서는 성벽 안에 만 명에서 이만 명 정도의 사람들이 겨우 웅크리고 있었다. 콜로세움을 다 채우지도 못할 정도였다. 옛 로마 세계 전체를 통틀어서, 고대 정착지의 지형이 가장 축소되었다. 국가는 신진대사의 활력을 박탈당했고, 고통스러운 위축이 시작되었다.

벨리사리우스가 로마를 점령한 시기와 이슬람 정복군의 번개 같은 진격에 제국의 군대가 후퇴하는 사이에는 정확하게 1세기의 간격이 있다. 그 기간 내내 국가로서의 로마는 거대한 시류의 거침없는 끌어당김에 대항하여 온 힘을 다해 버텼다. 로마는 조용히 가라앉는 것을 거부했다. 자신들을 압도하는 흐름을 이해하고자 노력했던 사람들의 힘을 우리는 폄하하지 않는다. 그들은 혼란스러운 사건을 겪으면서 고대의 마지막을 살아냈다. 우리는 그들 스스로 왜 시간의 끄트머리에 살고 있다고 믿었는지 이해하고자 하는 것으로 그들의 경험을 더욱 존중할 수 있다. 종말론적 사고방식으로 인해

5) "전도": Gregory the Great, Reg. 9.232. 연이은 지진들: Stiros 2001. 지진의 영적인 효과: Magdalino 1993, 6; Croke 1981.

사람들이 일련의 사건들에 순응하면서 마지막 세대를 보낸 것은 아니었다. 오히려 가장 경이롭고 지속적인 행동을 하도록 고무되었다. 파멸이 임박했다는 의식이 혼란스러운 시대 속에서 어느 방향으로 움직여야 할지 알려주는 숨겨진 지도 역할을 했다. 넓고 복잡한 사회에 역사상 처음으로 종말론의 분위기가 스며들었다. 다가오는 세상의 끝에 대한 그레고리오의 감각은 혼자만의 것이 아니었다. 종말이라는 열쇠는 고대 후기에서 전통, 언어 그리고 정치적 범주들을 변화시켰다. 그것을 주의 깊게 들여다 봄으로써 우리는 고대 후기 세계의 서로 이질적으로 보이는 부분들을 한데 모을 수 있고, 동시에 마지막 고대의 풍경에 조금이라도 따뜻한 피를 돌게 할 수 있다.[6)]

로마 제국에서는 환경이 대규모로 격변할 때마다 예측하기 어려운 정신적 반향이 있었다. 안토니누스 페스트는 고대적 가능성에 대한 상상력의 방향을 바꾸었고, 아폴로 숭배가 보편적이 되도록 했다. 키프리아누스 페스트는 고대 시민의 다신교라는 기반을 무너뜨렸으며, 기독교가 슬그머니 세상으로 나오도록 허용했다. 6세기와 7세기에는 페스트와 기후 변동이 동시에 일어나면서 기독교, 유대교 그리고 고대 후기의 마지막 자손인 이슬람교 안에서 종말론의 시대를 열었다. 환경의 격변, 정치적 해체, 종교적 소요가 정확하게 맞아떨어지면서 로마가 몰락해 가는 마지막 순서를 결정했다. 7세기 제국의 생명유지에 가장 필수적이던 잔재는 떠오르는 세력에 의해 주변부터 잠식되었다. 고대 지중해 지역의 궤도 안에 완전히 있지도 않으면서 그렇

6) 6세기 말과 7세기의 정말로 놀랍게 많은 종말론적 문헌의 양에 대한 논의는 Meier 2016; Meier 2003; Reeves 2005; Reinink 2002; Cook 2002; Hoyland 1997, 257~335; Magdalino 1993; Alexander 1985를 참조. 논란의 여지 없이 감염병의 맥락에서 종말론적 사고의 미묘한 역할은 여전히 우리와 함께 한다. Carmichael 2006을 참조.

다고 완전히 밖에 있는 것도 아니었다. 물질적으로나 상상 속에서나, 이슬람의 등장은 자연의 격변이 없었다면 생각조차 할 수 없는 일이었다.

그것이 세상의 종말이었다.

빙하기의 도래

6세기의 지성계에서는 자연에 대해 대조적인 고대의 두 관점이 새롭고 예리하게 대치했다. 자연을 질서와 규칙성의 표본으로 보는 개념이 있었다. 정도를 벗어나지 않는 정확성이 도덕적 이성의 원천이었고, 인간이 할 수 있는 가장 훌륭한 일은 우주의 조화와 조율하며 살아가는 일이었다. 박애가 넘치는 이러한 견해는 네오 플라톤 철학의 정교한 형이상학을 물려받았고, 제국의 관료로 일하던 고위층들 사이에서 실용적인 이념이 되었다. 그들이 경영하는 제국은 질서정연한 우주의 거울이었다. 그와 대칭을 이루는 자연에 대한 반대쪽 견해는 물리적 세상이 유동적이고 다양하며 폭력의 원천이라는 주장이었다. 이러한 견해를 유스티니아누스 황제보다 더 확고하게 고수한 사람은 없었다. 그의 눈에는 자연이 붉은 이빨과 발톱을 드러낸 적대자였다. 이것은 안락의자에 앉아 벌이는 말다툼이 아니었다. 제국을 어떻게 통치할 것인가에 대한 논쟁이었다. 이성이냐 의지냐, 전통이냐 개혁이냐의 문제였다. 또한 그것은 요동치는 자연환경의 불안한 징후로 인한 긴급 사태를 상반되게 바라보는 관점이기도 했다.[7]

---

7) Bjornlie 2013, 254~82.

유스티니아누스 시대에 요동치던 자연은 홀로세 기후 역사의 한 시기를 만들어냈고, 지금은 그것을 고대 후기의 소빙하기라고 부른다. 극적인 사건들이 수렴되어 일어난 시기이다. 고대 후기의 소빙하기는 다양한 시기에 일어났던 기후 변화들이 서로 융합하여 지난 몇 천 년 동안의 기후 역사상 가장 구별되는 시기로 몰아가고 있었다.[8)]

후기 홀로세는 냉각의 시기였다. 초기 홀로세의 온난한 절정기 이래로 최근의 인류에 의해 온난해진 시기에 이르기까지, 궤도 메커니즘의 거대한 영향력은 지구에 천 년 단위로 점진적 냉각기를 몰고 왔다. 그러나 지구가 점점 차가워지는 과정에서, 기후가 요동을 쳤다. 장기적으로는 기온이 하락하는 가운데 단기적으로 잠시 정체되거나 로마 기후최적기처럼 거꾸로 온난해지기도 했다. 홀로세는 또한 갑작스러운 냉각의 에피소드로 중단되기도 했다. 예를 들어 17세기 중반의 유명한 소빙하기와 같은 시기다. 고대 후기의 소빙하기는 이러한 냉각 에피소드에 속한다. 더 깊숙한 운명으로 몰아치는 힘이 모여서 홀로세를 추동한 경우다. 홀로세 중기의 로마 기후최적기를 돌이켜보면, 고대 후기의 소빙하기는 다음의 빙하기를 예측할 수 있었다.

로마 기후최적기는 서기 150년경에 끝났다. 그리고 3세기 동안 변동과 해체가 뒤를 이었다. 서기 300년에서 450년경까지 가장 구별되는 기후의 대규모 특징은 북대서양 진동이 양의 값을 갖는 국면이었다. 우리는 이미 중위도보다 아래인 스페인에서 중앙아시아로 이어진 건조 지대에서 급격한 건조 기후의 신호를 관찰했다. 450년대부터 이러한 일관성이 깨졌고, 세계

8) 그것에 대한 예전 용어에는 (오해를 부르는) "반달 미니멈Vandal Minimum" 혹은 "암흑기의 빙하기 Dark Age Cold Period."가 있다.

기후 체제는 불확실한 재편의 징후를 보였다. 가장 주목할 것은 북대서양 진동의 국면이 뒤집힌 것이다. 5세기 중반 이후로, 지속적으로 음의 값을 기록했으며, 겨울 폭풍의 궤도가 남쪽으로 바뀌었다. 시칠리아에서는 450년경 즈음에 엄청나게 다습한 시대가 시작되었다. 아나톨리아의 많은 지역에서도 건조한 기후에서 다습한 기후로 명백한 전환이 빠르게 진행되었다. 곧 시작될 획기적 냉각의 징후는 없었으나, 지평선에서 기다리고 있는 엄청난 사건 이전에 이미 기후가 과도기에 들어섰다는 것이 중요하다. 서기 450~530년의 기간을 고대 후기 소빙하기의 서곡이라고 간주할 수 있다.[9]

그 뒤 미묘한 기후 변동은 지구 차원의 사건이 장악했다. 하늘의 기이한 변화는 고대의 기록으로 오래 전부터 알려졌다. 536년에, 세계의 동시대인들은 '여름이 없는 해'에 놀랐다. 벨리사리우스와 이탈리아 원정에 나섰던 프로코피우스는 태양 빛이 어둑해지는 '불길한 징조'에 대해 묘사했다. "태양은 일 년 내내 눈부심을 잃은 채 달빛 같은 빛을 발했다. 심각하게도 마치 일식처럼 보였다. 평소와 같은 명료한 빛이 아니었다. 이런 일이 일어나던 순간부터 사람들은 전쟁과 역병 혹은 죽음을 부르는 일들에서 벗어나지 못했다." 에페수스의 요한은 동방에서 비슷한 증언을 한다. "태양이 흐릿해지고, 어둠이 일 년 반 동안, 즉 18개월 동안 태양을 계속 덮고 있었다. 하루에 두세 시간 태양 주위에 빛이 보이지만, 마치 병든 것처럼 보이고, 그 결과 과일은 익지 못했다. 모든 포도주는 불합격 포도로 만든 맛이 난다." 또 다른 정확한 연대기는 교황 아가페투스(대 그레고리오의 조상)가 536년 3월 24일부

9) NAO: Baker et al. 2015; Olsen et al. 2012. 또한 Brooke 2016 and 2014, 341~42, 352~53을 참조. 시칠리아: Sadori et al. 2016. 아나톨리아: Izdebski et al. 2016; Haldon et al. 2014; Izdebski 2013을 참조.

터 537년 6월 24일까지 콘스탄티노플을 방문했을 때의 불길한 징조를 언급했다.[10)]

어떤 상황에서도 태양 빛이 사라지는 것은 불안한 징조였다. 그것은 또한 당대 콘스탄티노플의 가장 민감한 이념적 오류의 몇몇 부분을 우연히 건드렸다. 불만을 품고 있던 관료인 요한 리두스John Lydus라는 사람에게 그것은 이례적인 기이함 이상의 것이었다. 그의 세계관에서 그것은 잠재적 균열이었다. 〈불길한 징조에 대하여〉라는 자신의 논문에서 그는 용감하게도 자연주의적 설명을 시도했다. 태양의 비정상적 상태를 대기에서 일어난 추적하기 쉬운 물리적 원인 때문이라고 서술한 것이다. "태양이 어둑해지는 것은 습도 상승으로 공기의 밀도가 높아졌기 때문이다. 최근 14개월[535~536], 그러니까 거의 일 년 내내 일어난 현상처럼." 체면치레를 하면서 자연의 규칙성을 포기하지 않으려는 당연한 시도였다.[11)]

여름이 없던 해에 대한 가장 상세한 보고는 카시오도루스Cassiodorus라는 정치가가 기록했다. 그의 공적인 문서를 모아 놓은 '잡문집'Variae에 수록된 마지막 편지들에 그것이 담겨 있다. 536년에 카시오도루스는 동고트족 왕 휘하의 이탈리아 프라이펙투스 프라이토리오(민정총독)였다. 그런데 결정적

---

10) Procopius, Bell. 4.14.5~6, tr. Kaldellis. John of Ephesus, in Chronicle of Zuqnin, tr. Witakowski 1996, 65. 하루에 네 시간: Michael the Syrian, Chron. 9.26 (296) and the Chronicle of 1234. 아가피오스에 보존되어 있는 연대기의 설명에 의하면 이러한 사건은 열네 달 동안 지속되었다: Agapios, Kitab al-'Unvan, fol. 72v. 아가페투스 교황: Pseudo-Zacharias of Mitylene, Chron. 9.19, tr. Greatrex. 이러한 자료는 Brock 1979~80, 4~5를 참조하라. 서기 536년의 사건에 대한 문헌 증거는 거의 대부분 Arjava 2005에 있다.

11) John Lydus, De portentis 9c, tr. Arjava 2005. 이것은 유럽에서는 흉조였다. 그러나 인도나 페르시아처럼 남쪽과 동쪽의 건조 지대에서는 그렇지 않다. 왜냐하면 유럽에서만 "문제의 습기가 증발하여 구름으로 모여 태양 빛을 어둡게 했다. 그래서 우리 눈에 들어오지 않게 하고 밀도 높은 물질을 뚫지 못하게 했다."

으로 '잡문집'을 엮을 무렵 몇몇 사건들로 인해 그는 콘스탄티노플로 가게 되었다. 셰인 비욘리Shane Bjornlie의 예리한 연구 덕택에 우리는 '잡문집'이 카시오도루스 시대의 관료들이 기록하는 중립적인 문서일 뿐이라는 사실을 알게 되었다. 그들은 유스티니아누스 체제 안에서 반체제 지식인인 요한 리두스 혹은 프로코피우스와 같은 사람들에게 깊은 인상을 남기려는 계산으로 미묘하게 논쟁적인 문서를 작성한다. 콘스탄티노플의 관료 군단에는 종종 전복적인 네오 플라톤주의에 동조하는 이들이 있었다. 그들에게 우주는 변하지 않는 완벽함의 이미지이고 도덕적 질서의 원천이었다. 유스티니아누스는 괴물 같은 종교적 광신자였으며, 엄청난 학살을 저질러 쿠데타의 시도에서 살아남았다. 카시오도루스는 이러한 감수성에 아주 적절히 대응하였으며, 태양이 흐려지는 일에 대한 그의 세련된 보고서는 껄끄러운 정치적 대화에 속했다.[12)]

"이유 없이 행해지는 일은 없고, 우연히 일어난 일들로 이루어진 세계도 없다"라고 카시오도루스는 썼다. 전통으로부터 의도적으로 떠나는 일은 그만큼 고통스럽다. "사람들은 불안해한다[말하자면, 고통스럽다]. 오랜 전통이 심어놓은 것 말고 다른 것을 구실삼아, 이미 확립된 풍습을 왕들이 바꾸려 하면." 이러한 가시 돋친 논평의 진짜 대상이 유스티니아누스라는 것을 염두에 두어야만 한다. "그러나 누가 그런 사건을 겪으면서 불안하지 않고, 종교적 두려움을 느끼지 않을까, 어둡고 관습에 반하는 무엇인가가 별에서 오는 것처럼 보인다면? 묻노니, 얼마나 이상한 일인가, 태양이 평소의 눈부심을 잃어버린 것을 보는 것이. 밤의 영광 속에서 한껏 빛나지만, 자연스러

12) Bjornlie 2013.

운 화려함을 벗어난 달을 바라보는 것이. 우리 모두 여전히 바다처럼 푸른 태양을 지켜보고 있다. 우리는 사물들이 한낮에도 그림자를 드리우지 않고, 가장 강렬한 열기의 힘이 줄어들어 극도로 쇠약해진 온화함을 보면서 놀란다. 게다가 이것은 일식과 같은 짧은 부재가 아니라 거의 한 해 내내 일어나고 있는 일이다. …… 우리는 폭풍이 없는 겨울, 온난함이 없는 봄, 열기가 없는 여름을 보냈다."

이탈리아에서는 흉작이 이어졌다. 그러자 프라이펙투스 프라이토리오인 카시오도루스는 부관에게 전년도의 풍부한 수확으로 부족분을 메우라고 사려깊게 명령을 내렸다. 편지에서 그는 태양이 사라진 것에 대한 철학적 문제로 되돌아갔다. 그리고 순수한 과학적 설명을 장황하게 덧붙인다. 차가운 겨울이 하늘과 땅 사이의 광대한 공간을 채우는 공기의 밀도가 높아진 것과 연관이 있으며, 그것이 태양을 가렸다고. "어리석은 대중에게 신비롭게 보이는 것도 합리적인 이유가 반드시 있다."[13)]

이것은 수사의 대가가 현명하고 꾸준한 통치라는 보수적 이미지를 내세우면서 자연의 예측 가능한 변동성으로 은근히 유스티니아누스를 비판하는 글이다. 논쟁의 맥락은 단지 증언의 가치를 높일 뿐이며, 태양 빛이 흐려진 것이 당대 사람들을 매우 혼란스럽게 했음을 우리에게 알려준다. 여름이 없었던 그해는 전 세계적으로 공통된 현상이었다. 아일랜드의 연보는 기근을 기록하고 있다. 중국의 연대기는 밤하늘에서 두 번째로 밝은 별인 카노푸스가 사라졌다고 했으며, 7월에 시칠리아와 같은 위도에 있는 산둥에 눈

---

13) Cassiodorus, Var. 12.25 (MGH AA 12, 381~82). 나는 Barnish의 Translated Texts for Historians에 나온 번역을 각색했고, 아직 출간하지 않은 Michael McCormick의 번역에서 도움을 많이 받았다.

이 내렸다고 기록한다. 불안한 사건이 지구 단위로 일어났다.[14)]

이렇게 인상적인 몇몇 증언들이 1983년까지는 평범한 시야 속에 묻혀 있었다. 나사NASA의 과학자 두 사람이 '여름이 없는 해'에 관심을 기울였고, 문헌 자료와 얼음 핵 기록 속에 있는 화산 활동에 대한 물리적 증거를 연결했다. 그들의 직관은 타당했다. 그러나 문헌 증거에는 화산 폭발의 근원까지 요구되지는 않았으며, 얼음 핵 연대추정은 작지만 거슬리는 불일치성으로 인해 결정적 해답이 나오지 않았다. 얼음 핵은 시간의 흔적이 나오지 않으며, 빙하 층의 나이를 측정할 수 있을 뿐이다. 불확실성 속에서 소행성 충돌과 같은 다른 이론들이 지지를 얻었다. 결론에 이르지 못한 자연적인 증거와 함께 마침내 2005년에 문헌 자료에 대한 상세한 분석이 최초로 행해졌고, 다소 미니멀리스트적으로 지역적 화산 폭발 가설이 제시되었다. 의문은 남아 있었다.[15)]

결정적인 돌파구를 제시한 것은 나이테 증거를 근거로 얼음 핵 연대를 보정할 필요가 있다고 주장한 연륜연대학자 마이클 베일리Michael Baillie였다. 새로운 핵이 축적되고 기록이 계속 정교해지면서 그가 옳았다는 게 증명되었다. 고기후 연구 공동체는 물리적 대리증거물의 기록을 매우 만족스럽게 배열하는 성과를 얻었다. 이제 그 당시 사람들을 불안하게 했던 사건들의 시기나 규모에 대해 의심의 여지는 거의 없다. 홀로세의 어느 시기와도 견줄 수 없이 화산 폭발이 집중되어 일어났다. 530년대와 540년대는 후기 홀로세 전체 기간 동안 유례없는 격렬한 화산 폭발의 순간이었다.[16)]

---

14) 지구적 맥락에 대해서는 Gunn 2000에 실린 에세이를 참조.

15) Newfield 2016은 매우 도움이 되는 개관이다. NASA: Stothers and Rampino 1993. 충돌: Keys 1999; Baillie 1999. 문헌 증거: Arjava 2005.

536년 초 언젠가 북반구에서 대규모의 화산 폭발이 있었고, 성층권으로 메가톤급의 황산염이 방출되었다. 화산의 정확한 정체는 아직까지 알려져 있지 않으나, 콘스탄티노플에 여파가 미친 것은 3월 말 즈음이었다. 이 무렵 운석 충돌 역시 혼란을 가중시켰으리라는 가능성을 배제할 수 없다. 그러나 대리증거물에 의하면 539년이나 540년에 두 번째이자 훨씬 더 큰 격변을 일으킨 폭발이 있었다. 두 번째 폭발은 열대 지방의 사건이었으며, 그 흔적이 극지방 양쪽에 남아 있다. 4년이라는 간격 동안 두 번, 지구는 역사적인 거대한 황산 구름을 성층권으로 뿜어내어 태양으로부터 오는 에너지의 흡수를 막았다.[17]

단지 얼음 핵 증거만을 본다면, 인상적인 몇몇 화산 폭발을 관찰할 수 있다. 그러나 나무들은 이러한 사건들이 정말로 극적인 결과를 가져왔음을 입증한다. 536년은 북반구 전역에서 지난 2천 년 동안 가장 추운 해였다. 유럽의 여름 평균 기온은 순식간에 2.5°까지 떨어졌다. 정말로 엄청난 하락이다. 539~540년에는 폭발의 여파로, 전 세계의 기온이 떨어졌다. 유럽에서 여름 평균 기온이 다시 2.7°까지 떨어졌다. 지구 전체의 대리증거물들은 530년대와 540년대가 엄혹하게 냉랭한 시기였음을 분명히 보여준다. 536년부터 545년까지는 지난 2천 년 동안 가장 추운 10년이었다. 소빙하기의 가장 깊은 기압골보다 더 추웠다. 그 심각성은 화산 폭발만으로 예상할 수 있는 정도를 넘어선다. 배경이 되는 기후 조건이나 다발적인 시너지 효과로 인해 화산 폭발의 충격이 부분의 합을 훨씬 넘어섰을 것이다. 고대 후기의 소빙하기

16) Sigl et al. 2015; Baillie and McAneney 2015; Baillie 2008.

17) Abbott et al. 2014 혜성 충돌 자료 역시 당대의 어둑한 태양 빛의 원인이었다는 사례에 대해.

가 도래했다.[18]

그 결과가 즉시 강력하게 나타나지는 않았다. 수확은 형편없었으나, 다행히도 전년도가 풍작이었다. 그리고 지중해 사회에 내재하는 회복 탄력성이 잠시 기근을 완화시켜 주었다. 급격한 기후 이상의 효과가 즉시 나타난 게 있다면, 잠복해 있던 생태계가 당긴 방아쇠일 것이다. 화산 활동이 요동을 치고 나서 수년 동안 페스트 박테리아가 퍼져나가게 될 것이었다. 빙하로 인해 동요한 당대 사람들이 중앙아시아에서 이주하게 되었는지는 분명하지 않다. 가뭄이 이상 기온보다 더 결정적이었다. 요약하자면, 530년대와 540년대의 서늘한 기후가 로마 세계에서 사회의 붕괴나 국가의 몰락을 즉각적으로 촉발하지는 않았다. 그보다는 혹독한 시기로 인해 대규모 전쟁에 부담을 느끼던 제국의 질서에 스트레스를 가중시켜 예르시니아 페스티스의 희생양이 될 위기에 처하게 되었다.

530년대와 540년대의 냉랭한 기후는 급격하지만 일시적이었을 것이다. 그 대신 화산의 격렬한 분출과 태양 에너지 방출이 더 오랫동안 심각하게 쇠퇴하는 시기가 겹쳤다. 서기 500년경에 태양의 활동이 그리 대단하지 않은 정점에 이른 뒤, 가파른 하락이 시작되어 7세기 후반에 저점에 이르렀다. 베릴륨 동위원소 기록은 화산 폭발로 인한 차단과 무관한 태양 에너지 방출을 측정한다. 이 기록은 화산 폭발로 성층권에 빛을 반사하는 에어로졸이 층층이 쌓이던 때와 동일한 시기에 태양이 지구를 향해 더 적은 열을 방출하기 시작했음을 말해준다.[19]

---

18) Toohey et al. 2016; Kostick and Ludlow 2016; Büntgen et al. 2016; Sigl et al. 2015.

19) Usoskin et al. 2016; Steinhilber et al. 2012.

태양열 배출의 쇠퇴는 화산 활동보다 더 심각하게 오래 지속되었다. 7세기 후반에 집중되어 있는 태양열 최저점은 지난 2천 년 동안 지구가 태양에서 흡수한 에너지 가운데 하락 폭이 가장 컸다. 이것은 심지어 유명한 17세기 태양의 불규칙 활동기 때보다 너 낮았다. 심각하게 추워진 시기를 측정하는 적절한 척도는 알프스 빙하의 전진이다. 빙하가 계곡을 따라 내려왔다. 7세기 초에 알프스 빙하는 최초 천 년의 최대치에 이르렀다. 감소한 태양에너지로 인해 한파는 일시적 충격이 아니라 고대의 마지막 장면을 이루는 지속적인 배경이 되었다. 자연의 변동성, 화산 활동, 감소된 일조량이 모두 결합하여 고대 후기의 소빙하기를 홀로세 기후의 뚜렷한 국면으로 만들었다.[20]

530년대 중반부터 680년대까지 1세기 반에 걸쳐 가장 추운 시기가 지속되었다. 그러나 고대 후기의 소빙하기로 뚜렷하게 알려진 지구 차원의 기후 체제조차 지역에 따라 그 영향력이 다양했다. 거의 모든 곳이 추웠으므로 기온 변화는 공간적으로 일관성이 있던 반면에, 습도 체제는 지역마다 현지의 기후 메커니즘에 민감했다. 화산 폭발과 일조량 감소가 계기가 되기 전에 북대서양 진동 지수가 음의 값으로 변하기 시작하여 지속되었고, 가장 강력한 고대 후기의 소빙하기 기간에도 강화되었다. 폭풍의 궤도는 남쪽을 향하여 남부 유럽을 가로질렀다. 고대 후기 빙하기에는 전 세계 기온이 더 하강하여 북극의 저기압 경도 국면과 겹쳤고, 북반구 전역에 복잡한 영향

20) 그림 7.2의 자료 출처: ftp://ftp.ncdc.noaa.gov/pub/data/paleo/climate_forcing/solar variability/steinhilber2009tsi.txt. Glaciers: Le Roy et al. 2015, esp. Fig. 7 and p. 14; Holzhauser et al. 2005, Fig. 6. 타란토 만의 고해상도 해양 침전물 기록은 서기 500~750의 냉각기를 보여준다: Grauel et al. 2013.

그림 7.2 | 총 일조량 변화 v. 1986(Steinhilber et al. 2009에서 데이터 인용)

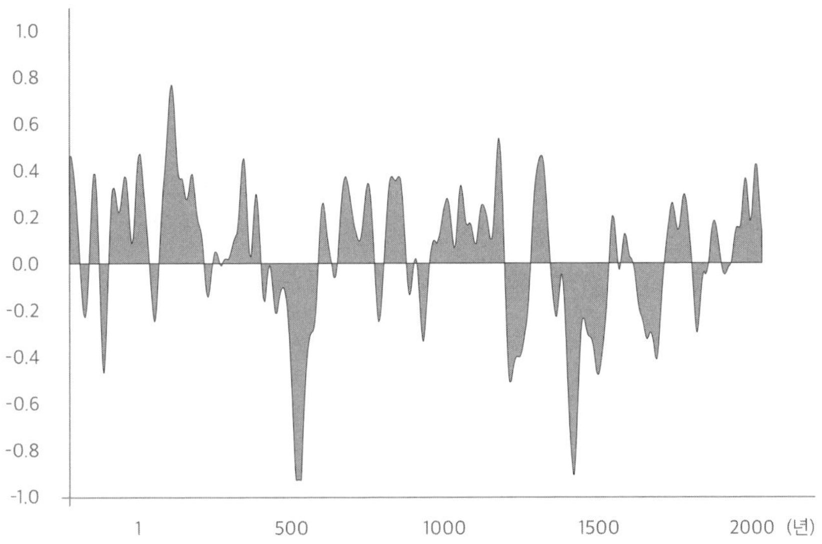

을 미쳤다.[21)]

여기에서 인간과 자연의 기록보관소가 차례로 증언한다. 대 그레고리오가 경험한 기후는 그다지 추상적이지 않다. 서로마 제국의 옛 토지 보유 질서가 남아 있던 시칠리아에서는 지역 간 재산 소유의 습관을 고수하고 있었다. 그곳에서는 농업의 호황이 찾아왔다. 비가 많이 내리자 밀농사가 풍작을 거두었고 마지막 로마의 상류층에게 새로운 번영을 가져다주었다. 동시에 지나친 강수량이 위협적이기도 했다. 6세기의 이탈리아에서는 잦은 홍수가 하나의 징후였다. 589년에 이탈리아의 많은 지역에서 일어난 파괴적인 겨울 홍수는 지중해 지역에 정기적으로 강수량이 늘어나는 기후 체제가 갑자기 강력해진 결과였다.[22)]

---

21) 가장 추운 시기: Büntgen 2016.

아나톨리아에서는 고대 후기 소빙하기로 전환하면서 기후의 세부 요소들이 아대륙의 다양한 생태계 전체에 흔적을 남겼다. 북대서양 진동이 양의 값이던 서기 300~450년 사이에는 대부분의 지역이 건조했다. 그러나 5세기에는 과거의 건조한 날들은 사라졌다. 겨울은 더 강력해졌고, 고지대에는 눈이 많이 내렸다. 홍수는 아나톨리아를 거쳐 메소포타미아 북부까지 집중되었다. 유스티니아누스는 비티니아의 서쪽 평원에서 타우루스 산맥의 동쪽 기슭에 이르기까지 홍수 통제를 다시 했다. 에데사와 다라Dara 같은 곳은 홍수로 황폐해졌다. 성 바울의 탄생지인 실리시아의 타우루스는 눈이 녹고 봄비가 내려서 물에 잠겼다. 시드누스 강은 "교외를 완전히 휩쓸었다. …… 그러고 나서 포효하며 도시를 향해 돌진해서 다리를 무너뜨렸다. 그것은 아무것도 아니었다. 강물은 장터를 덮쳤고, 거리로 범람했고, 집 안으로 들어가 위층까지 잠기게 하면서 엄청난 혼란을 초래했다." 다습한 주기는 아나톨리아의 밀 생산에는 호기였으나, 서리가 내리는 시절 민감한 올리브 나무에는 문제가 되었다. 꽃가루 기록은 전형적인 지중해 식물들이 저지대와 해안을 제외한 모든 곳에서 후퇴했음을 보여준다. 그러한 식물들이 처음 해안

---

22) 시칠리아: Sadori et al. 2016. 홍수에 대하여 문헌 증거에 대한 포괄적 논의를 보려면 Squatriti 2010을 참조. 그레고리오와 연관성이 있기 때문에 이러한 홍수에 대한 기억이 광범위하게 남아 있다는 견해를 공유하고 있는 한편, 589년의 한 차례 홍수 일화에 대한 중요성이 과장되어 있는 것도 분명하다. 또한 5세기 후반부터 7세기 중반까지 훨씬 다습한 기후와 이탈리아 본토의 홍수에 대한 설득력 있는 물리적 기록이 남아 있는 것도 사실이다. Cremonini, Labate, and Curina 2013; Christie 2006, 487; Squatriti 1998, 68; Cremaschi, Marchetti, and Ravazzi 1994. 더욱이 중요한 것은 우리가 재구성한 북대서양 진동이 음의 값 체제에 지배되었던 서기 450~650의 기간과 이탈리아 지형의 뚜렷한 양상이 서로 잘 들어맞는다. 북대서양 진동이 음의 값인 것과 이탈리아에서 홍수가 나는 것 사이의 강력한 연관성은 의심할 여지가 없다 : Benito et al. 2015a; Benito et al. 2015b; Zanchettin, Traverso, and Tomasino 2008; Brunetti 2002를 참조. 홍수가 언제나 지역적이었던 반면에, 그것이 명백하게 미시적 현상은 아니었다. 북대서양 진동과 같은 대규모 대기 패턴은 큰 영향을 미친다.

에 도착한 이래로 그렇게 멀리 뒤로 물러난 적은 없었다.[23)]

남쪽에서는 고대 후기 빙하기의 서사가 더욱 불투명하고 모호하다. 북아프리카 전역에서 건조화가 진행되었으나 연대는 정확하지 않다. 자연과 인간의 역할을 분리하기도 어렵다. 제국의 남쪽에서는 사하라 토양에서 지하수면이 가차 없이 낮아졌다. 페잔에 있는 가라만테족은 땅에서 물을 회수하기 위해 필사적인 노력을 했다. 5세기 후반부터 로마인들과 '무어인'들 사이의 갈등이 확대된 것은 건조한 남쪽에서 북아프리카의 더 푸른 땅으로 새로운 민족들이 도착하면서 유발된 것일지도 모른다.[24)]

아프리카의 지중해 지역에서는 물 균형의 변화가 사회의 운명을 기울어지게 했을 수 있다. 고고학에서는 5세기 후반과 6세기 초의 어려운 시기가 반달족 침공이나 비잔틴 전쟁과 쉽게 일치하지 않는다고 증언한다. 프로코피우스는 북아프리카의 누적된 기후 변화가 두드러진다고 기록했다. 프톨레마이오스는 키레나이카에 있는 도시가 "고대에는 번창했고 사람들로 들끓었으나, 시간이 흐르면서 심각한 물 부족 탓에 거의 버려진 곳이 되었다"라고 기록했다. 우리는 그가 유스티니아누스의 관개 공사를 극찬하려는 목적으로 그 구절을 썼을 것이라고 의심한다. 더 동쪽에 있는 셉티미우스 세베루스의 고향인 대도시 렙시스 마그나는 '고대에는 넓고 인구가 많은 곳'이었으나 황폐해지고 '넓은 지역이 모래 속에 묻혔다.' 그러나 여기에서 강조하고

---

23) Haldon et al. 2014, 137; Izdebski 2013, 133~43. 베레켓 분지Bereket Basin: Kaniewski et al. 2007. 나르 호수 Dean et al. 2013; Woodbridge and Roberts 2011. 테케르 호수 Kuzucuoğlu et al. 2011. 유스티니아누스: Procopius, De aedific. 5.5.15~20, tr. Dewing. 터키의 동남쪽 끝 지역에서는 토양의 침식 패턴이 후기 로마 시기의 지나친 강수량의 중요성을 볼 수 있다 : Casana 2008. 아나톨리아 종합: Izdebski et al. 2016; Haldon 2016; Haldon et al. 2014; Izdebski 2013.

24) Fentress and Wilson 2016.

자 했던 것은 유스티니아누스가 성벽을 쌓고 교회들을 다시 세웠다는 것이다. 아무리 호의적으로 봐도, 그 도시는 인상적인 형태는 아니다. 모래 언덕은 한때 자랑스러웠던 문명의 전초기지를 점령하여 다시 돌이킬 수 없게 만들었다.[25)]

레반트에서는 치수의 내력이 가장 중요했다. 그 지역의 골치 아픈 역사는 기후라는 기반에 많이 의존해왔다. 비가 내리는 다습한 정착지와 비가 거의 오지 않는 건조한 사막의 경계가 정치적으로 문제가 되었다. 게다가 고대 후기는 7세기에 일어난 거대한 문화적 재편성이라는 이유만으로도, 이 지역 기후의 역사에서 특별한 위치를 점하고 있다. 시리아와 팔레스타인은 고대 후기에는 동방의 중심지였다. 끝없는 종교적 영감의 원천이었고 경제의 기관차 역할을 했다. 정주하는 농업이 엄청난 부를 제공했고, 이전보다 서서히 외부로 확장되었다. 그러나 언제부터인가 토지가 사막으로 변해가기 시작했다. 시리아의 '황폐해진 마을'과 한때는 비옥했던 가자의 포도주 생산 지역이 관개 농업조차 힘든 곳이 되어버렸다. 그 장소들은 변화를 잊을 수 없는 증거로써 무언의 웅변으로 남아 있다. 그러나 그 연대와 원인에 대해서는 여전히 논쟁의 여지가 있다.[26)]

신중하게 탐구하면서 문제를 분리하는 게 좋을 것 같다. 북위 30°와 40° 사이의 남쪽과 북쪽 지방의 차이만 강조할 가치가 있다. 이것은 근동을 둘러싸고 있는 위도이며, 적도에서 극지방으로 향하는 모든 층위가 다른 어느 곳보다 더 중요하다. 고대 후기에서는 아나톨리아와 레반트의 강수 체제가

25) 프톨레마이오스: Procopius, De aedific. 7.2.9, tr. Dewing. 렙시스: Procopius, De aedific. 6.4.1, tr. Dewing. Cf. Mattingly 1994, 2. 고대 후기의 가뭄과 기후 변화: Fareh 2007.

26) 개략적인 내용은 Avni 2014을 참조.

평행하게 움직이는 게 아니라 반비례의 상관관계를 드러낸다. 아나톨리아가 건조할 때, 팔레스타인은 다습했다(즉, 300~450/500 사이). 팔레스타인이 건조해지기 시작했을 때(500), 아나톨리아에는 비가 내려 습했다. 이러한 차이는 북해-카스피해 패턴이라 불리는 상층 대기권 원격 연결로 인해 일어난다. 겨울에는 높은 수준의 기압 차이가 지중해 동부지역의 대기 순환 양상을 결정한다. 대기가 남서쪽에서 북동쪽으로 밀려갈 때, 이스라엘은 건조하지만 터키는 다습하다. 주도적인 대기의 흐름이 고대 후기에 들어서서 변화했을 수 있다. 500년 즈음에 이동했을 것이다. 그럼에도 지중해 동쪽 사회의 모든 운명이 한데 묶여 있지는 않았음을 기억해두어야 한다.[27]

만약 우리가 기후 증거를 따르고, 환경에 대한 인간의 반응을 잠시 뒤로 미룬다면, 자연의 대리증거물은 서기 500년과 600년 사이 어느 지점에서 레반트에 훨씬 건조한 기후가 도래했음을 보여준다. 인간의 기록이 주관적이라 해도, 정교함에 있어서는 인간이 제공하는 증언의 가치를 배제해서는 안 된다. 잘 알려진 작가인 가자의 프로코피우스는 6세기 초 팔레스타인에 있는 엘로우사Elousa의 타는 듯한 가뭄을 묘사했다. 모래가 바람에 흩어지고, 포도 덩굴은 뿌리까지 시들었다. 샘물은 바싹 말라 소금기가 드러났고, 제우스신은 한 방울의 비도 내려주지 않았다. 아나스타시우스 황제(재위 491~518)는 예루살렘의 수로를 정비하는 중요한 일을 했다. 517년에 팔레스타인에서 시작된 4년간의 가뭄에 대비한 것이었다. 아마도 같은 가뭄을 언급하고 있는 것 같은데, 시리아의 연대기에서는 15년간 지속된 가뭄으로 예

---

27) 북해-카스피해 패턴은 Kutiel and Türkeş 2005; esp. Kutiel and Benaroch 2002. More generally, Black 2012; Manning 2013, 111~12; Roberts et al. 2012를 참조.

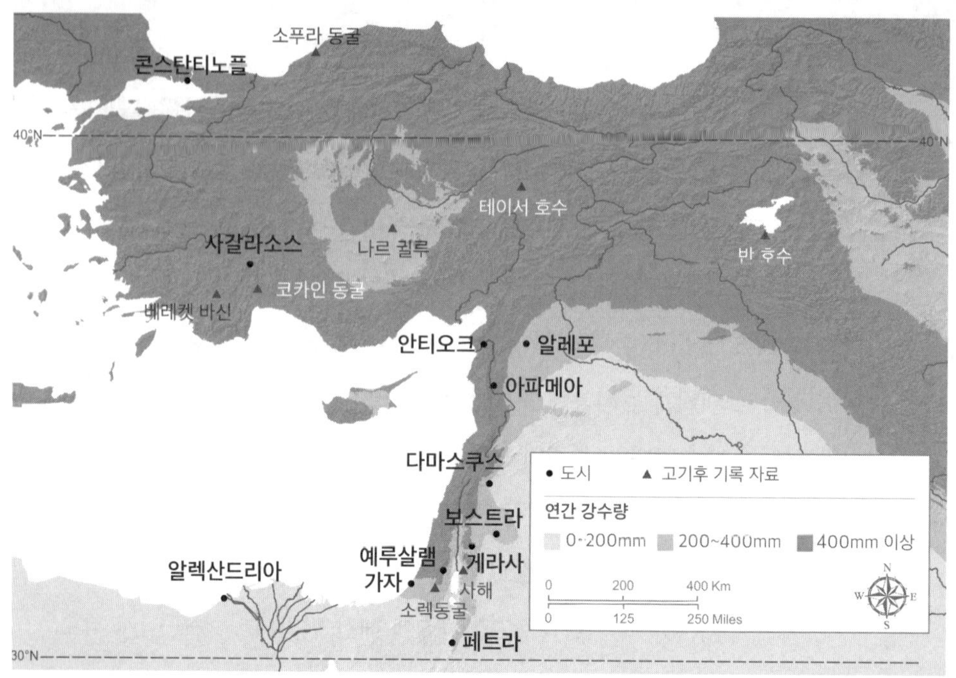

지도 24. | **후기 로마 시대의 근동 지역**

루살렘에 있는 실로암의 샘물(한때 예수가 눈먼 이를 치유한 곳)이 말라붙었다고 주장했다. 6세기 후반에 한 성인이 예루살렘을 방문했을 때 그곳에는 지독한 가뭄이 지속되고 있었고, 도시의 모든 저수지가 말라붙은 것을 보았다. 6세기 아나톨리아의 문학 속 장면은 온통 홍수라는 배경으로 물들어 있었고, 바로 그 즈음 팔레스타인의 서사들은 심각한 가뭄 이야기뿐이었다. 그럼에도 건조지대로 서서히 변해갔기 때문에 그 즉시 문명의 진보를 시들

---

28) 자연의 대리증거물: Haldon et al. 2014, 123; Rambeau and Black 2011; Neumann et al. 2010; Leroy 2010 (climate shift around AD 550); Migowski et al. 2006; Bookman et al. 2004. Issar and Zohar 2004, esp. 211, 특히 5C~6C 초반의 가뭄에 대한 만성적 증거. 가자: Choricius, Ep. 81. Drought in Palestine: Stathakopoulos 2004, no. 85, 259~61. 시리아 연보: Pseudo-Zacharias, Chron. 8.4. 방문한 성자: Vita Theod. Syk. 50. 수로: Jones 2007. 유스티니아누스는 보스트라의 수로를 수리했다(IGLS 13.9134). 일반적인 내용은, Decker 2009, 8~11을 참조.

게 하지는 않았던 것 같다. 미래의 어느 날 갑자기 풀려버릴 인간이 만들어 낸 상황과 자연이 축적한 상황 사이의 긴장이 존재하고 있었다.[28)]

고대 후기의 소빙하기의 도래는 유스티니아누스의 건축 사업을 다른 시각으로 보게 만들었다. 유스티니아누스는 저수지와 수로를, 곡물 저장고와 수송 창고를 지었다. 그는 강바닥을 옮기고, 범람원을 매립했다. 환경공학 사업에 열정을 쏟은 것은 헛된 야망의 발로가 아니었다. 그는 자연의 변덕스러운 흐름, 어느 순간 막강해지는 변화를 통제하는 일에 국가의 근육을 쓰고자 했다. 유스티니아누스는 "숲과 협곡을 결합했다." 그리고 "산과 바다를 연결하여 고정시켰다." 그러나 유스티니아누스의 건축 사업을 상찬할 때조차, 역사가 프로코피우스는 황제를 고대의 페르시아 왕족인 크세르크세스와 교묘하게 비교했다. 두 사람은 서로 견줄 만하지 않았으므로 그것은 아첨이 아니었다. 자만심 강한 크세르크세스는 자연을 유순한 대상으로 만들어 지배할 수 있다고 믿었지만 유스티니아누스는 자연을 쉽게 통제할 수 없음을 알고 있었다.[29)]

유스티니아누스의 적들은 자연의 질서는 조화롭고 규칙적이어서 예측 가능하다는 그릇된 믿음을 지니고 있었다. 자연은 폭력적이며 끊임없이 유동적이라는 유스티니아누스의 믿음이 진실에 더 가까웠다. 그러나 황제가 지적으로 우월했다고 해도, 변화하는 기후의 압도적인 힘에 맞서 제국을 굳건히 하려는 노력에는 별로 도움이 되지 못했다.

---

29) Procopius, De aedific. 4.2.12, tr. Dewing. 유스티니아누스와 크세르크세스를 비교하는 다른 내용은 Kaldellis 2004, 35를 참조.

마지막 궤적:
쇠퇴해가는 지역들, 아직 활기찬 지역들

자선가 요한은 유스티니아누스 통치 중반기 무렵 키프로스 섬에서 태어났다. 그는 결혼해서 '다복하게 많은' 자녀들을 두었다. 그의 자녀들은 '가장 아름다운 나이에' 때 이른 죽음을 맞이했다. 요한은 종교적 삶을 시작했다. 그는 교회 정치를 터득하여, 606년에 알렉산드리아의 총대주교가 되었다. 그는 집무실에서 다사다난한 10년을 보냈다. 다채로운 전기의 내용으로 보면, 그때까지도 알렉산드리아는 상업과 문화의 중심지로 굳건히 남아 있었던 게 분명하다. 지중해 동부의 교역망은 활기차게 살아 있었다. 도시의 고전적 외관은 여전히 도시의 지형을 뚜렷하게 돋보이게 했다. 7세기 초에도, 알렉산드리아는 고대 후기 세계의 희미한 빛을 배경으로 빛나고 있었다.[30)]

요한이 살던 알렉산드리아의 거리를 걷다 보면, 우리는 시간 왜곡 현상 속에 들어선 것처럼 느껴진다. 요한의 전기를 쓴 작가들이 의도적으로 계산한 것인지도 모른다. 그들은 역사가 그다음 장으로 넘어간 지점에 살았으니까. 그러나 요한의 배경에서 이미 변한 미묘한 지표들을 완전히 지우지는 않았다. 그의 생애를 읽으면서, 우리는 해상 교역에 교회가 과도하게 개입했음을 알고 충격을 받는다. 도시에 기근이 닥쳤을 때, '교회에 속한 빠른 배 두 척'을 시칠리아로 보내 곡물을 싣고 오게 한 사람은 바로 요한이었다. (이집트에서 밀을 수입해야 한다는 것은 뉴캐슬로 석탄을 보내는 것과 거의 비슷한 일이었다.)

---

30) "다복하게 많은": Vit. Ioh. Eleem. I.3, tr. Dawes and Baynes. 욕조: Vit. Ioh. Eleem. II.1. 알렉산드리아: Holum 2005, 99. 요한의 정치적 상류층 인맥: Booth 2013, 51.

교회에 고용된 사람들을 비롯해서 선장과 선원들은 요한의 전기에서 중요한 위치를 차지했다. 교회는 큰 배 열세 척으로 이루어진 함대를 소유하고 있었다. 배들이 아드리아해에서 폭풍을 만나 곡식, 은, 그리고 직물과 같은 무거운 화물을 버릴 수밖에 없었던 사건 덕분에 우리는 자세한 내용을 알게 되었다. 요한의 유명한 자선 행위는 적어도 어느 정도는 교회의 대담한 자본주의가 베푼 것이었다.[31)]

요한의 세계는 온통 모여든 어둠 속에서 점점 희미해지는 빛의 영역에 속했다. 알렉산드리아와 그 도시의 함대는 로마 해역에서 옛 질서의 마지막 보루였을 것이다. 7세기 초에는 북아프리카, 소아시아 그리고 키프로스에서 여전히 도자기가 도착했다. 도시는 지중해 상업의 중심지였다. 그러나 7세기가 끝날 무렵, 마지막 연결망도 끊어지고, 현저하게 줄어든 도시의 생필품을 공급한 것은 이집트 내륙지대였다. 요한 자신은 살아남아 후기 로마 세계가 축소되면서 붕괴하는 결정적 순간을 목격했다. 616년에 페르시아인들이 알렉산드리아를 초토화시키자, 그는 자신이 태어난 섬으로 돌아가 그곳에서 죽었다. 618년에는 콘스탄티노플로 향하는 국가 지원의 해양 곡물 수송도 영원히 종결되었다. 제국을 연결하는 척추가 부러진 것이다.[32)]

역사적 변화는 갑작스럽지도 않고 말끔하지도 않았다. 역병과 빙하기라는 두 재앙은 로마 제국을 한 방에 깨끗이 무너뜨리지는 못했다. 심지어 씁쓸한 최후의 순간까지 국가의 지렛대를 움켜잡고 있던 유스티니아누스 정권 역시 붕괴시키지 못했다. 그러나 환경이 파괴되면서 제국은 활기를 잃었

31) "교회에 속한 두 척의 배": Vit. Ioh. Eleem. II.13, tr. Dawes and Baynes ("밀"을 미국식으로 "옥수수"로 번역). 아드리아해의 폭풍: Vit. Ioh. Eleem. II.28, tr. Dawes and Baynes.

32) 도자기: Haas 1997, 343~44. 곡물 수송의 끝: McCormick 2001, 110~11.

다. 결국 해체로 향하는 힘이 우세해졌다. 자선가 요한의 생애 중 몇 년에 걸쳐서, 6세기 후반과 7세기 초의 어느 기간에 제국은 한계점을 넘어섰다. 제국의 여러 지역은 충격적인 대규모 사망과 기후 변화에 나름의 리듬으로 반응했다. 순식간에 사라진 지역도 있었고, 오랜 시간 변화의 바람을 견딘 지역도 있었다. 제국의 체제 자체가 생태적, 경제적으로 서로 다른 지역이 광범위하게 연결된 조직망 체제였기 때문에, 나머지 지역의 활기에 의지할 수 있었다. 마치 우뚝 솟은 참나무가 시들어가는 뿌리에서 마지막 영양분을 끌어모으듯이, 제국은 내부에서부터 서서히 죽어갔다. 그리고 나서야 외부의 빠른 일격에 쓰러졌다.

중요한 역사적 변화가 조용히 일어나는 경우는 매우 많다. 제국의 운명을 결정했던 인구통계학적 움직임의 전조도 전투의 소란에 묻혀 들리지 않았다. 과거를 복원하기 위해 고대를 연구하는 학생들이 침묵하는 차가운 문장에서 고고학으로 눈을 돌리는 경우가 많은 것도 당연하다. 고고학자들이 공들인 기초작업 덕택으로 로마 시대 지중해 지역을 하나로 묶은 교역망의 흔적을 찾을 수 있었다. 그것으로 정착지의 풍경 변화, 그리고 문명의 굴곡이기도 한 도시의 흥망성쇠를 밝혀낼 수 있다. 환경의 변화로 인한 충격은 고고학이 추적한 교역, 정착 그리고 도시의 복잡한 패턴에서 찾아야 한다. 로마 제국이 몰락하면서 지역의 기본적인 생활환경이 심각하게 변화했다. 고고학 기록에서 반드시 찾아야 하는 것은 사람들과 번영, 그리고 복잡성의 질적 지표가 되는 가공하지 않은 직접 증거이다. 사람들은 로마 제국의 옛 영토에서 결코 사라지지 않았다. 그러나 생활 방식은 단순해졌고 지역화되었다. 드라마의 조짐은 도시의 쇠락에서, 그리고 옛 제국의 한쪽 끝에서 다른 쪽 끝으로 향하는 교역의 쇠퇴에서 나타난다.[33)]

가장 서쪽에 있던 지역의 쇠퇴가 가장 노골적이었다. 다가오는 심판을 염두에 두고, 교황 대 그레고리오가 영국의 이교도를 개종시키기 위해 선교사들을 급하게 파견했을 때, 로마인들은 거의 본 적이 없던 땅을 발견했다. 로마인의 마을과 번창하던 농장들이 즐비하던 4세기의 풍경은 이미 황량해진 상태였다. 5세기 말 즈음에는, "마을도, 빌라도, 주화도 사라졌다." 로마 시골의 농민들은 공장에서 제조된 식기류를 가지고 식사를 했었다. 그런데 이제 그러한 특권을 누리던 위치에서 손으로 만든 토기를 사용하는 시대로 돌아왔다. 그렇게 기본으로 돌아간 퇴행을 과소평가해서는 안 된다. 우리가 냉장고를 포기하고 아이스박스로 돌아간 것과 마찬가지다. 여러 가지 면에서 중세 초기 엘리트들의 생활 방식은 후기 로마 제국의 중간 계층과 비교해도 초라할 지경이었다. 마을은 예전 모습의 그림자에 불과했다. 영국은 벽지였으나 완전히 단절된 적은 없었다. 그레고리오의 편지에서 부유한 동양의 시장으로 서구인들을 끌고 가는 신생 노예 교역에 대한 그의 반응으로 이러한 사정이 드러난다.[34)]

서고트족의 지배가 목전에 다가왔음에도 이베리아 반도에서 로마의 질서는 쉽게 무너지지 않았다. 4세기 정착지의 주된 풍경은 상업화된 농업으로 부를 축적한 귀족들이 마을과 빌라villa(부유층들이 사는 교외의 저택-편집자

33) 주요 종합은 Christie 2011을 포함한다; Ward-Perkins 2005a and 2005b; Wickham 2005; Morrison and Sodini 2002. 도시의 운명에 대하여, Krause and Witschel 2006; Holum 2005; Lavan and Bowden 2001; Liebeschuetz 2001; Rich 1992. Mitchell 2015, 479~91은 역병이 초래한 인구의 감소라는 맥락에 고고학을 적용하는 가장 신뢰할 만한 최신의 시도이다.

34) "마을들이 없었다": Ward-Perkins 2000a, 350. 비교하면 형편없었다: poorly: Ward-Perkins 2000b, 324. 노예 시장: Gregory the Great, Reg. 3.16; 6.10; 6.29; 9.105; 9.124. Harper 2011, 498을 참조.

주)를 건설한 것이었다. 고고학 연구에 의하면 5세기와 6세기는 파편화되었다. 그것은 이질성의 승리였다. 5세기에는 마을과 시골에서 새로운 건설이 줄어들었으나, 마을과 빌라가 여전히 기능하기는 했다. 그러나 스페인의 해변 지역에서 인구 감소의 조짐들이 나타났다. 수입된 도자기들이 풍경에서 서서히 사라졌다. "스페인의 지중해 연안은 550년경부터 서서히 소외되었다. 정치가 내륙의 중심지(톨레도, 당시에는 코르도바)로 집중되었고 해상 무역이 꾸준히 감소하던 시기였다." 마을들은 하룻밤 사이에 사라지지는 않았으나, 600년쯤부터는 남아 있던 도시들 대부분이 손 쓸 수 없는 쇠퇴기로 접어들었다. 스페인에서는 5세기 후반에서 6세기에 이르기까지 꾸준히 로마의 질서에서 벗어나는 과정이 진행되었다. 부보닉 페스트의 갑작스러운 맹공으로 인해 550년에서 600년 사이의 후반기가 앞당겨졌을 수도 있다.[35)]

갈리아에서는 로마 이후의 세계가 루아르강을 따라 남북으로 나뉘었다. 북쪽에서는 로마의 질서가 빠르게 변형되었다. 옛 조직이 작은 조각들로 해체되었다. 5세기 후반에서 6세기 초의 몇 세대 동안 경제에서 주화가 거의 사라졌다. 이와 대조적으로 남쪽에서는 여전히 지중해를 중심으로 생활이 흘러갔다. 도시의 구조는 6세기에 들어서도 유지되었다. 비록 새로 지어지지는 않았으나, 빌라에는 여전히 사람들이 거주했다. 동방의 무역상과 물건들이 갈리아의 해변을 드나들었다. 6세기 중반에, 역병의 첫 번째 파도가 지중해에서 대서양까지를 휩쓸었다. 로마 도시의 마지막 보루에 속했던 아를 같은 곳이 완전히 사라졌다. 연결망의 마지막 전초기지인 마르세유는 그림자 같은 존재로 존속되었다. 페스트가 반복해서 재발하면서 갈리아의 남쪽

---

35) 일반적으로 Kulikowski 2004 and 2006을 참조. "지중해 연안": Wickham 2005, 491.

은 크게 영향을 받았고, 고립되어 있던 북쪽은 재발은 막을 수 있었다. 프랑크족이 통치하던 북쪽은 중세적 질서가 싹트고 있었다. 잠복해 있던 페스트에 시달리지 않은 이곳에서 새로운 문명이 자라기 시작했다.[36)]

이탈리아에서 벨리사리우스가 재정복 원정을 위해 출항할 무렵에도 미래는 여전히 불투명했다. 이미 도시의 시장은 위축되었고, 빌라 경제는 무너져가고 있었다. 서로 엇갈린 박자로, 도시는 축소되었고, 교회는 위풍당당해졌다. 웅장한 옛 건축물은 용도가 바뀌었고, 공공장소는 개인 소유가 되었다. 요새는 사라졌고, 옛 도시 일부를 둘러싸고 있는 경우가 고작이었다. 시내는 농촌으로 변해서 거리에서 동물들을 방목했다. 그러나 500년 즈음까지 이탈리아 반도는 여전히 기본적으로는 로마의 면모를 갖추고 있었다. 현금경제가 우세했다. 지중해 주변에서 유입된 도자기들이 옛 도시뿐 아니라 반도 전역의 도시로 향했다. 주거 체계는 저지대에 격자 모양으로 흩어져 있는 빌라와 농장 중심으로 남아 있었다. 특히 남쪽에서는 생활 방식이 그대로 지속되었다. 옛 질서가 뒤집히지 않았다.[37)]

동고트족이 지배하던 수십 년 동안 이탈리아에서는 조심스러운 낙관론이 대두되었다. 카시오도루스 총독의 서류들에서는 고대의 뒤를 이어 이탈리아의 번영을 회복하려는 의도가 드러난다. "우리의 관심은 공화국 전체이다. 이곳에서 우리는 신의 능력으로 모든 것들을 예전 상태로 되돌리기 위해 애쓰고 있다." 수로, 도로, 그리고 공공 기반 시설의 요소들이 수리에 들어갔다. 콜로세움을 새로 단장했고, 520년대까지 여전히 경기들이 개최되었

---

36) Wickham 2005, esp. 666을 참조.

37) Arnold 2014는 이 무렵 후기 로마의 이탈리아를 특별히 생생하게 그려냈다. O'Donnell 2008도 마찬가지다. 이 시대의 고고학에 대하여 Christie 2011을 참조.

다. 그러나 536년에 동로마 군대가 들어왔고, 543년에는 그들의 세균이 따라왔다. 전쟁, 역병 그리고 기후 변화가 한꺼번에 닥치자 막아낼 도리가 없었다. 6세기 중반은 이탈리아 대부분 지역에서 급격한 전환이 일어난다. 머뭇거리던 회복의 기운은 요람에서 이미 목이 졸렸다. 도시와 시골 양쪽에서 붕괴가 눈에 보였다. 도시들 대부분의 운명은 텅 비거나 완전히 사라지는 것 사이의 어딘가에 놓여 있었다. 로마는 도시가 소멸하는 소용돌이를 겪은 가장 유명하고 극적인 사례일 뿐이다. 프로코피우스는 547년 즈음에 로마에 단지 500명의 인구가 있었을 뿐이라고 주장했다. 완전히 신뢰할 수 있는 숫자는 아니지만, 말하고자 하는 바는 분명하다. 콜로세움에 정적이 드리워졌다. 그곳은 교회가 사용하는 곳으로 개조되었는데, 대 그레고리오의 시절에는 이미 빵 배급소로 바뀌었다. 6세기 말에는 돌에 새겨서 기록하는 고대의 관습이 슬픈 종말을 맞이하게 되었다.[38)]

6세기의 기후 변화는 이탈리아에서 인간이 수 세기 동안 노력한 것을 수포로 만들었다. 변덕이 심한 자연의 힘을 이용하면서 이르게 꽃 핀 도시들과 정갈한 밭들이 그 속에 안착해 있었다. 그러나 인구가 감소하고 국가의 힘이 쇠락해가면서 문명의 기적을 좌우하는 통제 체제가 약화되었다. 6세기에는 악순환이 지속되었다. 춥고 다습해서 엄혹해진 환경 조건이 인구의 회복을 막았고, 사회는 인력 부족으로 자연환경에 대응하기에 극도로 불

38) "우리의 관심": Cassiodorus, Var. 3.31, tr. Barnish. Colosseum: Christie 2006, 147. 전환점: Christie 2006, 459~60: "유명한 많은 농촌 유적지의 경우, 인식할 수 있는 거주지로서의 현장이 비잔틴-고딕 전쟁 기간에 끝나는 것이 명백하게 드러난다." At pp. 185 and 250: "서기 550년 이후에 도시의 그림은 크고 작은 종교 단지들, 훼손되고 무너진 고대의 공공 건물들, 흩어져 있고 모여 있는 집들, 그리고 다양한 '통행 제한' 지역과 공터들로 이루어져 있다." 인구 500명: Christie 2006, 61의 언급을 참조. 비문의 쇠퇴: Fig. 5.2 in Chapter 5를 참조. 인구: Morrison and Sodini 2002.

리한 처지에 놓였다. 연대기에서 언급하는 홍수는 자연의 힘만을 나타낸다고 볼 수는 없다. 환경이 주는 스트레스와 무기력해진 사회가 시기적절하지 못하게 함께 나타났을 뿐이다. 거리에 있는 주택들이 쓸려나갔다. 항구는 밀려온 토사로 막혀버렸다. 로마인들이 농장과 밭으로 일구었던 계곡들도 흙으로 덮였다. 수 세기 동안 경작해온 농토 위로 습지와 숲이 슬금슬금 침범하면서, 야생이 되살아났다.[39)]

유스티니아누스 페스트로 인구의 절반이 사망했다고 가정한다고 해도, 여전히 사람들은 풍경 속 여기저기에 흩어져 있었다. 그러나 제국의 어떤 지역에서는 기이하게도 사람들을 전혀 찾을 수 없는 것이 사실이다. 이탈리아의 기록 자료들에서는 불가사의하게도 사람들이 사라져 있다. "천 년 동안 상당한 수준의 문명을 지탱해오던 마을과 농장들이 대부분 사라진 것 같다." "7세기와 8세기에는 현장 조사와 발굴까지 매우 어려워서 정착의 흔적을 전혀 찾을 수 없다." "서기 550년 이후에는 사람들을 인식하기가 매우 힘들다." 표본조사로 얻은 고고학적 발견으로부터 인구통계학적 측정을 하는 것은 위험한 시도로 악명 높다. 그러나 어느 대담한 학자는 이즈음 이탈리아의 인구가 로마 제국 시절보다 1/2 혹은 1/4로 줄었다고 감히 추정한다.[40)]

이탈리아에서 일어난 것은 단지 쇠퇴가 아니라 붕괴와 재조직이었다. 한때 어디에서나 통용되던 주화가 비잔틴의 전초기지 몇 군데를 제외하고는

---

39) 환경을 지배하는 공적인 힘의 상실, 등등. : Christie 2006, 200, 487~89.

40) "마을과 농장": Barker, Hodges, and Clark 1995, 253. "7세기와 8세기": Ward-Perkins 2000a, 355, cf. 325."사람을 찾기가 매우 힘들다": Christie 2006, 560. 1/2에서 1/4: Ward-Perkins 2005, 138. 방법론적 위험에 대한 개관은 Witcher 2011을 참조.

사라져버렸다. 해외에서 들여오는 소박한 생활용품들이 서서히 눈에 띄지 않다가 나중에는 완전히 사라졌다. 아치 형태였던 로마의 계층구조는 극단적으로 단순화된 가진 자와 못 가진 자 양극단만 남은 상태가 되었다. 귀족들의 엄청난 부는 증발했고, 중간층은 재생되지 못했으며, 이제는 번창하지 않는 세상에서 의외로 기독교 교회가 가장 부유한 상속자로 남았다. 완전히 새로운 정착의 논리가 풍경을 지배했다. 환경으로 인한 스트레스와 야만인들의 약탈에 노출된 비옥한 저지대가 버려졌다. 마을은 언덕 꼭대기로 물러났다. 브라이언 워드 퍼킨스Brian Ward-Perkins가 관찰했듯이, 이탈리아는 에트루리아인들이 들어온 이후로는 찾아볼 수 없던 기술과 물질문화의 수준으로 퇴보한 상태였다. 전쟁, 역병, 그리고 기후 변화가 연합하여 꾸민 음모로 인해 천년의 물질적 진보가 뒤집혔고, 이탈리아를 경제적 혹은 정치적 기량보다 성자들의 뼈가 훨씬 더 중요한 중세 초기의 후미진 곳으로 바꿔 놓았다.[41]

북아프리카는 서로마의 급격한 쇠퇴와 동로마의 지속적 영향 사이에 놓여 있었다. 반달족의 정복은 그다지 큰 단절을 불러오지 않았다. 로마령 아프리카의 대부분은 4세기와 5세기에 정착지로서 최정점에 이른다. 리비아 너머로 동로마 제국이 세력을 뻗어오면서, 이러한 활력은 5세기에 방해를 받았다. 로마 문명의 시류는 꺾였고, 사하라에서 새로운 부족들이 로마의 정착지 경계선을 침범해 들어왔다. 그러나 튀니지의 중심축은 계속 번영했다. 아프리카 레드 슬립 웨어는 지중해 지역에서 엄청난 시장 점유율을 유지

41) 주화: Ward-Perkins 2005, 113. 도자기: Ward-Perkins 2005, 106. 고지대: see Gregory the Great, Reg. 2.17, 6.27, 10.13. Christie 2006, 461. 에트루리아 이전: Ward-Perkins 2005, 88, 120.

했다. 카르타고는 넓은 세상과 비옥한 내륙을 잇는 중심지였고, 6세기에 이르기까지 번창했다. 그러나 6세기 후반에 아프리카 내륙 전역에 명백한 쇠퇴가 시작되었다. 해상 교역망이 해체되어 아프리카 지역에서 부의 순환이 멈춘 것으로 보이지만, 페스트로 인해 초대된 인구 감소의 위기가 주요 원인일 가능성도 있다. 여기서도 역시 대규모 사망 위기와 기후 변화가 옛 체제의 다면적이고 장기적인 붕괴를 가져온 결정적 타격이었다.[42)]

지중해 동쪽의 변화 시기는 완전히 다른 일정을 따른다는 것을 명심해야 한다. 콘스탄티노플과 연결된 지역들은 고대 후기에 번창했다. 그 이전에는 일찍이 에게해 북쪽에서부터 이집트 해안에 이르는 바다를 둘러싼 사회들이 그렇게 밀접하게 연결되거나 그렇게 폭넓은 번영을 누린 적이 없었다. 처음에 유스티니아누스의 제국이 물려받은 유일하게 가망 없는 조직은 그의 기원이기도 한 다뉴브강 지역이었다. 침략군에 의해 거듭 타격을 입으면서도, 북방 전초기지는 예전의 경제적 활력을 회복하려고 분투했다. 유스티니아누스는 조상들의 땅을 지키기 위해 막대한 돈을 들이면서 공격적으로 밀어붙였다. 그러나 이러한 값비싼 시도들도 시류를 역전시킬 수는 없었다. 재건된 마을들은 결국 실속 없이 거창한 플리부르겐Fliehburgen으로 전락했다. 위급할 때 시골 사람들이 사용하는 거대한 벙커에 지나지 않은 것이다. 부보닉 페스트의 충격으로 인해 이 지역들은 슬라브족과 아바르족이 손쉽게 잠입할 수 있는 지역이 되었다. 6세기 중반 이후를 거치면서, 그들은 로마의 통제를 서서히 벗어났다.[43)]

---

42) 4세기 도시 번영의 최정점: Lepelley 2006. Fentress and Wilson 2016, 17. 카세린 표본 조사: Hitchner 1988; Hitchner 1989; Hitchner 1990. Cameron 2000b, 558.

43) Decker 2016, 9~11, 17; Whitby 2000, 97~98a.

남쪽 지역의 그리스 중심부로 가면, 우리는 한창 성장의 고통을 호소하는 세계를 만난다. 고대의 도시들은 '최소한 550년까지(유스티니아누스 통치기의 절정) 무너지지 않는 연속성을 가지고' 새롭게 번창했다. 5세기와 6세기에는 웅상한 교회들이 세워졌다. 시골에는 정착지들이 폭발적으로 늘어났다. 교역이 활발해져서 먼 곳의 물건들이 내륙 깊숙한 산악지대까지 들어왔다. 그러나 6세기 중반에 개화가 삐걱거리며 멈추었다. 상승세가 갑작스럽게 방향을 바꾸었다. 그리스 세계의 서쪽 경계선에 부트린트Butrint라는 도시가 있다. 지중해 지역에서 가장 조심스럽게 발굴된 곳이기도 하다. 550년 이후부터 이 도시가 가파르게 쇠락하는 모습을 보였다. 코린트는 600년 이전에 이미 쇠퇴의 길에 들어섰다. 도시의 후퇴와 농촌의 몰락은 보조를 맞추며 진행되었다. 마케도니아에서는 유스티니아누스 통치기 후반에 "심각하지만 '조용한' 혁명이 있었다. 이전에는 화폐 유통, 전문적으로 장식한 교회 건물, 그리고 계층화가 특징이던 정착 체제의 역동성이 사라졌다." 6세기 중반 이후에는 남쪽 지역은 '완전히 황폐한' 곳으로 묘사된다. 붕괴가 너무 가혹하고 흔적이 남지 않아서 "사람들이 모두 어디로 사라졌는지 알 수 없어 하며 학자들은 상당한 충격을 받았다."[44]

그리스의 사례는 엄청난 진단적 가치를 지닌다. 도시와 그리스의 계곡들을 조심스럽게 샅샅이 탐색했지만 이곳의 경우는 소모적인 전쟁이나 정치적 전복으로 쉽게 설명할 수 없었다. 그리스 반도 구석에 있는 오지에 이르기까지 쇠퇴를 목격할 수 있었는데 6세기 중반의 변곡점은 여기저기에서

44) "무너지지 않는 연속성": Wickham 2005, 627. 부트린트: Hansen et al. 2013; Bowden, odges, and Cerova 2011; Decker 2009, 93. 코린트: Scranton 1957; Brandes 1999. 마케도니아: Dunn 2004, 579. "상당한 충격": Decker 2009, 131.

뚜렷하게 일치하고 있다. 미약하게나마 거주의 흔적을 몇 군데에서 찾을 수 있다. 그것으로 미루어 보아 고고학적으로 이전보다 훨씬 눈에 띄지 않지만, 사람들이 중세 초기까지는 일정 수준을 유지하면서 살았던 것이 확실하다. 7세기 초까지는 해외 도자기가 유입된 흔적도 있다. 그러나 이것은 인구통계학적 붕괴가 상업 교역의 붕괴보다 앞섰다는 것을 보여줄 뿐이다. 원인은 이곳이 다른 곳보다 고립되었다는 데 있다. 6세기 중반에 역병과 기후 변화가 동시에 격변을 일으켰다.[45]

아나톨리아에서도 6세기가 전환점이었다. 후기 로마의 몇백 년 동안은 발전이 빨랐고 인구가 증가했다. 5세기와 6세기 초에 정착의 구조가 절정에 이른 지역들이 많았다. 에게해에 면한 도시들의 거대한 연결망은 후기 제국 전체에서 가장 밀집된 도시들의 통로를 형성했다. 이러한 추동력이 갑자기 멈췄다. 정확히 6세기 중반이었다. 도시와 내륙지역의 공생체제도 동시에 쇠퇴했다. 터키 남서부의 사갈라소스 유적지에서 이루어진 도시와 주변 시골의 조심스러운 조사에서, 그 파열이 극적이었음이 드러났다. "페스트가 재발했을 가능성이 가장 높고, 그 결과 사갈라소스는 완전히 도시의 기능을 멈춘 것처럼 보인다." 여기에서도 잘 짜여 있던 조직이 갑자기 풀려버렸다.[46]

아나톨리아의 일부 지역에서 두 가지 결정적인 변화의 파동이 있었다. 하나는 550년경이었고, 다른 하나는 620년경이었다. 처음에는 성장은 멈췄으나, 정착지 체제가 뒤집히지는 않았다. 생존자들은 역병이 계속 재발했음에도 고대의 생활 방식을 지키려 분투했다. 비가 많아지고 추워진 환경 조

45) Decker 2016, 130~34; Pettegrew 2007; Mee and Forbes 1997.

46) Haldon 2016 and Izdebski 2013에서 개관. "가능성이 가장 높고": Waelkens et al. 2006, 231.

건에서 경작지가 줄어들었고, 한 가지 곡식만 경작하는 농법이 지배적이 되었다. 몇 세대에 걸쳐 지친 걸음으로 쇠약해진 채 나아가다가, 페르시아인의 침략으로 인한 학살이 확실하게 사회를 쓰러뜨렸다. 7세기 중반 사람들의 가장 특징적인 풍경은 알아볼 수 없을 정도로 지워졌다. 고대 문명의 중심지에 속했던 곳들에서 천년 내내 지속된 문명은 완전히 사라졌다. 그리고 원시적이고 해체된 상태로 방치되었다.[47)]

위기의 시기에 이집트의 운명은 다소 수수께끼에 싸여 있다. 나일강 계곡의 독특한 생태는 언제나 이집트에서 일어나는 사건의 틀을 결정한다. 프로코피우스가 묘사한 일화 속에서 축소된 표본으로 변화의 역동성을 포착할 수 있다. 최초로 페스트가 퍼지고 몇 년 뒤에 나일강이 18큐빗 높이로 범람했다. 평소라면 물과 토사가 풍부해지는 신의 선물이었다. 상류에서는 모든 것이 정상적으로 보였다. 그러나 하류에서는 예상치 못한 방향으로 사건이 전개되었다. "하류 지역에서는 물이 표면을 덮고 난 뒤, 물러가지 않고 파종할 시기까지 내내 그대로 머물러 있었다. 여태껏 한 번도 일어난 적이 없는 일이었다." 지나친 범람은 인간이 초래한 것과 자연이 결합해서 만드는 것이다. 나일강 계곡은 고대 세계에서 생태학적으로 가장 고도의 수리 시설이 건설된 곳이다. 해마다 범람의 시기에는, 복잡하게 얽힌 거대한 운하를 통해 신성한 강물을 내륙으로 끌어들였다. 둑, 운하, 펌프, 바퀴 같은 복잡한 기계들은 인간의 창조성과 힘든 노동이 빚어내는 웅장한 교향곡이었다.

47) 나는 Liebeschuetz 2001, 특히 at 43, 48~53, 408의 조심스러운 논의에 납득한다. Waelkens 2006; Wickham 2005, 627. 파편화: Haldon 2016. 농촌의 거주가 낮은 수준으로 지속됨: Vanhaverbeke et al. 2009 (a 'decapitated' landscape); Vionis et al. 2009.

상류의 경작지에서 노동력이 갑자기 사라지자 강물을 통제하는 조직망이 망가졌다. 계곡을 흐르는 강물의 흐름을 통제하지 못하게 되었고, 하류의 비옥한 삼각주에 사는 사람들을 덮쳤다. 놀랍게도 이러한 사건은 중세의 흑사병이 지나간 뒤에도 거의 똑같이 반복되었다.[48)]

이집트의 경제는 거대한 물 관리 기계에 전적으로 의존했다. 유스티니아누스 페스트의 여파 속에서 나일강 계곡 지대가 소유한 기술의 역동성이 결정적이고 조용한 역할을 했을지도 모른다. 프로코피우스를 인용하자면, "경작지가 나일강의 습지인 것이 '현재로서는' 엄청난 불행의 원인이 되었다." 사태를 더 악화시킨 것은 이집트가 상품 경제에 의존했다는 사실이다. 이집트인들은 지나치게 전문적으로 밀을 재배했다. 6세기 후반에는 자국 내에서나 해외에서 먹을 입이 줄어들었고, 밀 시장은 무너졌다. 밀의 공급이 지나치게 과잉이었다. 소작료는 오르지 않았다. 임금 성장은 미미한 정도였다. 흑사병 이후 맘루크 왕조가 지배하던 이집트와 마찬가지로, 이 시기의 역병은 농민들에게 아무런 이득도 되지 못했다. 시장이 낮은 수준으로 통합되면서 교역으로 얻는 이익은 반전되어, 모두에게 손해를 입혔다. 손상된 기계는 노동 생산성을 줄어들게 했다. 더욱이 부유한 농장주들은 노동력을 계속 지배하기 위해 정당한 수단과 부당한 수단을 가리지 않았다.[49)]

고대 이집트 전역에서 유일하게 가장 잘 알려진 귀족의 재산인 아피온 농장은 페스트의 첫 번째 파도가 지나간 뒤에도 50년 동안 절정기를 누렸

---

48) 나일강 홍수: Procopius, Bell. 7.29.6~7, tr. Kaldellis. Canals, etc.: Bagnall 1993, 17~18. 이집트의 흑사병: Borsch 2014; Borsch 2005, 46~47: "이러한 조직망의 원활한 기능은 시기의 정확성뿐만 아니라 연간 유지보수를 위한 노동력과 원자재의 상당한 투입에 좌우되었다."

그림 7.3 | 세포리의 나일로미터를 표현한 모자이크

49) "나일강의 습지": Procopius, Bell. 7.29.19, tr. Kaldellis. 아라비아 남부의 거대한 마리브 댐이 6세기에 세 번 범람했고 마침내 붕괴되었다는 사실도 주목할 가치가 있다. 강력한 몬순 활동이 6세기 중반의 특징임을 시사한다. Morony 2007, 63을 참조. 밀과 소작료: Harper 2016a. 우리는 그 무렵 숫자가 적어진 노동자들이 낮은 소작료를 요구하기를 기대했을 것이다. 그러나 현실의 소작료는 관행으로 고정되어 있거나, 혹은 지주들이 노동자들의 힘을 억압하기 위해 시장 외적인 힘을 활용했거나, 혹은 평균적으로 고품질의 토지만 경작을 해서 생산량이 늘어나 상대적 비율로는 소작료가 인하되었을지도 모른다. 풀리지 않는 수수께끼다. 현금 임대료가 즉각적으로 떨어지지 않았으나, 물가는 떨어지고 임금은 올라가는 더 분명한 시장의 신호를 나타내는 것인지도 모른다.

다. 농장은 팬데믹 이후 한 세대 동안 눈부시게 성장했다. 면적만으로도 이미 거대했던 아피온 농장은 위기의 시대에 두 배로 늘어났다. 이러한 성장에 대해서는 충분히 설명할 수가 없다. 이러한 공격적인 인수의 배경으로, 토지 소유의 집중을 가능하게 한 인구 붕괴의 고통을 상정해 볼 수 있다. 페스트의 여파 속에서도 아피온 농장은 놀라울 정도로 불건전한 이윤을 착취했다. 그렇다 하더라도 우리는 귀족 계층의 경제 기반이 서서히 침식되는 것을 지켜볼 수 있다. 농장 관리자들은 노동자 부족의 문제에 '사로잡혀' 있었다고 묘사된다. 그들은 가능한 한 노동자들을 농장에 붙잡아 두려고 애썼다. 이러한 사례로 판단하자면, 이집트의 엘리트들은 자본, 기술 그리고 재정 시스템을 통제하면서 광대한 토지를 획득했으나, 적은 수준의 이익이라도 실현하기 위해 분투했다. 한편으로, 이 가족의 사유지가 7세기까지 지속되는 것을 보면 어느 정도는 안정적이었다. 엘리트들은 번창할 수는 없었으나, 버텨낼 수는 있었다.[50)]

알렉산드리아는 7세기에 들어서면서 다른 어느 고대의 대도시보다 선전해서 총대주교인 자선가 요한의 단단한 리더십에 활기찬 배경이 되어주었다. 알렉산드리아의 활력은 상당 부분 바다의 덕택이었다. 대도시는 번창하는 레반트 해안을 향해 있었고, 그 뒤로 고대 후기에 엄청나게 활력이 넘쳤던 지역이 펼쳐져 있었다. 시리아와 팔레스타인은 5세기와 6세기의 영적이면서도 경제적인 중심지였다. 팔레스타인 남부에서 타우루스 산기슭까지 둥글게 뻗어나간 지역은 정신을 차릴 수 없이 성장했다. 350년부터 550년에 이르기까지, 인구는 꾸준히 팽창했다. 도시들은 호황을 이루었다. 안티오크

50) Hickey 2012; Sarris 2006; Mazza 2001을 참조. "사로잡혀": Hickey 2012, 88.

그림 7.4 | 금으로 환산한 밀 가격(carats/hl)

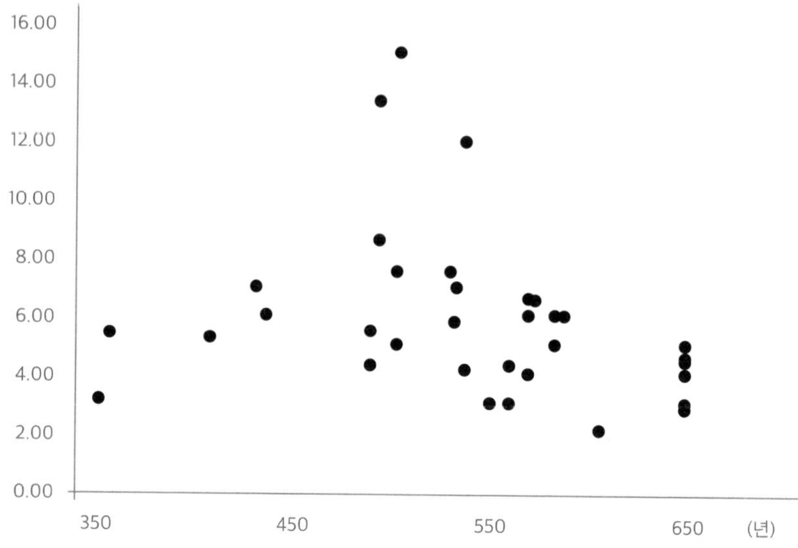

와 예루살렘이 선두에 섰고, 지중해 교역망에 면한 수십 군데의 2차 도시들이 뒤를 이었다. 레반트의 무역상들은 홍해에서 지중해 서부까지 상업을 지배했다. 가자의 포도주는 고대 후기의 거대한 포도 농장이 거둔 국제적 성공이었다. (어떤 에피소드에서는 총대주교 자선가 요한이 성체 성사에 사용되는 포도주의 좋은 품질을 궁금해 하다가 그것이 가자에서 수입된 것을 알고 진노했다고 한다!)[51)]

레반트의 도시들은 고전적 질서를 유지했다. 목욕탕, 경기장 그리고 극장은 생명력으로 들끓었다. 새로운 신앙은 도시라는 직물 속에 솔기 없이 통합되었다. '성지(팔레스타인)'는 완전히 기독교화 되었고, 고대 후기에 교회와 사원 건축이 그토록 성황을 누린 지역은 없었다. 이러한 번영은 시골에

51) 개관은 Decker 2009를 참조. 좋은 포도주: Vit. Ioh. Eleem. I.10.

서 비롯되었고, 다시 시골로 흘러 들어갔다. 척박한 환경의 마을들이 해안 평야와 내륙의 구릉지대 그리고 메소포타미아에서 네게브에 이르는 리본 모양의 반사막 건조 지대를 가득 메웠다. 많은 마을이 주요 도시가 통제하기 어려운 곳에 있었다. 시리아의 석회암 단층 지대에 돌로 지은 유령 같은 마을들은 해안가의 엘리트들에게 속한 것이 아니라 기층 농민들의 것이었다.[52)]

인구 증가는 6세기 중반에 최고조에 이르렀다. 그 후 새로운 건축은 속도가 느려지거나 간헐적으로 변했다. 북쪽에 통렬한 위기가 닥쳤다. 역병과 페르시아인의 침략, 연속적인 지진은 극복할 수 없는 문제였다. 지진이 활성화되어 있던 지중해 지역에서 그것은 문명의 골칫거리였다. 6세기 초까지의 대응은 즉각적인 재건이었다. 그러나 6세기 후반부터는 회복을 위해 고군분투해야 했다. 안티오크는 6세기 중반 이후로 빛을 잃어갔다. 그 영향권 아래 있던 마을들은 고통을 겪었다. 완전히 소멸하지는 않았으나 이미 죽은 도시들이 6세기 중반부터 축소되고 단순화되기 시작했다.[53)]

남부 레반트에서 6세기 중반은 방향의 역전이라기보다는 충돌에 가까웠다. 도시의 면모가 바뀌기 시작했다. 변화가 극적인 경우에는 고대 도시의 정치적으로 합리적인 하향 방식이 사라지고 혼란스럽고 유기적인 생활 방식이 되었다. 예전에 사막이던 내륙 지역보다 해안 지역이 더 고통을 겪었다. 위기로 인해 건축 호황이 속도를 늦추었으나 끝난 것은 아니었다. 그렇지만

52) 도시들: Liebeschuetz 2001.

53) Witakowski 2010; Kennedy 2007a; Foss 1997; Tate 1992; Sodini et al. 1980; Tchalenko 1953~58. 레반트 남부보다 북부에서 연속성을 찾아보기 힘들다는 신뢰할 만한 고고학 증거에 대해 특히, Casana 2014, 214를 참조.

건축 사업을 경제적 번영의 척도로 취급하는 것은 주의해야 한다. 이것은 현대의 GDP에 상응하는 대리증거물이 아니다. 550년경부터 실제로 교회 건축이 공공 건축의 유일한 형태가 되었다. 그것이 이제는 마을 쪽으로 비중이 옮겨갔나. 앞으로 살펴보겠지만, 대부분 웅장한 모자이크를 갖춘 매우 우아한 건물인 교회들 상당수가 경건한 공포심을 판매한 수익으로 지어졌다. 이런 장소들을 사람들이 혼돈의 세계에서 강력한 보호자의 도움을 구하고자 했던 소통의 통로라고 보기는 어렵다. 경제적 활력의 지표이면서 동시에 종말론적 분위기의 바로미터이기도 하다. 그러나 중요한 것은 남부 레반트가 고대 지중해 세계 전체에서 가장 회복 탄력성이 강한 곳임이 입증되었다는 사실이다.[54)]

레반트 경제의 추진력을 멈추게 하는데 기후 변화가 어떤 역할을 했는지는 아직 밝혀지지 않았다. 시리아의 돌 비석이나 가자 지역 뒤쪽의 사막에 덩그러니 남아 있는 포도 착즙기는 후기 홀로세 기후 변화가 불러온 충격적인 시간 경과를 보여주는 사진 같다. 해변을 따라 길게 이어진 반건조 지역에 형성된 문명을 향해 사막이 동쪽과 남쪽에서 다가오고 있었다. 그러나 인간이 정착하고 지형을 개발하는 일은 언제나 가뭄의 아슬아슬한 경계선인 반건조 지역에서 승리를 거두었다. 자본이 유입되고 시장이 통합되면서 위험한 환경을 개척할 수단이 생겼다. 토양 보존이 세심하게 이루어지고 관개 기술이 대량으로 보급되면서, 생태적으로 불모지인 황량한 환경으로 농경이 확대될 수 있었다. 네게브에서 성취한 것은 '지중해 지역에서 어느 시

54) Izdebski 2016; Hirschfeld 2006; Kennedy 2000. 최후의 심판을 대비하는 교회 건축: Magdalino 1993, 12.

대든 가장 성공적으로 이루어진 지형의 변화'에 지나지 않았다. 그러나 기후 요인들은 인간과 보조를 맞추어 변화하지 않는다. 우리는 6세기에 들어 두 요인 사이에 긴장이 조성되는 것을 목격한다. 건조화가 시작되어 반대 방향으로 상황이 기울어져 가고 있었음에도, 농업은 강화되었다. 농부들은 사막을 주저앉혀 거침없는 진전을 막는 기발한 방법을 고안했다.[55)]

역병이 세상을 뒤흔들고 있었다. 그러나 대규모의 사망에도 사람들의 풍경은 사라지지 않았고, 정착의 논리가 뒤집히지도 않았다. 지중해 동쪽에 페스트가 집중되면서 가장 큰 에너지가 해변에서 깊숙한 내륙으로 이동했다. 요르단강 동쪽에 있는 사막 전 단계의 삭막한 땅이 위기의 시대 한가운데에서 활기찬 삶을 누렸다. 페트라에서 다마스쿠스까지 가장 안쪽으로 길게 이어진 연결망을 따라 아랍 기독교 사회가 번성했다. 그곳은 항상 경계선에 있었으나 로마 제국과 깊이 연결되어 있었다. 관개 농업, 오아시스 경작, 유목민, 카라반 무역이 뒤섞인 채 주변부로 남아 있었다. 6세기 후반에 이 사회들은 로마 제국이 있는 서쪽을 향했다. 그러나 곧 제국은 그들을 거부했다. 그들은 "조용히 그리고 조금의 흐느낌도 없이 기꺼이 새롭고 중대한 시대로 진입했다. 당시에는 그 의미를 알아차리지도 인정하지도 못했다."[56)]

---

55) 기후 변화의 영향에 대하여, Hirschfeld 2006, 2004. 또한 지금은 Avni 2014를 참조. "가장 성공적인 것 중 하나": Decker 2009, 196. 관개 시설: Kamash 2012. Kouki 2013은 남 요르단에서 인간의 정착과 기후 변화는 보조를 맞추지 않았음을 강조한다. 또한 6세기와 7세기 내내 건조화가 진행되었음을 관찰한다. 일반적으로 Mikhail 2013는 그 지역에서 인간과 환경을 변증법적으로 이해하는 것이 중요함을 시사한다. Izdebski 2016, esp. 202는 동쪽 끝에 있는 어느 정착지가 오늘날에는 사막이지만 이전에는 강수량이 높았다는 사실을 다루고 있다. Rubin 1989는 더 이전의 회의적 사례를 다룬다.

56) Liebeschuetz 2001, 57; Walmsey 2007, 41. 네게브: Avni et al. 2006: 인간의 활동은 "장기적으로 사막화를 향해 가는 자연의 경향과 겹쳤다." Wadi Faynan: Barker, Gilbertson, and Mattingly 2007. "조용히": Walmsey 2007, 47. Liebeshuetz 2001, 303.

부지런한 고고학 연구자들이 지중해의 한쪽 끝에서 반대쪽 끝까지 팽창과 소멸의 조용한 역사를 복구해냈다. 풍경을 조사하고 마을을 발굴하다 보면 지역의 색채가 짙은 사실들은 조금씩 다른 이야기를 한다. 그러나 이렇게 정교한 복잡성 아래의 깊은 곳에서는 변화의 유형을 공유한다. 최근 몇 년 동안 권위 있는 통합 연구로 제국과 교역망, 지방 귀족 그리고 농경 생활 사이의 상호의존성이 다양하게 변화하는 유형을 추적했다. 그러나 그런 이야기들 속에서 물리적 환경이 무기력한 배경으로 존재할 수 없다. 생산과 재생산의 지구적이고 생물학적인 토대는 작은 부분 이상의 역할이어야 한다. 인구통계학적 심각한 움직임이 없을 때 국가와 사회 질서의 모델은 무게가 없는 추상적인 것이 된다. 자연환경과 인구는 국가, 경제, 사회 질서의 영향을 받아 움직이지만, 최고 수준의 정치 조직에 결과를 미치는 원동력으로 서로 영향을 주고받기도 했다. 그러한 사건들을 곧 언급할 것이다.

점점 악화되는 기후와 맹독성 세균이 제국의 영토 전체에 심각한 변화를 일으켰고, 심판은 코앞에 와 있었다. 자선가 요한은 알렉산드리아를 떠나 고향인 키프로스로 돌아갔다. 그는 지중해 지역에서 고대 로마를 버티고 있던 질서의 뼈대가 무너지기 시작하는 광경을 직접 지켜볼 수 있었다. 그는 7세기 초에 로마와 페르시아 사이에 펼쳐진 전쟁의 참혹한 폭력을 견뎌내며 살았다. 양쪽 모두에게 파괴적인 전쟁이었다. 콘스탄티노플에서 공급하는 곡물 지원이 종료되면서 시대의 종말을 알렸다. 그러나 페르시아 군대는 지중해 지역과 지구 역사에 장기적이며 심대한 결과를 가져온 순간의 서곡에 불과했다. 요한이 죽은 뒤 4년 후에, 종말론적 예언자가 나타나 자신의 추종자들을 메카에서 야트립Yathrib까지 이끄는 헤지라를 결행했다. 그들은 곧 로마령 아라비아의 경계에 이르렀다. 요한의 친구이자 전기작가이며 예루살렘의 총대주교인 소프로니우스Sophronius는 살아 있을 때 로마 세계의 마지막 활기찬 부분이 제국의 손아귀에서 떨어져 나가는 것을 보았다. 아마도 중력의 중심이 이미 험준하고 건조한 내륙지역으로 미묘하게 움직이던 때였을 것이다. 지평선에 다가온 사건들이, 천년 만에 처음으로, 레반트를 동쪽으로 향하도록 만들었다.

제국의 몰락

통치를 시작한 지 33년 되던 해인 559년에 유스티니아누스는 강제로 퇴역시켰던 벨리사리우스 장군을 다시 불러들였다. 봄이었고, 다뉴브강이 "평소처럼…… 꽤 깊이 얼어붙었다"(고대 후기 소빙하기의 생활에 대한 예상치 못한 언급이었다. 오늘날에는 다뉴브강이 30년 만에 한 번 정도 얼기 때문이다). 흑해 너머에서 온 유목민 기마부대 코티구르족 수천만 명이 얼어붙은 강을 건너 콘스탄티노플을 기습 공격할 기회를 엿보고 있었다. 벨리사리우스는 자신의 임무를 받아들였다. 위대한 사령관은 "다시 한 번 자신의 흉갑과 투구를 쓰고 젊은 시절에 입던 익숙한 제복을 입었다." 주력 부대가 멀리 있는 전선에 투입되었으므로, 벨리사리우스는 오직 3백 명의 병사들과 전투 준비가 되어 있지 않은 한 무리의 농민을 소집할 수 있었다. 그러나 절제와 속임수가 섞인 전략으로, 벨리사리우스는 침략자들의 군대를 후퇴시키고 수도를 수치스러운 패배에서 구해냈다. 벨리사리우스는 다시 조국의 영웅이 되었다.[57)]

---

57) Agathias, Hist. 5.15.7, tr. Frendo.

이것은 프로코피우스의 서사를 잇는 역사가 아가티아스Agathias가 쓴 세련된 작품이다. 이 이야기는 예민한 지점을 드러내고 있다. 한때 강대했던 제국이 가엾은 망령만 남아 작은 기마부대 무리 앞에서 겁을 먹고 움츠리는 정세를 요약해서 보여준다. "로마 제국의 운명은 서서히 침몰해가고 있었다. 그래서 제국의 도시 바로 외곽에서 한 줌의 야만인들이 그토록 잔학한 짓을 저지를 수 있었다." 벨리사리우스가 수도를 구하기 1년 전에 부보닉 페스트가 두 번째로 발생하면서, 견고한 위치로 남아 있던 제국을 견디기 힘든 충격에 빠뜨렸다. 아가티아스는 유스티니아누스 정권이 지닌 문제의 핵심은 군사-재정이 소멸하면서 일으킨 소용돌이라고 보았다. 그는 독자에게 자신만만한 확실성으로 학자들을 매료시키고 당황하게 하는 인물들을 보여주었다. 한때 64만 5천 명에 이르던 야전 군사들이 이제는 겨우 15만 명에 불과했다. 예전 숫자는 믿기지 않을 정도로 많고, 나중 숫자는 상상할 수 없을 정도로 낮은 것은 아니지만 의심스럽다. 요점은 동일하다. "로마 군대는 사실상 초기의 황제들이 이루어놓은 수준으로 남아 있지 않았다. 예전 군대의 일부 규모로 축소되었고, 이제는 광대한 제국의 요구에 부응하지 못하게 되었다."[58)]

인구통계학적 측면에서 인구가 많을수록 항상 좋은 것은 아니다. 많은 인구의 압력은 한정된 시골 지역으로 사람들이 몰려가서 자원을 황폐하게 만들 수 있다. 그러나 인구자원이 풍부해지면 거의 언제나 국가는 호황을 누린다. 국가는 일회용 신체들을 공급받으며 지탱한다. 동로마 제국은 첫 팬

---

58) "운명": Agathias, Hist. 5.13.5, tr. Frendo. "로마 군대": Agathias, Hist. 5.13.7, tr. Frendo. On Agathias and the plague, Kaldellis 2007, 15~16. Lee 2007, 117~18.

데믹이 도래하기 전까지 장기적으로 인구가 성장하여 엄청난 이득을 얻었다. 6세기 초까지만 해도 로마 군대는 어렵지 않게 신병을 보충했다. 세습 입대와 자발적 입영만으로도 충분히 인력을 공급할 수 있었다. "직업이 없거나 할 일이 충분하지 않은 이들, 그리고 일부는 땅이 없는 농민들로 이루어진 입영대상자들이 많았다. 제비를 뽑아야 했다." 그러나 페스트 시대에 들어서면서 인구통계 상의 출혈은 로마의 국정 운영에 새로운 계기가 되었다. 그 이후로 로마 제국은 궁극적으로 해결할 수 없는 난제에 부딪혔다. 제국의 지리적 여건이 요구하는 군대를 파견할 수 없었고, 파견할 군대를 소집해도 비용을 지불할 수 없었다. 유스티니아누스의 통치부터 헤라클리우스 황제가 맞이한 마지막 재앙 사이의 기간에 이러한 드라마가 전개되는 동안, 사건들이 일어난 순서는 우발적으로 정해졌다. 그러나 궁극적으로는 구조의 역학이 결정했다.[59)]

유스티니아누스의 개혁은 제국의 재정-군사 능력을 신장시켰다. 페스트의 절정기 이전에 시도한 아프리카 원정은 재정 관료들에게 심각한 우려를 불러일으켰다. 페르시아의 국경 쪽에서 분쟁이 재개되었을 때도 비용이 많이 들었다. 그러나 유스티니아누스는 동쪽과 서쪽 상황 모두를 수습할 수 있었다. 엄청난 대가를 치렀지만. 542년의 충격으로 그는 근거지를 발밑으로 옮겼다. 이탈리아에서의 전쟁은 중단되었고, 벨리사리우스는 544년에 서방으로 다시 보내졌다. 적은 숫자의 동로마 제국 병사들로는 버틸 수가 없었으므로, 벨리사리우스는 트라키아에서 모병을 했고 4천 명을 모았다. 더

59) "입영대상자들이 많았다.": Jones 1964, 670. 그러나 징병제도의 흔적에 대해서는 Whitby 2000b, 302~3을 참조. Haldon 2002는 7세기의 변형이 6세기 후반의 압력에 근원을 두고 있다는 설득력 있는 논증이다.

심각한 문제는 어떻게 병사들에게 봉급을 지불하느냐였다. 벨리사리우스는 황제에게 군대와 돈을 간청했다. "그가 거느렸던 몇 안 되는 병사들도 국가가 그들에게 많은 빚을 졌다고 주장하면서 싸우려 하지 않았다." 그들은 "병사, 말, 무기 혹은 돈이 없었다. 어떤 사람이라도 이러한 것들이 충분히 공급되지 않는 전쟁을 계속할 수는 없을 것이다." 그것은 국가 운영의 새로운 위기가 시작되는 징조에 불과했다.[60]

로마 제국의 권력은 계속 제약을 받았으며 그러면서 7세기까지 국가 조직의 모든 형태를 조용히 점검했다. 국가는 대규모로 돈을 빌리는 능력을 상실했다. 채권에 의한 자금 조달이 어려워지자 재정은 위축되었다. 은화를 사용하던 시대에는 황제들이 통화 가치를 떨어뜨렸다. 그러나 6세기 즈음에는 병사들이 현물과 금으로 급여를 받았다. 최후의 절박한 수단인 통화 가치 절하는 시행할 수 없었다. 재정난 타개를 위해 황제에게는 두 가지 선택지가 있었다. 병사들에게 급여를 지급하지 않거나, 납세자들을 쥐어짜는 것이었다. 540년대부터 로마 제국은 종종 두 가지 선택을 모두 동원하기 시작했다. 우리는 유스티니아누스가 "언제나 병사들에게 봉급을 늦게 지불했고, 그들을 가혹하게 대했다"라고 알고 있다. 그는 "노골적으로 병사들의 봉급 일부를 속여서 지급하기 시작했고, 나머지를 지급하지 않고 오랜 뒤로 미루기도 했다." 유스티니아누스가 병사들이 5년마다 금으로 받는 상여금을 취소했다고도 전해진다. 상여금은 최초의 군인 황제들 이래 상호 충실성의 근거가 되는 것이었다. 그리고 그는 최전방에 주둔해 있는 국경 부대가 받는 수수료를 모두 박탈한 것 같다. 로마 역사의 기나긴 연대기에 이런 일은 유

---

60) Procopius Bell. P. 166, 399, 404 (7.10.1~2), tr. Kaldellis.

례가 없었다. 유스티니아누스는 돈을 떼어먹은 최초의 황제였다.[61)]

군대는 긴장했다. 세금 납부자들도 마찬가지였다. 처음에 유스티니아누스는 세금 체납을 용서하지 않았다. 이따금씩 돌아오는 기념일에 황제의 사면을 기대하기도 했으나, 유스티니아누스는 무자비했다. 553년에는 마지못해 첫 번째 페스트 발병이 끝난 해까지 소급해서 세금을 감면했다. 대중을 대하는 그의 태도는 자비롭지 않았다. "언제나 그렇듯이 지금도 공화국을 위해 엄청난 지출이 꼭 필요하고, 그것은 신의 너그러움으로 점점 더 많이 증가하고 있으며, 그 많은 부분이 우리를 둘러싼 야만인들과 전쟁을 하는 데 들어간다. 그럼에도 우리는…… 신민들이 체납한 모든 세금을 감면한다." 양보는 미미했다.[62)]

구역마다 세금 평가액이 부과되었는데, 노동자 숫자가 상당히 줄어들었음에도 부과된 총액이 조정되지 않았다. 따라서 생존자들이 부담해야 할 실제 비율이 치솟았다. "역병이 발생했을 때…… 농민의 대부분이 사망했고, 그로 인해 많은 사유지가 황폐해졌음을 짐작할 수 있을 것이다. 그러나 그는 토지 소유자들에게 어떤 관용도 베풀지 않았다. 그는 한 번도 연간 세금을 포기한 적이 없었다. 개인에게 부과된 액수만을 요구했을 뿐 아니라, 사망한 이웃에게 부과된 세금까지 요구했다." 이 기간에 가장 풍부한 파피루스 자료가 발견된 상이집트의 아프로디토Aphrodito 마을에서 기준보다 상승

---

61) 공적인 신용 기관의 등장에 대하여 Edling 2003을 참조. "언제나 늦게 지불하고": Procopius Anek. p. 82, tr. Kaldellis. "노골적으로 속여서 지급하기 시작했고": Agathias, Hist. 5.14.2, tr. Frendo. 또한 John Malalas, Chron. 18.132를 참조. Malalas는 일반적으로 유스티니아누스의 통치에 대해 호의적 설명을 제공하며, 따라서 병사들에게 적절하게 급여를 주기 위해 분투했다는 내용에 대해서는 전적으로 신뢰가 간다. 국경 부대: Treadgold 1995, 150. In general, Treadgold 1995, 159~66.

62) Justinian, Novellae 147, tr. Blume.

된 세금 비율을 엿볼 수 있다. 세금 인상은 무려 66퍼센트에 이르렀다. 6세기 후반의 세금 비율은 로마 역사를 통틀어 어느 때보다도 높았다.[63)]

유스티니아누스 정권이 전복되지 않은 것은 놀라운 일이다. 그러나 그는 통치 초기에 징치적 쿠네타에서 살아남았고, 새로운 반란의 열정을 희미하게 만들었다. 그가 전쟁에서 승리한 충실한 장군인 벨리사리우스를 무자비하게 대한 것은 충격적일 정도이다. 그러나 유스티니아누스는 불만을 지닌 신하들의 관심이 가장 마땅한 후보자에게 집중되는 위험을 허용하지 않았을 것이고, 장군은 개처럼 충직했다. 황제는 놀라운 재능으로 씁쓸한 종말이 올 때까지 권력을 장악할 수 있었다. 반대파는 그의 맞수를 찾지 못했다. 로마법의 개정, 행정의 정비, 건축 사업 그리고 무엇보다 지중해 제국의 회복이라는 높은 포부로 시작된 정권은 치명적인 상처를 입으면서 끝났다. 마침내 유스티니아누스가 죽었을 때, 국가는 완전히 소진되어 있었다. 그를 계승한 유스티니아누스 2세는 회수 불가능한 빚더미에 빠진 국고를 인수했다. 그는 즉시 체납을 무효화했다. 자신이 인정한 군대의 통솔권을 받았고, 대중을 향해 말했다. "필수품 부족으로 황폐해진 상태에서, 공화국은 야만인들의 무수한 공격과 급습으로 피해를 입었다."[64)]

유스티니아누스 이후의 황제들은 둑에 생긴 구멍은 틀어막았을지 모르겠으나, 밀려오는 조수를 막아내는 일은 도저히 할 수 없었다. 유스티니아누스 2세(재위 565~574)는 야만인들에게 외교적 배상금 지불을 멈추었으나, 그

---

63) "역병이 발생했을 때": Procopius, Anek. 23.20~21, tr. Kaldellis. 아프로디토: Zuckerman 2004, 120 and esp. 215. Barnish, Lee, and Whitby 2000, 185가 제대로 지적했듯이, "그 증거는 복잡하고 논쟁적이다." 6세기의 재정 정책에 대한 더욱 세밀한 연구, 엄청난 인구 감소 가능성에 대한 탐색은 환영받을 것이다. 나는 고대 후기의 세금 상승에 대해 Van Minnen 2006, 165~66의 내용에 동의한다.

64) Justin II, Novellae 148, tr. Blume. 이러한 사면에 대하여, Haldon 2016, 182.

로 인해 국경선을 따라 벌어지는 폭력적 분쟁이 배가되었다. 페스트가 한 번씩 재발할 때마다 국가는 목이 죄어갔다. 573년의 발발로 인한 즉각적인 여파로 티베리우스 2세(재위 574~582)는 동방과 서방에서 절박한 신병 모집 운동을 벌였다. 발칸 반도에 대한 통제는 흔들렸고, 이탈리아에 있는 영토는 줄어들었다. 황제의 보라색 옷을 입었던 이들 중 가장 유능하던 마우리스(재위 582~602)는 공격적으로 징병제를 밀어붙였다. 절박했던 시기의 분투에 힘입어 제국은 상당수의 야전군을 파병할 수 있었고, 마우리스가 집필한 군사 안내서는 1만 5천 명을 편성할 수 있는 능력을 가정하고 있다. 그러나 군사 체제는 재정적으로 지속하기 힘들었다. 마우리스는 운명적 결단을 내려 병사의 급여 규모를 삭감했다. 예전 로마 황제들은 주화의 가치를 떨어뜨리는 방식으로 같은 일을 했으나, 적어도 위장된 삭감이었다. 어떤 황제도 감히 직접적으로 급여를 삭감하지 못했다. 결국 충분히 예상할 수 있는 일이 일어났다. 마우리스는 타도되었고, 그를 밀어낸 자도 곧 다음 순서로 밀려났다. 제국은 다시 내란이라는 오래된 재앙에 시달리게 되었다. 이제는 한계점을 넘어섰다. 헤라클리우스 황제(재위 610~641)는 제국의 몰락을 주재하게 될 것이다.[65)]

그 시대를 겪으며 살았던 사람들에게는, 세상의 마지막 시간이 눈앞에 다가온 것 같았다.

---

65) 티베리우스 2세의 신병 모집: Evagrius, Hist. Eccl. 5.14; Theophylact Simocatta, Hist. 3.12.3~4. 마우리스: Michael the Syrian, Chron. 11.21 (362); John of Ephesus, Hist. Eccl. III.6.14. With Whitby 1995, 81. 여전히 대규모 야전군을 파병했다: Whitby 1995, 100. 그러나 " 재정난이 마우리스 정권 내내 핵심 문제였다": Whitby 2000a, 99. 급여 삭감: Theophylact Simocatta, Hist. 3.1.2 and 7.1.2~9; Evagrius, Hist. Eccl. 6.4. A. H. M. Jones를 인용하면, 이것은 "위험한 경제"였다.: Jones 1964, 678. 이 시기에 로마 군대의 신병 모집에 대한 가장 훌륭한 논의는 Whitby 1995이다. 비록 나는 위기의 정도와 그것의 인구통계학적 그리고 재정적 차원의 동시성을 강조하겠지만.

결정적 순간: 무함마드의 세계가 열리다

수도사이자 작가인 요한 모스쿠스John Moschus는 유스티니아누스 통치기의 중반에 태어났다. 그는 실리시아에서 태어난 것 같으나 젊은 시절에 유대 사막의 부름을 받았다. 모스쿠스는 자선가 요한과 정확히 동시대인이다. 친구이자 도반인 소프로니우스와 함께 그는 알렉산드리아 총대주교의 전기를 썼다. 이 세 사람은 지중해 세계가 제국이라는 접착제로 함께 묶여 있어서 전 지역을 손쉽게 이동하던 마지막 세대에 속한다. 그것이 모스쿠스가 쓴 교화적 이야기 모음집인《영성의 초원》의 필수적 배경이 되었다. 요한은 이 짧고 세속적인 비네트(특정한 사람·상황 등을 분명히 보여주는 짤막한 글-편집자주)를 집필하여 고대 후기의 수도원 문학에 기여했다. 이 책은 저물어가는 태양 빛으로 얼룩진 로마 제국 마지막 날들의 풍경을 보여준다.[66)]

책 속에 프로코피우스Procopius라는 팔레스타인 출신 변호사가 등장하는 이야기가 있다. 해안 도시 카이사레아에서 전염병이 발생했을 때 변호사는 마침 예루살렘에 있었다. 그는 자녀들이 죽게 될까 봐 두려웠다. "사람을 보내서 아이들을 이곳으로 데려올까? 누구도 신의 노여움에서 벗어날 수 없다. 아이들을 그냥 거기에 놔둘까? 내가 아이들을 돌보지 않으면 죽을지도 몰라." 그는 어찌할 바를 몰라 유명한 성인인 압바 자차이오스Abba Zachaios에게 조언을 구했다. 프로코피우스는 그가 성모 마리아 교회에서 기도하고 있을 때 우연히 만났다. 압바 자차이오스는 동쪽으로 몸을 돌렸고, "아무 말도 하지 않고 두 시간 동안 계속 위로 올라가 천국에 닿았다." 그러더니 성

---

66) Booth 2013, 44~45.

자는 프로코피우스를 바라보면서, 그의 자녀들이 살아남을 것이고 역병은 이틀 안에 사그라들 것이라고 안심시켜 주었다. 두 가지 모두 예언대로 되었다.[67)]

이것은 교훈을 주는 이야기인 동시에 선한 행동을 권하는 우화이다. 독자가 안심할 수 있도록 친절하게 특정 방향을 가리켜 준다. 변호사는 압바 자차이오스가 성모 마리아 교회에서 기도하고 있는 모습을 발견했다. 당대 사람들은 그곳을 네아 에클레시아Nea Ekklesia, 즉 새로운 교회라고 불렀다. 유스티니아누스가 짓기 시작했으며, 페스트가 처음 발생한 뒤 1년이 지나서 완성되었다. 예루살렘 건축에 유스티니아누스가 결정적 공헌을 하게 만든 교회다. 그는 도시 중심지 전체의 지형을 바꿨으며, 자신의 교회를 콘스탄티누스의 성 분묘 교회와 어깨를 나란히 하도록 했다. 유스티니아누스는 의식적으로 교회를 솔로몬의 사원보다 두 배나 되는 크기로 지었다. 거대한 석축과 불타는 듯 위압적인 붉은 기둥들은 제국의 힘을 과장해서 표현한 것이다. 교회는 예루살렘의 스카이라인에서 가장 눈에 띄는 인간의 예술적 장치였으며, 신성한 도시에서 7세기까지 제국의 존재감을 드러내는 기념비적 건물로 남아 있었다. 제국이 성지로 권위를 부여한 곳에서 변호사는 조언을 구했다.[68)]

그 장소에서 변호사는 압바 자차이오스가 두 팔을 들어 올려 기도하고 있는 모습을 목격했다. 우리는 성자의 헌신이 성모 마리아를 향한 것이라고 추측한다. 여기에서 제국의 영향이 더욱 미묘하게 드러난다. 팔레스타인은

---

67) John Moschus, Prat. Spir. 131, tr. Wortley.

68) 네아 교회: Procopius, De Aedif. 5.6.1. 특히 Graham 2008; Tsafrir 2000을 참조.

마리아에 대한 숭배가 시작된 곳이었다. 그러나 5세기까지는 마리아 숭배가 제국의 중심에서만 행해졌고, 6세기 즈음에야 마리아에 대한 헌신이 콘스탄티노플에서 퍼져나갔다. 제국은 성모 마리아의 보호 아래 있었다. 고대 후기에 마리아가 이토록 영적으로 두각을 나타내게 된 것을 이해하려면, 우리 머릿속에 있는 중세 시대 마리아의 이미지를 몰아내야 할 것이다. 고대 후기에 지배적이었던 마리아의 특징은 부드러운 '슬픔에 잠긴 성모'mater dolorosa가 아니었다. 즉 평범한 인간과 고통을 공유하는 모습이 아니었다. 오히려 제국의 상상력에 포획된 마리아는 천국의 여왕이었다. 그녀는 바쁘게 움직이며 엄청난 일들을 벌이고 다니는 만만치 않은 존재였다. 그녀는 심판의 날에 분노하는 하나님 앞에서 인간을 대신해서 탄원하는 역할이었다. 자녀들을 간절히 만나고자 했던 변호사는 개인의 기적이나 연민이라는 사적인 호의를 보장받지 못했다. 다만 압바 자차이오스라는 전달자를 통해, 자신의 주위에서 펼쳐지는 우주적 사건들을 짧지만 고요한 시선으로 볼 수 있었다.[69)]

네아 교회에서 도움을 구했던 평신도 변호사는 "누구도 신의 노여움에서 벗어날 수 없다"라고 고백했다. 이것은 경건한 개인이 체념하며 말하는 운명론이 아니라 시대 전체가 공유한 감수성이었다. 6세기 후반과 7세기에 살던 이들은 빠르게 무너지는 시대의 절벽 가장자리에서 살고 있다고 느꼈다. 그러한 환경에서 페스트로부터 벗어날 수 없다는 것은 실존적 사실이었다. 안티오크의 한 기독교인은 역병이라는 형벌을 받고 있는 도시에서 탈출한다고 해도 결국은 완강한 힘에 사로잡히게 될 것이라고 주장했다. 시나이

---

69) Cameron 1978. On late antique ideas of Mary, Pentcheva 2006 is especially compelling.

에 있는 수도사의 아버지는 역병이 피할 수 있는 것인지의 문제에 대한 숙고를 글로 남겼다. 이슬람에서는 역병의 불가피성의 영향으로 거대한 교훈적 전통이 성장했다. 아랍어로 기록된 것을 제외하고는, 몇몇 논의들은 실제로 당시의 라틴어, 그리스어, 시리아어 문헌에서 인용한 것들이다. 피상적인 유사성이 아니다. 그러한 문헌들의 배경에는 바다처럼 펼쳐진 종말론적 정서의 공감대가 있었다.[70)]

사람들은 6세기와 7세기에 요동치던 환경 위기에 대응하면서 종교적 분위기를 둘러싸고 있던 종말론적 잠재력을 한껏 일깨웠다. 기독교는 종말론적 신앙이다. 종말론의 음조는 교회 역사 전체를 넘나들면서 지속적으로 깔리는 배경 음악과도 같다. 그러나 그 정도가 늘 같지는 않았다. 1세대 기독교의 열풍이 불고 난 뒤 곧 심판이 닥치리라는 기대는 수그러들었다. 제국이 기독교로 개종하면서 종말에 대한 불안감은 더욱 무뎌졌다. 500년에 도래한 사건들이 일시적으로 천년 왕국설의 예측을 부채질하기는 했으나, 특별한 일이 벌어지지 않고 지나간 뒤에는 승리의 분위기가 다시 한동안 비관적 음조를 몰아냈다.[71)]

그때 자연이 끼어들었다. 6세기에 자연이 일으킨 재앙은 인류의 역사에 엄청난 감정의 변화를 초래했다. 태양이 빛을 잃고, 지진이 일어나고, 전 세계에 역병이 퍼지자 기독교 세계와 그 너머까지 종말론적 예측이 점화되었다. 노르웨이의 신화나 중국의 불교처럼 멀리 떨어진 곳에서도 집단적으로 심오한 고통의 징후가 포착되었다. 로마 제국 내부의 구석구석에서 종말이

---

70) 안티오크: Evagrius Scholasticus, Hist. eccl. 4.29 (177). 시나이: Anastasius of Sinai, Ques.Resp. 28.9 and 66. 이슬람의 사례들: Conrad 1992, 92~95.

71) 500년이 되는 해: Magdalino 1993, 4~5.

임박했다는 분위기가 감지된다. 페스트가 처음 다가오고 있을 때 이미 어두운 소문이 떠돌고 있었다. 콘스탄티노플에서 처음 발병이 시작되기 전날, 어떤 여성이 '황홀경에 빠져서' 교회로 난입하여, "사흘 안에 바닷물이 상승하여 모든 사람이 물에 빠질 것"이라고 말했다. 대규모 사망은 기독교보다 뿌리가 더 오랜 형언할 수 없는 공포감을 불러일으킬 때가 종종 있었다. "고대 이집트의 신탁과 오늘날 페르시아의 독보적인 점성가에 의하면, 시간이 영원히 흘러가는 과정에서 행운과 불운의 주기가 연속되어 일어난다고 한다. 선각자들로 인해 그러한 순환 주기 가운데 우리가 지금 가장 비참하고 불길한 주기를 지나고 있음을 믿었다. 전 세계에 퍼진 전쟁과 내분, 끊임없이 되풀이되는 역병의 시대 속에 있음을."[72]

에페수스의 요한이 페스트 시대를 맞은 기독교도의 주된 반응을 이미 요약하여 묘사했다. 그는 첫 번째 발병 때의 공포를 이해하고자 노력했다. 설명할 수 없는 폭력에 대해 유일하게 내릴 수 있는 결론은 종말의 시기가 다가오고 있다는 것이었다. 페스트는 신이 분노하고 있다는 징조였다. 요한은 페스트를 이해하기 위해 예언과 종말론적 전통을 샅샅이 뒤졌다. 그것은 성경의 묵시록에서 예언한 포도 착즙기 같은 신의 분노였다. 정의에 굶주린 신은 깨닫게 했다. "사람들은 경악하고 신의 의로운 심판에 망연자실할 것이다. 그것은 인간이 이해할 수도, 파악할 수도 없다. 글자 그대로, '당신의 심판은 대양과도 같다.'" 페스트에 시달리는 고통은 '처벌'을 의미했다. 이것

72) 특히 Meier 2003을 참조. "황홀경에 빠져서": John Malalas, Chron. 18.90, tr. Jeffreys. "고대의 신탁에 따르면": Agathias, Hist. 5.10.5, tr. Frendo. 흑사병에 대한 공동체의 대응에 대해 Dols 1974를 참조. 노르웨이 신화: Gräslund and Price 2012는 6세기 정착지의 예외적 감소를 주목한다. 중국: Barrett 2007.

은 주인–노예 관계에 익숙한 사회에서 독특한 깊이를 가진 말이다. 처벌은 반항적인 노예의 내면에 있는 의지를 바꾸기 위해 마지막으로, 극단적으로, 그리고 가장 잔인하게 육체적인 수고를 가하는 것이다. 유스티니아누스는 페스트를 신이 보여주는 박애의 상징이며, '인류에 대한 사랑'이라고 공개적으로 선언했다. 대규모 사망은 다가오는 심판에 앞선 공식적 경고이며, 생존자들에게 경종을 울리는 것이다.[73)]

6세기의 공포는 교회의 조직적 반응을 낳았다. 역병을 막기 위한 예배형식의 탄원, 대규모 공동 의례 같은 것들이었다. 이러한 의식들은 팬데믹 이전 5세기에 처음 시작되었다. 처음에는 속죄를 위해 어디에나 적용되는 공동체의 의식이 즉흥적으로 나타났다. 최후의 수단은 예배 의식이었고, 유스티니아누스 시대에만 해도 여전히 새로움의 윤기가 남아 있었다. 543년에 클레르몽의 주교(연대기 작가인 투르의 그레고리의 숙부)가 사순절에 신도들에게 찬송가를 부르며 멀리 시골에 있는 사당까지 기나긴 기도의 행진을 하게 하여 페스트를 막았다. 그들은 살아남았다. 이러한 의식들은 컴퓨터 바이러스처럼 익명으로 쉽게 퍼졌다. 기독교 세계에서 클레르몽의 반대편 끝에 있는 시리아의 동방 교회에서도 거의 동일한 탄원 의례가 거행되었다.[74)]

이러한 절박한 대응의 대부분은 역사의 기록에서 누락되었다. 그러나 대 그레고리오가 정교하게 지휘한 종교 행사는 생생하게 알려졌다. 그는 경건하게 만들어진 지형을 따라가는 행렬을 조직했다. 따라서 로마 제국 옛

---

73) "사람들이": John of Ephesus, in Chronicle of Zuqnin, tr. Witakowski 1996, 87. "인류에 대한 사랑": Justinian, Novellae 122 (AD 544). Demacopoulos 2015, 93; Kaldellis 2007, 7을 참조.

74) 클레르몽: Gregory of Tours, Hist. Franc. 4.5. 동방: Ebied and Young 1972, no. XXX. Little 2007b, 26~27.

도시의 조직을 덮어버렸다. 사흘 동안 합창단이 찬송가를 부르고 〈주여 불쌍히 여기소서〉를 외웠으며, 도시에는 기도문과 연호가 울려 퍼졌다. 수요일에는 사람들이 도시 전역에 흩어져 있는 일곱 군데의 교회에 모였다. 그들은 기도 행렬을 만들어서 긴 기도문을 외우며 도시를 가로 질렀다. …… 거룩한 성모 마리아 교회, 유명한 산타 마리아 마조레 성당이었다. "그곳에서 우리는 눈물과 한숨으로 주님께 기나긴 탄원을 한다." 어느 부사제는 기도를 하다가 여든 명의 사람이 사망하는 것을 목격했다. "교황은 한 번도 멈추지 않고 사람들에게 설교했고, 사람들도 기도를 멈추지 않았다."[75)]

이러한 탄원은 광범위한 종교적 언어인 코이네(표준 그리스어-편집자주)에서 그저 눈에 띄는 하나의 요소일 뿐이고, 종말론적 두려움 속에서 공동체 행사인 대속 의례로 역병에 반응하는 것이었다. 임박한 심판은 회개를 요구했다. 역병은 죄에서 벗어날 수 있는 마지막 기회였다. 고대 후기의 정신에서 탐욕보다 더 무거운 죄는 없었다. 피터 브라운Peter Brown이 증명한 것처럼, 부에 대한 불안은 고대 후기의 기독교에서 도덕적 위기를 끊임없이 생성했다. 세속적 소유는 신앙에 대한 시험이었다. 여기서 역병은 연약한 신경을 공격했다. 에페수스의 요한이 기록한 역병의 역사에서 가장 기억할 만한 산문은 탐욕 때문에 처벌을 받게 된 개인들을 지목하는 내용으로 길게 채워졌다. 어떤 각도에서 보면, 역병은 물질적인 것을 꽉 쥐고 있는 우리 손아귀의 힘을 빼고자 하는 신의 마지막 끔찍한 시도였다.[76)]

몇몇 사례에서는 이런 시각이 효과가 있었다. 우리는 우연히 상이집트의

---

75) Gregory of Tours, Hist. Franc. 10.1, tr. Thorpe.

76) Brown 2012. Kaldellis 2007, 9를 참조하라.

오지 마을에서 역병이 즉각적으로 신앙심에서 비롯된 기부를 유발하는 것을 목격했다. 다른 곳에서는 생존자들의 추수감사절 행사가 기념비적 규모로 치러지기도 했다. 두려움 속에서 중얼거린 약속의 이행을 위해 경이로울 정도의 새로운 건물이 올라갔다. 교회 건축이 공공 건설의 형태로 여전히 가장 활발하게 남아 있던 것도 우연이 아니다. 자연의 위기가 이러한 건축 호황의 배경이다. 페트라에 있는 6세기 교회의 벽에는 시편 91장의 장면이 그려져 있었다. "그의 진실함은 주위를 둘러싼 방패이다. 너는 밤에 찾아오는 공포와, 낮에 날아드는 화살과, 어둠 속에 퍼지는 역병과, 밝을 때 닥쳐오는 재앙을 두려워하지 아니하리로다." 새로운 많은 건축물이 성모 마리아와 미카엘 대천사에게 헌정되었다. 예를 들어 네게브에 있는 도시 네사나Nessana에서 새로운 교회(남부 교회로 알려진)가 성모 마리아에게 헌정되었다. 역병이 발생한 지 얼마 되지 않아서였다. 비석에 새겨진 헌정사는 매우 전형적이다. "우리를 불쌍히 여기고 도우소서"라고 성모 마리아에게 애원한다. 서방에서도 양상은 같았다. 545년에 이탈리아 동북부의 도시 라벤나에서, 두 남자가 작은 교회를 지어 대천사 미카엘에게 헌정했다. 미카엘이 두 사람에게 준 '혜택', 즉 역병의 참화 속에서 자비를 베푼 것에 대한 감사의 표시였다. 교회의 반원형 애프스에는 미카엘과 가브리엘 사이에 나란히 서 있는 그리스도를 모자이크로 묘사했다. 다른 천사들은 종말을 알리는 나팔을 불고 있었다. 첫 번째 심판의 소리가 울려 퍼진 뒤에도 살아남은 부유한 생존자가 남긴 화려한 감사의 말이었다.[77]

미카엘 대천사에 대한 감사의 표현은 특이하지 않다. 이집트의 콥트 교회에서 행해진 익명의 설교에서는 미카엘 대천사의 이름으로 주어진 신약성경이 교회나 가정에 길조를 가져오는 부적과 같은 효과를 나타낸다고 주장했다. "질병도, 역병도, 악운도 이 성경이 있는 집안에 영원히 들어오지 못한다." 열렬한 종말론은 미카엘을 종교적 헌신의 최전선까지 밀어냈다. 역병의 한가운데서 '눈처럼 하얀 머리카락을 지닌 하나님의 천사'는 인류에게 심판을 내리는 모습으로 나타났다. 역병 이전에 이미 솟아오른 대천사의 자리는 이제 문화적 지형 속에 고정되었다. 대천사는 신이 내리는 마지막 심판의 도구였다. 그가 해야 할 일이 눈앞에 다가왔다.[78)]

위기의 덕을 더 크게 본 수혜자는 성모 마리아다. 성모는 6세기 후반의 종교 생활에서 새롭게 두각을 나타냈다. 특히 콘스탄티노플에서 그러했다. "성모 마리아는 그 도시의 종교 생활에서 지배적인 위치를, 아마도 가장 지배적일 위치를 차지하게 되었다." 역병이 도는 와중에, 콘스탄티노플에서 히

---

77) 이집트: MacCoull 2004~5. 건축: Di Segni 2009 and 1999. See also Gatier 2011. 페트라: Frösén et al. 2002, 181~87; with Benovitz 2014, 498. 라베나: Deliyannis 2010, 252~53의 통찰력있는 논의를 참조. 마리아: 예를 들어, 자발 하스Jabal Hass의 알 루흐웨이브al-Rouhhweyb에 있는 교회 : Trombley 2004, 77; Mouterde and Poidebard, no. 17. Piccirillo 1981, 58은 움 엘 지말Um el-Jimal에 있는 대천사 미카엘을 대신하여 봉헌된 복원에 대한 내용. Piccirillo 1981, 84, at Rihab은 마리아에게 "세상에 자비를 베푸시고 우리가 그렇게 하도록 도우소서"라고 간청하는 교회에 대한 내용. Ovadiah 1970, 28~29는 6세기 후반 베이트 샤Beit Sha'ar에 구원을 위해 성 쩨차리아St. Zechariah, 헌정한 성당에 대한 내용(SEG 8, no. 238; see TIR, 77). Ovadiah 1970, 54-55, 는 에인 엘 자디다 Ein el-Jadida에 있는 6세기 후반에 구원에 대한 감사로 지어진 교회에 대한 내용. Ovadiah 1970, 172~73는 기증자의 도움을 요청하는 비문에 대한 내용(SEG 8, no. 21). 네사나의 성모 마리아에 대한 헌정문 "우리를 불쌍히 여기고 도우소서"에 대한 내용은 Colt 1962, no. 92(AD 601/2)를 참조. 또한 no. 72 (서기 605년에 어떤 기부자들이 구조에 대한 감사로 헌정한 알 수 없는 건축) 그리고 no. 94(서기 601년에 어떤 자선가의 구조에 대한 내용) 그리고 no. 95를 참조. Donceel-Voûte 1988, 275는 서기 559년에 신의 자비를 구하며 레사페에 지어진 교회에 대한 내용. Donceel-Voûte 1988, 139는 호우아드 Houad에 성 게오르그의 도움을 구하면서 서기 568년에 모자이크를 위해 헌금한 내용. 또한 Donceel-Voûte 1988, 356(at Jiye) and 416(Qabr Hiram)을 참조. 더 많은 사례는 Madden 2014에 실려 있다.

78) 신약 성경: "Discourse on Saint Michael the Archangel by Timothy, Archbishop of Alexandria," in Budge 1915, 1028; 이 훌륭한 참고자료의 단서를 준 Michael Beshay에게 감사한다. "하나님의 천사": Gregory of Tours, Hist. Franc. 4.5. 미카엘 숭배(역병이 돌기 훨씬 전에)가 퍼져나간 것에 대한 내용은 Arnold 2013; Rohland 1977을 참조하라.

파판테Hypapante 축일이 처음으로 거행되었다. 성촉절에 해당하는 동방의 축일로, 성전에서 성모의 순결을 기린다. 히파판테는 페스트의 계절이 끝나는 2월 2일을 기념하며, 순결의 날은 아마도 원초적인 종교적 감성을 자극했을 것이다. 유스티니아누스는 제국 전체에서 축일을 기념하도록 명령했다. 마리아에 대한 헌신은 사회 전역으로 더 널리 퍼졌다. 성모의 이미지는 가정용 수공예품에서 더욱 흔히 볼 수 있게 되었고, 액막이로 사용되는 경우도 자주 있었다. 6세기 후반의 현란한 가슴 장식은 성모의 수호를 구하는 것이었다. "이것을 입고 있는 그녀를 보호해 주소서." 완장 또한 탄원의 의미였다. "성모시여, 안나를 도우소서." 기도문에 나타난 성모의 중요성과 그 이미지의 폭발적 확산은 문학적 텍스트에서 우리가 발견한 종교 사상이 종말론적 분위기 속의 더 넓은 문화적 감수성이 반영된 것임을 뒷받침한다. 초기 비잔틴 신앙의 중심에 속하는 성모에게 바치는 아카티스토스Akathistos 찬미가의 마지막 연에서, 성모는 간구한다. "당신에게 호소하는 이들 모두에게 닥친 모든 악과 형벌로부터 그들을 구하소서. 할렐루야!"[79]

교회의 종교적 실천에서 성상 숭배가 낯설지 않은 위치를 점하게 된 것은 역병과 기후 위기의 시대부터였다. 최근에 미샤 마이어Mischa Meier는 에이브릴 캐머런Averil Cameron의 제안을 근거로 팬데믹의 참혹한 고통으로 인해 성상 숭배가 널리 퍼져나갔다는 견해를 구축했다. 설득력이 있는 연결이다. 아마도 그 시절의 가장 가슴 아픈 영적인 예술품은 로마의 산타 마리아 마조

79) Cameron 1978,80 and 87 (사회에 미치는 기도문의 잠재적 영향). 히파판테Hypapante: ODB 961. Allen 2011, 78. 서기 565년에 황제로 즉위하자 유스티니아누스 2세는 대천사 미카엘의 사당으로 기도하러 갔고, 그의 아내는 성모 교회로 갔다는 사실은 주목할 가치가 있다: Corippus, In Laud. Iust. 2, with Cameron 1976, 149~50. 종말론으로서 기도문: Magdalino 1993, 15. 가정용 수공예품: Maguire 2005. 아카티스토스 찬미가: Pentcheva 2006.

레 성당에 걸려 있는 살루스 포풀리 로마니Salus populi Romani(로마인의 구원 혹은 건강)로 알려진 성모 마리아의 숭고한 비잔틴 성상일 것이다. 원본은 6세기에 만들어졌다. 그것은 6세기의 성모 숭배와 동방과 서방을 이어준 연결의 상징이다. 진위는 알 수 없으나, 중세 후기의 〈황금 성인전〉에서는 교황 대 그레고리오가 탄원의 기도를 하면서 성모의 성상을 들고 있는 모습을 묘사하고 있다. 대천사 미카엘이 로마의 산탄젤로 성 꼭대기에 나타났고, 칼을 칼집에 넣자 역병이 종식되었다. 아마도 중세의 퇴적층이 만든 전설일 것이다. 그러나 핵심은 전적으로 6세기 후반의 영적인 기조이다.[80)]

우리는 그레고리오가 동방의 수도에서 여러 해를 보냈던 사실을 잊어서는 안 된다. 그는 페스트가 크게 재발했을 때 적어도 한 번은 콘스탄티노플에 있었다. 그곳에서 곤경에 처한 사람들이 대규모로 공동 기도를 하는 모습을 목격했을 것이다. 대 그레고리오의 종말론적 감수성은 동방 기독교를 경험한 영향일 것이다. 에페수스의 요한 같은 인물에게 그랬던 것처럼, 그레고리오에게도 페스트와 전쟁의 고통은 회개를 촉구하는 명백한 부름이었다. "우리가 두려워하는 하나님의 채찍은, 그것과 함께 있을 때나 이미 그 맛을 보았을 때보다, 멀리 있을 때 더 부서워해야만 한다. 현재의 심판으로 반드시 개종으로 향하는 길을 열어야 한다. …… 나는 분노하는 하나님의 칼이 나의 양떼 전체를 내리치고 하나, 둘 차례로 갑작스럽게 파멸하는 것을 본다." 다가오는 심판은 행동을 취하게 만들었다. 그레고리오는 얼마 남지 않은 시간 안에 영국에 있는 이교도를 선교해서 구해야 한다는 사명감을

80) Cameron 1978. 전설의 중세적 맥락에 대해서는 Meier 2005. Latham 2015; Wolf 1990, 특히 ,131~35를 참조.

그림 7.5 | 살루스 포풀리 로마니 : 6세기경의 성상, "로마인의 구원"(로마의 산타 마리아 마조레 성당)

가졌다. 성인들이 행한 기적은 이 시대가 아직 '완전히 황폐해지지' 않았음을 의미했다. 그러나 자연재해는 시대의 조직이 빠르게 붕괴하고 있다는 확실한 신호였다.[81]

에페수스의 요한이나 대 그레고리오처럼 기독교에서 권위 있는 인물들의 신앙은 경전의 내용에 의해 틀이 잡혔다. 성경은 종말론적 정신에 권위 있는 이미지와 상징을 풍부하게 제공했다. 이러한 전통은 본래 만화경처럼 변화무쌍한 것이었다. 단편적이고 노골적으로 기이한 상징들은 끊임없이 배열을 새롭게 바꿀 수 있다. 이러한 전통은 또한 말할 수 있는 것과 생각할 수 있는 것의 보이지 않는 한계선이기도 했다. "비록 초기 기독교 교부 신학은 직접 예언을 허용하지 않았으나, 상응하는 성경 구절을 창조적으로 해석하는 범위는 넓게 허용했다." 요한 계시록에 대한 해설들이 6세기부터 나타나기 시작한 것도 주목할 만하다. 그 부분은 언제나 기독교 전통의 주류에서 조금씩 벗어나 있었으나, 역병의 시대로 들어서자 새로운 절박함으로 샅샅이 탐구되었다. 종말론적 사상의 경계가 검증을 받은 것이다.[82)]

엄밀하게 말하자면, 예언은 유대교와 기독교에서 오랫동안 비밀스러웠다. 그러나 황홀경의 체험과 종교적 환영을 보는 행위는 언제나 정통성의 주변부를 맴돌고 있었다. 시온의 니콜라스 같은 성자는 역병을 경고하는 대천사 미카엘의 방문과 같은 개인적 체험을 했다. 압바 자차이오스는 공인된 영역인 네아 교회에서 신과 소통했다. 그러나 예시력의 재능이 항상 안전한 울타리 속에 갇혀 있었던 것은 아니다. 6세기 후반과 7세기에 종말론적 기

81) 예를 들어 서기 554년의 지진 이후에 콘스탄티노플에서 일종의 대중 기도회가 열렸음이 기록되어 있다 : Theophanes the Confessor, Chron. s.a. 6046; Kaldellis 2007,7~8. "이러한 채찍질": recorded in Gregory of Tours, Hist. Franc. 10.1, tr. Thorpe. "완전히 황폐해지지": see Markus 1997, 63.

82) 요한 계시록의 위치에 대해서, Shoemaker 2016을 참조. 요한계시록의 해설: Hoskier 1928 (Oecumenius); Schmid 1955~56 (Andreas of Caesarea); Primasius, Comm. In Apoc. Meier 2003, 21; Podskalsky 1972를 참조하면서, 몇몇 판례에 대해서는 79~80을 보라. "비록 초기 기독교 교부 신학에서는": Magdalino 1993, 9.

대로 인해 풀려난 기운은 오래된 문서라는 전통의 둑을 넘기 시작했다.[83)]

이러한 양상은 기독교뿐만 아니라 유대교에서도 명백히 보인다. 위기 속에서 유대인의 종말론적 저작이 풍성해지는 시대가 열렸다. 끊이지 않는 자연재해와 로마와 페르시아 사이의 장기적 대립으로 인해 유대와 지중해 지역 그리고 근동에서 신비주의의 낯선 감각과 기대가 요동쳤다. "신성한 이여, 축복받으소서. 그는 태양의 열기를 세상으로 보내신다. 결핵과 열병, 많은 끔찍한 질병들, 역병 그리고 돌림병과 함께. 매일 유대인이 아닌 민족 가운데 백만 명이 사망하고, 이스라엘 민족 가운데 모든 사악한 이들이 멸망할 것이다." 로마와 속주인 유대 사이에 적대감이 점점 커지면서, 마침내 630년경에 강요된 세례식에서 최고조에 이르렀다. 메시아를 찾는 광란에 불이 붙었다. 압박이 커지자 유대인들은 '메시아의 발자취'를 기대했다. 유대인의 기대는 그들 나름의 형태를 지녔으나, 명백히 주위를 둘러싸고 있던 종말론의 공기를 들이마셨다.[84)]

7세기 초에 정치적 사건의 영향으로 종말론적 사고에 불안정한 자극이 가해졌다. 로마와 페르시아의 끝없는 전쟁에 기름을 부었다. '세계의 양쪽 눈'으로 알려진 거대한 두 제국의 충돌은 극단적 대립이었다. 분쟁은 종교적 전쟁의 의미도 담고 있었다. 마우리스 치하의 로마 군대는 이미 '동정녀 성모'를 표어로 삼고 있었다. 602~628년에는 폭력적 분쟁이 관습적인 전선 전체를 무너뜨리고, 전면전에 돌입했다. 페르시아 군대는 제국의 조직 깊숙이 파고들었다. 성지가 함락되었다. 시리아는 610년에, 팔레스타인은 614년에

83) 니콜라스: Vit. Nich. Sion. 50~52.

84) "신성한 이": Reeves 2005, 123. 개략적 내용은, Himmelfarb 2017; Reeves 2005; van Bekkum 2002; Dagron and Déroche 1991. 유대인의 정치적 위치에 대하여, 특히 Bowersock 2017을 참조.

빼앗겼다. 예루살렘의 함락은 도덕적 충격을 주었고, 대량 학살이 일어났다. 성 십자가 유물은 페르시아의 손에 들어갔다. 예루살렘 함락의 '심리적 충격'은 "오로지 서기 410년에 로마가 봉쇄되었을 때 로마인들이 겪은 트라우마와 견줄 수 있을 것이나." 종말론의 시계가 속도를 높이기 시작했다. 그다음으로 이집트가 함락되었고 다음 차례는 아나톨리아였다. 이후로 소아시아 같은 몇몇 장소들을 결코 회복하지 못했다.[85)]

파괴는 광대하게 자행되었고, 최악의 상황이 눈에 보였다. 626년에는 페르시아인들이 콘스탄티노플 성벽 앞에 이르렀다. 동시에 아바르족의 군대가 수도로 진격했다. 가장 어두운 시간 속에서 성안의 사람들은 성모에게 의지했다. 성모의 성상이 거리를 행진했고, 거대한 성벽으로 향했다. 도시가 구원된 것은 초자연적인 현상 같았다. 한편 헤라클리우스 황제는 공격적인 반격을 시작했다. 그리스도와 성모의 성상을 로마 군대(그리고 상당수의 터키 동맹군)의 포장마차에 싣고, 그는 628년까지 동방 지역의 황폐해진 나머지 지역들을 되찾았다. 아주 잠시, 옛날의 정치적 평형을 회복했다. 성 십자가는 의기양양하게 예루살렘에 있는 원래 자리로 돌아왔다. 정치적 사건들은 종말론적 의미를 담아 창조적으로 해석되었나. 나니엘서에 예인들이 기록된 이후로 유례가 없는 방식이었다. 이제 전 세계는, 종말론적 희망의 숨을 줄여가면서, 정치적 사건들을 주시했다.[86)]

헤라클리우스 황제는 우주적 중요성을 지닌 인물로 칭송되었다. 그러나 그가 돌려놓은 상황은 오래 지속되지 않았다. 다음 장으로 넘어가는 속도는 놀라웠다. 로마와 페르시아가 피비린내 나는 대결 속에서 헤어 나오지

---

85) 표어: Theophylact Simocatta, Hist. 5.10.4. "심리적 충격": Drijvers 2002, 175.

못하는 동안, 남쪽에서 무엇인가가 요동치고 있었다. 불과 몇 년 사이에, 아랍의 침략자들이 콘스탄티노플이라는 중추로부터 동로마의 상권 지역을 간단하게 분리시켰다. 아라비아에서 온 신앙의 군대가 레반트를 둘러싸고 있는 사막의 가장자리를 정복하고 통제하게 되면서, 로마 제국을 분할했다. 정복은 신속하고 무자비하게 이루어졌다. 그러나 역사상 가장 엄청난 규모의 강탈 행위를 실현하면서도 대규모 파괴가 필요하지는 않았다. 야르무크 전투(636)에서 패한 뒤, 헤라클리우스 황제는 군대를 후퇴시켰다. 역병, 기후 변화 그리고 끊임없는 전쟁이 연속적으로 밀어닥치면서 로마 제국의 생명력이 고갈되었다는 신호였다. 시리아, 팔레스타인 그리고 이집트를 십 년 동안 빼앗겼다. 당대 사람들이 극적인 변화를 알아차리기도 전에 새로운 시대의 막이 열렸다.[87]

훗날 아바르 왕조를 칭송하는 이들은 아라비아의 순수하고 건장한 자손들 덕분에 위대한 정복이 이루어졌다고 할 것이다. 매우 유혹적인 이야기다. 그러나 아랍인들은 이방인이 아니었다. 글렌 바워속Glen Bowersock의 학술적 연구로 이슬람의 새벽이 밝아오던 시기에 더 넓은 세계 속에 있는 아랍의 중심지를 360도로 뚜렷하게 볼 수 있게 되었다. 아랍인들을 둘러싸고 있던 홍해 교역망은 여러 세기 동안 강대국들의 지정학에 필수적 요소였다. 아랍인들은 로마인과 페르시아인의 연합군 역할을 해왔으며, 근동의 상업망에 매우 익숙했다. 로마령 사막 곳곳에 기독교도 아랍인들이 있었다. 기

86) 성 십자가의 귀환: recently, 최근에 Zuckerman 2013은 앞서 인용된 문학을 가지고, 세부적으로 매우 복잡한 사건 내용을 담았다. 헤라클리우스: 특히 Reinink and Stolte 2002; Magdalino 1993, 19에 실린 귀중한 에세이 모음을 참조.

87) 이슬람의 정복: Kennedy 2007b; Kaegi 1992.

독교 선교사들은 아라비아 전체에 흩어져 있었다. 한동안 아라비아 남부에는 유대인 왕국이 존재했다. 히자즈Hijaz(사우디 아라비아의 서부 지방-편집자주)조차 유목민들만이 도전하는 낯선 사막이 아니었다. 금지구역이 결코 아니었다. 베두인족, 상인들, 그리고 정착 농경민들까지 모두 그곳을 고향이라고 불렀다. 7세기에는, 아랍 세계가 강대국들 사이의 기나긴 대립에 말려 들어갔다. 심지어 콘스탄티노플의 궁정이 숨은 의사 전달 통로와 지역에 예속된 부하를 움직여 무함마드의 헤지라(무함마드가 박해를 피해 메카에서 메디나로 이주한 622년으로, 이 해가 이슬람 기원 원년으로 정해짐-편집자주)를 주도했다는 암시도 있다.[88]

새로운 유일신 신앙이 불꽃으로 등장하면서 아라비아에 불을 밝혔다. 분열된 고대 부족들은 하나의 신앙 공동체로 묶였다. 무함마드의 종교적 사명은 단순히 근동 전체를 뒤덮고 있던 종말론적 감성의 분위기에서 비롯된 것이 아니었다. 고대 후기의 종교 언어인 코이네에서도 이질적인 것이 아니었다. 페스트 팬데믹과 빙하기가 도래하면서 불붙은 종말론적 열기가 두드러지게 발현한 시기였다. 종말론적 공포의 씨앗이 바람에 날려 로마의 국경선을 넘어와 낯선 토양에 뿌리를 내렸다. 새로운 종교는 본래의 아라비아적 요소를 뛰어넘어 매우 넓은 범위로 운동이 퍼져나가면서 차별화되었다. 유대교와 기독교의 종말론은 전통적인 계시에 갇혀 있었던 반면에, 아리비아에서 발현한 종교는 새로운 예언자가 가브리엘 천사를 통해 신의 마지막 계시를 받았다고 주장했다. 내용 자체는 에페수스의 요한이나 대 그레고리오

88) Bowersock 2017; Robin 2012; Conrad 2000; Donner 1989. 아라비아 남부의 유대인: Bowersock 2013, 78~91. 콘스탄티노플과 무함마드: Lecker 2015 and now Bowersock 2017, 108~11.

에게도 전혀 낯설지 않은 것이었다. 계시는 급박했다. 하나의 신을 경배하라, 심판의 시간이 눈앞에 다가왔다.[89]

이후 수 세기 동안의 이슬람에 대한 심층 연구는 예언자 무함마드의 종교적 메시지에서 유일신과 종말론적 경고가 중심이었음을 강조했다. "다가오는 심판은 코란에서 두 번째로 흔한 주제이고, 그보다 먼저 강조되는 것은 오직 유일신의 부름이다." 코란은 스스로 "옛 경고와 같은 경고: 종말의 시간이 점점 더 가까워지고 있다"라고 선언한다. "신의 전지전능함은 천국과 지상의 숨겨진 현실을 안다. 따라서 다가오는 종말의 시간은 눈 깜빡할 사이에 현현할 것이며, 매우 가까이 왔다." 이슬람은 절박한 종말론 운동에 기원을 두고 있다. 칼을 들고, 심판의 시간이 눈앞에 왔음을 선포하는 계시를 기꺼이 전파하고자 한다. 여기에서 7세기의 종말론적 에너지가 가장 거리낌 없이 발전했다. 그것은 열광적이었다. 종교적 메시지는 완벽한 폭풍의 마지막 요소였다. 제국의 남동쪽 국경은 거의 하룻밤 사이에 사라졌다. 수천 년 동안 내려온 정치적 경계선이 순식간에, 그리고 영원히 다시 그려졌다.[90]

어느 변호사가 압바 자차이오스를 만났던 예루살렘의 성지 네아 교회의 정치적 지형은 로마 제국 쪽을 가리키고 있었다. 그 교회가 역사에 마지막으로 모습을 드러낸 것은 634년의 크리스마스였다. 요한 모스쿠스의 친구이자 자선가 요한의 전기 작가인 총대주교 소프로니우스가 그곳에서 설교했다. 소프로니우스는 친구들보다 오래 살아남아 예루살렘이 이슬람에 함

89) Hoyland 2012; Donner 2010; Cook 2002; Bashear 1993. Casanova 1911은 이미 이슬람 종말론의 기원이 지닌 많은 핵심 개념들을 조목조목 설명하고 있다. 종말론적 요소의 중요성을 경시하면서, 고대 후기 제국의 유일신 프레임이 이슬람의 출현에 미친 영향에 대해서, Al-Azmeh 2014를 참조.

90) "다가오는": Shoemaker 2012, 120. "경고": Qurʾan 53:57, tr. Asad. "신의 전지전능함": Qurʾan 16:77, tr. Asad.

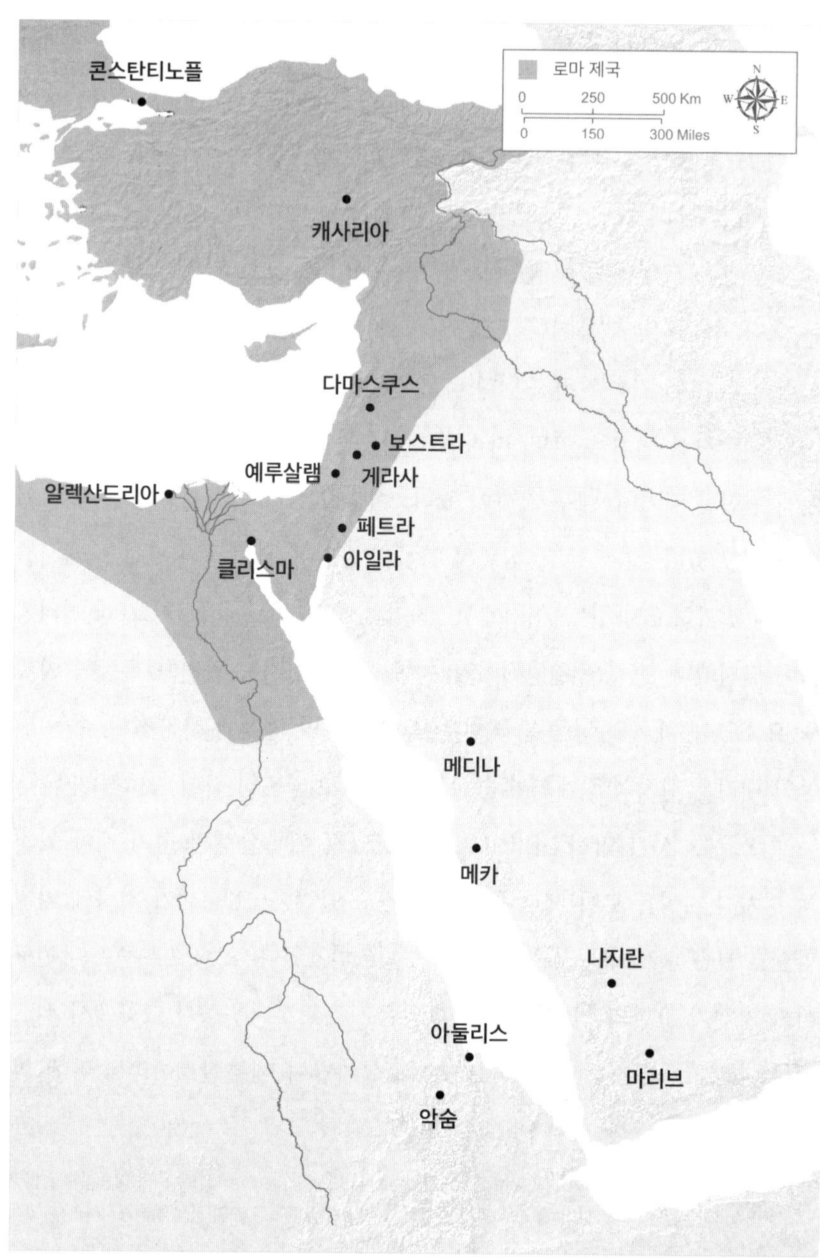

지도 25. | 초기 이슬람의 세계

락되는 광경을 지켜보았다. 그에게 아랍인들은 '선지자들이 우리에게 명백히 예언한 혐오스러운 파괴자'들이었다. 그들은 응징이었고, 오직 신의 뜻에 의해서 그들은 '승리하고 또 승리했다.' 그러나 그는 희망을 버리지 않았다. "만약 우리의 죄를 회개한다면, 우리의 원수 사라센 사람들의 죽음을 비웃게 될 것이며, 짧은 시간 안에 우리는 그들이 파괴되고 완전히 멸망하는 것을 보게 될 것이다. 그들의 피 묻은 칼은 그들 자신의 심장을 꿰뚫을 것이고, 그들의 활이 쪼개져 화살이 그들에게 박힐 것이며, 그들은 우리에게 베들레헴으로 가는 길을 열어줄 것이다." 그러나 소프로니우스는 이미 대의를 잃어버린 목소리였다. 네아 교회는 역사에서 사라졌다. 한때 로마의 권력을 상징하던 거대한 석조 건축물은 분해되어, 오래된 돌로 지어진 새 건축물인 '바위 사원'을 짓는 데 들어갔을 것이다.[91]

630년대와 640년대에 계시적 종말론 운동이 동방 지역을 정복한 것이 로마 제국 몰락의 마지막 장면일 것이다. 동쪽 영토가 분리되면서, 제국은 마지막으로 활력이 남아 있던 대부분 지역을 잃었다. 지중해 세계는 분해되었다. 로마 제국은 비잔틴의 잔재로 축소되었고, 남겨진 영토는 허약하고 가난했다. 이슬람의 칼리프가 지배하는 지역은 이제 문화적으로, 영적으로 그리고 과학적 성과에서 가장 활기찬 중심지가 되었으며, 그렇게 남을 운명이었다. 비옥한 초승달 지대가 문명의 핵심이자 교차로라는 지위를 다시 한 번 획득했다. 라틴 서부의 분열된 지역은 유라시아의 뒷골목이 되었다. 그들은 문명의 바깥 궤도에서 기나긴 순환을 거칠 것이다. 다시는 구대륙의 에

91) Sophronius, Sermon on the Epiphany, tr. Hoyland 1997, 73. 네아 교회(거대한 건축물이 완전히 사라졌다가 1970년대에서야 발견된 것)의 일부분을 재사용한 것에 대한 내용은 Nees 2016, 108을 참조.

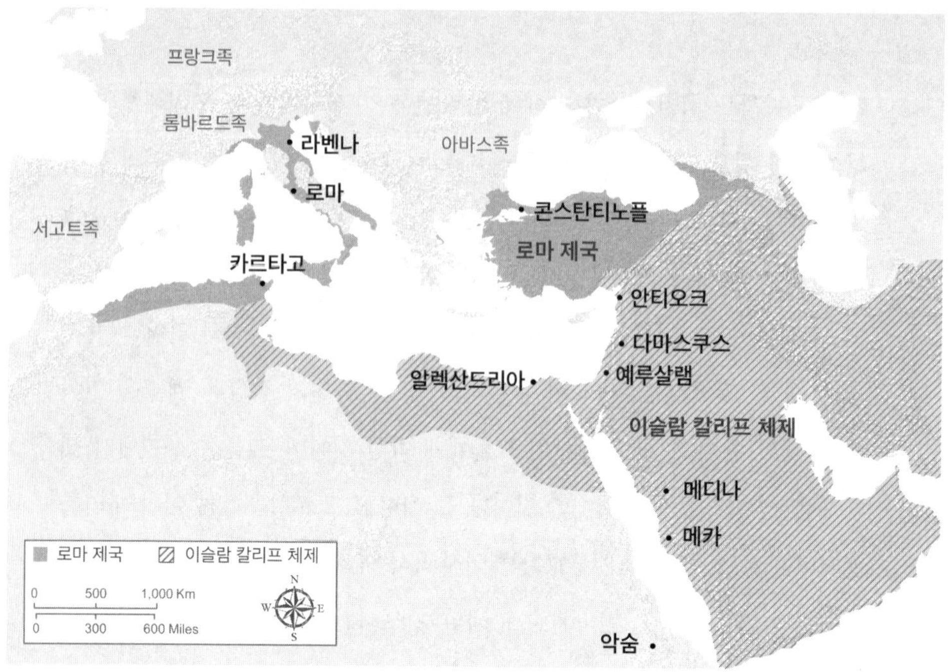

지도 26. | 중세 초기의 지중해 세계

너지를 연결해 하나의 권력으로 통합하는 범지중해 제국은 존재하지 않게 되었다. 새로운 시대가 도래했다.

로마 제국은 언제나 허약함과 회복 탄력성 사이에서 불안정한 상태였고, 마침내 해체의 힘이 우세해졌다. 그러나 이 이야기 속에서 요동치는 기후 변동과 질병이라는 요소는 로마의 종말을 부른 숨겨진 발톱이나 치명적 선택을 찾고자 하는 유혹을 조금이나마 제거해준다. 로마 제국의 몰락은 시간이 되면 저절로 드러나는 본질적 결함으로 인한 불가피한 결과가 아니었다. 혹은 더 현명한 조취를 취했더라면 피할 수 있었던 경로로 잘못 들어선 불필요한 결과도 아니었다. 로마의 운명에 대한 오랜 통찰 끝에 에드워드 기번은 제국이 멸망한 것에 놀란 게 아니라 오히려 '그토록 오래 지속되었던 것'에 경탄하고야 만다. 그 뒤에 이제까지 우리가 로마에 대해 알게 된 모든 것은, 오직 그러한 인간적 정서를 확인하고 심지어 확대하는 역할을 했다. 물론 최근의 발견들이 우리를 흥분시키기는 했다. 어쨌든 제국은 끊이지 않는 역경과 마주하면서 굳건히 버텼다. 헤아릴 수 없는 슬픔 속에서도 제국의 사람들은 견뎌냈다. 마침내 제국의 뼈대가 더는 견뎌낼 수 없는 필멸의 운명을 맞이할 때까지, 그리고 잿더미 속에 남은 풍요로운 토양 속에서 자랑스러운 새 문명이 자랄 때까지.

인류의 승리?

1798년 성공회 목사 한 명이 불미스럽지만 뛰어난 저작인 《인구론》의 첫 판을 익명으로 출간했다. 책의 나중 판본에 토마스 맬서스 목사는 로마에 관한 장문의 한 장章을 추가했다. 그로 인해 데이비드 흄과 로버트 월레스 사이에서 벌어진 '고대 국가의 고밀도 인구'에 관한 토론이 벌어졌다. 불가사의해 보이는 그 논쟁은 조용한 분수령이 되었다. 흄의 부정적 평가는 고대 문명을 동상의 받침대 위에서 추락하게 만들었고, 한편으로는 근대성의 자각과 우월감을 강화하는 데 도움이 되었다. 맬서스는 자신의 에세이에서 로마는 "평균적이고 영구적인 생계 수단에 따른 인구를 정확하게 측정한 적이 거의 없는 것처럼 보이지만, 일반적으로 양극단 사이에서 진동했을 것 같은" 넓고 불분명한 문명에 속하는 것으로 분류했다. 맬서스가 로마 역사에 대해 특별히 독창적이거나 심오한 통찰을 했다고 할 수는 없다. 그러나 그 에세이는 중심 이론의 본질적인 정당성 덕분에 영향력이 있으며 오랫동안 적용될 수 있음이 증명되었다. 인간 사회가 생태학적 기초에 좌우된다는 이론이었다. 그것은 오늘날에도 여전히 인간의 조건, 그리고 로마처럼 먼 옛날의

문명과 우리의 관계를 사유하는 방식에 통찰력을 준다.[1]

맬서스가 초판을 출간할 무렵, 지구상의 어딘가에서 매우 특별한 구별을 짓게 하는 아이가 태어났다. 인류라는 종의 역사상 처음으로 10억의 인구가 살게 된 순간이었다. 그렇게 되기까지는 긴 여정이었다. 인간의 숫자가 증가하기 시작한 것은 아프리카로부터 시작된 대확산, 그리고 지구상의 어떤 환경에서도 대량 서식할 수 있는 우리 종의 기이한 능력 덕분이었다. 그래도 당시에는 거주가 가능한 대륙에 여전히 다 합쳐서 5백만 정도의 인간이 드문드문 흩어져 있을 뿐이었다. 그때 천재적인 석기 시대 조상이 가축을 기르는 방법을 발견했다. 농경의 발흥은 에너지 혁명이었다. 그것은 태양의 복사열을 소비 가능한 열량으로 바꿔서 모든 것을 변화시킬 수 있는 효율성을 확보하는 방식이었다. 혁명의 폭발적 잠재력은 인간이 현기증 날 정도로 증가하면서 실현되었다.[2]

최초의 농업 문명은 에너지 기반에 있어서 맬서스가 알고 있던 1800년의 세계와 그리 다르지 않았다. 맬서스가 태어난 영국에서 1인당 임금은 농경사회가 밝아오던 무렵보다 아주 조금 높을 뿐이었다. 그러나 원래는 그렇지 않았다. 사실상 18세기 영국의 평균 수입은 오늘날 선진국 사람들이 누리는 것보다 로마의 수준에 훨씬 더 가까웠다. 맬서스가 쓴 것처럼, 인류가 산업화 이전 경제의 에너지 덫에서 벗어났는지는 분명하지 않았다. 그리고 모든 사회가 벗어나지 않은 것은 확실했다. 예를 들어 산업혁명이 막 시작되

1) Malthus 1826, 257. 지구적 관점을 강조하는 에세이의 지적인 맥락에 대해서, Bashford and Chaplin 2016을 참조.

2) McNeill 2015; Livi-Bacci 2012; Klein Goldewijk, Beusen, and Janssen 2010; Maddison 2001; McEvedy and Jones 1978.

던 시점에 중국 문명의 중심지에서 임금과 인간 복지는 대부분의 유럽 사회와 대략 비슷했다. 그러나 18세기에서 19세기로 이르는 과정에서 중국의 인구는 생태적 용량을 초과해서 증가했다. 그러자 초기 맬서스 학파의 이론이 예측한 것처럼 지독한 기근과 사회적 재앙이 일어났다.[3)]

역설적이지만 맬서스의 예언은 자국의 경우에서 가장 확연하게 틀렸다. 영국인들이 선봉에 서서, 인류는 훨씬 더 전면적인 또 다른 에너지 혁명을 일으켰다. 태양 에너지가 응결되어 화석의 형태로 지하에 묻혀 있던 것을 깨워서 기계에 연결시켰다. 유용한 기술을 배경으로 과학적 기업이 가동되었다. 더 많은 에너지, 더 많은 식량, 보건 위생의 개혁, 그리고 (뒤늦게) 세균 이론과 항생제 제조가 어우러져 지구 위 생명의 역사 어디에서도 볼 수 없었던 인구의 증가를 이루었다. 지난 두 세기 동안, 인류는 60억이 늘어났다. 이러한 혁명이 바로 코앞에서 요동치고 있었음에도, 맬서스 목사는 기술 혁신이 인간 사회를 무시무시한 에너지 덫의 영향에서 자유롭게 해주는 방식을 알아보지 못했다. 오늘날 살아 있는 70억의 인간 대부분은 로마인들이 상상하기 힘든 수준의 물질적 복지와 기대 수명을 누리고 있다.

그렇다면 현대 세계의 주민들은 고대 세계로부터 멀리 떨어진 협곡의 한쪽, 우리 에너지 체제의 지평선 위에 서 있는 걸까? 어떤 측면에서는 그렇다. 우리에게 더 큰 위험은 면도날 같은 미세한 결핍이 아니라 배기가스의 풍요로움이다. 그러나 이 책은 현대성의 거대한 협곡을 바로 건너뛰어 과거와 연

3) Pomeranz 2000은 1800년대 후반의 영국과 중국 일부의 균질성을 강조하면서, 동시대 지구 차원에서 경제 발전을 비교 분석했다. 최근 연구는 '대 분기'의 시기를 더 일찍 잡는다. 현대 중국에서의 맬서스 학파 체제에 대하여 Broadberry, Guan, and Li 2014; Chen and Kung 2016 for the Malthusian regime in modern China를 참조.

결되는 예상치 못한 방식들을 제시했다. 그리고 여기에서 또한 맬서스의 본질적인 교훈이 영감을 준다. 비록 우리의 현재 위치가 더 넓은 시각을 제공한다는 사실을 인식하고 있다고 해도 말이다. 로마 제국의 융성은 경제적 개화를 촉진했으며 역으로도 밀접하게 연관되어 있다는 사실이 이 책의 중심 논의다. 기번의 '가장 행복했던' 시대는 이러한 역사의 한 국면이었고, 무역과 기술이 수익 감소를 능가하던 때였다. 긴 순환 주기로 보면 로마인들은 현실적이고 강력한 성장을 누렸다. 보다 일반적으로는 산업화 이전 단계의 경제가 탄력성이 있었고, 매우 긴 세월이 주어진다면 맬서스학파의 '진동' 이론이 저절로 효과를 나타낼 수도 있었다는 함의를 담고 있다. 현대성은 오직 에너지 돌파 하나로 이루어졌으나, 불길한 경고를 담고 있다. 로마가 하나의 사례이다.

우리는 자연을 다만 정적인 배경으로 여겨왔다. 전근대 사회에서는 먹고 살기 위해 자연에서 '생존의 수단'을 창조했다. 자연은 자체의 조건과 속도에 따라 인간 사회가 생존 수단으로 삼았던 상황들을 계속 변화시켰다. 상대적으로 잠잠했던 홀로세에서조차, 태양은 변덕스러운 조광기의 스위치처럼 에너지의 공급량을 변화시켰다. 화산과 지구의 불규칙한 내부 시스템은 인간 사회의 전망을 더욱 혼란하게 만들었다. 이렇게 고동치는 불규칙성은 이미 복잡한 배열을 더 뒤흔들고 요동치게 하고 있다. 정치 조직체와 사회는 경제와 인구통계의 기반 위에서 구축된다. 이것은 결국 변덕스러운 자연의 의지라는 외적 영향 아래 성장하고 수축한다.

산업화 이전 사회에서 에너지의 한계는 가변성이 강하고 통제가 힘들었다. 이러한 한계가 수정된 상태는 맬서스학파의 법칙을 뒤엎기보다는 확대한 것에 가깝다. 그러나 이 책에서는 또 다른 더 깊은 연구의 논리를 제시하

그림 E.1 | 전 세계 인구 증가, 추정치

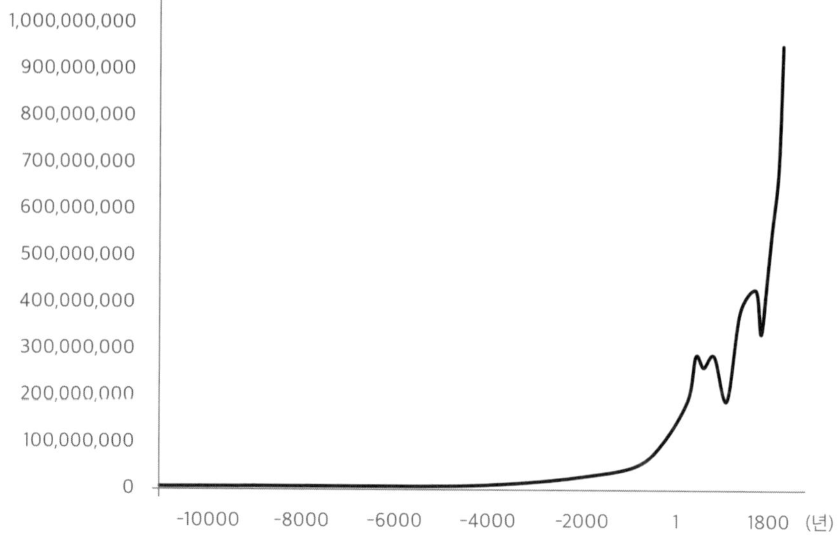

여, 맬서스가 상상한 것 이상으로 나아간다. 맬서스학파의 체제는 식물 에너지가 생태학적으로 제약이 있음을 설명한다(육류는 식물 에너지를 비효율적으로 그러나 매력적인 음식으로 전환한 것이다). 이러한 에너지가 부족할 때마다 인류 집단의 규모는 줄어들었다. 감염병을 비롯해서 치명적이지만 일반적이고 상호호환이 가능한 무서운 장치들이 작동한 탓이었다. 현실적으로 사망은 에너지 한계의 법칙이 예측하는 것보다 더 변동이 심하고 독립적이며 종잡을 수 없는 힘이었다. 한 가지 이유는 감염병이 인구를 조절하는 일을 하는 병원체의 생명 활동에 완전히 의존하기 때문이다. 어떤 감염병 병원체는 식량 부족으로 인해 촉발될 수 있으나, 그들이 괴롭히는 사회의 영양 상태와 전혀 무관하게 날뛰는 병원체도 있다. 농업의 발명으로부터 최초로 인구 10억에 이르기까지 인류의 인구 증가 궤적을 대충 훑어보면, 정말로 헤아리기 힘들 정도로 소수인 미생물들이 인간 사회의 운명을 결정했음이 드러난

다.[4)]

이러한 틀에서 보면 맬서스학파의 법칙은 결국 너무 시야가 좁아서 적용이 쉽지 않다. 그들은 온통 인간과 식물에만 주의를 고정시키고 있다. 그러나 병원체는 단순히 통제되지 않는 불편함이거나 구조를 미약하게 교란시키기만 하는 것이 아니다. 병원체는 더 깊은 구조, 눈에 보이는 것들을 포함한 다른 종과 우리 인류가 경쟁하고 상호작용하는 지구의 더 넓은 생태계에 속해 있다. 박테리아, 바이러스 그리고 다른 기생충은 그 시스템의 비활성화된 부분이 아니다. 오히려 자신의 이익에 따라 움직이고, 우연히 처하게 된 상황을 기회로 포착하는 주체들이다. 이러한 관점에서 보면 인간의 승리는 더 겸허해야 하고 불확실한 측면이 있다.

인류세는 인류 문명이 이 행성의 물리와 생물 시스템에 미치는 지울 수 없는 영향을 의식하는 이름이면서, 지구 역사에서 현재의 국면을 인정하고자 지속적인 동의를 취합하려는 이름이다. 기후 변화를 가속화시키고 핵 기술이 만든 방사능 발자국에 우리 존재의 영원한 서명을 남기는 것뿐만 아니라, 지구상의 거의 모든 종이 경쟁하고 협력하는 환경을 재편성해왔다. 존 맥닐John McNeill에 의하면, "육지와 바다 위의 모든 종에 대해, 인류세는 진화의 규칙을 수정했다. 생존과 번식에서 성공적이라고 규정되는 생물 적응성은 인간 산업과의 호환성에 점점 더 의존하게 되었다. 인간화되어가는 행성에 잘 적응한 종들, 예를 들어 비둘기, 다람쥐, 쥐, 소, 염소, 바랭이, 쌀 그리고 옥수수는 번성한다." 그러나 여기에 더 불길한 역설이 언급되지 않은 채

4) 우리는 맬서스가 예방과 양성, 두 종류의 점검이 있다고 믿었음을 덧붙여야 한다. 예방적 점검은 출산율을 낮추는 메커니즘을 통해 재난에 앞서 인구를 통제했다. 양성 점검은 사망률을 통해 인구를 통제했다. 이 수치는 이 책에 제시된 사망률 추정치와 함께 앞의 주석 2에서 인용한 출처에서 추정했다.

남아 있다. 인간의 개체수가 증가하면 지구의 공동 거주자인 미생물과의 게임의 규칙도 다시 쓰인다는 것.[5)]

아마도 미생물 종의 가짓수는 1조쯤 존재할 것이다. 보통의 인간은 약 40조 정도의 박테리아 세포와 공생한다. 그들은 30억 5천 년 동안 이곳에서 살았다. 이곳은 미생물의 세상이고, 우리는 단지 그 속에 살고 있을 뿐이다. 이렇게 경이롭고 다양한 완전체들 대부분은 우리에게 관심이 없다. 인간에게 병원균으로 작용한다고 알려진 것은 오직 약 1400종의 미생물뿐이다. 이런 미생물들은 독성 요소인 분자 도구를 진화시켜서, 놀랄 만한 면역 체계라는 우리의 방어 무기고에도 불구하고, 인간을 위협하고 있다. 병원균으로 가득찬 행성의 등장은 무엇보다도 미생물이 진화한 결과이다. 이것은 결국 인간의 숫자가 폭발적으로 증가하고 우리 종이 지구 전체의 지형을 가차없이 변형시킨 탓이 크다. 진화는 무작위적 돌연변이의 맹목적 힘에 추동되지만, 우리는 진화를 땜질하고 실험하는 상황을 창조했다.[6)]

지금 우리는 새롭게 이해하기 시작했을 뿐이며, 취합 속도에 따라 도착하는 혼란한 새 데이터를 분류하려고 분투하는 중이다. 엄청난 병원균들의 길지 않은 역사가 전 세계의 실험실로부터 여전히 밝혀지는 중이다. 앞으로 미생물 유전자학이 더욱 발전하면, 현재까지를 포함하여 지난 몇 천 년 동안 일어난 진화의 드라마를 분명히 보여주게 될 것이다. 우리가 '신종 감염병'을 긴급하게 의식하는 것은 진화의 창조적 파괴가 지속되고 있으며, 아마

---

5) McNeill 2015, 77; Russell 2011. 기술적으로는 국제지질과학연합의 지질층위학 국제위원회가 지질 시대의 명칭을 통제하고 있지만, 이 용어는 더 넓은 의미를 지니고 있어 치열한 논의의 대상으로 남아 있다. 최근의 개요는 Finney and Edwards 2016을 참조.

6) 1조 개의 종: Locey and Lennon 2016. 40조 세포들: Sender, Fuchs, and Milo 2016. 1400가지 병원균: Woolhouse and Gaunt 2007. Yong 2016은 일반적으로 미생물 생태학에 대한 뛰어난 개요이다.

도 가속화하고 있음을 인지하기 때문이다. 그러나 대부분 신종 감염병의 목록은 대부분 겨우 1세기 정도만 거슬러 올라간다. 이러한 시간의 두께는 자의적이며 오해의 소지가 있다. 지난 몇 천 년이라는 세월은 병원성 미생물 사이에서 발효를 방불케 하는 진화가 요동치던 새로운 시대의 단상이었다. 로마 제국은 엄청난 가속도가 붙은 난기류에 휘말린 것이었다.

고대인들은 포르투나 여신의 섬뜩한 지배력을 존경했다. 그들 나름대로, 역사를 이끌어 가는 것은 구조와 우연, 자연의 법칙과 순전한 운이 혼합된 변덕스러운 것임을 의식했기 때문이다. 로마인들은 인류 서사 중에서도 운명적인 시기에 살았다. 그들이 건설한 문명은, 당시에는 상상도 할 수 없었던 방식으로, 스스로 이룩한 성공과 환경의 변덕 양쪽 모두로부터 피해를 입은 희생양이었다. 역경을 견딘 로마인들의 힘에 우리가 매혹되는 것은 적어도 어느 정도는 그들이 예상치 못한 변화의 보이지 않는 모서리에 서 있었음을 우리가 이미 알고 있기에 느끼는 아픔 때문일 것이다. 인류와 자연의 얽히고설킨 긴 이야기는 모순과 놀라움, 깨닫지 못한 우연으로 가득차 있다. 역사가 특별히 중요한 이유는 바로 그 때문이다. 인류와 마찬가지로 자연은 교활하지만, 과거의 환경에 제약을 받기도 한다. 우리의 이야기와 지구의 이야기는 분리될 수 없다.

역사에서 가장 눈에 띄는 문명 중 하나를 만들고 해체하는 일에 환경이 일정 부분을 담당했음을 여러 방식으로 알 수 있다. 로마는 거의 필연적으로 거울이자 척도이기도 하다. 그러나 우리는 로마의 사례를 사라진 문명에서 얻는 교훈으로 대상화해서는 안 된다. 오히려 로마의 경험은 현재 진행되고 있는 이야기의 일부로서 중요하다. 돌이킬 수 없게 잃어버린 고대 세계의 마지막 장면으로 규정하기보다는, 로마인과 자연의 충돌을 여전히 우리 주위에서 펼쳐지고 있는 새로운 드라마의 오프닝 장면으로 볼 수 있을 것이다. 잎이 나오기도 전에 개화한 지구는, 통제하고 있다는 지속적인 망상에도 불구하고 자연의 복수가 시작되고 있음을 느끼게 한다. …… 낯설지 않은 느낌일 것이다. 이 문명의 운명을 좌우할 자연환경의 막강한 힘을 생각하면, 우리는 로마인들에게 공감하며 다가갈 수밖에 없다. 고대의 인상적 광경과 우리가 상상할 수 없는 방식으로 펼쳐질 그 다음 장면에 환호하기 위해 모여 있는 그들에게.

감사의 말

이 프로젝트를 진행하면서, 나는 갚지 못할 많은 빚을 졌다. 이 책을 쓸 수 있게 해준 동료, 기관, 친구, 그리고 가족에게 감사하는 마음을 제대로 표현할 능력이 없다. 구겐하임 재단은 일찍부터 지원을 아끼지 않았다. 지난 몇 년 동안, 버클리, 컬럼비아, 예일, 프린스턴, 인디애나, 오클라호마 대학 과학사 콜로키움 그리고 학회장 협회, 스탠포드(운이 좋게도 방문학자로서 짧은 시간을 보냈던 곳), 그리고 하버드(여러 차례에 걸쳐)에서 다양한 형태로 사려 깊은 청중들과 논의할 수 있는 유용한 기회를 얻었다.

데이터를 공유해준 몇몇 동료들에게 신세를 졌다. 특히 레베카 골랜드Rebecca Gowland와 크리스티나 킬그로브Kristina Killgrove를 뛰어난 학자일 뿐만 아니라 관대함과 개방성의 본보기로 기억한다. 또한 내 연구를 위해 자신의 연구와 통찰을 기꺼이 나눠준 동료들인 캠 그레이Cam Grey, 콜린 엘리엇Colin Elliott, 길레스 브란스부르Gilles Bransbourg, 래티시아 치콜리니Laetitia Ciccolini, 클리퍼드 안도Clifford Ando, 피터 테민Peter Temin, 조셉 브라이언트Joseph Bryant, 아담 이즈데브스키Adam Izdebski, 브렌트 쇼Brent Shaw, 마르셀 켈러Marcel Keller, 헨리 그루버Henry Gruber, 그리고 존 멀홀John Mulhall에게 감사를 표한다. 이미지를 찾는 데 도움을 준 마자 키민코Maja Kiminko, 페스트에 대해 잘 알려지지 않은 놀라운 자료를 공유해준 잭 탄노스Jack Tannous, 벼룩에 대한 질문에 대답해준 조셉 히네부쉬Joseph Hinnebusch, 천연두에 대해 유용한 대화를 나눠준 헨드릭 푸아나HendrickPoinar와 아나 듀건Ana Duggan에게 감사한다.

데이비드 보렌David Boren 총장의 리더십이 이끄는 오클라호마대학은 놀라운 곳이다. 그곳은 내 인생에서 특별한 기회였고 친구, 교수진, 그리고 동료들의 지속적인 지지에 깊이 감사한다. 운 좋게도 스카일러 앤더슨Skyler Anderson이나 스티븐 손Steven Thorn과 같은 유능한 연구 보조자들이 이 프로젝트에 도움을 주었다. 토드 패긴Todd Fagin은 책 전체의 지도를 책임진 재능 있는 지도 제작자이다. 대학 도서관의 헌신적인 도움을 특별히 기억한다. 케리 매그루더Kerry Magruder와 조앤 팔머리JoAnn Palmeri는 전문가다운 도움을 제공했다. 도서관 간 순환과 대출 팀은 인내심을 잃지 않고 도와주었다. 고전문학부는 나에게 수 년 동안 훌륭하고 풍요로운 고향이었고, 또한 학과 사무실의 훌륭한 팀에 속해서 일할 수 있는 명예로운 빚을 지고 있다. 기상학, 인류학, 생물학, 역사학 등 수많은 학과의 동료들이 나의 성가신 질문을 잘 참고 많은 것을 가르쳐 주었다. 모든 동료, 친구, 그리고 학생들에게 감사한다. 빌, 데이비드, 루이스, 스코트 그리고 앤드류에게 감사한다. 요약하자면, 처음부터 끝까지 이것은 오클라호마대학의 책이다. 오클라호마 만세.

프린스턴대학 출판부와 함께 일하는 것은 특권이었다. 제이 보기스Jay Boggis는 최고의 책 편집자임을 증명했다. 맷 로알Matt Rohal과 카렌 카터Karen Carter는 항상 친절했으며 도움을 주었다. 나의 편집자 롭 템피오Rob Tempio는 이 책을 출간하기 위해 처음부터 끝까지 여러 측면을 이끌어갔다. 그의 판단이 크고 작은 발전을 이루어 이 책을 훨씬 더 좋은 책으로 만들었다.

운 좋게도 월터 스키델Walter Scheidel, 존 맥닐John McNeill, 그리고 윌리엄 해리스William Harris와 같은 너그러운 전문가들이 리뷰를 해주었다. 그들의 광범위하고 솔직한 조언 덕택에 수많은 실수를 면했고, 전체적으로 논리를 강화할 수 있었다. 앤 카마이클Ann Carmichael이 원고의 일부를 읽어주고 질병의 역사에 대해 유용한 대화를 나눠준 것에 감사한다. 마찬가지로 미셸 지글러Michelle Ziegler 역시 친절하게도 페스트에 관한 장들을 읽어 주었고 소중한 조언을 해주었다. 다니엘 사전트Daniel Sargent는 본문을 읽어 주었고 가장 도움이 되는 충고를 몇 가지 해주었다. 크리스 메이Chris May가 책을 읽어준 뒤, 자신의 의학적 경험으로 나의 생각과 표현을 전체적으로 날카롭게 해주었음을 감사한다. 스콧 존슨Scott Johnson 역시 놀라운 친구이자 너그러운 동료이며, 그는 본문의 거의 모든 페이지에 대해 논평했다. 모두에게 감사를 표한다.

에드먼드 공립학교에서부터 오클라호마와 하버드까지 평생 훌륭한 선생님들로부터 사사한 것은 큰 행운이었다. 이 책이 그들의 영향력과 영감에 대한 작은 찬사가 되기를 바란다. 고인이 된 J. 루퍼스 피어스J. Rufus Fears는 오클라호마대학의 학부 시절에 《로마 제국의 몰락》을 소개했고, 나는 이 책을 쓰면서 그를 수없이 생각했다. 나의 대학원 멘토인 크리스토퍼 존스Christopher Jones는 로마에 대해 아직도 배울 것이 많다는 것을 가르쳐 주었다. 그는 학자로서 본보기를 보였고 지속적인 우정으로 지난 세월 동안 나를 격려했다. 그리고 이 특별한 책에는 마이클 매코믹Michael McCormick의 뚜렷한 각인이 새겨져 있다. 그의 진취성과 창의성 덕분에, 대학원생이던 나는 자연과학을 이용하여 인간의 과거를 조명할 수 있는 신나는 가능성을 보게 되었다. 수 년간 나를 지지해 준 마이크의 도움은 도저히 헤아릴 수가 없다. 인간의 과거에 대한 과학을 위한 이니셔티브는 과학과 인문학의 교차점에 있는 최첨단 연구 모델이다. 연구에 적용할 수 있는 많은 방법들을 제공해준 것에 대해

마이크에게 감사한다. 그가 없었다면 이 책은 상상도 할 수 없었다.

마지막으로 어머니와 가족 모두의 사랑과 헌신, 지지에 감사한다. 미셸, 당신은 나의 진정한 동반자이며, 모든 일을 함께 하는 사랑하는 동료예요. 이 책은 우리의 책입니다. 실비, 어거스트 그리고 블레이즈, 너희들은 나의 가장 좋은 친구들이야. 이 책을 너희들에게 바친다.

옮긴이의 말

로마 제국의 몰락은 '하나의 도시 안에서 세계가 멸망한' 사건이라 일컬어진다. 서기 400년에 로마에는 28개의 도서관과 856개의 대중목욕탕, 그리고 4만 7000개의 아파트 블록이 있었고, 70만 명 이상의 사람들이 살았다. 로마는 지구상에서 가장 위대한 도시였고, 지구 인구의 4분의 1의 삶을 지배하는 제국의 보석 같은 곳이었다. 그러나 불과 수십 년 만에 이 놀랄 만큼 번창하던 제국은 무너졌고, 로마 시의 인구는 2만으로 줄었다.

예로부터 사람들은 인류 역사상 가장 경이로운 개화를 이루고 오래 지속한 제국이 몰락한 원인을 찾아내고자 했다. 복잡하고 다양한 분석들이 이루어졌다. 소소하게는 권력에 눈에 어두워진 황제나 장군들의 그릇된 전략적 판단이 원인일 수 있겠고, 큰 틀에서 보면 소모적 내전이나 국가 재정에 가해지는 무거운 압박 같은 구조적 결함들이 있을 것이다.

로마 제국의 역사를 다룬 유명한 저작인 《로마 제국 쇠망사》에서 에드워드 기번(1737~1794)은 말한다. "로마의 쇠퇴는 무절제했던 위대함이 맞닥뜨리는 피할 수 없는 자연스러운 결과이다. 번영은 무르익으면 쇠락하는 게 원칙이며, 정복한 범위가 넓을수록 몰락할 원인이 배가된다. 시간 혹은 우연이 부자연스러운 지지를 거두는 순간, 거대한 조직체는 자신의 무게에 굴복하고 만다." 기번은 인간의 의사결정과 행위로 이루어지는 사회구조와 정치 현상에 시야를 고정하여 로마라는 거대한 구조물이 스스로의 규모를 견디지 못한 채 무너지고 말았다고 판단한다.

카일 하퍼의 《로마의 운명》이 제국의 몰락을 보는 관점은 조금 다르다. 하퍼는 프롤로그에서 위에 인용한 기번의 글을 언급한다. 그러나 기번의 관점을 그대로 받아들이는 것도 아니고 정면으로 반박하는 것도 아니다. 에필로그에 이르면 하퍼는 토마스 맬서스(1776~1834)의 《인구론》을 소환한다. 《인구론》의 핵심 내용은 인구의 증가 속도가 공급 가능한 식량의 양이 증가하는 것보다 훨씬 빠르기 때문에 인류는 영원히 빈곤의 굴레를 벗어날 수 없다는 것이다. 맬서스는 이러한 비극적 운명을 자연의 한계와 (그 역시 자연의 한계인) 인간의 무절제한 성욕 탓으로 돌렸다. 오늘날 우리가 보기에 맬서스의 예언은 빗나갔다. 과학기술과 의학의 진보가 많은 문제를 해결했다. 그러나 하퍼는 맬서스의 이론이 인간 사회가 생태학적 기초에 좌우된다는 사실에 중점을 두었기에 본질적인 정당성을 갖는다고 지적한다.

기번과 맬서스를 둘 다 어느 정도는 받아들이는 하퍼의 관점은 사회구조와 정치 현상 같은 인간의 행위로부터 시야를 더 넓게 확장한다. 자연환경 즉 기후와 생태계를 제국의 멸망에 결정적 영향력을 미친 변수로 설정하는 것이다. 어쩌면 시야를 확장했다기보다 인간 사회 자체를 자연에 속하는 생태계로 보았다는 설명이 더 정확할지도 모르겠다. 우리는 자연을 그저 정적인 배경으로만 인식하지만, 사실은 우리가 의식하지 못하는 상태에서도 자연은 자체의 조건과 속도에 따라 인간 사회가 생존 수단으로 삼았던 상황들을 계속 변화시켜 왔다. 정치 조직체와 사회는 경제와 인구의 기반 위에서 구축된다. 이러한 요소들은 결국 변덕스러운 자연의 의지라는 외적 영향 아래 성장하고 퇴보하기 마련이다.

하퍼가 이러한 관점을 제시할 수 있는 것은 최근에 이르러 갖추게 된 과학적 도구의 도움이 크다. 에드워드 기번이나 토마스 맬서스의 저작을 폄하하는 것은 아니지만, 정확한 데이터나 근거가 거의 없는 시대적 한계 속에 있었기에 그들의 분석이나 이론은 시쳇말로 '뇌피셜'에 머무를 수밖에 없었다. 이것을 극복한 지점이 이 책의 묘미이자 큰 강점이다. 이 책에서는 저자의 모든 가설과 주장을 뒷받침하는 고고학, 인류학 그리고 생물학과 병리학, 기후학에 이르는 방대한 영역의 데이터와 세밀한 검증 과정을 살펴볼 수 있다. 하나의 과학으로서 재정립된 역사학을 일별할 기회가 주어진다.

결론적으로 이 책은 로마 제국의 몰락에 대해 인간의 야심을 기나긴 에피소드를 거쳐 무너뜨린 자연의 승리로 묘사한다. 로마의 운명은 황제와 침략자인 야만인, 원로들과 장군들, 병사들과 노예들에 의해 좌우되었을 뿐만 아니라 박테리아와 바이러스, 화산과 태양 주기가 매우 큰 영향을 미쳤다. 이 지점에서 책의 제목에 들어가 있는 '운명'이라는 단어에 주목할 필요가 있다.

로마의 기원을 노래한 베르길리우스의 국가적 서사시 〈아이네이드〉는 영웅 아이네아스의 유랑기이다. 첫 장면에서 영웅은 자연의 원초적 힘에 조롱당하듯 격렬한 폭풍 속으로 내던져진다. 마치 로마 제국이 운명의 격렬한 파도 속으로 거듭 내던져지는 것을 상징하는 것처럼. 고대인들은 포르투나 여신의 섬뜩한 지배력을 숭배했으며, 나름대로 역사를 이끌어 가는 것은 구조와 우연, 자연의 법칙과 순전한 운이 혼합된 변덕스러운 것임을 의식했다. 로마인들은 인류 서사 중에서도 운명적인 시기에 살았으며, 그들이 건설한 문명은 스스로 이룩한 성공과 변덕스러운 자연 양쪽으로부터 압박을 받았다. 그러나 그들은 무기력하지만은 않았다.

하퍼는 로마의 마지막 장면을 다음과 같이 감동적으로 서술한다. "국가로서의 로마는 거대한 시류의 거침없는 끌어당김에 대항하여 온 힘을 다해 버텼다. 조용히 가라앉는 것을 거부했다. 자신들을 압도하는 흐름을 이해하고자 노력했던 사람들의 힘을 우리는 폄하하지 않는나. 그들은 혼란스러운 사건을 겪으면서 고대의 마지막을 살아냈다. 우리는 그들 스스로 왜 시간의 끄트머리에 살고 있다고 믿었는지 이해하고자 하는 것으로 그들의 경험을 더욱 존중할 수 있다. 종말론적 사고방식으로 인해 사람들이 일련의 사건들에 순응하면서 마지막 세대를 보낸 것은 아니었다. 오히려 가장 경이롭고 지속적인 행동을 하도록 고무되었다. 파멸이 임박했다는 의식이 목을 조른 게 아니었다. 혼란스러운 시대 속에서 어느 방향으로 움직여야 할지 알려주는 숨겨진 지도 역할을 했다."

소위 인류세의 시대를 살아가고 있는 우리에게 스스로 이룩한 문명과 변덕스러운 자연으로부터의 압박이라는 로마의 마지막 장면은 결코 낯설지 않다. 바이러스가 창궐하고 유례없이 긴 장마가 지속되던 지난여름에 이 책의 번역을 시작했다. 책을 읽어내려가면서 우리 문명의 운명을 좌우할 자연의 막강한 힘이 점점 더 크게 다가왔고, 한편으로는 전문적 지식이 부족한 한낱 번역자가 감당하기에는 너무 방대한 지식을 어떻게 풀어내야 할지 막막하기만 했다. 살짝 아귀가 맞지 않는 이야기일 수도 있지만, 종말을 눈앞에 둔 채 의식하든 의식하지 않든 절박한 일상을 버텨나갔을 로마인들에게 깊이 공감할 수밖에 없었다. 마지막으로 바라기도 하고 장담하기도 하는 것은, 이 책 또한 '혼란스러운 시대 속에서 어느 방향으로 움직여야 할지 알려주는 지도 역할'을 충분히 하게 되는 것이다.

부희령